SOWJETISCHES MODELL UND NATIONALE PRÄGUNG

Kontinuität und Wandel in Ostmitteleuropa nach dem Zweiten Weltkrieg

R/L

HISTORISCHE UND LANDESKUNDLICHE
OSTMITTELEUROPA-STUDIEN, 7

im Auftrage des J. G. Herder-Forschungsrates herausgegeben von
Hans Lemberg

Schriftleitung: Hans-Werner Rautenberg

7

SOWJETISCHES MODELL UND NATIONALE PRÄGUNG

Kontinuität und Wandel in Ostmitteleuropa nach dem Zweiten Weltkrieg

herausgegeben
im Auftrag der Fachkommission Zeitgeschichte
im J.-G.-Herder-Forschungsrat
von Hans Lemberg
unter Mitwirkung von
Karl von Delhaes, Hans-Jürgen Karp und Heinrich Mrowka

J. G. HERDER-INSTITUT · MARBURG/LAHN · 1991

Gesamtherstellung: Brühlsche Universitätsdruckerei, Gießen
Printed in Germany
ISSN 0178-2231 (Historische und landeskundliche Ostmitteleuropa-Studien)
ISBN 3-87969-221-1

INHALTSVERZEICHNIS

Wirtschaft und Gesellschaft

Internationales System

Kultur und Wissenschaft

ABKÜRZUNGSVERZEICHNIS

Abt.	=	Abteilung
AGTS	=	Adjutant General Top Secret
AK	=	Armia Krajowa
Anm.	=	Anmerkung
ASSR	=	Avtonomnaja Sovetskaja Socialističeskaja Respublika
Aufl.	=	Auflage
AVNOJ	=	Antifašističko veće narodnog oslobodjenja Jugoslavije
ÁVO	=	Államvédelmi Osztag
BA	=	Bundesarchiv Koblenz
BBC	=	British Broadcasting Corporation
BBWR	=	Bezpartyjny Blok Współpracy z Rządem
Bd.	=	Band
Bde.	=	Bände
BiH	=	Bosna i Hercegovina
BKP	=	Bulgarska Komunističeska Partija
CA	=	California
Cal.	=	California
CAB	=	Cabinet
CBKP	=	Centralne Biuro Komunistów Polskich w ZSRR
CDU	=	Christlich-Demokratische Union
CDUD	=	Christlich-Demokratische Union Deutschlands
CK SKJ	=	Centralni Komitet Saveza Komunista Jugoslavije
Col.	=	Colorado
CPSU	=	Communist Party of the Soviet Union
CUP	=	Centralny Urząd Planowania
ČČH	=	Český časopis historický
ČSČH	=	Československý časopis historický
ČSD	=	Československá Sociální Demokracie
ČSl.	=	Československo
ČSR	=	Československá Republika
ČSSR	=	Československá Socialistická Republika
DBD	=	Demokratische Bauernpartei Deutschlands
DDR	=	Deutsche Demokratische Republik
Dept.	=	Department
DFJ	=	Demokratska Federativna Jugoslavija
DHČSP	=	Dokumenty z historie československé politiky
Diss.	=	Dissertation
Dok.	=	Dokument; Dokumentation
DPSR	=	Documents on Polish-Soviet Relations
DS	=	Demokratická Strana

DWK	=	Deutsche Wirtschaftskommission
DzURP	=	Dziennik Ustaw Polskiej Rzeczypospolitej
ECE	=	Economic Commission for Europe
ECOSOC	=	Economic and Social Council
ed.	=	edited
ERP	=	European Recovery Programme
F	=	File
FKGP	=	Független Kisgazda Földmunkás és Polgári Párt
FMDP	=	Független Magyar Demokrata Párt
FNRJ	=	Federativna Narodna Republika Jugoslavija
FO	=	Foreign Office
fol.	=	folio (Einzelblatt in einem Aktenbestand)
Gestapo	=	Geheime Staatspolizei
GL	=	Gwardia Ludowa
GPU	=	Gosudarstvennoe Političeskoe Upravlenie
GSBD	=	Gruppe der Sowjetischen Besatzungstruppen in Deutschland
GSOW	=	Gruppa Sovietskich Okkupatisionykh Voisk (v Germanii)
HI	=	Hoover Institution
Hq.	=	Headquarters
hrsg.	=	herausgegeben
Hrsg.	=	Herausgeber
ICD	=	Information Control Division
ILO	=	International Labour Organization
Inprekorr	=	Internationale Pressekorrespondenz
insb.	=	insbesondere
Int. Div. Eucom	=	Intelligence Division, European Command
ISD	=	Information Services Division
JZD	=	Jednotné zemědělské družstvo
Kap.	=	Kapitel
KB	=	Kirchenverwaltung Berlin-Brandenburg
KBW	=	Korpus Bezpieczeństwa Wewnętrznego
KC	=	Komitet Centralny
KCZZ	=	Komisja Centralna Związek Zawodowych
Kčs.	=	Koruna československá
KERM	=	Komitet Ekonomiczny Rady Ministrów
KKE	=	Kommunistikó Kómma Elládas
Kominform	=	Kommunistisches Informationsbüro
Komintern	=	Kommunistische Internationale
KP	=	Kommunistische Partei
Kp.	=	Kapitel
KPBg	=	Kommunistische Partei Bulgariens
KPČ	=	Kommunistische Partei der Tschechoslowakei
KPD	=	Kommunistische Partei Deutschlands
KPdSU	=	Kommunistische Partei der Sowjetunion
KPF	=	Kommunistische Partei Frankreichs
KPH	=	Kommunistička Partija Hrvatske
KPI	=	Kommunistische Partei Italiens
KPR	=	Kommunistische Partei Rumäniens
KPS	=	Kommunistische Partei der Slowakei

Kpt.	=	Kapitel
KPTsch	=	Kommunistische Partei der Tschechoslowakei
KRN	=	Krajowa Rada Narodowa
KSČ	=	Komunistická Strana Československa
KSS	=	Komunisticka Strana Slovenska
La.	=	Louisiana
LA	=	Landesarchiv
LAZ	=	Landesarchiv Berlin, Zeitgeschichtliche Sammlung
LDPD	=	Liberal-Demokratische Partei Deutschlands
LN	=	Landwirtschaftliche Nutzfläche
LV	=	Landesverwaltung
masch.-schr.	=	maschinenschriftlich
MDP	=	Magyar Dolgozök Pártja
MÉP	=	Magyar Élet Pártja
Mf	=	Mikrofilm
MGB	=	Ministerstvo Gosudarstvennoj Bezopasnosti
Mio.	=	Millionen
MKP	=	Magyar Kommunista Párt
MNFFB	=	Magyar Nemzeti Felkelés Felszabadító Bizottsága
MO	=	Milicja Obywatelska
MPiH	=	Ministerstwo Przemysłu i Handlu
Mrd.	=	Milliarden
Mskr.	=	Manuskript
MWD	=	Ministerstvo Wnutrennich Del
N.A.	=	National Archives Washington
ND	=	Stronnictwo Narodowo-Demokratyczne
NDPD	=	National-Demokratische Partei Deutschlands
NEP	=	Novaja Ekonomičeskaja Politika; Nemzeti Egység Pártja
NF	=	Neue Folge
NIE	=	Niepodległość
N.J.	=	New Jersey
NKFD	=	Nationalkomitee „Freies Deutschland“
NKGB	=	Narodnij Kommissariat Gosudarstvennoj Bezopasnosti
NKWD	=	Narodnij Kommissariat Wnutrennich Del
NL	=	Nachlaß
NOB	=	Narodnooslobodilačka borba
NOO	=	Narodnooslobodilački odbor
NOR	=	Narodnooslobodilački rat
NPP	=	Nemzeti Parasztpárt
NS	=	nationalsozialistisch
NSZ	=	Narodowe Siły Zbrojne
NSZZ	=	Niezależny Samorządny Związek Zawodowy „Solidarność“
NYHT	=	New York Herald Tribune
ODI	=	Office of the Director of Intelligence
OMGUS	=	Office of Military Government for Germany, United States
ORMO	=	Ochotnicza Rezerwa Milicji Obywatelskiej
OVD	=	Otdel vnutrennich del
OZN	=	Obóz Zjednoczenia Narodowego

PB	=	Politbüro
PCF	=	Parti Communiste Français
PCI	=	Partito Comunista Italiano
PKN	=	Polski Komitet Normalizacyjny
PKP	=	Polityczny Komitet Porozumiewawczy
PKWN	=	Polski Komitet Wyzwolenia Narodowego
Polad	=	Political Adviser
POM	=	Państwowe Ośrodki Maszynowe
POOPPiBP	=	Państwowy Ośrodek Oświatowych Prac Programowych i Badań Pedagogicznych
PPR	=	Polska Partia Robotnicza
PPS	=	Polska Partia Socjalistyczna
PREM	=	Prime Minister
PRL	=	Polska Rzeczpospolita Ludowa
PRO	=	Public Record Office
PSL	=	Polskie Stronnictwo Ludowe
PVAP	=	Polnische Vereinigte Arbeiterpartei
PZPR	=	Polska Zjednoczona Partia Robotnicza
PZZ	=	Polski Związek Zachodni
R	=	Record; Rolle (Filmrolle)
Revkom	=	Revolutionskomitee
RGW	=	Rat für gegenseitige Wirtschaftshilfe
RJN	=	Rada Jedności Narodowej
ROH	=	Revoluční odhorové hnutí
RSFSR	=	Rossijskaja Sovetskaja Federativnaja Socialističeskaja Respublika
RSW	=	Rolnicza Zrzeszenie Spółdzielnia Wytwórcze
RSZ	=	Rolnicze Zrzeszenie Spółdzielcze
RZS	=	Rolniczy Zespół Spółdzielczy
SAG	=	Sowjetische Aktiengesellschaft
SBZ	=	Sowjetische Besatzungszone
Sec.	=	Secretary
SD	=	Stronnictwo Demokratyczne
SED	=	Sozialistische Einheitspartei Deutschlands
SKH	=	Savez komunista Hrvatske
SKK	=	Sowjetische Kontrollkommission in Deutschland
SKP	=	Souomen Kommunistinen Puolue
SL	=	Stronnictwo Ludowe
SMA	=	Sowjetische Militäradministration
SMAD	=	Sowjetische Militäradministration in Deutschland
SMAM	=	Sowjetische Militäradministration für Mecklenburg
SMAS	=	Sowjetische Militäradministration für das föderale Land Sachsen
SN	=	Stronnictwo Narodowe
SNB	=	Sowjetisches Nachrichtenbüro
SNR	=	Slovenská národná rada
SP	=	Stronnictwo Pracy
SPD	=	Sozialdemokratische Partei Deutschlands
SPOŁEM	=	Związek Społdzielni Spożywców „Społem“
SSO	=	Strana slovenskej obrody
SSR	=	Sovetskaja Socialističeskaja Respublika

SSSR	=	Sojuz Sovetskich Socialističeskich Respublik
STS	=	Strojní a Traktorové Stanice
SU	=	Sowjetunion
SVA	=	Sovetskaja voennaja administracija
SVP	=	Slowakische Volkspartei
Tab.	=	Tabelle
Taus.	=	in Tausend
TKCZZ	=	Tymczasowa Komisja Centralna Związek Zawodowych
Tl.	=	Teil
TP	=	Táborský Papers
UB	=	Urząd Bezpieczeństwa
UdSSR	=	Union der Sozialistischen Sowjetrepubliken
UNESCO	=	United Nations Educational, Scientific and Cultural Organization
UNO	=	United Nations Organization
UNRRA	=	United Nations Relief and Rehabilitation Administration
UPA	=	Ukrains'ka Povstans 'ka Armija
USA	=	United States of America
USAP	=	Ungarische Sozialistische Arbeiterpartei
USGCC	=	United States Group Control Council
USSR	=	Union der Sozialistischen Sowjetrepubliken
UVD	=	Upravlenie vnutrennich del
vgl.	=	vergleiche!
VKP (b)	=	Vsesojuznaja Kommunističeskaja Partija (bolševikov)
VO Bl	=	Verordnungsblatt
Vol.	=	Volume
VŠE	=	Vysoká škola ekonomická
vyp.	=	vypusk
WiN	=	Wolność i Niepodległość
WRN	=	Wolność, Równość, Niepodległość
W.S.C.	=	Winston Spencer Churchill
ZAVNOH	=	Zemalsko antifašisticko vijeće narodnog oslobodjenja Hrvatske
zit.	=	zitiert nach
ZK	=	Zentralkomitee
zł.	=	Złoty
ZMP	=	Związek Młodzieży Polskiej
ZPP	=	Związek Patriotów Polskich
ZUZ	=	Zrzeszenie Uprawy Ziemie
ZWZ	=	Związek Walki Zbrojnej

Vorwort

„Nichts wird wieder so, wie es einmal war."[1] Dieser Eindruck drängt sich jedem auf, der zu Beginn der neunziger Jahre unseres Jahrhunderts nach Ostmitteleuropa blickt. Noch wenige Monate zuvor hätte es in den Bereich haltloser Phantasie oder politischer Gesundbeterei gehört, das Ende der Zeit des „Ostblocks", der „sozialistischen Staaten" vorauszusagen, die so festgefügte Elemente eines politischen Systems der „longue durée" waren. Heute scheint diese Ära in einem solchen Maße abgeschlossen, daß man davon kaum mehr anders als im Präteritum reden kann. Ist es damit auch obsolet geworden, die Beiträge einer Tagung zu veröffentlichen, die sich noch zu Zeiten dieses Systems mit dessen Entstehung beschäftigt hat? Wohl kaum – eher hat dieser Themenbereich inzwischen an Gegenwartsinteresse, an Relevanz gewonnen.

Je mehr die Etiketten und das Vokabular der stalinistischen und poststalinistischen Ära in Ostmitteleuropa abgestreift und Institutionen aus dieser Zeit aufgelöst werden, je mehr statt dessen demokratische Institutionen wiedereingeführt oder neu eingerichtet werden, desto mehr stellt sich die Frage nach derjenigen Epoche in der Geschichte der betreffenden Länder, die vor der „Ära der Deformationen" lag und an die man anknüpfen kann. Oder gab es eine solche Zeit gar nicht, sollen jetzt einfach westliche Modelle übernommen werden? Viele Tabus zerbrechen, fällige Fragen werden neu gestellt. Dazu gehört auch die bis vor kurzem nur außerhalb des sowjetischen Machtsystems offen zu erörternde Frage nach der Sowjetisierung Ostmitteleuropas, ihren Wurzeln und ihrem Verlauf.

Der vorliegende Band enthält Referate einer Tagung, die geraume Zeit vor der „Wende" in Ostmitteleuropa, im September 1987, unter dem Titel „Sowjetisches Modell und nationale Prägung. Kontinuität und Wandel in Ostmitteleuropa nach dem Zweiten Weltkrieg (1945–1956)" abgehalten worden ist. Sie wurde im Herder-Institut auf dem Marburger Schloßberg von der Fachkommission Zeitgeschichte im Johann-Gottfried-Herder-Forschungsrat in Zusammenarbeit mit dem aus Mitarbeitern des Herder-Instituts gebildeten Forschungsschwerpunkt II (Zeitgeschichte) veranstaltet. Die von der Stiftung Volkswagenwerk geförderte Tagung war u. a. durch eine anderthalbtägige Planungssitzung im Dezember 1983 in Marburg vorbereitet worden.[2]

Die Konzeption der Tagung ging davon aus, daß das Spannungsverhältnis zwischen der Vormacht Sowjetunion und den von ihr abhängigen Staaten in Ostmitteleuropa seit

---

1 Willy Brandt am 10.11.1989 in Berlin. W. BRANDT: „... was zusammengehört". Reden zu Deutschland. Bonn 1990, S. 41.

2 Im Vorfeld der Tagung wurde ferner eine Bestandsaufnahme angestellt (H. LEMBERG, Lage und Perspektiven der Zeitgeschichtsforschung über Ostmitteleuropa in der Bundesrepublik Deutschland, in: ZfO 35 (1986), S. 191–218), in der für die Bundesrepublik Deutschland ein alarmierendes Defizit hinsichtlich zeitgeschichtlicher Forschung über Ostmitteleuropa – gerade für die Zeit nach 1945 – konstatiert und versucht wurde, einige Gründe hierfür aufzuspüren.

der Zeit unmittelbar nach dem Zweiten Weltkrieg trotz aller scheinbaren Stabilität des Systems in ständigem Wandel begriffen war. So verdiente dieses Verhältnis nach etwa vier Jahrzehnte langer Existenz erneute Aufmerksamkeit; damals wie heute, da seit 1989 die „sozialistische Staatengemeinschaft" mehr und mehr zum bloß historischen Gegenstand geworden und zu werden scheint, war und bleibt das Problem der Sowjetisierung eines der zentralen Gegenstände der Zeitgeschichte.

Neuere Bemühungen um das Arbeitsthema konnten in gewisser Hinsicht an eine vor etwa einer Generation begonnene und Fragment gebliebene Leistung des Herder-Instituts anknüpfen: 1959 ist hier der erste und einzige Band des von Ernst Birke und Rudolf Neumann herausgegebenen Werkes „Sowjetisierung Ostmitteleuropas" erschienen, der auf der Grundlage der damaligen Quellen und Methoden ein wichtiger Beitrag zur Erforschung des genannten Vorgangs war.[3]

Seither war ein Lebensalter vergangen; in dieser Zeit war das Phänomen der Sowjetisierung Ostmitteleuropas relativ wenig untersucht worden; der Forschungsstand der fünfziger Jahre wurde lange Zeit weiter tradiert, und der zunächst vorherrschende Gedanke, das sowjetische Modell sei den ostmitteleuropäischen Staaten aufoktroyiert, diese selbst seien im Sinne einer reinen Überfremdung „sowjetisiert" worden, wurde lange kaum in Frage gestellt. Indessen war in Einzelbereichen immer wieder beobachtet worden, wie sehr das im Tagungstitel „nationale Prägung" genannte Substrat vorhandener historischer Prädispositionen die Aufnahme des sowjetischen Modells behindert oder aber gefördert und jedenfalls zu dessen Transformation beigetragen hatte. Inzwischen standen auch zahlreiche vorher unzugängliche Materialien erstmals zur Verfügung, und das Interesse an der Zeitgeschichte des östlichen Europas begann sich neu zu beleben.[4]

Es ging also jetzt einerseits um die Aufarbeitung dessen, was seit dem Erscheinen des Birke-Neumann-Bandes in der Forschung geschehen, andererseits um die Feststellung, was von den damaligen Erkenntnissen gültig geblieben war. In dem vorbereitenden Arbeitsgespräch war bereits ein multidisziplinärer Zugang praktiziert worden, der auch jetzt bei der eigentlichen Tagung verwirklicht wurde; an ihr beteiligten sich über 30 Angehörige unterschiedlicher Disziplinen (Zeitgeschichte, Nationalökonomie, Politische Wissenschaft, Slavistik, Bildungsforschung usw.) aus verschiedenen Ländern. Referenten unmittelbar aus ostmitteleuropäischen Ländern zu einer Tagung dieses Themas einzuladen, wäre heute eine Selbstverständlichkeit; bei einem politisch so heiklen Thema war das aber 1987 noch unmöglich.

Im Vorgespräch wurde in Hinsicht auf das Tagungsthema besonders der Modellbegriff diskutiert: Er war in der Geschichtswissenschaft bis zur Methodendiskussion der 60er und 70er Jahre verpönt, hat aber seither von den Sozialwissenschaften her auch dort Eingang gefunden. Im konkreten Fall wird der Modellbegriff mehrdeutig verstanden: in der vordergründigen Bedeutung als „Muster", als Synonym für Theoriebildung, als instrumenteller Begriff oder als erkenntnisleitendes Interesse. Das spezifisch sowje-

---

[3] Vgl. E. Birke/R. Neumann (Hrsg.): Die Sowjetisierung Ost-Mitteleuropas. Untersuchungen zu ihrem Ablauf in den einzelnen Ländern. Im Auftrag des Johann Gottfried Herder-Forschungsrates hrsg. von Ernst Birke und Rudolf Neumann unter Mitwirkung von Eugen Lemberg, Frankfurt a. M./Berlin 1959.

[4] S. die beiden Tagungsberichte: Zwischen Demokratie und Volksdemokratie. Tagung, veranstaltet vom Osteuropa-Institut München – Historische Abteilung – 1.–2. Dezember 1982. Arbeiten aus dem Osteuropa-Institut München. Working Papers. Nr. 95, München 1983; Zeitgeschichte Osteuropas als Methoden- und Forschungsproblem. Hrsg. von B. Bonwetsch (Osteuropaforschung, 13), Berlin 1985.

tische Modell wird im Blickwinkel des Tagungsansatzes nicht als statisch begriffen, sondern als in einem – selbst in der Stalin-Ära – langsamen, aber dauernden Wandel befindlich. Dabei durfte auch vor der „Perestrojka" die Kluft zwischen Modell und Wirklichkeit in der UdSSR nicht übersehen werden.

Einem so begriffenen sowjetischen Modell stand eine in den letzten Jahrzehnten eher noch zunehmende Differenzierung der Länder Ostmitteleuropas gegenüber, deren unmittelbare Voraussetzungen und deren Eigendynamik in diesem Zusammenhang genauer analysiert zu werden verdienten. Unter anderem sollte die Frage nicht übersehen werden, wie weit der von Land zu Land fortgeschrittenere oder zurückgebliebenere sozioökonomische Entwicklungsstand im Vergleich zum sowjetischen Vorbild auf die Phänomene der Sowjetisierung eingewirkt und zu ihrer hier insgesamt zu beobachtenden, jeweils nationalen Prägung beigetragen hat. Weder der Raum „Ostmitteleuropa" noch der gewählte Zeitabschnitt wurden während der Tagung allzu exklusiv gefaßt, damit weiterführende Vergleiche ermöglicht werden konnten.

Das Programm wurde in folgende Abschnitte unterteilt: „Einführung", „Voraussetzungen", „Parteien und Innenpolitik" (mit den Teilbereichen: nichtkommunistische Parteiengruppen, regionale Besonderheiten, Militär, politische Kultur), „Wirtschaft und Gesellschaft", „Internationales System" sowie „Kultur und Wissenschaft" (mit den Teilbereichen: Bildungswesen, Historiographie, Literatur).

Der vorliegende Sammelband veröffentlicht die erweiterten Kurzreferate der Tagung. Er deckt zwar den Bereich nicht wie ein Handbuch vollständig ab, informiert aber dennoch breit über Probleme und Forschungsstand zum Thema. Die unterschiedliche Dichte, Länge und formale Gestaltung der Beiträge wurde bewußt in Kauf genommen: In einigen Fällen wurde angesichts der Alternative, ein Referat entweder in nur leicht erweiterter Kurzform in den Band einzufügen oder, wenn der Autor zur Ausarbeitung nicht in der Lage war, ganz darauf zu verzichten, die erste Möglichkeit genutzt. Andererseits konnten drei neue Beiträge hinzugewonnen werden, die nicht auf der Tagung vorgetragen worden waren und die deren Spektrum ergänzen. – Es ist darauf verzichtet worden, Aussagen, die sich auf die Gegenwart des Autors zum Zeitpunkt der Textabfassung beziehen, durch Umwandlung der Präsens- in die Präteritumsform scheinbar zu aktualisieren.

So ist hoffentlich ein Band entstanden, der anhand ausgewählter Bereiche einen Beitrag zu der schon einige Zeit vor den Umwälzungen von 1989 neu in Gang gekommenen Diskussion über die Stalin-Ära in Ostmitteleuropa und in ganz Osteuropa liefern kann. Wenn er auch nur in einige Richtungen neue Sichtweisen anregen könnte, ließen sich Impulse für die allgemeine Zeitgeschichtsforschung über den nun zerbrochenen „Ostblock" erwarten. Gerade heute, wo die ostmitteleuropäischen Länder und Völker ihren selbständigen Bewegungsspielraum wiedergewonnen haben, diesen aber wohl noch lange mit den Relikten der kommunistischen Ära werden konfrontieren müssen, sollte die Beobachtung der Anfänge ihrer Einbindung in das von der Supermacht Sowjetunion beherrschte System interessieren.

Abschließend sei allen Beiträgern gedankt, den Mit-Leitern der Tagung Stephan Dolezel, Karl Eimermacher, Erwin Oberländer und Gert von Pistohlkors, den Tagungsteilnehmern sowie all denen, die darüber hinaus zur Entstehung des Bandes beigetragen haben (namentlich Rolf Ahmann und Stefan Troebst), vor allem auch der Stiftung Volkswagenwerk für die Förderung der Tagung, deren Ergebnisse hier vorgelegt werden.

Marburg, im Herbst 1990 Hans Lemberg

Einführung

„Sowjetisierung" und nationale Eigenart in Ostmittel- und Südosteuropa. Zu Problem und Forschungsstand

von
Michal Reiman

Der Begriff „Sowjetisierung" ist aus dem politischen Vokabular in die wissenschaftliche Literatur gekommen. Ursprünglich benutzte man ihn, um die Vorstellungen der sowjetischen Kommunisten über den weiteren Verlauf der Weltrevolution zum Ausdruck zu bringen: Es sollte zu einer allgemeinen Errichtung von Räten (Sowjets) oder solcher Organe kommen, die den Räten ähnlich sind. Nach dem Zweiten Weltkrieg veränderte sich jedoch die Bedeutung dieses Begriffs grundsätzlich. Er wurde jetzt zunehmend zum Sinnbild der Abhängigkeit ostmittel- und südosteuropäischer Länder (bzw. auch Länder anderer Weltregionen) von der Sowjetunion und der damit verbundenen Einführung einer sowjetähnlichen politischen und gesellschaftlichen Ordnung in diesen Ländern. In dieser Bedeutung wurde der Begriff schon bald von der politischen Propaganda im Westen vereinnahmt und mit einer ganzen Reihe ideologischer Klischees gestützt. Deshalb ist, will man ihn heute in der Wissenschaft verwenden, eine genaue Präzisierung seiner Inhalte erforderlich. Wenn ich hier trotzdem auf ihn zurückgreife, so geschieht dies der begrifflichen Vereinfachung wegen. Ich verwende den Begriff ausschließlich zur Bezeichnung des Versuchs, die gesellschaftspolitische und sozioökonomische Ordnung sowjetischer Prägung in den Ländern Ostmittel- und Südosteuropas aufzubauen.

Im gesellschaftspolitischen und sozioökonomischen Leben der ostmittel- und südosteuropäischen Länder spielte sich der Umgestaltungsprozeß sehr intensiv in den Jahren 1944/45–1953 ab. Nach dem Jahr 1953 ging es hauptsächlich schon um die Vollendung des vorgenommenen Umbaus (z.B. um die Kollektivierung der Landwirtschaft) bzw. um die Reformierung der neu geschaffenen Strukturen. Insofern muß bei der Anwendung des Begriffs „Sowjetisierung" auch über den zeitlichen Faktor nachgedacht werden. Ganz abgesehen vom definitiven Resultat eines solchen Nachdenkens wende ich den Begriff hier auf die Entwicklungsprozesse im Zeitraum von 1947/48 bis 1953 an.

Zur Problemstellung in West und Ost

In den letzten Jahrzehnten ist über das hier interessierende Problem eine relativ umfangreiche Literatur entstanden. Die Inhalte dieser Literatur wurden stark durch die politischen und ideologischen Auseinandersetzungen zwischen Ost und West geprägt. Dabei wurden im Osten, wo die Möglichkeiten einer unabhängigen Forschung über Jahre hinweg sehr beschränkt oder gar völlig zunichte gemacht worden waren, in der vorhandenen Literatur zwei Aspekte eingehend ausgearbeitet. Einerseits wurde versucht, die Authentizität, also den einheimischen Ursprung des Nachkriegsumbaus zu beweisen und zu betonen. Die Rolle der Sowjetunion wurde als die des Befreiers beschrieben, der zugleich die inneren Revolutionsprozesse vor den äußeren Eingriffen des „Imperialismus" schützte. Dies geschah in Annäherung an das Bild eines „älteren

Bruders", der durch seine umfangreiche Erfahrung befähigt sei, den anderen bei der Wahl ihres Weges zu helfen. Der zweite Aspekt in der östlichen Literatur bestand darin, daß der Beschreibung der sozioökonomischen Umgestaltung in der Region und in den einzelnen Ländern sehr viel Raum gegeben wurde. Damit sollte belegt werden, daß sich diese Länder auf die gesellschaftspolitischen Ziele der herrschenden kommunistischen und der Arbeiterparteien zubewegten.

In ihrer Gesamtheit blieb auch die westliche Literatur stark an die ideologisch-politischen Faktoren gebunden. Im Vordergrund ihrer Aufmerksamkeit standen die machtpolitischen Vorgänge, welche die Vorherrschaft der Sowjetunion in Ostmittel- und Südosteuropa sicherten und die Machtergreifung der Kommunisten ermöglichten. Außerdem wurde dem totalitären Charakter der neu entstandenen Regime in dieser Literatur große Aufmerksamkeit gewidmet.

Ein Blick über die in den letzten Jahren im Westen entstandene Literatur belegt, daß hier ein deutliches Übergewicht politischer und politologischer Abhandlungen bzw. politischer Publizistik anzutreffen ist. Ein anderes Charakteristikum dieser Literatur besteht darin, daß sie die aktuelle Lage in der Region und in den einzelnen Ländern zu beschreiben und zu analysieren sucht. Ihre Thematik bewegt sich somit chronologisch ununterbrochen nach vorn, um den neuesten Stand der Dinge zu erfassen, und sie zollt daher unvermeidlich dem politischen und ideologischen Blickwinkel des Augenblicks einen relativ hohen Tribut. Die spezifischen Aspekte der zeitgeschichtlichen Analyse bleiben unter diesen Umständen für die Periode, die uns hier interessiert, vergleichsweise unentwickelt. Eine solche Analyse findet sich in einer bescheidenen Zahl von im Westen erschienenen zeitgeschichtlichen Abhandlungen über diese Periode, die sehr häufig aus der Feder von Autoren stammen, die von Ostmitteleuropa in den Westen übergewechselt sind.[1] Davon abgesehen sind sie vor allem in Gesamtdarstellungen der Nachkriegsentwicklung des „Sowjetblocks", der sowjetischen Außenpolitik der Nachkriegszeit sowie in solchen politologischen und wirtschaftswissenschaftlichen Abhandlungen und Darstellungen zu finden, welche die ökonomische Entwicklung der Region und einzelner Länder zum Thema haben.

Ich stelle mir hier jedoch weder die Aufgabe, den Forschungsstand ausführlich zu beschreiben, noch setze ich mir das Ziel, die Beiträge einzelner Autoren zu bewerten. Vielmehr geht es mir darum, die Feststellung zu untermauern, daß die bestehende Literatur sehr stark von der Logik der Ost-West-Auseinandersetzung geprägt ist. Obwohl wissenschaftliche Erkenntnisse in diesem Zusammenhang keinesfalls auszuschließen sind, so gleicht doch die Logik einer solchen Auseinandersetzung keinesfalls der einer wissenschaftlichen Arbeit. Eine solche sieht nicht nur einen anderen Blickwinkel der Problembetrachtung vor, sondern nicht selten auch eine andere Auswahl der zur Abhandlung bestimmten Problembereiche.

In diesem Zusammenhang möchte ich die Aufmerksamkeit auf den Stand der Untersuchungen über die sozioökonomischen sowie kulturell-zivilisatorischen Umgestaltungen in der Stalinschen Ära lenken. Sie werden in der westlichen Literatur überwiegend vom Standpunkt der kommunistischen Machtergreifung, des Instrumentariums der Machtpolitik aus behandelt. Unterschätzt werden sie jedoch – wenn man von den im Westen erschienenen Arbeiten ostmitteleuropäischer Dissidenten und Emigranten

[1] Hier sind z.B. die Studien in der Reihe: Krisen in den Systemen sowjetischen Typs, hrsg. von Z. Mlynář, Nr. 1–18, Köln 1982–1989, sowie weitere Arbeiten von K. Kaplan, J. Kosta, J. Sláma, P. Kende, W. Brus, A. Heller und F. Fehér zu nennen.

absieht – als Faktoren des Wandels substantieller Aspekte staatlichen und nationalen Lebens insgesamt, die einen Bruch in der Entwicklungskontinuität Ostmittel- und Südosteuropas bewirkten, die Länder dieser Region ihrem früheren Milieu entfremdet und diese in ein für sie bis dahin fremdes Entwicklungsmilieu integriert haben. Dies ist deshalb bedeutsam, weil dadurch die Umwälzungen in dieser Region eine kulturell-zivilisatorische Dimension erlangt haben. Es geht dabei nicht mehr allein um die bloße Änderung der Eigentumsverhältnisse, um den Übergang von der privaten zur staatlichen oder genossenschaftlichen Wirtschaft; es geht nicht nur um die Vernichtung der einen oder anderen Schicht oder Klasse der früheren Gesellschaftsstruktur (etwa der Gutsbesitzer oder der kapitalistischen Unternehmer). Es geht vielmehr darum: Ändert sich prinzipiell die Zusammensetzung und die wirtschaftliche Lage aller sozialer Schichten, so ändert sich auch ihre Psychologie, ihr Verständnis von der eigenen gesellschaftlichen Rolle, ihre Einstellung zur geschichtlichen Tradition, ihre Art des gesellschaftlichen sowie auch produktiven Verhaltens.[2] Eine unzureichende Erforschung bzw. Behandlung dieser Aspekte der „Sowjetisierung" Ostmittel- und Südosteuropas erschwert deshalb die Einschätzung der gesellschaftlichen Realität in dieser Region und kann zur Darstellung falscher Entwicklungsperspektiven führen.

Die „nationale Eigenart" und die „Sowjetisierung"

Der oben umrissene Charakter der „Sowjetisierung" Ostmittel- und Südosteuropas scheint auch eine wichtige Aussage über die Inhalte der nationalen Problematik in dieser Region zu enthalten: Die gewaltsam durchgeführte Umgestaltung hat alle bedeutenden Komponenten des gesellschaftlichen und staatlichen Lebens in sich eingeschlossen. Dabei hat sie zunehmend weniger Rücksicht auf das vorhandene Potential an gesellschaftlicher Zustimmung genommen und statt dessen versucht, die Institutionen der staatlichen und gesellschaftlichen Ordnung von der Sowjetunion direkt in die Länder Ostmittel- und Südosteuropas zu verpflanzen. Dadurch kamen in allen Ländern der Region, wenn auch in unterschiedlicher Intensität, nationale, antisowjetisch gefärbte Gefühle auf. Diese Gefühle zeichneten sich durch eine wachsende, wenn auch nicht immer lineare Ablehnung der sowjetischen Vorgaben und des sowjetischen Einflusses aus. Die Ablehnung verschärfte sich und kam mehrmals auch öffentlich zum Ausdruck, als deutlich geworden war, daß die gesamte Entwicklung der UdSSR sowie der Länder Ostmittel- und Südosteuropas stagnierte und die Sowjetunion ihre frühere Anziehungskraft voll eingebüßt hatte. Doch wäre es meines Erachtens falsch, diesen uns heute einsichtigen Zusammenhang direkt in die Vergangenheit zu projizieren und an ihm die Forschung zu orientieren.

Zunächst sei festgehalten: Es kann nicht davon ausgegangen werden, daß die frühere Ordnung des staatlichen und gesellschaftlichen Lebens in den Ländern Ostmittel- und Südosteuropas erst und allein durch die „Sowjetisierung" zerstört worden ist. Die neuere selbständige Staatlichkeit aller Nationen der Region – der Polen, Tschechen und Slowaken, der Ungarn, Rumänen und Bulgaren – war in besagtem Zeitraum noch sehr jung und ungefestigt. Einige von diesen Nationen hatten ihre Staatlichkeit seit der zweiten Hälfte des vorigen Jahrhunderts aufgebaut, die anderen erst seit dem Ende des

[2] Vgl. dazu im einzelnen M. Reiman, Die „Sowjetisierung" Mittel- und Südosteuropas, in: Kursbuch 81 (September 1985) S. 137–151.

Ersten Weltkriegs. Ihre Bemühungen um die Staatlichkeit hatten im Vorfeld und im Verlauf des Zweiten Weltkriegs durch den nationalsozialistischen Drang nach Osten einen schweren Schlag erlitten. Die Tschechoslowakei, Polen und Jugoslawien wurden als Staaten vernichtet, ihre Eliten dezimiert, ihre Gesellschaft der Okkupationsverwaltung unterworfen, ihre Organe und Organisationen teils vernichtet, teils jeglicher Selbständigkeit beraubt (ich sehe hier von der vorübergehenden Existenz des Slowakischen Staates sowie von der komplizierten Entwicklung in Jugoslawien ab). In Ungarn, Rumänien und Bulgarien wurde jeweils ein nazifreundliches Regime installiert, die Länder wurden in den Krieg hineingezogen und mußten Seite an Seite mit Nazideutschland kämpfen. Dadurch wurden ihre Staatlichkeit und ihre gesellschaftlichen Formen tief kompromittiert oder gar in Frage gestellt; kompromittiert war auch der größte Teil ihrer bisherigen politischen und wirtschaftlichen Eliten. In ihren früheren Formen konnten diese Staaten und Gesellschaften nach dem Krieg nicht mehr existieren.

Ich erwähne all diese Tatsachen an dieser Stelle deswegen, weil das Problem des Neuaufbaus und der Umgestaltung in Ostmittel- und Südosteuropa nicht erst infolge des Einmarsches der sowjetischen Armee entstanden ist. Ein Umbau der Staaten und eine Umgestaltung der Gesellschaften in dieser Region hätte auch ohne diesen Einmarsch angestanden. Dabei waren die Nationen durch die vorausgegangenen Ereignisse ihrer früheren Stabilität und vieler ihrer Kräfte beraubt worden, so daß Widerstand gegen einen andauernden und starken äußeren Druck für sie nicht gerade eine leichte Angelegenheit gewesen wäre. Damit soll selbstverständlich keinesfalls geleugnet werden, daß die Zersetzung der alten Strukturen durch den sowjetischen Einmarsch vertieft und daß die Umgestaltung bzw. der Neuaufbau in eine ganz bestimmte Richtung gelenkt wurde, die zunehmend und immer umfassender die Übertragung und die Übernahme politischer und gesellschaftlicher Muster sowjetischen Typs beinhaltete.

Diese Aspekte der „Sowjetisierung" sollten auch deswegen nicht unerwähnt bleiben, weil es, wie schon gesagt, falsch wäre, die direkt nach dem Krieg begonnenen Umbauprozesse nur aus der sowjetischen Politik abzuleiten und ihre Eigendynamik zu ignorieren. Ich habe bereits davon gesprochen, daß die sowjetische Politik in dieser Region ihre Ziele oft mit brutaler Gewalt und Rücksichtslosigkeit verfolgt hat. Trotzdem wäre es falsch anzunehmen, daß damals nur mit dem bloßen Mittel der Gewalt gearbeitet worden ist. Dies war von Land zu Land unterschiedlich. In den Siegerländern, wie der Tschechoslowakei und Jugoslawien (bis zum Abbruch der Beziehungen mit der Sowjetunion) – zum Teil gilt das auch für Bulgarien, das oft als slawisches und daher mit der Sowjetunion befreundetes Land dargestellt wurde – setzte die UdSSR, vor allem zu Anfang, andere Mittel ein als in den besiegten Ländern wie z. B. Rumänien, Ungarn oder gar Deutschland. Eine ganz spezifische Situation entstand in Polen, das zu den Siegerländern gehörte. Die Sowjetunion griff hier brutal durch, um den Einfluß der polnischen Londoner Exilregierung, die den Sowjets nicht freundschaftlich gesonnen war, einzudämmen und eine Regierung nach eigenem Gutdünken einzusetzen. Die Situation war durch das gesamte Erbe der russisch-polnischen und sowjetisch–polnischen Beziehungen und durch das sowjetische Verhalten in der Anfangsphase des Zweiten Weltkriegs außerordentlich belastet. Zugleich jedoch versuchte die sowjetische Regierung, Polen als Siegermacht zu etablieren und seine Position als Verbündeten der Sowjetunion zu stärken.

Die hier schon angesprochene Tatsache, daß Gesellschaft und Staat in den ostmittel- und südosteuropäischen Ländern neu aufgebaut werden mußten, sowie die damals noch frische Erfahrung, vom nationalsozialistischen Deutschland okkupiert worden zu sein und den Zusammenbruch der alten Ordnung erlebt zu haben – dies alles führte dazu, daß für den Neuaufbau eine gewisse gesellschaftliche Zustimmung und Unterstützung gegeben war. In einigen Ländern, wie z.B. in der Tschechoslowakei, war diese relativ breit, während sie in anderen, wie z.B. in Polen oder in Ungarn, nicht nur bedeutend schwächer und oberflächlicher, sondern auch labil und nur von vorübergehender Natur war. In dem einen oder anderen Ausmaß war sie jedoch in allen Ländern der Region präsent.[3]

Es ist wichtig, das Vorhandensein einer Zustimmung zu der neuen Ordnung festzustellen, will man imstande sein, die Problematik der „nationalen Besonderheiten" differenziert zu begreifen. Nach den grundlegenden sozioökonomischen und gesellschaftspolitischen Umwälzungen der Stalinzeit, der Zeit der intensiven „Sowjetisierung", und dem Ende des Stalinschen Terrors, setzte unter Chruščev ein Prozeß der Differenzierung ein, der die vorhandenen Spezifika der einzelnen Länder allmählich deutlich machte. In der Literatur, die diese Entwicklung registriert, und insbesondere in der politischen Publizistik wird dieser Differenzierungsprozeß nicht selten vom Standpunkt der Versuche, die alte Substanz des nationalen und staatlichen Lebens zu erneuern bzw. zu ihr zurückzufinden, wiedergegeben. Was hier jedoch aufgegriffen wird, ist meines Erachtens nur eine der Tendenzen, die in besagtem Zeitraum eine Rolle spielten. Es kam auch noch eine weitere zum Vorschein: Die nach dem Krieg neu geschaffenen sozioökonomischen und gesellschaftspolitischen Gegebenheiten sollten reformiert und den nationalen Bedürfnissen sowie der nationalen Lebensordnung angepaßt werden. Diese Vorstellung schlug sich in den fünfziger und sechziger Jahren in den Parolen vom „nationalen Weg" bzw. vom „Modell" des Sozialismus nieder, was der gerade erwähnten Tatsache entsprach, daß die Nachkriegsumwandlungen eine neue Wirklichkeit geschaffen hatten und ein gewisses Potential an Zustimmung gewinnen konnten. Erst später, als sich die negativen Züge der neuen Wirklichkeit zu manifestieren begannen und im Westen Europas ein deutlicher Prozeß des schnellen Wachstums eingesetzt hatte, zeichnete sich eine klare Aufwertung der Vorkriegsordnungen ab. Dieser Augenblick war in jedem einzelnen Land zu unterschiedlichen Zeitpunkten erreicht, lag jedoch allgemein vor allem im Übergang zur konservativen Epoche Breżnevs.

Zwei Konzepte der „Volksdemokratie"

Die heutige Literatur des Westens wie des Ostens – eine gewisse Ausnahme bildet hauptsächlich die offizielle Geschichtsschreibung in Bulgarien – ist sich darin einig, daß die „Volksdemokratien" in der Stalinzeit durch zwei Entwicklungsstadien gegangen sind. Die erste Etappe umfaßt die Jahre 1944/45 bis 1947/48, die zweite die Jahre unmittelbar darauf, etwa von 1947/48 bis zum Jahr 1953. Bei der Interpretation dieser beiden Etappen sind freilich zwischen West und Ost große Unterschiede festzustellen: Die in der ersten Etappe noch vorhandenen deutlich pluralistischen Züge im ökonomischen und politischen Leben dieser Länder sowie die nicht oder nicht ganz abgebrochenen Beziehungen zu den westlichen Siegermächten werden in der westlichen Literatur überwiegend als Ausdruck eines Übergangs, einer noch nicht gefestigten Vorherrschaft der Sowjetunion und der Kommunisten gesehen und formuliert. Demgegenüber wurde in der Vergangenheit die Situation von der Mehrzahl der östlichen Autoren

---

3 ANDRZEJ WAJDAS Film „Der Mensch aus Stahl" zeigt diese Problematik sehr anschaulich für das Polen der Stalinzeit.

komplizierter gesehen. Der Übergangscharakter der ersten Periode wurde zwar auch hier nicht geleugnet; sie wurde jedoch mit dem Begriff einer nationalen, demokratischen, antifaschistischen Revolution beschrieben. Erst die zweite Etappe zeichnete sich nach Ansicht dieser Autoren durch einen vollendeten Übergang zur sozialistischen Revolution und damit auch zum Aufbau des Sozialismus aus.

Im Laufe der Zeit wurden diese Standpunkte im Osten differenziert. Relativ verbreitet war die Meinung, die Periode 1944/45 bis 1947/48 lasse sich als eine Periode des Hinüberwachsens einer nationalen und demokratischen Revolution in die sozialistische Revolution definieren. Später verbreitete sich noch eine andere Auffassung, vor allem in der Tschechoslowakei im Vorfeld des Prager Frühlings, nämlich die Ansicht, die beiden Etappen der „Volksdemokratie" seien die Widerspiegelung zweier unterschiedlicher Sozialismuskonzepte: Das eine sah einen „spezifischen Weg zum Sozialismus" unter Beibehaltung des Pluralismus in der Gesellschaft vor, und das andere richtete sich nach den stalinistischen Mustern aus der Sowjetunion. In den letzten Jahren schließlich zeichnete sich in der nonkonformen Literatur Ostmittel- und Südosteuropas eine Annäherung an die westlichen Vorstellungen ab, wie ich sie oben erwähnt habe.

Ich möchte jetzt die Aufmerksamkeit auf die Beschäftigung mit den Konzepten der „spezifischen Wege zum Sozialismus" lenken. Diese Konzepte standen auch in der Literatur des Westens zur Diskussion. Sie wurden jedoch eher als eine wenig bedeutsame Episode betrachtet und oft im Zusammenhang mit taktischen Überlegungen der sowjetischen bzw. der kommunistischen Politik gesehen, die zum Ziel hatten, westliche Verbündete der Sowjetunion bzw. tatsächliche oder potentielle Partner der Kommunisten in den einzelnen Ländern darüber zu beschwichtigen, was die vermuteten Absichten der Kommunisten anging.[4] Es läßt sich selbstverständlich kaum leugnen, daß mit diesen Konzepten auch die oben angesprochenen taktischen Ziele verfolgt worden sind. Meines Erachtens ist jedoch damit die Bedeutung der „spezifischen Wege zum Sozialismus" noch nicht erschöpft. Ich möchte hier an die Ausführungen von N. Chruščev auf dem XX. Parteitag der KPdSU (1956) erinnern, die deutliche Spuren des oben genannten Konzeptes aufweisen, ebenso wie die Ausführungen Gomułkas über das „polnische Modell" des Sozialismus im Herbst 1956. Zu erwähnen ist auch, daß die Konzepte des „spezifischen Weges" noch zwanzig Jahre danach wiederbelebt und in der Tschechoslowakei mit dem Reformkonzept des Prager Frühlings (1968) in Verbindung gebracht wurden.

Zu Beginn habe ich bereits bemerkt, daß die „Sowjetisierung" nicht als bloßes politisches Handeln bzw. als ein Vorgang, der sich ausschließlich auf die politische Sphäre und auf Machtintentionen beschränkt, zu bewerten ist. Sie findet vielmehr ihren Niederschlag auch in Umwälzungen der sozioökonomischen, gesellschaftspolitischen sowie kulturell-zivilisatorischen Faktoren des nationalen Lebens. Die heutige westliche Publizistik, mit der tiefen Krise der sozialistischen Systeme vor Augen, neigt dazu, die Prozesse der „Destalinisierung" und der „Desowjetisierung" polar zu betrachten und sie als eine Bewegung vom „real existierenden Sozialismus" hin zu einer „sozialen Marktwirtschaft" zu beschreiben. Wenn wir uns jedoch darauf einigen wollen, daß die „Sowjetisierung" nicht nur auf die politische Sphäre begrenzt ist, sondern daß sie zur Umstrukturierung des gesamten nationalen Lebens führt, dann müssen wir auch die

[4] Solche Einschätzungen stützen sich sehr oft auf die Zeugnisse von Milovan Djilas über die Meinungen und Absichten Stalins, vgl. M. Djilas, Gespräche mit Stalin, Frankfurt a. Main 1962.

Annahme aufnehmen und überprüfen, ob bestimmte Konzepte bzw. Parolen früherer Jahre, wie z. B. die Parole der „spezifischen Wege", nicht nur Ausdruck von taktischen Überlegungen, sondern auch Ausdruck der Existenz neuer gesellschaftlicher Strukturen und deren Entwicklungstendenzen sind. In diesem Sinne könnten sie auch als Ausdruck des Willens betrachtet werden, die durch die „Sowjetisierung" geschaffenen Strukturen zu „nationalisieren".

Einige Schlußbemerkungen

Von der Periode, in der sich die „Sowjetisierung" der „Volksdemokratien" vollzogen hat, trennen uns heute mehrere Jahrzehnte. Dies erlaubt, den bereits erreichten Stand der Forschung mit größerem Abstand zu bewerten. Der Hauptbefund besagt, daß die ideologische Auseinandersetzung zwischen Ost und West auch den Blickwinkel der Forschung verengt hat, der außerdem noch sehr stark von der Bewertung und Auswertung der aktuellen politischen und wirtschaftlichen Lage beeinflußt wurde. Auf diese Art und Weise war die Forschung, wie bereits festgestellt wurde, an die polaren Entwicklungsperspektiven Ostmittel- und Südosteuropas gebunden, was auch den Austausch von Forschungsergebnissen bzw. eine gegenseitige Berücksichtigung derselben sehr erschwerte oder ganz unmöglich machte.

Selbstverständlich möchte ich nicht behaupten, daß heute die politisch-ideologischen Motive aus der Forschung verschwunden sind oder verschwinden können. Die heutige Krise in der Sowjetunion und in Ostmittel- und Südosteuropa trägt sogar in gewissem Sinne zu einer neuen Verschärfung der polaren Betrachtungsweise bei. Zunehmend kommen jedoch neue Forschergenerationen zum Zuge, die bereits nicht mehr oder nicht mehr unmittelbar von der alltäglichen Politik der Vergangenheit, ihrer Logik und Psychologie abhängig sind. Dadurch kann sich auch die Logik der wissenschaftlichen Arbeit stärker gegenüber der Logik der Politik und gegenüber aktuellen Ideologien behaupten und zunehmend an Boden gewinnen. Dies wird für die Zukunft vermutlich bedeuten, daß in der Forschung mehrere Aspekte der Vergangenheit und mehrere Zugänge zur Materie berücksichtigt und entwickelt werden.

Voraussetzungen

Instrumente der Sowjetisierung in den annektierten westlichen Gebieten der Sowjetunion 1939–1950

von
Gerhard Simon

Den bedeutendsten Kriegsgewinn aus dem Zweiten Weltkrieg konnte die Sowjetunion vereinnahmen, ehe ein Schuß gefallen war. Die Abgrenzung der gegenseitigen Interessensphären mit dem nationalsozialistischen Deutschland im Herbst 1939 machte die weitgehende Wiederherstellung der Westgrenze des Russischen Reichs von 1812 und 1815 möglich. Das Territorium des ehemaligen Königreichs Polen und des Großfürstentums Finnland blieb allerdings außerhalb der sowjetischen Grenzen. Andererseits konnte Stalin mit Galizien und der Nord-Bukowina Territorien annektieren, die zuvor niemals zum Moskauer russischen Staat gehört hatten. Mit der Annexion der West-Gebiete gewann die UdSSR mehr als 23 Millionen Menschen, die kollektiv zu Sowjetbürgern erklärt wurden. Die annektierten Gebiete unterschieden sich nach historischem Herkommen und staatsrechtlicher Verfassung außerordentlich stark voneinander. Die Sowjetunion liquidierte drei souveräne Staaten, brachte mit den westlichen Teilen Weißrußlands und der Ukraine Ost-Polen an sich, annektierte mit Galizien und der Nord-Bukovina Provinzen der ehemaligen Donau-Monarchie und zwang Rumänien zur Abtretung Bessarabiens unter dem Vorwand der „Wiederherstellung" der Einheit der moldauischen Nation. Auch im Fall von Weißrußland und der Ukraine spielte die Wiederherstellung der nationalen Einheit als Argument bei der Selbstrechtfertigung nach außen und innen eine prominente Rolle.

Sowjetisierung meint die Gesamtheit des Instrumentariums, das von sowjetischer Seite zur Einverleibung und Integration der annektierten Gebiete eingesetzt wurde. Der Schwerpunkt der folgenden Skizze liegt im innenpolitischen Bereich. Der Aspekt der internationalen Beziehungen bleibt weitgehend ausgeblendet. Die Themenformulierung enthält implizit die These, daß trotz des ganz unterschiedlichen Herkommens und Zustands der annektierten Gebiete im wesentlichen überall die gleichen Instrumente eingesetzt wurden, um die neuen Gebiete sowjetisch zu machen. Die Formulierung des Themas provoziert außerdem zwei Fragestellungen: a) Inwieweit war die Sowjetisierung der annektierten Gebiete eine nachholende Revolution von außen, d.h. wiederholte die Sowjetmacht hier jene Maßnahmen, die in den zurückliegenden zwei Jahrzehnten innerhalb der Sowjetunion durchgesetzt worden waren? b) Hatte die Sowjetisierung der westlichen Gebiete Modellcharakter für die Einbeziehung Ostmitteleuropas und Südosteuropas in die sowjetische Herrschaftsphäre nach 1945, d.h. wurde hier ein Instrumentarium erprobt, das nach 1945 in den Ländern unter sowjetischer Hegemonie erneut Anwendung fand?

Militärische Aktionen

Die Errichtung der Sowjetmacht vollzog sich nirgendwo ohne vorausgehende militärische Aktionen. Die Sowjetisierung der annektierten Gebiete kam erst nach der militärischen Besetzung und auf Druck der Politischen Verwaltung der Roten Armee in Gang.

Es gab keine erfolgreichen kommunistischen Putschisten, die dann in einem zweiten Akt – wie teilweise während des Bürgerkriegs – die Rote Armee hätten zu Hilfe rufen können. Allen politischen Aktionen gingen also die militärischen voraus, und die Durchführung der politischen Maßnahmen in den ersten Wochen und Monaten nach der Besetzung lag in erheblichem Umfang in den Händen der Roten Armee und deren Politischer Verwaltung.

Die Rote Armee marschierte am 17. September 1939 in Ost-Polen ein. In den baltischen Staaten ging der Besetzung eine Phase der erzwungenen Einrichtung von Militärstützpunkten voraus. Im September und Oktober 1939 wurden die baltischen Staaten zum Abschluß von Verteidigungsbündnissen mit der UdSSR gezwungen, die die Einrichtung umfangreicher sowjetischer Garnisonen vorsahen. Die Zahlenstärke der sowjetischen Truppen übertraf die Zahl der nationalen Streitkräfte. Die militärische Liquidierung der Souveränität erfolgte hier also schrittweise. Am 15. Juni 1940 marschierte dann die Rote Armee in Litauen ein – an diesem Tag besetzten die deutschen Truppen Paris. Am 17. Juni 1939 wurden Estland und Lettland okkupiert.

Das politische Instrumentarium

Ein zentrales Ziel der politischen Sowjetisierung bestand nach der militärischen Besetzung in der Aufrichtung einer demokratischen Fassade, die der Legitimierung nach außen und innen dienen sollte. Unmittelbar nach der Besetzung wurden in Ost-Polen „Volks-Komitees" als vorläufige Sowjetorgane eingesetzt. Anfang Oktober 1939 wurden Wahlen zu einer „Volks-Versammlung" angekündigt, die bereits zwei Wochen später stattfanden. Ende Oktober 1939 traten in Lemberg und in Białystok diese „Volks-Versammlungen" zusammen, die nur wenige Tage amtierten. Ihre Aufgabe bestand darin, beim Obersten Sowjet der UdSSR formell den Antrag auf Aufnahme der westlichen Ukraine und des westlichen Weißrußlands in die UdSSR zu stellen. Bereits am 1. und 2. November – sechs Wochen nach dem Einmarsch – beschloß der Oberste Sowjet in einer außerordentlichen Sitzungsperiode die Inkorporation West-Weißrußlands und der West-Ukraine in die UdSSR.

Die Wahlen zu den Volks-Versammlungen fanden nach einer Einheitsliste statt, alternative Kandidaten oder Listen waren nicht zugelassen. Die Aufstellung der Kandidaten wurde von einer Kontrollkommission in Lemberg bzw. Białystok kontrolliert. Die Kontrollkommission in Białystok leiteten der Vorsitzende des Obersten Sowjet der Weißrussischen SSR Natalevič und der Vorsitzende des Rates der Volkskommissare aus Minsk Hrekau sowie drei Kommandeure der Roten Armee.[1]

Noch durchsichtiger und windiger als in Ost-Polen fiel die demokratische Fassade in Bessarabien aus. Hier wurden nach dem Einmarsch der Roten Armee (28. Juni 1940) nicht einmal Wahlen abgehalten. Es wurde lediglich eine „Delegation" aus Vertretern der Partei- und Sowjetorgane der Moldauischen ASSR – die ja nur indirekt von der Inkorporation Bessarabiens betroffen war – und aus „Werktätigen Bessarabiens" gebildet, die Anfang August 1940 vor dem Obersten Sowjet in Moskau um die Aufnahme Bessarabiens in die Union petitionierten. Am 8. August 1940 wurden Bessarabien und die Moldauische ASSR zur Moldauischen Unionsrepublik vereinigt, wobei große Gebietsteile der ehemaligen Moldauischen ASSR der Ukraine zugeschlagen wurden, weil

[1] N. P. Vakar: Belorussia. The Making of a Nation, Cambridge 1956, S. 158.

hier eine geschlossene ukrainische Bevölkerung lebte. In Bessarabien wurden unmittelbar nach dem Einmarsch alle politischen Parteien – außer der KP –, Gesellschaften und Bünde sowie die Gewerkschaften verboten, ebenso alle „Jugend-, Kinder-, Sport- und andere Organisationen".[2] Die Kompetenzen des Gebietsparteikomitees und des Rats der Volkskommissare sowie des Obersten Sowjets der Moldauischen ASSR wurden „vorläufig" auf Bessarabien ausgedehnt.

Damit bekam das beim Einmarsch gebildete Bessarabische Vorläufige Revolutionskomitee weitgehend kosmetischen Charakter. Im Revkom war die bisher im Untergrund lebende Mini-KP Bessarabiens vertreten; sie zählte zum Zeitpunkt des Einmarsches 375 Mitglieder.[3] Das Revkom wurde bereits im August 1940 wieder aufgelöst. Ebenso erging es den im Juli 1940 gebildeten „Arbeiterkomitees", die schon nach wenigen Wochen in den neu formierten sowjetischen Gewerkschaftsorganisationen untergingen.[4] In den Institutionen Revkom und Arbeiterkomitee klingt immerhin die Erinnerung an die Entwicklung in den Jahren nach 1917 an.

Die Sowjetmacht hatte jedoch kein Vertrauen zu den politischen Kräften in den okkupierten Gebieten – die bisher im Untergrund lebenden Kommunisten eingeschlossen. In Bessarabien wurden die Sowjetorgane auf der mittleren Ebene (Kreis, Volost, Stadt) von den zentralen Sowjetorganen der Ukraine und der moldauischen ASSR im Juli 1940 eingesetzt. Eine sowjetische Untersuchung bezeichnet dies Verfahren als „den allerdemokratischsten Weg".[5]

Etwas aufwendiger gestaltete sich die Aufrichtung der demokratischen Fassade in den baltischen Staaten. Hier wurden zuerst „Regierungen eingesetzt, die der Sowjetunion wohlwollend gegenüberstanden", wie Chruščev in seinen Memoiren mit verblüffender Offenheit schreibt.[6] Die Kabinettslisten dieser „Volksregierungen" waren von den sowjetischen Außerordentlichen Bevollmächtigten zusammengestellt worden (A. Vyšinskij für Lettland, A. Ždanov für Estland, V. Dekanozov für Litauen). Die „Volksregierungen" waren insofern Koalitionsregierungen, als in ihnen neben einigen Ministern der bisherigen Regierungen prominente Politiker der Oppositionsparteien vertreten waren, verstärkt durch Persönlichkeiten aus dem linken Spektrum des Kulturlebens. Die kommunistischen Minister bildeten zunächst eine Minderheit, erhielten jedoch Schlüsselpositionen wie das Innenministerium. In ähnlicher Form wurden nach 1945 „Volksregierungen" in Ostmitteleuropa eingesetzt.

Noch vor der Abhaltung von Wahlen zu den „Volks-Versammlungen" am 14. und 15. Juli wurden alle nichtkommunistischen Parteien, Organisationen und Einrichtungen verboten. Die Wahlen erfolgten nach einer Einheitsliste der „Liga des arbeitenden Volkes". Die Außerordentlichen Bevollmächtigten überwachten und kontrollierten die Kandidatenlisten.

Die Abgeordneten der „Volks-Versammlungen" gehörten mehrheitlich nicht den kommunistischen Parteien an. Es gab gar nicht genügend Kommunisten. Die Untergrund-KP Estlands zählte Mitte Juni 1940 133 eingeschriebene Mitglieder. Die Volks-Versammlungen traten am 21. Juli zusammen und beschlossen durch Akklamation die Errichtung der Sowjetmacht in den baltischen Staaten. Anfang August erfolgte

[2] A. M. Lazarev: God 1940 – prodolženie socialističeskoj revoljucii v Bessarabii, Kišinev 1985, S. 89.
[3] Ebenda, S. 114.
[4] Ebenda, S. 47, 86, 114, 119.
[5] Ebenda, S. 90.
[6] Chruschtschow erinnert sich, hrsg. von S. Talbott, Reinbek 1971, S. 160.

die förmliche Aufnahme der baltischen Staaten in die UdSSR durch den Obersten Sowjet. Die Übergangsphase hatte auch im Baltikum weniger als zwei Monate gedauert. Nach 1945 zog sich die Errichtung der Volksdemokratien in Ostmitteleuropa zwei bis drei Jahre hin.

Parallel zum Verbot aller anderen politischen Parteien und Organisationen erfolgte in allen annektierten Gebieten der Aufbau der KP und der sowjetischen Massenorganisationen. Dabei wurde die Partei von oben nach unten aufgebaut. So wurden z.B. in Bessarabien erst im Oktober 1940 Parteigrundorganisationen durch Beschluß des ZK der Moldau gebildet. Ortsansässige Kommunisten blieben von leitenden Funktionen in der Partei weitgehend ausgeschlossen. Chruščev schreibt in seinen Memoiren, den Gebietsparteikomitees in der West-Ukraine, die er selbst aufbaute, „gehörten hauptsächlich Leute aus der Sowjetukraine an, während sich die Bezirkskomitees weitgehend aus ortsansässigen Parteiaktivisten rekrutierten".[7]

Die Übertragung der sowjetischen Wirtschafts- und Rechtsordnung

Sie erfolgte nicht global – es sei denn, man sieht in den Sowjetverfassungen, die von den Volks-Versammlungen in den baltischen Staaten verabschiedet wurden, bzw. in der Ausdehnung des Geltungsbereichs der Verfassungen der Ukraine, Weißrußlands und der Moldauischen ASSR auf die annektierten Gebiete einen solchen Schritt –, sondern die sowjetische Wirtschafts- und Rechtsordnung wurde in einer Vielzahl einzelner Gesetze in den annektierten Territorien eingeführt. Die Vorgänge sind vergleichend m.W. im einzelnen bisher nicht untersucht worden.

So wurde z.B. das Strafgesetzbuch der russischen Republik (RSFSR) im November 1940 in den drei baltischen Republiken übernommen. Die Volks-Versammlungen in den baltischen Staaten beschlossen Ende Juli 1940 die Verstaatlichung der Banken und Industriebetriebe mit mehr als 20 Arbeitnehmern bzw. mit mehr als zehn Arbeitnehmern bei mechanisierten Betrieben. Tatsächlich wurden jedoch bis zum Sommer 1941 auch die meisten Kleinbetriebe enteignet. Die Verstaatlichung des Handels begann in den baltischen Republiken im Herbst 1940, erfaßte zunächst nur Großunternehmen und setzte sich allmählich immer weiter nach unten fort. So befanden sich bei Kriegsausbruch im Juni 1941 z.B. in Litauen nur noch 10% der Einzelhandelsgeschäfte in privater Hand.

In Bessarabien vollzog eine Verordnung des Präsidiums des Obersten Sowjet der UdSSR vom 15. August 1940 einen noch radikaleren Einschnitt. Mit dem Ukaz „Über die Nationalisierung der Banken, Industrie- und Handelsunternehmen, des Eisenbahn- und Wassertransports und der Kommunikationsmittel Bessarabiens" wurde teilweise eine Entwicklung sanktioniert, die schon vollzogen worden war, andere Maßnahmen wurden jedoch erst jetzt eingeleitet. Verstaatlicht wurden außer den größeren und mittleren Betrieben des Handels und der Industrie auch alle Druckereien, Krankenhäuser, Apotheken, Schulen, Kinos, Theater, größeren Hotels und alle Mehrfamilienhäuser.

Die Durchsetzung des sowjetischen Wirtschaftssystems führte überall zum Absinken des Lebensstandards.

---

[7] Ebenda, S. 155.

Kader-Transfer

Die Durchführung aller dieser Maßnahmen war mit ortsansässigen Kadern nicht möglich, deshalb wurden von Anfang an in allen Bereichen Fachleute in beträchtlicher Zahl von außen in die annektierten Gebiete abkommandiert. Dabei handelte es sich teils um Landsleute, teils um Russen.

Das ZK der Ukraine versetzte allein im Dezember 1939 760 Funktionäre aus der Ost-Ukraine in das Gebiet Lemberg und 942 in das Gebiet Stanislav (Ivano-Frankovsk). Im Jahre 1946 waren nur 11,5% der Nomenklatura-Funktionäre des Gebietskomitees Lemberg Einheimische, dagegen kamen immerhin 58,3% der Nomenklatura in den Stadt- und Rayonparteikomitees des Gebiets Lemberg aus der einheimischen Bevölkerung.[8] Von der Rückeroberung im Zweiten Weltkrieg bis zum Februar 1945 wurden etwa 20000 Parteimitglieder zu Leitungsaufgaben in die West-Ukraine abkommandiert, sie kamen überwiegend aus der Ost-Ukraine. Ein neuer Schub stand in Verbindung mit der Kollektivierung. 1948/49 wurden allein in die westliche Ukraine 6000 „Spezialisten" entsandt, um die Kollektivierung durchzuführen.[9]

Nach Bessarabien wurden vom ersten Tag des Einmarsches an vom Moskauer ZK Partei-, Sowjet- und Wirtschaftsfunktionäre in Schlüsselstellungen entsandt. Insgesamt kamen mehr als 5000 Leitungskader, die anfangs als Bevollmächtigte des Moldauischen Gebietsparteikomitees und des Rats der Volkskommissare der Moldauischen ASSR mit außerordentlichen Vollmachten eingesetzt wurden. In der Regel handelte es sich um Russen oder Ukrainer. Der gesamte Parteiapparat Bessarabiens blieb noch lange nach dem Krieg von Nicht-Einheimischen beherrscht. Erst zu Beginn der sechziger Jahre stiegen die ersten Bessarabier in das Büro des Moldauischen ZK und in den Moldauischen Ministerrat auf.[10]

In den baltischen Republiken wurden insbesondere nach der Rückeroberung im Zweiten Weltkrieg massenhaft Ortsfremde in Leitungsfunktionen eingesetzt. Viele von ihnen kamen als Angehörige der estnischen, lettischen und litauischen Divisionen der Roten Armee in das Baltikum. Eine prominente Rolle unter den eingeschleusten Leitungskadern spielten die Rußland-Esten und Rußland-Letten. Sie wurden durch Russen verstärkt – insbesondere in Litauen, weil es eine litauische Emigration in Rußland praktisch nicht gab. Noch 1949 waren etwa zwei Drittel der Parteimitglieder in den baltischen Republiken Ortsfremde. In Estland und Lettland waren die Hälfte Russen, in Litauen fast zwei Drittel.

Die Durchführung der Sowjetisierung und Kollektivierung durch fremde Kader war ein Instrument, das Stalin seit Ende der zwanziger Jahre innerhalb der Sowjetunion vielfach erprobt hatte.

---

[8] Y. Bilinsky: The Second Soviet Republic: The Ukraine after World War II, New Brunswick, N.J. 1964, S.91.

[9] D.R. Marples: The Soviet Collectivization of Western Ukraine. 1948–1949, in: Nationalities Papers 13 (1985) S.27, 34.

[10] Lazarev, God 1940, S.95; M. Bruchis: Nations-Nationalities-People: A Study of the Nationalties Policy of the Communist Party in Soviet Moldavia, New York 1984, S.6f.

Deportationen

Parallel zur Einsetzung neuer Leitungskader erfolgte die Deportation der alten Eliten. Keine Maßnahme hat soviel Erbitterung und Haß gegen die Sowjetmacht bei der Bevölkerung ausgelöst wie die Deportationen. Es begann mit der Verhaftung und Deportation einzelner wie des lettischen Präsidenten Ulmanis und des estnischen Präsidenten Päts im Juli 1940 und endete mit der „Liquidierung“ ganzer sozialer Schichten wie der die Kollektivierung ablehnenden Bauernschaft 1949. Die Zahl der Deportierten und Exekutierten im ersten Jahr der Okkupation vor Ausbruch des deutsch-sowjetischen Krieges wird auf 15000 für Estland, 35000 für Lettland und 35000 für Litauen geschätzt. Demgegenüber wurden nach Rückkehr der Roten Armee 1944 bis zum Ende der Stalinära etwa 110000 Esten, 170000 Letten und 310000 Litauer deportiert.[11]

Die Schätzungen über die Gesamtzahl der in Ost-Polen vor Juni 1941 Verhafteten und Deportierten schwanken zwischen 450000 und 1,5 Mill. Menschen. Mehr als die Hälfte von ihnen waren Polen, wahrscheinlich ein Viertel Juden. Diese nationale Zusammensetzung der Deportierten spiegelt die Sozialstruktur im westlichen Weißrußland und in der West-Ukraine wider, wo in den Städten, im Bürgertum, in der Intelligenz und unter den größeren Landbesitzern Polen und Juden dominierten. Zu neuen Deportationswellen kam es nach dem Krieg als Kampfmaßnahme gegen den Partisanenwiderstand in Galizien und zur Durchsetzung der Kollektivierung. Nach dem Krieg wurden vor allem Ukrainer Opfer der Deportationen.

Kollektivierung der Landwirtschaft

Mit der Kollektivierung der Landwirtschaft 1948–1950 erreichte die Eingliederung der annektierten Territorien im wesentlichen ihren Abschluß. Erst diese „Revolution von oben“ vermochte – ähnlich wie zwischen 1929 und 1932 innerhalb der Sowjetunion – die unumschränkte Parteiherrschaft auf dem Dorf zu etablieren und die gesamte Wirtschaft der Kontrolle und Lenkung durch die Partei zu unterwerfen. Die Kollektivierung war zugleich ein entscheidendes Kampfmittel gegen die aufständische UPA (Ukrains'ka Povstans'ka Armija) in Galizien und die Waldbrüder in Litauen, denen die Rückzugsbasis im Dorf entzogen wurde.

Der Kollektivierung gingen überall die Enteignung von Großgrundbesitz und Kirchenland und die Landzuteilung an landarme oder landlose Bauern voraus – ebenso wie es nach 1917 in Rußland geschehen war. So wurden in Bessarabien 1940 230000 ha Land an annähernd 185000 bäuerliche Familien zur Nutzung übergeben. Damit kamen etwa 40% aller bäuerlichen Familien in den Genuß der Landreform. In Lettland und Litauen profitierten je etwa 75000 Familien von der Landreform 1940. Allerdings waren die so geschaffenen bäuerlichen Wirtschaften meist zu klein, um eine Familie zu ernähren.

Auch nach dem Krieg wurde die Einrichtung von Neusiedlerstellen zunächst fortgesetzt. Die wenigen vor dem Krieg geschaffenen Kolchosen waren zumeist zerfallen. Im Baltikum wurden die Bauern dann 1948 durch einen ruinösen Steuer- und Abga-

---

[11] R. MISIUNAS, R. TAAGEPERA: The Baltic States. Years of Dependence. 1940–1980, London 1983, S. 274, 275, 279.

bendruck davon überzeugt, daß die individuellen bäuerlichen Betriebe keine Zukunft mehr hatten. Im März 1949 erfolgte im Baltikum die Liquidierung der „Kulaken" als Klasse: Innerhalb von wenigen Tagen wurde ein Zehntel der lettischen und estnischen Bauernfamilien deportiert. Dies ließ die „Freiwilligkeit" zum Eintritt in die Kolchosen bei den noch nicht Deportierten schlagartig in die Höhe schnellen. Ende 1949 waren 93% der lettischen und 80% der estnischen Bauernwirtschaften kollektiviert. Unumwunden und schlicht heißt es in einer sowjetischen Arbeit: Die Kollektivierung „fiel mit der Liquidierung der Kulaken als Klasse zusammen, sie wurde mit Methoden... ähnlich jenen, die in den älteren Sowjetrepubliken angewandt worden waren, durchgeführt: Expropriation und Deportation".[12]

Schlußfolgerungen

Zur Sowjetisierung gehört eine Reihe weiterer Aspekte, die hier nicht einmal genannt werden konnten: z.B. der Aufbau der politischen Polizei oder die Gleichschaltung des Bildungswesens und der Kultur sowie die zwangsweise Vereinigung der unierten Kirche in Galizien mit dem Moskauer Patriarchat.

Parallel zu Zwang und Terror leitete die Sowjetmacht jedoch auch Maßnahmen ein, die der ökonomischen und sozialen Entwicklung der annektierten Gebiete zugute kamen und die wenigstens nachträglich einen Teil der Bevölkerung für die Sowjetmacht gewinnen sollten. Dazu gehörten die Industrialisierung in Estland und Lettland, die unmittelbar nach dem Krieg in Gang kam, und der Ausbau des Schul- und Bildungswesens in den rückständigen Gebieten Bessarabiens und der westlichen Ukraine sowie West-Weißrußlands.

In den ehemals ostpolnischen Landesteilen und in der Nord-Bukowina wurden einige Elemente der korenizacija-Politik verwirklicht, um Ukrainer und Weißrussen, die unter der massiven Polonisierung bzw. Rumänisierung (in der Nord-Bukowina) gelitten hatten, für die sowjetische Sache zu gewinnen. So wurde z.B. die Universität Lemberg 1940 ukrainisiert, und in der Stadt öffnete das erste ukrainische Theater seine Pforten.

Die Sowjetisierung verfolgte das Ziel, den annektierten Gebieten die Stalinsche Einparteidiktatur aufzuzwingen und sie durch die Enteignung und Verstaatlichung der Produktionsmittel zu einem homogenen Teil der zentralen Planwirtschaft zu machen. Diese Ziele sind vor allem durch den Einsatz brutaler Zwangsmaßnahmen im großen und ganzen erreicht worden. Allerdings hat die Oktroyierung des sowjetischen Modells die Nationen nicht zerstören können. Im Gegenteil, die Nationen sind nach dem Ende des aktiven Widerstands Ende der vierziger Jahre und nach einer Phase der Resignation zur „organischen Arbeit" mit der Sowjetmacht übergegangen, d.h. zum optimalen Ausnutzen jener Möglichkeiten der Nationsbildung, die sich nach dem Ende der Stalinschen Diktatur eröffneten. So zeigen die Nationen der annektierten Westgebiete am Ende der achtziger Jahre eine erstaunliche Geschlossenheit und Kraft. Sie sind zu einer Herausforderung für das Sowjetregime geworden. Die Fähigkeit und Entschlossenheit der Nationen zur Selbstorganisation beziehen ihre Stärke wesentlich aus dem Protest gegen die gewaltsame Einverleibung und Sowjetisierung. Insofern steht am Ende der Sowjetisierung der entschlossene Kampf um die Überwindung des Sowjetre-

[12] E. Kivimaa, 1976, zitiert ebenda, S. 96.

gimes. Auch insofern vollziehen sich in den annektierten Gebieten ähnliche Prozesse wie in Ostmitteleuropa, wobei allerdings diesmal die Nationen Ostmitteleuropas in der Entwicklung zeitlich vorangegangen sind. Die Welle der Expansion, die sich aus dem Zentrum des Imperiums nach Westen ergossen hatte, rollt nun vom Westen her wieder auf das Zentrum zurück.

Als Fazit ist festzuhalten, daß die Integration der annektierten Gebiete eine Reihe von Schlüsselelementen enthält, die als nachholende Sowjetisierung eingestuft werden müssen, das gilt sowohl für Zwang und Terror als auch für manche Entwicklungsmaßnahmen. Ebenso sind bei der Einbeziehung Ostmittel- und Südosteuropas in den sowjetischen Herrschaftsbereich nach 1945 zentrale Instrumente der hier behandelten Sowjetisierung erneut eingesetzt worden. Militärische Besetzung, Blockbildung unter Führung kommunistischer Kräfte, die Aufrichtung einer demokratischen Fassade, Ausschaltung jeder politischen Opposition, das Einschleusen von Führungskadern aus der Sowjetunion, schließlich die Etablierung der sozialistischen Planwirtschaft einschließlich der Kollektivierung der Landwirtschaft waren wesentliche Elemente bei der Errichtung der sowjetischen Hegemonie in Ostmittel- und Südosteuropa. Daß dabei Abweichungen vom Modell vorkamen, ist eine Selbstverständlichkeit. Wesentlich ist die Tatsache, daß Sowjetisierung in Ostmittel- und Südosteuropa ebenso wie in den annektierten Westgebieten als nachholende Revolution von oben betrieben wurde, also festen Zielvorstellungen folgte und erprobte Instrumente einsetzte. Die Flexibilität bei der Anwendung der Instrumente war außerhalb der sowjetischen Staatsgrenzen größer als innerhalb – auch das eine Selbstverständlichkeit. Die Kollektivierung konnte in den Satellitenstaaten nicht überall zu Ende geführt werden oder wurde wieder rückgängig gemacht. Es kam in der Regel hier nicht zu einer Deportation der „Kulaken". In vielen Staaten Ostmittel- und Südosteuropas lag zwischen der militärischen Besetzung und der Sowjetisierung eine Karenzzeit von ein bis zwei Jahren. Aber „der Stalinismus konnte, was die Herrschaftspraxis anbelangte, in Osteuropa und in Deutschland nicht anders sein als zuhaus". [13]

[13] D. Geyer: Deutschland als Problem der sowjetischen Europapolitik am Ende des Zweiten Weltkriegs, in: Kalter Krieg und Deutsche Frage. Deutschland im Widerstreit der Mächte. 1945–1952, hrsg. von J. Foschepoth, Göttingen, Zürich 1985, S. 61.

Die Gefahr der Sowjetisierung und die Exilregierungen

von
Detlef Brandes

Die Polen seien „eine tapfere, aber sehr törichte Rasse, die ihre Sache stets schlecht gemacht hat. Ihre kraft- und wertlose Regierung kann nicht kapieren, was für ein Wahnsinn es ist, wenn eine Nation von 20 Millionen eine Nation von 200 Millionen provoziert". Wie anders seien doch die Tschechen, Beneš und seine Minister, Männer voller Weisheit, die in Freundschaft mit Rußland zusammenarbeiteten. Mit diesen Worten verglich der sowjetische Botschafter Majskij die beiden Völker, um deren Exilregierungen es im folgenden geht, als er Churchill den Abbruch der diplomatischen Beziehungen zu Polen ankündigte.[1] Tatsächlich hatten sich die polnische und die tschechoslowakische Regierung im April 1943 weit auseinanderentwickelt. Der entscheidende Grund dafür lag in ihrer unterschiedlichen Reaktion auf die Gefahr der Sowjetisierung. Dabei hatten sie sich in den ersten Kriegsjahren noch um eine gemeinsame Haltung bemüht.[2]

Die Bemühungen um einen gemeinsamen Schutz vor der Sowjetunion

Nichts zu tun, was die Sowjetunion noch weiter an die Seite der Achsenmächte treiben könnte, und alles zu versuchen, um sie in das Lager der Westmächte zu ziehen – das war die Generallinie Englands und Frankreichs in der Zeit des Hitler-Stalin-Paktes. Für den Wechsel von feindlicher zu wohlwollender Neutralität war die britische Regierung sogar bereit, den sowjetischen Besitz der 1939 und 1940 annektierten Gebiete anzuerkennen. Nach dem deutschen Angriff ging es Großbritannien und den USA darum, die Sowjetunion trotz der großen Verluste an Land und Leben auf der Seite der Alliierten zu halten. Die sowjetische Forderung, die Inkorporation der baltischen Staaten, Bessarabiens und der Bukowina anzuerkennen, war die Mehrheit der britischen Regierung, nicht jedoch Churchill schon Anfang 1942 bereit anzunehmen. Als Gegenleistung für das Angebot, an einem weltweiten Drei- oder Viermächte-Direktorium mitzuwirken und westliche Wiederaufbauhilfe zu bekommen, sollte Stalin auf eine Einmischung in die inneren Angelegenheiten der europäischen und besonders der Nachbarstaaten verzichten. Diese sollten sich zu je einer Konföderation in Ostmittel- und Südosteuropa

---

[1] Vermerk Churchill über Besprechung mit Majskij vom 23.4. 1943, Public Record Office, London, Foreign Office [FO] 371/37569, C 4586/258/55.

[2] Ausführlich habe ich mich mit diesem Thema in meiner Habilitationsschrift beschäftigt: Großbritannien und seine osteuropäischen Alliierten 1939–1943. Die Regierungen Polens, der Tschechoslowakei und Jugoslawiens im Londoner Exil vom Kriegsausbruch bis zur Konferenz von Teheran. München 1988. Da der Text der Schrift durch ein ausführliches Inhaltsverzeichnis und ein Personen- und Sachregister erschlossen ist, werde ich hier nur Zitate und in der Schrift nicht erwähnte Belege, besonders aus dem vor kurzem im Archiv der Hoover Institution on War and Peace in Stanford, CA eingesehenen Tagebuch von Benešs Sekretär Edvard Táborský anführen [HI, TP 1 und 2].

zusammenschließen. So könne deren militärische und wirtschaftliche Schwäche und innenpolitische Labilität, wie sie sich in der Zwischenkriegszeit gezeigt hatten, überwunden werden. Die Großmächte sollten sich selbst verpflichten, nicht schon während des Krieges nach Einflußsphären zu streben und deshalb keine Separatverträge mit den kleinen Alliierten abschließen. Nicht einzeln, sondern als Konföderationen sollten diese ihre Außenpolitik an diejenige der Sowjetunion „anpassen" und durch Beistandsverträge sowjetisches Wohlwollen gewinnen.

Der Sieg der Sowjetunion solle nicht zu groß ausfallen, meinte Beneš im Juni 1941, „sonst wäre es mit ihnen (den Russen) und den Kommunisten nicht auszuhalten".[3] Die polnischen Hoffnungen reichten damals von der Erschöpfung bis zur Niederlage der Roten Armee durch die Wehrmacht. Es schien unvorstellbar, daß Hitler auf die Möglichkeit verzichten würde, die nationalen Bestrebungen der Randvölker zur Bildung deutscher Satellitenstaaten auszunützen. An diese glaubten die Polen dann ebenso wie nach dem Ersten Weltkrieg anknüpfen zu können. Bei Sikorski und seinen Anhängern verflog diese Euphorie jedoch schnell.

Von seinem Moskau-Besuch im Dezember 1941 kehrte er mit dem Konzept eines dauerhaften Bündnisses mit der Sowjetunion gegen Deutschland zurück. Stalin sollte auf Litauen, Ostgalizien und die Bukowina verzichten und sich mit der Annexion Estlands und Lettlands, Bessarabiens und des größeren Teils der weißrussischen und ukrainischen Gebiete Vorkriegpolens zufriedengeben. Nur wagten Sikorski und die polnischen Exilpolitiker, die seine Einschätzung teilten, nicht, diese Verzichtpolitik offensiv zu vertreten. Denn sie mußten mit Protesten aus der Widerstandsbewegung in der Heimat und aus der Auslandsarmee rechnen. Die in den staatlichen Institutionen des Exils und des Untergrundes mühsam erreichte nationale Einheit wäre zerbrochen.

Auch Briten und Amerikaner zogen es vor, den unvermeidlichen Konflikt aufzuschieben, der zum Sturz der polnischen Regierung führen und den Kampfeswillen der polnischen Soldaten und Untergrundkämpfer schwächen konnte. Eine öffentliche Zusage territorialen Ausgleichs auf deutsche Kosten wiederum scheuten die Alliierten, um den Widerstandsgeist der deutschen Bevölkerung nicht zu beflügeln.

Polen sollte nach Sikorskis Vorstellung die Führungsrolle in einer Föderation aus Litauen, der Tschechoslowakei und Ungarn übernehmen. Nach der Annexion deutscher Gebiete und der Aussiedlung der Deutschen aus den Mitgliedsländern sei die Föderation militärisch und wirtschaftlich stark genug, sich im Bündnis mit den Westmächten gegen eine eventuelle sowjetische Aggression zur Wehr zu setzen. Die bundesstaatlichen Institutionen sollten gestärkt werden, damit die Sowjetunion nicht ein Mitgliedsland gegen das andere ausspielen könne.

Mit seiner Zustimmung zu den britischen und polnischen Konföderationsplänen verfolgte Beneš, der die Außenpolitik seiner Regierung allein bestimmte, in erster Linie taktische Ziele. Im Herbst 1940 glaubte er, daß die britische Wirtschaftsblockade in Deutschland zu Zusammenbruch und Revolution führen werde. In „enger Verbindung" mit Polen sollte die Tschechoslowakei verhindern, daß die Rote Armee den deutschen Revolutionären zu Hilfe komme und kommunistische Regime auch in Warschau, Prag und Preßburg installiere.

Nach den ersten sowjetischen Abwehrerfolgen im Dezember 1941 rechnete er mit einem Ende des Krieges noch im Jahre 1942. Beneš und Sikorski hofften, ihre Länder

[3] Vermerk Smutný vom 23.6. 1941, in: Dokumenty z historie československé politiky [DHČSP], hrsg. von L. Otáhalová u. M. Červinková, 2 Bde., Praha 1966, hier Bd. 1, S. 193.

mit Hilfe eigener Truppen befreien und dadurch den Durchmarsch der sowjetischen Truppen auf die Karpaten-Ukraine bzw. Ostpreußen und Pommern beschränken zu können, um eine sowjetische Einmischung in die inneren Angelegenheiten beider Länder zu verhindern.

Von der Einbeziehung Österreichs, Ungarns, eventuell Rumäniens erwartete Beneš eine Verlangsamung des Integrationsprozesses, der die staatliche Einheit der Tschechoslowakei gefährden konnte. Solange die Sowjetunion sich aus dem Krieg heraushalten konnte, sah er in der Konföderation einen „Puffer“ zwischen den Großmächten im Westen und Osten, nach dem sowjetischen Kriegseintritt allenfalls einen Juniorpartner der Sowjetunion bei der Abwehr des deutschen „Dranges nach dem Osten“.[4]

Wie es schien, hatten Sikorski und Stalin im Dezember 1942 die Grundlage für eine dauerhafte Zusammenarbeit Polens und Rußlands geschaffen. Im Januar 1941 ließ Eden erkennen, daß er mit der Vertreibung der Sudetendeutschen und der Kompensation Polens durch deutsche Gebiete einverstanden war. Damit schienen die Voraussetzungen für eine sowjetische Zustimmung zur polnisch-tschechoslowakischen Konföderation vorzuliegen. Als jedoch die polnische Regierung die Amerikaner zum Widerstand gegen eine britische Anerkennung der sowjetischen Westgrenze vom Juni 1941 zu bewegen suchte, warnten sowjetische Diplomaten die Tschechen vor einer Bindung an die Polen. Daraus schloß Beneš, daß die Sowjetunion gegen die Konföderation nichts mehr einzuwenden hätte, wenn die polnische Regierung auf die Einbeziehung Litauens und die Ostprovinzen verzichten würde, wofür er sich gegenüber sowjetischen Diplomaten und polnischen Exilpolitikern aussprach. Er lehnte auch eine Initiative Sikorskis und des belgischen Außenministers Spaak ab, die vier west- mit den vier osteuropäischen Exilregierungen in einem Acht-Mächtepakt zusammenzuführen, mit dem jene Europa gegen die Großmächte stärken wollten. Schon im Mai 1942 hatte er eine Einladung in die Sowjetunion erhalten, wo er für die Konföderation und Nicht-Einmischung in innere Angelegenheiten werben wollte. Wegen des britischen Widerstandes stellte er seinen Plan jedoch zurück.

Beide Exilregierungen plädierten öffentlich für demokratische und soziale Reformen und paßten sich damit Forderungen aus der Widerstandsbewegung an. Als die Vertreter der Sanacja und der Nationalpartei im Juli 1941 aus der Regierung ausschieden, konnte die Exilregierung ein innenpolitisches Programm verabschieden, das die Bevölkerung in der Heimat gegen die kommunistische Propaganda immunisieren sollte. Polen sollte eine parlamentarische Demokratie mit gleichen Rechten für alle Bürger und alle nationalen, religiösen und rassischen Minderheiten außer den Deutschen werden. Auf den Antisemitismus der Nationalpartei brauchte die Regierung keine Rücksicht mehr zu nehmen. Möglichst viele öffentliche Angelegenheiten sollten lokalen, wirtschaftlichen und beruflichen Selbstverwaltungsorganen übertragen werden. Eine radikale Bodenreform sollte zu bäuerlichen Familienbetrieben führen und durch den planmäßigen Wiederaufbau und die Industrialisierung des Landes die Arbeitslosigkeit bekämpft und der Lebensstandard gehoben werden. Das Polen der Regierung Sikorski hätte gut zu einem demokratischen Westeuropa gepaßt.

Während sich das geplante Polen der Vorkriegstschechoslowakei annäherte, entwarf Beneš das Programm für eine Volksfront-Regierung. Zu Kriegsbeginn wollte Beneš einem kommunistischen Umsturzversuch noch durch „nationale Einheit und muti-

[4] Tagebuch Táborský, HI, TP 1, 614 (10. 11. 41).

ge Sozialpolitik" begegnen.[5] Ein Jahr darauf rechnete er schon mit einer „sozial sehr radikalisierten und politisch tiefgreifend veränderten" Tschechoslowakei, die mit einem ebensolchen Polen eng zusammenarbeiten könne, das aber „nicht anti-russisch sein werde und dürfe".[6]

Anfang Juli 1941 bot die Sowjetunion beiden Exilregierungen die Wiederaufnahme der diplomatischen Beziehungen an und versprach ihre Nicht-Einmischung in die inneren Angelegenheiten Polens und der Tschechoslowakei. Wenngleich die Komintern ihre Vorkriegspolitik fortsetzen dürfte, werde sich die Sowjetunion als Staat an ihre Zusage halten, meinte Beneš. Denn Majskij habe keinerlei Forderung in bezug auf die tschechoslowakischen Kommunisten (KSČ) gestellt.[7] Etwas sowjetischer Druck, sagte er allerdings schon damals, könne es ihm erleichtern, seine Regierung dem neuen Linkstrend anzupassen. Mit sowjetischer Hilfe werde es auch in Polen zu Veränderungen kommen. Dem Krieg werde eine Übergangsperiode mit einem „ausgeprägt kollektiven Sozialismus" folgen.[8]

Die Zahl der Parteien wollte Beneš dadurch beschränken, daß er dem Parlament das Recht einräumte, über die Zulassung weiterer Gruppierungen zu entscheiden. Die Kommunisten sollten in einer einheitlichen Arbeiterpartei aufgehen, da es wegen der geplanten Sozialisierungsmaßnahmen keine Notwendigkeit für eine revolutionäre Partei gebe. Seine Vorstellung vom bürgerlichen Lager paßte Beneš dem jeweiligen Einfluß der Sowjetunion an. Die Arbeiterpartei sollte mit einer konservativen Partei konkurrieren (Juli 1941), mit je einer Partei der Rechten und der Mitte (Mai 1942), in der Mittelpartei einen Koalitionspartner und in der kleinen konservativen Partei eine schwache Opposition finden (Oktober 1942).[9] Diese Gedankenspiele waren nicht harmlos, weil es Beneš aufgrund seines Konzeptes versäumte, sich für die Vereinigung der Sozialdemokraten und Volkssozialisten einzusetzen, und Versuche, die Agrarpartei wiederzubeleben, sabotierte. Schließlich akzeptierte er die Entscheidung der Linksparteien, die Agrarpartei nicht in die „Nationale Front" aufzunehmen, d.h. nicht zuzulassen.[10]

Im November 1941 berief Beneš vier Kommunisten in den Staatsrat. Die Sowjetunion könne doch kein Interesse daran haben, daß sich die übrigen Parteien gegen eine revolutionäre KP zusammenschlössen, sondern sollte es doch billigen, wenn die Kommunisten den Linkskurs der Tschechoslowakei innerhalb der Regierung beeinflussen könnten. Auf dieses Angebot antworteten die sowjetischen Diplomaten in London, daß Moskau die Beteiligung von Kommunisten an den Regierungen der Nachbarländer befürworte. Beneš sprach davon, daß nur eine „Volksfront"-Regierung „einen inneren Bürgerkrieg oder eine gewaltsame soziale Revolution" verhindern könne.[11] Die Abhängigkeit der in den zwanziger Jahren gründlich bolschewisierten KSČ von Moskau war Beneš sehr wohl bewußt, doch verharmloste er sie gegenüber seinen ausländischen Gesprächspartnern.

---

[5] Beneš: Botschaft an die Heimat vom 1.9. 1939, Ustav dějin socialismu, Prag.
[6] Tagebuch Táborský, HI, TP 1, 317f. (8.10. 40).
[7] Ebenda 1, 532a. (12.7. 41).
[8] Vermerk Smutný vom 23.6. 41, in: DHČSP 1, S. 193.
[9] Tagebuch Táborský, HI, TP 1, 532b (12.7. 41) und 564 (25.8. 41); 2, 60ff. (18.5. 42), 138 (29.10. 42), 229 (23.4. 43).
[10] Ebenda 2, 479a (13.8. 44), 579 (14.2. 45).
[11] Ebenda 2, 60f. (18.5. 42).

Die Einheiten der polnischen Auslandsarmee wurden auf die britischen Inseln, den Nahen Osten und die Sowjetunion verteilt. Ob die Befreiung vom Westen, Südosten oder Osten käme, polnische Soldaten wären immer dabei. Die polnische Ostarmee sollte bei ihrem Einmarsch in Polen mit den aus der Illegalität auftauchenden Einheiten der Heimatarmee zusammenwirken, um sowjetische Versuche abzuwehren, die Ostmarken der Union einzugliedern und in den übrigen Gebieten die Kommunisten an die Macht zu bringen. Die polnische Regierung und ihre Vertreter in der Sowjetunion führten einen ständigen Kleinkrieg, um die Truppen und ihre Wohlfahrtsorganisation gegen sowjetische Eingriffe und Propaganda abzuschirmen. Gegen die sowjetische Absicht, sich von den autonomen polnischen Institutionen im Lande zu befreien, gegen den britischen Wunsch nach zusätzlichen Soldaten und gegen die Hoffnung der polnischen Truppen, das ungastliche Land zu verlassen, leistete die Exilregierung hinhaltenden, aber letztlich vergeblichen Widerstand. Damit verlor sie ein wichtiges Instrument, um die Entwicklung in Polen nach dem Kriege zu beeinflussen.

Die polnische Regierung versuchte, Ordnung in die chaotische Vielfalt des Untergrundes zu bringen. Die politischen Parteien sollten ihre Milizen in die Geheimarmee eingliedern und gegen die Besatzungsmächte und die Anhänger der Sowjetisierung zusammenarbeiten, d.h. gegen die sowjetischen Partisanen in Ostpolen und die Ende 1941 wiederbegründete kommunistische Polnische Arbeiterpartei, die sich in der „Volksgarde" eine Partei-Armee schuf, in der entflohene sowjetische Kriegsgefangene eine wichtige Rolle spielten. Diese sollte propagandistisch und, wenn dies erfolglos bleibe, „rücksichtslos und mit allen Mitteln bekämpft" werden.[12] Beneš wies dagegen die nationale Widerstandsbewegung an, nicht nur politisch mit der KSČ zusammenzuarbeiten, sondern auch die Sabotagetätigkeit mit ihr abzustimmen.

Getrennte Wege

Auf die Krise im polnisch-sowjetischen Verhältnis nach dem Abzug der Anders-Armee aus der Sowjetunion und der Liquidierung der Wohlfahrtsorganisation reagierte Beneš im November 1942 mit dem Vorschlag bilateraler Beistandsverträge zwischen der Tschechoslowakei, Polen und der Sowjetunion gegen den deutschen „Drang nach Osten" und fragte den sowjetischen Botschafter Bogomolov, ob seine Regierung zum Abschluß eines solchen Vertrages mit der Tschechoslowakei noch vor Kriegsende bereit sei. Dieser Pakt sollte sich der sowjetisch-britischen Allianz ebenso einpassen, wie der Pakt von 1935 Teil des Bündnisses zwischen der Sowjetunion und Frankreich gewesen war.[13] Nach ihrem Sieg in Stalingrad gab die sowjetische Regierung jedoch bekannt, daß sie in Zukunft alle Bewohner ihrer ehemaligen Besatzungszone in Polen als sowjetische Staatsbürger behandeln werde. Sie ließ Beneš mitteilen, daß Verträge mit der polnischen Regierung Zeitverschwendung seien.[14]

Am selben Tag, an dem Stalin die diplomatischen Beziehungen zu Polen abbrach, erklärte er sich zum Abschluß eines langfristigen Separatvertrages mit der Tschechoslowakei einverstanden. Beneš begründete die Notwendigkeit des Vertrages mit der wahr-

---

[12] Sikorski an Rowecki vom 3.8. 1942, in: Armia krajowa w dokumentach 1939–1945, hrsg. vom Studium Polski Podziemnej, 5 Bde., London 1970–1981, hier Bd. 2, 1973, S. 324.

[13] Tagebuch Táborský, HI, TP 2, 209ff. (27.3. 43).

[14] Ebenda 2, 181 und 209ff. (29.1. u. 27.3. 43).

scheinlichen Befreiung Osteuropas durch die Rote Armee. Die Sowjetunion werde an die Tschechoslowakei grenzen, was einen Einfluß auf ihre künftige soziale und wirtschaftliche Entwicklung ausüben werde. Die polnische Angst vor einer Bolschewisierung halte er für übertrieben, erklärte er Roosevelt. Stalin habe versichert, daß sich sein Land nicht in die inneren Angelegenheiten Polens und der Tschechoslowakei einmischen werde. Während des Tauziehens um den Vertrag bekam Beneš einen Vorgeschmack davon, wie die Sowjetunion mit ihren Satelliten umspringen würde. Durch den Vertrag gelang es dieser, Polen zu isolieren und das britische Konföderationskonzept aus den Angeln zu heben.

Noch im Januar 1943 boten die polnischen Kommunisten (PPR) ihre Mitarbeit in den Organen des polnischen Untergrundstaates an. Da die Sowjetunion zur selben Zeit ihre Politik gegen die Exilregierung verschärft hatte, wiesen die Heimatarmee und die der Exilregierung verbundenen Parteien die Kommunisten als „sowjetische Agentur" zurück.[15] Nach den Leichenfunden bei Katyń und dem Abbruch der diplomatischen Beziehungen kam eine Kollaboration erst recht nicht in Frage. Die sowjetische Führung schuf sich nun in der Berling-Armee und dem „Verband Polnischer Patrioten" Instrumente zur Sowjetisierung Polens. Im besetzten Gebiet bildete die PPR Anfang 1944 einen Landesnationalrat. Ihre „Volksarmee" erhielt aus der Sowjetunion Waffen und Instrukteure.

Die Zustimmung Churchills und Roosevelts zur Curzon-Linie als künftiger Ostgrenze Polens in Teheran traf die polnische Bevölkerung und auch die Exilregierung unvorbereitet. Seitdem kämpfte sie nur noch für eine Demarkationslinie, die Lemberg und Wilna auf polnischer Seite lassen sollte.[16] Von der Exilregierung forderte Stalin den ausdrücklichen Verzicht auf alle Gebiete östlich der Curzon-Linie und die Entlassung des Oberbefehlshabers und zweier Minister. Unter diesen Umständen sei er zur Wiederaufnahme der diplomatischen Beziehungen bereit. Das neue Polen werde frei und unabhängig sein und brauche keine sowjetische Einmischung in seine inneren Angelegenheiten zu fürchten. Die sowjetischen Diplomaten schoben die Forderung nach, prosowjetische Polen aus den USA, der Sowjetunion und dem besetzten Gebiet in die Regierung aufzunehmen. Die britische und amerikanische Regierung waren nicht bereit, Polen als Gegenleistung die neuen Grenzen und die Nicht-Einmischung zu garantieren und ihr Engagement durch die Entsendung von Truppen zu unterstreichen.[17] Sie gingen von der Annahme aus, daß Stalin seine Zusagen einhalten werde. Die polnische Regierung befürchtete dagegen, daß die Sowjetunion eine Marionettenregierung einsetzen und Polen sowjetisieren werde, selbst wenn sie die Curzon-Linie akzeptieren würde.[18] Während die Mehrheit des polnischen Kabinetts und die Untergrundführung die „union sacrée" der Polen in aller Welt nicht durch den Verzicht auf Lemberg und Wilna, eine Konzession, die von Stalin ohnehin nicht honoriert würde, aufs Spiel setzen

---

15 J.J. Terej: Na rozstajach dróg. Ze studiów nad obliczem i modelem Armii Krajowej, Wrocław 1978, S. 285f.

16 Protokoll der Besprechung Mikołajczyk mit Churchill vom 16.2.1944, FO 371/39391, C 2242/8/55.

17 Eden an Raczyński vom 23.1., State Department an Ciechanowski vom 1.2.1944, in: Documents on Polish-Soviet Relations [DPSR] 1939–1945, hrsg. vom General Sikorski Historical Institut, 2 Bde., London 1961 und 1967, hier Bd. 2. S. 91 f.

18 Vermerk Cadogan über Besprechung mit Raczyński vom 26.1.1944, Kerr an FO über Besprechung mit Stalin vom 3.2., Foreign Office an Kerr vom 13.2.1944, FO 371/39388, C 1306, 1551, 1903/8/55; Protokoll der Besprechung zwischen Mikołajczyk und Churchill vom 6.2.1944, in: DPSR 2, S. 96.

wollte[19], entschloß sich die Minderheit um Sikorskis Nachfolger Mikołajczyk schließlich, den Versuch zu wagen und auf die sowjetischen Gebietsforderungen einzugehen.

1940 stellte Beneš nur „bestimmte", 1944 schon „große Ähnlichkeiten" zwischen dem Kommunismus und der Demokratie fest. Beide gingen von der Gleichheit der Menschen und Völker aus, beide seien humanitär, universal, intellektualistisch und rationalistisch. Die Kommunisten wollten die Diktatur des Proletariats nur für eine Übergangszeit aufrechterhalten. Er glaubte an die „dauernde Angleichung und Annäherung" des demokratischen und des bolschewistischen Systems.[20] Nichts weiter als Schauergeschichten seien die Warnungen vor der Gefahr des Bolschewismus oder des bolschewistischen Rußland, ließ er seinen slowakischen Anhängern ausrichten.[21] Dieser Analyse hätte wohl kein polnischer Exilpolitiker zugestimmt. In ihrem Namen sprach der Vorsitzende des Nationalrats von der christlichen Sendung Polens gegenüber den Vertretern des Neuheidentums und des Totalitarismus, Deutschland und Rußland.

Aus Russophilie, Bewunderung für die Sowjetunion und Angst um die eigene Zukunft paßte sich die Mehrheit der tschechoslowakischen Exilpolitiker kommunistischen Wünschen an. Sogar der rechte Flügel der Sozialdemokratie verteidigte die Zwangskollektivierung der Landwirtschaft und die Ermordung der beiden Bund-Funktionäre Ehrlich und Alter. Masaryk beklagte sich: „Sie haben alle Schiß vor den Kommunisten."[22] Beneš charakterisierte in Moskau die Vertreibung der Sudetendeutschen als Teil eines „politischen, wirtschaftlichen und sozialen Fünfjahresplans".[23] Für die Übergangsperiode nach der Befreiung akzeptierte er die KSČ als führende Regierungspartei und widersprach weder deren Anspruch auf das Innen- und das Verteidigungsministerium noch der Kontrolle der Verwaltung durch Räte, die sog. „Nationalausschüsse". Seitdem dominierte die KSČ zusammen mit dem linken Flügel der Sozialdemokraten den „sozialistischen Block" und mit diesem die Diskussionen zwischen den Parteien über die Machtverteilung und das Regierungsprogramm in der Übergangsperiode.

Während Helídor Píka, der Chef der tschechoslowakischen Militärmission in der Sowjetunion, vor „der kommunistischen Gefahr" warnte, setzte der dortige tschechoslowakische Botschafter „alles auf die sowjetische Karte".[24] Mit Fierlingers und sowjetischer Hilfe brachten die Kommunisten die Schulungsarbeit und den Sicherheitsdienst in der Ostarmee in ihre Hände. Fierlinger entschärfte auch den Protest seiner Regierung dagegen, daß vom NKVD ausgewählte Slowaken und Tschechen als Führer von Partisanen- und Spionage-Abteilungen über besetztem Gebiet abgesetzt wurden. Von den Schlägen, die ihr die Gestapo in den Jahren 1941 und 1942 zufügte, sollte sich die illegale KSČ nicht mehr erholen. Ihren Einfluß in den Leitungsorganen des tschechischen Widerstandes verdankte sie nicht eigener Kraft, sondern den Konzessionen ihrer Partner.

---

19 Vermerk O'Malley über Besprechung mit Mikołajczyk vom 13.2. 1944, FO 371/39391, C 2226/8/55.

20 E. Beneš: Demokracie dnes a zítra, London 1940, S. 181 f.; 1944, S. 212 f. und 255.

21 „Všechny hrozby bolševismem a bolševisteckém Ruskem jsou směšné báchorky", Tagebuch Táborský, HI, TP 2, 201 (3.3. 43).

22 Vermerk Smutný vom 8.10. 1943, in: DHČSP 1, S. 317.

23 Memorandum Beneš mit Anschreiben Nichols vom 28.1. 1944, FO 371/38945, C 1350/1347/12.

24 Tagebuch Táborský, HI, TP 2, 42 (5.4. 42).

Die Auslands- und Heimatarmeen sollten den Exilregierungen helfen, nach der Befreiung die Führung im Lande zu erringen. Deshalb sollten sie nicht zu früh geopfert werden und sich für den entscheidenden Moment schonen. Beide Heimatarmeen bereiteten sich für gesamtnationale bzw. regional begrenzte Aufstände vor, die so kurz vor dem Ende der deutschen Herrschaft ausgelöst werden sollten, daß sie sich bis zum Eintreffen alliierter Truppen halten könnten. Die Alliierten sollten Waffen liefern und die Luftwaffe und Fallschirmjäger-Brigaden der Auslandsarmeen ins Aufstandsgebiet verlegen. Die Westmächte machten Hilfslieferungen jedoch von der Zustimmung der Sowjetunion abhängig, und diese gewährte sie erst, als das Scheitern der Aufstände feststand.

Seit dem sowjetischen Sieg bei Stalingrad rechneten Amerikaner, Briten und Tschechoslowaken damit, daß Osteuropa durch sowjetische Truppen befreit würde, während die Polen noch Hoffnungen hegten, daß sich entweder westliche Armeen vom Balkan aus zwischen die Wehrmacht und die Rote Armee schieben würden oder daß Deutschland die Ostfront auf Kosten einer Öffnung der Front im Westen stabilisieren werde. Besonders nach Katyń hatten Exilregierung und Heimatarmee kein Interesse daran, den sowjetischen Vormarsch zu beschleunigen. Deshalb begrenzte die Heimatarmee ihre Anschläge gegen die Wehrmacht und deren Ost-West-Verbindungslinien und wandte sich statt dessen gegen Gestapo, Polizei und deutsche Verwaltung.

Die Überlegungen des Untergrundes und des Exils kreisten um die Frage, was geschehen werde, wenn sowjetische Armeen auf polnisches Gebiet vordrängen. Wenn die Sowjetunion die diplomatischen Beziehungen nicht wiederherstelle und kein Abkommen über die Verwaltung der befreiten Gebiete schließe, müsse mit ihrem Versuch gerechnet werden, Polen mit Hilfe des Verbandes Polnischer Patrioten und der Berling-Armee ein kommunistisches Regime aufzuzwingen und die führenden und nationalbewußten Elemente des polnischen Volkes auszurotten, was die Nation zu einer „verzweifelten Selbstverteidigung" treiben werde.[25] Für den Fall, daß die Russen den Deutschen auf dem Fuß folgten, sollte die Heimatarmee auf den allgemeinen Aufstand verzichten und beim Nahen der Roten Armee „verstärkte Diversionsaktionen" in dem jeweiligen Gebiet beginnen. Die zivilen und militärischen Zweige des Untergrundstaates sollten auftauchen, um das Feld nicht denjenigen zu überlassen, die im Dienste der Sowjets ständen.

Seit April 1944 beteiligten sich Einheiten der Heimatarmee an der Befreiung von Wolhynien, Wilna und Lemberg. Da sie die Eingliederung in die Berling-Armee ablehnten, wurden sie entwaffnet, ihre Führer festgenommen. Ein Aufstand in Warschau schien der Untergrundführung eine letzte Gelegenheit zu bieten, „das Gewissen der Welt aufzurütteln", und sollte den Anspruch der Exilregierung unterstreichen, Polen zu repräsentieren. Der militärische Kampf gegen die Deutschen war als politische Demonstration gegen Rußland und das Lubliner Komitee gedacht, dem Stalin wenige Tage zuvor die Verwaltung der befreiten Gebiete westlich der Curzon-Linie übertragen hatte. Der Aufstand sollte Mikołajczyks Verhandlungsposition stärken, der zur selben Zeit nach Moskau gereist war.[26]

Während dieser die Kommunisten an einer Fünf-Parteienkoalition beteiligen wollte, bestanden Stalin und die PPR auf einer Mehrheit für die Lubliner. Mikołajczyk trat

---

[25] Memorandum der polnischen Regierung vom 5.10.1943, in: DSPR 2, S. 42.

[26] J. M. Ciechanowski: The Warsaw Rising of 1944, Cambridge 1974.

im November 1944 zurück, als er in der Regierung keine Mehrheit für die Anerkennung der Curzon-Linie fand. Stalin antwortete mit der Einsetzung einer Gegenregierung. Erst nachdem die Rote Armee ganz Polen unter ihrer Kontrolle hatte, stimmte die Sowjetunion der Aufnahme einiger Exilpolitiker in die polnische Nachkriegsregierung zu.

Im Mai 1944 hatte Stalin der tschechoslowakischen Regierung zugesagt, ihren Vertretern die Verwaltung der befreiten Gebiete zu übertragen, doch ein halbes Jahr darauf ließ er in der Karpaten-Ukraine „spontane" Kundgebungen für den Anschluß an die Sowjet-Ukraine initiieren und ihre Bewohner in die Rote Armee einziehen.[27] Beneš fürchtete nun eine parallele Entwicklung in der Slowakei, zumal deren Kommunisten jahrelang den Anschluß an die Sowjetunion gefordert und Moskau ihn vor dem slowakischen Aufstand nicht über Gespräche mit einem Vertreter der slowakischen Separatisten informiert hatte.[28] Beunruhigen mußte ihn auch, daß die Rote Armee in den befreiten Gebieten nur die Einberufung zu dem Armeekorps erlaubte, das ihrem Kommando unterstand und von den Kommunisten kontrolliert wurde, und die Aufstellung selbständiger tschechoslowakischer Einheiten sabotierte.[29]

Im Januar 1945 unterwarf er sich dem Druck Stalins, die prosowjetische Warschauer Regierung anzuerkennen. Leider seien Briten und Amerikaner noch nicht so weit, sowjetische Einmischungen in die inneren Angelegenheiten Osteuropas fest und wirksam zu beantworten, meinte er damals.

> „Sie werden noch über Demokratie reden, während die Kommunisten ihnen, wo sie können, schon den Hals umdrehen werden."[30]

Bei seinem letzten Gespräch mit Churchill im Februar 1945 vor seiner Abreise nach Moskau sagte Beneš:

> „Ich habe einen Vertrag mit Moskau geschlossen, innenpolitisch demokratische Politik gemacht – mehr konnte ich nicht tun."

Er räumte nun doch ein, daß er sich „gewisse Sorgen" über die sowjetischen Absichten mache.[31]

Anfang April landete Beneš in der Ostslowakei mit einer Koalitionsregierung, deren Programm auf einem kommunistischen Entwurf beruhte und in der die KSČ rund ein Drittel der Minister stellte. Zusammen mit ihren fellow-travellers kontrollierte sie Armee, Polizei und Sicherheitsdienst und den Zugang zu den Medien.

Schlußfolgerungen

Seit dem November 1941 hatte Stalin mehrfach versichert, daß die Sowjetunion kein „fremdes Land" erobern und den slawischen oder anderen unterdrückten Völkern weder ihren Willen und ihr Regime aufzwingen noch sich in deren innere Angelegenheiten einmischen wolle. Andererseits forderten Stalin und seine Diplomaten seit 1943 Sowjetunion-freundliche Regierungen in den Nachbarstaaten.

---

[27] Tagebuch TÁBORSKÝ, HI, TP 2, 524 a ff. (20. 11. 44).
[28] Ebenda, 525 ff. (24. 11. 44).
[29] Ebenda, 550 (30. 12. 44), 562 (19. 1. 45).
[30] Ebenda, 577 a (13. 2. 45).
[31] Ebenda, 583 (25. 2. 45).

Nur durch direkte Einmischung in die inneren Angelegenheiten konnte Stalin in Polen eine solche Regierung an die Macht bringen. Die auf die Zustimmung der Mehrheit der Bevölkerung angewiesenen Politiker glaubten auf den größten Teil Ostpolens nur verzichten zu können, wenn sie wenigstens Wilna und Lemberg halten konnten. Sie konnten auch nicht Fragen nach den hunderttausenden Opfern sowjetischer Besatzungspolitik verbieten. Aus eigenem Erleben wußten die Polen, was Sowjetisierung bedeutet.[32]

In die tschechoslowakische Innenpolitik brauchte Stalin dagegen nicht einzugreifen, da Benešs Politik der außenpolitischen Anlehnung an die Sowjetunion von einem breiten Konsens in der Bevölkerung getragen wurde. Das Bündnis mit der Sowjetunion und die Volksfrontregierung waren wohl unvermeidlich, doch entwaffneten sich Beneš und die nicht-kommunistischen Politiker, indem sie der Bevölkerung von der Demokratisierung der Sowjetunion vorschwärmten und darauf verzichteten, wenigstens die Politik der Sowjetunion und der Kommunisten in der Zeit bis 1941 zu kritisieren und dadurch den Einfluß dieser Partei in der Nachkriegsrepublik zu begrenzen. Der KSČ gelang es vielmehr, ein patriotisches, reformistisches und demokratisches Image zu gewinnen.

In den Überlegungen der tschechoslowakischen Exilpolitiker war das Münchener Abkommen, in den Befürchtungen ihrer polnischen Kollegen dessen Auswirkung stets präsent. Nach Meinung des zuständigen Beamten im Foreign Office bestand der „neue tschechische Realismus“ im „absoluten Glauben an die unbeschränkte Unterstützung und die guten Absichten der UdSSR“ und habe den früheren Glauben an Frankreich und den Völkerbund abgelöst.[33] Von der Sowjetunion erwartete Beneš Hilfe bei der Vertreibung der Deutschen und Madjaren, der Bestrafung Ungarns, Polens und der Slowaken für ihre Mitschuld an München und seinen Folgen, von den Kommunisten Hilfe beim Verbot der Agrarpartei und der Slowakischen Volkspartei als Strafe für deren Rolle in den dreißiger Jahren.

Die Abtretung der Sudetengebiete habe die Tschechen demoralisiert und nicht vor dem deutschen Protektorat bewahrt, schlossen dagegen die Polen. Mit ihren Konzessionen wollten sie die Sowjetunion ebenso ins Unrecht setzen und westliche Unterstützung gewinnen, wie dies Beneš im Jahre 1938 versucht hatte. Wenn sie sich einem Großmächte-Entscheid über die Ostgrenze unterwerfen sollten, dann aber nur gegen wirksame Sicherungen für die Unabhängigkeit des Staates in seinen neuen Grenzen. Zu einer solchen Garantie war Churchill nur zusammen mit der Sowjetunion bereit, ebenso wie Chamberlain sechs Jahre zuvor die britische Garantie nur gemeinsam mit den Achsenmächten aussprechen wollte.

Moskau brauchte ein Übereinkommen mit den Tschechen als Gegenbild zu seinen Auseinandersetzungen mit den Polen. Ein paralleles Vorgehen gegen beide hätte London und Washington alarmieren können. Benešs Verhandlungsposition war stärker als er glaubte, wenn er sich nicht wegen der Vertreibung der Deutschen in zusätzliche Abhängigkeit gegeben hätte.

---

[32] Vgl. die eindrucksvolle Darstellung von J. T. Gross: Revolution from Abroad. The Soviet Conquest of Poland's Western Ukraine and Western Belorussia, Princeton NJ 1988.

[33] Vermerk Roberts vom 31. 12. 1943, FO 371/34341, C 15065/525/12.

Die Großmächte und die Tschechoslowakei gegen Ende des Zweiten Weltkriegs

von
Vilém Prečan

Die internationale Stellung der Tschechoslowakei am Ende des Zweiten Weltkriegs könnte – im Vergleich mit ihrer Stellung nicht ganz sieben Jahre zuvor in der Zeit der sog. Sudetenkrise – auf den ersten Blick hervorragend erscheinen; im Vergleich mit ihren Nachbarn im Süden, im Westen und im Norden, ob sie nun ins Lager der Sieger oder der Besiegten gehörten, sogar beneidenswert.

Das Münchner Abkommen praktisch annulliert; die Erneuerung der staatlichen Souveränität in den Grenzen vom Ende des Jahres 1937 – bis auf die den Sowjets versprochene und praktisch schon abgetretene Karpaten-Ukraine – außerhalb jeden Zweifels; ein Vertrag, der die Nichteinmischung in ihre inneren Angelegenheiten von seiten der Großmacht deklarierte, deren Armeen das riesige Gebiet Ost- und Mitteleuropas befreit (oder erobert) hatten, und darüber hinaus ein Abkommen, das den Übergang der Verwaltung des befreiten Gebiets an tschechoslowakische Zivilbehörden regelte, sobald es aufhörte, Schauplatz kriegerischer Operationen unter der Leitung des sowjetischen Oberkommandos zu sein. Die tschechoslowakische Exilregierung und Präsident Beneš wurden von allen großen und kleinen Verbündeten anerkannt, die Bildung der ersten Nachkriegsregierung war eine Angelegenheit der Vertreter der Exilgruppierungen selbst (und in geringerem Maße auch der Vertreter des Slowakischen Nationalrates); keine Ähnlichkeit mit dem Lubliner Komitee. Die Tschechoslowakei befand sich auf keiner Liste von Streitfragen, weder in Teheran noch in Jalta, und sie war von keinem Abkommen über Besatzungszonen oder Demarkationslinien betroffen.

Der Schein des Triumphs erwies sich bald als Täuschung: in Wirklichkeit war die internationale Stellung der Tschechoslowakei um nichts besser als die irgendeines Nachbarn gleicher Ordnung, und ihre Souveränität – oder Existenz als selbständiger Staat demokratischer Prägung – stützte sich auf kein wesentliches (oder lebenswichtiges) Interesse auch nur einer der Großmächte, die sich ausschließlich für die Ordnung der Nachkriegswelt verantwortlich fühlten.

Von allen Großmächten der Großen Allianz war während der Kriegszeit am stärksten Großbritannien mit dem tschechoslowakischen Problem konfrontiert, und es lohnt sich, ihm in diesem Zusammenhang größere Aufmerksamkeit zu widmen.[1] In den Akten des britischen Außenamtes ist eine interne Definition der britischen Prioritäten des Jahres 1944 zu finden, soweit sie die Tschechoslowakei betreffen, die auch

---

[1] Die folgenden Ausführungen über die britische Politik gegenüber der Tschechoslowakei stützen sich auf meinen Artikel (V. Prečan) British Attitudes towards Czechoslovakia, 1944–45, veröffentlicht in: Bohemia, Bd. 29, Heft 1 (1988), S. 73–88. Da dort die sämtlichen Quellenangaben zu finden sind – es handelt sich meistens um die Akten des Foreign Office aus den Jahren 1944–45 (Public Record Office London) – habe ich von deren Wiederholung in dieser Betrachtung abgesehen. In folgendem werden nur die Akten zitiert, die in dem genannten Artikel nicht angeführt wurden.

deshalb bemerkenswert ist, weil sie mit dem übereinstimmt, was man über diese Prioritäten im Abstand einiger Jahrzehnte sagen kann. Ich paraphrasiere in aller Kürze: Grundlegendes Ziel der Politik von Dr. Beneš ist es, das Gleichgewicht zwischen Ost und West zu erhalten... Beneš fürchtet offensichtlich, wie die russischen Interessen in der Zukunft aussehen werden, und wünscht nicht, allein in der Gesellschaft der Sowjets zu bleiben... Beneš und die tschechoslowakische Regierung bemühen sich angestrengt darum, von uns irgendwelche konkreten Beweise darüber zu bekommen, daß wir auch weiterhin an der Tschechoslowakei Interesse haben... Es liegt in unserem Interesse, diese gesunde Tendenz der tschechischen Politik zu unterstützen, soweit uns daraus keine unerwünschten Verpflichtungen oder Schwierigkeiten mit den Russen entstehen.

Es gibt viele Belege dafür, wie angestrengt sich die Briten bemüht haben, Schwierigkeiten mit den Russen aus dem Wege zu gehen, und es wird davon noch die Rede sein. Was die „unerwünschten Verpflichtungen" betrifft, so umfaßte dieser Vorbehalt eine sehr verschiedenartige Materie: „unerwünscht" war auch das Eingehen irgendwelcher militärischer Verpflichtungen der britischen Seite bei Nachkriegssicherheitsgarantien für die Tschechoslowakei gegen eine deutsche Aggression, wie sie im sowjetisch-tschechoslowakischen Vertrag enthalten waren. Den Briten war nicht unbekannt, daß die tschechoslowakische Regierung mit Freude mit Großbritannien einen Vertrag abgeschlossen hätte, ähnlich dem, den sie schon mit der Sowjetunion hatte, doch die tschechoslowakische Seite wußte, daß mit den Briten darüber nicht zu sprechen war.

Trotzdem kann man seit dem Vorfrühling 1944 an den Anregungen, mit denen tschechoslowakische Regierungs- und Militärkreise an britische Partner herantraten, die Anzeichen einer gewissen diplomatischen Offensive verfolgen, die das Ziel hatte, die tschechoslowakische Position im Westen zu stärken und den Einfluß und die Präsenz des Westens, insbesondere Großbritanniens, auf tschechoslowakischem Gebiet in der letzten Phase des Krieges, wenn auch nur symbolisch, sicherzustellen. Die Briten (und mit ihnen die Amerikaner) lehnten jedoch den Abschluß eines Abkommens, das die Beziehungen zwischen den tschechoslowakischen Zivilbehörden und den alliierten Kommandostellen in der Zeit der allmählichen Befreiung der Tschechoslowakei regelte, als nicht aktuell ab und äußerten sich ablehnend auch auf die Frage, ob sie nicht bereit seien, zumindest eine britische Militärmission oder einen Verbindungsoffizier zu dem Delegierten der tschechoslowakischen Regierung zu ernennen, dessen Aussendung in das allmählich von der Sowjetarmee befreite Gebiet vorbereitet wurde.

Demgegenüber kam das britische Außenamt zu der Ansicht, die ablehnende Haltung gegenüber den tschechoslowakischen Vorschlägen, und seien sie noch so wenig praktizierbar, müsse durch eine öffentliche Geste aufgewogen werden, die beweisen würde, daß die Briten das Interesse an der Tschechoslowakei und ihrer Zukunft nicht verloren hätten, „daß sie die Tschechen nicht als an die Russen verkauft betrachten". Das Ergebnis war die Parlamentserklärung von Außenminister Eden im August 1944, in der das brennende Interesse der britischen Regierung an der zukünftigen Prosperität der Tschechoslowakei betont wurde, sowie an einer Fortsetzung der bisherigen engen und freundschaftlichen Beziehungen zwischen den Regierungen beider Länder auch dann, wenn die tschechoslowakische Unabhängigkeit erneuert sein würde.

Zum Zwecke der Stärkung des Einflusses und der Sicherstellung der Präsenz Großbritanniens auf tschechoslowakischem Gebiet bemühte sich die tschechoslowakische Regierung im Verlauf des Jahres 1944 um eine Verstärkung der britischen Unterstützung des Widerstands in der Slowakei und ebenso in den böhmischen Ländern. Auch in dieser Hinsicht war das Ergebnis recht mager, bewirkt durch die britischen Rücksichten auf mögliche „Schwierigkeiten mit den Russen" und die Erschöpfung der britischen Ressourcen. Eine kleinere Waffenlieferung für den slowakischen Widerstand, die die erste ihrer Art sein sollte und die die tschechoslowakische Seite Mitte Juli 1944 erbeten hatte, wurde nicht verwirklicht, weil die Briten sie abhängig machten von einer vorläufigen sowjetischen Zustimmung. Moskau antwortete zunächst ausweichend und verharrte dann so lange in Schweigen, bis die Sache nicht mehr aktuell war.[2]

Als in der Slowakei der Aufstand ausbrach und die tschechoslowakische Regierung die Briten, Amerikaner und Sowjets um dringende Hilfe durch Waffenlieferungen, Bombardierung militärischer Ziele in der Slowakei und Anerkennung der Aufständischen als kriegführende Partei bat, nahmen das britische Außenamt und die britischen Stabschefs den Standpunkt ein, daß die Slowakei sich in der sowjetischen Operationssphäre befinde und wirksame Hilfe nur von dort kommen könne, daß es notwendig sei, den Sowjets in der Sache des Slowakischen Aufstands die Initiative zu überlassen, und daß nichts unternommen werden dürfe, was nicht zuvor von den Sowjets genehmigt worden sei, einschließlich der Lieferungen von Waffen und Material. Diesem Standpunkt schlossen sich später auch die Amerikaner an.

Moskau blieb auf alle britischen Anfragen über seine Absichten stumm und verurteilte die Briten so zu absoluter Untätigkeit. Sie entschlossen sich schließlich, eine kleinere Lieferung von Sanitätseinrichtungen über der Slowakei abzuwerfen, und erkannten den Aufständischen den Status einer kriegführenden Partei drei Wochen später als die Sowjets zu. In der achten Woche des Aufstandes, kurz vor dem Zusammenbruch der aufständischen Front, änderte das Foreign Office zwar den ursprünglichen Kurs und forderte die britischen Stabschefs auf, daß die Special Operations Executive ermächtigt werde, eine bestimmte Menge Waffen und militärisches Material in die Slowakei zu schicken. Die Entscheidung des Militärs aber war negativ und wurde hauptsächlich damit begründet, daß jegliche effektive Hilfe den Einsatz von 100–200 Flugzeugen erfordere, was über die bestehenden Möglichkeiten hinausgehe.

Nicht anders verhielt es sich mit dem Versuch, eine umfangreichere britische Hilfe für den bewaffneten Widerstand in Böhmen und Mähren sicherzustellen, insbesondere für den zum Kriegsende vorbereiteten bewaffneten Aufstand.[3] Britische militärische Stellen antworteten auf tschechoslowakische Bitten negativ, und trotz der politischen Argumente des Außenamtes vertraten sie die Ansicht, wirksame Hilfe für einen umfangreicheren Aufstand in Böhmen und Mähren – einschließlich Operationen in der Luft – könnten nur sowjetische bewaffnete Einheiten gewähren. Die Situation war nicht einmal besser bei Waffen- und Materiallieferungen für Sabotageakte im Protektorat. Im Dezember 1944 wurde zwar beschlossen, die Anzahl der Flüge von zehn auf zwanzig monatlich zu erhöhen (ein Flug bedeutete etwa drei Tonnen Ladung), doch die Notwendigkeit, Italien und Jugoslawien den Vorzug zu geben, führte die Stabschefs dazu, die Flüge wieder auf den ursprünglichen Stand zu reduzieren.

Es kam zu der delikaten Situation, daß die tschechoslowakischen Organe in London es nicht wagten, den Widerstandsorganisationen in der Heimat, die in immer größerem Maße Waffenhilfe forderten, die ganze Wahrheit mitzuteilen und ihnen zu sagen, die geforderten Waffen aus England werde es nicht geben. Die Briten wußten da-

---

2 Eine detailliertere Betrachtung über die Briten und den slowakischen Aufstand 1944 ist zu finden bei V. Prečan, The 1944 Slovak Rising, in: British Political and Military Strategy in Central, Eastern and Southern Europe in 1944, ed. by William Deakin, Elisabeth Barker and Jonathan Chadwick. London 1988, S. 223–234.

3 Auch hier berufe ich mich auf die Quellenangaben in dem in Anm. 1 erwähnten Artikel.

von, ihre Hauptsorge war es jedoch, die tschechoslowakischen Sendungen der BBC streng zu kontrollieren, damit von dort kein Kampfaufruf in die Tschechoslowakei ergehe, damit sie auch indirekt keinerlei Verantwortung für einen Aufstand trügen, für den sie keine Möglichkeit einer Militärhilfe sahen.

Allgemein kann festgestellt werden: In der Zeit, von der hier die Rede ist, äußerte sich in Mittel- und Osteuropa immer deutlicher das Übergewicht der Sowjets. Die Sowjetunion füllte das machtpolitische Vakuum aus, das durch die Niederlage Deutschlands entstanden war, wobei Unsicherheit darüber herrschte, wozu die Sowjets ihre militärische Präsenz in diesem Gebiet nutzen würden. Durch die Respektierung dessen, was als legitime sowjetische Sicherheitsinteressen zu deklarieren möglich war, bemühten sich die Briten, eine Grundlage für die weitere Zusammenarbeit mit der Sowjetunion aufrechtzuerhalten, die sie für eine Bedingung des Sieges hielten, für die Erhaltung einer Art Machtgleichgewicht auch für die globale Neuordnung der Welt nach dem Krieg. Sie gaben die Sicherung eines gewissen Einflusses in Mitteleuropa nicht auf (was die Tschechoslowakei betrifft, finden wir in den programmatischen Materialien des britischen Kabinetts oder Außenamtes Formulierungen über die Nützlichkeit der Tschechoslowakei als Verbindungsglied zum Osten oder über die Notwendigkeit sicherzustellen, daß die Tschechoslowakei in gleichem Maße von den Westmächten abhängig sein solle wie von der Sowjetunion[4]), doch als vorrangige Gebiete lebenswichtigen Interesses betrachteten sie andere Bereiche: Westeuropa und Griechenland.

Die Briten mußten damit rechnen, daß die Politik des amerikanischen Präsidenten eindeutig vom Gedanken der Errichtung eines weltweiten Sicherheitssystems beherrscht wurde und daß jedes Anzeichen einer Bildung von Gleichgewicht in Europa seitens der Briten von den Amerikanern als eine neue Variante der in amerikanischen Augen verurteilungswürdigen britischen Politik der Schaffung von Einflußsphären verdächtigt würde oder als Versuch, die USA in die Lösung britischer imperialer Interessen zu verwickeln usw. Ebenso mußten sie die wiederholten Erklärungen des amerikanischen Präsidenten in Erwägung ziehen, die amerikanischen Truppen würden Europa innerhalb eines halben Jahres nach Kriegsende verlassen, und das unmittelbare amerikanische Interesse, sofort nach Ende der Feindseligkeiten in Europa alle Kräfte im Kampf im Fernen Osten einzusetzen.

In der letzten Phase des Krieges wurde der Einfluß Großbritanniens auf die militärischen Entscheidungen in Europa deutlich kleiner zugunsten der USA bzw. des amerikanischen Stabschefausschusses und des Oberbefehlshabers der angloamerikanischen Streitkräfte in Europa, General Eisenhower.

Über die amerikanische Politik gegenüber Mittel- und Osteuropa zu der Zeit, von der hier die Rede ist, ist schon im Jahre 1978 eine für die Zeit beachtenswerte Detailanalyse erschienen. Ihr Titel „The American non-policy towards Eastern Europe 1943–1947“ mag als ihre kurze, zwar aphoristische, doch sehr passende Charakteristik dienen.[5]

Und so hatten in einer Situation, in der es nicht einmal eine gemeinsame westliche, d.h. angloamerikanische strategische Alternative gab, die mit der Eventualität rechnete, daß es wegen des sowjetischen Vorgehens in Mittel- und Osteuropa zu einem Konflikt

[4] Vgl. „Extract from the Memorandum by the Secretary of State, 9 August 1944“, im vollen Wortlaut zitiert im Anhang zu dem in der Anm. 1 zit. Artikel.

[5] G. Lundestad: The American non-policy towards Eastern Europe, 1943–1947. Universalism in an area not of essential interest to the United States. Tromsö u.a.: Universitetsforlaget, 1978. 654 S.

zwischen den USA und Großbritannien auf der einen und den Sowjets auf der anderren Seite kommen könnte, zu einer Zeit, als auf der Konferenz in San Francisco die erste Gründungsphase der UNO ihren Höhepunkt erreichte, und in den amerikanischen Einheiten auf dem europäischen Kontinent schon die Offiziere und Soldaten für den Einsatz im Fernen Osten ausgewählt wurden, die britischen Vorschläge für eine Beschleunigung des Vorgehens der gemeinsamen Expeditionskräfte in Richtung auf Prag eine genau so geringe Chance auf Verwirklichung wie vorher die Appelle von Churchill, das Vorrücken auf Berlin zu beschleunigen.[6]

Eisenhower war politischen Überlegungen nicht unzugänglich, soweit sie nicht im Widerspruch damit standen, wie er die militärischen Prioritäten vom Gesichtspunkt des Befehls aus sah, mit dem er zum Oberbefehlshaber ernannt worden war; und er war den Anweisungen gegenüber, die er von vorgesetzter Instanz – dem Gemeinsamen Ausschuß der amerikanisch-britischen Stabschefs – erhielt, absolut loyal, auch wenn in derartigen Instruktionen politische Gesichtspunkte die rein militärischen überwogen.[7]

Die amerikanischen Truppen erreichten die Westgrenze der Tschechoslowakei (vor dem Münchner Abkommen) am 18. April. Ein weiteres Vorrücken in das Land hinein hatte Eisenhower vorläufig nicht im Sinn; Churchill prüfte das am 25. April nach, als er feststellte, daß Eisenhower Prag weder für ein militärisches noch ein politisches Ziel hielt. Die britischen Stabschefs akzeptierten Churchills politische Gründe für eine Operation in die Tschechoslowakei hinein und legten ihren amerikanischen Kollegen einen derartigen Vorschlag vor.[8] George Marshall, der spätere Außenminister der Truman-Regierung, damals der Primus inter pares im Ausschuß der amerikanischen Stabschefs und im Gemeinsamen anglo-amerikanischen Ausschuß, erbat sich Eisenhowers Meinung und äußerte die Ansicht, er persönlich setze ungern amerikanische Leben für ausschließlich politische Ziele aufs Spiel.[9]

Eisenhower führte in seiner Antwort an, die Rote Armee sei in einer hervorragenden Position, um die Tschechoslowakei zu säubern und versicherte Marshall, er werde keinen Schritt unternehmen, den er von militärischem Gesichtspunkt aus für unver-

---

[6] Vgl. zum Beispiel S. E. AMBROSE: The Supreme Commander: The War Years of General Dwight D. Eisenhower. Garden City (New York): 1959, oder F.C. POGUE: The Supreme Command (Kap. XXIII–XXVI). Washington 1954; DERS.: The Decision to Halt at the Elbe in: Command Decisions. New York (1959), S. 374–387; DERS.: George C. Marshall: Organizer of Victory 1943–1945. New York 1973.

[7] Ebenda.

[8] Das betreffende Aktenmaterial liegt vollständig vor im Public Record Office London (weiterhin PRO), FO 371, 47121, PREM 3/114, CAB 79/32. Die britische Diplomatie hat die Frage eines eventuellen Vorstoßes der amerikanischen Armee in die Tschechoslowakei, verbunden mit der Befreiung von Prag, den Amerikanern gegenüber überhaupt zum erstenmal am 12. April 1945 erwähnt. Es war im Gespräch von Außenminister Eden mit dem amerikanischen Botschafter Winant. A. Cadogan vom britischen Außenministerium berief sich auf dieses Gespräch, als er am 16. April bei dem Botschafter in der Sache schriftlich intervenierte. In einem Telegramm vom 26. April an Eden (nach San Francisco) rekapitulierte Churchill, daß Winant Washington informiert hätte, von dem State Department jedoch keine Antwort bekommen habe. (PRO, FO 371, 47121.)

[9] „Personally and aside from all logistic, tactical or strategical implications I would be loath to hazard American lives for purely political purposes. Czechoslovakia will have to be cleared of German troops and we may have to cooperate with Russians in so doing." General Marshall an Eisenhower, 28. April 1945, W 74566, in: The Papers of Dwight David Eisenhower. The War Years: Vol. IV. Baltimore u. a. 1970 (Dok. 2462, Anm. 1, S. 2662).

nünftig halte, bloß weil dadurch irgendwelche politischen Vorteile gewonnen würden, es sei denn, er erhalte in dieser Richtung Anweisung vom Gemeinsamen Ausschuß der Stabschefs.[10] Mit dieser Haltung identifizierte sich Präsident Truman, als er Churchill auf dessen Telegramm vom 30. April antwortete; der britische Ministerpräsident argumentierte, die Besetzung Prags und eines möglichst großen Gebiets der westlichen Tschechoslowakei durch die amerikanischen Streitkräfte könne die Nachkriegssituation in der Tschechoslowakei wesentlich verändern und die Situation in den Nachbarländern beeinflussen.[11]

Die dem Eisenhowerschen Befehl unterstehenden Truppen unternahmen dann doch am 3. Mai eine Hilfsoperation in Richtung Böhmen und gelangten bis zur Linie Karlsbad – Pilsen – Böhmisch Budweis. Am 4. Mai teilte Eisenhower dem sowjetischen Oberkommando mit, er sei je nach Situation darauf vorbereitet, bis zur Linie der Flüsse Moldau und Elbe vorzurücken und deren westliche Ufer vom Feind zu säubern. Er entsprach jedoch dem Wunsch des sowjetischen Oberkommandos, begründet mit Befürchtungen vor einer Vermischung der Truppen bei der beabsichtigten Offensive in Richtung Prag, und versprach, die amerikanischen Truppen würden die Linie der drei genannten Städte nicht überschreiten.[12]

Präsident Truman überließ die Entscheidung den militärischen Befehlshabern, und zwar auch, nachdem ein Memorandum des State Department vom 5. Mai empfohlen hatte, die amerikanischen Truppen sollten bis zur Moldau vorrücken, um so eine gün-

---

[10] Ebenda, Dok. 2462, S. 2662.

[11] Der betreffende Depeschenwechsel zwischen Churchill und Truman klang im Wortlaut so (zit. aus den Akten in PRO, PREM 3/114): a) Prime Minister to President Truman, No. 24, 30. 4. 1945. There can be little doubt that the liberation of Prague and as much as possible of the territory of western Czechoslovakia by your forces might make the whole difference to the post-war situation in Czechoslovakia, and might well influence that in nearby countries. On the other hand, if the Western Allies play no significant part in Czechoslovakia liberation, that country will go the way of Yugoslavia. Of course, such a move by Eisenhower must not interfere in his main operations against the Germans, but I think the highly important political consideration mentioned above, should be brought to his attention. The British Chiefs-of-Staff have, therefore, on my instructions, asked the United States Chiefs-of-Staff to agree to the despatch of a message to Eisenhower in order that he should take advantage of any suitable opportunity that may arise to advance into Czechoslovakia. I hope this will have your approval. b) To: The Prime Minister. From: The President. Your Number 24. General Eisenhower's present attitude, in regard to operations in Czechoslovakia, which meets with my approval, is as follows: „The Soviet General Staff now contemplates operations into the Vltava valley. My intention, as soon as current operations permit, is to proceed and destroy any remaining organized German forces. If a move into Czechoslovakia is then desirable, and if conditions here permit, our logical initial move would be on Pilsen and Karlsbad. I shall not attempt any move which I deem militarily unwise" (1. 5. 45). c) Prime Minister to President Truman. Your No. 21. I am in full agreement with the attitude of General Eisenhower, in whom His Majesty's Government have always had the fullest confidence. W. S. C. 2.5.45.

[12] Vgl. z. B. in: The Papers of Dwight David Eisenhower. The War Years: Vol. IV, Nr. 2482 (S. 2679 f.), Cable FWD 20568 (an die Militärmission in Moskau) und die Antwort des Generals Antonov, zitiert ebenda, Anm. 3 (S. 2680). – Eine der letzten Zusammenfassungen dieser Problematik ist zu finden bei R. V. Luža: The Liberation of Prague: An American Blunder? A Note, in: Kosmas, Journal of Czechoslovak and Central European Studies. Vol. 3, No. 1 (Summer 1984), S. 41–57.

stigere Ausgangslage für Verhandlungen mit den Sowjets über die Tschechoslowakei betreffende Fragen zu schaffen.[13]

Unter diesen Fragen verstand man die sowjetische Obstruktion, die unter dem Vorwand von Unterbringungsschwierigkeiten verhinderte, daß die bei der neu ernannten tschechoslowakischen Regierung akkreditierten westlichen diplomatischen Vertreter ihre Arbeit aufnehmen konnten. Gerade bei den Verhandlungen über diese Behinderung warf Churchill am 16. April 1945 die Frage auf, ob die Sowjets dem amerikanischen Botschafter eine Unterschrift darauf geben könnten, daß er eine Zahnbürste mitnehmen dürfe, wenn die Amerikaner als erste in Prag einmarschierten.[14]

Die sowjetische Offensive war nicht als Hilfe für den Prager Aufstand gedacht. Nach dem Zeugnis des sowjetischen Marschalls Konev aus dem Jahre 1946 war die Prager Operation von politischen und strategischen Interessen diktiert; laut Konev bestand ihr Erfolg in erheblichem Maße in der Verhinderung des Einmarsches der westlichen Verbündeten in Prag.[15] Und Milovan Djilas führte in seinen Gesprächen mit Stalin an, wie ihm Stalin im April 1945 erläuterte, der gegenwärtige Krieg unterscheide sich von allen vorhergehenden in einem grundlegenden Punkt, nämlich darin, wer ein bestimmtes Gebiet besetze, werde ihm auch sein eigenes politisches System aufzwingen.[16]

Kehren wir jedoch zu den Amerikanern zurück. Das State Department hatte sich mit seinem Memorandum vom 5. Mai nicht durchgesetzt, doch wurde sein Standpunkt etwas später respektiert, als das amerikanische Oberkommando schon Mitte Mai 1945 begann, amerikanische Einheiten aus Böhmen abzuziehen.[17] Auf Einschreiten des State Department und später auf Empfehlung des Botschafters Steinhardt (als er endlich sein Amt antreten konnte, die westlichen Missionen durften gegen Ende Mai 1945 nach Prag) blieben die amerikanischen Truppen vorläufig in der Tschechoslowakei (wenn auch allmählich in geringerer Stärke), was für die späteren Verhandlungen über den gleichzeitigen Abzug der amerikanischen und sowjetischen Truppen außerordentlich wichtig war.[18] Ich habe das Gefühl, daß dieser Frage bisher verhältnismäßig wenig

---

[13] Das Memorandum vom 5. Mai 1945 wurde im Wortlaut zitiert in einem Dokument, veröffentlicht in: Foreign Relations of the United States. Diplomatic Papers, 1945, Vol. IV, Washington, 1968, S. 448–449.

[14] „What happens if the Americans get to Prague first as they seem very likely to do? Will the Russians then tell them whether the American Ambassador may take a toothbrush with him or not, or will it be the Western Allies who will determine the character of the United Nations representation in the delivered capital?" Prime Minister's personal minute, 16. 4. 45. PRO, FO 371, 47121.

[15] Zitiert nach einem sowjetischen Dokument in: Osvobození Československa Rudou armádou 1944/1945, Bd. 2, Praha, 1965, S. 389 f.

[16] Djilas zitierte Stalins Äußerungen vom 11. April 1945 so: „Dieser Krieg ist nicht wie in der Vergangenheit; wer immer ein Gebiet besetzt, erlegt ihm auch sein eigenes gesellschaftliches System auf. Jeder führt sein eigenes System ein, so weit seine Armee vordringen kann. Es kann gar nicht anders sein." Zitiert nach der dt. Herausgabe von Milovan Djilas, Gespräche mit Stalin. Stuttgart u. a. (o. J.), S. 139. – Der Entscheidung von Stalin in der Zeit nach Jalta, „die alliierten Streitkräfte so weit im Westen wie möglich zu treffen", ist Vojtech Mastny nachgegangen und hat diese erforscht; er datiert sie auf die zweite Hälfte vom März 1945. V. Mastny: Russia's road to the Cold war. Diplomacy, Warfare, and the Politics of Communism, 1941–1945. New York, 1979, hierzu S. 253–267.

[17] Memorandum by the Acting Secretary of State to President Truman; siehe die in Anm. 13 zit. Quellenedition, S. 453.

[18] Siehe W. Ullmann: The United States in Prague, 1945–1948. New York, 1978. Hierzu insbesondere S. 30–34.

Aufmerksamkeit geschenkt wurde. Seit dem Dezember 1945 waren keine sowjetischen Truppen im Land, und das ist ein Umstand, der die Situation in der Tschechoslowakei von der aller anderen Ländern unterschied, die dann ähnlich wie die Tschechoslowakei zu Satelliten der UdSSR wurden.

Bei Überlegungen zu der Frage, welche Rolle die Anwesenheit der Sowjetarmee für die Gewinnung eines ersten Vorsprungs der KPTsch gegenüber den demokratischen Parteien bei der Schaffung von machtpolitischen Positionen für die spätere Zeit spielte, darf man die Erfahrungen der Bevölkerung in den böhmischen Ländern und der Slowakei mit dem Verhalten der Roten Armee nicht aus dem Auge verlieren. (Im Sommer 1945 führte der britische Botschafter in einem seiner ersten politischen Berichte den populären Witz an, der die Rote Armee als die erfolgreichste Liga gegen den Bolschewismus bezeichnete. Und das, obwohl es auf Intervention Gottwalds bei Stalin einige Wochen nach dem Krieg zu einem Austausch eines Teils der sowjetischen Truppen in Böhmen und Mähren gegen disziplinierte Einheiten kam.[19]) Demgegenüber ist es interessant, die Ergebnisse der Mai-Wahlen im Jahre 1946 in Pilsen, das die Amerikaner besetzt hielten, mit den Ergebnissen in Brünn zu vergleichen: in Pilsen erreichten die Kommunisten ein besseres Ergebnis (Pilsen KPTsch 37,8%, Nationale Sozialisten 32,15%; Brünn: KPTsch 32,34%, Nationale Sozialisten 33,32%).[20]

Ich vermeide es auch, den Umstand zu dramatisieren, daß es nicht die Amerikaner waren, die als erste nach Prag kamen, und daraus fatale Schlüsse zu ziehen, von denen es in der historisierenden Literatur nur so wimmelt. Trotzdem spielte in der Zeit, in der die Verhandlungen zwischen dem Eisenhower-Stab und dem sowjetischen Oberkommando nicht bekannt waren, einschließlich der Tatsache, daß das Vorrücken der Amerikaner auf ausdrücklichen sowjetischen Wunsch bei Pilsen eingestellt wurde, im Bewußtsein der Prager Bevölkerung die Erinnerung daran, daß „die Rote Armee Prag gerettet hat", eine große Rolle. Insbesondere als es der kommunistischen Propaganda gelang, kurz vor den Wahlen im Jahre 1946 um diese Geschichte eine geschickte Pressekampagne zu entfachen. Bei näherer Betrachtung wird sich vielleicht zeigen, daß gerade dieser Umstand für das Wahlergebnis der KPTsch in Prag von Bedeutung war. Mit 36 Prozent der Stimmen wurden die Kommunisten in der Hauptstadt die stärkste Partei.[21]

***

Beneš und die tschechischen bürgerlichen Politiker sahen in der gegebenen Situation keine andere Möglichkeit als eine Politik der „special friendship" mit der Sowjetunion zu betreiben, sich auf eine langfristige Zusammenarbeit des Ostens und des Westens zu verlassen sowie darauf, daß auch die Konjunktur der Anziehungskraft kommunistischer Losungen und des kommunistischen Programms bei den Wählern verfällt, wenn sich im Laufe der Zeit das radikale Potential der Kommunisten erschöpft. Beneš soll sich darüber hinaus darauf verlassen haben, daß Stalin ihm noch aus den Zeiten der Affäre Tuchačevskij persönlich verbunden gewesen sei.

Das war schon an und für sich eine Politik, die der Alternative entbehrte, einer Lösung für schlechtere Zeiten. Doch die tschechische Politik ging noch weiter, und darin waren sich die Nicht-Kommunisten mit den Kommunisten einig (deren Vorgehen oh-

---

19 PRO, FO 817/12, despatch No. 22 (June 1945).

20 Zprávy Státního úřadu statistického, Jg. 27 (1946), No. 23, Reihe B, Nr. 1.

21 Ebenda.

ne Zweifel von der Sowjetunion abgesegnet war, die in dieser Zeit überall Nationalismen anfachte, auch mit Hilfe der sog. neuen slawischen Politik): gegenüber allen ihren Nachbarn erhob die Tschechoslowakei Ansprüche, ob es um Grenzberichtigungen ging oder um Verschiebungen einer großen Bevölkerungsmenge (durch Abschiebung oder Austausch: Deutsche und Ungarn), und mit der Mehrheit ihrer Nachbarn befand sich die Tschechoslowakei in offenem oder latentem Konflikt.[22] Ein wenig erinnert das an die Situation bei der Entstehung der Republik nach dem Ersten Weltkrieg, als die tschechische Politik, trunken von den Triumphgefühlen über die Entstehung eines selbständigen Staates, jedes Gefühl für das rechte Maß verlor. In dieser Richtung war die Unangemessenheit, die die Ambitionen der tschechischen Politik charakterisiert, nach dem Zweiten Weltkrieg noch größer. Aus geringem historischen Abstand scheint es dann völlig absurd, daß die tschechoslowakische Regierung, Nicht-Kommunisten zusammen mit Kommunisten, von der Sowjetunion, der tatsächlichen Bedrohung der tschechoslowakischen Unabhängigkeit, ein uneigennütziges Eingreifen zugunsten der tschechoslowakischen Forderungen erbat, also Patronats- oder Schiedsrichterdienste.[23]

***

Ich habe die Politik des tschechischen bürgerlichen Lagers gegenüber der Sowjetunion als Politik ohne Alternative bezeichnet. Meiner Meinung nach bleibt jedoch offen, ob es überhaupt einen gangbaren alternativen Weg gegeben hat, der unter den gegebenen internationalen Umständen und der inneren Kräftekonstellation, wie sie sich in der Tschechoslowakei gegen Ende des Krieges herausgebildet hatte, zur Erhaltung der Unabhängigkeit des Landes und der parlamentarisch-demokratischen Ordnung oder zumindest zu einem größeren Maß an Unabhängigkeit hätte führen können oder noch weitergehend, ob nicht ein anderer Weg – wäre er möglich gewesen – noch mehr Schaden angerichtet hätte.

Eine so aufgeworfene Frage mag unhistorisch erscheinen. Sicherlich, der Lauf der Geschichte war so, wie er war, der Aphorismus des tschechischen Schriftstellers Ludvík Vaculík, „die Geschichte muß man betrachten wie einen Katalog von Ereignissen, die nicht hätten geschehen sollen", gilt für jeden historischen Zeitraum, nicht nur für die Entstehung des kalten Krieges unmittelbar nach Beendigung des heißen, von dessen Beendigung sich die Menschheit ein neues Zeitalter der Vernunft versprach, eines kalten Krieges mit allen seinen Implikationen und Folgen einschließlich eines so winzigen Malheurs wie der Eingliederung der Tschechoslowakei in den Ostblock mit allen Folgen für jenes Land für die weiteren vier Jahrzehnte.

Und trotzdem wird noch einige Zeit, solange Teilnehmer dieses Geschehens am Leben sind und solange für die Zeitgenossen der Streit darüber, „wer schuldig ist", relevant ist, ein solches Fragen nach einer Alternative relevant bleiben. Und zu guter Letzt kann ihm auch der Historiker nicht ausweichen, wenn er ein historisches Urteil über das Handeln vergangener Generationen fällen will. Die Politik von Edvard Beneš und insbesondere seine Politik der „Sonderfreundschaft mit der Sowjetunion", wie sie in dem kurzen Drei-Jahres-Zeitraum nach dem Zweiten Weltkrieg praktiziert wurde, wird fast unisono von allen gegenwärtigen unabhängigen Historikern verurteilt, leben

---

[22] Darüber, mit vielen Einzelheiten aus den Sitzungsprotokollen der tschechoslowakischen Regierung, siehe K. Kaplan: Poválečné Československo. Československo 1945–48. Národy a hranice. Mnichov [München] 1985.

[23] Ebenda.

sie nun in der Heimat oder im Exil. Beneš ist der Sündenbock für alle Mißerfolge und Fehler der tschechischen Politik der letzten fünfzig Jahre oder der primäre Urheber aller ihrer Mißerfolge, ihrer Fehler und ihres Scheiterns. Mit ein wenig Sarkasmus und bösem Willen ist nichts leichter, als die Liste der Verfehlungen Benešs ad libitum zu erweitern.

Und doch hat Beneš im Grunde nichts anderes getan als seine großen Zeitgenossen Churchill und Roosevelt. Wenn wir ihre Fehler und Selbsttäuschungen mit denen Benešs vergleichen, können wir kaum Beweise dafür finden, daß diejenigen Benešs größer waren, eher möchte man sagen, daß er ihr fleißiger Schüler war. (Ich erinnere nur an Churchills Äußerungen unmittelbar nach der Rückkehr aus Jalta: im Parlament erklärte er, er kenne keine Regierung, die so gewissenhaft ihre Verpflichtungen erfülle wie die sowjetische, und danach – am 19. Februar in einer Kabinettssitzung – versicherte er seinen Kollegen, daß „Stalin es gut meint mit der Welt und mit Polen".[24]) Sicher, Beneš fehlte die Größe der Genannten, doch das ist eine andere Geschichte.

Beneš bekam von den Sowjets – und von anderen – genügend direkte und indirekte Lektionen, um sich klarzumachen, wie labil die Position einer Politik war, die darauf zielte, eine unabhängige Tschechoslowakei als einen demokratischen Staat zu erneuern. Schritt für Schritt konnte er schon seit dem Frühjahr 1943 bis zum Sommer 1944 an dem Verhalten der Sowjets gegenüber der polnischen Exilregierung verfolgen, von der Unterbrechung der diplomatischen Beziehungen bis zur Errichtung des Lubliner Komitees der Nationalen Befreiung und dem Warschauer Aufstand, wie es einem kleinen Verbündeten geht, der nicht zum Nachgeben bereit ist. (Zum Glück konnte er nichts von den Ausbrüchen wissen, die sich aus Churchills Mund in Stalins Anwesenheit über Mikołajczyk ergossen.)[25] Seine direkten Lektionen erhielt er selbst während des slowakischen Aufstands im Herbst 1944 und dann in der Karpaten-Ukraine. Bis zum Mai 1945 hatte er genügend Gelegenheit, sich klarzumachen, wie wenig die Verbündeten verändern konnten und wie wenig bereit sie waren, für die Interessen der Mitteleuropäer und Osteuropäer das Risiko eines Streites mit den Sowjets einzugehen.

Erst die Öffnung der sowjetischen Archive und die Detailkenntnis von Stalins Absichten und seinen Kalkulationen werden zur Klärung der Frage beitragen können – ich sage nicht, die Frage klären können – ob es eine gangbare Alternative zu Benešs Politik gegeben hätte, wo die Grenze war, jenseits derer die Tschechoslowakei für Stalin zu sauren Trauben geworden wäre, und ob es für die Nachkriegs-Tschechoslowakei realistisch war – nehmen wir es einmal an – ein mitteleuropäisches Finnland zu werden. Das Dilemma der Zeitgenossen, die vor einer Situation standen, in der Handeln wie Abwarten gleichermaßen mit Risiken behaftet war, können die Historiker allerdings nicht lösen, so groß auch der Vorteil des Rückblicks aus dem „sicheren Hafen"[26] ihrer Arbeitszimmer sein mag.

In den Polemiken über Alternativen des Handelns in der Vergangenheit wird oft so argumentiert (und ich tue das manchmal auch), daß, ähnlich wie der Weg zur Hölle der bequemere ist, auch die Wahl des geringeren Übels nur scheinbare Vorteile bringt, und daß die Folgen dieser Wahl in langfristiger Perspektive katastrophal sind. Das kann

---

[24] Zit. nach The Great Powers and the Polish Question, 1941–1945, ed. by A. Polonsky, Dok. 131 (S. 251). London, 1976.

[25] In den Gesprächen, geführt in Moskau im Oktober 1944, deren Aufzeichnungen abgedruckt worden sind in: Documents on Polish-Soviet Relations 1939–1945, Bd. 2, London, 1967.

[26] Vom sichern Port läßt sich gemächlich raten (Friedrich Schiller: Wilhelm Tell).

man ohne Zweifel über den tschechoslowakischen Weg in die sowjetische Abhängigkeit sagen; die Art, wie das geschah, ist um so schlimmer, als daß nur Katzenjammer zurückblieb. Niemand konnte sich mit dem Gefühl der Niederlage in einem Kampf trösten, in dem der kleinere und schwächere in einer sei es auch von vornherein verlorenen Situation wenigstens versucht hätte, seine Sache zu vertreten, ein Risiko eingegangen wäre und seine Fahne ehrenvoll verteidigt hätte.

Doch nicht einmal eine solche Einstellung, wie sympathisch sie auch moralisch sein mag (ich selbst gebe ihr den Vorzug in den gegenwärtigen politischen Streitfragen), muß in einer bestimmten historischen Situation die einzig akzeptable sein. Einer der schärfsten Kritiker der Politik Benešs, der unlängst verstorbene Johann Wolfgang Brügel, der eine bleibende Lücke in den Reihen der Kenner der tschechoslowakischen Geschichte hinterläßt, hat vor einigen Jahren geschrieben:

> Mikołajczyk fuhr nach Moskau und nach Warschau, Beneš nach Moskau und nach Prag – beide als Vertrauensleute der „westlichen Interessen", d.h. der Interessen der politischen Demokratie und Menschenwürde. Beide haben versagt, doch der Tschechoslowakei blieben schließlich und endlich drei Jahre „unverwässerten" Stalinismus' erspart. Nur ein kleiner Unterschied vom Gesichtspunkt der Ewigkeit aus oder sogar aus dem Blickwinkel der dreißig Jahre kommunistischer Diktatur? Sicherlich, „mais vive la petite différence!"[27]

[27] J. W. Bruegel: Na okraj Mastného knihy o vzniku studené války, in: Svědectví, Jg. XVI (1981), Nr. 64, S. 835–840.

Konzepte für die Nachkriegszeit im polnischen Widerstand

von
Christoph Kleßmann

Ein wichtiges Charakteristikum aller Widerstandsbewegungen gegen den Nationalsozialismus, sofern sie nicht reine Partisanenorganisationen waren, ist die Diskussion politischer und gesellschaftlicher Konzepte für die Zeit nach dem Ende des Dritten Reiches bzw. der Besatzung. Diesem Satz läßt sich vielleicht noch eine Hypothese anfügen, die zumindest für den polnischen Widerstand evident ist: Je tiefer die politische und soziale Fragmentierung der Gesellschaft vor Beginn der nationalsozialistischen Besatzung war, desto intensiver fiel diese Reflexion über die Zukunft verbunden mit scharfer Kritik der eigenen Vergangenheit aus, und desto bedeutsamer war sie als Element der politischen Selbstverständigung und des Schutzes gegen die Atomisierung der Gesellschaft durch die Okkupation. Überspitzt hat Tomasz Gross diese nach innen gerichtete bedeutsame Funktion einer Widerstandsbewegung für die polnische Gesellschaft so formuliert:

> „In diesem Sinne war der Untergrund primär an die polnische Bevölkerung gerichtet und erst sekundär gegen die Deutschen". [1]

In den meisten Ländern gab es mehrere Gruppen und Flügel der Widerstandsbewegung, in keinem Land war jedoch der organisierte Widerstand politisch so tief gespalten wie in Polen. Man kann genau genommen nicht von *der* polnischen Widerstandsbewegung sprechen, sondern von zwei (oder bei Einbeziehung der faschistoiden Nationalen Streitkräfte (NSZ) sogar von drei) Widerstandsbewegungen, die in sich wiederum verschiedene Gruppen und Flügel aufwiesen. In der in den Einzelheiten kaum noch zu überblickenden Historiographie in Polen entsprach der Existenz dieser beiden Flügel eine Beurteilung, die lange Zeit sehr plakativ von einem insgesamt reaktionären „Londoner Lager" und einem progressiven Lager unter Führung der Polnischen Arbeiterpartei (PPR), d. h. der Kommunisten, ausging. Die Arbeiten des polnischen Parteihistorikers Ryszard Nazarewicz (1971) oder der DDR-Historikerin Eva Seeber (1984) sind zwei Beispiele für dieses schablonenhafte Bild. [2] Andererseits hat seit dem Oktober 1956 eine prinzipielle Veränderung der historischen Bewertung stattgefunden, und innerhalb der relativ weit gesteckten ideologischen Grenzen ist eine Differenzierung der Urteile parallel zur intensiveren Erforschung der Strukturen und Programme der nichtkommunistischen Widerstandsgruppen unübersehbar. Diese Differenzierung bezieht

---

[1] T. Gross: Polish Society under German Occupation. The Generalgouvernement 1939–1944, Princeton 1979, S. 256.

[2] R. Nazarewicz: Drogi do wyzwolenia. Koncepcje walki z okupantem w Polsce i ich treści polityczne 1939–1945, Warszawa 1979; E. Seeber: Die Mächte der Antihitlerkoalition und die Auseinandersetzung um Polen und die ČSSR 1941–1945, Berlin-Ost 1984, S. 176 ff.

sich nicht zuletzt auf interne Unterschiede und Spannungen innerhalb der beiden Hauptformationen des Widerstandes.[3]

Im Rahmen dieser knappen Skizze können lediglich einige Grundlinien und Schwerpunkte der programmatischen Diskussion mit Blick auf ihre Bedeutung für die polnische Nachkriegsentwicklung nachgezeichnet werden. Welche Konzepte gab es im „Londoner Lager" und bei den Kommunisten, wann wurden sie entwickelt und welches waren ihre Hauptinhalte? Aus der Beantwortung dieser Fragen sollen sich auch Hinweise auf die Bedeutung dieser Konzepte für die Nachkriegszeit ergeben.

Ich beschränke mich auf wenige Stationen von 1940 bis zur Schaffung des Polnischen Komitees der nationalen Befreiung (PKWN) im Juli 1944 und zum sog. „Testament des kämpfenden Polen" vom Sommer 1945. Anhand einiger zentraler programmatischer Äußerungen lassen sich die Grundorientierungen und Differenzpunkte deutlich machen. Ihre Erklärung und Beurteilung muß über den Text hinaus die Veränderungen der jeweiligen politischen und militärischen Situation einbeziehen.

Zum 1. Mai 1940 veröffentlichten die polnischen Sozialisten (WRN) ein Manifest, das in ähnlicher Form wie das „Freiheitsmanifest" vom 7. November 1939 eine Reihe von Postulaten für eine tiefgreifende Umgestaltung eines künftigen polnischen Staates formulierte:

> „Die Geschichte hat Polen eine furchtbare Lektion erteilt. Für uns führt nun der Weg in die Freiheit durch die Folterkammern der Gestapo und GPU, durch Gefängnis und KZ, durch Massendeportationen und -exekutionen. Unterdrückt, verfolgt und ausgeplündert begreifen wir endlich die bittere Wahrheit. Das Schicksal unseres Landes kann nicht den Repräsentanten der Klassen anvertraut werden, die sich als unfähig erwiesen haben, Polen groß, mächtig und gerecht zu machen... Das neue Polen muß die Fehler der Vergangenheit wieder gut machen. Das Land muß ohne Entschädigung der Eigentümer unter die Bauern aufgeteilt werden. Bergwerke, Banken und Fabriken müssen der gesellschaftlichen Kontrolle unterstehen. Freiheit der Sprache, der Religion und des Gewissens muß gewährleistet sein. Schulen und Universitäten müssen für die Kinder des Volkes geöffnet sein."[4]

Ähnliche Forderungen artikulierte bereits im März 1940 die Bauernpartei (SL). Die Niederlage Frankreichs bedeutete einen tiefen Einschnitt für die Entwicklung des polnischen Widerstandes. Die Euphorie der „stürmischen Verschwörung" verschwand, auf die konspirative Organisation mußte nun mehr Sorgfalt verwendet werden, da mit einem schnellen Ende der Besatzung nicht zu rechnen war.[5] Zur Immunisierung gegen die demoralisierenden Wirkungen der Okkupation erhielt nun auch die Erarbeitung von Zukunftskonzepten eine besondere Bedeutung. Als eines der programmatischen Schlüsselelemente des polnischen Widerstandes ist das im August 1941 von der WRN-Führung herausgegebene „Program Polski Ludowej" anzusehen. Es war ein vergleichsweise umfassendes Grundsatzprogramm, das in den folgenden Jahren noch ergänzt

---

[3] Einen knappen, instruktiven Abriß mit Literaturhinweisen findet man bei W. Borodziej: Soziale und politische Konturen des polnischen Widerstandes, in: September 1939. Krieg, Besatzung, Widerstand in Polen, hrsg. von Ch. Klessmann, Göttingen 1989, S. 95–116. Ein voluminöses Sammelwerk zur Widerstandsbewegung haben kürzlich B. Kobuszewski, P. Matusak und T. Rawski herausgegeben: Polski ruch oporu 1939–1945, Warszawa 1988.

[4] Zit. nach Ch. Klessmann: Die Selbstbehauptung einer Nation. NS-Kulturpolitik und polnische Widerstandsbewegung im Generalgouvernement 1939–1945, Düsseldorf 1971, S. 173.

[5] Vgl. W. Jacobmeyer: Heimat und Exil. Die Anfänge der polnischen Untergrundbewegung im Zweiten Weltkrieg, Hamburg 1973, S. 162 ff.

wurde durch Materialien zu einzelnen Teilbereichen, so etwa zum kulturellen Wiederaufbau Polens.[6]

Seine Bedeutung liegt nicht nur darin begründet, daß die Sozialisten zu den stärksten politischen Kräften im Widerstand gehörten, sondern auch in seiner außerordentlichen Verbreitung. Im Untergrund gab es mindestens zwei Auflagen, davon die zweite mit 10000 Stück. Darüber hinaus erschienen während des Krieges Ausgaben in Frankreich, in London und New York. Zwölf linksstehende Abgeordnete des Exilparlaments in London empfahlen dieses Programm als Basis für die Ausarbeitung eines Manifests zur künftigen Struktur Polens. Von konservativer Seite wurde es andererseits heftig angegriffen wegen „bolschewistischer Tendenzen". Das „Program Polski Ludowej" konzentrierte sich auf die innere Situation Polens und nahm zu außenpolitischen Fragen nur beiläufig Stellung. Es rechnete scharf mit der diktatorischen Vergangenheit Polens ab und forderte für die künftige innere Verfassung eines volkspolnischen Staates u.a.: entschädigungslose Enteignung des Großgrundbesitzes; Enteignung der für die Vergesellschaftung reifen Industriebetriebe und Übertragung an den Staat, an Selbstverwaltungskörperschaften oder an Genossenschaften; Reform des Steuersystems mit dem Ziel einer gerechteren Verteilung der Steuerlasten; Bestrafung aller Kollaboranten; Schaffung eines Sondergerichtes, vor dem sich die Repräsentanten des Sanacja-Regimes zu verantworten haben; Sicherung eines kostenlosen allgemeinen Schulunterrichts; Rahmenplanung für die Gesamtwirtschaft; Sicherung des privaten Handwerks und der Kleinindustrie; Umsiedlung der deutschen Bevölkerungsteile, die auf polnischem Boden zu Germanisierungszwecken angesiedelt wurden und der Volksdeutschen.

Die Abfassung dieses Manifests auf dem Höhepunkt der deutschen Siege läßt sich als Ausdruck für den entschlossenen Selbstbehauptungswillen und die nach innen gerichtete Funktion solcher Texte verstehen. Es war ein radikal-sozialistisches Programm mit Forderungen, die überall unter der europäischen Linken verbreitet waren. Für die Bauernpartei (SL) lassen sich ähnliche Postulate finden. Neben einer umfassenden Agrarreform hatte bei ihr insbesondere die gründliche Neugestaltung des Erziehungs- und Bildungswesens als Basis einer gerechteren sozialen Ordnung große Bedeutung.[7]

Eine derartige Programmatik war jedoch viel zu radikal, um dem „Londoner Untergrund" insgesamt als gemeinsame Basis dienen zu können. So finden sich etwa in der von der Delegatur der Londoner Exilregierung in Warschau Ende 1942 veröffentlichte Proklamation „Wofür wir sterben, worum wir kämpfen, wofür wir leben" hauptsächlich pathetisch-nationalistische Parolen, kaum aber eine dezidierte Vergangenheitskritik oder präzise Zukunftsvorstellungen.[8] Gemeinsamkeit zwischen den das „Londoner Lager" tragenden politischen Kräften zu erreichen, erwies sich denn auch als gravierendes Problem, ging es doch nicht nur um eine gemeinsame Plattform der Parteien, sondern auch darum, den militärischen Untergrund (ZWZ bzw. AK) für solche Konzepte zu gewinnen. Ein erfolgreiches Beispiel dafür bietet die Erklärung des erst mit Verspätung Anfang 1944 gegründeten „Rates der nationalen Einheit" (RJN) vom 15. März

---

6 Text und Kommentierung bei Ch. Klessmann: Das „Programm Volkspolens" von 1941. Zur gesellschaftspolitischen Grundsatzdiskussion im polnischen Widerstand, in: Vierteljahrshefte für Zeitgeschichte 21 (1973) S. 103–114.

7 Deklaracja ideowa-programowa Ruchu Ludowego (1943), in: Materiały źródłowe do historii Polskiego Ruchu Ludowego, hrsg. von J. Nowak, Bd. 4, Warszawa 1966, S. 245 ff.

8 Text bei Ch. Klessmann, Selbstbehauptung, S. 250 f.

1944.[9] In drei Abschnitten wurden hier die außenpolitischen Probleme (mitteleuropäische Föderation, polnische Ostgrenze von 1921, Ausdehnung Polens im Norden und Westen), die wichtigsten politischen Fragen (parlamentarische Demokratie, Gleichberechtigung für alle Minderheiten) und die sozialen und ökonomischen Reformforderungen behandelt (Nationalisierung der Schlüsselindustrien und Banken, Aufteilung des Großgrundbesitzes über 50 ha, Sozialpolitik und Mitbestimmung unter Beteiligung der Gewerkschaften, Reform des Bildungswesens).

Dieses Dokument spiegelte sicher noch die Probleme der Kompromißfindung verschiedener politischer Gruppen. Insofern wurde es auch mehr oder minder heftig als unzureichend kritisiert.[10] Dennoch wurden hier so weitreichende Reformen gefordert, daß eine Kritik des „Londoner Lagers" als „reaktionär" unsinnig ist. Die entscheidende Frage, wer diese Forderungen mit wessen Hilfe einlösen würde, blieb jedoch ohne Antwort. Immerhin litt die politische Glaubwürdigkeit solcher Programme durch die personellen Umbesetzungen im Land und im Exil 1943. Weder Bór-Komorowski als Nachfolger Roweckis in der Führung der AK noch Sosnkowski als Oberbefehlshaber der Streitkräfte und Nachfolger Sikorskis waren überzeugende Repräsentanten eines radikalen Reformkonzepts für ein künftiges Polen. Andererseits reicht auch der – in der parteioffiziellen Literatur übliche – Hinweis auf „reaktionäre Tendenzen" im Personal der Exilregierung und der AK nicht aus, um die Ernsthaftigkeit und Breitenwirkung solcher Programme in Frage zu stellen. Denn – und dies ist ein generell wichtiger Aspekt der Gesamtthematik – Okkupation, Terror und soziale Verelendung schufen zwar einerseits Demoralisierung und politische Apathie, führten aber andererseits auch dazu, in der polnischen Gesellschaft besonders unter der Jugend einen Prozeß der sozialen Radikalisierung in Gang zu setzen, auf den die Parteien und bewaffneten Gruppen im Untergrund reagieren und antworten mußten. Die Auslösung des Warschauer Aufstandes hat hierin eine Wurzel. So hieß es in einem Bericht der Führung der AK vom Frühjahr 1944:

> „Große Verschiebung der Weltanschauungen nach links. Starke Radikalisierung, insbesondere unter den Bauern und der verarmten Intelligenz. Fast allgemein die Forderung nach gesellschaftlicher Kontrolle des Wirtschaftslebens, nach Liquidierung der Güteransammlung in Privathand (und Begrenzung) auf ein bestimmtes Minimum und Abschaffung der Privilegien einzelner oder sozialer Gruppen. Eine Macht, die diesen Prozeß aufzuhalten versuchte, würde das Land schweren Erschütterungen aussetzen."[11]

Das am 1. Juli 1945 zugleich mit der Auflösung der AK verkündete „Testament des kämpfenden Polen", gerichtet an die polnische Nation und die Alliierten, war der letzte Appell des RJN. Die alten Forderungen nach politischen und ökonomischen Reformen verbanden sich jetzt unter völlig veränderten Rahmenbedingungen mit dem Ruf nach politischer Freiheit und freien Wahlen.[12]

Vergleicht man mit diesem vielschichtigen Bild der programmatischen Entwicklung des „Londoner Lagers" die Vorstellungen der Kommunisten, so wird schnell deutlich,

---

[9] Ebenda, S. 116. J. Garliński: The Polish Underground State (1939–1945), in: Journal of Contemporary History 10 (1975), S. 245 f.

[10] Vgl. dazu W. Borodziej, Konturen, S. 110.

[11] Zit. in: Polska Ludowa 1944–1950. Przemiany społeczne, hg. v. F. Ryszka, Wrocław 1974, S. 47 f.

[12] Text in: The Polish Underground State. A Guide to the Underground 1939–1945, hrsg. von S. Korbonski, New York 1978, S. 237.

wie problematisch die erwähnten gängigen Etikettierungen „fortschrittlich“ und „reaktionär“ sind. Wie in der gesamten internationalen kommunistischen Bewegung setzte die 1942 im Untergrund neu gegründete kommunistische PPR auf Volksfront und nationale Orientierung. Angesichts der besonderen Probleme der polnischen KP (Luxemburgische Tradition, Auflösung 1938, sowjetische Polenpolitik 1939–1941) kam freilich die glaubwürdige Proklamation einer Verbindung von sozialem und nationalem Befreiungskampf einer Quadratur des Kreises gleich. Die wirklichen Unterschiede in der Programmatik sind daher auch kaum im sozialökonomischen Bereich zu finden, sondern in der Außenpolitik, insbesondere in der Stellung zum Problem der Ostgrenze. Nicht der Klassenkonflikt bildete die eigentliche Trennlinie zwischen den beiden großen Widerstandsformationen, sondern der politische Konflikt, der sich an der Haltung zur Sowjetunion entzündete. In den Programmen der PPR und den Deklarationen des zur Jahreswende 1944 als politische Gesamtrepräsentation geschaffenen Landesnationalrats (KRN) findet das zwar nur einen schwachen Ausdruck, da die entsprechenden Formulierungen aus taktischen Gründen eher zurückhaltend ausfallen mußten. Die Grenzfrage war aber der eigentliche Kern des Problems einer anti- oder prosowjetischen Option. Nur weil die polnischen Kommunisten mit der Roten Armee die stärkeren Bataillone hinter sich hatten, konnten sie zu einer bestimmenden Kraft im polnischen Widerstand werden. Die relative Schwäche und Isolierung unter der Bevölkerung ist den Kommunisten und insbesondere Gomułka (seit Ende 1943 einer der führenden Funktionäre) durchaus bewußt gewesen, und sie haben programmatisch und strategisch versucht, daraus Konsequenzen zu ziehen. Diese Isolierung wirklich aufzubrechen, ist jedoch niemals gelungen.

In einer ersten Deklaration der PPR vom März 1943 „Wofür wir kämpfen“ [13] wurden neben einer Reihe politischer und sozialer Forderungen die bekannten Postulate nach entschädigungsloser Enteignung des Großgrundbesitzes über 50 ha, nach Vergesellschaftung von Großbetrieben und -banken und nach völliger Neuordnung des Bildungs- und Gesundheitswesens formuliert. Territoriale Fragen sollten auf der Basis des Selbstbestimungsrechts geregelt werden. Genauer entwickelt und mit einer ausführlichen Kritik der „Sanacja“ verbunden wurden diese Forderungen in der gleichnamigen Deklaration vom November 1943. [14]

Gomułka versuchte Anfang 1943 und auch noch später, auf dieser Basis zu pragmatischen Verhandlungen mit der Delegatur, d.h. der politischen Vertretung der Londoner Exilregierung im Untergrund, zu kommen. Diese stellte jedoch Bedingungen, die zum Teil für die Kommunisten völlig inakzeptabel waren, so die ausdrückliche Bestätigung der „Unabhängigkeit von einer fremden Macht“, die Bereitschaft, gegen jede Aggression, aus welcher Richtung auch immer zu kämpfen, und die ausdrückliche Anerkennung der Unverletzlichkeit der polnischen Grenzen von 1939. [15] Gomułka scheiterte mit diesen und mit späteren Versuchen, politischen Kontakt zum „bürgerlichen Lager“ zu finden.

Er war aber ohnehin nicht repräsentativ für den kommunistischen Widerstand insgesamt. Denn das Bild wäre allzu grob, wenn es die Vorstellung suggerierte, die kommunistische Bewegung in Polen sei in sich einheitlich gewesen und habe nur als Instru-

---

[13] Text in: Kształtowanie się podstaw programowych Polskiej Partii Robotniczej w latach 1942–1945, Warszawa 1958, S. 93 ff.

[14] Ebenda, S. 140 ff.

[15] The Polish Underground State, S. 111.

ment der sowjetischen Politik im Vorfeld der Roten Armee funktioniert. Zum einen gab es, grob gesprochen, zwei Flügel: den nationalkommunistischen um Gomułka und den stalinistischen um Bierut, die man auch als „Radieschen" und „Rote Beete" bezeichnet hat.[16] Wie tief deren Differenzen waren, trat erst voll in den Nachkriegsjahren und im Prozeß der Stalinisierung 1948 zutage. Zur Differenzierung gehören aber auch die nie ganz ausgetragenen Spannungen zwischen den im Verband polnischer Patrioten (ZPP) zusammengeschlossenen polnischen Kommunisten in Moskau und denen im Lande. Darüber hinaus – und dies ist weniger bekannt – gab es unter den polnischen Kommunisten heftige programmatische und strategische Diskussionen, die quer zur Spaltung in Nationalkommunisten und Stalinisten lagen und sich an konkreten Fragen wie der Durchführung der Bodenreform, der Verstaatlichung, der Einsetzung von neuen Verwaltungen, der Behandlung der Betriebsräte und Gewerkschaften entzündeten. In diesen Diskussionen läßt sich trotz der Übereinstimmung in wichtigen Grundfragen punktuell sogar ein deutlicher Affront gegen Stalin und die sowjetische Politik, zum Beispiel während des Warschauer Aufstandes, feststellen.[17]

Aus der Dokumentation, die Drukier und Polonsky 1980 publiziert haben, geht hervor, daß es unterschiedliche Strategien zur Überwindung der politischen Isolierung der Kommunisten gab, aber auch, wie schwankend die sowjetische Politik hier war. So wurde der Landesnationalrat (KRN) erst fünf Monate nach der Gründung in der sowjetischen Presse überhaupt erwähnt und offiziell anerkannt. Bei der Gründung des Komitees der Nationalen Befreiung (PKWN) als Kern einer künftigen polnischen Regierung im Juli 1944 hatten die polnischen Kommunisten des ZPP einen starken Einfluß, und ihr gemäßigtes Programm sollte in Stalins Interesse offensichtlich dazu dienen, den Konsens von Teheran nicht zu gefährden. Andererseits gab es Konflikte in der Gewerkschaftspolitik.[18] Vor allem aber wurde die angestrebte breite soziale Basis des PKWN geschmälert durch die Massenverhaftungen von AK-Mitgliedern, die von den Sowjets gegen den Protest des PKWN durchgeführt wurden, um militärisches Widerstandspotential zu zerstören.[19] Auch während des Warschauer Aufstandes gab es große Skepsis kommunistischer Vertreter gegenüber Stalins Politik.[20]

Auf die internen Konflikte in der Phase der gleitenden Machteroberung und Machtsicherung nach 1945 ist hier nicht mehr einzugehen. Ich würde jedoch die Hypothese vertreten, daß der Ausgang des Konflikts und damit Form und Inhalt der volksdemokratischen Transformation in dieser Übergangsphase der ersten beiden Nachkriegsjahre noch nicht definitiv vorprogrammiert waren und daß erst der politische Konflikt der beiden Supermächte und ihrer Trabanten um den Marshall-Plan 1947 die Weichen für die schnelle Durchsetzung des Stalinismus in Polen gestellt hat.[21]

Abschließend die Frage: Worin ist die Bedeutung der breit gefächerten gesellschaftspolitischen Diskussion im polnischen Widerstand zu suchen, obwohl im Endeffekt eine relativ kleine und isolierte Gruppierung das Heft in die Hand bekam?

---

16 M. K. Dziewanowski: The Communist Party of Poland, 2. Aufl. Cambridge (Mass.) 1976, S. 174.

17 The Beginning of Communist Rule in Poland, hrsg. von A. Polonsky und B. Drukier, London 1980.

18 Ebenda, S. 81 ff.

19 Ebenda, S. 31.

20 Ebenda, S. 45 f.

21 Vgl. dazu ausführlicher Ch. Klessmann: Der Kalte Krieg als Determinante der polnischen Innen- und Außenpolitik, in: Der Marshall-Plan und die europäische Linke, hrsg. von O. N. Haberl und L. Niethammer, Frankfurt 1986, S. 287–312.

Die Analyse der Programmatik belegt, daß das plakative Bild der Zweiteilung des polnischen Widerstandes mit entsprechender Orientierung falsch ist. Außen- und gesellschaftspolitische Positionen deckten sich nicht. In den ordnungspolitischen Vorstellungen konnten die Kommunisten den Sozialisten und dem SL in keiner Weise den Rang ablaufen. Die Gretchenfrage blieb das Grenzproblem. Man kann und muß sicherlich die starre Haltung der polnischen Exilregierung in der Grenzfrage kritisieren. Sie schätzte dabei die internationalen Kräfteverhältnisse offenkundig völlig falsch ein. Andererseits läßt sich kaum bestreiten, daß eine Exilregierung, die sich bereits während des Krieges der sowjetischen Haltung in der Grenzfrage gebeugt hätte, ihre Basis im polnischen Untergrund aufs Spiel gesetzt hätte. Denn die Grenzfrage war nur Teil des übergeordneten Problems des politischen Verhältnisses zur Sowjetunion, und dieses war geprägt vom deutsch-sowjetischen Pakt von 1939, von der sowjetischen Besetzung Ostpolens, der Deportation großer Teile der polnischen Bevölkerung, von Katyń und vom sowjetischen Verhalten während des Warschauer Aufstandes. Die im Londoner Untergrund verbreitete These von den „zwei Feinden" war insofern kein antikommunistisches Wahngebilde, sondern Ergebnis konkreter Erfahrungen. Genau hierin lag die Problematik der an sich legitimen sowjetischen Forderung nach einer „sowjetfreundlichen polnischen Regierung". Nur eine polnische Regierung, die die Grenze akzeptierte und alles übrige mit Schweigen überging, war aus sowjetischer Sicht wirklich sowjetfreundlich. Zu einer solchen programmatischen Aussage konnte sich jedoch keine der die nichtkommunistische Widerstandsbewegung tragenden relevanten Kräfte durchringen, auch wenn es im linken Spektrum im Hinblick auf gesellschaftspolitische Forderungen und bei allen im Hinblick auf die Westgrenze an Oder und Neiße keine tiefen oder unüberwindlichen Grenzen zu den Kommunisten gab. Eine „tschechoslowakische Lösung" konnte in Polen unter den gegebenen Umständen nicht funktionieren.

Sind damit die Zukunftsvorstellungen der nichtkommunistischen Gruppen im Widerstand realpolitisch bedeutungslos und allenfalls Ausdruck der Tragik des häufig beschworenen „vergeblichen Sieges"? Zum Teil sicherlich. Daneben aber lassen sie sich auch als wichtiges Element des Widerstandes gegen die verheerenden Folgen der Okkupation verstehen. Denn diese Diskussion gab dem konspirativen und bewaffneten Kampf eine weiterreichende Dimension. Gerade in der Formulierung sozialökonomischer und bildungspolitischer Reformforderungen gibt es viele Verbindungslinien und Brücken zur Politik der kommunistischen Regierungen nach 1945 und nach 1956. Bis auf kleine rechtsorientierte Gruppen wollte niemand unter den relevanten Kräften den autoritären polnischen Staat der Vorkriegszeit wiederherstellen. Insofern – so ist zu vermuten – wäre auch ohne die kommunistische „Revolution von oben" ein tiefgreifend verändertes Polen entstanden, wie es in verschiedenen Konzepten im Untergrund diskutiert wurde.

Parteien und Innenpolitik

Die Sozialdemokratie in Ostmitteleuropa 1945–1948. Zum gesellschaftlichen Potential des demokratischen Sozialismus in Polen, der Tschechoslowakei und Ungarn

von
Peter Heumos

Die frühen Nachkriegsjahre der ostmitteleuropäischen Volksdemokratien sind noch immer das Exerzierfeld einer Geschichtsschreibung, die ihre Herkunft aus dem politischen Klima des Kalten Krieges nicht verleugnen kann.[1] Dies gilt zumal für die Darstellung der Nachkriegsgeschichte der sozialdemokratischen bzw. sozialistischen Parteien Ostmitteleuropas, die im Zuge der 1948 im wesentlichen abgeschlossenen „Machtergreifungen" der kommunistischen Parteien mit diesen zwangsvereinigt wurden. Die Tschechoslowakische Sozialdemokratie, deren Entwicklung hier im Vordergrund steht, wurde im April 1948 endgültig zerschlagen, die Sozialdemokratische Partei Ungarns zwei Monate später, die Polnische Sozialistische Partei (PPS) im Dezember 1948.

Mit der Liquidierung der Sozialdemokratie endete die Perspektive einer demokratisch-sozialistischen Alternative zur Errichtung des Sowjetsystems in Ostmitteleuropa. Die Masse der Literatur beschreibt die Götterdämmerung der ostmitteleuropäischen Sozialdemokratien anhand der Machttechnik, mit der die Kommunisten ihre sozialistischen Kontrahenten allmählich außer Gefecht setzten, und als einen Prozeß der Unterwanderung und Verschwörung, der Täuschung und des Verrats, des Terrors und der Geheimdienst-Coups.[2] Diese Literaturgattung ist zu apologetisch[3], um konkrete Informationen über die strukturellen gesellschaftlichen Bedingungen liefern zu können, die den Aktionsraum der sozialdemokratischen Parteien festlegten. Ein zweiter Untersuchungstyp behandelt unser Thema am Leitfaden des nach 1945 vieldiskutierten Konzepts vom „nationalen Weg" zum Sozialismus, mit dem auch die Kommunisten vorübergehend kokettierten, oder nach Maßstäben des demokratischen Sozialismus. Hier handelt es sich – ausgehend von kontroversen Exegesen der marxistischen Klassiker – um strategisch-politische Diskurse, um Erwägungen über richtige oder verhängnisvolle Wege des Klassenkampfes, der sozialen Revolution, des sozialistischen Aufbaus und der Rückbindung solcher Diskurse an die spezifischen gesellschaftlichen Bedingungen und politischen Traditionen der ostmitteleuropäischen Länder.[4] Diese programmatischen Diskussionen haben einen ordnenden Argumentationsrahmen geschaffen, doch bleiben sie allzu abgehoben. Zudem sind sie politisch stark engagiert und deshalb keineswegs frei von normativ überzogenen Aussagen und Schlußfolgerungen. Die Kritik an diesem Genre läßt sich kaum besser ausdrücken als durch eine Bemerkung Sartres,

---

1 Als charakteristischen Beitrag hierzu s. die Kapitel über Polen, die Tschechoslowakei und Ungarn in dem Sammelband: The Anatomy of Communist Takeovers, hrsg. von T. Hammond, London 1975.

2 Exemplarisch für dieses unergiebige Genre ist L. Révész: Die Liquidierung der Sozialdemokratie in Osteuropa, Bern 1971.

3 Begründet wurde sie von den sozialdemokratischen Politikern, die nach der kommunistischen Machtübernahme in Osteuropa emigrierten; zu ihren Interpretationen vgl. The Curtain Falls. The Story of the Socialists in Eastern Europe, hrsg. von D. Healey, London 1951.

4 Im Überblick dazu C. Harman: Bureaucracy and Revolution in Eastern Europe, London 1974.

der im Rückblick auf den ungarischen Volksaufstand von 1956 feststellte, im Westen sei man sich schon v o r jeder näheren Kenntnis der Budapester Ereignisse sicher gewesen, daß es sich um einen Konflikt zwischen „Sowjetbürokratie“ und „Arbeiterräten“ handeln müsse.[5] Unter diesen Voraussetzungen trägt die Literatur kaum dazu bei, das realgeschichtliche Gewicht und das gesellschaftliche Potential der demokratisch-sozialistischen Alternative deutlich zu machen, für welche die Sozialdemokratie herkömmlicherweise stand. Es bedarf daher offensichtlich eines konzeptionellen Perspektivenwechsels. Vorteilhaft erscheint dabei die Einordnung unseres Themas in breitere und längerfristige sozialgeschichtliche Zusammenhänge; zu diesen gehört vor allem die Entwicklung der Arbeiterbewegung, wenngleich das sozialdemokratische Sozialismus-Konzept auch mit den Genossenschaftsbauern und den städtischen Kleinproduzenten rechnete.[6] Diese Einordnung ist angesichts des fundamentalen Mangels an sozialgeschichtlicher Bearbeitung der ostmitteleuropäischen Zeitgeschichte nach 1945 längst überfällig. An dieser Stelle kann freilich zunächst nur eine problemorientierte Skizze vorgelegt werden; sie versucht, die strukturellen Voraussetzungen des demokratischen Sozialismus in Ostmitteleuropa und die Grenzen der Entscheidungsspielräume der Sozialdemokratie herauszuarbeiten. Der gesamtgesellschaftliche Kontext, in dem die sozialdemokratischen Parteien agierten, war ein Bedingungsfaktor sui generis. Mithin ist auch das Scheitern ihres gesellschaftspolitischen Konzepts – dies gegen die gängigen Thesen der Literatur – durchaus nicht nur als Resultat kommunistischer Aggression anzusehen.

I

Die Zwischenkriegsära muß unter dem Strich als eine Stagnationsphase der sozialdemokratischen Parteien in Ostmitteleuropa bezeichnet werden.[7] Die Sozialdemokratische Partei Ungarns, durch den Weißen Terror nach der Zerschlagung der ungarischen Räterepublik (1919) in ihrer Substanz getroffen und dezimiert, fristete unter den rechtskonservativ-chauvinistischen Regierungen des Landes und dem Horthy-Regime bis 1944 eine kümmerliche Existenz. Um den Preis ihrer Legalisierung als politische Partei hatte sie im Bethlen-Peyer-Abkommen (1921) auf politische Streiks, auf die Organisierung der landwirtschaftlichen Arbeiter und klassenkämpferische Aktivitäten verzichten und ihre Bereitschaft erklären müssen, den ungarischen Revisionismus zu unterstützen, der nationalistische Ressentiments gegen die Beschlüsse von Trianon schürte.[8]

---

[5] Am Beispiel der kommunistischen Machtübernahme in der Tschechoslowakei habe ich versucht, diese eigentümlich abstrakten, mit stereotypen Metaphern befrachteten Interpretationen einmal „vom Kopf auf die Füße zu stellen“. Vgl. P. Heumos: Der Februarumsturz 1948 in der Tschechoslowakei. Gesichtspunkte zu einer strukturgeschichtlichen Interpretation, in: Zeitgeschichte Osteuropas als Methoden- und Forschungsproblem, hrsg. von B. Bonwetsch, Berlin 1984, S. 121–135.

[6] Für Polen s. dazu B. Syzdek: Polska Partia Socjalistyczna w latach 1944–1948, Warszawa 1974; für die Tschechoslowakei s. das Aktionsprogramm einer sozialdemokratischen Gruppe in London vom 18. Februar 1945, Text bei P. Vošáhliková: Československá sociální demokracie a Národní fronta, Praha 1985, S. 165 ff.; zu Ungarn vgl. H. Sundhaussen: Die Vorbereitung der sozialistischen Wirtschafts- und Gesellschaftsordnung in Ungarn 1945–1948, in: Jahrbücher für Geschichte Osteuropas 28 (1980) S. 547–589.

[7] J. Triska: Social Democracy in Interwar East-Central Europe, in: East European Quarterly 1 (1967) S. 231–248.

[8] J. Rothschild: East Central Europe between the Two World Wars, Seattle – London 1974, S. 160.

Die PPS wurde nach der Staatsgründung zunächst von der linken Nachkriegskonjunktur emporgetragen, die den polnischen Sozialisten bei den Wahlen zur Konstituante 1919 mehr als 9 Prozent der Wählerstimmen, bei den Sejm-Wahlen 1922 über 10 und 1928 schließlich über 13 Prozent einbrachte.[9] Nach dem Abgesang der parlamentarischen Republik (1926) im Dezennium der „moralischen Diktatur“ Piłsudskis und in den folgenden Jahren der Herrschaft wechselnder Obristencliquen geriet die PPS jedoch allmählich in die Defensive und mußte sich bei den Sejm-Wahlen 1930 mit nicht einmal 6 Prozent der Sitze im Parlament begnügen.[10] Gleichwohl konnte die Partei – anders als die ungarische Sozialdemokratie – ihre politische Kampfkraft und ihre Organisationsfähigkeit vor allem in der Weltwirtschaftskrise durch zum Teil blutig niedergeschlagene Massenstreiks zeitweise regenerieren.[11]

Daß die Sozialdemokraten in den noch überwiegend agrarisch geprägten Gesellschaften Ungarns und Polens kaum Zugang zu den relevanten politischen Machtarenen fanden, hatte in beiden Ländern auch damit zu tun, daß hier demokratische Mittelschichten als potentielle politische Verbündete fehlten, ein Manko, das die PPS – in losen Allianzen mit dem Agrarproletariat und der organisierten radikalen Kleinbauernschaft – durch „action directe“-Strategien zu kompensieren suchte.[12] Im Vergleich dazu konnte sich die Tschechoslowakische sozialdemokratische Arbeiterpartei nach 1918 unter wesentlich günstigeren Voraussetzungen entwickeln. Dabei kamen mehrere Faktoren zusammen: das vergleichsweise höhere Industrialisierungsniveau des Landes; die über dem ungarischen und polnischen Standard liegende Qualifikationsstruktur der Arbeiterschaft; weniger schroffe Klassengegensätze aufgrund einer ausgeglicheneren Sozialstruktur und gleichmäßigerer Besitz- und politischer Machtverteilung zumindest in den böhmischen Ländern; schließlich ein vergleichsweise breiter demokratischer Grundkonsens über die sozialen Gruppen- und Klassengrenzen hinweg. Dies und eine insgesamt stabile parlamentarische Ordnung sicherte den tschechoslowakischen Sozialdemokraten eine gute Ausgangsposition, die sie – im nationalen Aufwind der Staatsgründung – bei hoher Zugänglickeit zur Staatsmacht, einer eigenen starken Verbandsmacht und als durchweg akzeptabler Koalitionspartner zunächst rasch ausbauen konnten. Gleichwohl befand sich die Partei in den letzten Jahren der Zwischenkriegsrepublik – nachdem ihr Stimmenanteil bei den Parlamentswahlen zwischen 1920 und 1935 um die Hälfte von 25 auf 12 Prozent geschrumpft war – in einem Zustand der Erstarrung und inneren Schwäche. Die Gründe hierfür waren vielfältiger Natur.

Wie in Polen wirkte sich die zunehmende Verhärtung und Rechtslastigkeit der politisch-sozialen Entwicklung unter dem steigenden außenpolitischen Druck des Dritten Reiches aus, dazu die verheerenden Rückschläge und Degradationen durch Weltwirtschaftskrise und Massenarbeitslosigkeit. Darüber hinaus war der sozialdemokratische Machtverfall eine Folge der eigentümlichen Konfliktregelung im politischen System der Tschechoslowakei, die auch mit dem explosiven Nationalitäten- und Minderheitenproblem des Landes und seinen bedrohlichen außenpolitischen Implikationen zusammenhing: Zur Aufrechterhaltung einer tschechischen parlamentarischen Majorität, die den zentrifugalen Tendenzen der Nationalitätenproblematik entgegensteuerte,

---

9 Ebenda, S. 47, 49 u. 63.

10 Ebenda, S. 65.

11 J. Żarnowski: Polska Partia Socjalistyczna w latach 1935–1939, Warszawa 1965; J. Holzer: PPS. Szkic dziejów, Warszawa 1977.

12 Ebenda.

bedurfte es breiter Koalitionen der tschechischen politischen Parteien, die sich jedoch – da die divergierenden Interessen der Koalitionspartner nicht in einem gemeinsamen Regierungsprogramm integriert werden konnten – nur durch Proportionalisierung der politischen Macht zustande bringen ließen. Auf repräsentative Mehrheitsbildungen und -entscheidungen und damit auf die Perspektive dynamischer gesamtgesellschaftlicher Veränderung wurde zugunsten der für proporzdemokratische Systeme charakteristischen Interessenabstimmung mittels „Junktim" und Ämterpatronage verzichtet.[13] Hierin lag die tiefere Ursache einer sich allmählich ausdehnenden „Versäulung" und bürokratischen Verharschung des politischen Systems der Tschechoslowakischen Republik, deren gesellschaftliche „Makrodynamik" infolgedessen schließlich fast zum Erliegen kam. Immobilismus und schwindende Integrationsfähigkeit der tschechoslowakischen Sozialdemokratie waren daher aufs engste mit dem grundlegenden politischen Konfliktregelungsmuster der Ersten Republik verbunden.[14]

II

Es macht wenig Sinn, die ostmitteleuropäischen Sozialdemokratien am organisatorisch-politischen Entwicklungsmuster der deutschen Sozialdemokratie zu messen, um sie dann – gewogen und zu leicht befunden – zum fünften Rad am Wagen der internationalen sozialistischen Bewegung zu erklären.[15] Daß fundamental andere historische, wirtschaftlich-soziale, politische und kulturelle Voraussetzungen eine bloße Übertragung des „deutschen Weges" nicht praktikabel erscheinen ließen, war den ostmittel- und südosteuropäischen Sozialdemokraten immer bewußt.[16] Prinzipielle Bedeutung hatten, wie schon angemerkt, die Nationalitätenproblematik und – damit zusammenhängend – die im Vergleich zu Westeuropa extrem fragmentierte politische Kultur Ostmitteleuropas; letzteres galt weniger für Ungarn als für Polen und die Tschechoslowakei.

Obwohl die Sozialdemokratie in Ostmitteleuropa überall eine gemäßigte und konziliante Politik in der Nationalitätenfrage verfolgte[17], mußte sie der Sprengkraft des Problems doch zumindest insoweit Rechnung tragen, als sie den Klassenkonflikt in einer Weise organisierte, die diesen – um die desintegrative Wirkung des Nationalitätenproblems nicht noch zu verstärken – nicht uneingeschränkt auf die gesamtstaatliche Ebene durchschlagen ließ. Das Musterbeispiel in diesem Zusammenhang ist die Tsche-

---

[13] P. HEUMOS: Konfliktregelung und soziale Integration. Zur Struktur der Ersten Tschechoslowakischen Republik, in: Bohemia 30 (1989) S. 52–70.

[14] DERS.: Die Arbeiterschaft in der Ersten Tschechoslowakischen Republik. Elemente der Sozialstruktur, organisatorischen Verfassung und politischen Kultur, in: Bohemia 29 (1988) S. 50–72.

[15] H. MOMMSEN: Zum Problem der vergleichenden Behandlung nationaler Arbeiterbewegungen am Beispiel Ost- und Südostmitteleuropas, in: Internationale wissenschaftliche Korrespondenz zur Geschichte der deutschen Arbeiterbewegung 15 (1979) H. 1., S. 31–34.

[16] Vgl. dazu die Einleitung von L. van Rossum zu G. HAUPT, J. JEMNITZ, L. VAN ROSSUM: Karl Kautsky und die Sozialdemokratie Südosteuropas. Korrespondenz 1883–1938 (Quellen und Studien zur Sozialgeschichte Bd. 5), Frankfurt – New York 1986.

[17] J. ROTHSCHILD, East Central Europe, S. 32; Programm der Tschechoslowakischen sozialdemokratischen Arbeiterpartei, beschlossen vom Parteitag 27.–29. September 1930, Prag 1930; J. JEMNITZ: Soziale und politische Probleme nach dem Zweiten Weltkrieg. Die Erfahrungen und internationalen Verbindungen der Ungarischen sozialdemokratischen Partei 1945–1947, in: Einheitsfront – Einheitspartei. Kommunisten und Sozialdemokraten in Ost- und Westeuropa 1944–1948, hrsg. von D. STARITZ u. H. WEBER, Köln 1989, S. 230–265.

choslowakische Sozialdemokratische Arbeiterpartei, die nach 1918 dazu überging, durch Eindämmung mobilisierbarer Konfliktmacht in den industriellen Auseinandersetzungen und durch betriebsnahe Lösungen die gesamtgesellschaftliche Ebene von Klassenkämpfen zu entlasten. Dem kam das Gewerkschaftswesen in der Tschechoslowakei entgegen: Es war außerordentlich zersplittert, parteipolitisch in hohem Maße fragmentiert, stützte sich auf Betriebs- und hochspezialisierte quasiständische Berufsgewerkschaften, die auf Betriebsebene konkurrierten, und bot somit von sich aus kaum Ansätze zu einer komplexen Institutionalisierung des industriellen Konflikts.[18] Daß dieser im großen und ganzen zwanglos in den Einzelbetrieb eingebunden und auf dieser Ebene geregelt werden konnte, wurde durch eine Reihe von Faktoren begünstigt: Hier ist die starke, auf „staatsfreie" Selbstverwaltung zielende genossenschaftssozialistische Tradition der Arbeiterbewegung in der Tschechoslowakei zu nennen, die verbreitete Beteiligung der Arbeiter am betrieblichen Gewinn, wodurch ein eher unpolitisches betriebliches Gemeinschaftsbewußtsein ebenso gefördert wurde wie die Integrationskultur eines „sekundären" unternehmerischen Patriarchalismus. Auch die Streikbewegung trug in der Zwischenkriegszeit wenig dazu bei, eine breite Interessenformierung der Arbeiterschaft in Gang zu setzen und die Repräsentationskraft des industriellen Konflikts zu erhöhen; das trifft für die Tschechoslowakei, Polen und Ungarn gleichermaßen zu. Obwohl hochorganisierte überregionale Massenstreiks vorkamen, dominierte bei weitem der kleinräumig begrenzte, zumeist lokale Arbeitskampf spontanen Charakters. Dies führte zu entsprechend partikularen tariflichen Regelungen, welche die erheblichen subkulturellen Differenzierungen und gruppenspezifischen Ungleichheiten der Arbeiterschaft unangetastet ließen.[19] Gewerkschafts- und Parteiführungen unternahmen keine Versuche, Dauer, Umfang und Intensität des Arbeitskampfes zu steigern. An eine Korrelierung von Streik- und Konjunkturbewegung, wie sie in der Weimarer Republik ansatzweise praktiziert wurde[20], war nicht zu denken, was freilich auch hieß, daß die Arbeiterschaft an der Entwicklung des Nationaleinkommens nicht in geregelter Form partizipierte.[21]

Zweifellos wurden die kleinräumigen bzw. lokalen Organisations- und Sozialmilieus durch die Struktur der Arbeiterschaft selbst stabilisiert. Diese rekrutierte sich nur zu einem kleinen Teil aus städtisch-großbetrieblichem Industrieproletariat, das unter versachlichten und rationalisierten Ausbeutungsverhältnissen lebte und auf funktionale Gegenstrategien, Organisationsstärke und systematische sozialpolitische Reformen setzte. Ein viel größerer Teil arbeitete in Klein- und handwerklichen Betrieben[22], im

---

18 P. Heumos: Die Arbeiterschaft, S. 57ff.

19 Ebenda, S. 58ff.

20 Vgl. H. Volkmann: Modernisierung des Arbeitskampfes? Zum Formwandel von Streik und Aussperrung in Deutschland 1864–1975, in: Probleme der Modernisierung in Deutschland. Sozialhistorische Studien zum 19. und 20. Jahrhundert, hrsg. von H. Kaelble u. a., Opladen 1979², S. 110–170.

21 Einen gewissen Ausgleich hierzu boten die vor allem in der Tschechoslowakei vielfach von den Unternehmern freiwillig gezahlten „Teuerungszuschläge" bei gestiegenen Lebensmittelpreisen, gelegentlich auch bei Preiserhöhungen für Bekleidung und Schuhwerk. Auf solchen und anderen sozialen Regulativen gründete der oben erwähnte „sekundäre" Patriarchalismus der Unternehmer, der die mangelnde Einsicht der Arbeiter in den ökonomischen Charakter des Lohnes perpetuierte und eine Erwartungshaltung im Sinne der „moralischen Ökonomie" befestigte.

22 In der Tschechoslowakei, deren Industrialisierungsniveau erheblich über dem Polens und Ungarns lag, war noch 1930 ein Drittel der gesamten Arbeiterschaft in Kleinbetrieben (1–20 Personen) beschäftigt (s. S. 70).

Dämmerlicht paternalistisch überwölbter Produktionsverhältnisse, dem Reservoir kleinbürgerlich-radikaler Nationalismen und dem Ort einer abgedichteten, defensiven Kultur.[23] Überall gab es schließlich einen agrarischen Nexus: Der Typus des Industriebauern stellte in der vergleichsweise hochindustrialisierten Tschechoslowakei etwa ein Viertel der gesamten Arbeiterschaft und war in Großbetrieben wie den Pilsener Škoda-Werken und den Brünner Waffenwerken ebenso vertreten wie in der Kleinproduktion.[24] Auf der Basis von Mischökonomie, d.h. nur zum Teil abhängig vom Lohn, konnte sich dieser Typus die gesellschaftliche Realität des Industriekapitalismus „auf Distanz" aneignen; industrielle Krisen veranlaßten ihn zu Rückzugstrategien und der Verlagerung der Existenzsicherung in den ländlich-agrarischen Bereich.[25]

Der konservierende Grundzug dieser Strukturen ist vielfältig nachzuweisen, besonders an archaischen Formen des Streiks in Polen und der Slowakei[26], am Rechtsdenken und der Sozialmoral der Arbeiterschaft, die häufig noch unter dem Einfluß älterer, aus der handwerklichen Entwicklung stammender Weltbilder standen[27], dann überall an den Auswirkungen der hohen Fragmentierung des Gewerkschaftswesens. Dessen geringe Interdependenz mit den zentralen Machtarenen führte nicht selten dazu, daß einzelne Organisationsbereiche in politischem Quietismus versanken und von Wertorientierungen überformt wurden, welche die gewerkschaftlichen Zielsetzungen nicht klar zum Ausdruck kommen ließen.

Es sei klargestellt, daß es hier nicht darum gehen kann, die eigentümlichen Sozial- und Organisationsmilieus der ostmitteleuropäischen Arbeiterschaft als defizitäre Abweichung vom Gegentypus eines hochentwickelten, fortschrittlichen, durch umfassende rationale Organisation integrierten und zu gesamtgesellschaftlicher Aktivität fähigen Industrieproletariats einzuordnen. Diese Sehweise forscher Modernisierungstheoretiker[28] würde – von der Unergiebigkeit normativer Typologien dieser Art einmal ganz abgesehen – die Vorzüge der ostmitteleuropäischen Verhältnisse verkennen. So ermög-

---

[23] Für den kleingewerblichen Bereich in der Tschechoslowakei Z. Deyl: K ekonomickým problémům městské maloburžoasie v českých zemích za předmnichovské ČSR, in: Příspěvky k dějinám KSČ 4 (1964) S. 709–731; für das jüdische Kleinbürgertum und den jüdisch-handwerklichen Bereich in Polen J. Marcus: Social and Political History of the Jews in Poland, 1919–1939, Berlin - New York - Amsterdam 1983.

[24] P. Heumos, Die Arbeiterschaft, S. 53–54; wie verbreitet dieser Typus in der Tschechoslowakei gerade auch unter den sozialdemokratischen Arbeitern in den industriellen Ballungsgebieten war, zeigt für Mährisch-Ostrau E. Hájková: Členská základna Československé sociální demokracie počátkem třicátých let v ČSR a na Ostravsku, in: Príspevky k dejinám KSČ, Bratislava 1965, S. 145–194.

[25] Für die Slowakei J. Mlynárik: Polomská vzbura, Banská Bystrica 1963.

[26] Hinzuweisen ist in diesem Zusammenhang u.a. auf den „Kettenstreik", eine spontane Form des Streiks nach dem „Schneeball-System", dessen Tradition bis weit ins 19. Jahrhundert zurückreichte.

[27] P. Heumos, Die Arbeiterschaft, S. 69–70.

[28] Die Anwälte des „demokratischen Sozialismus" geben in ihrer Kritik am etablierten Sozialismus sowjetischer Prägung zumeist unbedenklich der Neigung nach, den sozialwissenschaftlichen Funktionalismus der Modernisierungstheorie als Allheilmittel für die theoretische Überwindung des bürokratisch deformierten Sowjetsystems einzuführen. Unter der Hand geraten ihnen dabei die von den Strukturen des Entwurfs eines effektiven Wirtschaftssystems abgezogenen Kategorien instrumentalen Handelns zu konstitutiven Elementen sozialer Interaktion, als ob das Bezugssystem einer durchgehenden Polarisierung von Subjekt und Objekt mit dem Bezugssystem des kognitiven Interesses an wechselseitiger Verständigung identisch sei. Vgl. zu dieser unhaltbaren Vermengung verschiedener erkenntnistheoretischer Ebenen O. Šik: Humane Wirtschaftsdemokratie – ein dritter Weg, Hamburg 1979.

lichte beispielsweise das in zahllose Kleinstorganisationen zersplitterte Gewerkschaftswesen ein Organisationsverhalten und eine „face to face"-Kommunikation, die das Problem der Entfremdung in anonymen Großorganisationen gar nicht erst aufkommen ließen.[29] Bei niedriger Interessenaggregation in den Gewerkschaftsspitzen und entsprechend geringer Konfliktregulierung von oben blieb in der Arbeiterschaft auch in den großstädtischen Zentren ein beträchtliches Potential an Spontaneität und Phantasie erhalten, das in wirkungsvollen Formen des sozialen Protests seinen Ausdruck gefunden hat.[30] Hierher gehört auch die Stärkung der Selbstorganisierungsfähigkeit der Arbeiter durch den häufigen Verzicht der Gewerkschaftsführungen auf das Vetorecht bei Streiks.[31]

Die Faktoren, die den „Problemdruck" des industriellen Konflikts dämpften, konnten durch andere Momente teilweise aufgewogen werden. So ermöglichte der enge Zusammenhang mit dem agrarischen Milieu in Krisensituationen Aktionsbündnisse mit anderen sozialen Gruppen, mit Landarbeitern, Tagelöhnern, Kleinbauern und proletarisierten ländlichen Kleinproduzenten. Diese Bündnisse brachten punktuell hohe Mobilisierung und das explosive Gemisch radikaler, nicht selten gewalttätiger Volksbewegungen hervor, in die in Ungarn und Polen populistische, in der Tschechoslowakei volkssozialistische Vorstellungen einfließen konnten: Für diese Bewegungen hieß Sozialismus Abschaffung der Armut auf der Basis geringfügigen Warenaustauschs zwischen Kleinproduzenten.[32]

In Polen und Ungarn ist das Aktionsziel der „staatsfreien" Lösung des Klassenkonflikts und der Konformität mit kleinräumigen Organisations- und sozialen Handlungsbereichen nicht zu verstehen, wenn die begrenzte Zugänglichkeit der Staatsmacht für die politisch organisierte Arbeiterschaft und das Fehlen gesamtgesellschaftlicher sozioökonomischer Wandlungsprozesse (Industrialisierung) nicht in Betracht gezogen werden. In Polen ist gerade auch für die Arbeiterbewegung und die PPS die historisch begründete, spezifisch polnische, wirkungsmächtige Tradition antistaatlichen Denkens und Handelns in Rechnung zu stellen. Aus der Erfahrung der Teilungszeit und der Herrschaft fremdnationaler Staatsapparate über Polen kam der Glaube an das autonome Konfliktregelungspotential der Gesellschaft (społeczeństwo). Dem Staat sollten bei der Gestaltung der gesellschaftlichen Verhältnisse möglichst wenige Kompetenzen zugestanden werden.[33]

III

Faschismus, Krieg und Okkupation haben die alten Sozial- und Organisationsstrukturen der Arbeiterschaft in Ostmitteleuropa weitgehend, in einigen Gebieten völlig zerschlagen: durch die nach Millionen zählende Zwangsrekrutierung zum Arbeitseinsatz im Reichsgebiet, durch die Um- und Aussiedlung riesiger Bevölkerungsgruppen besonders in Polen, durch die Umschichtung der Arbeiterschaft in die Rüstungsindustrien,

---

29 P. Heumos, Konfliktregelung und soziale Integration, S. 69.

30 J. Krosnář: Zlaté pražské časy, Praha 1966, S. 36.

31 P. Heumos, Die Arbeiterschaft, S. 59.

32 Für Ungarn s. G. Borbándi: Der ungarische Populismus, München 1976; für Polen J. Żarnowski, Polska Partia Socjalistyczna; für die Tschechoslowakei K. Kořalková: Hnutí nezaměstnaných v Československu v letech 1929–1933, Praha 1962.

33 Vgl. dazu die Einleitung von H. Hahn zu J. Holzer: „Solidarität". Die Geschichte einer freien Gewerkschaft in Polen, München 1985, S. 9 ff.

die zwangsweise Eingliederung anderer sozialer Gruppen (Handwerker, Bauern, Angestellte, Intelligenz) in die industrielle Produktion, durch Betriebsschließungen, den Aufbau neuer Produktionsstätten usw. Nach Geschlechtsproportion, Alters- und Qualifikationsstruktur, Verdienst-, Status- und Gruppenunterschieden hat sich die Arbeiterschaft im Krieg tiefgreifend verändert, auch in dem erst 1944 vom Dritten Reich besetzten Ungarn durch den hier seit 1938 anhaltenden kriegswirtschaftlichen Boom.[34] Die politischen und gewerkschaftlichen Organisationen, das Vereinswesen und die kulturellen Einrichtungen der Arbeiterschaft wurden durch den Faschismus liquidiert; erhalten blieben lediglich – auch in Polen und der Tschechoslowakei – Teile der mit der Sozialdemokratie verbundenen genossenschaftlichen Organisationen.[35]

Die Arbeiterschaft hat den Widerstand gegen den Faschismus mitgetragen, aber insgesamt nicht in einem Umfang, der zu breiter politischer Integration und Identitätsbildung, stabiler illegaler Organisation und zur Errichtung bedeutender Machtpositionen im Untergrund geführt hätte. Industrielle Sabotage als vorherrschende Form des Arbeiterwiderstandes erreichte zu keinem Zeitpunkt des Krieges ein Ausmaß, das für die nationalsozialistische Kriegswirtschaft und Rüstungsproduktion gefährlich gewesen wäre.[36] In Ungarn konnte sich die faschistische Pfeilkreuzler-Bewegung eine gewisse Resonanz in Teilen der weniger qualifizierten Arbeiterschaft sichern, und 1939 entsandte sogar das „rote" Csepel, eine alte Bastion der ungarischen Arbeiterbewegung, zwei Abgeordnete für die Pfeilkreuzler in das Budapester Parlament.[37]

Widerstand fand nicht allein am Terror- und Repressionssystem der Okkupanten seine Grenzen. Es ist offensichtlich, daß die Anomie, die aus der Zerstörung des alten Sozial- und Organisationsgefüges der Arbeiterschaft resultierte, der Unterwerfung unter die Besatzungsherrschaft Vorschub leistete; sie reduzierte die Konflikt- und Handlungsfähigkeit der Arbeiter und begünstigte individuelles Sich-Durchschlagen. Hier wirkte sich auch der Mangel an Führungskadern aller Zweige der Arbeiterbewegung aus. Viele erfahrene Genossen wurden von den Nationalsozialisten ermordet, verbrachten die Kriegsjahre in Konzentrationslagern oder waren dem Terror der Besatzungsherrschaft durch Emigration entkommen.[38] Besonders im Protektorat Böhmen und Mähren wirkte die extreme politische und soziale Zersplitterung der Arbeiterschaft nach, die für die Zwischenkriegsära charakteristisch gewesen war; sie führte zu einer – oft bewußt vollzogenen – ideologischen Entdramatisierung des industriellen Konflikts, zu einem pragmatischen Sich-Arrangieren mit der Besatzungsmacht und zu Passivität.[39] Der Nährboden für den „Loyalitätskauf" durch die Okkupanten war im Protek-

---

34 J. ROTHSCHILD, East Central Europe, S. 189–190.

35 In Polen entwickelte sich der politisch mit der PPS verbundene Genossenschaftsverband SPOŁEM unter der nationalsozialistischen Okkupationsherrschaft zu einem bedeutenden Zentrum des Widerstandes.

36 In den Brünner Waffenwerken, die für die nationalsozialistische Rüstungsindustrie besonders wichtig waren, wurden zwischen 1939 und 1945 nur 9 Arbeiter wegen industrieller Sabotage festgenommen. Die Meldungen der zuständigen Abwehrstelle über Sabotagefälle machten nur knapp 2 Prozent aller Berichte über „reichsfeindliches" Verhalten der Arbeiter in den Brünner Waffenwerken aus. Vgl. O. FRANĚK: Koncern brněnské Zbrojovky v letech 1939–1945, Brno 1973, S. 259.

37 J. ROTHSCHILD, East Central Europe, S. 181.

38 Im Protektorat Böhmen und Mähren wurden über 1 200 Funktionäre und einfache Mitglieder der Tschechoslowakischen Sozialdemokratie von den Nationalsozialisten ermordet. Vgl. Padlým hrdinům. Památník obětí Čs. sociální demokracie ve osvobozeneckém boji 1938–1945, Brno 1947.

39 V. MASTNY: The Czechs under Nazi Rule. The Failure of National Resistance, 1939–1942, London 1971.

torat groß[40], in Polen dagegen offenbar viel geringer.[41] Andererseits wurden erhebliche Teile der Arbeiterschaft im Krieg radikalisiert: durch die Brutalisierung des industriellen Konflikts, den der nationale Antagonismus zu den Okkupanten verschärfte, durch sozialpolitische Entrechtung, fehlende institutionelle Interessensicherung, den ausufernden Leistungsterror der Rüstungsproduktion und politische Verfolgung. Diese Radikalisierung konnte jedoch an der Wirklichkeit nicht abgearbeitet werden. Die Folge waren, im Blick auf die Nachkriegszeit, irreale, oft geradezu messianistische Erwartungen, das komplementäre Verhaltensmuster zur faktischen Ohnmacht der Arbeiterschaft, gerade auch ihres aktiveren Teils.[42]

Über das relative Gewicht von Anpassung und Widerstand unter dem NS-Regime ist auch für Ostmitteleuropa noch immer zu wenig bekannt.[43] Dennoch spricht einiges für die Annahme, daß die Arbeiterschaft durch den Faschismus aufs Äußerste geschwächt und erschüttert wurde. Sie habe, wie es ein tschechischer sozialdemokratischer Gewerkschaftler 1946 formulierte, „das verlorene Vertrauen in die eigene Kraft durch blindes Vertrauen in Organisationen und Führer ersetzt und wartet geduldig, was diese für sie tun werden".[44]

Die Sozialdemokratie ist in allen drei Ländern im Untergrund präsent gewesen, zerfiel jedoch, wie in Polen, in mehrere organisatorisch selbständige Gruppierungen, die durch beträchtliche programmatisch-ideologische Differenzen voneinander getrennt waren, oder – wie in Ungarn und der Tschechoslowakei – in zwei Fraktionen, die durch die Gesamtpartei zwar noch zusammengehalten wurden, sich aber im übrigen wenig zu sagen hatten: Wie in Polen schieden sich hier die Geister an der Frage, ob und in welchem Ausmaß die Vorkriegstraditionen der Sozialdemokratie erneuert und ein Aktionsbündnis mit den Kommunisten im Rahmen frontistischer Allianzen (Nationale Front, Patriotische Front, Vaterlandsfront usw.) geschlossen werden sollte.[45] In allen drei Ländern haben zumindest Teile der alten Sozialdemokratie im Untergrund die Gräben, die sie traditionellerweise von den Kommunisten trennten, zugeschüttet und sich für ein Volksfrontbündnis mit den Kommunisten entschieden, zugleich aber nichts unversucht gelassen, um diesen durch größere gesellschaftspolitische Radikalität den Rang in der Arbeiterschaft abzulaufen.[46] Der Eindruck dürfte nicht täuschen, daß diese Radikalität oft in umgekehrtem Verhältnis zum realen machtpolitischen Gewicht der

---

40 Ebenda, S. 80–85 u. 205f.

41 W. Długoborski: Die deutsche Besatzungspolitik und die Veränderung der sozialen Struktur Polens 1939–1945, in: Zweiter Weltkrieg und sozialer Wandel. Achsenmächte und besetzte Länder, hrsg. von W. Długoborski, Göttingen 1981, S. 303–363.

42 Für ein defensives, die eigene Schwäche schon antizipierendes Verhalten der Arbeiterschaft spricht z. B. die Forderung der am Slowakischen Nationalaufstand (1944) beteiligten Arbeiter, die Industrie auf dem von den nationalsozialistischen Truppen befreiten mittelslowakischen Gebiet möglichst rasch zu verstaatlichen, da – wie sie meinten – nicht zu erwarten stand, daß die politischen Auseinandersetzungen nach dem Krieg eine Verstaatlichung der Industrie ermöglichen würden.

43 Dies ist die Folge einer petitio principii der marxistisch-leninistischen Geschichtsschreibung, die sich die Arbeiterklasse in der Konfrontation mit der nationalsozialistischen Besatzungsmacht nicht anders als „heroisch kämpfend" vorstellen kann.

44 Das Zitat aus dem theoretischen Organ der Tschechoslowakischen Sozialdemokratie: Cíl. Socialistický týdeník pro kulturu a politiku, 6. 12. 1946, S. 788.

45 Vgl. dazu die Beiträge über Polen, Ungarn und die Tschechoslowakei, in: Einheitsfront – Einheitspartei, Köln 1989.

46 Ebenda.

Sozialdemokratie stand: Während zumal im Protektorat und in der Slowakei die Arbeiterschaft in der Agoniephase des Faschismus in Scharen zu den Kommunisten überlief und sozialdemokratische Exilgruppen in Großbritannien daraus die Konsequenz ziehen wollten, die Partei nicht mehr wiederzugründen und in einer sozialistischen Einheitspartei mit den Kommunisten aufgehen zu lassen[47], präsentierte die sozialdemokratische Führung im Frühjahr 1945 ein Programm, das weit über die gesellschaftspolitischen Forderungen der tschechoslowakischen Kommunisten hinausging.[48]

IV

Der Sturz des Faschismus, die Befreiung durch die Armeen der Sowjetunion und das Ende des Krieges schufen gerade in Ostmitteleuropa eine Situation, die den unmittelbaren Übergang zu einer Phase sozialistischer Hegemonie zu ermöglichen schien: Die politische Rechte – das gilt für Ungarn und die Tschechoslowakei, nicht aber für Polen – hatte überwiegend abgewirtschaftet und ein großes Machtvakuum hinterlassen. Durch die Aussiedlung der Deutschen aus Polen und der Tschechoslowakei, durch die Enteignung des Großgrundbesitzes sowie der Kollaborateure und nicht zuletzt durch die Vernichtung der Juden wurden bereits in den ersten Wochen und Monaten der Volksdemokratien riesige industrielle und agrarische Besitzmassen unter staatliche Kontrolle gestellt[49] und tiefe Breschen in das kapitalistische System geschlagen. Krieg und Faschismus hatten die Gesellschaft materiell und in vieler Hinsicht auch ideell nivelliert. Im internationalen Maßstab schien der Übergang zu einer sozialistischen Ordnung in Europa durch die Dominanz der Linken (Großbritannien, Frankreich, Italien) ebenfalls gesichert zu sein.

Bei aller programmatischen Differenzierung der Sozialdemokratie von Land zu Land ist ein gemeinsames Grundmuster ihrer Konzeption des sozialistischen Aufbaus deutlich zu erkennen. Dabei lebte die gerade für die Sozialdemokratie charakteristische Zuordnung von Nation und Sozialismus von der (weithin undiskutierten) Hoffnung, daß Klassenbewegungen für die Nachkriegsgesellschaften in Ostmitteleuropa von abnehmender Strukturbedeutung sein würden.[50] Diese Zuordnung implizierte außerdem,

---

47 P. Vošáhlíková, Československá sociální demokracie, S. 41–42.

48 Daß die Forderung nach Verstaatlichung der Industrie Eingang in das Kaschauer Regierungsprogramm vom 5. April 1945 fand, ging auf eine Initiative der Tschechoslowakischen Sozialdemokratie zurück.

49 In der Tschechoslowakei besaßen die Juden in der Zwischenkriegszeit – bei einem Bevölkerungsanteil von 2,5 Prozent – etwa 30 bis 40 Prozent des industriellen Anlagekapitals, das nach der fast völligen Vernichtung der Juden zur Disposition stand. Die in einzelnen Fällen mögliche Restitution jüdischen Eigentums wurde von den tschechoslowakischen Behörden in der Regel hintertrieben. Vgl. R. Hlušičková, J. Vrbata: Varnsdorfská stávka, in: Sborník k dějinám 19. a 20. století, Praha 1976, S. 101–255; für Polen gehen neueste Schätzungen davon aus, daß nahezu 50 Prozent des industriellen Kapitals „der jüdischen Bourgeoisie [gehörten], die in ihrer Mehrheit zusammen mit ihren Familien und Erben während der Naziokkupation ermordert worden waren." Zit. nach Z. Landau, J. Tomaszewski: Wirtschaftsgeschichte Polens im 19. und 20. Jahrhundert, Berlin-Ost 1986, S. 254.

50 Ganz besonders ausgeprägt war diese Vorstellung in der Tschechoslowakei, wo Sozialismus-Konzepte auch außerhalb der sozialdemokratischen und der kommunistischen Partei breite Resonanz fanden und vor allem christlich-demokratische und kleinbürgerlich-nationale Gruppierungen mit ihren Programmen den Eindruck suggerierten, als habe die tschechische und slowakische Gesellschaft bereits 1945 das Entwicklungsniveau einer sozialistischen Ordnung erreicht. Vgl. dazu K. Kaplan: Znárodnění a socialismus, Praha 1968.

daß die kommunistischen Parteien – gezähmt durch den globalen gesellschaftspolitischen Koexistenzzwang der Anti-Hitler-Koalition – einen nichtsowjetischen Weg zum Sozialismus respektieren würden, eine Möglichkeit, die Stalin 1946 andeutete.[51] Zum Grundmuster der sozialdemokratischen Sozialismus-Konzeption gehörten der Staat als „gelenkte Demokratie“, straffe gesellschaftliche Integration und starke Führungsinstanzen, Lenkung der Wirtschaft auf der Basis staatlichen, genossenschaftlichen und privaten Eigentums, wobei in der Landwirtschaft Kolchosen durchweg abgelehnt und genossenschaftliches Eigentum im Agrarbereich wie im kleingewerblichen und Dienstleistungssektor präferiert wurde.[52] Die extreme gesellschaftlich-politische Zersplitterung der Zwischenkriegszeit sollte durch ein großflächiges intermediäres Organisationssystem und eine Art überparteilicher Volksbewegung überwunden werden. Dies waren auch Elemente eines Gegenbildes, das bestimmt wurde durch den Verfall des parteienstaatlichen Parlamentarismus in den dreißiger Jahren, durch Weltwirtschaftskrise und Massenarbeitslosigkeit, durch die Desintegration der ostmitteleuropäischen Zwischenkriegsrepubliken aufgrund der Hypertrophie nationaler, politischer und ökonomischer Partikularinteressen.[53] Das erziehungsdiktatorische Moment, das auch im sozialdemokratischen Demokratie- und Sozialismuskonzept eine Rolle spielte, wurde nicht zuletzt mit der „Demoralisierung“ und „Desorientierung“ der Massen nach mehrjähriger faschistischer Okkupation gerechtfertigt. Dieses Moment verschärfte sich noch unter dem Zwang zu politischer Konzentration und rationaler organisatorischer Zusammenfassung im Zuge des Wiederaufbaus und des Übergangs zur Friedenswirtschaft sowie durch die ersten Ansätze zentraler Wirtschafts- und Sozialplanung. Besonders ausgeprägt war diese Entwicklung in der Tschechoslowakei. Hier hatte die seit 1945 amtierende sozialdemokratische Führung die Kriegsjahre größtenteils im Exil verbracht und an den Erfahrungen der tschechischen Gesellschaft unter nationalsozialistischer Okkupation kaum teilgenommen; hier schien gerade auch die Arbeiterschaft für einen grundlegenden Umbau ihrer gesamten traditionellen Organisationsstrukturen nahezu unbegrenzt zur Disposition zu stehen, nicht zuletzt deshalb, weil die aus dem Untergrund auftauchenden sozialdemokratischen Gruppen, die die Erfahrungen der Arbeiterschaft unter dem Naziterror programmatisch verarbeitet hatten, zu schwach waren, um sich gegen die im Troß der Siegermächte aus dem Exil heimkehrende sozialdemokratische Führungsgruppe behaupten zu können.[54]

---

51 Am 9. August 1946 in Moskau gegenüber einer Delegation der britischen Labour Party. Labour Party Archives, London, International Sub-Committee, Minutes & Documents 1944–1949, Goodwill Mission to the U.S.S.R.

52 Zur Agrarpolitik der Sozialdemokraten in der Tschechoslowakei V. Lacina: K agrárním koncepcím sociální demokracie a národních socialistů v letech 1945–1948, in: ČSČH 17 (1969), S. 43–56; für die PPS B. Syzdek, Polska Partia Socjalistyczna, für die ungarische Entwicklung H. Sundhausssen, Die Vorbereitung.

53 Die volksdemokratische Nachkriegsordnung als Palliativ gegen die verheerenden Auswirkungen der Weltwirtschaftskrise der dreißiger Jahre gehörte zu den Hauptthemen der beiden Konferenzen der sozialistischen Parteien Ostmittel- und Südosteuropas in Prag und Budapest im Dezember 1946 und im Mai 1947. Vgl. P. Heumos: Die Konferenzen der sozialistischen Parteien Zentral- und Osteuropas in Prag und Budapest 1946 und 1947 (Quellen und Studien zur Geschichte des östlichen Europa, Bd. 22), Stuttgart 1985, besonders die Referate des tschechoslowakischen Delegierten V. Erban (Dokument Nr. 20), des PPS-Delegierten S. Dobrowolski (Dokument Nr. 22) und des ungarischen Sozialdemokraten I. Ries (Dokument Nr. 26).

54 J. Nedvěd: Cesta ke sloučení sociální demokracie s komunistickou stranou v roce 1948, Praha 1968.

Auch wenn die Organisationsmuster des „demokratischen Sozialismus“ in Polen und Ungarn nicht in dem hohen Maße verwirklicht werden konnten wie in der Tschechoslowakei, setzte sich in allen drei Ländern im sozialdemokratischen Verhältnis zur Arbeiterschaft rasch die Tendenz zur radikalen „Verstaatlichung“ des industriellen Konflikts durch: Während die Einheitsgewerkschaft in der Tschechoslowakei, deren organisatorische Grundlagen bereits durch die Okkupanten im Protektorat Böhmen und Mähren geschaffen worden waren[55], die Autonomie der Einzelgewerkschaften binnen kürzester Zeit zerschlug, konnte zwar in Polen unter dem Einfluß der PPS die traditionelle Aufgabe der Gewerkschaften, Arbeiterinteressen zu schützen, länger gewahrt werden, doch lief die Entwicklung auch hier deshalb rasch auf die von den Kommunisten verfochtene „gewerkschaftliche Einheit der Arbeiterklasse“ zu, weil die Radikalisierung der Arbeiterschaft und der nach dem Kriege vollzogene Linksruck der PPS je länger je weniger eine klare programmatische Abgrenzung von den polnischen Kommunisten erlaubten.[56]

Es ist unbestreitbar, daß die mehr oder weniger einheitsgewerkschaftliche Integration des industriellen Konflikts, die angesichts der rasch voranschreitenden Nationalisierung der Industrie sowie des Bank- und Versicherungswesens faktisch dessen Verstaatlichung bedeutete[57], und das Bündnis der Sozialdemokratie mit den Kommunisten in allen drei Ländern Klassenlage und (potentielle) Macht des Proletariats in historisch einmaliger Weise gehoben und dem industriellen Konflikt eine gesellschaftliche Strukturdominanz gesichert haben, die dieser in der Vorkriegszeit nicht im entferntesten je erreicht hatte.[58] Auf die traditionelle Sozialkultur der Arbeiterschaft griff diese Umorganisation nicht oder nur in geringem Maße zurück, sie erschien nicht mehr regenerierbar. Versuche der tschechoslowakischen Sozialdemokraten, das Verstaatlichungsprinzip zugunsten einer genossenschaftlichen Form der Nationalisierung zumindest in Teilbereichen einzuschränken[59], wurden von den Kommunisten im Keim erstickt. Die

---

55 L. Lehár: Vývoj Národní odborové ústředny zaměstnanecké v prvních letech nacistické okupace, in: Historie a vojenství 1966, S. 584–619.

56 Ch. Klessmann: Betriebsräte, Gewerkschaften und Arbeiterselbstverwaltung in Polen 1944–1958, in: Jahrbücher für Geschichte Osteuropas 29 (1981) S. 185–214.

57 Programmatisch dazu für Ungarn: A Szociáldemokrata Párt politikai irányvonala, Budapest 1945. Diese Richtlinien wurden auf der Grundlage der sozialdemokratischen Parteikonferenz im Mai 1945 vom späteren sozialdemokratischen Industrieminister A. Bán zusammengestellt.

58 Für die Tschechoslowakei gibt es hierzu genaues Zahlenmaterial. Verglichen mit dem Jahr 1937 trat 1946 in der Verteilung des Volkseinkommens eine wesentliche Umschichtung des Unternehmereinkommens und des spezifischen Besitzeinkommens zugunsten von Löhnen, Gehältern und Pensionen ein; dies setzte sich bis 1948 (und darüber hinaus) weiter fort. Während Löhne, Gehälter, Sozialversicherungen und Pensionen 1937 59 Prozent des gesamten Nationaleinkommens der ČSR ausmachten, stieg dieser Anteil auf 67,9 im Jahr 1946 und erreichte 1948 68,5 Prozent. Das Unternehmereinkommen (einschließlich der Gewinne verstaatlichter Unternehmen) fiel anteilmäßig von 32,2 (1937) auf 28,4 Prozent (1948), während Einkommen aus Besitz (Mieten, Zinsen etc.) von einem Anteil von 8,8 Prozent (1937) auf 3,1 Prozent (1948) fielen. Nach den Angaben bei J. M. Michal: Die wirtschaftliche Entwicklung der Nachkriegszeit, in: Geschichte der Tschechoslowakischen Republik 1918–1948, hrsg. von V. S. Mamatey u. R. Luža (Forschungen zur Geschichte des Donauraumes, 3), Wien – Köln – Graz 1980, S. 455–491, hier: 490.

59 Die Sozialdemokraten plädierten dafür, die auf bäuerlich-genossenschaftlicher Grundlage organisierten Zuckerraffinerien und Spiritusfabriken nicht zu verstaatlichen, sondern in ihrer ursprünglichen Organisationsform beizubehalten.

PPS machte sich 1947 zunächst dafür stark, die genossenschaftlichen Grundlagen des Einzelhandels auszubauen, anstatt diesen Sektor zu verstaatlichen, wie es die Kommunisten wollten, führte dann aber die „Schlacht um den Handel“ doch nicht energisch genug, um ein gesellschaftliches Organisationsprinzip bewahren zu können, auf das sie sich in ihrer langen Geschichte immer berufen hatte.[60]

Das Moment des Traditionsabbruchs in der Entwicklung der sozialdemokratischen Parteien nach 1945 muß deshalb hervorgehoben werden, weil die Arbeiterschaft selbst in der Zusammenbruchsphase des Faschismus und in den ersten Monaten der sich etablierenden Volksdemokratien noch einmal an ihre alten Handlungs- und Organisationsmuster anzuknüpfen und sie für den Aufbau der neuen Republiken nutzbar zu machen versuchte: Diesem Ziel folgten die Bewegungen der Fabrikkomitees und Betriebsräte in Polen, der Betriebsausschüsse und -räte in der Tschechoslowakei und der Betriebskomitees in Ungarn.[61] Sie übernahmen den verlassenen und weithin zerstörten Produktionsapparat, bauten ihn wieder auf und leiteten ihn anfangs in alleiniger Verantwortung. Diese Bewegungen stellten eine weitgehend autonome, eigendynamische gesellschaftliche Initiative dar, deren Ordnungsvorstellungen zwar mit denen der Kommunisten und Sozialdemokraten interferierten, jedoch bei weitem nicht in den politischen Parteien aufgehoben waren und in vieler Hinsicht quer zur volksdemokratischen Konzeption lagen.[62] In unterschiedlichen Ausprägungen und organisatorischen Formen zielten diese Bewegungen auf Arbeiterselbstverwaltung und betriebliche Autonomie und wollten für die assoziierten Produzenten weiterreichende Befugnisse in der Lohn- Preis-, Sozial- und Investitionspolitik der Unternehmen. In der Tschechoslowakei griffen die Betriebsausschüsse zunächst auf den traditionellen Genossenschaftssozialismus mit Gewinnbeteiligung der Arbeiter zurück.[63] In Polen und der Tschechoslowakei besaßen die Komitees und Räte ein starkes egalitäres Moment mit der Stoßrichtung gegen Lohndifferenzierung und die hohen Gehälter des betrieblichen Mana-

---

60 Vgl. dazu ausführlich J. Kaliński: Bitwa o handel 1947–1949, Warszawa 1970.

61 Für Polen beschreibt diese Bewegung Ch. Klessmann, Betriebsräte; für die Tschechoslowakei, P. Heumos: Betriebsräte, Einheitsgewerkschaft und staatliche Unternehmensverwaltung. Anmerkungen zu einer Petition mährischer Arbeiter an die tschechoslowakische Regierung vom 8. Juni 1947, in: Jahrbücher für Geschichte Osteuropas 29 (1981), S. 215–245; zu Ungarn vgl. die Studie von A. Ságvári: Popular Organs in Hungary 1944–1945, in: Nouvelles études historiques 2, Budapest 1965, S. 293–318.

62 Mit dieser Interpretation bin ich bei den Teilnehmern der Marburger Konferenz auf Kritik gestoßen. Bei aller notwendigen Differenzierung für die drei hier behandelten Länder und mit der Einschränkung, daß erst eine bisher noch nicht in Angriff genommene sozialgeschichtliche Aufarbeitung der Geschichte der Arbeiterbewegung von „unten“ für diese Region und diesen Zeitraum endgültige Aussagen ermöglichen wird, scheinen mir die bislang vorliegenden Forschungsergebnisse darauf hinzudeuten, daß die Rätebewegungen, von denen hier die Rede ist, eine der Entwicklung der Antifa-Komitees vergleichbare Initiative darstellten, d. h. eine relativ autonome, von den (teilweise noch gar nicht vorhandenen) Arbeiterparteien unabhängige politisch-soziale Formation mit eigenen Zielvorstellungen und gesellschaftspolitischem Programm, so wenig klar letzteres formuliert worden sein mag (s. u.). Ein Hinweis auf die in allen drei Ländern zu beobachtende Distanzierung von den Arbeiterparteien sind die in Polen wie in der Tschechoslowakei und Ungarn deutlichen syndikalistischen Tendenzen der Arbeiterbewegung in der Übergangsphase zur Volksdemokratie, die in der Tschechoslowakei zu Konflikten zwischen der Führung der Einheitsgewerkschaft (Zápotocký) und der KPTsch-Spitze (Gottwald) führten.

63 P. Heumos, Betriebsräte, S. 219.

gements.[64] Über ein klares politisches Programm verfügten die Bewegungen nicht. Populär waren Kritik an der Parteienherrschaft und die Vorstellung, daß das Ende des Faschismus mit dem Sturz der gesamten „kapitalistischen Klasse" gleichbedeutend sei.[65]

Die Räte- und Fabrikkomiteebewegungen waren schwach und ungefestigt. Die Nationalisierung der Industrie hatten sie sich nicht erkämpft, sie war ihnen mehr oder weniger – ohne Widerstandsaktionen der Arbeiterschaft geringschätzen zu wollen – in den Schoß gefallen. Ihre Hoffnung, daß kurzfristig erhebliche Verbesserungen der materiellen Lage der Arbeiterschaft erreicht werden könnten, zerschlug sich und hinterließ Resignation.[66] Außerhalb der Fabriktore besaßen die Betriebsräte keine Machtressourcen, auch keinen Rückhalt in den Bürokratien höherer Ordnung. Charakteristisch für die Räte war – vermittelt durch die nationale Befreiungseuphorie und die Erfahrung eines nationalen Zusammenrückens unter dem nationalsozialistischen Terror – die Überschätzung des künftigen Abbaus von Herrschaft.[67] Es wappnete die Fabrikkomitees und Betriebsräte nicht gegen ihre Entmachtung und Vereinnahmung durch gewerkschaftliche Bürokratien und politische Parteien, daß sie mit einer gewissen Selbstverständlichkeit an Sozialisationserfahrungen der Vorkriegszeit anknüpften, vor allem an eine selbstgenügsame, dem politischen Gesamtsystem gegenüber indifferente kleinräumige Autonomie nach innen.[68]

Neben den bürgerlichen Parteien, die sich mit legalistischen Argumenten und der Berufung auf Gesetze der Vorkriegszeit gegen den „Räteterror" wandten, haben die Kommunisten und die in der staatlichen Industrieverwaltung gut vertretenen Sozialdemokraten[69] alles unternommen, um die Bewegung der Betriebsräte einzudämmen und zu entmachten. Die Technokraten in der sozialdemokratischen Führungsspitze in der Tschechoslowakei propagierten das Vorbild des hierarchisch-autoritären Betriebsmodells der Sowjetunion[70], und die ökonomisch-technischen Kader der Partei hielten die betriebliche Mitwirkung der Arbeiterschaft vor allem als Motivation zur Produktionssteigerung für erforderlich.

Die Entmachtung der Räte war 1946 abgeschlossen. Administrativ eingekreist, durch konkurrierende Produktionskomitees, gewerkschaftliche Betriebsgruppen und ein rasch ausgeweitetes Direktorialprinzip ihrer Kompetenzen beraubt, blieben die Räte zwar als Fassade erhalten, wurden aber rechtlich und faktisch in Organe der partei-

---

64 Rudé právo, 10.8. 1945.

65 So slowakische Arbeiter auf der Betriebsrätekonferenz in Podbrezová am 15. Oktober 1944. Vgl. Slovenské národné povstanie. Dokumenty, hrsg. von V. PREČAN, Bratislava 1965, S. 734.

66 Hier können offensichtlich die sozialpsychologischen Folgewirkungen mehrjähriger nationalsozialistischer Okkupationsherrschaft nicht außer acht gelassen werden. Im September 1947 führte der Generalsekretär der Tschechoslowakischen Sozialdemokratie Vilím die Wirksamkeit kommunistischer Einschüchterungsstrategien in den Industriebetrieben darauf zurück, „daß sie [die Kommunisten – P.H.] mit den gebrochenen Charakteren aus der Zeit des Protektorats rechnen." Zitiert nach: Protokoll der Sitzung des Vorstandes der Tschechoslowakischen Sozialdemokratie vom 18. September 1947, Faszikel „Čsl. sociální demokracie 1945–1948", Institut zur Geschichte der Arbeiterbewegung, Bochum.

67 Vgl. oben, Anm. 65.

68 Vgl. unten, Anm. 77.

69 In Polen stellte die PPS mit Bobrowski den Vorsitzenden der Zentralen Planungsbehörde, in der Tschechoslowakei und in Ungarn waren die Sozialdemokraten Laušman bzw. Bán Industrieminister.

70 Mit dem Hinweis darauf, daß die „sozialistische Industrie der UdSSR" ihre Erfolge der unbeschränkten „Rechtsmacht" der Betriebsleiter verdanke. Zit. nach: Cíl. Socialistický týdeník pro kulturu a politiku, 18. 1. 1946, S. 18.

politisch kontrollierten Gewerkschaften bzw. der Einheitsgewerkschaft umgewandelt. Mit hoher Interessenaggregation in der Führungsspitze und bedeutungsloser Basisorganisation, integriert durch bürokratische Anweisungsgewalt und die Ideologie des Staatssozialismus, wurde der organisatorische Koloß der Einheitsgewerkschaft – in der Tschechoslowakei 1947 mit 1,8 Millionen Mitgliedern[71] – rasch zur Kommandozentrale; sie leitete die Kampagnen für Produktivitätssteigerung, Wiederaufbaueffizienz, betriebliche Rationalisierung und organisierte gesamtstaatliche betriebliche Wettbewerbe.[72]

Gewiß hatten die Sozialdemokraten Argumente für ihre Rolle als „Maschinenbauer des Sozialen", die sie – mehr als alle politischen Proklamationen gegen die Kommunisten aufwiegen konnten – faktisch an deren Seite führte: Unter den Arbeitern, die nach dem Krieg organisiert werden mußten, waren Hunderttausende ohne gewerkschaftliche Erfahrung, und ihre Zahl nahm durch Abschöpfung des Agrarproletariats im Zuge von Industrialisierungsmaßnahmen vor allem in Ungarn und Polen beständig zu. Die Zentralisierung der verstaatlichten Industrie machte eine entsprechende Zusammenfassung der Organisation der Arbeiterschaft notwendig, und der wirtschaftliche Wiederaufbau, der ein bestimmtes Maß an politischer Einheit erforderte[73], schien ebenfalls eine Konzentration der Kräfte im Bereich der gesellschaftlich-politischen Organisation zu verlangen. Auch ist eine gewisse Bereitschaft der Arbeiter nicht zu verkennen, die großen Einheits- und Massenorganisationen zu akzeptieren: Sie schienen – wie es der oben zitierte tschechische Gewerkschaftler formuliert hatte – die tiefgreifenden Erschütterungen und den Verlust an Selbstbewußtsein zu kompensieren, die die Arbeiterschaft unter der nationalsozialistischen Okkupationsherrschaft erfahren hatten.

Andererseits wurden den sozialdemokratischen Parteien durch den Umbau des Gewerkschaftswesens und die Zerschlagung der Rätebewegung große Teile eines genuin sozialdemokratischen Resonanzbodens in der Arbeiterschaft und damit Elemente der sozialen Grundlage der Konzeption des „demokratischen Sozialismus" entzogen. Ein Beispiel sind die Vorgänge im Mährisch-Ostrauer Kohlerevier. Hier hatten die überwiegend sozialdemokratisch und syndikalistisch orientierten Betriebsräte 1945/46 eine „staatsfreie" Selbstverwaltung der in „Gemeinbesitz" der Bergleute überführten Kohlegruben gefordert und dies ausdrücklich mit der Ablehnung der sowjetischen Verstaatlichungsform begründet. Sie scheiterten am Veto des sozialdemokratisch geführten Industrieministeriums, des Zentralrats der Einheitsgewerkschaft und der kommunistischen Partei.[74]

Daß Teile der Arbeiterschaft nicht bereit waren, Sozialdemokraten und Kommunisten auf dem Weg zu einem – wenngleich noch immer parlamentarisch verfaßten – Staatssozialismus zu folgen, zeigen die Proteste gegen die Stachanov-Methode in der Tschechoslowakei (u. a. in den Pilsener Škoda-Werken) und in Polen, die hier zu dem von blutigen Zusammenstößen begleiteten Streik der Lodzer Textilarbeiter im September 1947 führten. Das Akkordlohnsystem wurde in beiden Ländern vielfach boykottiert. Der Abbau demokratischer Rechte der Arbeiterschaft, insbesondere die Ersetzung geheimer Wahlen zu den betrieblichen und gewerkschaftlichen Organen durch

---

71 K. Růžička: ROH v boji o rozšíření moci dělnické třídy 1945–1948, Praha 1963, S. 229.

72 P. Heumos, Betriebsräte, S. 229.

73 Das in der frühen Entwicklungsphase der ostmitteleuropäischen Volksdemokratien faktisch durch einen nationalen Integrationsschub hergestellt wurde, vor allem infolge der nationalen Homogenisierung Ostmitteleuropas durch die Aussiedlung der deutschen Minderheiten.

74 L. Bajger: Znárodnění ostravsko-karvinských dolů, in: Slezský sborník 63 (1965) S. 145–166.

bloße Akklamation, rief schwere innerbetriebliche Konflikte hervor.[75] Die soziale Lebenswelt, in der sich Widerstand zu stabilisieren vermocht hätte, lag jedoch weitgehend in Trümmern: Die Entmachtung der Rätebewegung, die Impulse noch aus den traditionellen Orientierungsmustern der Arbeiterschaft empfangen hatte, förderte Apathie und eine gleichsam motivlose Unterwerfungsbereitschaft. Dies zeigte sich auch und gerade dort, wo sich im Krieg – beispielsweise in den mittelslowakischen Eisenwerken von Podbrezová – Hochburgen des antifaschistischen Widerstandes gebildet hatten: Nachdem hier die Betriebsrätebewegung zerschlagen worden war, sank die Bereitschaft der Arbeiter, sich überhaupt noch an Wahlen zu betrieblichen und gewerkschaftlichen Organen zu beteiligen, auf den Nullpunkt.[76] Wie in Podbrezová so verrann auch an anderen Orten das Potential eines genuinen Wiederaufbauelans, zumal dort, wo partikulare Strukturen – wie etwa der „Moravismus" – aufgebrochen wurden, aus denen die Arbeiterschaft eine emotionale Motivation zu gesellschaftlich-politischer Tätigkeit geschöpft hatte.[77] Die sich allmählich, wenn auch unter schweren Konflikten herausbildende gewerkschaftlich-politische „Einheit der Arbeiterklasse" war unter solchen Voraussetzungen bestenfalls eine nationale Einheit, die über geringen demokratischen Gestaltungswillen verfügte, und eine soziale Einheit mit schwacher politischer Identität; sie schnitt die Arbeiterschaft so weit von dem ab, was ihre Sicherheit im Denken und Handeln verbürgte, daß sie auch Verletzungen ihrer elementaren Rechte fast widerspruchslos hinzunehmen begann.[78]

V

Für die sozialdemokratische Strategie der straffen gewerkschaftlichen Zusammenfassung der Arbeiterschaft und der Integration anderer sozialer Klassen und Gruppen (Bauern, Handwerker, Kleinhandel) in hochzentralisierte Einheitsverbände war schließlich auch die Überlegung maßgebend, auf diese Weise eine möglichst hohe Effizienz sozialer Konfliktlösung zu gewährleisten, um den kommunistischen Parteien und ihrer Strategie des ständigen Provozierens sozialer Auseinandersetzungen das Wasser abzugraben und so die Dauermobilisierung zu verhindern, die den Kommunisten den Weg zum Machtmonopol ebnete. Daß diese Rechnung nicht aufging, ist schon 1946, spätestens aber 1947 deutlich geworden. Die damals verstärkt aufgenommenen Diskussionen über den „sozialistischen Humanismus" in der PPS[79] und über „Bürokratie und

---

75 J. Reynolds: Communists, Socialists and Workers in Poland 1944–48, in: Soviet Studies 30 (1978) S. 516–539; Ústřední rada odborů, Nr. 27/1947, S. 7; Svobodné slovo, 27.2. 1946. Nach Angaben der Betriebszeitung der Pilsener Škoda-Werke (Škodovák 1947, Nr. 9) hatte eine repräsentative Umfrage in der tschechoslowakischen Metallindustrie ergeben, daß 70 Prozent der Arbeiter die Methoden Stachanovs entweder ablehnten oder schwerwiegende Einwände gegen diese erhoben.

76 J. Alberty: Ocel'ový chlieb z Podbrezovej, Banská Bystrica 1968, S. 247.

77 Vgl. dazu den in Anm. 74 zit. Aufsatz.

78 Vgl. dazu den Bericht über die Vorgänge auf einem Gewerkschaftskongreß in der in Brünn erscheinenden sozialdemokratischen Tageszeitung Čin, 25.5. 1947.

79 B. Syzdek, Polska Partia Socjalistyczna, S. 383 ff. Diese Diskussion setzte Debatten fort, die in der PPS während der dreißiger Jahre stattgefunden hatten. Vgl. P. Heumos: Zur Fusion von PPS und PPR im Dezember 1948. Einige Aspekte der Vereinigung der Arbeiterparteien in Polen, in: Einheitsfront – Einheitspartei, S. 331–354. Wichtige Beiträge zu dieser Vorkriegsdiskussion über den sozialistischen Humanismus leisteten der führende Vertreter des jüdischen Arbeiterbundes in Polen Alter und der PPS-Theoretiker Gross.

Arbeiterklasse" in der Tschechoslowakischen Sozialdemokratie[80] standen unter dem Zwang, sich gegen die drohende Übernahme des Sowjetsozialismus zu stellen, enthielten aber auch ein Stück sozialdemokratischer Selbstkritik an den Konzeptionen der Partei nach 1945, insbesondere im Hinblick auf das Bündnis mit den Kommunisten. Hier tat sich ein Dilemma der sozialdemokratischen Parteien auf, das sie nicht zu lösen vermochten. Der Ruf nach Beendigung der Koalition mit den Kommunisten kam in den sozialdemokratischen Parteien teilweise sehr früh von der eigenen Basis: in Polen – einem Bericht der Parteiführung zufolge – schon im September 1945[81], in der Tschechoslowakei um die Jahresmitte 1946[82], und die starken Budapester Organisationen der Sozialdemokratischen Partei Ungarns hatten seit November 1945 kein Interesse mehr daran, die volksdemokratische Revolution in der Allianz mit den Kommunisten weiter voranzutreiben.[83] In allen drei Ländern schwenkten nun zwar auch die sozialdemokratischen Führungen 1946 auf einen Kurs vorsichtigen Abbremsens der Revolution und des Absetzens von den Kommunisten ein, den Bruch mit diesen wollten sie aber nicht vollziehen. Das verdeutlicht etwa die Rede des PPS-Delegierten Dobrowolski auf der Konferenz der sozialistischen Parteien Ostmittel- und Südosteuropas in Budapest im Mai 1947, als er vehement das Programm des „demokratischen Sozialismus" verteidigte und einen Katalog von Menschen- und Bürgerrechten vorlegte, der implizit eine denkbar harte Kritik am Sowjetsystem und den Zielvorstellungen der polnischen Kommunisten darstellte, zugleich aber eindringlich davor warnte, die Zusammenarbeit mit der Sowjetunion und das Aktionsbündnis mit den polnischen Kommunisten aufzugeben.[84]

Ausschlaggebend für das Festhalten der Sozialdemokratie an der Allianz mit den Kommunisten war zum einen die Befürchtung, durch den Rückzug von dieser Allianz die gesamtpolitische Initiative und ein Mindestmaß an Kontrolle über die kommunistische Bewegung zu verlieren.

> „If you have to deal with a fierce hog", erklärte der Generalsekretär der ungarischen Sozialdemokratie Szakasits im November 1946 zur Strategie seiner Partei gegenüber den Kommunisten, „you have to run alongside it with a rope attached and exercise what restraint you can by means of that rope."[85]

Dies implizierte allerdings, daß sich die Sozialdemokraten doch bis zu einem gewissen Grad den Mobilisierungsstrategien der Kommunisten anschlossen und auf diese Weise den Kommunisten verschiedentlich über für sie prekäre Konstellationen hinweghalfen, etwa über die Situation in Ungarn im Mai 1946, die KP-Chef Rákosi damit beschrieb, daß sich „das Volk nach Frieden und Ruhe sehnt", was für die kommunistische Partei „exrem gefährlich" sei.[86] Die Sozialdemokraten manövrierten sich durch diese Strate-

---

80 Cíl. Socialistický týdeník pro kulturu a politiku, 27.9. 1946, S. 594 ff.

81 Labour Party Archives, London, International Department, Poland, Memoranda/Correspondence 1940–1948, Conditions in Poland, September, 1945.

82 J. Nedvěd, Cesta, S. 48 ff.

83 P. Heumos: Die Konferenzen der sozialistischen Parteien Zentral- und Osteuropas in Prag und Budapest 1946 und 1947. Bemerkungen und dokumentarische Materialien zu einem unbekannten Kapitel osteuropäischer Nachkriegsgeschichte, in: Jahrbücher für Geschichte Osteuropas 31 (1983) S. 244–284.

84 Ders.: Die Konferenzen, 1985, Dokument Nr. 22.

85 Public Record Office, London, FO 371/59008, R 16451/256/21.

86 Zit. nach N. Papp: The Democratic Struggle for Power in Hungary. Party Strategies 1945–46, in: East Central Europe 6 (1979) S. 1–19.

gie gegenüber den Kommunisten zunehmend in die schwierige Lage, Maßnahmen billigen zu müssen, die von der eigenen Basis nicht mehr mitgetragen wurden.[87] Im Endergebnis führte dies zu einer wachsenden politischen „Asymmetrie" zwischen „progressiver" Führung und „konservativer" Basis.

Zur Festigung ihrer eigenen Machtposition blieb die Sozialdemokratie unter solchen Voraussetzungen auf Gegenmobilisierungen angewiesen. Vor allem in der Tschechoslowakei wurde seit 1946 in zunehmendem Maße versucht, das sozialdemokratische Potential wieder aus der Einheitsgewerkschaft herauszulösen oder zumindest fester an die Parteidisziplin zu binden.[88] In allen drei Ländern gab sich die Sozialdemokratie der Hoffnung hin, Machtverluste durch die Öffnung zur „Volkspartei" wettmachen zu können; am konsequentesten vollzog die Tschechoslowakische Sozialdemokratie diesen Schritt, indem sie 1945 die Bezeichnung „Arbeiterpartei" aus dem Parteinamen entfernte. Daß dies im tschechoslowakischen Fall in der Tat eine Kompensation des Verlustes an Einfluß auf die Arbeiterschaft war, zeigt der Rückgang des Anteils der Arbeiter an den Mitgliedern der sozialdemokratischen Partei von fast 59 Prozent (1937) auf etwas mehr als 33 Prozent (1947)[89], während in der Kommunistischen Partei der Tschechoslowakei 1946 fast 58 Prozent der Mitglieder aus den Reihen der Arbeiterschaft kamen.[90]

Die bewußte Öffnung der Sozialdemokraten gegenüber anderen Schichten und Klassen – auch vermittelt durch die überzogene Annahme, der Sozialismus sei nicht mehr allein Sache einer Partei oder der Arbeiterklasse, sondern nahezu der gesamten Nation[91] – hatte ihre Probleme. Das ergiebigste soziale Reservoir, aus dem neue Mitglieder gewonnen werden konnten, nämlich das Agrarproletariat und die kleinbäuerlichen Massen, blieb im wesentlichen im Einflußbereich der kommunistischen Parteien: In der Polnischen Arbeiterpartei stellten „Bauern" 1945 über ein Drittel der Mitglieder, und die Kommunisten in der Slowakei bzw. der Tschechoslowakei brachten es auf 20 bzw. 13 Prozent.[92] Agrarproletariat und Kleinbauernschaft, deren Lebensverhältnisse in der Zwischenkriegszeit durch unbeschreibliches Elend gekennzeichnet gewesen waren, hatten schon in der Anfangsphase der Volksdemokratien materiell hinzugewonnen, und sie blieben durch die Aussicht auf weitere agrarische Reformen und neue Landumverteilungen mobilisierbar, vor allem in Ungarn, der Slowakei und einigen Gebieten Polens.[93] Ein Reservoir des „demokratischen Sozialismus" bildeten sie jedoch nicht: Das Programm der ländlichen Armut hieß Brot, und nicht Demokratie.[94]

---

87 Eines von vielen Beispielen ist die Frage der Wirtschaftsplanung in der ungarischen Sozialdemokratie, die die Parteiführung nur gegen erheblichen Widerstand eines großes Teils der Mitglieder durchsetzen konnte. Vgl. H. SUNDHAUSSEN, Die Vorbereitung.

88 Insbesondere durch die Gründung von sozialdemokratischen Betriebsorganisationen.

89 Zpráva o činnosti Čs. sociálně demokratické strany dělnické v letech 1933–1936, Praha 1937, S. 270; Zpráva o činnosti Československé sociální demokracie k XXI. sjezdu v Brně ve dnech 14.–16. listopadu 1947, Praha 1947, Tab. V.

90 Zpráva k VIII. sjezdu Komunistické strany Československa, Praha 1946, S. 58.

91 Vgl. dazu das Referat des polnischen Delegierten Rusinek auf der Konferenz der sozialistischen Parteien Ostmittel- und Südosteuropas in Prag im Dezember 1946, abgedruckt bei P. HEUMOS, Die Konferenzen, 1985, S. 71.

92 J. REYNOLDS, Communists, S. 539; die Angaben für die Tschechoslowakei nach dem in Anm. 90 zit. Bericht.

93 Für Polen vgl. A. POLONSKY, B. DRUKIER: The Beginnings of Communist Rule in Poland, London 1980.

94 J. REYNOLDS, Communists, S. 521, Anm. 17; I. DUCHACEK: The Strategy of Communist Infiltration: Czechoslovakia 1944–48, in: World Politics 2 (1949–50) S. 345–372.

Ein zweites, möglicherweise noch wichtigeres Argument, das die Sozialdemokratie am Bündnis mit den Kommunisten festhalten ließ, kam aus der Überlegung, daß die Partei nur in diesem Bündnis darauf hoffen konnte, die politische Rechte endgültig zu entmachten.[95] Gerade die Protagonisten des „demokratischen Sozialismus" wie Anna Kéthly in Ungarn haben dies in aller Klarheit formuliert.[96] In der Tat ließen Demokratie u n d Sozialismus keine andere Wahl: In Führungskreisen der PPS wurde schon 1945 daran gedacht, die Allianz mit der Polnischen Arbeiterpartei durch eine Koalition mit der Bauernpartei Mikołajczyks zu ersetzen, nicht zuletzt deshalb, weil man sich in diesem Punkt der Zustimmung der „überwältigenden Mehrheit" der Bevölkerung sicher war.[97] Daß die Demokratie in Polen in einer rot-grünen Koalition besser gewahrt worden wäre, ist ebenso unbezweifelbar wie die Tatsache, daß die Bauernpartei mit sozialistischen Experimenten nicht das geringste zu tun haben wollte. In Ungarn suchten die sozialdemokratischen Gruppen um Peyer ebenfalls einen anderen Bündnispartner; am Ende blieb ihnen nur die Einsicht, daß sich außer einer Allianz mit der Kirche keine anderen Möglichkeiten boten.[98] In der Tschechoslowakei näherten sich die Sozialdemokraten unmittelbar vor der kommunistischen Machtübernahme den kleinbürgerlichen nationalen Sozialisten an, die unter „Sozialismus" vor allem die Enteignung der nationalen Minderheiten, der Deutschen und Magyaren verstanden, an den Bastionen des tschechischen Kapitalismus aber nicht rütteln wollten.[99]

In allen drei Ländern fehlten also demokratische Mittelschichten, die für eine sozialistische Integration hätten gewonnen und der Arbeiterschaft neben dem Bürgertum eine gleichberechtigte Position hätten sichern können. Dieses Defizit gab letztlich den Ausschlag dafür, daß die sozialdemokratischen Parteien am Bündnis mit den Kommunisten festhielten. Die Polarisierung der volksdemokratischen Gesellschaften in ein rechtes und ein linkes politisches Lager – in Polen wurde die Bauernpartei, in der Tschechoslowakei die Partei der nationalen Sozialisten und in Ungarn die Kleinlandwirte-Partei zum jeweils mächtigsten Antipoden der Kommunisten – zeigt überdeutlich, daß die vermittelnde, demokratische u n d sozialistische Positionen integrierende Rolle der Sozialdemokratie nicht den erhofften Effekt erzielen konnte.[100]

Die Form der schließlichen Zerschlagung der sozialdemokratischen Parteien wurde durch die hier skizzierten Tendenzen weitgehend vorgeprägt. Zunehmend isoliert von ihrer sozialen Basis, die das Bündnis mit den Kommunisten immer weniger zu tragen

95 Labour Party Archives, London, International Department, Hungary 1947–1951, Report on Hungary by Denis Healey, February 1947.

96 J. Jemnitz, Soziale und politische Probleme, S. 249.

97 Vgl. dazu den in Anm. 81. zit. Bericht.

98 P. Heumos, Die Konferenzen, 1985, Dokument Nr. 29.

99 Gegenüber Healey, dem Vorsitzenden des International Sub-Committee der britischen Labour Party, der offenbar im Spätherbst 1947 versucht hat, eine Allianz zwischen den Sozialdemokraten und den nationalen Sozialisten zustande zu bringen, erklärte der Vorsitzende der Partei der nationalen Sozialisten Zenkl allerdings, daß er mit „Marxisten" (d. h. den Sozialdemokraten) nichts zu tun haben wolle. Vgl. dazu das Schreiben Healeys an Bevin vom 20. November 1947. Public Record Office, London, FO 371/65802, Nr. 18837.

100 Wo die politische Polarisierung besonders ausgeprägt war, wurde die Sozialdemokratie praktisch zwischen den Blöcken zerrieben; dies gilt etwa für die slowakische Sozialdemokratie, die 1944 zunächst mit der kommunistischen Partei zwangsvereinigt wurde, 1946 jedoch unter anderem Namen (Partei der Arbeit) ihre Tätigkeit wieder aufnahm, in den Parlamentswahlen von 1946 aber nur 3 Prozent der Stimmen auf sich vereinigen konnte.

bereit war, ohne den Unterbau mobilisierbarer Massenloyalität, eingeschlossen in die verselbständigten Machtkartelle der Nationalen Front, ermöglichte auch die Sozialdemokratie, daß sich die kommunistische Machtübernahme in Ostmitteleuropa als ein gegen die gesellschaftliche Sphäre abgehobenes Krisenmanagement der politischen Führungsoligarchien vollzog. Die Arbeiterschaft sank in den Auseinandersetzungen zwischen 1945 und 1948 in weiten Teilen zum passiven Objekt der machtpolitischen Konflikte herab.[101] In seinem Bericht über den letzten Parteikongreß der PPS in Breslau vom 14.–16. Dezember 1947 beschreibt der außenpolitische Experte der britischen Labour Party Healey, wie die Delegierten – als Reaktion auf die entschlossene Feststellung des PPS-Vorsitzenden Cyrankiewicz, die PPS werde eine unabhängige, selbständige Parei bleiben und nicht bloß den „Mond" zur kommunistischen „Sonne" bilden – stürmisch applaudierten und mit Begeisterung das alte Kampflied der PPS, die „Rote Fahne", sangen.[102] Als die PPS ein Jahr später – durch kommunistische Angriffe schon vorher als unabhängige politische Kraft zerstört – mit der Polnischen Arbeiterpartei zwangsvereinigt wurde, rührte sich auch in der Arbeiterschaft kaum eine Hand zum Protest.

Exkurs: *Betriebsgrößen und Beschäftigte in der Tschechoslowakei, in Polen und Ungarn*

Nach den Ergebnissen der 1930 in der Tschechoslowakei durchgeführten Zählung der gewerblichen Betriebe verteilten sich Betriebsgrößen und Beschäftigte in den böhmischen Ländern folgendermaßen:

Betriebsgröße	Zahl der Betriebe	Beschäftigte
1–5	538 112	939 646
6–50	45 116	599 580
50 und mehr	5 936	1 170 922

Danach arbeiteten rund 35 Prozent der im gewerblich-industriellen Bereich Beschäftigten in Kleinbetrieben mit einer Belegschaft bis zu 5 Personen. Diese Betriebe hatten ganz überwiegend handwerklichen Charakter, was u. a. auch daraus hervorgeht, daß der Anteil der Energie produzierenden Maschinen in dieser Betriebsgrößenklasse nicht einmal 10 Prozent der gesamten Maschinen dieser Art in der tschechoslowakischen Industrie ausmachten.

In Polen wies die Betriebszählung von 1935 knapp 200 000 handwerkliche Betriebe aus, dagegen nur 244 Industriebetriebe mit 500 und mehr Beschäftigten; in diesen Großunternehmen waren aber ca. 40 Prozent der gesamten gewerblich-industriellen Arbeiterschaft konzentriert. Das charakteristische Merkmal des polnischen industriellen Sektors war eine breite Kleinindustrie mit deutlich dominierender handwerklicher Struktur, die schwache Vertretung mittlerer Unternehmen und eine relative Konzentration, d. h. die Ballung der Arbeitskräfte in wenigen Großbetrieben.

Nicht viel anders war die Unternehmensstruktur in Ungarn nach statistischen Angaben aus dem Jahr 1933. Auch hier herrschte – wie in Polen – die Kleinproduktion handwerklichen Charakters vor; auf diese entfiel etwa ein Viertel der gewerblich-industriellen Arbeitskräfte. Die Großbetriebe mit 500 und mehr Arbeitern machten nur 2 Prozent aller Industriebetriebe aus, beschäftigten jedoch ein knappes Drittel der Industriearbeiterschaft und hatten an der gesamten industriellen Wertschöpfung einen Anteil von 27 Prozent. Der Konzentrationsgrad der ungarischen Industrie war niedriger als jener der polnischen.

Quellen: Sčítání živnostenských závodů, T. II/1 und T. II/2, Praha 1935, S. 30–33 bzw. 28–31; R. Gradowski: Polska 1918–1938, Warszawa 1959, S. 25; Annuaire statistique hongrois, Budapest 1943.

---

[101] Für die Tschechoslowakei hierzu J. Bloomfield: Passive Revolution. Politics and the Czechoslovak Working Class 1945–1948, London 1979.

[102] Labour Party Archives, London, International Department, Minutes & Documents, Report on the 27th Congress of the Polish Socialist Party in Wroclaw, December 14–16, 1947, by Mr. Denis Healey, Secretary, International Department of the Labour Party.

Die Ausschaltung der nichtsozialistischen Parteien in Ostmitteleuropa 1945–1948

von
Jörg K. Hoensch

Literatur- und Quellenbasis

Im Gegensatz zu der Fülle von – meist panegyrisch ausgerichteten – Publikationen, die sich mit der Geschichte der kommunistischen und der sozialdemokratischen Parteien in den Jahren nach Beendigung des Zweiten Weltkriegs beschäftigen, haben die nichtsozialistischen Gruppierungen keine oder nur eine recht spärliche und ihre Tätigkeit im allgemeinen von vornherein abwertende Darstellung aus der Feder einheimischer Historiker erfahren. In den Monographien, Sammelbänden und Quelleneditionen, die sich der Aufarbeitung der Innenpolitik und der einzelnen Phasen der kommunistischen Machtübernahme widmen, erfahren die antikommunistischen Kräfte immerhin eine gewisse, ihre Zielsetzungen und Programme, ihre führenden Persönlichkeiten und das Ausmaß der Wählerunterstützung aber häufig nur streifende Berücksichtigung. Deshalb kann auf die Heranziehung der offiziellen KP-Historiographie und der offiziösen Gesamtdarstellungen nicht verzichtet werden.

Für den polnischen Bereich erweisen sich die Untersuchungen von Wł. Góra und R. Halaba, N. Kołomejczyk und B. Syzdek, F. Ryszka sowie von N. Świdzińska[1] als hilfreich. Die Ausgangslage bei der Wiederaufnahme der politischen Tätigkeit der nichtsozialistischen Parteien lassen sich den Studien von A. Polonsky und B. Drukier, E. Osmańczyk und T. Żeńczykowski[2] entnehmen. Der Zusammenarbeit der Parteien im Rahmen der Volksfront gehen A. Przygoński und M. Rybicki nach, deren Ausführungen durch die von J. Fajkowski u. a. herausgegebene Materialsammlung wesentlich ergänzt werden.[3] Während die Bemühungen um das Zustandekommen eines Aktionsbündnisses der Arbeiter mit den Bauern und die während der deutschen Besatzung in der Anhängerschaft der Volkspartei (SL) erwogenen Konzeptionen für die Umgestal-

---

1 Góra, Wł. und R. Halaba: O utworzenie i utrwalenie władzy ludowej 1944–1948. Warszawa 1968; Kołomejczyk, N. und B. Syzdek: Polska w latach 1944–1949. Zarys historii politycznej. Warszawa [2]1971; Ryszka, F. (Hrsg): Polska ludowa 1940–1950. Przemiany społeczne. Wrocław 1974; N. Świdzińska: Polska 1944–1971. Fakty i liczby. Warszawa [3]1972.

2 Polonsky, A. und B. Drukier (Hrsg.): The Beginnings of Communist Rule in Poland. London 1980; Osmańczyk E.: Był rok 1945... Warszawa 1970; Żeńczykowski, T.: Dramatyczny rok 1945. London 1981.

3 Przygoński, A.: Z zagadnień strategii frontu narodowego PPR 1942–1945. Warszawa 1976; Rybicki, M.: Front jedności narodu. Założenia, struktura organizacyjna, kierunki działania. Warszawa 1978; Fajkowski, J. u. a. (Hrsg.): Wspólne cele. Polityczne podstawy współdziałania międzypartyjnego w latach 1944–1978. Wybor dokumentów i materiałów. Warszawa 1980.

tung Nachkriegspolens eine gewisse Berücksichtigung erfuhren[4], fehlt eine wissenschaftlichen Ansprüchen genügende Abhandlung über die PSL; allein die mit der PPR eng zusammenarbeitende „Lubliner" SL hat eine Würdigung erfahren.[5] Die über einhundert Jahre abdeckende Gesamtdarstellung der polnischen populistischen Bewegung von O.A. Narkiewicz[6] kann diese Lücke nicht schließen. Für die Arbeitspartei (SP) gibt es wenigstens eine die Kriegsjahre berücksichtigende Studie[7]; wichtige Etappen der internen Diskussion in der Demokratischen Partei (SD) und ihres Auftretens im Sejm lassen sich der von W. Boczek zusammengestellten Quellensammlung entnehmen.[8] Deshalb kann auf die emotionale Abrechnung des führenden Bauernpolitikers St. Mikołajczyk mit seinen kommunistischen Widersachern nicht verzichtet werden.[9] Aus der eindrucksvollen Reihe der westlichen Publikationen, die sich mit der innenpolitischen Entwicklung zwischen 1944 und 1948 beschäftigt haben, erscheinen die Ausführungen von R.F. Staar, C.R. Hiscocks und N. Davies als besonders gediegen[10]; von deutschen Historikern liegen u.a. das von W. Markert herausgegebene Osteuropa-Handbuch, Bd. Polen, sowie die Darstellungen von H. Roos und von J.K. Hoensch und G. Nasarski[11] vor.

Die parteiamtliche Geschichtsschreibung in der Tschechoslowakei wird nicht müde, die Verdienste der KPTsch auf dem erfolgreichen Weg zur „Revolution" und zum „siegreichen Februar" (Vítězný únor) herauszustreichen[12]; als wichtiges Korrektiv dazu erweist sich die materialreiche, auf bislang zurückgehaltene Quellen gestützte Monographie von K. Kaplan[13], in deren Bibliographie die einschlägige tschechische und slowakische Spezialliteratur verzeichnet ist. Im Vergleich dazu fallen die an und für

---

4 Dąbrowski, St.: Koncepcje przebudowy Polski w programach i publicystice ruchu ludowego 1939–1945. Warszawa 1981; Góra, Wł. (Hrsg.): W walce sojusz robotniczo-chłopski. Wybór dokumentów i materiałów 1944–1949. Warszawa 1963.

5 Halaba, R.: Stronnictwo ludowe 1944–1946. Niektóre problemy rozwoju organizacyjnego i działalnośći politycznej. Warszawa 1966.

6 Narkiewicz, O.A.: The Green Flag: Polish Populist Politics 1867–1970. Totowa, N.J., 1976.

7 Majchrowski, J.M.: Stronnictwo pracy, działalność polityczna i koncepcje programowe 1937–1945. Warszawa 1979.

8 Boczek, W. (Hrsg.): Stronnictwo demokratyczne w Polsce ludowej. Bd. 1: Wybór dokumentów z lat 1944–1949. Warszawa 1968; Bd. 3: Udział stronnictwa w pracach parlamentu PRL w latach 1944–1968. Warszawa 1969.

9 Mikołajczyk, St.: The Rape of Poland. Pattern of Soviet Aggression. Westport, Conn., 1972; gekürzte deutsche Ausgabe: Der Krieg gegen die Freiheit. Aus den Memoiren von St. Mikołajczyk, ehemaligem polnischen Premierminister. Berlin 1948.

10 Staar, R.F.: Poland 1944–1962: The Sovietization of Captive People. Baton Rouge, La., 1962; Hiscocks, C.R.: Poland, Bridge for the Abyss? – An Interpretation of Developments in post-war Poland. London 1963; Davies, N.: God's Playground: A History of Poland. Bd. 2. Oxford 1981.

11 Markert, W. (Hrsg.): Osteuropa-Handbuch. Bd. Polen. Köln, Graz 1959; Roos, H.: Geschichte der Polnischen Nation 1918–1985. Stuttgart usw. [4]1986; Hoensch, J.K. und G. Nasarski: Polen. 30 Jahre Volksdemokratie. Hannover 1975.

12 Opat, J.: O novou demokracii. Příspěvek k dějinám národně demokratické revoluce v Československu v letech 1945–1948. Praha 1966; Axamitová, J. (Hrsg.): Československá Revoluce v letech 1944–1948. Sborník příspěvků z konference historiků k 20. výročí osvobození ČSSR. Praha 1966; Adámek, V.: Boj KSČ za přerůstání národně demokratické revoluce v socialistickou v letech 1945–1948. Praha 1972; Cesar, J. und Z. Snítil: Československá revoluce 1944–1948. Praha 1979.

13 Kaplan, K.: Der kurze Marsch. Kommunistische Machtübernahme in der Tschechoslowakei 1945–1948. München, Wien 1981.

sich verdienstvolle Untersuchung von M. R. Myant und ein umfangreicher Beitrag von R. Luža[14] deutlich ab. Trotz wertvoller Einzelangaben und hilfreicher Synthesen entsprechen die Aussagen von J. Korbel, H. G. Skilling, O. Pustejovsky, E. Hartmann sowie die in dem von N. Lobkowicz und F. Prinz redigierten Sammelband enthaltenen Aufsätze nicht mehr in allen Punkten dem heutigen Forschungsstand.[15]

Untersuchungen zur Geschichte der einzelnen nichtsozialistischen Parteien fehlen völlig, so daß allein die – oft mit unverhüllt alibistischen Tendenzen und einer das eigene Scheitern verbrämenden, unreflektiert antikommunistischen Grundhaltung niedergeschriebenen Berichte gescheiterter, ins westliche Exil entkommener Spitzenpolitiker[16] Aufschlüsse über die parteiinternen Auseinandersetzungen und Zielvorstellungen vermitteln können. Die Rolle, die Präsident E. Beneš bei der Kapitulation vor den Kommunisten spielte, wird mit nobler Zurückhaltung von seinem langjährigen Privatsekretär E. Taborský erläutert.[17] Die Bedeutung, die der Nationalen Front bei der Disziplinierung der bürgerlichen Kräfte von der KPTsch zugemessen wurde, läßt sich z. T. der von V. Adámek herausgebrachten Dokumentation entnehmen.[18] Das zweifelhafte Verhalten, das kooperationsbereite Opportunisten aus dem nichtsozialistischen Lager bei der Ausbootung der demokratischen Parteien nach dem 20. Februar 1948 an den Tag legten, und die politische Einflußlosigkeit der bis heute geduldeten Nachfolgeorganisationen gehen aus den Schilderungen des langjährigen Gesundheitsministers J. Plojhar und aus einer Studie von V. Pavlíček hervor.[19]

Allein in Ungarn ist eine wissenschaftliche Beschäftigung mit den nichtsozialistischen Parteien zugelassen worden. Zwar steht auch hier die Geschichte der kommunistischen Bewegung im Mittelpunkt des Interesses, aber seit Ende der sechziger Jahre sind auch zahlreiche Detailstudien über das Entstehen und die Ziele der nichtsozialistischen Kräfte, über das Verhältnis zwischen den einzelnen Parteien und deren Auseinandersetzungen innerhalb der Unabhängigkeitsfront erschienen. Eine Einordnung in den Gesamtablauf der politischen Geschichte nehmen S. Balogh u. a. in ihrer Monographie über die Geschichte der Ungarischen Volksdemokratie

---

14 Myant, M. R.: Socialism and Democracy in Czechoslovakia, 1945–1948. Cambridge usw. 1981; Luža, R.: Die Tschechoslowakei im Kampf zwischen Demokratie und Kommunismus 1945–1948, in: Mamatey, V. S. und R. Luža (Hrsg.): Geschichte der Tschechoslowakischen Republik 1918–1948. Wien usw. 1980.

15 Korbel, J.: The Communist Subversion of Czechoslovakia 1938–1948. London 1959; Skilling, H. G.: The Break-up of the Czechoslovak Coalition 1947–48, in: The Canadian Journal of Economics and Political Sciences 26 (1960) 3, S. 396–412; Pustejovsky, O.: Parlamentarische Demokratie und die Politik der Kommunistischen Partei der Tschechoslowakei in den Jahren zwischen 1945 und 1948, in: Bohemia 3 (1962), S. 468–497; Hartmann, E.: Innenpolitische Voraussetzungen für die Machtübernahme der Kommunistischen Partei in der Tschechoslowakei, in: Bohemia 19 (1978), S. 197–246; Lobkowicz, N. und F. Prinz (Hrsg.): Schicksalsjahre der Tschechoslowakei 1945–1948. München, Wien 1981.

16 Feierabend, L.: Prag – London vice-versa. Erinnerungen 1938–1950. Bd. 2. Bonn usw. o. J.; Friedman, O.: The Break-up of Czech Democracy. Toronto, London 1950; Ripka, H.: Czechoslovakia Enslaved: The Story of the Communist Coup d'État. London 1950; Stranský, J.: East Wind over Prague. London 1950.

17 Taborský, E.: President Edvard Beneš between East and West, 1938–1948. Stanford, Cal., 1981.

18 Adámek, V. (Hrsg.): Od lidové fronty k národní a demokratické revoluci a k socialismu. Sborník dokumentů. Praha 1975.

19 Plojhar, J.: Vítězný únor 1948 a Čs. strana lidová. Praha 1958; Pavlíček, V.: Politické strany po únoru. Příspěvek k problematice Národní fronty. Bd. 1. Praha 1966.

1944–1962 vor[20]; auf Englisch bieten Ch. Gati und G. Schöpflin einen zwar knappen, aber äußerst informativen Einstieg[21], der durch eine Monographie von I. Kovács über die militärische Besetzung Ungarns[22] ergänzt wird. Von besonderem Wert sind die gründlichen Studien von S. Balogh und L. Izsák über die Parteien und die Parteiprogramme in Ungarn[23] bzw. von S. Balogh über die Parlaments- und Parteienkämpfe in der ersten Nachkriegszeit[24], der auch einen informativen Aufsatz „Fragen der Demokratie in der Organisation politischer Parteien in Ungarn nach dem Zweiten Weltkrieg"[25] verfaßt hat. Den bürgerlichen Oppositionsparteien bis zu ihrem Verbot bzw. ihrer erzwungenen Selbstauflösung im Jahre 1949 ist eine materialreiche Untersuchung von L. Izsák gewidmet.[26] Nicht nur dem wichtigsten Gegner der MKP, der Unabhängigen Partei der Kleinen Landwirte, wird eine aufschlußreiche Monographie von I. Vida[27] weitgehend gerecht, der darüber hinaus eine Reihe von Aufsätzen zu diesem seinem Hauptarbeitsgebiet veröffentlicht hat, sondern auch der Geschichte der Nationalen Bauernpartei[28] und den anderen oppositionellen Richtungen innerhalb der Koalition[29] wurde Aufmerksamkeit geschenkt.

Im Rahmen der nun folgenden knappen, allein als Einführung in die Fragestellung gedachten Synthese wurde auf Einzelnachweise verzichtet. Eine gründliche, komparativ angelegte Untersuchung dieses Themas, die bisher m. W. noch nicht geleistet worden ist, könnte selbst dann eine offenkundige Forschungslücke schließen helfen, wenn die Erlaubnis zur Archivbenutzung in den betreffenden Ländern nicht zu erhalten sein sollte.

Ausgangslage

In der Zwischenkriegszeit hatte sich in den Staaten des östlichen Mitteleuropa eine kaum noch überschaubare Flut politischer Gruppierungen herausgebildet, die, in schroffe Weltanschauungslager gespalten, nicht nur die Bildung arbeitsfähiger Regierungen ungemein erschwerten, sondern auch eine innenpolitische Konsolidierung praktisch ausschlossen. In der ČSR, die am eindeutigsten den demokratisch-parlamentarischen Staatsaufbau der französischen Dritten Republik zu kopieren bemüht war, hatten sich bei den drei Parlamentswahlen der 1920er Jahre jeweils mehr als

---

20 Balogh, S. u. a.: A magyar népi demokrácia története 1944–1962. Budapest 1978.

21 Gati, Ch.: The Democratic Interlude in Post-War Hungary, in: Survey 28 (1984) 2, S. 99–134; Schöpflin, G.: Domestic Politics, in: Grothusen, K.-D. (Hrsg.): Ungarn (Südosteuropa-Handbuch Bd. V). Göttingen 1987, S. 67–82.

22 Kovács, I.: Magyarország megszállása. Toronto 1979.

23 Balogh, S. und L. Izsák: Pártok és pártprogrammok Magyarországon 1944–1948. Budapest 1977.

24 Balogh, S.: Parlamenti és pártharcok Magyarországon 1945–1947. Budapest 1975.

25 In: Études historiques hongroises 1975, Bd. 2, S. 481–503.

26 Izsák, L.: Polgári ellenzéki pártok Magyarországon 1944–1949. Budapest 1983.

27 Vida, I.: A Független Kisgazda párt politikája 1944–1947. Budapest 1977.

28 Tóth, I.: A Nemzeti Parasztpárt története 1944–1948. Budapest 1972; Ders.: The Role of the National Peasant Party in the People's democratic revolution 1944–1948, in: Acta Historica 19 (1973), S. 87–113.

29 Balogh, S.: Az ellenzéki pártok megjelenése és programjuk 1947 nyaran, in: Párttörténeti Közlemények 19 (1973) 3, S. 79–117; Izsák, L.: A Polgári Demokrata Párt 1944–1945-ben, in: ibid. 20 (1974) 3, S. 118–149; Ders.: Die Konstituierung der Bürgerlichen Demokratischen Partei und ihr Programm von 1945, in: Annales Universitatis Scientiarium Budapestinensis, Sect. Hist. 13 (1972), S. 207–236.

25 Parteien um Wählerunterstützung bemüht; 1935 waren noch 16 Parteien und Wahlbündnisse angetreten, von denen immerhin 14 in das Abgeordnetenhaus einzogen. Den Parteienhader und die Instabilität der rasch wechselnden Kabinette in Polen hatte Marschall Piłsudski zum Vorwand genommen, um am 12. Mai 1926 seinen Militärputsch in Warschau auszulösen und mit Hilfe eines „Parteilosen Blocks für die Zusammenarbeit mit der Regierung" (Bezpartyjny Blok Wspólpracy z Rządem = BBWR) eine Zusammenfassung aller staatstragenden politischen Kräfte zu erreichen. Die hart bedrängten Parteien, die ihre Einsatzfähigkeit durch Zusammenschlüsse und eine Intensivierung der Zusammenarbeit untereinander zu verbessern bemüht waren, zeigten sich zur Unterstützung der Nachfolgeorganisation, des Lagers der Nationalen Einigung (Obóz Zjednoczenia Narodowego = OZN), erst bereit, als Hitler im Frühjahr 1939 die Krise um Polen zu schüren begann. Auch in Ungarn hatte die Aufsplitterung der politischen Kräfte in zahllose Grüppchen und die kontinuierlichen Abspaltungen und Zusammenschlüssen unterliegende Parteienlandschaft zum Entstehen undurchsichtiger innenpolitischer Verhältnisse beigetragen. Fast jeder Ministerpräsident versuchte daher – aber meist wenig erfolgreich – dem Regierungslager durch Reorganisation und Umbenennung eine Massenbasis zu geben. Aber weder die von G. Gömbös aufgebaute Partei der Nationalen Einheit (Nemzeti Egység Pártja = NEP), die von Pál Graf Teleki gegründete Partei des Ungarischen Lebens (Magyar Elet Pártja = MEP) oder die dem letzten Premier von Hitlers Gnaden, Ferenc Szálasi, als Basis dienende Pfeilkreuzlerpartei-Hungaristische Bewegung (Nyilaskeresztes Párt-Hungarista Mozgalom) konnten die gewünschte Identität von Nation und Staatspartei sicherstellen. Ein am 24. August 1944 erlassenes allgemeines Parteienverbot hielt den raschen Verfall des Horthy-Regimes nicht mehr auf. Auch der als Nachfolgeorganisation für die am 21. März 1939 im Protektorat Böhmen und Mähren aufgelösten Parteien von Rechtskonservativen aus dem Einzugsbereich der alten Agrarpartei gegründete Bund der nationalen Volksgemeinschaft (Národní souručenství) hat von der tschechischen Bevölkerung keine nachhaltige Unterstützung erfahren.

Dagegen haben die gegen die nationalsozialistische Besatzungspolitik in Polen und in der ČSR bzw. gegen die immer weitergehende Einbindung Ungarns in den unmittelbaren deutschen Herrschaftsbereich im Untergrund operierenden bürgerlichen Kräfte es verstanden, die alten parteipolitischen Trennungslinien weitgehend zu überwinden, und auch die Kooperation mit linkssozialistischen und kommunistischen Gruppen gesucht. Während der Einfluß der Untergrundorganisationen im Protektorat insgesamt aber recht bescheiden blieb, gewann die Opposition in Ungarn seit Sommer 1943 zunehmend an Gewicht. Die Kleinlandwirtepartei (Független Kisgazda, Földmunkás és Polgári Part = FKGP) wurde konsequent in eine bürgerlich-demokratische Partei westlichen Zuschnitts überführt, die viele Intellektuelle anzog und die eine engere Zusammenarbeit mit Sozialdemokraten und Kommunisten nicht ausschloß. Doch erst nach der überraschenden Besetzung Ungarns durch deutsche Truppen am 19. März 1944 („Unternehmen Margarethe") kam es Mitte Mai zu der von den Kommunisten angeregten Gründung der Ungarischen Front (Magyar Front), die, durch Verhaftungen rasch dezimiert, erst nach dem Putsch der Pfeilkreuzler mit der Einrichtung des Befreiungskomitees der Ungarischen Nationalen Erhebung (Magyar Nemzeti Felkelés Felszabadító Bizottsága = MNFFB) am 11. November 1944 eine Koordinationsstelle für den bewaffneten Widerstand erhielt. Der am 2. Dezember 1944 vollzogene Zusammenschluß von Sozialdemokraten, Nationaler Bauernpartei, Bürgerlich-demokratischer Partei, Kommunisten und Vertretern der Gewerkschaften in der Ungarischen Nationalen Unabhängigkeitsfront (Magyar Nemzeti Függetlenségi Front) schuf die Voraussetzung für das Zusammentreten einer Provisorischen Nationalversammlung am 22. Dezember und die Bildung einer Provisorischen Regierung unter Generaloberst Béla Dálnoki Miklós in Debrecen; bei den unter der Schirmherrschaft der Roten Armee durchgeführten Teilwahlen hatten die in der Zwischenkriegszeit hart verfolgten Kommunisten mit 71 Mandaten am besten abgeschnitten. Die Kleinlandwirtepartei konnte 55, die Sozialdemokraten 38 und die Nationale Bauernpartei 16 Abgeordnete stellen.

In Polen hatten die vier großen Oppositionsparteien – Nationaldemokraten (Stronnictwo Demokratyczno-Narodowe = ND), Volkspartei (Stronnictwo Ludowe = SL), Sozialistische Partei (Polska Partia Socjalistyczna = PPS) und die im Oktober 1937 aus dem Zusammenschluß der Christlichen Demokratie und der Nationalen Arbeiterpartei hervorgegangene Arbeitspartei (Stronnictwo Pracy = SP) – nach den ersten bitteren Erfahrungen mit der deutschen Besatzungsmacht die am 30. September 1939 in Frankreich konstituierte Exilregierung unter Präsident Wł. Raczkiewicz anerkannt und der schon während der Belagerung Warschaus entstandenen Untergrundarmee (Armia Krajowa = AK), deren Bestand bis Ende 1943 auf etwa 300000 Mitglieder anstieg, Unterstützung gewährt. Die in der Gründung eines politischen Verständigungskomitees (Polityczny Komitet Porozumiewawczy = PKP) zutage tretende Tendenz zur Vereinheitlichung wurde aber durch die seit Sommer 1941 gebildeten kommunistischen Gruppierungen und die im Januar 1942 erfolgte Reaktivierung der seit 1925 verbotenen Kommunistischen Partei unter dem Namen Polnische Arbeiterpartei (Polska Partia Robotnicza = PPR) gefährdet, die sich in der Volksgarde (Gwardia Ludowa = GL) eine eigene Militärorganisation zulegte. Der nach ersten Auseinandersetzungen zwischen der sowjetischen Führung und der Exilregierung um die polnischen Nachkriegsgrenzen im Osten am 8. Mai 1943 in der UdSSR gegründete Verband polnischer Patrioten (Związek Patriotów Polskich = ZPP) gab bereits damals der Vermutung Nahrung, daß heftige Auseinandersetzungen um die politische Ausrichtung im befreiten Polen entbrennen könnten. Seit dem Frühjahr 1944 standen sich mit dem Rat für Nationale Einheit (Rada Jedności Narodowej = RJN) und dem von den Kommunisten beherrschten Landesnationalrat (Krajowa Rada Narodowa = KRN) im Untergrund zwei unversöhnliche Lager gegenüber, wobei linke Abspaltungen der Vorkriegsopposition offen den Kurs der PPR unterstützten und neben programmatischen Gemeinsamkeiten für eine enge Zusammenarbeit mit der Sowjetunion eintraten.

Polen

Mit der Einnahme polnischer Gebiete links des Bug bekam das von den Kommunisten beherrschte Polnische Komitee der Nationalen Befreiung (Polski Komitet Wyzwolenia Narodowego = PKWN, später Lubliner Komitee genannt) nach dem 22. Juli 1944 die Gelegenheit, in den von der Roten Armee besetzten Distrikten seine politischen Vorstellungen zu verwirklichen und nach dem 1. Januar 1945 als Provisorische Regierung zu amtieren. Der Versuch der bürgerlichen Kräfte und der AK, im Warschauer Aufstand (1. August–2. Oktober 1944) mit dem Sieg in der Hauptstadt auch eine verbesserte Ausgangsstellung für die Gestaltung der Nachkriegspolitik zu erlangen, wurde von den deutschen Truppen noch einmal in Blut ertränkt. Die anfangs von General Wł. Sikorski, nach dem 14. Juli 1943 von dem Bauernpolitiker St. Mikołajczyk geführte Exilregierung in London, von einem von den vier ehemaligen Oppositionsparteien gebildeten Nationalrat (Rada Narodowa) als Exilparlament unterstützt, konnte in dem Disput mit der Regierung der UdSSR über den Verlauf der polnischen Ostgrenze nicht mit der

Unterstützung der anglo-amerikanischen Verbündeten rechnen und mußte ohne Mitwirkungsmöglichkeiten mitansehen, wie auf der Konferenz von Jalta (4.–11. Februar 1945) die Westverschiebung Polens endgültig abgesegnet wurde. Durch die am 12. Januar 1945 begonnene sowjetische Offensive wurde zudem der Wirkungsbereich der von der PPR dominierten Provisorischen Regierung über immer weitere Teile des künftigen Staatsgebiets ausgedehnt. Die unter Vorspiegelung falscher Tatsachen zum Auftauchen veranlaßten Führer des nichtkommunistischen Untergrunds mit J. St. Jankowski, L. Okulicki und K. Pużak an der Spitze wurden nach Moskau verbracht und im Juni 1945 in einem Schauprozeß zu langjährigen Strafen verurteilt. Die ihrer besten Köpfe beraubten anti-kommunistischen Kräfte konnten nur hoffen, daß die in Jalta vereinbarte Bildung einer Regierung der Nationalen Einheit und die baldige Durchführung demokratischer Wahlen eine Korrektur der Machtverhältnisse zu ihren Gunsten herbeiführen würden. Der nach schwierigen Verhandlungen der drei Großmächte schließlich am 1. Juni 1945 zustande gekommene Kompromiß stellte sicher, daß praktisch nur Politiker bei der Regierungsbildung Berücksichtigung finden sollten, die dem Ergebnis von Jalta vorbehaltlos zustimmten und die vom Lubliner Komitee und der Provisorischen Regierung bereits vorgenommenen Eingriffe in die wirtschaftliche, gesellschaftliche und politische Struktur Polens akzeptierten. Repräsentanten der ursprünglichen Mitte-Rechts-Parteien SP und SN waren bei den am 17. Juni 1945 in Moskau eröffneten Verhandlungen daher anfangs ebensowenig vertreten wie Abgesandte der inzwischen von T. Arciszewski geführten Londoner Exilregierung. Die am 21. Juni unterzeichnete Vereinbarung sah immerhin die Aufnahme der Volks-(Bauern-)partei mit einem Drittel der Regierungssitze und dem Versprechen auf angemessene Berücksichtigung in leitenden Positionen vor. Bei der am 28. Juni 1945 vorgenommenen Regierungsbildung konnte die SL das mit dem stellvertretenden Ministerpräsidentenamt verbundene Ressort für Landwirtschaft und Agrarreformen, das Innen-, das Gesundheits-, das Post-, das Unterrichtsministerium sowie das Portefeuille für Kunst und Kultur besetzen. Allgemeine, gleiche, geheime und direkte Wahlen zum Sejm sollten spätestens Ende 1945 abgehalten werden.

Diese – hauptsächlich unter der Drohung, sonst nicht an den am 17. Juli 1945 in Potsdam beginnenden Verhandlungen teilnehmen und an der Festlegung der neuen Westgrenze mitwirken zu können – zustande gekommene Vereinbarung zur Bildung der Regierung der Nationalen Einheit hat den Kampf der politischen Lager um die vorherrschende Machtstellung in Nachkriegspolen nicht beendet. Unbeschadet aller Übereinstimmung mit dem Programm des Wiederaufbaus und der Einsicht in die Notwendigkeit einer raschen Konsolidierung der durch die Besatzungspolitik und die Kampfhandlungen schwer getroffenen Nation in den neuen Grenzen wurde die Auseinandersetzung um den Charakter des „demokratischen Staatsumbaus" in das Kabinett hineingetragen, was eine weitgehende Paralysierung der Regierungsarbeit, eine zunehmende Verhärtung der Standpunkte und eine wachsende persönliche Abneigung, ja offene Feindschaft unter den höchsten Repräsentanten des Staates bewirkte. Obschon theoretisch eine Koalition von fünf Parteien die Regierung stellte, verfügten nur die Kommunisten, die Bauernpartei und – mit Abstrichen – die Sozialisten über einen breiteren Rückhalt in der Bevölkerung. Die Lubliner Demokratische Partei (SD) blieb klein und einflußlos, weil die Mehrheit der älteren bürgerlich-adligen Politiker von legaler politischer Tätigkeit ausgeschlossen war. Auch die von dem aus dem Londoner Exil zurückgekehrten K. Popiel neu aufgebaute christlich-demokratische „Partei der Arbeit" (Stronnictwo Pracy = SP) konnte sich nicht zu einer eigenständigen Kraft entwickeln. Durch das Verbot des für den 19. Juli 1946 angekündigten Parteitags, durch die Beschlagnahme ihrer Büros und ihrer Presseorgane sowie durch den Ausschluß von sieben Abgeordneten aus dem KRN wurde Popiel zur Aufgabe gezwungen; der eingeschüchterte Rest der Parteimitglieder wählte im September 1946 den den Kommunisten genehmen F. Widy-Wirski zum neuen Vorsitzenden, der die SP konsequent dem bereits von der Linken beherrschten Regierungslager annäherte. Doch zahlreiche Polen, zumal die Piłsudski-Anhänger aller Richtungen und die Mitglieder der alten Nationaldemokratie, fanden sich von den zugelassenen politischen Organisationen nicht ausreichend repräsentiert und verblieben im Untergrund, wo sie die Nachfolgeorganisation der AK, die NIE-Verbände, aktiv unterstützten. Diese bald in „Freiheit und Unabhängigkeit" (Wolność i Niepodległość = WIN) umbenannte Bewegung mußte sich gegen die rechtsradikal-faschistisch ausgerichteten Nationalen Streitkräfte (Narodowe Siły Zbrojne = NSZ), gegen die im Südosten des Landes operierenden Einheiten der Ukrainischen Aufstandsarmee (UPA) und gegen lokale Widerstandsgruppen verschiedener, meist krimineller Ausrichtung abgrenzen. Der Kampf gegen den Terror der „Leute aus dem Walde", der auf beiden Seiten etwa 30000 Tote gekostet haben dürfte, trug insgesamt dennoch zu einer Festigung des Regimes bei und bot der PPR, die bald die ihr politisch mißliebigen, aber in legaler Opposition stehenden Kräfte der Sympathie oder gar der aktiven Unterstützung der Untergrundverbände zieh, den willkommenen Anlaß zum Ausbau eines umfangreichen Sicherheitsapparats, der dann auch bald bei der Ausschaltung der politischen Gegner seine Bewährungsprobe bestehen sollte.

Denn wie in den anderen von der Roten Armee befreiten und von einem von den Kommunisten beherrschten Koalitionskabinett regierten ostmitteleuropäischen Staaten trug die PPR von Anfang an Sorge dafür, unter dem Schutzschirm der Besatzungstruppen die Voraussetzungen für eine gleitende Machtübernahme unter gleichzeitiger Ausschaltung aller sich ihrem Herrschaftsanspruch in den Weg stellenden demokratischen Kräfte zu schaffen. Die überall im Land spürbare russische Präsenz, die Ausschreitungen und Übergriffe der sowjetischen Soldaten der Zivilbevölkerung gegenüber, die anfangs völlig unkoordiniert durchgeführten Kriegsbeuteaktionen und die schmerzhaften Empfindungen über den Verlust von 46% des ursprünglichen Staatsgebiets an die UdSSR haben jedoch die Realisierung einer totalen kommunistischen Machtergreifung nicht gerade erleichtert. Umlaufende Gerüchte, eine Annexion des gesamten osteuropäischen Vorfelds durch die Sowjetunion stehe unmittelbar bevor, ließen in breiten Kreisen der so geschichtsbewußten, vom Gefühl der kulturellen und gesellschaftlichen Überlegenheit über die Russen beherrschten polnischen Öffentlichkeit eine starke antisowjetische und antikommunistische Strömung entstehen, gegen die sich die PPR anfangs nur schwer zu behaupten vermochte. Das Mißtrauen in der Bevölkerung war auch durch die wiederholten Erklärungen Stalins nicht abzubauen, daß er für die Schaffung unabhängiger Staaten in Osteuropa eintrete und die UdSSR ihnen gegenüber eine Freundschafts- und Bündnispolitik betreiben wolle. Als Voraussetzung war nur eine umfassende innere Wandlung, ja Lösung aus dem Bereich der „bürgerlichen Demokratie" zu vollziehen. Dieser Kurs kam vor allem den Vorstellungen der „einheimischen" oder „nationalen" polnischen Genossen entgegen, die im Gegensatz zu den Moskau-Emigranten Verfolgung und Krieg im eigenen Land erlebt hatten. Sie konnten Polen nicht als ein von der Roten Armee befreites Anhängsel der UdSSR sehen, sondern als einen sich im Umbruch befindenden Staat, in dem es zur Revolution aus eigenen, nationalen Antrieben kommen mußte, die von den einheimischen Elementen durchzuführen war – falls erforderlich mit sowjetischer Nachhilfe. Sie legten Wert auf die sozialistische Entwicklung im Rahmen einer „neuen Demokratie" und richteten ihr innenpolitisches Programm auf die unaufschiebbaren politischen, sozialen und wirtschaftlichen Reformen aus, die der Form nach nicht unbedingt doktrinär sein mußten, doch zu gleicher Zeit den nichtkommunistischen Elementen die Basis entzogen. Die von 4000 Mitgliedern im Juni 1942 auf fast 300000 Genossen im Frühjahr 1945 angewachsene PPR konnte ihr Potential dank dieser starken nationalen Programmkomponente bis zum Sommer 1948 sogar auf 950000 Mann steigern. Wł. Gomułka, Erster Sekretär der PPR und gleichzeitig Erster Stellvertretender Ministerpräsident sowie Minister für die wiedergewonnenen Gebiete, scheute sich nicht, der Diktatur der Arbeiterklasse und einer Einparteienherrschaft eine Absage zu erteilen, die er mit dem Bekenntnis zur Aufrechterhaltung der parlamentarischen Demokratie und freundschaftlicher Beziehungen zu den Westmächten verband, wobei aber die „Sicherheit der polnischen Grenzen auf das polnisch-sowjetische Bündnis" (vom 21. April 1945) gegründet bleiben müsse. Seine Hauptaufgabe sah der Parteichef aber darin, „Mikołajczyk zum Sinnbild aller antidemokratischen Elemente zu machen, zum Maßstab all dessen, was der Demokratie und der Sowjetunion feindlich gegenüber steht".

Als St. Mikołajczyk, der einstige Premier der Londoner Exilregierung, im Juni 1945 nach Polen zurückkehrte und als Zweiter Stellvertretender Ministerpräsident auch das Ressort für Landwirtschaft und Agrarreform übernahm, sahen in ihm viele antikommunistisch gesinnte Polen den Garanten für eine mit anglo-amerikanischer Unterstützung vorzunehmende Zurückdrängung des kommunistischen Einflusses und für die Rückkehr zu einem demokratisch-parlamentarischen System nach britischem oder französischem Vorbild. Er war – mit einer rührenden Naivität – fest entschlossen, den Kommunisten mit legalen politischen Mitteln und ohne Blutvergießen die Macht zu nehmen, ohne sich entschlossen genug der Unterstützung aus dem radikalen Untergrund zu erwehren, der durch Terrorismus und Sabotage eine Wende herbeiführen zu können glaubte. Da er mit der Lubliner Abspaltung der SL, die schon in der Provisorischen Regierung vertreten gewesen war, zu keinem Einvernehmen gelangen konnte, gründete Mikołajczyk mit ausdrücklicher Billigung des angesehenen, aber hochbetagten und schwerkranken Bauernführers W. Witos am 22. August 1945 in Krakau eine Polnische Bauernpartei (Polskie Stronnictwo Ludowe = PSL), die sofort massenhaft Zulauf erhielt und bei ihrem ersten Kongreß vom 19.–21. Januar 1946 in Warschau bereits 600000 Mitglieder zählte. Dieses bedeutendste Sammelbecken aller oppositionellen Kräfte wurde unter Mikołajczyk zum gefährlichsten Konkurrenten der PPR, die nicht müde wurde, den Koalitionspartner politisch zu diffamieren und unter Bruch der Moskauer Vereinbarungen seine Wirkungsmöglichkeiten zu beschneiden. Statt der zugesagten 145 Sitze im KRN mußte sich die PSL im Dezember 1945 mit 52 Delegierten begnügen; Mikołajczyk blieb das Mandat als stellvertretender Präsident des Landesnationalrats versagt. Erste Verhaftungen und Ausschreitungen gegen Mitglieder der PSL korrespondierten mit der Beschuldigung Gomułkas, Mikołajczyk spiele zugunsten der Reaktionäre in seiner Partei die Rolle eines Trojanischen Pferdes und ermutige heimlich den faschistischen Terror antikommunistischer Partisanen. Das angeblich aus einer „Psychose mit westlichem Komplex" geborene liberale Programm Mikołajczyks mit dem Ziel einer Beschneidung der Macht der Geheimpolizei, voller Pressefreiheit und einer Nationalisierung der polnischen Industrie nach dem Vorbild der britischen Labour-Party beschwor nach Gomułka, der seinen Konkurrenten mit eiferndem, von dem Bauernpolitiker durchaus erwidertem Haß verfolgte, die Gefahr eines Rückfalls in die selbstzerstörerische Politik der Zwischenkriegszeit herauf und barg wegen der antikommunistischen Tendenzen die Möglichkeit einer außenpolitischen Verwicklung mit der einzigen verläßlichen Garantiemacht der Souveränität und nationalen Integrität Polens, mit der UdSSR. War die Bauernpartei damit zum entschlossen bekämpften

Hauptrivalen der PPR um die Schaltstellen der Staatsmacht geworden, so fehlte es den Kommunisten nicht an Geduld und politischem Geschick, die Anfang 1946 mehr als 200000 Mitglieder zählenden Sozialisten (PPS) weitgehend ihrem Einfluß zu unterstellen. Da zudem ein Beschluß des KRN vom Dezember 1945 die Gründung weiterer Parteien untersagte, war für oppositionelle Kräfte die Möglichkeit einer selbständigen Organisation nicht mehr gegeben.

Mit Ausnahme von Mikołajczyk zeigten die aus dem Exil zurückgekehrten oder von den nichtkommunistischen Parteien in die Regierung delegierten Minister wenig Stehvermögen, obschon das wichtige Innenressort an Wł. Kiernik (SL), das Außenamt an W. Rzymowski (SD), das Justizdepartment an den PPS-Mann H. Świątkowski und das Verteidigungsministerium an den offiziell parteilosen Michał „Rola"-Żymierski, einen NKVD-Agenten und ehemaligen Kontaktmann zur Gestapo, gefallen waren. Die Portefeuilles Erziehung, Kultur, Propaganda sowie Außenhandel und Industrie erhielten Kommunisten, die in Moskau die Kriegsjahre verbracht hatten. Allen nicht der PPR angehörenden Ministern standen kommunistische Staatssekretäre zur Seite, die für die Durchsetzung der Linie der Partei in ihrem jeweiligen Ressort Sorge trugen.

Das aus dem Innenministerium ausgegliederte gesamte Staatssicherheitswesen unterstand mit St. Radkiewicz einem in Moskau vom NKVD geschulten Funktionär, der schon im Lubliner Komitee unter Mitwirkung sowjetischer Sicherheitsorgane die Sicherheitsämter (Urzędy Bezpieczeństwa =UB) und die Bürgermiliz (Milicja Obywatelska = MO) als neue Polizei aufgebaut hatte, zu der im Mai 1945 das Korps der Inneren Sicherheit (Korpus Bezpieczeństwa Wewnętrznego = KBW) als kasernierte Polizeitruppe für spezielle Aufgaben kam. Von der im Februar 1946 geschaffenen nichtuniformierten Freiwilligen Reserve der Bürgermiliz (Ochotnicza Rezerwa Milicji Obywatelskiej = ORMO) wurde eine bessere Kontrolle der Bevölkerung erwartet. Zur Begründung dieser exzessiven Staatsschutzmaßnahmen mußten die Operationen der Untergrundverbände WIN und NSZ herhalten, deren Mitglieder nur zum kleineren Teil von einem Amnestieangebot der Regierung Gebrauch gemacht hatten. Doch die eigentliche Aufgabe des in den Spitzenpositionen von Anfang an von sowjetischen oder von in der UdSSR geschulten Agenten kontrollierten Ministeriums für öffentliche Sicherheit bestand nicht so sehr in der Bekämpfung des öffentlichen Widerstands, sondern in der Ausschaltung der politischen Opposition und in der Einschüchterung der zunehmend entmündigten Bevölkerung, die den wachsenden Terror der Sicherheitsorgane allein auf das Konto sowjetisch-jüdischer Intrigen buchte.

Angesichts des stetig zunehmenden Einflusses des PSL und der zutage tretenden Vorbehalte der Öffentlichkeit gegen die PPR und die Lubliner PPS leiteten diese beiden Partner Anfang Dezember 1945 eine Kampagne für eine bei den immer weiter hinausgeschobenen Wahlen vorzulegende Einheitsliste und für die Bildung eines „Demokratischen Blocks" ein. Nur die beiden kleinen Parteien SD und SL stimmten zu; obschon der PSL 25% der im künftigen Reichstag (Sejm) zu vergebenden Sitze angeboten wurden, lehnte Mikołajczyk am 25. Februar 1946 weitere Verhandlungen darüber ab und manövrierte seine Bauernpartei, ohne ihre Vertreter aus dem Kabinett zurückzuziehen, jetzt in eine offene Opposition zu dem von den Kommunisten dominierten Regierungslager. Da es der PPR nicht ratsam erschien, in dem von inneren Unruhen geschüttelten Land bereits jetzt die Wähler über die künftige politische Linie entscheiden zu lassen, schob sie die PPS mit der Anregung zur Durchführung eines Referendums vor, bei dessen Fragestellung große, von der Parteizugehörigkeit unabhängige Mehrheiten und damit eine moralische Unterstützung der Regierungspolitik zu erwarten waren. Am 30. Juni 1946 konnten die Abstimmungsberechtigten ihre Meinung darüber äußern, ob

1) der Senat, das Oberhaus des Reichstags, überflüssig und daher abzuschaffen sei,
2) Agrarreform und Nationalisierung der Grundstoffindustrie unter Wahrung der Privatinitiative in der neuen Verfassung beibehalten werden sollten und
3) die polnische Westgrenze endgültig entlang Oder und Neiße festzulegen wäre.

Das eigentliche Problem, der Machtkampf zwischen Pro- und Antikommunisten, wurde durch das Plebiszit überhaupt nicht berührt, dennoch entschloß sich Mikołajczyk, der massiven Propaganda des „Demokratischen Blocks" für das „dreimalige Ja" entgegenzutreten, und rief in der vielen völlig belanglos erscheinenden ersten Frage seine Anhänger auf, mit „Nein" zu stimmen. Obschon die Opposition durch Verhaftungsterror, durch die Abspaltung einer „Ja"-Gruppe und durch die Behinderung bei der Abgabe von Nein-Stimmen schwer gehandicapt war, haben sich selbst nach dem erst mit zehntägiger Verspätung bekanntgegebenen offiziellen Ergebnis 32% der Abstimmenden an Mikołajczyks Empfehlung gehalten – die Frage 2 hatten 77,2% und die dritte Frage 91,6% der Stimmberechtigten bejaht. In den Wahlbezirken, wo die Vertrauensleute der PSL an der Auszählung der Stimmen teilgenommen hatten, waren auf Frage 1 aber bis zu 84% Nein-Stimmen registriert worden, so daß sich Mikołajczyk – von der britischen und der amerikanischen Regierung sekundiert, aber dennoch ohne Erfolg – gegen die Behinderungen und die gesetzwidrige Auszählung verwahrte. Gomułka ließ fortan keine Gelegenheit verstreichen, seinen Intimfeind Mikołajczyk der Komplizenschaft mit ausländischen Mächten und den Gegnern einer demokratischen Ordnung in Polen zu zeihen.

Dies war angesichts des sich spürbar verschlechternden Klimas unter den Alliierten am Vorabend des Kalten Krieges und hinsichtlich der besorgniserregenden Kritik Churchills und des US-Außenministers Byrnes an der polnischen Westgrenze ein so ernstzunehmender Vorwurf, daß es Mikołajczyk schwerfiel, seine von den Wahlmanipulationen und den Übergriffen der Sicherheitsorgane verunsicherte Gefolgschaft für die schließlich auf den 19. Januar 1947 angesetzten Parlamentswahlen zu motivieren und zu mobilisieren. Die schwierige Versorgungslage, zumal auf dem Ernährungssektor, die persönlichen Repressalien und der sich anscheinend unaufhaltsam in allen Bereichen des öffentlichen Lebens ausbreitende Einfluß der Kommunisten hatte viele Kämpfer für den Aufbau eines demokratisch-parlamentarischen Systems in Nachkriegspolen entmutigt. Der Wahlkampf, in dem die PSL als einzige Oppositionspartei gegen den von PPR, PPS, SD und SL gebildeten „Demokratischen Block" antrat, artete fast in einen Bürgerkrieg aus. Obschon allgemeine, gleiche, geheime und direkte Wahlen ausgeschrieben worden waren, machten die Kommunisten großzügig von der im Wahlgesetz in Ausnahmefällen vorgesehenen Möglichkeit Gebrauch, ganzen Wählergruppen, insgesamt etwa einer Million Menschen, wegen angeblicher Kollaboration während der deutschen Besatzung das Wahlrecht abzuerkennen; in zehn Wahlkreisen, die etwa ein Viertel der Wahlbevölkerung stellten, wurden die Kandidaten der PSL nicht zur Wahl zugelassen. Verhaftungen von Funktionären und die Behinderung des Wahlkampfes taten ein übriges, um die Chancengleichheit der Bauernpartei einzuschränken. Die PPR machte deutlich, daß jede Stimme für den Wahlblock die Herrschaft der Arbeiterklasse in Stadt und Land fester verankere, die Politik des Friedens in Europa und in der Welt sichere, eine dauerhafte Konsolidierung der neuen polnischen Westgrenze bedeute, den polnisch-sowjetischen Bund stärke, den Dreijahresplan für den Wiederaufbau und die Re-Industrialisierung des verwüsteten Landes stütze, demokratische Freiheiten für alle Bürger – ausgenommen Faschisten und Reaktionäre – garantiere und die Gewähr für den Aufbau eines freien, unabhängigen und souveränen Volkspolen biete. Die von der PSL vertretenen liberal-bourgeoisen Ideen hätten diese Partei zu einem Sammelbecken aller Reaktionäre, aller Fanatiker, Fronherren, Krämerseelen und Spekulanten gemacht, die bei einem Wahlsieg bereit wären, die sozialen Errungenschaften und die territoriale Unversehrtheit Polens in den Nachkriegsgrenzen in Frage zu stellen.

Auch wenn man die emotionalen, alibistischen und antikommunistischen Stellungnahmen der gescheiterten Oppositionspolitiker außer Betracht läßt, sind diese Wahlen weder „frei" noch „unbehindert" nach den Vorstellungen der Westalliierten abgewickelt worden. Gomułka und seine Freunde waren wahrscheinlich aufrichtig überzeugt, eine Wahlmanipulation stelle das kleinere Übel gegenüber einem Machtverlust der Kommunisten dar. Während nach den Berichten der PSL-Vertrauensleute die Bauernpartei zwischen 60% und 68% der Stimmen errungen hatte, wies das am 22. Januar 1947 bekanntgegebene Wahlergebnis 80,1% der Stimmen für den „Demokratischen Block" und nur 10,3% für die PSL aus; 394 der 444 zu vergebenden Sejmsitze fielen an die von den PPR-Kandidaten beherrschte Einheitsliste und nur 27 oder 6,8% der Mandate an die Polnische Bauernpartei. Die einmal mehr von der amerikanischen und der britischen Regierung abgegebenen Proteste blieben ebenso wie der Einspruch Mikołajczyks unberücksichtigt. Gomułka ließ wissen, die Nation habe gewählt, um „über Herrn Mikołajczyk und seine Partei ein Verdammungsurteil zu sprechen wegen der destruktiven und ungerechten Politik, die er während seiner Emigration und nach seiner Rückkehr nach Polen betrieben hat". Die Mehrheit der Polen hätten für den Wahlblock gestimmt, weil „wir ein klares und gerechtes Programm für die Zukunft haben".

Die Westalliierten besaßen außer diplomatischen Protesten, die von der sowjetischen und der polnischen Regierung unisono als Einmischung in die innenpolitischen Verhältnisse eines souveränen Staates zurückgewiesen wurden, keine weiteren Möglichkeiten, ohne militärische Maßnahmen die Verdrängung der bürgerlich-demokratischen Opposition und die gleitende kommunistische Machtübernahme aufzuhalten. Die gezielte Verfolgung und Verunsicherung von PSL-Funktionären wurde von den Sicherheitsbehörden, gedeckt durch Regierung und PPR, fortgesetzt; Schauprozesse mit abschreckend hohen Urteilen taten ein übriges, um viele Mitläufer der Bauernpartei in das Lager des „Demokratischen Blocks" zu zwingen. Die im Mai und Juni 1947 durchgeführte Verhaftungswelle, der rund 200 Führer der WRN-Richtung unter der Beschuldigung zum Opfer fielen, sie hätten Vorbereitungen zur gewaltsamen Beseitigung der neuen „volksdemokratischen" Ordnung in Polen getroffen, schaltete auch die PPS als eine letzte Möglichkeit legaler Opposition aus; hinter den Kulissen wurden bereits Gespräche über die Schaffung einer „Einheitsfront von unten", der organisatorischen Unterstellung der Sozialisten unter den kommunistischen Kontrollapparat, geführt. Bereits im September lief das Gerücht um, Mikołajczyk solle wegen Hochverrats vor Gericht gestellt und zum Tode verurteilt werden; der von den Sicherheitsbehörden streng überwachte Bauernführer nahm die Drohung ernst und stand nun vor der Frage, entweder das Land zu verlassen oder bei einem weiteren Verbleib ohne echte politische Mitsprachemöglichkeiten sein Leben zu riskieren. Am 21. Oktober 1947 verließ Mikołajczyk mit amerikanischer Hilfe das Land; ihm folgten kurz darauf sein Parteifreund St. Korboński und K. Popiel vom SP. Im November ging die Führung der Polnischen Bauernpartei an den linksgerichteten J. Niećko über, der die nun weitgehend in das kommunistische Fahrwasser abdriftende PSL aus ihrer bisherigen Oppositionsrolle in das kommunistische Regierungslager überführte.

In den Augen vieler Polen war der Entschluß Mikołajczyks und seiner politischen profilierten Freunde, das Land zu verlassen, persönlicher Feigheit oder mangelnder Opferbereitschaft entsprungen – ein Verrat an der polnischen Sache, der letztlich allein den Kommunisten genützt habe. Nun kann dem 1966 im amerikanischen Exil verstorbenen Mikołajczyk Tapferkeit und Patriotismus sicher nicht abgesprochen werden – nur verfügte dieser phantasielose, leicht zu täuschende Politiker nicht über das notwendige Kaliber, um der Rolle, die ihm durch politische Wechselfälle zugefallen war, gerecht zu werden und Nachkriegspolen aus der vorgegebenen schwierigen Situation auf den Weg einer demokratisch-parlamentarischen Entwicklung zu führen. Die Zerschlagung jedweder ernstzunehmenden Opposition erlaubte jetzt den Kommunisten die Gleichschaltung der Nation und die Eingliederung Volkspolens in den Gürtel der osteuropäischen Volksdemokratien. Der Versuch bürgerlich-nichtsozialistischer Kräfte, durch konstruktive Mitarbeit in einem von den Kommunisten zunehmend unterwanderten Staatswesen Reste alter politischer Gesinnung hinüberzuretten und die nationalen Traditionen Polens zu bewahren, war damit definitiv gescheitert.

Tschechoslowakei

Die von dem am 5. Oktober 1938 zurückgetretenen und ins Exil gegangenen Staatspräsidenten E. Beneš in London aufgebaute Exilregierung, bereits im Juli 1940 als Provisorische Regierung der Tschechoslowakei von den Westalliierten anerkannt, hatte keine größeren Schwierigkeiten bei der Vorbereitung eines Neuanfangs nach Kriegsende zu überwinden. Aus dem bürgerlichen, nicht-sozialistischen Lager hatten allein führende Repräsentanten der Tschechoslowakischen Volkspartei (Československá strana lidová) mit dem oftmaligen Minister Msgr. J. Šrámek an der Spitze, der auch den Vorsitz der Exilregierung übernahm, die Heimat verlassen. Beneš persönlich hatte Sorge getragen, daß auch in einem als Exilparlament fungierenden Staatsrat alle potentiellen Kritiker und Gegner seiner Politik unberücksichtigt blieben. Aus Enttäuschung über das Verhalten der einstigen Bündnispartner während der Münchener Krise im Jahre 1938 verwarf Beneš die frühere Westorientierung seines Landes; in klarer Einschätzung der wahrscheinlichen Machtverhältnisse nach Beendigung des Zweiten Weltkriegs glaubte er, die Zukunft seines Landes und eine optimale Absicherung der tschechoslowakischen Lebensinteressen künftig vor allem durch eine enge Kooperation mit der UdSSR gewährleisten zu können. Bereits bei seinem Moskau-Besuch im Dezember 1943 hatte er dem Vorsitzenden der Kommunistischen Partei der Tschechoslowakei (Komunistická strana Československa = KPTsch), K. Gottwald, gegenüber die Verpflichtung übernommen, „eine große revolutionäre Verschiebung nach links" werde eine „klare sozialistische Mehrheit und eine überwältigende Niederlage unseres früheren Vorkriegs-Rechtsblocks" (Agrarier, Nationaldemokraten, Gewerbepartei) sicherstellen; eine „Nationale Front" aller an der Regierung beteiligten Parteien sollte unter Ausschaltung jedweder Opposition gemeinsam ein tief in die Struktur von Volk und Staat eingreifendes „Nachkriegs-Revolutionsprogramm" verwirklichen.

In den ab 17. März 1945 in Moskau geführten Verhandlungen über Programm und personelle Zusammensetzung der neuen Regierung bestand keine Meinungsverschiedenheit mehr, neben den Agrariern, der Gewerbepartei, der Nationalen Vereinigung und der Slowakischen Volkspartei Hlinkas (SVP) auch die politischen Vertretungen der nationalen Minderheiten sowie den Bund der nationalen Volksgemeinschaft nicht mehr zuzulassen und nur der tschechischen und der slowakischen Sektion der Kommunisten

(KPTsch und KPS), den Sozialdemokraten (Československá sociálně demokratická strana dělnická), den Nationalen Sozialisten (Československá národně socialistická strana), der Tschechoslowakischen Volkspartei und, als Sammelbewegung der nichtsozialistischen politischen Strömungen in der Slowakei, einer Demokratischen Partei (Demokratická strana = DS) eine Betätigungsmöglichkeit einzuräumen. Obschon jeder Gruppierung drei Ministerposten zugesprochen wurden, konnten die Kommunisten im Kontingent der sechs parteipolitisch nicht gebundenen „Fachleute" zusätzlich vier ihrer Anhänger unterbringen. Mit Hilfe der Linkssozialisten, von denen Z. Fierlinger das Ministerpräsidium übernahm, kontrollierten die Kommunisten von Anfang an die Hälfte der Stimmen im ersten Kabinett der Nachkriegsrepublik; durch geschicktes Taktieren in den von den anderen Parteien unvorstellbar dilettantisch geführten Moskauer Verhandlungen hatten sie sich zudem die politisch einflußreichsten Ressorts zu sichern verstanden. Sie stellten zwei stellvertretende Ministerpräsidenten, den Innenminister und die Chefs der Ressorts für Information, Industrie, Sozialfürsorge, Erziehungswesen und Landwirtschaft. Verteidigungsminister wurde der parteilose, insgeheim aber bereits der KPTsch angehörende „Fachmann" General Ludvik Svoboda. Die Vertreter der besonders im kleinstädtisch-bäuerlichen Milieu Mährens verankerten Tschechoslowakischen Volkspartei, die bis Ende 1945 350000 Mitglieder zu gewinnen vermochte, hatten sich die Ministerien für Post (F. Hála) und Gesundheit (A. Procházka) neben dem Posten des stellvertretenden Ministerpräsidenten für den greisen Parteivorsitzenden J. Šrámek sichern können; die dem bürgerlichen Lager nur unter Vorbehalten zuzurechnenden Nationalen Sozialisten mit einem im Frühjahr 1946 erreichten Bestand von 570000 Mitgliedern standen den Ressorts für Justiz (J. Stránský, nach dem 6.11. 1945: P. Drtina) und Außenhandel (H. Ripka) vor und stellten mit J. David, nach dem 6. November 1945 mit J. Stránský ebenfalls einen der fünf stellvertretenden Ministerpräsidenten.

Die sich dem Präsidenten besonders verpflichtet fühlenden Nationalen Sozialisten, denen Beneš von 1922 bis 1935 angehört hatte, vertraten nach Kriegsende die überwiegende Mehrheit der nationalbewußten Mittelschicht – vor allem in den Klein- und Mittelstädten –, einen Teil der Intelligenz und hatten auch unter den Bauern Böhmens (etwa 90000 bäuerliche Mitglieder) Fuß gefaßt. Aus alter Tradition und unter Berücksichtigung der Interessen ihrer Vorkriegswähler, die sich hauptsächlich aus Arbeitern, kleinen Gewerbetreibenden und Kleinbauern zusammengesetzt hatten, entsprachen ihre Forderungen auf sozioökonomischem Gebiet durchaus denen der Kommunisten, wodurch sie aber die wohlhabenderen Bürger und die größeren Grundbesitzer verschreckten. Wie die anderen Parteien auch, hatten sie durch ihre Einbindung in die Nationale Front und ihre aktive Mitarbeit in der Regierung Rücksicht auf die KPTsch zu nehmen, so daß sie ihre Erwartung, im Mai 1946 stärkste Partei zu werden und danach den Ministerpräsidenten stellen zu können, nicht zu realisieren vermochten.

Die in einem politischen Vakuum nach dem Verbot der alten Agrarpartei und der SVP gegründete Demokratische Partei bestand aus zahlreichen Faktionen mit unterschiedlichen Zielsetzungen; ihre mit den Kommunisten seit Dezember 1943 im Slowakischen Nationalrat (Slovenská národná rada = SNR) zusammenarbeitenden Repräsentanten waren erst nach schwerwiegenden internen Auseinandersetzungen im tschechischen Lager als gleichberechtigte Partner zu den Moskauer Verhandlungen zugelassen worden und mußten sich schließlich mit einem stellvertretenden Premierposten (J. Ursíny) und den Ministerien für Finanzen (V. Šrobár) und für Binnenhandel (Dr. I. Pietor) sowie einer Staatssekretärsstelle im Ministerium für Außenhandel (J. Lichner) zufriedengeben; eine bescheidene Autonomie auf kulturellem Gebiet und eine begrenzte Selbständigkeit im Bereich der Landesverwaltung waren ihnen immerhin eingeräumt worden. Die tschechischen bürgerlich-demokratischen Kräfte glaubten aber nach dem kurzen Abenteuer der slowakischen Eigenstaatlichkeit von Hitlers Gnaden die Grundlage der wiedererrichteten Republik gefährdet, wenn sie den Slowaken, denen sie mit offenem Mißtrauen gegenüberstanden, ein größeres Mitspracherecht gewähren würden. Die nicht eindeutig vollzogene Festlegung der Kompetenzen zwischen den Zentral- und den Landesorganen beschwor, von den Kommunisten geschickt geschürt, im tagespolitischen Alltag rasch starke Spannungen zwischen den tschechischen Parteien und der DS herauf, zumal nachdem es dieser am 30. März 1946 überraschend gelungen war, sich die Unterstützung des katholischen Episkopats zu sichern und sich damit das Wählerreservoir der verbotenen SVP zu erschließen. Die tschechischen Politiker aller Couleur wurden danach nicht müde, diese Zweckehe als reaktionär, faschistisch und als anti-tschechisch abzustempeln und somit zu einer Schwächung des bürgerlichen Lagers beizutragen. Im Mai 1946 konnte die DS immerhin an die 500000 Mitglieder aufbieten, während die KPS nur gut 150000 Genossen aktiv unterstützten.

In der tagespolitischen Routinearbeit mußten die nicht-kommunistischen Kräfte schnell erkennen, daß sie mit ihrer Zustimmung zum Kaschauer Programm und zur personellen Zusammensetzung der Regierung ihre Entscheidungsfreiheit und die Möglichkeit uneingeschränkter Mitwirkung entsprechend ihren politischen Zielvorstellungen bereits in hohem Maße eingebüßt hatten. Das durch den angeblichen „Verrat" der Westmächte in München ausgelöste Trauma und die Befürchtung, ohne starken Schutz langfristig den Pressionen selbst eines militärisch besiegten deutschen Nachbarn allein nicht standhalten zu können, hatten die noch im Exil getroffenen Grundsatzentscheidungen begünstigt. Der Freundschaftspakt mit der UdSSR vom 12. Dezember 1943 und die Folgevereinbarungen mit der kommunistischen Emigration beschnitten die Handlungsfreiheit der bürgerlich-demokratischen Parteien in dem durch Sowjettruppen befreiten Lande und machten sie anfangs zu willfährigen Werkzeugen der Politik des Kreml. Durch den Zusammenschluß aller an der Regierung beteiligten Parteien in der Nationalen Front war jede Störung bei der Realisierung der einschneidenden Eingriffe in die Gesellschafts- und Wirtschaftsstruktur von vornherein unterbunden. Am 8. Juni 1945 hatten Sozialdemokraten und Nationale Sozialisten zudem der von der KPTsch geforderten Unterzeichnung eines „Abkommens über ein gemeinsames Auftreten der Parteien des Nationalen Blocks des werktätigen Volkes in Stadt und Land" zugestimmt, das ein einvernehmliches Vorgehen in den Nationalausschüssen und in der Regierung vorschrieb sowie die Bildung einheitlicher sozialistischer Massenorganisationen vorsah. Durch die daraufhin errichtete Einheitsgewerkschaft ROH, den „Einheitsverband der tschechischen Landwirte", den „Verband der tschechischen Jugend" sowie weiterer zentraler Organisationen verstanden es die Kommunisten, die Gewichte der Einflußnahme zu ihren Gunsten zu verschieben sowie die Volkspartei und die DS politisch zu isolieren. Verhängnisvoll wirkte sich auch die Zustimmung der nichtkommunistischen Politiker zur Ersetzung der herkömmlichen Behördenorganisation durch Nationalausschüsse aus. Die im Schutz der Roten Armee, die das Land bis zur Linie Karlsbad-Pilsen-Budweis bis Anfang Dezember 1945 besetzt hielt, eingerichteten Nationalausschüsse, die Legislativ- und Exekutivfunktionen miteinander verquickten sowie die Abgeordneten für die Provinz-Nationalausschüsse und diese danach die Kandidaten für die Provisorische Nationalversammlung bestimmten, wurden weitgehend von Kommunisten kontrolliert und halfen ihnen bedeutsam bei der Übernahme der Staatsgewalt.

Durch die bereits im Dezember 1943 von Beneš und Gottwald abgesprochene, im Juni 1945 aufgenommene Vertreibung der Sudeten- und Karpatendeutschen sowie von Teilen der ungarischen Minderheit, durch die rd. 25% der Bevölkerung betroffen wurden, kam es zu einer ebenso bedeutungsvollen Erschütterung des Sozial- und Wirtschaftsgefüges wie durch die schrittweise durchgeführte Verstaatlichung der Grundstoffindustrie, der Banken und des Versicherungswesens, die einschneidenden Auswirkungen der Bodenreform, die Säuberungen und personellen Umbesetzungen in den Bereichen Erziehung, Kultur und Information sowie die Reorganisation des Heeres nach dem Vorbild der Roten Armee. Die den Wirtschaftssektor kontrollierenden bürgerlichen Politiker kümmerten sich vorrangig um den Wiederaufbau und die Produktionssteigerung in der Industrie, ohne den von den Kommunisten vorgenommenen und gut getarnten Eingriffen in die Verwaltungs- und Gesellschaftsstruktur anfangs allzu viel Gewicht beizumessen. Ihnen fehlte es zudem im Vergleich zu der die Massen demagogisch ansprechenden KPTsch mit ihren im April 1946 erreichten 1 Million Mitgliedern an einem überzeugenden, wirkliche Alternativen bietenden Sachprogramm. Nicht zuletzt deshalb entfielen bei den am 26. Mai 1946 durchgeführten freien und demokratischen Wahlen auf die KPTsch 2,2 von 7,6 Millionen gültigen Stimmen und 114 Mandate (93 in Böhmen/Mähren und 21 in der Slowakei), die mit einem Anteil von fast 38% zur stärksten Partei aufstieg. Gestützt von den Sozialdemokraten, die 855000 Stimmen und 37 Mandate erhalten hatten, sowie der kleinen Slowakischen Partei der Arbeit mit 2 Abgeordneten hatte sich die KPTsch die Mehrheit der Sitze gesichert und damit auch das Recht zur Nominierung des Ministerpräsidenten erworben. Die Nationalen Sozialisten, von den engen Vertrauten des Präsidenten Dr. P. Zenkl, Dr. J. Stránský, Dr. H. Ripka und V. Krajina geführt und jetzt vor allem vom Mittelstand und der Intelligenz unterstützt, hatten 1,3 Millionen oder 23% der Wähler mobilisieren und 55 Parlamentssitze erobern können. Die Tschechoslowakische Volkspartei hatte sowohl von dem durch das Verbot der alten Rechtsparteien entstandene Vakuum als auch von einem – äußerst umstrittenen – Hirtenbrief des Episkopats mit der Aufforderung profitiert, nur für Kandidaten mit christlicher Grundeinstellung zu stimmen: mit 1,1 Millionen Wählern (= 15,65%) fielen ihr 46 Mandate zu. In der Slowakei hatte die DS mit 62% der abgegebenen Stimmen ein doppelt so gutes Ergebnis wie die KPS erzielt und war künftig mit 43 Abgeordneten im Prager Parlament vertreten.

In der am 3. Juli 1946 von KPTsch-Chef K. Gottwald gebildeten Allparteien-Regierung hatten die Kommunisten mit 9 Mitgliedern ihre Position im Kabinett weiter ausgebaut und ihren Besitzstand auf einen Teil der Wirtschaftsressorts – Finanzen, Binnenhandel, Landwirtschaft – ausweiten können, während die Volkspartei neben ihrem bisherigen Besitzstand (Šrámek: stellvertretender Ministerpräsident, Hála: Post, Gesundheit: Procházka) mit A. Vošahlík (nach dem 28. 8. 1946: J. Kopecký) auch das neueingerichtete Ministerium für Technik besetzen konnte. Den slowakischen Demokraten (J. Ursíny: stellvertretender Premier, Dr. I. Pietor: Transport, Dr. M. Franek: Unifizierung; J. Lichner: Staatssekretär im Verteidigungsministerium) wurde dagegen eine Machteinbuße bei der Verteilung der Portefeuilles zugemutet. Die Nationalen Sozialisten hatten sich mit Vizepremier Zenkl, Justizminister P. Drtina, Außenhandelsminister Ripka und Erziehungsminister Stránský insgesamt erweiterte Mitspracherechte zu sichern verstanden.

Aufgeschreckt von dem in dieser Höhe nicht erwarteten Wahlsieg der DS in der Slowakei schlossen sich Kommunisten und tschechische Zentralisten zusammen, um die den Slowaken widerwillig eingeräumte Autonomie in den drei Prager Abkommen weitgehend zu nehmen, alle separatistischen Tendenzen bereits im Ansatz zu zerschlagen und zu drohen, die Einheit der Republik notfalls auch durch den Einsatz von Militär sicherstellen zu wollen. Die ihnen drohende Gefahr von links immer noch verkennend, machten die Vertreter der Nationalen Sozialisten und der Volkspartei gemeinsame Sache mit der von den Sozialdemokraten vorbehaltlos unterstützten KPTsch, um der DS die breite Unterstützung durch die slowakische Öffentlichkeit zu entziehen. Die Mitte April 1947 gefällte Entscheidung des Kabinetts, dem Präsidenten nicht die Begnadigung des von einem Volksgericht zum Tode verurteilten äußerst populären ehemaligen Minister- und Staatspräsidenten Msgr. Dr. J. Tiso zu empfehlen, heizte die tschechisch-slowakischen Spannungen ebenso an wie ungerechtfertigte Eingriffe der Zentrale in die slowakische Landesverwaltung. Mit fragwürdigen Methoden und ungesetzlichen Maßnahmen gelang es den Kommunisten bis zum Spätherbst 1947, eine Umbesetzung der slowakischen Landesregierung zu ihren Gunsten zu erzwingen und die DS politisch weitgehend zu isolieren. Die Verbreitung von Gerüchten über Putschvorbereitungen, persönliche Verunglimpfung demokratischer Spitzenfunktionäre, der gezielte Rücktritt der eigenen Genossen, die Boykottierung der parlamentarischen Gremien sowie die Mobilisierung der Massenorganisationen und die Durchführung landesweiter Streiks reichten aus, um das Kräfteverhältnis in der Slowakei zugunsten der KPS umzukehren, ohne daß die nichtkommunistischen Parteien dagegen Protest einlegten. Nach diesem Erfolg hielt sich die KPTsch für stark genug, auch in Böhmen und Mähren die offene Konfrontation mit dem bürgerlich-demokratischen Lager zu suchen.

Trotz wachsender Spannungen hatte die Prager Zentralregierung bis zum Sommer 1947 relativ konstruktive Arbeit geleistet und das öffentliche und politische Leben in annähernd normale Bahnen gelenkt. In der verfassunggebenden Nationalversammlung prangerten die Abgeordneten ganz unverblümt die Willkürmethoden der von den Kommunisten beherrschten Ressorts und Organisationen an und trugen damit für eine weitgehende Beachtung der Gesetzesnormen Sorge. Die KPTsch, inzwischen von 1,25 Mill. Mitgliedern unterstützt, befand sich eindeutig in der Defensive; sie beachtete jedoch pro forma die Prinzipien der Rechtsstaatlichkeit: Stalins Auftrag, die von der Roten Armee befreiten Staaten Osteuropas als „Volksdemokratien" der mittelbaren Kontrolle des Kreml zu unterstellen, wollten die tschechischen Genossen bis zur Jahresmitte 1947 noch mit weitgehend demokratisch-parlamentarischen Mitteln erfüllen. Als jedoch deutlich wurde, daß die in der ČSR anfänglich vorhandene revolutionäre Begeisterung und die Dankbarkeit der Bürger für die militärischen Aktionen der Sowjetunion fast vollständig erloschen waren und die KPTsch stetig an Ansehen und Vertrauen verlor, ja als die nichtsozialistischen Kräfte ihren Machenschaften koordinierten Widerstand entgegenzusetzen begannen, mußten sie sich zunehmend fragwürdigerer Methoden bedienen, um wenigstens ihre bereits errungenen Positionen zu behaupten. Die direkte Intervention des Kreml nach der einstimmigen Kabinettsentscheidung vom 7. Juli 1947, an den Marshall-Plan-Verhandlungen in Paris teilnehmen zu wollen, hatte den Vertretern der demokratischen Parteien die Notwendigkeit vor Augen geführt, unter Zusammenfassung aller anti-kommunistischen Kräfte der Bedrohung des Staates zu begegnen und das linke Spektrum in die Schranken zu weisen.

Nach der Gründung des Kommunistischen Informationsbüros (Kominform) im September 1947 ging aber auch die KPTsch zur Offensive über und kündigte mit der kaum noch kaschierten Zielsetzung, den sozialistisch-kommunistischen Kräften die uneingeschränkte Kontrolle in der von ihr angestrebten „Volksdemokratie" verschaffen zu wollen, faktisch die bisher im Rahmen der Nationalen Front gepflegte Zusammenarbeit mit der Volkspartei, der Demokratischen Partei und auch den Nationalen Sozialisten auf. Im Tauziehen um eine von den Kommunisten ultimativ geforderte

„Millionärssteuer" zur Unterstützung der durch die Dürre schwer betroffenen Landwirte, die vornehmlich das mittelständische Bürgertum treffen mußte, brach im Oktober 1947 die Sozialdemokratische Partei auseinander, wobei sich eine Mehrheit dem „rechten" Flügel anschloß. Die KPTsch nutzte die immer noch vorhandene Kooperationsbereitschaft ihrer zahlenmäßig überlegenen, von der Bevölkerung jetzt wieder stärker unterstützten Koalitionspartner geschickt aus, um durch ein kontinuierliches Schüren der Krise die Macht fester in die Hand zu bekommen. Attentatsversuche gegen prominente bürgerliche Politiker, Kompetenzstreitigkeiten über Strafverfolgungsmaßnahmen sowie das forcierte Einschleusen weiterer kommunistischer Vertrauensleute in die Schaltstellen des Innenministeriums und der Polizei heizten die angespannte innenpolitische Atmosphäre im Winter 1947/48 weiter an. Die KPTsch ließ immer deutlicher spüren, daß ihr an der für das Frühjahr 1948 angesetzten Abhaltung unbeeinflußter Wahlen, die mit großer Wahrscheinlichkeit den bürgerlichen Kräften eine satte Mehrheit im Parlament bringen mußten, nicht gelegen war. Den Sturz der bestehenden Regierungskoalition einplanend, schreckte Parteichef und Ministerpräsident Gottwald, gestützt auf die von den Kommunisten kontrollierten „überparteilichen" Massenorganisationen, den dem Innenminister unterstellten und von den Kommunisten beherrschten Staatssicherheitsdienst mit seinen 43 000 Mann und die ebenfalls unterwanderten bewaffneten Arbeitermilizen, vor einer endgültigen Abrechnung mit den über ihr Vorgehen zerstrittenen, einer offenen Konfrontation ausweichenden bürgerlich-demokratischen Kräften nicht mehr zurück. In der Erwartung, daß das in seiner Mehrheit noch nicht kommunistisch infiltrierte Offizierskorps zum bewaffneten Schutz der parlamentarischen Ordnung aufgerufen werden könnte, kamen die nichtsozialistischen Politiker endlich überein, die Verabschiedung einer neuen Verfassung bis nach den Wahlen auszusetzen, den eine Fusion mit der KPTsch ablehnenden Flügel der Sozialdemokratie fest in ihr Lager zu ziehen und durch die Neubesetzung des Innenministeriums auch Polizei, Gendarmerie und Verwaltung dem Einfluß der Kommunisten zu entziehen.

Die nach weiteren Provokationen des kommunistischen Innenministers Nosek ohne ausreichende Vorbereitung am 20. Februar 1948 erfolgte Demission der bürgerlichen Minister stürzte die ČSR zwar in eine schwere Regierungskrise, bot den mit Entschlossenheit und Skrupellosigkeit agierenden Kommunisten aber die seit langem gesuchte Gelegenheit, mit pseudolegalen Mitteln ihre Gegner zu entmachten. Da sich die parteipolitisch ungebundenen Fachminister dem Schritt ihrer Kollegen nicht angeschlossen hatten, bestand gemäß der Verfassung keine Handhabe, das Kabinett abzulösen und bis zu den Wahlen eine Beamtenregierung mit der Führung der Geschäfte zu beauftragen. Präsident Beneš, der immer noch immenses Ansehen im Volk genoß, versäumte es, durch die Kommunisten unter starken Druck gesetzt, offen Stellung zu beziehen. Sein Vorschlag, die Regierungskrise durch Verhandlungen der bisherigen Koalitionspartner beizulegen, bot der KPTsch genügend Zeit, um Massendemonstrationen zu organisieren und ihre Aktionskomitees im ganzen Land zu mobilisieren. Benešs Weigerung, die Armee in den Bereitschaftszustand zu versetzen, reduzierte die Erfolgsaussichten der demokratischen Politiker noch weiter. Unter dem Druck der Straße und der nicht auszuschließenden Möglichkeit einer sowjetischen Truppenintervention akzeptierte Beneš am 25. Februar 1948 den Rücktritt der bürgerlichen Minister und stimmte einem neuen Koalitionskabinett Gottwald zu, das durch die Mitarbeit gefügiger Statisten aus den anderen Parteien den Anschein einer Fortsetzung der „Nationalen Front" erweckte. Ohne größere Unruhen in der Bevölkerung auszulösen, die innerhalb von zehn Jahren zum drittenmal – zum geringeren Teil mit klassenkämpferischer Begeisterung, in ihrer Mehrheit jedoch mit passiver Ergebenheit – den Ablauf der von ihr nicht aktiv mitgestalteten einschneidenden Veränderungen verfolgte, stellte die KPTsch ihren Sieg sicher. Sie war zwar von der dramatischen Zuspitzung der Ereignisse zu diesem Zeitpunkt nach dem Rücktritt der bürgerlichen Kabinettsmitglieder überrascht worden, hatte aber mit beeindruckender Geschlossenheit, Improvisationsvermögen und Siegeswillen auf den Angriff gegen ihre bereits errungenen Positionen reagiert.

Gefügige, sich opportunistisch den neuen Verhältnissen anpassende Mitglieder der alten demokratischen Parteien kaschierten mit ihrer Statistenrolle anfangs den wahren Charakter des Regimes, das alle, die der kommunistischen Ordnung offen Widerstand leisteten, entweder wirtschaftlich vernichtete, zur Flucht ins Ausland zwang oder in Schauprozessen aburteilte, in Gefängnisse und Arbeitslager steckte oder in der politischen Versenkung verschwinden ließ. Unter Führung von J. Plojhar und A. Petr gab sich die Volkspartei ein sozialistisches Programm und durfte daher im Rahmen der Nationalen Front und einer bescheidenen Vertretung in Regierung und Parlament weiter existieren. Auch der Apparat der in Tschechoslowakische Sozialistische Partei umbenannten Satellitenformation der ehemaligen Nationalen Sozialisten wurde den Prinzipien der jetzt von den Kommunisten beherrschten Nationalen Front entsprechend reformiert. Die Tätigkeit der Demokratischen Partei wurde ganz unterbunden und dafür am 8. März 1948 als Nachfolgeorganisation eine Partei der Slowakischen Erneuerung (Strana slovenskej obrody = SSO) gegründet, die ebenfalls bis heute ein engbegrenztes Eigenleben fristen darf. Die Funktionäre dieser gesäuberten bürgerlichen Rumpfparteien haben bei der Gleichschaltung einen besonders widerwärtigen Eifer an den Tag gelegt und mit Nachdruck alle Aktionen der KPTsch unterstützt, wodurch in der Hochzeit des Stalinismus die ČSR zu einem vollständigen Abbild des Sowjetmodells umgestaltet werden sollte.

Ungarn

Mit der am 4. April 1945 abgeschlossenen Vertreibung der letzten Wehrmachtseinheiten und der vollständigen Besetzung Ungarns durch die Rote Armee waren die Kampfhandlungen zwar zu einem Ende gekommen, aber die zum Aufbau einer demokratischen Ordnung und zur Überwindung der immensen Kriegsschäden notwendige Stabilisierung ließ noch lange auf sich warten. Unter dem Schutzschirm der sowjetischen Besatzungsmacht bemühten sich sogleich recht erfolgreich die im Frühjahr 1945 30000, im Januar 1946 fast 610000 Mitglieder zählenden Kommunisten, den Zusammenbruch des Horthy-Regimes und damit den Zerfall der bisherigen politischen, sozialen, admi nistrativen und jurisdiktiven Ordnung zu ihren Gunsten auszuschlachten. Obgleich in unterschiedlichen Vorstellungen verhaftete Flügel, die „Heimatkommunisten“, die „Moskowiter“ und die „Internationalisten“ aufgespalten, verfolgte die MKP im Rahmen der von ihr kontrollierten Ungarischen Nationalen Unabhängigkeitsfront doch eine einheitliche, den aus Moskau kommenden Weisungen genau folgende Linie. Obschon sich die Kommunisten anfangs nur die Ressorts für Landwirtschaft, Handel und Verkehr sowie für Volkswohlfahrt hatten sichern können, trug der nominell der – weitgehend von den Kommunisten unterwanderten – Nationalen Bauernpartei (Nemzeti Paraszt párt = NPP) angehörende Innenminister F. Erdei Sorge, daß die Ende 1944 eingerichtete „Abteilung für das politische Polizeiwesen“ (ÁVO) im Interesse der MKP eingesetzt werden konnte. Mit der Kontrolle über die Polizei, über das Versammlungs- und Vereinswesen, über die Post, den Fernsprecher und den Rundfunk, mit der Abwicklung des Personen- und Warenverkehrs, der Möglichkeit der Vergabe von materiellen Vorteilen im Rahmen der „Volkswohlfahrt" sowie mit der Durchführung der populären, neue Abhängigkeiten schaffenden Bodenreform verfügten die Kommunisten über ein Einflußpotential, das ihre zahlenmäßige Anhängerschaft bei weitem überstieg. Die Maßnahmen der im Gefolge der Roten Armee auf allen Ebenen eingerichteten Nationalräte, in denen Kommunisten und die alteingeführten Sozialdemokraten unter Beschwörung der Einheit der Arbeiterklasse eng zusammenarbeiteten, die rasch von Kommunisten beherrschten Spruchkammern und Volksgerichte sowie die immer häufiger eingesetzte Drohung, die Besatzungsmacht einzuschalten, zeitigten bald den gewünschten einschüchternden Effekt. Trotz der Rückendeckung und Unterstützung der überall präsenten Roten Armee und der zunehmenden Unterwanderung der Massenorganisationen konnten sich die Kommunisten aber keine Chance ausrechnen, auf legalem Wege im Rahmen einer parlamentarischen Demokratie westlichen Zuschnitts an die Macht zu gelangen. Ein am 5. März 1946 gebildeter „Linker Block" (Balodali Blok), an dem sich neben den Kommunisten auch die Sozialdemokratie, die Nationale Bauernpartei und der Gewerkschaftsrat beteiligten, sollte daher helfen, die politische Basis zu verbreitern und sozialistische Postulate durchzusetzen.

Als Hauptrivale erwies sich die von dem calvinistisch-reformierten Pfarrer Z. Tildy geführte und von F. Nagy geleitete Unabhängige Partei der Kleinen Landwirte, Landarbeiter und Bürger (FKGP), die im Sommer 1945 bereits über 900000 Mitglieder verfügte. Sie trat für eine Demokratisierung des politischen Lebens, mehr soziale Gerechtigkeit und eine „neue, kräftige, nationale Bodenpolitik" ein und zeigte sich durchaus zur Zusammenarbeit mit allen gesellschaftlich relevanten Gruppen im Rahmen der Ungarischen Nationalen Unabhängigkeitsfront bereit. Die FKGP verstand sich immer stärker als eine Partei, die über den Klassen stand und die ihr Bekenntnis zu einem demokratischen Staatsaufbau, zur Verteidigung des Privateigentums und zur freien Religionsausübung mit der Erwartung verband, „eine reine Demokratie, eine auf den demokratischen ungarischen Traditionen aufgebaute und mit ungarischem Geist erfüllte Demokratie" errichten zu können. Trotz der fortgesetzten Zusammenarbeit in der Provisorischen Regierung und in der Unabhängigkeitsfront wurden die Kommunisten von Anfang an nicht müde, diesen stärksten politischen Gegner als camouflierten Ableger des Horthy-Faschismus zu diffamieren, die populären Parteiführer durch Verleumdungen, Einschüchterungsmaßnahmen oder Polizeiaktionen unter Druck zu setzen und Abspaltungstendenzen zu begünstigen.

Die offenen politischen Auseinandersetzungen eskalierten bereits im Herbst 1945. Durch die aus den westlichen Landesteilen delegierten Abgeordneten war es zu einer Stärkung der politischen Mitte in der Provisorischen Nationalversammlung gekommen, die sich bei der Verabschiedung einer liberalen Wahlrechtsvorlage durchsetzen konnte. Bereits bei den am 7. Oktober 1945 durchgeführten Stadtratswahlen in Budapest erhielt die von Kommunisten und Sozialdemokraten gebildete „Liste der Werktätigen" nur 42,8% der abgegebenen Stimmen, während der FKGP 50,5% der Wähler das Vertrauen aussprachen. Die danach mit massiver Unterstützung der sowjetischen Besatzungsmacht unternommenen Versuche der MKP, im Hinblick auf die für den 4. November angesetzten Landeswahlen eine Einheitsliste zustande zu bringen, wobei den Kleinen Landwirten anfangs 40%, später sogar 47,5% der Mandate zufallen sollten, wurden von der Führung der FKGP entschlossen zurückgewiesen. Als nach diesen wohl freiesten und am wenigsten manipulierten Wahlen in der Geschichte Ungarns die Stimmen ausgezählt wurden, hatten sich 57% der Wähler hinter das Programm der Kleinlandwirtepartei gestellt; 17,4% hatten sich für die Sozialdemokraten, 6,9% für die Nationale Bauernpartei und 1,6% für die Bürgerlich-Demokratische Partei entschieden. Die MKP hatte es auf 16,9% der Stimmen gebracht, was für die Kommunisten eine vernichtende Wahlschlappe bedeutete. Verantwortlich zu machen für diesen schweren Rückschlag waren hauptsächlich die durch Ausschreitungen der Rotarmisten und die wilden Demontagen weitverbreitete Russophobie, die nach einer schlechten Ernte unter den Kleinbauern wachsende Ernüchterung, die allgemeine Furcht vor einer allzu radikalen Umgestaltung des politischen, gesellschaftlichen und wirtschaftlichen Gefüges sowie die nach erneuten Gebietsabtretungen an Rumänien und die ČSR fehlende Möglichkeit für die MKP, als Vorkämpferin der nationalen Interessen aufzutreten.

Nach diesem eindeutigen Wahlausgang hegten viele Magyaren die Erwartung, daß sich trotz der bis zum Abschluß des Friedensvertrags zu duldenden Anwesenheit der sowjetischen Besatzungstruppen eine liberal-demokratische Ordnung nach westlichem Muster im Lande entwickeln werde. Doch Marschall Vorošilov, der allmächtige Vorsitzende der Alliierten Kontrollkommission, machte deutlich, daß die Sowjets wie bisher nur eine Regierungskoalition aller Parteien unter Wahrung des bisherigen Besitzstandes der MKP tolerieren würden. Die kommunistischen Regierungsmitglieder erwiesen sich dabei den bürgerlichen Ressortchefs an taktischer Finesse und politischer Skrupellosigkeit weit überlegen. Unter Proklamierung des Klassenkampfes und der endgültigen Zerschlagung der faschistisch-reaktionären Strukturen wandten die Kommunisten unter dem Deckmantel der „kollektiven Zusammenarbeit" ein Verfahren zur Zermürbung und langsamen Entmachtung ihrer Konkurrenten an, dem der einflußreiche MKP-Generalsekretär M. Rákosi später die zum geflügelten Wort gewordene Bezeichnung „Salami-Taktik" gab. Besonders durch die Kontrolle über das Innenministerium und den Einsatz der bereits mehr als 50000 Mann starken politischen Polizei zur Einschüchterung und Ausschaltung tatsächlicher oder potentieller Gegner konnten die Kommunisten stetig weiteren Boden gewinnen.

Durch die groß aufgezogenen Schauprozesse gegen die exponierten Vertreter des Horthy-Regimes, durch die in „öffentlichen Versammlungen" ausgesprochenen „Volksurteile" gegen die Stützen des alten Systems und durch die zielgerichtete Auswechslung von rd. 50000 Beamten gegen willfährige Befehlsempfänger der MKP schürten die Kommunisten den innenpolitischen Konflikt und trieben die Erosion in den Reihen der Gegner voran. Mit der Beschuldigung, namhafte Vertreter der Kleinlandwirtepartei planten eine Wiederherstellung des Horthy-Regimes, verlangten die Kommunisten eine „Selbstreinigung" der FKGP von „Reaktionären" und „Faschisten". Da die Führung der Kleinen Landwirte bei einem von den Kommunisten angedrohten Auseinanderbrechen der Unabhängigkeitsfront und der Regierungskoalition eine direkte Intervention der sowjetischen Besatzungsmacht gerade zu einem Zeitpunkt befürchtete, als in Paris die entscheidenden Verhandlungen über den Friedensvertrag anstanden, lenkte sie ein und stieß eine Gruppe um D. Sulyok aus, der daraufhin die Ungarische Freiheitspartei (Magyar Szabadság Párt) als „Partei des antikommunistischen nationalen Widerstands" gründete. Die im Januar 1947 durchgeführten Schauprozesse gegen prominente Mitglieder der Kleinlandwirtepartei wegen angeblicher Verschwörung, die Verhaftung ihres dynamischen Generalsekretärs B. Kovács unter Beschuldigung der Spionage für die Westmächte und die immer unverfroreneren Attacken der durch den kommunistischen Innenminister L. Rajk ermutigten Staatssicherheitsorgane gegen bürgerlich-demokratische Politiker entnervten Ministerpräsident F. Nagy derart, daß er am 30. Mai 1947 sein Amt aufgab und, wie zahlreiche andere Prominente auch, das Exil wählte. Im Verlauf des Frühjahrs 1947 mußten fast 50 weitere Abgeordnete der Kleinen Landwirte unter fragwürdigen Beschuldigungen die FKGP verlassen, die sich am 28.Juli unter Führung von Z. Pfeiffer in der Ungarischen Unabhängigkeitspartei (Magyar Függetlenségi Párt) als Sammelbecken der konservativ-bürgerlichen, antimarxistischen Opposition zusammenschlossen. Bereits am 21.Juli hatte sich zudem eine Unabhängige Ungarische Demokratische Partei (Független Magyar Demokrata Párt = FMDP) konstituiert. Danach waren der Kleinlandwirtepartei unter Verlust ihrer absoluten Mehrheit in der Nationalversammlung von einst 245 Abgeordneten noch 187 Parlamentssitze geblieben.

Die Kommunisten glaubten triumphieren zu können, durften sie doch hoffen, durch die Aufsplitterung des bürgerlichen Lagers zur stärksten politischen Kraft im Lande aufsteigen und den Regierungschef stellen zu können. Nach der Verabschiedung eines restriktiven Wahlgesetzes betrieben sie daher entschlossen die Auflösung des Parlaments und setzten Neuwahlen zum 31.August 1947 durch. Doch auch bei diesem zweiten Urnengang blieb der MKP Enttäuschung nicht erspart, denn sie erreichte trotz einer massiven Wahlbeeinflussung und wahrscheinlich auch einer beträchtlichen Verfälschung der Wahlergebnisse zu ihren Gunsten mit 22,3% der Stimmen nur 100 von 411 Mandaten; die Sozialdemokratie erhielt 14,9% (= 67 Sitze) und die Nationale Bauernpartei 8,3% (= 36 Mandate). Die Kleinen Landwirte fielen erwartungsgemäß auf 15,4% der Stimmen zurück, konnten mit 68 Abgeordneten aber immer noch die zweitstärkste Fraktion stellen. Die FMDP kam auf 5,2% der Stimmen und erreichte 18 Mandate, die Ungarische Unabhängigkeitspartei Pfeiffers wurde für ihre 13,4% mit 49 Mandaten belohnt, die Demokratische Volkspartei (Demokrata Néppárt), die bereits im Frühjahr ihre zuvor engen Bindungen an die Kleinen Landwirte gelöst hatte, konnte als stimmenstärkste Oppositionspartei mit 16,4% aber nur 60 Mandate erringen. Eine Christliche Frauenpartei war von 1,4% der Wähler, die Bürgerlich-Demokratische Partei von 1% und die Ungarische Radikalpartei von 1,7% unterstützt worden.

Der Vorschlag der antimarxistischen Gruppierungen, eine Koalition gegen Kommunisten und Sozialdemokraten zu bilden, scheiterte jedoch am Einspruch des linken Flügels der Kleinlandwirtepartei. MKP-Generalsekretär Rákosi vervollkommnete inzwischen seine Taktik, sich der politischen Gegner in einer „weichen Welle" auf elegante Art zu entledigen. Durch die Ankündigung, gegen sie werde ein Prozeß vorbereitet und ihre parlamentarische Immunität aufgehoben, veranlaßte er zahlreiche Spitzenpolitiker aus dem bürgerlichen Lager zur Flucht in den Westen. Diese Fluchten als Schuldanerkenntnis wertend, wurden die Ungarische Freiheitspartei, die Ungarische Unabhängigkeitspartei und die Demokratische Volkspartei danach ganz einfach verboten und ihren Abgeordneten die Parlamentssitze aberkannt. Die verbliebenen Rumpfparteien, als „Reserve des Klassenfeindes" geschmäht, wurden schließlich am 1.Februar 1949 gezwungen, in die reorganisierte Ungarische Unabhängigkeits-Volksfront (Magyar Függetlenségi Népfront) einzutreten, in deren Rahmen sie sich noch an den Parlamentswahlen am 15.Mai 1949 beteiligen durften, bevor sie danach ihre Selbstauflösung zu betreiben hatten. Nach dem Verschwinden der Unabhängigen Partei der Kleinen Landwirte, der Nationalen Bauernpartei, der Unabhängigen Ungarischen Demokratischen Partei und der Ungarischen Radikalpartei blieb nur noch die durch den im Juni 1948 erfolgten Zusammenschluß von MKP und Sozialdemokraten entstandene marxistisch-leninistische Einheits-„Partei der Ungarischen Werktätigen" (Magyar Dolgozók Pártja = MDP), die „Speerspitze der Diktatur des Proletariats", als einzige organisierte politische Kraft in Ungarn übrig.

Zusammenfassung

Die Vielfalt der Parteienlandschaft in den Staaten des östlichen Mitteleuropa während der Zwischenkriegszeit verhinderte das Entstehen jeweils einer großen, von beträchtlicher Wählerunterstützung getragenen Volkspartei bürgerlich-demokratischen Zuschnitts. Zusammenschlüsse dienten meist nur dem Zweck, dem übermächtigen Regierungslager auf Zeit Paroli bieten zu können (Polen, Ungarn) oder entsprangen dem Kalkül, sich damit eine bessere Ausgangsposition gegenüber dem Deutschen Reich zu verschaffen (ČSR).

Die Regierung der UdSSR hatte im Verlauf des Zweiten Weltkriegs deutlich gemacht, daß sie in ihrem ostmitteleuropäischen Vorfeld nur der Errichtung „demokratischer" Regierungen mit der Bereitschaft zur Aufrechterhaltung „freundschaftlicher" Beziehungen zur Sowjetunion zustimmen werde; sie ging von der Beteiligung der in der Zwischenkriegszeit weitgehend einflußlosen Kommunisten als gleichberechtigter Partner an der politischen Neuordnung im Rahmen von „Volks-" oder „Nationalen Einheitsfronten" als einer Selbstverständlichkeit aus. Die Westalliierten haben diesen Anspruch der Sowjetregierung akzeptiert, zumal Stalin bis zur Konferenz von Jalta den Eindruck zu erwecken verstand, daß die politische Zielsetzung der UdSSR keinen expansiven Tendenzen entspringe und eine revolutionäre Umgestaltung der politischen und sozioökonomischen Verhältnisse in den von der Roten Armee besetzten Gebieten nicht zu befürchten sei.

Die wachsende Kriegsmüdigkeit und ein weitgehendes Desinteresse der Westmächte an Osteuropa erschwerten den bürgerlich-demokratischen Kräften, in ihren Heimatländern politisch wieder Fuß zu fassen (Polen) bzw. sich neben den sozialistischen Parteien dauerhaft zu etablieren (ČSR, Ungarn), zumal es den anfangs zahlenmäßig unterlegenen Kommunisten und linken Gruppierungen bereits im Gefolge der Roten Armee gelungen war, die bewährten Verwaltungsinstitutionen durch revolutionäre Nationalausschüsse zu ersetzen und ihre Vertrauensleute in die Schaltstellen der Staatsmacht einzuschleusen.

Hinzu kam, daß die Bevölkerung durch die Kriegsereignisse und die Nachkriegswirren schwer demoralisiert und politisch desorientiert war. Die von Anfang an praktizierte Nachgiebigkeit und politische Kurzsichtigkeit der nichtsozialistischen Politiker, ohne Not eine überhastete, in ihren langfristigen Auswirkungen nicht abzuschätzende radikale Umgestaltung der Gesellschafts-, Besitz- und Wirtschaftsstrukturen entsprechend den kommunistischen Vorstellungen mitzutragen, löste eine tiefe Verunsicherung aus, die insgesamt die Vertrauensbasis und Glaubwürdigkeit der nichtsozialistischen Parteien schmälerte und die den Linksparteien zugute kam.

Das Verbot der in der Zwischenkriegszeit die größte Wählerunterstützung genießenden Parteien des bürgerlichen Lagers in der ČSR und in Ungarn sowie die weitgehende Ausschaltung der Mitglieder der Londoner Exilregierung und die Kaltstellung demokratischer Repräsentanten in Polen schwächten die Ausgangspositionen der nichtsozialistischen Gruppierungen empfindlich. Diese Parteien waren bei ihrer Neuformierung am Ende des Zweiten Weltkriegs bestrebt, Namen und Wählerklientel angesehener Vorkriegsparteien zu reaktivieren, auch wenn ihre programmatischen Ziele bedeutend ausgeweitet werden mußten, um breitere Bevölkerungskreise anzusprechen. Die begrenzte Zulassung politischer Parteien und ihre Einbindung in „Volks-" und „Nationale Einheitsfronten" ließen in Polen und Ungarn die ehemaligen Bauernparteien PSL und FDKP zur alleinigen Interessenvertretung des demokratischen Lagers aufsteigen. Die heterogene Zusammensetzung der Wählerschaft und ihre unterschiedlichen politischen Erwartungen und Zielvorstellungen höhlten aber die Geschlossenheit und Einsatzfähigkeit dieser von biederen bäuerlich-bürgerlichen Honoratioren geleiteten Zusammenschlüsse aus, zumal Eifersüchteleien und Rivalitäten um Führungspositionen, die häufigen Flügelkämpfe und die daraus resultierenden Abspaltungen sowie die Anbiederungstendenzen den Linksparteien gegenüber von den Gegnern konsequent ausgeschlachtet wurden, die jede Instabilität im nichtsozialistischen parlamenta-rischen Spektrum geschickt zu fördern verstanden. Da wegen des Fehlens von Alternativen diese Sammelbewegungen auch von den Anhängern rechtskonservativer und autoritärer Vorkriegsparteien (dem Piłsudski-Lager in Polen, den Mitgliedern der Agrarpartei und Slowakischen Volkspartei in der ČSR, Horthy-Sympathisanten in Ungarn) unterstützt wurden, boten sie den Kommunisten eine bequeme Angriffsfläche, um die nichtsozialistischen Kräfte als reaktionär, faschistisch und anti-sowjetisch zu diffamieren.

Um sich den Kommunisten und ihren Sympathisanten gegenüber behaupten zu können, waren die demokratisch ausgerichteten nichtsozialistischen Parteien auf eine Massenbasis angewiesen. Trotz ihrer eindrucksvollen Mitgliederzahlen wurde der gezielten Anwerbung von Nachwuchs und dem Aufbau von Unterorganisationen häufig zu spät Aufmerksamkeit geschenkt; die Effektivität der Parteiapparate war nicht besonders groß, eine rasche Mobilisierung der Anhängerschaft praktisch ausgeschlossen. Neben Teilen der Bauernschaft und der Landarbeiter wurden vor allem die Mittelschichten in Stadt und Land umworben, die vorrangig die nichtsozialistischen Postulate in den Parteiprogrammen interessierten. Es gab aber auch jeweils kleinere Arbeitnehmerflügel, die sich für die tatkräftige Mitarbeit an den von den Kommunisten forcierten einschneidenden Reformen auf sozioökonomischem Gebiet stark machten, obschon auch ihnen an der Verhinderung eines kommunistischen Machtmonopols gelegen war. Unter Berücksichtigung der verschiedenartigen Interessen der uneinheitlichen Mitglieder- und Wählerschaft entwickelte sich bestenfalls ein kompliziertes ideologisches Konglomerat, aber keine eindeutige und alle Parteigruppierungen befriedigende Ideologie.

Die Tatsache, daß in der Tschechoslowakischen Volkspartei die Vertreter eines politischen Katholizismus die Führungspositionen besetzt hielten, in der vornehmlich von Katholiken gewählten Demokratischen Partei der Slowakei die dem Protestantismus entstammenden Repräsentanten aus der alten Slowakischen Nationalpartei und der verbotenen Agrarpartei den Ton angaben und auch bei den überwiegend vom gläubigen katholischen Bauerntum und den katholischen städtischen Mittelschichten getragenen ungarischen Kleinlandwirtepartei die Mehrheit der Parteiführer aus dem calvinistisch-reformierten Lager kam, hat der Geschlossenheit dieser nichtsozialistischen Parteien ebenfalls Abbruch getan.

Bei der von den Kommunisten mit großem propagandistischem Aufwand durchgeführten Bodenreform, die Landarbeitern und Kleinbauern eine Verbesserung ihrer sozialen Stellung bescherte, konnte sich die Kommunistische Partei zeitweilig auch der Unterstützung bäuerlicher Kreise versichern; die mit der „Einheitsfront der Werktätigen" begründete intensive Zusammenarbeit mit der traditionsreichen und angesehenen Sozialdemokratie bescherte ihnen zudem einen breiten Rückhalt in der Arbeiterschaft. Meist ohne tieferes Verständnis für die Grundlagen des Marxismus-Leninismus schlossen sich ihnen aber auch Idealisten und Sympathisanten, Opportunisten und Mitläufer, faschistische Konvertiten und verängstigte Beamte aus dem bürgerlichen Lager an, so daß die Kommunistischen Parteien, die zudem die Gewerkschaften und zahlreiche Verbände unterwandert hatten, ebenfalls über eine Massengefolgschaft verfügten. Bedingt durch die traditionell anti-russische Haltung und die durch die bitteren Erfahrungen während der Besatzungszeit weiter genährte anti-sowjetische Einstellung der Bevölkerung, hatten die Kommunisten in Polen und Ungarn aber auch gegen massive Vorbehalte anzukämpfen.

Während jüngere, in die Führungspositionen drängende Mitglieder der nichtsozialistischen Parteien die Konfrontation mit den Kommunisten auch außerhalb des Parlaments und der Wahlkämpfe suchten, die Taktik des Abwartens beklagten, den passiven Charakter der eigenen Konzeption ebenso anprangerten wie die Nachgiebigkeit und die unkritische Haltung der Sowjetunion gegenüber, waren die älteren, bereits in der Zwischenkriegszeit aktiven Parteioberen bestrebt, eine offene Auseinandersetzung nach Möglichkeit zu vermeiden, zumal eine antikommunistische Radikalisierung von den Gegnern sofort propagandistisch und politisch ausgeschlachtet worden wäre. Sie wollten die Aufrechterhaltung des politischen, gesellschaftlichen und wirtschaftlichen Pluralismus und des demokratisch-parlamentarischen Systems durch eine konstruktive, stille Arbeit gewährleisten, dadurch die Basis stärken und verbesserte Voraussetzungen für die auch von ihnen als unvermeidbar angesehene Endabrechnung mit den sozialistischen Parteien schaffen.

Deshalb auch haben sich die bürgerlichen Politiker vorrangig dem wirtschaftlichen Wiederaufbau ihrer durch Kampfhandlungen schwer betroffenen Länder gewidmet und – ohne die langfristigen Folgen zu erkennen – den Kommunisten das Innenministerium oder doch die Kontrolle über den Staatssicherheitsdienst, über das Erziehungswesen, die Öffentlichkeitsarbeit und die Medien überlassen. Die von den Kommunisten vorgenommenen Eingriffe in die Rechtsordnung erwiesen sich bald als ebenso folgenschwer wie die in Sondergerichtsverfahren, meist in Schauprozessen vor „Volksgerichten", ausgesprochene Verurteilung von „Kollaborateuren" und führenden Repräsentanten des alten Regimes, zumal immer häufiger auch mißliebige nichtsozialistische Politiker von der Einleitung solcher Prozesse bedroht wurden. Bereits mit der Roten Armee war eine kleine, vom NKVD hervorragend ausgebildete und politisch verläßliche Gruppe von Offizieren in die Heimat zurückgekehrt, die den Staatssicherheitsdienst aufbaute und den Generalstab unterwanderte. Die Kommunisten bekamen dadurch ein Instrumentarium in die Hand, mit dessen Hilfe sie ihre Konkurrenten unter Druck setzen, erpressen, zur Mitarbeit zwingen oder zur Flucht ins Ausland bewegen konnten.

Die vielbeschworene Gefahr eines Putsches der Vertreter der alten Ordnung, die Furcht vor dem Aufleben eines deutschen Revanchismus und Militarismus, das Wissen, daß die Grenzen nur mit Hilfestellung der Sowjetregierung gesichert werden konnte, sowie das Bemühen um das Wohlwollen Stalins veranlaßten die bürgerlichen Parteien anfangs, die im offenen Widerspruch zu den demokratisch-parlamentarischen Traditionen stehenden Eigenmächtigkeiten der von der UdSSR immer unverhüllter protegierten Kommunisten hinzunehmen. Sie büßten dabei bei ihrer von diesen Maßnahmen besonders betroffenen Wählerklientel weiter an Glaubwürdigkeit ein.

Die bürgerlich-demokratischen Repräsentanten haben es trotz der seit Jahresmitte 1946 immer lautstärker erhobenen Klagen wegen der Rechtsbrüche und Ausschreitungen der Kommunisten versäumt, entschlossen und geeint gegen sie vorzugehen. Während es an Solidarität im bürgerlichen Lager fehlte und die von den Kommunisten betriebene Schwächung der innenpolitischen Rivalen – z.B. die politische Entmachtung der Demokratischen Partei der Slowakei oder der durch Enthüllungen über angebliche Verfehlungen und durch Spionagevorwürfe beschleunigte Zerfallsprozeß der Kleinlandwirtepartei in Ungarn – tatenlos hingenommen wurde, konnten die Kommunisten ihre Positionen durch die vielbeschworene „Salami-Taktik" Scheibchen um Scheibchen verbessern.

Als Stalin im Sommer 1947 die Order ausgab, im osteuropäischen Glacis der UdSSR einen Gürtel von „Volksdemokratien" zu errichten, wurden die jetzt überflüssig gewordenen anti-kommunistischen Kräfte ohne größeren Widerstand ausgebootet. Manipulierte Wahlen hatten ihnen in Polen und Ungarn weitgehend die parlamentarische Basis entzogen; die eingeschüchterte, von der Geheimpolizei überwachte und von den kommunistisch kontrollierten Medien einseitig informierte Bevölkerung bewahrte weitgehend Ruhe. Der von bürgerlichen Politikern in der ČSR am 20. Februar 1948 unternommene dilettantische Versuch, die Kommunisten in die Schranken zu weisen, endete in einem politischen Fiasko. Willige Sympathisanten oder eingeschleuste Kommunisten trugen dafür Sorge, daß sich die Rumpfparteien als einflußlose Mitgliedsorganisationen der erneuerten „Volks-" oder „Einheitsfront" unterstellten oder der Aufforderung zur Selbstliquidation nachkamen. Die einflußreichsten Führer der bürgerlichen Parteien, eher wohlmeinende Honoratioren als ausgebuffte Berufspolitiker, die sich den taktischen Finessen, der Skrupellosigkeit und dem Machtwillen der Kommunisten in keiner Phase gewachsen gezeigt hatten, wurden danach zur Flucht ins Ausland veranlaßt, in fragwürdigen Gerichtsverfahren zu langjährigen Haftstrafen verurteilt oder zumindest politisch diffamiert und kaltgestellt.

Wie die 1956 während des Ungarischen Volksaufstands, 1968 während des Prager Frühlings und 1980/81 während der Solidarność-Zeit wiederbelebten Diskussionen um die Zulassung von anderen politischen Gruppierungen neben den Kommunisten zeigen, ist der Wunsch nach Wiederherstellung der politischen Meinungsvielfalt im Rahmen eines Mehrparteiensystems in Osteuropa durchaus vorhanden. Die in der ČSR/ČSSR und in Polen im Rahmen der Nationalen Front scheinbar gebotene Parteienauswahl und die in Ungarn in den letzten Jahren praktizierte Aufstellung von mehreren – auch von nicht der Ungarischen Sozialistischen Arbeiterpartei angehörenden – Kandidaten genügt offenbar den Bedürfnissen mündiger Staatsbürger in einer entwikkelten sozialistischen Gesellschaft nicht.

Die Sowjetisierung Osteuropas im Spiegel der Wandlungen der kommunistischen Führungseliten unter besonderer Berücksichtigung der KPČ-Politbüromitglieder 1945–1956 [1]

von
Thomas Weiser

Ziele und Methoden der vergleichenden Erforschung der Eliten in den politischen Systemen sowjetischen Typs

Die Ausgestaltung der politischen Eliten in Osteuropa stellt zweifellos einen interessanten Aspekt der sowjetischen Einflußnahme dar. Das Thema hat sich schon längst als ein Teilbereich der allgemeinen Elitenforschung [2] etabliert. Mit speziellen Methoden ausgestattet, trägt diese Forschung dazu bei, die innere Dynamik von Gremien, politischen Institutionen, aber ebenso von informalen Gruppen auch innerhalb „geschlossener Systeme" sowjetischen Typs aufzuklären, nachdem sie ähnliche Dienste bei der Aufklärung der Eliten innerhalb anderer Systeme geleistet hatte. [3]

Zur wichtigsten Methode der Elitenforschung wurde die Prosopographie. Diese Methode benutzt biographische Daten aus verschiedensten, meist offiziellen Quellen. Dabei wird zwischen zwei Datenbereichen unterschieden: dem sozialen Hintergrund und der eigentlichen Berufskarriere. Die Elitenforschung maß bis in die 1970er Jahre der letzteren entscheidend größere Bedeutung bei. [4] Die Bedeutung von Social-Back-

---

[1] In den vorliegenden Beitrag wurden Ergebnisse einer Prosopographie von Führungseliten der Sozialdemokratie und der Kommunistischen Partei in der Tschechoslowakei 1921–1980 eingearbeitet (Ein Projekt der Volkswagen-Stiftung). Ein Teil dieser Untersuchung (zum Zeitabschnitt 1918–1938) wird gegenwärtig im Collegium Carolinum unter dem Titel „Die tschechoslowakischen Arbeiterführer. Eine Kollektivbiographie der sozialdemokratischen und kommunistischen Führungskader 1918–1939" zur Veröffentlichung vorbereitet.

[2] Zu Ursprung und Entwicklung der Elitenforschung siehe z.B. W. Welsh: Leaders and Elites, New York 1979.

[3] Als erste Studie über Eliten der Sowjetunion gilt heute die Arbeit von Jerome Davis: A Study of 163 Outstanding Communist Leaders, in: Publications of the American Sociological Society 24, May 1930, S. 42–55; klassisch geworden sind inzwischen die Arbeiten von D. Lerner: The Nazi-Elite, Oxford 1950; Th. Schueller: The Politburo, im Sammelband: World Revolutionary Elites. Studies in Coercive Ideological Movements, hrsg. von: H. Lasswell und D. Lerner, Cambridge/Mass. 1953, S. 96–178 und weitere Beiträge ebenda. Zum heutigen Kenntnisstand siehe die im weiteren Text aufgeführte Literatur.

[4] G. Brunner: Die soziologische Struktur der politischen Elite, in: Einparteiensystem und bürokratische Herrschaft in der Sowjetunion, hrsg. von: B. Meissner u.a., Köln 1978, S. 109–136, hier S. 133; siehe auch M. Lodge: Attitudinal Cleavages Within the Soviet Political Leadership, in: C. Beck u.a.: Comparative Communist Leadership, New York 1973, S. 202–226, hier S. 202, Fußnote 9; W. Welsh: Communist Political Leadership: Conclusions and Overview, in: C. Beck u.a.: Comparative Communist Leadership, S. 298–309 und bei J. Bielasiak: Political Change and Economic Development: A Study of Elite Composition in Eastern Europe, Diss. Cornell Univ. Ithaka 1975, S. 41f; dazu übereinstimmend, weiterführend und auch als für westliche Eliten geltend dargestellt bei D.D. Searing: The Comparative Study of Elite Socialisation, Comparative Political Studies 1 (1969), S. 471–500, und bei L.J. Edinger, D.D. Searing: Social Background in Elite Analysis: A Methodological Inquiry, American Political Science Review 61, 1967.

ground-Daten für die Eliteforschung wurde erst vor kurzem von der Cliquenforschung aufgewertet.[5]

Es wird weiterhin angenommen, daß die Daten aus offiziellen osteuropäischen Quellen relativ zuverlässig sind, d.h. nicht bewußt manipuliert werden. Es wurde höchstens versucht, die jeweils „unpassenden Angaben" zu unterdrücken.[6] In den prosopographischen Studien ist allerdings immer mit Datenlücken zu rechnen, die desto öfter vorkommen, je niedriger die untersuchte Elitegruppe postiert wird.[7]

Für die Erfassung des Elitenwandels in Osteuropa sind in der einschlägigen Literatur verschiedene Periodisierungskonzepte entworfen worden. Sie benutzen sowohl inhaltlich-politische als auch rein formale Periodisierungskriterien, z.B. die Wechselrate innerhalb der jeweils untersuchten Gruppen. Diese Schemata nehmen im allgemeinen das Jahr 1945 zum Ausgangspunkt, und das Jahr 1954 gilt als das nächste wichtige Trenndatum.[8]

Der soziale Hintergrund von KP-Führungseliten Osteuropas

Herkunftsort

Nach übereinstimmenden Hinweisen in der Literatur war die Führungsspitze der VKP(b) (bis 1952 Bezeichnung der KPdSU) ursprünglich durch die städtische Intelligenz dominiert, die jedoch bald infolge der Stalinschen Kadermanipulationen den vom flachen Lande kommenden neuen Funktionären weichen mußte. Bis in die 1950er Jahre hinein wird so das Erscheinungsbild der Moskauer Parteispitze von Dörflern geprägt.[9] Ähnlich setzte sich das ZK der KPdSU auch nach 1945 bis in die 1970er Jahre vorwiegend aus Mitgliedern ländlicher Herkunft zusammen.[10] Die Ausgestaltung der KPdSU-Spitze ignorierte dadurch nicht nur die gewaltige Urbanisierungswelle, die die UdSSR infolge der durchgeführten wirtschaftlichen und sozialen Umwälzungen erlebt hatte[11], sondern auch die Tatsache, daß die KPdSU immer eine „städtische Partei" war, die stets große Probleme hatte, Mitglieder auf dem flachen Lande zu gewinnen.[12]

---

5 F. Fleron: Representation of Career Types in the Soviet Political Leadership, in: Political Leadership in East Europe and the Soviet Union, hrsg. von: R.B. Farrell, Chicago 1970, S.108–139, hier S.115f.

6 Das Urteil stützt sich auf langjährige Erfahrungen von S. Bialer, nach J. Bielasiak: Political Change, S.102.

7 Diese Regel ist so zuverlässig, daß in prosopographischen Studien das Fehlen von biographischen Angaben als ein Beleg der sozialen Marginalität von Personen und Gruppen anerkannt wird. Siehe D. Lerner: The Nazi-Elite, S.88.

8 Siehe S.B. Farrell: Top Political Leadership in Eastern Europe, in: Political Leadership, S.88–107, hier S.89f.; C. Beck: Career Characteristics of East European Leadership, ebda., S.157–194, hier S.163; J. Bielasiak: Political Change, S.94ff.; H.G. Skilling: Leadership and Group Conflict in Czechoslovakia, in: Political Leadership, S.276–293, hier S.277; C. Beck: Leadership Attributes in Eastern Europe: The Effect of Country and Time, in: Comparative Communist Leadership, S.86–154, hier S.86f., D. Kubat: Patterns of Leadership in a Communist State: Czechoslovakia 1946–1958, in: Journal of Central European Affairs 21 (1961), Nr.3, S.305–318, hier S.308.

9 G.K. Schueller: The Politburo, S.109, 110; G. Brunner: Die soziologische Struktur, S.120, und Ders.: Politische Soziologie der UdSSR, II, Wiesbaden 1977, S.143.

10 Nach G. Brunner: Die soziologische Struktur, S.120; Ders.: Politische Soziologie, S.152, und G.K. Schueller: The Politburo, S.109.

11 Siehe dazu G.W. Strobel: Die Verstädterung der Sowjetunion, in: Osteuropa 5 (1955), S.358–375.

12 M. Fainsod: Wie Rußland regiert wird, Köln-Berlin 1965, S.299f., 307f.

Ein ähnliches Bild bieten die KP-Eliten in Osteuropa. Von den ZK-Mitgliedern der Kommunistischen Partei der Tschechoslowakei (KPČ), der Polnischen Vereinigten Arbeiterpartei (PVAP), der Ungarischen Sozialistischen Arbeiterpartei (USAP) und der Kommunistischen Partei Bulgariens (KPBg) waren zwischen 1948 und 1968 insgesamt nur 13,4% in der Stadt geboren.[13] Die ZK-Mitglieder der Kommunistischen Partei Jugoslawiens (KPJ) stammten 1948 ebennfalls zu 69% vom Lande und nur zu 31% aus den größeren Gemeinden;[14] ähnlich in der Kommunistischen Partei Rumäniens (KPR), deren Elite um 1945 gemischt war. Nach der Säuberung der Pauker-Clique Anfang der 1950er Jahre wurde sie ausgeprägt „dörflich", mangelhaft ausgebildet und völlig aus den Angehörigen der Unterschicht rekrutiert.[15]

Nach den bekannten Zahlen nimmt der Zuwachs der Dörfler in den ZKs dieser Parteien auch nach 1954 weiter zu. Bis 1962 sank der Anteil von „Städtern" auf 19% und 1968 sogar auf nur 12,4% ab. In Polen ist das Verhältnis etwa konstant geblieben (35,21–36,36%). Nur in Ungarn nahm der Anteil der Städter von 18,33 auf 22,08% zu.[16] Die „Verdörflichung" kommunistischer Eliten in Osteuropa kontrastiert so ebenfalls mit einer starken Urbanisierung dieser Länder.[17]

Die KPČ-Spitze spiegelt schon in dieser Hinsicht die Entwicklung in den übrigen Bruderparteien getreu wider. Auch die KPČ-Parteiführung setzte sich, entgegen allen Migrationsströmen innerhalb der Landesbevölkerung während des letzten Jahrhunderts, vorwiegend aus gebürtigen „Dörflern" zusammen. In der Gottwaldschen Parteiführung stammten 61,2% der Mitglieder aus Siedlungen mit weniger als 10000 Einwohnern. Nach 1954 waren es zwar nur 51,4%, aber 1968 betrug der Anteil von „Dörflern" im Politbüro (im weiteren PB) der KPČ schon wieder 84%, um das Jahr 1980 sogar 100%. Über die soziale Herkunft der KP-Eliten gibt es nur unvollständige Aussagen. Die vorhandene Datenbasis ist lückenhaft und steht oft im Verdacht, manipuliert zu sein.[18] Angaben zur sozialen Herkunft sind daher nur bei Spitzeneliten, wie eben PB-Mitgliedern, mit einiger Vollständigkeit vorhanden.[19] Weil die richtige Klas-

---

13 C. Beck: Leadership, S. 96; W. Welch: Introduction: The Comparative Study of Political Leadership in Communist Systems, in: C. Beck u. a.: Comparative Communist Leadership, S. 1–42, hier S. 6. (Zur Berechnung der Anteile bestimmter Personengruppen für gegebene Perioden wurden i. d. R. die jeweiligen Mitglieder mit ihrer Verweildauer im betreffenden Gremium gewichtet.)

14 Nach L. J. Cohen: The Social Background and Recruitment of Yugoslav Political Elites, 1918–1948, in: A. H. Barton u. a.: Opinion-Making Elites in Yugoslavia, New York 1973, S. 25–68, hier S. 54 f.: Zum Vergleich die Verteilung der Bevölkerung in Jugoslawien 1931: 81% Land, 19% Stadt. Die Städter in der KPJ-Elite standen der Landbevölkerung eigentlich auch sehr nah, denn sie kamen zu 97% aus rein provinziellen Siedlungen, kaum jemand stammte aus nationalen Zentren oder größeren Städten.

15 D. A. Tomasič: The Rumanian Communist Leadership, in: Slavic Review 20 (1961), S. 477–494, hier S. 485.

16 C. Beck: Leadership, S. 94, 104, 114,120.

17 Ebenda, S. 95; Zur Urbanisierung siehe G. Ofer: Industrial Structure, Urbanisation and Socialist Growth Strategy. A Historical Analyses, 1940–1970, in: World Communism at the Crossroads, hrsg. von: S. Rosefielde, Boston 1981, S. 131–136, hier S. 131 f.; A. S. Matejko: Impact of the Authoritarian Rule on the Basic Social Strata in Eastern Europe, in: Canadian Slavonic Papers 21 (1979), S. 197–224, hier S. 207; zur ČSR siehe M. Blažek: Wirtschaftsgeographie der Tschechoslowakei, Praha 1955 (= Wissenschaftliche Übersetzungen, hrsg. vom J. G. Herder-Inst. Marburg/Lahn 1959).

18 G. Brunner: Die Soziologische Struktur, S. 120.

19 Ebenda, S. 120 f.; R. F. Staar: The Central Committee of the United Polish Workers Party (PZPR), in: Journal of Central European Affairs 16 (1957), S. 371–383, hier S. 381.

senherkunft seinerzeit eine so wichtige Rolle für die Karriere spielte, wagen es einige Forscher, ex silentio auf fehlende Arbeiterabstammung zu schließen. Nach diesem hypothetischen Schluß müßten allerdings schon beachtliche Teile von KP-Eliten der Mittelschicht angehören.[20]

Für die Führungseliten der KPdSU und der KPJ wird als wahrscheinlich angenommen, daß sie sich während der Stalin-Zeit bis 1956 vorwiegend aus ländlichen Unterschichten, dabei jedoch selten aus Arbeiterfamilien rekrutierten.[21] Es war Stalin selber, der das Kriterium der richtigen Klassenherkunft in die Kaderpraxis der VKP(b) eingeführt hatte, um die bolschewistische Alte Garde, wo das bürgerlich-intellektuelle Element dominierte, zu paralysieren.[22] Dieses Prinzip fand unmittelbare Anwendung im Apparat der Komintern.[23] Erst etwa ab 1940 avancierten wieder Angehörige von oberen Schichten, die gleichzeitig auch über eine höhere Ausbildung verfügten, in die Führung.[24]

Soweit bekannt, setzte sich auch das PB der KPČ überwiegend aus Angehörigen der Unterschicht zusammen. Dabei kamen bis 1954 um 40% der PB-Mitglieder aus Arbeiterfamilien, nach 1954 knapp 45%. Der Mittelschicht gehörten bis 1954 knapp 15%, danach 18,4% seiner Mitglieder an.

Ursprünglicher Beruf

Unter den untersuchten Eliten gab es zunächst genügend Personen, die überhaupt noch keinen zivilen Beruf ausgeübt hatten. Diese „Berufskategorie" nahm im Moskauer Politbüro noch 1947 mit 26% eine relativ starke Position ein. Bis 1956 verschwanden jedoch solche Kader völlig. Auch im ZK der KPdSU ging der Anteil von reinen Berufspolitikern entsprechend zurück.[25] In der KPJ machten nach Cohens Schätzung die Berufsrevolutionäre etwa 30–40% des ZK dieser Partei aus.[26]

In der KPČ gehörte fast die ganze Intelligenz in Politbüro und ZK seit 1929 dieser Kategorie an. Unter ihnen waren oft Hochschulstudenten ohne einen ordentlichen Studienabschluß. Im KPČ-Politbüro kamen auch nach 1945 „Berufsrevolutionäre" vor. Sie nahmen unter K. Gottwald 19,67% der Plätze ein. Bis 1954 sank ihr Anteil auf 13,5% ab. Dieser Funktionärstyp in der KPČ zeichnete sich außerdem durch die Kombination der Merkmale „gehobene soziale Herkunft" und „höhere Ausbildung" aus.

Zur großen Überraschung waren im ZK der führenden Partei der Weltbewegung, in der VKP/b/, ehemalige Arbeiter zur Stalinszeit kaum vertreten: sie bildeten noch 1956 nur 0,4% (!) der ZK-Mitglieder. Etwa gleich schwach waren sie unter den

---

[20] D. A. Tomasič: The Rumanian Communist Leadership, S. 484, und D. Lerner: The Nazi-Elite, S. 88.

[21] G. Brunner: Die soziologische Struktur S. 120; Ders.: Politische Soziologie, S. 145–6; G. K. Schueller: The Politburo, S. 104–5, 122; L. J. Cohen: The Social Background, S. 53.

[22] B. Baschanow: Ich war Stalins Sekretär, Frankfurt/M. 1977, S. 168–9; allgemein über Nomenklatura siehe M. S. Voslensky: Nomenklatura. Die herrschende Klasse der Sowjetunion, Wien-München 1980.

[23] B. Lazitsch, M. Drachkovitsch: Biographical Dictionary of the Comintern, Stanford Cal. 1973, S. XIV; zur KPdSU siehe G. Brunner: Die soziologische Struktur, S. 120, und Ders.: Politische Soziologie, S. 145–6.

[24] L. J. Cohen: The Social Background, S. 53.

[25] G. K. Schueller: The Politburo; G. Brunner: Die soziologische Struktur, S. 125 f., 134.

[26] L. J. Cohen: The Social Background, S. 45–6.

KPdSU-PB-Mitglieder 1945–1961.[27] Auch die Schätzungen über den Anteil von ehemaligen Arbeitern unter der KPJ-Elite gehen in die gleiche Richtung: im ZK-KPJ bildeten die ehemaligen Arbeiter eine Minderheit von etwa 15% (1948).[28]

Die mangelhafte Vertretung von ehemaligen Arbeitern in KP-Parteispitzen entsprach dabei voll der sozialen Wandlung der Parteibasis, manchmal eilte sie ihr noch etwas voraus. So wie die VKS/b/-KPdSU schon während der 1930er Jahre zur Partei von Angestellten bzw. der neuen technischen Intelligenz geworden ist[29], entwickelte sich auch die Mitgliederbasis anderer kommunistischer Parteien.[30]

In den KPC-Führungsgremien stellten dagegen im Unterschied zu obigen Beispielen die ehemaligen Arbeiter ab 1945 eine relative Mehrheit (45,08%). Nach 1954 ging jedoch ihr Anteil gravierend zurück (auf 24,3%).

Akademische oder andere gehobene Berufe verzeichnen unter den ZK-Mitgliedern zwischen 1948 und 1968 ein nur mäßiges Wachstum von 12,4 auf 16,4%. Nach einzelnen Parteien gegliedert belief sich ihr Anteil wie folgt: in der KPBg 1948: 12,41 – 1954: 13,81%, in der PVAP 1948: 12,68 – 1954: 15,58% und in der KPČ 1948: 13,54%, 1954: 12,05%, 1962: 13,4%. Nur im ZK der USAP ließ sich ein stärkerer Zuwachs von 3,33% (1948) auf 9,09% (1954) beobachten.[31] Für die jugoslawische Elite gibt es Daten nur zum Jahr 1948, wonach 47% der KPJ-ZK-Mitglieder solchen gehobenen Berufen angehörten.[32] Im PB der KPČ nahmen die Intelligenzberufe – vorwiegend Juristen und Beamten – insgesamt 35,23% (1945) bzw. ab 1954 sogar 62,14% aller Plätze ein.

Unter den akademischen Berufen war es die technische Intelligenz, die unter den Parteieliten Osteuropas nach der Machtübernahme einen ständigen Bedeutungszuwachs erlebte. Zwischen 1948 und 1954 wuchs ihr Anteil an den Mitgliedern in der ČSR, Polen, Bulgarien und Ungarn von 5,11 auf 10,53%, und bis 1968 kletterte er auf 18,89%.[33] Nur im ZK der KPB änderte sich der Anteil der technischen Intelligenz kaum (6,38–5,9%), wogegen in den übrigen ZK's entsprechend höhere Zuwächse – um das Doppelte, in Ungarn sogar noch mehr – verzeichnet werden.[34] Dagegen gab es im ZK der KPdSU 1956 nur 2% Angehörige der technischen Intelligenz; Wissenschaftler

---

27 Brunner, Soziologische Struktur, S. 121, 128–129; nach Fleron, Representation, S. 113: ehemalige Arbeiter stellten dort erst 1961 2,3% der Mitglieder.

28 Cohen, Social Background, S. 45–46, der Anteil von Arbeitern an der Bevölkerung Jugoslawiens betrug 1948 13%.

29 Fainsod, Rußland, T. 2, S. 280f. und 294–312.

30 Siehe White, S. u. a.: Communist Political Systems: An Introduction, London 1982, S. 141 (Tab.). Noch in den 1960er Jahren blieb der Anteil von Arbeitern an der KP-Basis in Osteuropa knapp unter der 50%-Marke; zur Sozialstruktur KPC-Basis siehe Kuhn, H.: Zur Sozialstruktur der Kommunistischen Partei der Tschechoslowakei, in: Bohemia 3 (1962), S. 426–467, und Wightman, G., Brown, A.H.: Changes in the Levels of Membership and Social Composition of the Communist Party of Czechoslovakia, 1945–1973, in: Soviet Studies 27 (1975), S. 396–417; nach Burks, R.V.: The Dynamics of Communism in Eastern Europe, Princeton 1961, S. 35–36, gab es vor 1939 nur in der KPČ eine Mehrheit von Arbeitern (53%) unter der Mitgliederschaft, in anderen Kommunistischen Parteien Osteuropas waren es um 40% und weniger.

31 C. Beck: Leadership, S. 95, 104, 114, 120.

32 L.J. Cohen: The Social Background, S. 45, leider bietet Cohen in seiner fortsetzenden Studie „Partisans, Professionals and Proletarians: Elite Change in Yugoslavia, 1952–1978, in: Canadian Slavonic Papers 21 (1979), S. 446–478, keine Daten zum Vergleich zum Jahr 1948.

33 C. Beck: Leadership, S. 95.

34 Ebenda, S. 94, 104, 114, 120.

und Kulturschaffende besetzten weitere 2%.[35] In der KPJ-Elite gab es 1948 ebenfalls nur um 4% Techniker.[36]

In den Politbüros der KPČ, PVAP, KPBg, USAP und der KPR waren vor 1948 überhaupt keine Techniker vertreten. Nach Beck[37] kamen schon während der Stalinisierung Osteuropas (1948–1953) die ersten Techniker in die höchsten Parteigremien. In der New-Course-Periode ab 1953 waren Personen mit technischen Karrieren in den Politbüros von KPČ, PVAP und USAP schon zahlreicher vertreten (Anteile von 4–5%). Im PB der KPČ kann als der erste Repräsentant der technischen Intelligenz jedoch erst Dipl. Ing. Šimunek (PB-Kooptation: Juni 1958) bezeichnet werden. Anderswo haben die Techniker zu dieser Zeit im Parteizentrum mindestens Fuß gefaßt: so in der KP Bulgariens, Rumäniens und der ČSR.

Ganz offensichtlich boten höhere Verwaltungsposten bei den zentralen Staatsbehörden eine günstige Voraussetzung für eine spätere Parteikarriere. Denn der Anteil von Ministerialbeamten unter den ZK-Mitgliedern der KPČ, PVAP, KPBg und der USAP wuchs zwischen 1945 und 1954 ununterbrochen von 16,42 auf 27% und erreichte bis 1962 die 40%-Marke. Der Anteil von Beamten in der lokalen oder regionalen Verwaltung stagnierte dagegen oder ging bis 1954 etwas zurück (von 9,85 auf 9,54%, bzw. von 10,22 auf 8,22%). Im polnischen, bulgarischen und ungarischen ZK stieg die Zahl der Beamten aller Art, nur im ZK der KPČ konnten sie ihre Position kaum ausbauen.[38] Ein anderes ausgeprägtes Merkmal unserer Elitegruppen ist das markante Defizit an Bauern. Im ZK der KPJ finden wir 1948 nur 5% Bauern, obwohl diese Schicht 73% der jugoslawischen Bevölkerung ausmachte und schon deshalb als der Träger der KPJ-Bewegung in ihrer Kampfphase galt. Ihre Führer rekrutierten sich aber vorwiegend aus städtischen Berufen. Auch im ZK der PVAP befand sich 1956 nur ein einziger Bauer.[39] In die Politbüros sind Bauern bis 1956 kaum vorgedrungen: im PB der KPdSU sowie der KPČ gab es sie jedenfalls nicht.[40]

Durchschnittslänge der Ausübung des ursprünglichen Berufes

F. Fleron hat für die Mitglieder des ZK der KPdSU 1952–1963 eine durchschnittliche Berufsdauer von sieben Jahren ermittelt. Diese Berufsdauer wird auch für die Entwicklung einer berufstypischen Verhaltensweise als notwendig erachtet und gilt daher als ein wichtiger Richtwert. Fleron stellt weiterhin fest, daß die KP-Kader im ZK im Vergleich zu kooptierten Fachleuten in der Regel eine Berufsdauer von sieben Jahren erzielten, wogegen die letzteren deutlich über dieser Marke lagen.[41]

Aus den vorhandenen Daten ließ sich für die erste KPČ-Parteiführung eine mittlere Berufsdauer von 6,37 Jahren ermitteln. Die Garnitur Novotnýs erzielte eine durch-

---

[35] G. Brunner: Die soziologische Struktur, S. 131.

[36] L. J. Cohen: The Social Background, S. 45.

[37] C. Beck: Career Characteristics, S. 168, 174, 179: nach Becks Zahlen machten sie in den PB der KPČ und PVAP je 5–6% aus.

[38] Ebenda, S. 95, 104, 114, 120.

[39] L. J. Cohen: The Social Background, S. 45–46; R. F. Staar: The Central Comitee, S. 376.

[40] F. Fleron: Representation, S. 113; G. K. Schueller: The Politburo, S. 122, über ihre schwache Stellung in Eliten allgemein siehe bei R. D. Putnam: The Comparative Study of Elites, New Jersey 1976, S. 119.

[41] F. Fleron: Representation, S. 123 f., R. B. Farrell, Top Political Leadership, S. 103.

schnittliche Beschäftigungszeit von 7,8 Jahren. Diese Durchschnittswerte sind jedoch wegen einiger Angehöriger mit überlangen Beschäftigungszeiten unrealistisch (Standardabweichung 7,15 bzw. 7,54 für die zweite Garnitur). Durch extrem lange Berufszeiten weisen sich in der Regel „Outsider" aus, die sich vom üblichen Typus eines PB-Mitglieds unterscheiden. Beispiele sind hier Nejedlý oder Fierlinger, die über 30 Jahre lang in ihren ursprünglichen Berufen tätig waren. Sie spielten aber in der KPČ-Spitze keine hervorragende Rolle. Nejedlý war eine bloße Symbolfigur. Fierlinger verdankte seine steile Karriere den höchst irregulären Verhältnissen unter den emigrierten tschechischen Sozialdemokraten, die ihn zu ihrem Führer ernannten, obwohl er bisher kaum eine Funktion in dieser Partei bekleidet hatte, der er seit 1918 formal angehörte. Als Anführer des linken ČSD-Flügels war ihm aber ein Platz im KPČ-Politbüro nach dem angeordneten Zusammenschluß beider Parteien sicher.[42] Durch eine ebenso lange Beschäftigungsdauer (20 Jahre) zeichnete sich die ehemalige Sozialdemokratin im KPČ-Politbüro, Jankovcová, aus.

Die wirklich wichtigen Funktionäre an der KPČ-Spitze verzeichneten dagegen deutlich kürzere Berufslaufbahnen. Gottwald und Zápotocký weisen maximal 1,5 Jahre im Beruf auf. Zu ihnen gesellten sich ähnlich veranlagte Nachrücker wie Smrkovský (2,5 Jahre), Švermová (1,5 Jahre), E. Erban (1–2 Jahre), Kliment, Čepička, Bacílek, P. David, Šimunek, Dolanský (alle mit je drei Jahren). So erscheinen die PB-Mitglieder mit unterdurchschnittlicher Beschäftigungsdauer – darunter oft auch ehemalige Arbeiter, deren Berufsdauer im Schnitt nur 5,82 J. betrug – nach diesem sozialen Merkmal als natürliche Partner von „Berufsrevolutionären" ohne einen zivilen Beruf überhaupt.[43]

Das Alter zu Beginn des politischen Engagements

Die mangelhafte Bindung an den zivilen Beruf geht sicher mit früher Zuwendung zur Politik einher. So bestätigen die Angaben zum Alter bei der ersten bekannten politischen Aktivität, obwohl nur bei den bekannten Funktionären vorhanden, die Tendenz der untersuchten KP-Führungseliten zur frühestmöglichen Aufgabe des ursprünglichen zivilen Berufes. Nach Schueller sind die PB-Mitglieder der VKP(b) bzw. der KPdSU schon um das 19. Lebensjahr (min.: 16, max.: 24) der Partei beigetreten. 38% der Mitglieder des ZK der KPJ traten der Partei bis zu ihrem 21. Lebensjahr bei.[44]

Für die KPČ-Spitzenelite liegen diese Werte je nach Führungsgarnitur bei 90 bis 100%. Das errechnete Durchschnittsalter zu Anfang der politischen Aktivität beträgt 20,43 Jahre für die erste Führungsmannschaft (min.: 15, max.: 40, Standardabweichung: 5,16) respektive 21,1 J. in der Novotný-Führung (min.: 15, max.: 30, Standardabweichung: 4,22). Dieser Unterschied, entstanden in neun Jahren, ist an sich sicher unbedeutend. In etwas längerer Zeitperspektive betrachtet – bis 1971 – zeichnet sich aber unter den KPČ-Politbüromitgliedern ein deutlicher Anstieg des „Politisierungsalters" auf 24,04 J. ab. Und noch deutlicher kommt diese Tendenz zum Vorschein beim Ver-

---

42 Siehe in K. Kaplan: Das verhängnisvolle Bündnis. Unterwanderung, Gleichschaltung und Vernichtung der tschechoslowakischen Sozialdemokratie 1944–1954, Wuppertal, 1984 und auch J. Nedvěd: Cesta ke sloučení sociální demokracie s komunistickou stranou v r. 1948, Praha 1968.

43 Protokoly sjezdů KPČ., I., Praha 1954, S. 322; G. H. Skilling: Gottwald and the Bolshevisation of the Communist Party of Czechoslovakia, in: The American Slavic and European Review, 20 (1961), S. 641–655, hier S. 644; V. Hola: Jan Šverma, Praha 1976, S. 36; P. Reiman: Ve dvacátých létech. Vzpomínky. Praha, 1966, S. 160.

44 L. J. Cohen: The Social Background, S. 56, G. K. Schueller: The Politburo, S. 125–6.

gleich mit den Daten für die KPČ-Führung der Zwischenkriegszeit. Für sie sind Werte zwischen 17,5 und 19 J. ermittelt worden. Dies geschah zwar bei einer kleineren Datendichte, aber auch mit einer engeren Wertestreuung.

Die Biographien der ersten Generation von kommunistischen sowie einer langen Reihe von sozialdemokratischen Führern bieten hierzu ein klares Bild: das Interesse an der Politik muß bei diesem Personenkreis spätestens zwischen dem 17. und 19. Lebensjahr geweckt gewesen sein. Es kann hierbei sogar ein spontaner Drang nach öffentlicher Bestätigung in noch ganz jugendlichem Alter konstatiert werden.

Berufsort: Urbanisierung der KP-Eliten

Alle kommunistischen Regime Osteuropas haben nach dem Vorbild der Sowjetunion ehrgeizige Industrialisierungsprojekte durchgeführt. Schon deshalb mußten die kommunistischen Parteien zu Parteien von Staats-, Partei- und Wirtschaftsbürokraten werden. Wohl aus dem gleichen Grund ergriff, wie in der Sowjetunion[45], eine mächtige Welle der Urbanisierung die ganze Nomenklatura der anderen Ostblockländer. Auch sie erwartete in der Stadt bessere Chancen in der Bildung, im Beruf, und schließlich auch in der Politik.

Von 27 PB-Mitgliedern waren bis 1947 nur drei in der Stadt geboren, 20 wechselten aber zwischen ihrem 9. und 21. Lebensjahr dorthin.[46] Auch unter den untersuchten PB-Mitgliedern der KPČ wird der Trend zur Verstädterung deutlich. Obwohl anteilmäßig immer mehr PB-Mitglieder aus dem ländlichen Milieu stammten, sind sie ausnahmslos alle spätestens bis zum Ergreifen eines Berufes – bzw. bis zu ihrem Ausbildungsabschluß – Städter geworden. Es handelte sich dabei um vorwiegend kleinere Städte unter 50000 Einwohner (zu 51,5 bzw. 40,2%) und Prag (40,2 bzw. 53,6%). Die regionalen Zentren und größeren Städte von über 100000 Einwohnern lagen diesem Personenkreis nicht so nahe: dort fanden eine Berufsgelegenheit nur 8,25 bzw. 12,5% von ihnen.

Nationalität

In der kommunistischen Bewegung waren alle partikulären Bindungen offiziell unerwünscht. Darunter waren ausdrücklich auch die nationalen Gegensätze inbegriffen, weshalb die KPs weitgehend auf Proporzregelungen in den Parteiorganen verzichteten. Wohl aus diesem Grund erscheint unter unseren Eliten die jeweilige „staatstragende Nationalität“ immer begünstigt. Im ZK der VKP(b)-KPdSU 1945–1956 waren es natürlich Russen, mit Abstand gefolgt von Ukrainern und Weißrussen. Unter den schwer Benachteiligten befanden sich die islamischen Turkvölker.[47] Hier spiegelte sich die Zusammensetzung der Gesamtpartei in den 1930er bis 1950er Jahren voll wider, wo die Großrussen überrepräsentiert waren, darunter auch in den fremdnationalen Gebietsparteien.[48] Auch das PB der VKP(b)-KPdSU war innerhalb der untersuchten Zeitperiode, ganz besonders zu deren Anfang, von Russen absolut dominiert. Neben ihnen

---

45 Nach M. Fainsod: Wie Rußland regiert wird, Tl. 2 Kp. 8, insb. 297f.

46 G. K. Schueller: The Politburo, S. 110.

47 Ebenda, S. 110–1; G. Brunner: Die soziologische Struktur, S. 118; Ders.: Politische Soziologie, S. 153.

48 M. Fainsod: Wie Rußland regiert wird, S. 301f.; G. Brunner: Politische Soziologie, S. 153.

gab es dort noch Ukrainer, Georgier und Juden. Andere Nationalitäten haben die Parteispitze nie erreicht.[49]

In den ZK's Osteuropas setzte sich der gleiche Trend, nur womöglich noch stärker durch. So zeigte sich zwischen 1948 und 1968 die Zugehörigkeit zum dominanten Ethnikum für eine erfolgreiche Parteikarriere als unerläßlich. Zur jeweiligen Hauptnationalität im Lande gehörten in den ZKs von PVAP, KPČ, USAP und KPBg insgesamt 1948: 71,9% ihrer Mitglieder, 1954: 77,96% und 1962: 82,96%. Erst während der 1960er Jahre öffneten sich die ZKs auch anderen Nationalitäten.[50]

Die einzelnen Werte variierten von einem Land zum anderen. Während im ZK der KPBg 1948–1968 kaum eine Steigerung möglich war – die Bulgaren stellten 93–95% des ZK –, erlebten die ZKs der übrigen Parteien – außer dem ZK der PVAP – bis 1962 ein deutliches Erstarken des jeweils dominanten Ethnikums.[51] Nur die jugoslawischen Kommunisten hatten eine Proporzregelung eingeführt, um das traditionelle Übergewicht von Serben im Staate zu korrigieren. Sie waren bemüht, die nationale Geometrie im ZK zwischen den „Großen" (Serben, Kroaten, Slovenen) genau festzulegen und die Kleinen (besonders die Montenegriner) zu begünstigen. Deshalb treffen wir innerhalb der jugoslawischen Parteielite von 1948 an viel repräsentativere ethnische Verhältnisse als unter anderen KP-Eliten an.[52]

Der Ausgang des Zweiten Weltkrieges erlaubte es, die nationalen Verhältnisse in der wiedererstandenen Tschechoslowakei radikal zu vereinfachen. Auf einen Schlag waren die Deutschen wie auch die Magyaren für die „internationalistische" kommunistische Bewegung in der ČSR keine Partner mehr.[53] Die Rolle des schwächeren Partners kam nach 1945 nun den Slowaken zu, deren Teilhabe an dem parteiführenden KPČ-Organ sich vor 1938 lediglich auf ein paar Prozent beschränkt hatte. Slowaken konnten nun zwar einige zusätzliche Plätze an der Parteispitze besetzen, ihre nationalen Ansprüche in der Partei konnten dadurch aber kaum als erfüllt gelten. Denn die Tschechen hielten im PB der KPČ bis 1968 weiterhin knapp 77% aller Plätze. Die Handhabung der „slowakischen Frage" innerhalb der KPČ-Führungsstrukturen ent-

---

[49] G.K. Schueller: The Politburo, S. 106f., Georgier waren wegen Stalins Bindung zu Georgien natürlich begünstigt; vgl. G. Brunner: Die soziologische Struktur, S. 119 und Ders.: Politische Soziologie, S. 144–6; sowie J.H. Kress: Representation of Positions on the CPSU-Politbüro, in: Slavic Review 39 (1980), S. 218–38, hier S. 228–9. Genauer genommen waren die so dominanten Großrussen im PB eigentlich auch unterrepräsentiert; denn sie belegten dort 1947 „nur" 52% der Plätze, obwohl sie 57% der Bevölkerung ausmachten. Erst 1956–1975 erreichte der Anteil der Russen im Moskauer PB 61%, wodurch die allgemeine Tendenz auch in der Sowjetunion ihre volle Bestätigung fand.

[50] C. Beck: Career Characteristics, S. 95.

[51] Ebenda, S. 95, 104, 114, 120.

[52] L.J. Cohen: The Social Background, S. 59f.; Ders.: Partisans, S. 455, 478: die Serben machten 39,7% im ZK aus (34,9%), Montenegriner 15,9% (11%), die Kroaten 19,1% (21,0%), die Slovenen 12,7% (15,6%) und die Mazedonier 7,9% (9,2%) (in Klammern: Anteil an der Gesamtbevölkerung Jugoslawiens 1948).

[53] Dazu siehe z.B. J. Foitzik: Kadertransfer. Der organisierte Einsatz sudetendeutscher Kommunisten in der SBZ 1945/46, in: Vierteljahreshefte für Zeitgeschichte 31 (1983), S. 308–34.

spricht daher voll dem rüden Nationalismus im Ostblock.[54] Dazu muß noch bemerkt werden, daß die ins PB der KPČ avancierten Slowaken bis 1968 (Parteiführung I.: 14,08%, II.: 23,07%) ausgesprochene Protagonisten Prags, Funktionäre mit mangelnder Bindung an die slowakische Teilpartei waren.[55]

Wichtiger als die erreichten Prozentanteile der Slowaken scheint jedoch die „Systematisierung" ihrer Präsenz im Parteipräsidium zu sein. Ein Sitz im Politbüro gehörte schon ab 1945 unabänderlich dem 1. Sekretär der KP der Slowakei, und außerdem befand sich in der Regel noch ein anderer Sekretär des ZK in diesem Gremium.

Eine andere, national ausgeprägte Gruppe unter den KP-Eliten waren die Juden, die traditionell in der Arbeiterbewegung eine wichtige Rolle spielten. Dies ergab sich aus den schwindenden Intergrationschancen des Judentums in die hauptsächlichen Volksgruppen Mittel- und Osteuropas im ausgehenden 19. Jahrhundert. Bald waren nur noch Sozialdemokraten bereit, vom Antisemitismus Abstand zu wahren und den interessierten Juden eine politische Zuflucht zu bieten. Etwa die gleiche Gelegenheit bot ihnen nach 1918 die kommunistische Bewegung.[56]

Daher spielten die Juden auch in der VKP(b) zu Lenins Zeiten eine wichtige Rolle und belegten einen entsprechenden Teil im PB. Unter Stalin wurde jedoch ihre Präsenz stark reduziert.[57] In den KPČ-Führungen vor 1939 belief sich der Anteil von Juden zwischen 10 und 20%. Mit einem Anteil von 9,15% durften auch nach Kriegsende Funktionäre jüdischer Abstammung in der ersten KPČ-Führungsgarnitur noch eine Zeit lang ihre einstige Position bewahren. Zu ihnen zählte 1945 der KP-Generalsekretär Slánský selbst, seit 1929 Mitglied der Parteiführung. Ihre Präsenz im Spitzengremium der KPČ nahm jedoch auf der Sitzung des ZK der KPČ im September 1951 ein rasches und gewaltsames Ende, als Slánský seine hohe Parteifunktion verlor.[58]

Die osteuropäische kommunistische Elite erscheint so nach 1945 als Repräsentant der Unterschicht bzw. des unteren Randes der Mittelschicht, deren niedriger sozialer

---

[54] Darstellung der Beziehungen zwischen Prag und Preßburg in der KPČ bei Z. Suda: Zealots and Rebels. A History of the Ruling Communist Party of Czechoslovakia, Stanford 1980, S.184, 192; I. Škurlo: Československá konferencia KSS v Žiline a co jej predchádzalo, in: Historický Časopis 19 (1971), S.145–175, hier S.166, 170–172; zum Prinzip des „Internationalismus" und seiner Anwendung in der KPČ siehe: Protokoly sjezdů KSČ, I., S.337–338, 457f.; nach J. Škurlo: Československá konferencia, S.149–151, 167–168, befreite sich das slowakische ZK erst um 1963 von der Vormundschaft Prags; vgl. bei G. Golan: Antonín Novotný: The Sources and Nature of his Power, in: The Canadian Slavonic Papers 14 (1972), S.421–440, hier S.429; A.V. Velen: Czech Stalinists Die Hard, in: Foreign Affairs 42 (1964), S.320–328, hier S.315 und bei Z. Suda: Zealots, S.192.

[55] Z. Suda: Zealots, S.184, 192; J. Škurlo: Československá konferencia, S.149–151, 167, 170–172.

[56] H. Konrad: Die Sozialdemokratie und die „geistigen Arbeiter"; in: Bewegung und Klasse. Studien zur österreichischen Arbeiterbewegungsgeschichte, hrsg. von G. Botz u.a., Wien 1978, S.545–560; zu den Juden in der KPČ siehe: Protokoly sjezdů KPČ, I., S.104, 271; zur Rolle von Juden in den Eliten allgemein siehe bei R.D. Putnam: The Comparative Study, S.192.

[57] G. Brunner: Politische Soziologie, S.144; G.K. Schueller: The Politburo, S.144, Juden stellten insgesamt 18% der PB-Mitglieder der VKP(b) 1917–1947.

[58] Zum Antisemitismus der Ždanowstina-Zeit allgemein siehe W.B. Smith: Meine drei Jahre in Moskau, Hamburg 1950, S.382; F. Fejtö: Die Geschichte der Volksdemokratien, Bd.I und II. Graz-Wien-Köln 1972, Bd.I., S.31f.; zur antisemitistischen Note der Prozesse in der KPČ siehe L. Lesný: Der Slanský-Prozeß, in: Osteuropa 2 (1953), S.1–12, hier S.10; Z. Suda: Zealots, S.246; F. Borkenau: Doppelsäuberung in der Tschechoslowakei, in: Ostprobleme 3,2 (1951), S.1511–14, hier S.1512; K. Kaplan: Die politischen Prozesse in der Tschechoslowakei 1948–1954, München 1986, S.198f., S.202.

Status mit ihrer vorwiegend dörflichen Herkunft einherging. Man darf vermuten, daß es sich um eine Randgruppe handelte, der es leicht fiel, an der Urbanisierungswelle teilzunehmen. Es waren kaum Bauern, aber wahrscheinlich auch nur selten Arbeitersöhne unter ihnen. Ohne Zweifel gehörten sie einer Schicht an, die mit dem prägenden Wirtschaftsproblem in Osteuropa und Rußland, mit der chronischen Agrarkrise, ausreichend Erfahrung gesammelt hatten.[59]

Entschlossen, der Not der Agrarkrise zu entkommen, wechselten sie in die Stadt, um zu Arbeitern, Studenten oder Angestellten zu werden. Aber ebenso schnell und entschieden haben sie ihre Berufe wieder verworfen, um sich der Politik zu verschreiben. Darin läßt sich ein zweifacher Radikalismus erblicken, der von sozial Benachteiligten und jener von Migranten in einem fremden Milieu. Erst aus dieser Mischung entstand das Potential an revolutionärem Aktionismus, das die kommunistischen Bewegungen der Aufbruchzeit auszeichnete. Im sozialen Hintergrund der KP-Eliten findet sich dadurch jener charakteristische Zug der Oktoberrevolution wieder, der sie als ein Phänomen der europäischen Peripherie ausweist.[60]

Politische Karrieren

Bürokratisierung von osteuropäischen Führungseliten 1945–1954

Nach eingehender Analyse von C. Beck lassen sich in der Entwicklung der KP-Regime Osteuropas insgesamt drei Perioden unterscheiden, für die jeweils unterschiedliche Karrieremuster von ZK-Mitgliedern typisch sind.

In den „revolutionären" ZKs zwischen 1945 und 1948 wurden Karrierepfade wie „Parteibürokrat", „Ideologe" und „revolutionäre Tätigkeit" dominant. 1948–1953 gehörten die Karrieren eines Partei- oder Regierungsbürokraten oder eines Revolutionärs zu den meist verbreiteten. Der Anteil von Ideologen verringerte sich dagegen deutlich. Interessant ist das kurzzeitige Auftauchen einer Anzahl von ehemaligen Funktionären des Sicherheitsdienstes, die jedoch nur Nebenposten besetzten. In den ZKs der New-Course-Zeit gab es an sich keine großen Wandlungen im Vergleich zur vorherigen Periode. Es dominierten weiterhin die Partei- und Regierungsbürokraten sowie Revolutionäre. In die KPČ, PVAP und KPBg kehrten sogar die Ideologen zurück. Außer in der KPBg durften nun sogar die Gewerkschaftsfunktionäre ins ZK einrücken. Die New-Course-Zeit brachte allgemein eine lockere und mannigfaltigere Gestaltung der ZK-Eliten.[61]

Für die Führungseliten des kommunistischen Osteuropas zählten zwischen 1945 und 1957 drei Karrieretypen zu den wichtigsten. Es waren: die Karriere im Parteiapparat, die revolutionäre Vergangenheit (Widerstands- oder Aufstandskämpfer) und die Karriere in der Staatsverwaltung. Andere Karrierewege waren für die Elite offensichtlich von zweitrangiger Bedeutung.[62]

[59] Siehe bei R.V. Burks: The Dynamics, S. 34f., 70f., F. Fejtö: Die Geschichte, Bd. I., S. 153ff.; A.S. Matejko: Impact, S. 207.

[60] Allgemein und in historischer Dimension behandelt bei I.T. Berend, G. Ranki: The European Periphery and Industrialisation 1780–1914, Cambridge 1982, sonst wie in Anm. 58.

[61] C. Beck: Leadership, S. 94, 95, 104, 114, 120; Ders.: Career Characteristics, S. 183, 191.

[62] C. Beck: Career Characteristics, S. 192f.

Die meisten Karrieren waren damals Wechselkarrieren. Dabei überwog ganz eindeutig der Wechselkarrieretyp: – revolutionäre Tätigkeit – Parteiapparat – Staatsverwaltung. Techniker- oder Fachkarrieren kommen erst nach 1957 zahlreicher vor.[63] Ein Wandel im Karrieremuster zeichnete sich bei den VKP(b)-Führern schon lange vor 1947 ab. Dort wird der Wechsel von überwiegend ideologisch-revolutionären Funktionen zu eher administrativen Tätigkeiten wie auch die Zunahme von Wechselkarrieren schon im Zusammenhang mit der Ablösung der Leninschen Führungsgarnitur Mitte der 1920er Jahre deutlich.[64]

Als allgemeine Folge dieser Entwicklung konstatiert Beck die fortschreitende „Verbeamtung" der politischen Karrieren in den KP's Osteuropas. Zu dieser Tendenz gehört auch das Vordringen von Fachleuten in die höheren Parteigremien, die etwa ab 1953 einsetzt, was als eine Begleiterscheinung dieses Bürokratisierungsprozesses von KP-Eliten gedeutet wird. Es handelte sich dabei um einen langwierigen Prozeß: je höher das Gremium, desto härter war auch der Widerstand gegen die Aufnahme solch fachlich ausgebildeter Kader.[65] Daher sank nach Fleron im ZK der KPdSU zwischen 1952 und 1956 der Anteil von „reinen Politkadern" um 5–10% je nach Elitetyp zugunsten von weniger mit der Partei verbundenen Kadern mit einer Berufskarriere von mehr als 7 Jahren. Dieser Trend setzte sich bis 1965 fort, als die reinen Parteikader ihre Mehrheit im ZK verloren. Im PB blieb jedoch ihre Macht immer noch intakt. Eine ähnliche Zunahme von Wechselkarrieren verzeichnet Staar an der Parteispitze der PVAP zwischen 1946 und 1956.[66]

Nach den Berechnungen von C. Beck konvergieren im ganzen Osteuropa die Karrieretypen der ZK-Mitglieder hin zum „Bulgarischen Typus". Dies sei eine sog. „Partycentered Leadership", die sich zunächst vorwiegend aus den Kadern der Parteizentrale rekrutiert und anschließend in andere Bereiche expandiert. Die Karrieretypen in den ZKs der PVAP, USAP und KPČ kopieren das „Modell" mit gewissen Abweichungen, wobei das ZK der KPČ von ihm am meisten abweicht. Im Jahre 1962 ähnelt die Zuammensetzung der ZK's am stärksten dem bulgarischen Muster. Das bulgarische ZK gilt danach als die am weitgehendsten bürokratisierte Elite Osteuropas.[67] Der Bürokratisierungsprozeß innerhalb der KP-Eliten bewirkte bis 1962 eine ständige Abnahme des revolutionär-ideologischen Elements, während die Zahl von Kadern mit rein organisatorisch-administrativen Fertigkeiten zunahm.[68]

Der festgestellte Bürokratisierungstrend innerhalb von osteuropäischen KP-Eliten erfaßte auch die KPČ-Spitze. Anhand von zusätzlichen Daten für PB-Mitglieder der KPČ kann der allgemeine Trend weiter im Detail untersucht werden.

---

[63] Ebenda, S. 192.

[64] G. K. Schueller: The Politburo, S. 131.

[65] C. Beck: Career Characteristics, S. 192; Ders.: Leadership, S. 124–5, 127; R. B. Farrell: Top Political Leadership, S. 104 f.

[66] R. F. Fleron: Representation, S. 124 f., 126 f., 131, 135; R. F. Staar: Central Comitee, S. 374, 376; mit der KPJ-Elite ist kein Vergleich möglich, weil Cohen unkompatible Variablen definiert.

[67] C. Beck: Leadership, S. 123 f., 126: das ZK der KPBg wiederum ähnelte am meisten dem ZK der KPdSU, vgl. ebenda, S. 91 und Z. Brzezinski: Der Sowjetblock. Einheit und Konflikt, Köln-Berlin 1962, S. 166; C. Beck u. a.: Comparative Communist Leadership, S. 143: dort auch die Charakteristiken dieser beiden Eliten-Gegentypen.

[68] C. Beck u. a.: Comparative Communist Leadership, S. 124, 126 f., 128.

Aufenthalt in der Sowjetunion

Der Aufenthalt in der Sowjetunion hat für die politische Karriere der KP-Eliten an sich sicher keine überwältigend positiven Folgen gehabt[69], es sei denn, es handelte sich um eine direkte Instruierung seitens sowjetischer Partei- oder Staatsstellen. Dafür sprechen aber in der Regel höchstens Vermutungen. Dennoch wird der Aufenthalt in der Sowjetunion als ein wichtiges Merkmal registriert. Oft wurde mit Hilfe solcher Angaben unter den lokalen Eliten nach Fraktionen von „Moskauern" und „Einheimischen" gesucht, von denen man vermutete, daß sie sich gegenseitig die Macht in der Partei streitig machten.

Ein Aufenthalt in Moskau konnte für einen führenden Kommunisten offensichtlich noch keine Karrieregarantie auf Dauer bewirken. In der KP Rumäniens gehörten z.B. gerade die „Moskauer" zu den Opfern der obligatorischen Säuberungen nach 1948, wogegen die „Einheimischen" um Georgiu Dej obsiegten.[70] Auch in der KPČ läßt sich eine ähnliche Trennung kaum aufrechterhalten, da auch dort zu den Opfern von Säuberungen mindestens so viele „Moskowiter" gehörten wie zu ihren Richtern.[71]

Naturgemäß sind unter den ZK-Mitgliedern Personen mit einem Aufenthalt in der Sowjetunion zu Anfang des untersuchten Zeitabschnitts öfter zu finden als später. In allen ZKs zusammengerechnet belief sich deren Anteil 1948 auf knapp 27%, 1954 waren es schon weniger (22,7%), und dieser negative Trend hielt weiter an (1962:19,3%). Über eine Parteischulung in der Sowjetunion verfügten 1948 13,5%. Auch diese Zahl sank während der folgenden Jahre auf 9,54% in 1954 (1962: 7,54%).[72]

Hinter diesen Gesamtzahlen verbergen sich jedoch deutliche Unterschiede je nach Partei. Im ZK der KPBg traten solche Funktionäre immer am häufigsten auf (1948 fast 43%, 1954: 31,3%). Zu den Parteien, deren ZK-Mitglieder mit der Sowjetunion gut vertraut waren, zählte auch die KPČ (1948: 30,2%, 1954 waren es nur noch 19,3%). In Polen stieg der Anteil an Moskauern sogar von 25,4% bis auf 33,77% im Jahre 1954. Wirklich rar war dieser Funktionärstyp im ZK der USAP: 1948: 10%, 1954: 7,8%.[73]

Eine politische Schulung in Moskau absolvierten von den ZK-Mitgliedern dieser vier Parteien zwischen 1948 und 1969 eigentlich nur wenige: in Bulgarien 16,3%, in der Tschechoslowakei 10%, in Polen 3,8% und in Ungarn bloß 1,26%. Auch dabei zeigte

---

69 Die Enttäuschung durch die Realität in der Sowjetunion war immens, s. O. Šik: Prager Frühlingserwachen. Erinnerungen, Herford 1988, S.65f.; Z. Mlynář: Nachtfrost. Erfahrungen auf dem Weg vom realen zum menschlichen Sozialismus, Köln 1978, S.18, und E.A. Rolloff: Exkommunisten. Abtrünnige des Weltkommunismus. Ihr Leben und ihr Bruch mit der Partei in Selbstdarstellungen, Mainz 1969; diese Einzelzeugnisse finden ihre Bestätigung durch den Wechsel bei den Komintern-Kadern in Moskau, deren erste Generation, soweit sie aus dem europäischen Ausland stammte, im Laufe der Jahre mit der Bewegung fast gänzlich brach, vgl. B. Lazitsch, M. Drachkovitsch: Biographical Dictionary, S.XV.

70 D.A. Tomasič: The Rumanian Communist Leadership, S.481–2.

71 K. Kaplan: Die Prozesse.

72 C. Beck: Leadership, S.95–6; dort auch eingehendere Zahlen nach Land und Zeit; solche Funktionäre verkehrten am häufigsten im ZK der KPBg: es waren dort 28% der Mitglieder (insgesamt zwischen 1948–1968). Im ZK der PVAP waren es 22,8%, im ZK der KPČ 15,1%, im ZK der USAP dagegen nur 10,06%.

73 R.F. Staar: Central Comitee, S.382: danach bestand noch 1956 der „Hard Core" der polnischen Parteielite zu $^{2}/_{3}$ aus den noch vor 1945 in Sowjetrußland geschulten Kadern. Ihnen allen schreibt Staar die Rolle von „Sowjetagenten" zu. Unter ihnen befand sich damals allerdings auch Gomułka, was diese Unterstellung kaum belegt; Gesamtzahlen nach C. Beck: Leadership, S.94, 104, 114, 120.

sich eine Häufung solcher Kader nach Land und Zeit. Wiederum am zahlreichsten kamen die in Moskau geschulten Kader im bulgarischen ZK vor: 1948 knapp 30%, 1954: 22,4%. In den ZKs der übrigen Parteien nahmen sie schon eine bedeutend bescheidenere Stellung ein: so im ZK der KPČ (1948: 17,7%, 1954: 9,64%) und im ZK der PVAP (1948: 7,04%, 1954: 6,5%, 1962: 2,6%). Im ungarischen ZK waren sie schon 1948–1954 mit einem Anteil von unter 2% praktisch bedeutungslos.[74]

Auch im Prager Politbüro gab es Genossen, die die Sowjetunion besucht hatten. Als Absolventen der Komintern- bzw. KPdSU-Schulen sind zwischen 1945–54 ca. 27,5% der PB-Mitglieder der KPČ bekannt. Nach 1954 verringerte sich ihr Anteil auf 18,4%. Als Besucher, Komintern-Funktionäre oder Emigranten erlebten Rußland jedoch noch mehr Personen aus diesem Kreise. Von den Angehörigen der Gottwaldschen Garnitur waren es 46,5%, aus Novotnýs Führungsmannschaft waren es immer noch 31,6%.

Wechselraten in Zentralkomitee und Politbüro

Als ein weiteres Symptom von Bürokratisierung können uns die andauernd hohen Raten von „Wiedergewählten" in den untersuchten Gremien gelten.[75] In den ZKs dominierten zu jeder Zeit die „Langgedienten" ganz klar. 1954 machten sie im ZK der KPBg 48% seiner Mitgliedschaft aus, im ZK der PVAP 65%, im ZK der USAP 45% und im ZK der KPČ 40%.[76] Es überrascht sicher nicht, daß sie auch im Prager Politbüro immer die anteilsmäßig stärkste Fraktion bildeten: unter Gottwald machten sie 31,69%, unter Novotný sogar 55,26% aus. Zum Vergleich: in die Dubček-Garnitur wechselten nur 13,6% der „Langgedienten". Die „normalisierte" Parteispitze unter Husak setzte sich wieder zu 50% aus Funktionären zusammen, die schon vorher mindestens einmal dem PB angehört hatten. Diese Praxis ist als Ursache für die Verlängerungen von Amtszeiten und den Anstieg des Durchschittsalters im Politbüro anzusehen.

Die „Revolutionäre"

Im Unterschied zu anderen Ländern in Mittel- und Osteuropa ist in der ČSR eine wirklich revolutionäre Lage nie entstanden. Daher können als „Revolutionäre" in der KPČ-Elite nur diejenigen bezeichnet werden, die nach 1938 am antifaschistischen Kampf während des Zweiten Weltkrieges in der Heimat oder als Soldat der tschechoslowakischen Auslandsarmee teilnahmen. Anders als im größeren Kreis des ZK stieg der Anteil von so definierten Revolutionären innerhalb der KPČ-Parteiführungen von insgesamt 52,1% bis 1954 auf knapp 58% nach 1954. Die „einheimischen" Widerstandskämpfer, darunter auch Konzentrationslager-Insassen, machten 42,4% der Führung unter Gottwald bzw. 42,1% der Mannschaft Novotnýs aus. Die Tendenz in der KPČ-Parteispitze in den 1950er Jahren unterschied sich also vom allgemeinen Trend.[77]

Journalisten und Redakteure

Diese Funktionäre bildeten eine historisch bedeutsame Gruppe innerhalb der untersuchten Elite, die noch auf die Rolle zurückzuführen ist, die die Presse als erste Organisationsstruktur der Arbeiterbewegung gespielt hatte.

---

[74] Ebenda, S. 94, 95, 104, 114, 120 und Ders.: Career Characteristics, S. 166–183, 191.
[75] Siehe R. D. Putnam: The Comparative Study, S. 65.
[76] C. Beck u. a.: Comparative Communist Leadership, S. 98, 104, 114, 120.
[77] Ebenda, S. 94, 96, 104, 114, 120.

In den von Beck untersuchten ZKs sinkt der Anteil von Journalisten zusammengerechnet von 23,72% im Jahre 1948 auf 15,13% (1954) ab, und diese Tendenz setzt sich, mit Ausnahme des Jahres 1962, fort. Für die Zeit zwischen 1948 und 1954 gilt dies besonders deutlich für die ZKs der KPBg (Absinken von 19,5 auf 14,9%) und der KPČ (von 36,46 auf 16,8%). Ein gleicher Rückgang läßt sich im ZK der KPJ verzeichnen. In den ZKs von PVAP und USAP schlägt dagegen zu gleicher Zeit diese Tendenz gelegentlich um.[78] 1956 fanden sich auch im Moskauer ZK nur ganz wenige Journalisten, und keiner von ihnen gehörte zum PB der KPdSU. Zum Vergleich: die literatisch-publizistische Betätigung war einst unter den Angehörigen der Leninschen PBs sehr verbreitet. Aber auch diese Fähigkeit der führenden Parteikader ging während der Stalin-Ära verloren.[79]

Die gleiche Tendenz spiegelt sich in der KPČ-Führung wider. Aus der Führungsgarnitur Gottwalds avancierte aus der Parteipresse keiner direkt in das höchste Parteigremium, obwohl noch 18,71% von ihnen als Redakteure in die Parteizentrale kamen. Von den PB-Mitgliedern nach 1954 war mit der Presse, auch nur auf diese Weise, keiner mehr verbunden.

Gewerkschaftsfunktionäre

Nach Brenner nahmen die Gewerkschaftler in den 1960er und 1970er Jahren mit 2% nur eine bescheidene Position im ZK der KPdSU ein. Ins Umfeld des Moskauer Politbüros kamen leitende Gewerkschaftsfunktionäre als dessen Kandidaten erst 1961, um bald darauf wieder zu verschwinden.[80]

Auch unter den PB-Mitgliedern der KPČ teilten die Gewerkschaftler das Schicksal der Redakteure. 1945 hatten nur 5,63% aller Nachrücker in die Führungsgarnitur vorher eine gewerkschaftliche Funktion inne. Dagegen besetzten ganze 11,27% der Plätze solche Funktionäre, denen das Amt des Gewerkschaftsvorsitzenden als Nebenfunktion im Politbüro zusätzlich anvertraut wurde. In Novotnýs Garnitur nach 1954 sind schon keine Gewerkschaftler mehr anzutreffen, selbst wenn man die Nebenfunktionen einbezieht. Erst nach weiteren 14 Jahren – 1968 – erfuhren sie eine bescheidene Wiederaufwertung.

Regionale Parteifunktionäre

Diese Funktionärsgruppe wird unter den Forschern als die eigentliche Nutznießerin des Elitenwandels in Osteuropa bezeichnet. Nicht nur deshalb, weil Mitglieder dieser Gruppe ab 1953 immer häufiger in die ZKs vordringen können, sondern auch weil gerade innerhalb dieses Teiles von KP-Eliten die allgemein modernisierend wirkende Vermengung von fachlicher und politischer Kompetenz erfolgte, aus der das gesamte System seinen Nutzen zog. Offensichtlich deshalb erleichterten die KP-Führungen diesem Funktionärstypus die Beteiligung an den Entscheidungsprozessen entweder durch

---

[78] Ebenda, S. 95, 104, 114, 120; L. J. Cohen: The Social Background, S. 45, und Ders.: Partisans, Professionals, S. 474.

[79] G. Brunner: Die soziologische Struktur, S. 126; G. K. Schueller: The Politburo S. 135.

[80] G. Brunner: Die soziologische Struktur, S. 132.

großzügige Aufstiegsmöglichkeiten oder mittels Delegierung zentraler Befugnisse in die Provinz.[81]

Auch in der KPČ wurde das PB seit dem Machtantritt Novotnýs häufiger aus dem Kreise der bisherigen Kreis- oder Bezirkssekretäre ergänzt (1945: 2,11%, 1954: 15,8%). Mit Ausnahme der leitenden Sekretäre der Prager Stadtorganisation führte jedoch diese Beförderung zur Abgabe der bisherigen Funktion. Darin kommt die begrenzte Bedeutung jedweder Provinzfunktion in der streng zentralistischen KP-Struktur zum Vorschein. Genauer genommen benutzten auch die regionalen Parteiführer der KPČ ihre bisherigen Posten als ein bloßes Sprungbrett auf dem Weg zum Parteigipfel. Dies wird besonders deutlich beim Vergleich mit den sozialdemokratischen Eliten, wo die Provinzfunktionen in der Regel beibehalten, ja sogar noch ausgebaut wurden, weil sie als eigene, vom Parteizentrum relativ unabhängige Basis dienten.[82]

Als ein Beleg für das politische Gewicht der provinziellen Parteibosse in der KPČ-Elite könnte die Tatsache gelten, daß gerade unter ihnen die ausgesprochenen „Günstlinge der Stunde" – Novotný und Hendrych – zu finden waren. Diesen beiden gelang es nämlich, in einem „direkten Sprung" über mehrere Sprossen der Funktionsleiter hinweg ZK-Sekretäre zu werden. Bei diesen Blitzkarrieren zeigt sich jedoch, daß sie auch außerordentlicher Umstände, z.B. eines Befürworters im PB, evtl. in Kombination mit einer Krise innerhalb des Führungskreises, bedurften.[83]

Hohe Staatsbeamte und Regierungsmitglieder

Die gemäß dem Führungsanspruch der KP angestrebte Einheit von Partei und Staat führte nach der Machtübernahme zu massenhaftem Vorstoß von Staatsfunktionären in hohe KP-Gremien. Regierungsmitglieder oder hohe Staatsbeamte nahmen deshalb schon seit dem Ableben Lenins eine starke Position in der Führung der VKP(b) ein. Aus dem gleichem Grunde dominierte diese Funktionärskategorie im ZK der KPdSU. 1956 belegte sie dort 85% aller Plätze, im Politbüro stellte sie damals 95,7% seiner Mitglieder.[84] Eine ebenfalls stattliche Zunahme von Kadern dieser Kategorie in den ZKs zwischen 1948 und 1945 verzeichnet Beck: in der KPBg um knapp 7% (Staatsbeamten) bzw. um 12% (Regierungsmitglieder), in Ungarn etwa um 13% bzw. 20%. Im ZK der KPČ erfuhr der Anteil der Staatsbeamten kaum Änderungen (+2%), die Regierungs-

---

81 J. Bielasiak: Political Change, S.350f. Der Gegensatz zwischen Zentrum und Provinz wird auch als einer der wichtigsten Faktoren innerhalb der KP-Regime bezeichnet; zu dessen Auswirkungen innerhalb der Eliten, siehe M. Lodge: Attitudinal Cleavages, 202f.

82 Siehe T. Weiser: Die tschechoslowakischen Arbeiterführer. Eine Kollektivbiographie der sozialdemokratischen und kommunistischen Führungskader 1918–1939, Kap. 3.3.3 und 4.3.3, ersch. voraussichtlich 1991 in den Veröffentlichungen des Collegium Carolinum.

83 Vgl. Kurzberichte in: Osteuropa 8 (1958), Heft 1, sowie in: Ostprobleme (1953), H. 2, S. 302; J. Pelikan: Ein Frühling, der nie zu Ende geht. Erinnerungen eines Prager Kommunisten, Frankfurt/M. 1976, S. 108; Das unterdrückte Dossier. Bericht der Kommission des ZK der KPČ über politische Prozesse und „Rehabilitierungen" in der Tschechoslowakei 1949–1968. Hrsg. von: J. Pelikan, Wien 1970, S. 291–2; K. Kaplan: Die Prozesse, S. 198f.; A.V. Velen: Czech Stalinists, S. 321f.

84 G. Brunner: Die soziologische Struktur, S. 126; zur Lage vor 1947 ähnlich auch G.K. Schueller: The Politburo; vgl. auch G. Brunner: Politische Soziologie, S. 154 für das ZK der KPdSU in den 1960er Jahren.

mitglieder dort nahmen jedoch um 14% zu, im ZK der PVAP bauten beide Kategorien ihre Positionen um 20% aus.[85]

Diesem Bild entspricht auch die Zusammensetzung der KPČ-Spitze. Vor dem Einrücken in die KPČ-Führung hatte von der ersten Garnitur niemand einen Regierungsposten inne. Als PB-Mitglieder waren schon 77,5% von ihnen Minister. Weitere 4,22% saßen in gehobenen Stellen in der Staatsverwaltung und 9,15% in anderen staatlichen Institutionen. Aus der Novotný-Garnitur waren 13,2% schon vorher Regierungsmitglieder. Im Politbüro bekleideten nur 37% von ihnen einen Regierungsposten. Dieser Rückgang ist auf den radikalen Umbau des Politbüros durch Novotný zurückzuführen (s.u.).

Fachleute, Experten und Technokraten

Eine bedeutende Subgruppe der Träger von hohen Staatsposten innerhalb der KP-Eliten bilden Fachleute bzw. Funktionäre mit einer längeren Fachvorkarriere. Der Vorstoß von „Experten" ist zweifellos ein zukunftsweisendes Phänomen, denn ihr Anteil, vor allem in der KPdSU-Elite, nimmt beständig zu. Unter Stalin dominierten im ZK traditionell die Parteiapparatschiks. 1953 belegten Ökonomen und andere Fachleute schon 44,2% der ZK-Plätze, die „Berufspolitiker" 55,8%. Bis 1957 änderte sich das Verhältnis auf 59,3% zu 40,7% zugunsten von Fachleuten.[86] Im Moskauer Politbüro tritt jedoch dieser Funktionärtypus bis 1956 kaum in Erscheinung.[87]

Auch unter der KPČ-Spitzenelite tauchen bis 1956 solche Karrieren nur selten auf. Denn die beruflichen Laufbahnen der KPČ-Politbüromitglieder der 1950er Jahre reichten in der Regel immer noch weit in die Vorkriegszeit zurück. Sie gehörten einer ganz anderen Generation an als die Mehrheit jener, die aus einer Fachkarriere heraus nach 1950 in das ZK der KPČ aufgenommen wurden.

Eine andere Gelegenheit für KP-Kader, die erforderlichen Fachkenntnisse für Management und Lenkung der großen administrativen und wirtschaftlichen Komplexe zu gewinnen, stellten sog. „Wechselkarrieren" dar. Hier handelt es sich um Personen, die in ihren Karrieren mehrmals zwischen Partei, Staatsverwaltung oder Wirtschaft wechselten. Solche Kader schienen im Gegensatz zu den „reinen Fachleuten" ein größeres Maß an politischer Loyalität zu garantieren. Für sie konnte es aber auch leichter sein als für die „echten Bolschewisten", mit der Fachelite außerhalb der Partei Kontakt aufzunehmen und zu effektiven Lösungen gelangen.

In der VKP(b) zu Stalins Zeit begann eine solche Karriere im provinziellen Parteiapparat, um dann durch die Staats- bzw. Wirtschaftsverwaltung zu verlaufen. In der Regel verbrachten diese Kader auch einige Zeit im Sicherheitsapparat. Der nächste Schritt führte über das ZK oder ein Sekretariat auf einen wichtigen Ministerposten und schließlich ins Politbüro.[88] Ab 1953, als die Wechselkarrieren zum dominierenden Merkmal der KPdSU-Elite wurden[89], wurde auch ihr Muster differenzierter.

In der KPČ-Führungselite tauchen solche Wechselkarrieren schon in der ersten Parteiführung auf (4,92% – Čepička und Smrkovský). Beide Funktionäre verbrachten

[85] C. Beck: Leadership, S. 94, 104, 114, 120.

[86] G. Brunner: Politische Soziologie, S. 154–6.

[87] F. Fleron: Representation, S. 131.

[88] G.K. Schueller: The Politburo, S. 100, 131; R.D. Putnam: The Comparative Study, S. 70, 207; G. Brunner: Die soziologische Struktur, S. 134.

[89] F. Fleron: Representation, S. 113, 115f.

nach 1945 kurze Zeit auf hohen Staatsposten, bevor sie in die Parteiführung aufgenommen wurden. Nach 1954 stieg der Anteil solcher Kader auf 13,2%.

Apparatschiks in der Parteiführung

Die KP-Sekretäre mit ihrem Anhang von leitenden Funktionären des Apparates spielten nach der kommunistischen Organisationsdoktrin eine Schlüsselrolle. Sie beherrschten den Apparat vollständig, und es lag in ihrer Macht, die Mitglieder praktisch aller Parteiorgane je nach Opportinutät aufstellen oder wieder abwählen zu lassen. So bestimmten sie nicht nur die laufenden Parteigeschäfte, sondern auch die von den Organen abgestimmte Parteilinie.[90]

Aus dem Bereich der Parteizentrale avancierten als ehemalige Apparatangestellte ins Politbüro unter Gottwald 10,56% der Mitglieder. Diese Zahl verringerte sich unter Novotný auf nur 2,63%. Dafür kamen weitere 2,63% der Nachrücker aus den Reihen der ZK-Sekretäre. Am Parteigipfel angelangt, wurden Sekretärposten an 13,4% der Mitglieder der Gottwaldschen und an 18,24% der Angehörigen von Novotnýs Führung vergeben. Unter Gottwald waren weitere 9,86% PB-Mitglieder im Zentralapparat der KPČ deren Angestellte tätig geblieben, aber keiner mehr unter Novotný. Nach diesen Zahlen gab es im KPČ-Politbüro zu jeder Zeit mehr solche Mitglieder, die die Stelle eines ZK-Sekretärs erst nachträglich erhielten, als amtierende ZK-Sekretäre, denen es gelang, in das Gremium aufzusteigen. So gesehen erweist sich etwas überraschend die Bindung an den Parteizentralapparat für eine hohe Karriere in der KPČ als nicht unbedingt förderlich.

Diese Feststellung findet ihre Bestätigung in den Zahlen über den Wandel des Anteils dieser Funktionärskategorie in ZKs anderer Parteien. Nach Beck erlebten die Vertreter des zentralen Parteiapparats im Zeitraum 1948–1954 im ZK der KPBg einen Rückgang um insgesamt 2,32%, im ZK der KPČ um 5,5% (einfache Angehörige des Apparates) bzw. um 3,35% (leitende Angestellte des Apparates); in Ungarn ging der Anteil der leitenden Angestellten des Apparates ebenfalls um 3% zurück, der der einfachen Angestellten nahm jedoch um 6% zu. Nur im ZK der PVAP konnte die Parteizentrale auf diese Weise ihren Einfluß ausbauen: Der Anteil der einfachen Angestellten des Apparates nahm im ZK um knapp 11% zu, der der leitenden sogar um 22%.[91]

Amtszeiten und Altersangaben

Das Durchschnittsalter im Moskauer PB bewegt sich kontinuierlich nach oben. 1917 betrug es 39 Jahre. 1949 erreichte es schon 59 Jahre. Dabei erlebte die Parteispitze gerade 1947 eine gewisse Verjüngung. 1951 betrug dieser Wert 57,6 Jahre. 1956 lag das Durchschnittsalter im ZK der KPdSU um 51 Jahre, im Politbüro zu gleicher Zeit bei

---

90 Zum Gegensatz zwischen Staats- und Parteifunktionären: vgl. J. H. KRESS: Representation, S. 230 f.; J. BIELASIAK, Political Change, S. 348 f.; DERS.: Leadership, S. 125, für die Zeit 1948–54; für das ZK der KPČ: D. KUBAT: Patterns of Leadership, S. 311; zum Zentralismuskonzept der Kommunistischen Internationale am Beispiel der KPČ vorgeführt, siehe Protokoly sjezdů KSČ, I., S. 355. Von dem Konzept wurden nach 1945 keine Abstriche gemacht, siehe J. ŽIŽKA: Únorová politická krize a státní aparát lidové demokracie; in: Československý Časopis Historický 21 (1973), S. 662–674, hier S. 668; H. KUHN: Der Kommunismus in der Tschechoslowakei, Köln 1965, S. 51 f.: Statutenfassung von 1946, S. 60–62: Fassung von 1952; Z. SUDA: Zealots, S. 246–250.

91 C. BECK: Leadership, S. 94, 104, 114, 120.

56,7 Jahren. Aus diesen Zahlen ergibt sich, daß die Partei zur Zeit der Revolution von relativ jungen Männern geführt wurde. Weil jedoch auch später an der Parteispitze die Angehörigen der Revolutionsgeneration bevorzugt wurden, kam es zu einer beachtlichen Überalterung der Moskauer Parteiführung.[92]

Bis zu Stalins Tod wuchs, zwar langsam, aber ständig auch das Alter der ZK-Mitglieder. Dieser Alterungstrend wird an sich als Nachweis der Stabilität der untersuchten Eliten gedeutet: die Parteielite genoß nach 1945 eine Zeitlang ihre Macht ungestört. Das Durchschnittsalter im ZK der KPdSU erfährt einen weiteren Zuwachs erst Anfang der 1960er Jahre. Dies heißt, auch wenn die Reformversuche Chruschtschows als zaghaft und vorsichtig angesehen wurden, brachten sie dem ZK bis zur endgültigen Stabilisierung der Jahre 1956/57 doch höhere Fluktuationsquoten und damit auch eine gewisse Verunsicherung.[93]

Eine entsprechende Alterung zeichnet sich auch im ZK der KPJ ab. Nach Cohen war die kommunistische Elite anfangs (1948) um etwa 12 bis 17 Jahre jünger als ihre bürgerlichen Gegenspieler, im Laufe der Zeit wurde aber auch sie immer älter: ihr Durchschnittsalter betrug 1945 35 Jahre, 1948 38 Jahre, 1952 42 Jahre. Nach dem kontinuierlichen Alterungsprozeß erschien die kommunistische Elite Jugoslawiens schon in den 1950er Jahren geschlossener als die bürgerliche Elite des Vorkriegsregimes.[94]

Beck mißt den Alterswandel über den Anteil von Kadern unter 40 Jahren im ZK. Aber auch danach zeigt sich eine beachtliche Alterung der ZK-Mitgliedschaft nach 1948. Der Anteil an jüngeren Mitgliedern ging dort bis 1954 insgesamt um ein gutes Drittel, bis 1962 noch einmal um den gleichen Teil zurück. Nach einzelnen Parteien betrachtet war das ZK der KPBg das „älteste" ZK in Osteuropa, denn dort ging der Anteil an jüngeren ZK-Mitgliedern bis 1954 schon um die Hälfte zurück, in der KPČ dagegen nur um 14%, in der PVAP um 7% und in der USAP sogar um nur 4%.[95]

Die Führungseliten der KPČ nach 1945 erfuhren eine ähnliche „Alterung". Während die Angehörigen beider Führungen das Parteizentrum um das 40. Lebensjahr herum erreichten, betrug das durchschnittliche Alter beim Eintritt in die Parteiführung 1945 46,7 Jahre (min.: 34 J., max.: 68 J., Standardabweichung: 8,61), 1954 aber schon 50,83 Jahre (min.: 37 J., max.: 73 J., Standardabweichung: 8,34).

Aus den vorhandenen biographischen Angaben kann außerdem die Gesamtlänge der Ausübung einer hauptamtlichen Parteifunktion und die Dauer des Verbleibens in der Parteiführung rekonstruiert werden.

Bei den Amtszeiten im Politbüro treten die Unterschiede zwischen den „alten" und „neuen" Mitgliedern der Parteiführung deutlicher in den Vordergrund als bei den anderen Zeitangaben zu Karrieren der KPČ-Führungsmannschaft. Die „alten Kader" mit zum Teil erheblichen Amtslängen im KPČ-Politbüro rekrutierten sich vor allem aus der Gruppe, die 1929 noch mit Klement Gottwald die Partei eroberte: Gottwald ver-

---

92 G.K. Schueller: The Politburo, S.109f., 143; G. Brunner: Politische Soziologie, S.143, nach Ders.: Die soziologische Struktur, S.117, stieg dieser Wert bis 1976 auf 66,4 Jahre an.

93 G. Brunner: Politische Soziologie, S.143, 152; Ders.: Die soziologische Struktur, S.117; G.K. Schueller: The Politburo, S.113.

94 L.J. Cohen: The Social Background, S.54–8. Siehe auch Tab.IV, V in Ders.: Partisans, S.475–6. Auch die KPČ-Führer bildeten vor 1938 die jüngste Gruppe; im Vergleich zu den führenden bürgerlichen Politikern in der ČSR waren sie mindestens um 20 Jahre jünger (!), gegenüber den führenden Sozialdemokraten um 10–15 Jahre. Siehe T. Weiser: Arbeiterführer, Abt.3.1., 3.3.7. und 3.4.7.

95 Nach C. Beck: Leadership, S.96, 104, 114 und 120.

brachte selbst 24 Jahre im Politbüro, Kopecký 23 Jahre, Slánský 22 Jahre und Siroký 18 Jahre. Die absolute Spitzenleistung unter ihnen erbrachte Zápotocký mit 39 Amtsjahren im Politbüro. Diesen Genossen stehen die Neulinge in diesem Gremium mit einer minimalen Amtszeit von 1 (Lastovicka) oder 1,5 „Dienstjahren" (Čepička, Bacílek, Novotný) gegenüber. Die PF-Mitglieder mit mittlerer Amtszeit im Politbüro von 4 bis 9 Jahren belegten in dieser Parteiführung 64,08% aller Plätze. Die Durchschnittsamtsdauer, um die „Uraltmitglieder" bereinigt, beträgt dann 6,63 Jahre (min.: 1 Jahr, max.: 9 Jahre, Standardabweichung: 2,09).

Ebenso unausgeglichen sah die Lage in der zweiten Parteiführung unter Novotný aus. Zwar waren damals schon die Wirren der Machtübernahme abgeklungen, aber sein Umbau der Führungsstruktur, begleitet von offensichtlichen Bemühungen, das Gremium laufend zu verjüngen, sorgte für weitere Werteschwankungen. Aus dieser Führung verzeichneten die längsten Amtsdauer neben dem 1957 verstorbenen Zápotocký (42 Jahre), Kopecký (31 Jahre), Široký (27 Jahre), Dolanský (23 Jahre) und Fierlinger (18 Jahre). Novotný selbst sah gegen Ende seiner Karriere 1968 auf „nur" 15,5 Jahre im KPČ-Politbüro zurück. Auf diese Weise verfügte die ziemlich starke Nachrücker-Fraktion mit 44,73% der Angehörigen dieser Führungsgarnitur über eine nur unterdurchschnittliche Amtsdauer zwischen 3,5 und 10,5 Jahren (Durchschnittsdauer: 7,56 Jahre, Standardabweichung: 2,83).

Somit zeigt sich deutlich, daß nur den Angehörigen eines informellen „inneren Zirkels" der altbewährten Führer, die noch mit der Bolschewisierung der Partei von 1929 verbunden waren[96], eine ansehnliche Machtdauer gegönnt war. Nach den von uns ermittelten Werten brachte die diktatorische und mitunter auch reichlich mißbrauchte Macht über die Partei und den Staat der Mehrheit der KPČ-Spitze zunächst kaum wesentlich mehr an Machtkomfort, als ihn vor 1938 schon die Anführer der vom „Fraktionalismus" befallenen sozialdemokratischen Parteien genießen konnte: nämlich im Schnitt sieben bis acht Jahre.[97]

Dagegen holten die führenden Kommunisten gegenüber ihren sozialdemokratischen Gegenspielern bei der Dauer von hauptamtlichen Parteianstellungen gleich zum Stichjahr 1945 kräftig auf. Von den ermittelten durchschnittlich 16,9 Anstellungsjahren entfällt wieder ein Löwenanteil auf die alteingesessenen Genossen aus Gottwalds Vorkriegsmannschaft. Die höchsten Anstellungszeiten wurden jedoch erst in Novotnýs Garnitur verzeichnet. Den Maximalwert von 52 Jahren im Solde der Partei weist Dolanský aus; das Minimum waren acht Jahre und der Durchschnitt knapp 22 Jahre.

---

[96] Auch im PB der KPdSU waren durch die fälligen Umbesetzungen vor allem die „jüngeren", d.h. erst unlängst avancierten PB-Mitglieder bedroht, siehe G. Brunner: Die soziologische Struktur, S. 118. Zur Etablierung der Führungsgruppe der KPČ vom Jahre 1929 siehe Z. Suda: Zealots, S. 115 ff.

[97] Werte für die 1930er Jahre siehe T. Weiser: Arbeiterführer, Abt. 3.4.7. Allerdings gab es auch dort ähnlich beachtliche Unterschiede bei den Amtszeiten zwischen den „alten" und „neuen" PB-Mitgliedern.

Schlußbetrachtungen: Der Elitenwandel in Osteuropa. Außensteuerung vs. Eigendynamik?

Das Phänomen der Bürokratisierung der KP-Eliten Osteuropas hatte sich in dreifacher Hinsicht vollzogen:
- in der Ausgestaltung der KP-Eliten, die sich in den Strukturen des Regimes selbst etablierten (wie oben behandelt),
- durch Übernahme einer Organisationsstruktur, die an sich schon zur starken Bürokratisierung des Parteilebens führte, auch wenn die politischen Inhalte – z.B. die Verstaatlichung der ganzen Wirtschaft – zunächst außer Betracht bleiben,
- in der Bestätigung dieser Bürokratisierungstendenz durch die Rücknahme von extremen ursprünglich intendierten oder zusätzlich eingebrachten Forderungen der Parteiführung, die geeignet gewesen wären, die bürokratische Herrschaft der Nomenklatura einzuengen.

Die Parteielite und die kommunistische Organisationsdoktrin

Ganz sicher ist die Einflußnahme Moskaus einer der wichtigsten Faktoren für die entsprechenden Änderungen der KP-Eliten in Osteuropa gewesen. Dabei spielte die Übernahme von typischen Organisationsstrukturen offensichtlich eine viel wichtigere Rolle als direkte Beförderungsvorschläge des Kremls.

Die Herausbildung von KP-Eliten erfolgte auf der Grundlage des besonderen kommunistischen Organisationsmusters und dessen immanenten Entwicklungsmöglichkeiten. Die Grundstruktur einer „Partei des neuen Typus"[98] wurde bis 1921 unter maßgeblicher Mitwirkung der Moskauer Zentrale in allen Sektionen installiert und durch mehrere „Bolschewisierungskampagnen" bis zum Anfang der 1930er Jahre endgültig gefestigt.[99]

In der Tat zielte schon die alte Sozialdemokratie, soweit sie sich nach dem organisatorischen Muster der reichsdeutschen SPD richtete, auf die Rolle einer solchen „Partei des neuen Typs". Denn hier hatte die Arbeiterbewegung eine Massenpartei mit einem professionellen Parteiapparat ins Leben gerufen, die sogar mit einem Ausschlußrecht gegenüber eigenen Mitgliedern ausgestattet war.[100] Infolgedessen war gerade dieser Parteitypus von Anfang an seinem programmatischen Radikaldemokratismus zum Trotz durch starke Oligarchisierungstendenzen geprägt.[101]

---

98 R.V. Burks: The Dynamics, S.3ff.; Z. Brzezinski: Der Sowjetblock, S.62–79.

99 Die „Bolschewisierungskampagnen" liefen von 1924 bis 1933; siehe Z. Hradilak: On the Process of the Constitution of the „Definitive" Form of the Communist Party of Czechoslovakia (1929–1936), in: History of Socialism, Yearbook 1968, Prague 1969, S.43–83, hier S.47ff.; zur Komintern-Linie siehe J. Hájek: Jednotná fronta. K politické orientaci Komunistické internacionály v letech 1921–1935, Praha 1969, S.150f. Dort wird weitere umfangreiche Literatur zum Thema angegeben.

100 Siehe K.v. Beyme: Parteien in westlichen Demokratien, München 1982, S.86f., 200. So sei eine Partei sui generis entstanden, mit Massenmitgliederschaft und zentralistisch geführt. Dieses Muster habe sich im „deutschen Modell" der Bewegung durchgesetzt, wo gleichzeitig auch der Marxismus als eine exklusive Doktrin behandelt worden sei.

101 Ebenda, S.200, siehe die von altliberaler Sichtweise inspirierte kritische Literatur wie bei M. Ostrogorski u. R. Michels; selbst F. Engels versuchte auf den Zentralismus in der deutschen Partei mäßigend zu wirken.

Nach 1917 verstanden sich nun die Kommunisten als „die Speerspitze“ der Arbeiterbewegung, um nach dem angeblichen Versagen der bisherigen politischen Führung unter Einsatz von neuen Taktiken und Strategien die vollständige Emanzipation der Arbeiterklasse auf einen Schlag herbeizuführen. Zu diesem Zweck hatte sich die radikale Linke einen quasimilitärischen Organisationsstil zu eigen gemacht, der durch die berüchtigten 21 Bedingungen der Komintern für die ganze kommunistische Bewegung verbindlich war. Die revolutionäre Zuversicht der Linken erzeugte eine Art „Schützengrabensozialismus“, der die Kompetenzen von gewählten Organen zugunsten des Parteiapparats nochmals gewaltig beschnitt. Im Sinne dieser Komintern-Weisungen beanspruchte z.B. das ZK der KPČ schon 1921 das Recht, ganze Orts-, Bezirks- und Kreisorganisationen auflösen zu können, soweit ihr Handeln den Vorstellungen der Parteizentrale nicht voll entsprach.[102]

In der neuen Avantgardepartei des Proletariats sollte den bezahlten Apparatleuten, die nun das hohe Ethos von „Berufsrevolutionären“ beanspruchten[103], viel mehr Macht eingeräumt werden als in der „opportunistisch-reformistischen“ Sozialdemokratie. Sie durften bei der Vorbereitung der Weltrevolution durch Kontrollen ehrenamtlicher Parteiaktivisten und Parteiorgane möglichst wenig „gestört“ werden. Ob absichtlich oder aufgrund falscher Annahmen hatte der „demokratische Zentralismus“ den strukturellen Gegensatz zwischen den Organen und dem Apparat, der für eine tragfähige Willensbildung in der Politik unentbehrlich ist, de facto aufgehoben.[104]

So ist zunächst im Sowjetrußland eine neue Machtordnung entstanden: nicht mehr die gewählten Organe nahmen die Besetzung von Parteiposten durch Wahlen vor, sondern es wurden Personen aufgestellt, die vom Apparat „empfohlen“ worden waren. So wandelten sich die hauptamtlichen Funktionäre in der VKP(b) seit 1922 nach und nach in eine gefügige Gefolgschaft der Parteizentrale, von der ihre Parteikarriere abhing. Der Personenkreis, aus dem die Kandidaten ausgewählt wurden, stellte die Kaderreserve der ZK-Kaderabteilung dar, später als Nomenklatura bekannt. Selbst-

---

[102] Siehe Punkt 12 der Komintern-Bedingungen, und weiter: durch den Punkt 11 wurden die Fraktionen den Parteivorständen untergeordnet, durch den Punkt 16 wurden alle Kominternbeschlüsse als bindend anerkannt, und durch den Punkt 13 der Komintern-Bedingungen war jede Sektion fortan zu regelmäßigen Säuberungen gegenüber eigenen Mitgliedern verpflichtet, zitiert nach K. v. Beyme: Parteien, S. 202, in: H. Weber: Kommunistische Internationale, Hannover 1966; vgl. auch: Protokoly sjezdů KPČ, I., S. 293, 355, 508.

[103] Für einen wahren Bolschewisten galt auch das bloße Streben nach einer höheren ordentlichen Ausbildung als Ablenkung von seiner vermeintlichen Hauptaufgabe und als kleinbürgerliche Schwäche: siehe V. Holá: Jan Sverma, S. 20–27, P. Reiman: Ve dvacátých letech, S. 138–141, und Protokol VII. sjezdů KSČ, S. 345 (Beitrag Širokýs); C. Beck: Leadership, S. 96, 104; R. D. Putnam: The Comparative Study, S. 201.

[104] Zu Absicht und Zufall bei der Herausformung der Partei von russischen Bolschewiken nach dem Konzept in Lenins „Was tun?“, siehe J. Jaroslawski: Soziologie der kommunistischen Partei, Frankfurt/M. 1978, S. 67–97, S. 103: der Verf. neigt eher zu der Ansicht, der Druck der russischen Verhältnisse und nicht die Intention wäre dabei entscheidend gewesen; zu der Verpflanzung dieser Doktrin in die KPČ vgl. den Brief der Ersten Kommunistischen Internationale an den Vereinigungsparteitag der linken Sozialdemokraten in der ČSR, Protokoly sjezdů KPČ, I., S. 322.

verständlich wurde das Prinzip auch bei der Besetzung von Staatsposten aller Art rigoros angewandt.[105]

So wie sich vorher die Parteistellen des Staates bemächtigten, wurde auch die Macht des Apparats über die Partei realisiert. Später bemühte sich Stalin mit Erfolg, auch diesen Rest von Parteimacht zugunsten eines exklusiven Kreises aufzulösen. Schon gegen Ende der 1930er Jahre wurde so die VKP(b) als Institution von den Entscheidungsprozessen so gut wie ausgeschlossen.[106] Auf diese Weise hatte Stalin mit seinen jeweiligen Verbündeten in der Parteispitze die immanenten Möglichkeiten des „demokratischen Zentralismus" zu voller Entfaltung gebracht. Zuletzt galt offensichtlich auch die auf der delegierten Autorität der Führungsspitze begründete relative Eigenständigkeit des Apparates als schädliche Keimzelle von „Fraktionalismus". Aus dem gleichen Grunde wurde das Prinzip einer verbindlichen Befugnisabgrenzung weitgehend verworfen. So wurden unter Stalin die grundlegendsten Prinzipien einer leistungsfähigen Organisation fallen gelassen, nur um seine Utopie einer monolithisch bedingungslosen Disziplin in Partei und Staat realisieren zu können.[107] Daher wird der Stalinismus oft als eine systematische Entinstitutionalisierung des Staates und der Gesellschaft charakterisiert.[108]

Seit Ende der 30er Jahre wurde die UdSSR von einer Clique der engsten Anhänger Stalins – Tischgenossen in seiner Datscha – regiert, die der Parteiführer je nach Laune mit verschiedensten Missionen und Ämtern beauftragte. Sie bildeten ein informelles

---

[105] T.H. Righby: Staffing USSR Incorporated: The Origins of the Nomenklatura System, in: Soviet Studies 40 (Oct. 1988), S. 523–537; M.S. Voslensky: Nomenklatura, S. 144–8, 149: Voslensky glaubt, die Bildung der Nomenklatura sei der nachleninschen Funktionärsgeneration zugute gekommen, die auf diese Weise die Schicht der Bolschewiki der Revolutionszeit aus ihren Posten verdrängte; dgl. auch H. Brahm: Von der innerparteilichen Demokratie unter Lenin zur Autokratie Stalins, in: Gruppeninteressen und Entscheidungsprozeß in der Sowjetunion, hrsg. von B. Meissner u. G. Brunner, Köln 1975; S. 9–21, hier S. 15 f.; zum Bedeutungsverlust der KPdSU-Organe, ebenda, S. 18, und bei G. Brunner: Politische Soziologie, S. 22–24; seit Ende der 20er Jahre hatten die Parteikongresse keinen Anteil an den Entscheidungen, es gab höchstens akklamative Bestätigungen eines „Neuen Kurses"; zu Verlängerungen der Perioden zwischen den Tagungen von oberen Parteiorganen, ebenda S. 25: Nach den konsekutiven Satzungen der VKP(b) wurde die Tagungsperiode von ZK-Sitzungen zwischen 1919 und 1952 von zweimal monatlich bis auf einmal in 4 Monaten (!) verlängert; tatsächlich wurde das ZK noch seltener einberufen, so zwischen 1941–1951 anstelle von 33 Sitzungen nur zweimal, nach dem Tod Stalins tagte es durchschnittlich zweimal jährlich.

[106] Nach S.R. Liebermann: The Party under Stress: The Experience of World War II, in: Soviet Society and the Communist Party, hrsg. v. K.W. Ryavec, Amherst 1978, S. 108–134, hier S. 108; nach M. Fainsod: Rußland, S. 127; B. Meissner: Der Entscheidungsprozeß in der Kreml-Führung unter Stalin und seinen Nachfolgern und die Rolle der Parteibürokratie, in: Gruppeninteressen und Entscheidungsprozeß, S. 21; die Sowjetunion wurde zum Führerstaat, wo alles nach dem Prinzip der sog. „einheitlichen Befehlsgewalt" gelenkt wurde; vgl. auch J. Bielasiak: Lateral and Vertical Elite Differences in European Communist States, Studies in Comparative Communism, 11 (1978), S. 121–141, S. 121 f.

[107] W. Welsh: Introduction, S. 2: Nach dem Konsens der Forscher wird der Stalinismus mit der Zeit von Stalins Herrschaft (1924–1953) gleichgesetzt.

[108] Erst nach Stalins Tod ist von einer Zunahme der Institutionalisierung die Rede, siehe W. Welsh: Introduction, S. 5, J.H. Kress: Representation, S. 120, und W. Welsh: Leaders and Elites, S. 137 f.; C. Beck: Career Characteristics, S. 173, H. Brahm: Von der innerparteilichen Demokratie, S. 19; J. Bielasiak: Political Change, S. 17 f., 27 f., 66 f., B. Meissner: Der Entscheidungsprozeß, S. 21, und A. Korbonski: Leadership Succession and Political Change in East Europe, in: Studies in Comparative Communism 9 (1976), S. 3–26, hier S. 19, sowie M. Rush in ihrem Kommentar zu Korbonski, ebenda, S. 25 f.

„inneres Politbüro" ohne jegliche statutarische Verankerung, das deshalb der Partei gegenüber nicht verantwortlich war. Alle übrigen offiziellen Institutionen des Regimes wurden so zum „Transmissionsriemen" dieser Clique.[109] Nach dem Krieg wurde das Politbüro zu einem bloßen „Führerrat". Die Staatsgeschäfte wurden durch sog. Fünfer-, Sechser-, Siebener- und Neuner-Kommissionen erledigt. Daran nahmen die nominellen PB-Mitglieder wieder nur insoweit teil, als sie Stalins persönliche Gunst genossen. Nach Zdanovs Tod wurden die PB-Sitzungen ganz selten, die des ZK fanden nicht mehr statt. Nun konnte Stalin seine Entscheidungen ganz allein treffen.[110]

Durch eine weitere Runde von Säuberungen nach 1948 versuchte Stalin, die unter dem Leistungsdruck des Krieges sich wieder stabilisierenden Eliten in den unteren Etagen der Macht[111] erneut zu zermalmen. Diese Säuberung sollte auch die Volksdemokratien ergreifen, wo Stalin innerhalb des siegreichen KP-Establishments ein deutliches Defizit an Monolithismus seiner Art witterte. Nach der vollständigen Machtübernahme durch die Kommunisten sollte nun das von Moskau kontrollierte Osteuropa mittels einer radikalen Bolschewisierungskampagne auch noch „sowjetisiert" werden.[112]

Die Übernahme dieses Organisationsmusters muß im wesentlichen als freiwillig betrachtet werden. Denn bis 1944 konnte Moskau seine außerhalb Sowjetrußlands lebenden Anhänger kaum anders als durch ideologische Argumente bzw. durch formale Parteistrafen beeinflussen. Dies gilt ebenfalls für die Parteien, die schon damals im Untergrund agieren mußten. M. Djilas schildert in seinen Erinnerungen, wie auch in jenen Parteien, die vor der direkten Einflußnahme Moskaus durch die eigene Polizei „abgeschirmt" wurden, eine echt bolschewistische Generation heranwuchs. Hier waren es die Verfolgung und die terroristischen Maßnahmen der einheimischen Regime, die den blinden Glauben an die Sowjetunion und eine von ihr aus gelenkte Revolution nährten.[113]

Eine in etwa vergleichbare Wirkung erzeugte die deutsche Besetzung Osteuropas im Krieg. Förderlich hierbei war, daß die politische Linie der Kommunisten sich endlich mit den lebenswichtigen Interessen ihrer nationalen Gesellschaften identifizieren konnte. Wie auch immer die Kommunisten durch ihren antifaschistischen Einsatz und ihre Volksfronttaktik[114] an Popularität zugenommen haben, ihre Organisationsdoktrin von 1919 wurde dadurch nie in Frage gestellt.

---

[109] Nach B. Meissner: Der Entscheidungsprozeß, S. 21; S. R. Liebermann: The Party, S. 112; und H. Brahm: Von der innerparteilichen Demokratie, S. 18–19.

[110] B. Meissner: Der Entscheidungsprozeß, S. 22–3.

[111] S. R. Liebermann: The Party, S. 108 ff., andere Anzeichen dazu bei R. Conquest: Power and Policy in the USSR, New York 1967, S. 79, 227.

[112] Z. Brzezinski: Der Sowjetblock, S. 113 f.: Zweck der Säuberungen war eine Disziplinierung mit dem Ziel, die Gruppeninteressen in osteuropäischen KPs auszumerzen, um ihnen eine monolithische Struktur zu verleihen; nach M. K. Dziewanowski: The Communist Party of Poland, Hamburg 1976, S. 214, verlangte Stalin von den lokalen Führern offen, die Loyalität ihm gegenüber höher zu stellen als die Verantwortung gegenüber der eigenen Partei.

[113] M. Djilas: Der junge Revolutionär. Memoiren 1929–1941, Wien-München 1979, S. 215.

[114] Nach D. und E. Rodnik: Fünf Kategorien von tschechischen Kommunisten, in: Ostprobleme 2 (1950), I., S. 804 f. (nach einem Aufsatz in: Public Opinion Quarterly 14 (1950), S. 81 f.). Hier werden die Erfahrungen von München und aus der Okkupationszeit unter den kleineren Nationen als wesentlich für die bedingungslose Anlehnung an die Sowjetunion dargestellt; nach R. V. Burks: The Dynamics, S. 79, 131–40, profitierten die KPs in Osteuropa allgemein von der panslavistischen Einstellung der Massen, die durch das aktuelle antideutsche Ressentiment noch verstärkt wurde.

Dieses Grundmuster wurde dann ab 1948 durch Sowjetisierungsmaßnahmen Stalinscher Art überlagert. Diese Kampagnen können zwar der Moskauer Führung eindeutig zugeschrieben werden.[115] Sie wandten sich aber wohl nicht gegen bestimmte Personen und Gruppen, sondern waren dazu bestimmt, die lokalen KP-Eliten als Ganze ohne Ansehung ideologischer Nuancen gleichzuschalten.

Gerade weil Moskau eine straffe Unterordnung der Satellitenparteien für opportun und erforderlich hielt[116], mußte die Teilnahme an den Bolschewisierungsmaßnahmen 1948 wieder zu einem gewissen, sicher nicht ganz unbedeutenden Teil freiwillig erfolgen. Dies läßt sich aus dem unterschiedlichen Verlauf der Säuberungen in Osteuropa ablesen. Neben der direkten Absage Titos mußten sich die Sowjets mit Zögern, ja Verweigerungstaktik in anderen Ländern ihres Machtbereichs auseinandersetzen. Die polnische Führung weigerte sich beständig, die Säuberung nach „ungarischer" Art durchzuführen. In Rumänien gab es sie kaum und in der SBZ erlegten sich die Russen selbst aus Rücksicht auf Westdeutschland eine gewisse Mäßigung auf.[117] In der ČSR weigerte sich die KPČ-Führung mindestens bis Ende 1950, die Bolschewisierung überhaupt zu beginnen.[118]

Durch die Ždanovščina wurde jedoch in allen kommunistischen Parteien Osteuropas das während des Krieges neu gewachsene politische Selbstbewußtsein durch schlichte bürokratische Unterordnung als Handlungsprinzip eines Kommunisten ersetzt und die politische Arbeit in eine passive Befehlsausführung umgewandelt. Das erklärte Ziel war, diese Parteien mehr oder weniger zu bloßen „Transmissionsriemen" der jeweiligen Führung zu machen, und diese wiederum auf gleiche Art dem Kreml unterzuordnen.[119]

So ist im sowjetischen Machtbereich der Typus einer kommunistischen Partei entstanden, deren Führung als ihr Ziel eine möglichst totale Machtausübung in der Partei und im Staate anstrebte, um schließlich die ganze Gesellschaft einer ähnlichen Kommandostruktur zu unterwerfen. Aus heutiger Sicht betrachtet, waren die kommunistischen Parteien Osteuropas diesem Ziel gerade in der Zeit zwischen 1948 und 1953 am nächsten gekommen.

Im Endergebnis führte das kommunistische Organisationskonzept zur Auslöschung jeglicher Spontaneität und zur dramatischen Herabsetzung der Rolle eines freien, individuellen politischen Engagements. Die Folgen dieser „Bolschewisierung" können sogar als Versuch einer faktischen Entpolitisierung und schon deshalb als eine bisher in diesem Ausmaß unbekannte Bürokratisierung der Politik charakteri-

---

[115] Nach N. Bethell: Die polnische Spielart, Wien, Hamburg 1969, S. 198; M. Molnar: A Short History of the Hungarian Communist Party, Folkestone 1978, S. 114–5; Z. Brzezinski: Der Sowjetblock, S. 138; A. Korbonski: Leadership, S. 5.

[116] Die Begrenzung der Unabhängigkeit der lokalen Führer als Ziel Moskaus nach F. Fejtö: Die Geschichte, I., 257; J. Hacker: Der Ostblock. Entstehung, Entwicklung und Struktur 1939–1980, Baden-Baden 1983, S. 415; Z. Brzezinski: Der Sowjetblock, S. 137.

[117] Zum Verlauf der Säuberungen: s. o. und bei Z. Brzezinski: Der Sowjetblock, S. 113–8, zu Weigerungen in Polen vgl. ebenda, S. 116–7; N. Bethell: Die polnische Spielart, S. 211, 215, 227 f. und M. K. Dziewanowski: The Communist Party, S. 208 f.

[118] Nach Ostprobleme 3,1 (1951), S. 1009.

[119] Nach F. Fejtö: Die Geschichte, I., S. 203 f., 207; J. Hacker: Der Ostblock, S. 415; Ausmaß der Säuberungen nach F. Fejtö: Die Geschichte, I., S. 264–5, und nach einem Bericht in Ostprobleme 3,2 (1951), S. 1422–6.

siert werden[120], die sich entsprechend in der Ausgestaltung von KP-Eliten niederschlug.

„Bolschewisierung", ein widersprüchliches Konzept?

In der einschlägigen Literatur wird Bürokratisierung als die bestimmende Tendenz innerhalb der KP-Ostblockeliten im Zeitraum von 1945 bis zum Anfang der 1960er Jahre konstatiert. Dies hing mit der Entpolitisierung der Partei, der Bewegung, ja der ganzen Gesellschaft auf das engste zusammen. Dieser Tendenz fielen jedoch auch einige wichtige Stereotype der kommunistischen Organisationsdoktrin zum Opfer.

Die Bürokratisierung der KP-Eliten brachte zweifellos ein Ende des Berufsrevolutionärsethos mit sich. Wie oben deutlich wurde, schieden aus diesen Eliten Funktionäre ohne zivilen Beruf allmählich aus, und ihre Positionen wurden durch Kader mit Wechselkarrieren oder gar Fachleute mit langen Berufsbindungen besetzt, so daß sich das System in eine Art „Technocracy" umwandelte.[121] Schließlich tauchten Ansätze von Proporzregelungen zwischen den wichtigsten Machtsektoren oder nach nationaler Zugehörigkeit auf.

Am deutlichsten manifestierte sich die innere Widersprüchlichkeit des bolschewistischen Organisationskonzepts wohl an dem tiefen Riß zwischen den Regierungs- und Parteiapparatkadern. Die Übernahme von Regierungsverantwortung setzte die KP-Führungen einer neuen Belastungsprobe aus. Zu dem üblichen Flügelkampf um eine Vertretung an der Parteispitze gesellte sich nun eine neue Komplikation, nämlich die Abgrenzung der Kompetenzen zwischen den Staats- und den Parteistellen. Der auf unterschiedlichen Interessen- und Loyalitätsbezügen gegründete Gegensatz zwischen Partei- und Staatsfunktionären wird in der einschlägigen Literatur als der vielleicht wichtigste Zwist innerhalb der KP-Elite betrachtet.[122]

Nach den oben dargestellten Daten verlieren in diesem Zweikampf überraschend die ZK-Sekretäre als Gruppe zahlenmäßig an Bedeutung. Auch der zu erwartende Vorstoß von Apparatleuten ins ZK/PB blieb aus. Von beiden Tatsachen profitierten vor allem die KP-Kader innerhalb der Staatsbürokratie.[123]

Eine historische Illustration dieses Gegensatzes bieten uns die Ereignisse in Prag 1949–1952. Nach dem „Februarsieg" von 1948 standen gemäß der geltenden Parteistatuten auch weiterhin alle KPČ-Kader, inklusive der Regierungsfunktionäre, unter der Kontrolle und Lenkung des Parteiapparats. Die „Regierungskommunisten" wie Gottwald, Kopecký, Zápotocký, Široký u.a. waren jedoch sicherlich nicht bereit, sich dem anonymen Apparat gegenüber zu verantworten. Da aber der Parteiapparat nach der

---

[120] W. Shawcross: Dubček. Der Mann, der die Freiheit wollte, Zürich 1970, S. 66, nach Zeugnis Dubčeks.

[121] Gerade deshalb wird diese Technokratisierung mit der „Bürokratisierung" gleichgesetzt, vgl. W. Welsh: Communist Political Leadership: Conclusions, S. 305 f.; ähnlich bei F. Fleron: Representation, S. 127 f., und Ders.: System Attributes and Career-Attributes: The Soviet Political Leadership System, 1952 to 1965, in: C. Beck u.a.: Comparative Communist Leadership, S. 43–85, und Ders.: Cooptation as a Mechanism of Adaptation to Change, in: Polity 2 (Winter 1969), S. 176–201, sowie bei W. Welsh: Leaders, S. 130 f.; bei R.D. Putnam: The Comparative Study, S. 201, und bei J. Bielasiak: Political Change, S. 19–26.

[122] J.H. Kress: Representation, S. 230 f.; J. Bielasiak: Political Change, S. 348 f.; Ders.: Leadership, S. 125, für die Zeit 1948–54.

[123] Nach J. Bielasiak: Political Change, S. 348 f.; und C. Beck: Leadership, S. 125, für die Zeit 1948–54.

Machtübernahme nicht aufgelöst wurde – hatte er doch durch seine langjährige organisatorische Leistung den Sieg herbeigeführt und der Partei zu der von ihr beanspruchten „führenden Rolle" im Staat und in der Gesellschaft verholfen – schien die Kollision unvermeidlich.

Die PB-Mitglieder der KPČ nach 1945 können in der Tat nach ihren Nebenfunktionen in die Anhänger der „Regierung" und der „Parteizentrale" aufgeteilt werden, wobei die ersteren, um den Ministerpräsidenten und Parteivorsitzenden Gottwald geschart, zahlenmäßig klar überwogen. Die Angehörigen der „Parteiclique", geführt von Generalsekretär Slánský, bekleideten in dieser Parteiführung als Nebenfunktion ausschließlich die Posten eines ZK-Sekretärs bzw. eines leitenden ZK-Angestellten. Die kompetenz- und machtbedingte Gegnerschaft der „Burg-" und der „Partei-Lobby", so wie sie in der Funktionsverteilung innerhalb des untersuchten Personenkreises zutage kommt, bekräftigt zusätzlich die Gottwald-Novotnýsche These über Versuche Slánskýs, aus der „Parteizentrale" heraus der „Burg" die Macht im Staate streitig zu machen[124], und sie kann uns so ein internes Motiv für die Parteikrise nach 1949 liefern.[125]

Im Laufe der Zeit haben die mit Regierungsposten bedachten PB-Mitglieder eine solide Übermacht von knapp 2:1 gegenüber den „reinen Parteileuten" erreicht. Im September 1951 kam es dann zur Absetzung Slánskýs durch Enthebung von seinen Parteiämtern. Gleichzeitig wurde auch die Mehrheit seiner Anhänger entmachtet. Dadurch war diese Fraktion ausgeschaltet, und ihre Ämter wurden den „Regierungskommunisten" anvertraut. Es war, als ob es plötzlich keine zuverlässigen Kommunisten mehr im Apparat gebe. Die PB-Mitglieder mußten nun sowohl eine volle Regierungs- als auch eine Sekretärsfunktion übernehmen. Diese Regelung konnte auf längere Zeit kaum befriedigen, denn beide Funktionen verlangten einen vollen Einsatz. Vernachlässigung des einen oder anderen der beiden Ämter hätte notwendigerweise Macht- und Prestigeminderung ihres Inhabers zur Folge gehabt.

Ursprünglich sollten mit Hilfe eines solchen provisorischen Arrangements die auseinanderlaufenden Verpflichtungen Gottwalds und Širokýs in Einklang gebracht werden, die sowohl in ihren hohen Parteiämtern als auch in der Regierung unentbehrlich waren.[126] Ab September 1951 gab es schon vier oder fünf solcher Doppelposten: Träger waren Dolanský, Bacílek, Čepička, Krosnář und V. David. Nach einiger Zeit wurden die Sekretärsfunktionen in das neu geschaffene Organisationssekretariat verlagert, das dem Politbüro nun eindeutig untergeordnet wurde. Durch diesen von Novotný persönlich durchgeführten organisatorischen Eingriff an der Parteispitze hatte aber die Partei de facto das geltende bolschewistische Organisationsmuster in Frage gestellt und zielte darauf, den Parteiapparat einer gewissen Kontrolle zu unterwerfen.

Die siegreiche Regierungs-Lobby, deren Anführer Novotný war, setzte schließlich durch, daß in die nächste Parteiführung nur ein einziger ZK-Sekretär aufgenommen wurde, Novotný selber. Doch die einmal betonierte Macht des Apparates, die sich

---

124 Siehe Z. Suda: Zealots, S. 244–246; L. Lesný: Der Slanský-Prozeß, S. 9–10; F. Borkenau: Doppelsäuberung, S. 1511–2; J. Pelikan: Pervertierte Justiz, S. 99–100; A. V. Velen: Czech Stalinists, S. 327; R. B. Lockhardt: Report on Czechoslovakia, In: Foreign Affairs 33 (1955), S. 489; vgl. auch Kurzberichte in Osteuropa 2 (1952), S. 16, und Ost-Probleme (Jg. 1951), III-2, S. 1530, (Jg. 1961), S. 861–862, sowie in Problems of Communism 3 (1953), S. 24.

125 K. Kaplan: Die Prozesse, S. 186 f., 208; vgl. auch Ostprobleme 4 (1952), I., S. 827–30.

126 J. Škurlo: Československá konferencia, S. 149–151, 168 f.

durch einzelne ZK-Abteilungen in alle Bereiche der Staats- und Wirtschaftsverwaltung des 1948 installierten Regimes projizierte, zeigte sich dennoch als viel zu stark. Nach und nach mußte Novotný wieder Nachrücker aus dem Kreise des ZK-Apparates in sein Politbüro aufnehmen. So befand sich außer dem 1. Sekretär der KPČ und dem 1. Sekretär der KPS schon 1958 ein weiterer ZK-Sekretär im obersten Parteigremium, und nach 1962 kamen noch weitere hinzu.

Die Schwierigkeiten, die die KPČ mit ihren eigenen ZK-Sekretären in der Stunde ihres politischen Sieges erlebte, weisen auf das bolschewistische Organisationsmuster als ihre wahre Ursache hin. Denn dessen Ziel, eine monolithische Kommandogewalt der Parteispitze überall durchzusetzen, war illusorisch und gleichsam ineffektiv. Es hatte die Aufspaltung der Parteiführung in zwei relativ unabhängige Machtplattformen nicht verhindern können, in deren Loyalitätskonflikten und Sachzwängen sich die jeweiligen Amtsträger verfangen mußten.[127] Weil jedoch beide „Plattformen" politisch gleich fest verankert waren, bot sich außer nacktem Machtkampf kein Konfliktlösungsmechanismus, um einen Ausgleich zwischen beiden Fraktionen herbeizuführen.

Änderungstendenzen, die sich allerdings bis 1956 nur zögernd durchsetzen konnten, zielten unter der tätigen Mitwirkung und im Eigeninteresse der Nomenklatura selber auf die Korrektur des monolithisch-totalitären Machtanspruchs, so wie er von Stalin vertreten worden war. Dies geschah zugunsten eines zwar immer noch autoritär-diktatorischen, aber an sich schon etwas gemilderten „offeneren" Systems, das seinen offiziellen Institutionen und Gremien ihre Eigenständigkeit nicht mehr streitig machte, das die inneren Reibungen der Nomenklatura minimalisierte und dadurch ihren Machtgenuß maximalisierte.

Die „Bürokratisierung" der KP-Eliten in Osteuropa kann so als ein relativ autochthoner Prozeß betrachtet werden, der zum „Neostalinismus" unter der sog. „Kollektiven Führung" führte. Hiernach erscheint die Herrschaft von Bürokraten und die bürokratische Struktur die dem System immanente optimale Mittellage zu sein. Auf diesen „modus vivendi" lief das kommunistische Herrschaftssystem ursprünglich hinaus, bevor es der Stalinschen Utopie des monolithischen Gehorsams unterworfen wurde. Daher schwenkte auch das System immer, wenn das Zentrum der Machtausübung geschwächt schien und Tauwetterperioden eintraten, auf eben diese Richtung ein.

Schon unter dem „Sachzwang" des Zweiten Weltkrieges, angewiesen auf die Allianz mit den demokratischen Westmächten, entwickelte sich der Stalinismus vorübergehend in eine übliche bürokratische Diktatur zurück. Den gleichen Kurs nahm das System nach Stalins Tod wieder auf. Vielleicht auch deshalb wurde der status quo nach 1956 von den Parteiideologen als eine „Rückkehr zur wahren Lehre Lenins" ausgelegt, was bei aller Mehrdeutigkeit immerhin eine Rückkehr zur „Lage vor Stalin" bedeutet.

---

[127] J. Žižka: Únorová politická krise, S. 668; J. Pelikán: Pervertierte Justiz, S. 100–109.

Die orthodoxe Abweichung: Jugoslawien zum Vergleich

von
Wolfgang Höpken

I

Die Einbeziehung Jugoslawiens in eine komparative Betrachtung der Nachkriegsentwicklung in den Ländern Osteuropas endet in aller Regel mit dem Nachweis eines sich dem Vergleich mit den übrigen sozialistischen Staaten weitgehend entziehenden jugoslawischen Sonderweges. Soweit dabei die Entwicklung seit dem Bruch mit der Sowjetunion 1948/49 beschrieben wird, ist diese Etikettierung evident. Nicht weniger verdient es jedoch auch die dem sowjetisch-jugoslawischen Konflikt vorausgehende Phase der sozialistischen Umgestaltung des Landes in den Jahren 1943/44 bis 1948/49 durchaus, aus dem Blickwinkel ihrer spezifisch nationalen Ausprägung betrachtet zu werden. Auch jene Periode, die gemeinhin als Phase einer besonders exponierten Orientierung der Kommunistischen Partei Jugoslawiens (KPJ) am sowjetischen Theorie- und Praxis-Vorbild gilt, ragt nämlich trotz, oder besser gesagt, gerade wegen ihres prononciert von stalinistischen Theorieinhalten und Herrschaftsmethoden geprägten Charakters aus dem Spektrum der Volksdemokratisierung in den ostmittel- und südosteuropäischen Staaten heraus.

Schon der Blick auf die Chronologie deutet dabei an, daß sich die jugoslawische Entwicklung nur unvollständig in das Tableau der Nachkriegstransformation der Länder des „cordon soviétique" einpaßt. Früher als in den übrigen Volksdemokratien waren in Jugoslawien praktisch all jene charakteristischen Elemente Realität, die seit dem Kurswechsel im Gefolge des Marshall-Plans 1947 als vereinheitlichtes Konzept der Volksdemokratie den ostmittel- und südosteuropäischen Staaten verordnet wurden. Dies gilt für die bereits im November 1946 weitgehend abgeschlossene Paralysierung der bürgerlichen Opposition ebenso wie für Art und Umfang der Nationalisierung; für die Vorbereitung einer dirigistischen Planwirtschaft seit Mitte 1946 nicht weniger wie für die normative Kodifizierung der Volksdemokratie in einer stark der sowjetischen entlehnten Verfassung im Februar 1946. Zweifelsohne waren auch die jugoslawischen Kommunisten aus unterschiedlichen Beweggründen gezwungen, in einzelnen Teilbereichen des Systems auf eine sofortige Umgestaltung im Sinne sowjetisch-stalinistischer Sozialismus-Konzeption zu verzichten. Die Notwendigkeit internationaler Anerkennung und die Angst vor westalliierter Intervention veranlaßten bei Kriegsende zum Kompromiß mit Vertretern des bürgerlichen Exils; machtpolitische Rücksichtnahme auf die bäuerliche Massenbasis der Partisanenbewegung ließ eine sofortige Kollektivierung wenig ratsam erscheinen; die noch ausstehende Pariser Friedenskonferenz wiederum zwang hinsichtlich der Nationalisierung des ausländischen Kapitals zur Zurückhaltung und zu ideologischer Selbstbeschränkung. Im ganzen aber verlief der Prozeß der Systemtransformation hier nicht nur zügiger, sondern auch wesentlich radikaler und widerstandsfreier als in allen anderen Ländern. Westliche Beobachter registrierten schon relativ früh, etwa ab Anfang 1946, daß das Land sich in einer sozialen und politischen Revolution befand, deren konzeptionelle Wegweiser in Richtung auf einen sowjetischen Sozialismus wiesen.

> „A communist state is in the making", bemerkte der United-Press-Korrespondent im Juni 1946: „It is modelled on the Russian pattern, but retains concessions to nationalistic characteristics. And Communist Yugoslavia is coming more slowly than the Soviet but in more orderly fashion."[1]

Dies hat die jugoslawische Geschichtswissenschaft dazu veranlaßt, die Entwicklung in Jugoslawien überhaupt aus dem Zusammenhang der „Volksdemokratisierung Osteuropas" herauszulösen und sie als spezifische und eigenständige „jugoslawische Revolution" zu begreifen.[2] Auch wenn ein solches Interpretationsparadigma um der politischen Legitimation willen die nicht eben unerheblichen ideologischen und machttechnischen Parallelen übersieht, die zwischen der jugoslawischen Entwicklung und dem „Sowjetisierungsprozeß" in den übrigen Staaten Ostmittel- und Südosteuropas bestehen, so hat die westliche Forschung ihm doch im wesentlichen folgen können. Sie hat die stalinistische Ideologie und den machtpolitischen Machiavellismus der KPJ gegen den idealisierten Revolutionsbegriff der jugoslawischen Geschichtswissenschaft stärker in den Vordergrund gerückt; an der Behauptung, man habe es im jugoslawischen Falle mit einer bereits im Kriege angelegten, in Ablauf und Konzept eigenständigen sozialen Revolution zu tun, ist aber auch sie nicht vorbeigekommen.[3]

Anders als allen anderen kommunistischen Parteien der Volksdemokratien wird man der KPJ in der Tat ein erhebliches Maß an legitimem Machtgewinn kaum bestreiten können. Vom Vorwurf, allein durch Infiltration, Terror und sowjetische Rückendeckung zu einer ansonsten versperrten Macht gelangt zu sein, bleibt die KPJ ausgenommen. Obwohl auch sie es tunlichst vermied, den Krieg offen als sozialistische Revolution auszugeben und überall dort, wo – wie in Bosnien und Montenegro 1941/42 – der antifaschistische Kampf zur revolutionären Klassenauseinandersetzung zu werden drohte, korrigierend einschritt, verstand die KPJ den Volksbefreiungskrieg dennoch zugleich auch als fundamentalen politischen Bruch mit dem alten Jugoslawien und als soziale und ökonomische Revolutionierung des ancien régime. Die Politik der KPJ im Kriege war ein stetes Oszillieren zwischen einer der Rücksichtnahme auf den Westen wie den strategischen Interessen der UdSSR ebenso geschuldeten Mäßigung und einem in Symbolik und Inhalt als ordnungspolitische Fundamentalveränderung verstandenen Befreiungskampfes. Mochten dabei sozialistische Zielsetzungen selbst gegen Ende des Krieges aus der revolutionären Rhetorik weiterhin ausgespart

---

1 National Archives Washington: Records of the Department of State relating to the Internal Affairs of Yugoslavia. Decimal file 860 H. Mikrofilm: 860 H.00/6-1246 (Dispatches from Correspondents). „Künftig: N.A. Washington; Dept. of State". Ähnlich im Urteil auch The Times vom 20.9. 1946: „Yugoslavia is going through a revolution, which is rapidly transforming it into a state of a Soviet type".

2 Vgl. paradigmatisch und repräsentativ Pregled Istorije Saveza Komunista Jugoslavije, Beograd 1985, S. 179–313.

3 Vgl. I. Banac: With Stalin against Tito. Cominformist Splits in Yugoslav Communism, Ithaca, London 1988. S. 6. P. S. Shoup: The Yugoslav Revolution – The First of a New Type, in: The Anatomy of Communist Takeovers, hg. v. Th. T. Hammond, London, New Haven 1975, S. 244–272. O. N. Haberl: Die Emanzipation der KP Jugoslawiens von der Kontrolle der Komintern/KPdSU 1941–1945, München 1974.

bleiben[4], so blieb dies ein immer handlungsbestimmendes Ziel. Letztlich präjudizierte die politische und ökonomische Gestaltung der von den Partisanen befreiten Territorien de facto schon im Krieg eine Neuordnung, die entweder bereits sozialistische Züge trug, oder aber die von der Machtfrage wie von den institutionellen Ressourcen her ein Weitertreiben in eine solche Richtung nach Kriegsende problemlos möglich machte.

II

Auf politischem Gebiet dienten vor allem die Volksbefreiungsausschüsse als Instrument einer solchen Revolutionierung aus dem Kriege heraus. Zu Beginn des Krieges nur als zeitweilige Machtorgane betrachtet, wurden sie bereits seit dem Herbst 1942 als auf die Nachkriegsordnung hin konzipierte Organe einer neuen, nichtparlamentarischen und nicht „bürgerlich-demokratischen" Verwaltungs- und Willensbildungsstruktur begriffen.[5] Bewußt als „parteilose" Organe konzipiert, versperrten sie von Anbeginn an nicht-kommunistischen Vertretern zumindest eine organisatorische Beteiligung an den Volksausschüssen. Von den Partisanen initiiert, war der Einfluß der Partei personell wie politisch aber während des ganzen Krieges hindurch dominierend.[6] Auf dem Prinzip der Gewalteneinheit aufbauend, stellten sie bereits im Kriege und wesentlich konsequenter jene spezifisch „volksdemokratische" Form lokaler Verwaltung dar, die in den anderen Volksdemokratien erst nach 1945 und zum Teil nicht

---

4 Vgl. exemplarisch Titos Aussage gegenüber Churchill im August 1944, daß er „nicht die Einführung eines kommunistischen Regimes in Jugoslawien wünsche, nicht zuletzt aus keinem anderen Grunde, weil er erwarte, daß die Mehrzahl der europäischen Länder nach dem Kriege in demokratischen Systemen leben werde, von denen sich Jugoslawien nicht unterscheiden wolle". D. Biber (Hg): Tito–Churchill. Strogo tajno!, Zagreb 1981, S. 276. Siehe auch Tito: Sabrana djela, tom 22, Beograd 1979, S. 43–46, hier S. 45.

5 Zum Funktionswandel vgl. E. Kardelj: Narodnooslobodilački odbori moraju postati istinski privremeni nosioci narodne vlasti (19. 10. 1941), in: Istorijski archiv KPJ, tom I, 1: „Borba" 1941, Beograd 1949, S. 18–20. M. Pijade: Izabrani govori i članci 1941–1947, Beograd 1948, S. 9 ff., 12 ff., 154 ff. L. Gersković: Karakter i struktura narodoslobodilačkih odbora, in: Arhiv za Pravne i društvene nauke (1945) 1–2, S. 46–61. Beispiele für Aufgabenbeschreibung siehe in: AVNOJ i revolucija. Tematska zbirka dokumenata 1941–1945, hg. v. S. Nešović u. B. Petranović, Beograd 1983, S. 104–125.

6 Vgl. D. Živković: Postanak i razvitak narodne vlasti u Jugoslavije 1941–1942, Beograd 1969. Für Serbien: V. Glišić: Komunistička partija Jugoslavije u Srbiji 1941–1942, tom 1, Beograd 1975, S. 267–292. Ž. Marković: NOO u Užicu 1941, T. Užice 1977. Für Kroatien: H. Sirotković: KPH u procesima formiranja i učvršćivanja narodne vlasti, in: Četiri decenija SKH, Zagreb 1979, S. 163–172. D. Zatežalo: Narodna vlast na Kordunu, Banji i Lici 1941–1945, Karlovac 1978. S. Hrečković: Razvoj i aktivnost narodnooslobodilačkih odbora u Slavoniji 1941–1942, in: Historijski Institut Slavonije: Zbornik Bd. 14 (1977), S. 253–328. P. Nasakanda: Prilog istraživanju strukture i karaktera narodne vlasti na području Sjeverozapadne Hrvatske u toku narodnooslobodilačkog rata, in: Zbornik Pravnog Fakulteta u Zagrebu Bd. 19 (1979), S. 337–351. Für Bosnien-Hercegovina: H. Ćermerlić: Postanak i razvoj narodne vlasti u BiH za vrijeme NOR-a, in: Godišnjak Istorijskog Društva BiH 1951, S. 53–59. V. Djuretić: Stvaranje prvih organa narodne vlasti u Hercegovini, in: Vojnoistorijski glasnik (1964) 6, S. 273–300. D. Borovčanin: Oblici organa narodne vlasti u Bosni i Hercegovini 1941, in: 1941 u istoriji naroda BiH, Sarajevo 1973. Für Mazedonien: N. Veljanovski: 1941 pocetak kontinuiranog razvoja narodnoolobodilačkih odbora u Makedoniji, in: Od narodnooslobodilačkih odbora do komune, Titovo Užice 1983, S. 257–271.

ohne Widerstand schrittweise etabliert werden konnte.[7] Nach Kriegsende waren die Volksbefreiungsausschüsse denn auch problemlos als Transmissionsorgane der Partei in einen demokratisch-zentralistisch hierarchisierten volksdemokratischen Staat einzubauen.[8] Die historische Analogiebildung zu den frühen Sowjets der russischen Revolution in Teilen der jugoslawischen Historiographie mag dabei mehr einem historisch-politischen Identifikationsbedürfnis entspringen als realhistorisch tragfähig sein.[9] Zweifelsohne verfügten die jugoslawischen Kommunisten im Unterschied zur Entwicklung in den anderen Ländern mit den Volksbefreiungsausschüssen aber schon während des Krieges über einen durch sie kontrollierten, flächendeckenden Verwaltungsapparat, der weder von den im Exil vereinigten Parteien noch von nichtkommunistischen Kräften im Lande selbst zu durchdringen war.

Was auf lokaler Ebene praktisch vollständig gelang, nämlich die von den Kommunisten im Kriege gebildeten „nicht-bürgerlichen" Verwaltungsorgane unbeschadet als Träger der eigenen Macht in die Friedensordnung zu transponieren, das klappte auch hinsichtlich der regionalen und überregionalen Verwaltungs- und Vertretungsorgane ohne allzu große Abstriche. Der im November 1942 geschaffene und ein Jahr später de facto zu einem Kriegsparlament und zur vorläufigen Regierung umgebildete „Antifaschistische Rat der Volksbefreiung Jugoslawiens" und die ebenfalls seit Herbst 1943 gebildeten entsprechenden Landesräte präformierten bereits in den letzten beiden Kriegsjahren die spätere „volksdemokratische" staatliche Ordnung ganz entscheidend. Auch wenn sie selbst formell ordnungspolitisch noch keine präjudizierenden Beschlüsse faßten, so beseitigten sie doch allein aufgrund ihrer Existenz jegliche Chance auf die Wiederherstellung einer dem Parlamentarismus der Vorkriegsära vergleichbaren Ordnung. Obwohl sie in einer hybriden Form z.T. auch organisierte nicht-kommunistische Gruppierungen umfaßten, blieben sie nicht auf dem Partnerschafts- und Koalitionsprinzip basierende „parteilose" Organe, in denen die faktische Führungsrolle der KP ebenso unbestritten blieb wie in den lokalen Ausschüssen.[10] Alle bereits im Kriege getroffenen Entscheidungen des AVNOJ wurden denn auch nach Kriegsende formal bestätigt, während alle Rechtsverordnungen des alten Jugoslawien, sofern sie nicht ausdrücklich vom AVNOJ bestätigt worden waren, für ungültig erklärt wurden.

Diese bereits bei Kriegsende vorbereiteten und praktisch ohne Abstriche in die Nachkriegsordnung übergeleiteten sozialen und politischen Präjudize einer neuen, sozialistischen Ordnung waren auch durch die ohnehin nur auf internationalen Druck und nicht aufgrund innerer Notwendigkeiten am politischen Leben beteiligten bürger-

---

[7] In der Tschechoslowakei waren derartige, sowjetischen Vorbildern entlehnte Konzepte der „Volksausschüsse" zwar von der KPČ ebenfalls intendiert und fanden auch Eingang in das Kaschauer Regierungsprogramm, konnten sich in der Praxis aber zunächst nur teilweise durchsetzen: H. Slapnicka: Verfassungsprobleme der Tschechoslowakei im Jahre 1945, in: Das Jahr 1945 in der Tschechoslowakei, hg. v. K. Bosl, München, Wien 1971, S.259–285, hier S.275–278. Für Polen vgl. Cz. Ura: Samorząd terytorialny w Polsce Ludowej 1944–1950, Warschau 1972.

[8] Vgl. hierzu näher B. Petranović: Politička i ekonomska osnova narodne vlasti u Jugoslaviji za vreme obnove, Beograd 1969, S.280ff., 300–302.

[9] D. Živković: Stvaranje narodne vlasti u ustanku – Prilog proučavanju nekih problema, in: Od Narodnooslobodilačkih odbora do komune, S.62–69.

[10] Zur Rolle des AVNOJ vgl. Branko Petranović: AVNOJ-Revolucionarna smena vlasti, Beograd 1976.

lichen Kräfte nicht zu beeinflussen. Alle Versuche von ihrer Seite, die erreichten politischen und ökonomischen Veränderungen wenn auch nicht rückgängig zu machen, so doch ihren weiteren Ausbau im Sinne eines stalinistisch verfaßten Sozialismus-Konzeptes zu stoppen, waren von vornherein mehr oder weniger chancenlos. Die in Jalta geforderte personelle Erweiterung des AVNOJ erwies sich wie die damit einhergehende Episode bürgerlicher Regierungsbeteiligung zwischen Ende 1944 und Herbst 1945 für die politische Struktur Jugoslawiens als bedeutungslos. In den Augen der KP konnte die Erweiterung des AVNOJ und die bürgerliche Regierungsbeteiligung nicht bedeuten, das Rad hinter den bei Kriegsende erreichten status quo des strukturpolitischen Wandels zurückzudrehen.[11] Der vom bürgerlichen Außenminister Šubašić bei der Unterzeichnung des Koalitionsabkommens mit Tito[12] gezeigte Optimismus wandelte sich schon bald in die Einsicht in die eigene Machtlosigkeit.

> „He left us with the impression", so resümierte der amerikanische Botschafter Patterson ein Gespräch mit Tito im Oktober 1945, „that he intends to carry out his program regardless of attacks from within or outside the country and despite any representation that might be made to him."[13]

Grol, Šubašić und Šutej blieben auch als bürgerliche Regierungsmitglieder isoliert und einflußlos. Die Regierung tagte nur selten; erst drei Monate nach ihrer Konstituierung und nach einer ersten Rücktrittsdrohung des bürgerlichen serbischen Vizeministerpräsidenten Grol trat das Kabinett überhaupt das erste Mal zusammen.[14] Selbst gegenüber den Beschäftigten seines Außenministeriums, so klagte Šubašić im Juni 1945 gegenüber amerikanischen Botschaftsvertretern, verfüge er über keinerlei Weisungsbefugnis.[15] Zentrale, die politische Qualität des Systems prägende Gesetze wie das Wahlgesetz, das Presse- oder das Versammlungsgesetz wurden ohne Beteiligung der bürgerlichen Politiker vorbereitet, ihnen nur kurz zur Beratung vorgelegt und von einem weitgehend funktionslosen, kommunistisch dominierten Parlament verabschiedet. Das für den Ausbau der künftigen staatlichen Struktur verantwortliche und von Edvard Kardelj geleitete Ministerium für die Konstituante präjudizierte praktisch alle Entscheidungen in enger Abstimmung mit der entsprechenden ZK-Kommission für den Wiederaufbau[16]; für das Parlament blieb nicht mehr als die Akklamation.

> „The role of the constitutional assembly", so protestierte Milan Grol denn auch aus Anlaß seines Rücktritts im August gegenüber amerikanischen Diplomaten, „has been degraded from that of a souvereign body to that of a body which has only to place its stamp on accomplished facts..."[17]

---

[11] Edvard Kardelj hatte beispielsweise gegenüber der amerikanischen Botschaft klargemacht, daß es für politische Kräfte „hostile to the objectives of the National Liberation War" keine Betätigung geben werde: N. A. Washington, Dept. of State: 860 H 00/4-1245 (Conversation with Mr. Kardelj, 12.4. 1945).

[12] Vgl. Dragoslav Šepić: Vlada Ivana Šubašića, Zagreb 1983, S. 411–413.

[13] N. A. Washington, Dept. of State: 860 H. 00/10-1945 (Patterson to Sec. of State, 19.1.1945). Ähnlich auch schon Ende 1944 die ernüchternde Prognose Churchills gegenüber Šubašić, daß Tito das Abkommen mit Šubašić allein in seinem Sinne auslegen werde, nämlich in Richtung auf die Errichtung einer „linken Diktatur": D. Šepić: Vlada Ivana Šubašića, S. 365.

[14] N. A. Washington, Dept. of State: 860 H.00/7-2945 (American Embassy to Sec. of State, 29.7. 1945). Milovan Djilas: Jahre der Macht. Memoiren 1945–1966, 2. Aufl. München 1983, S. 24–47.

[15] N. A. Washington, Dept. of State: 860H. 00/6-845 (Memorandum of Conversation with Mr. Šubašić, 8.6. 1945).

[16] B. Petranović: Politička i ekonomska osnova, S. 260–262.

[17] Anlage zu: N. A. Washington, Dept. of State: 860 H.00/8-2345 (Shantz to Sec. of State, 23.8. 1945) (Jetzt auch gedruckt bei: B. Petranović: Ministarske ostavke 1945–1948 godine. Svedočanstva, in: Istorijski Glasnik (1988) 1–2, S. 107–117.

Die faktische und gezielte Ausgrenzung der bürgerlichen Politiker aus dem Prozeß politischer Entscheidungsbildung traf nicht nur jene Oppositionskräfte, die sich nicht der Volksfront angeschlossen hatten. Auch ein lange loyaler Partner der KPJ wie der serbische Agrarier Jaša Prodanović beklagte sich im Juli 1946 darüber, daß er wichtige Beschlußvorlagen im Parlament, zu dessen Präsidium er immerhin gehörte, erst unmittelbar vor der Verabschiedung erhalten habe und er sich selbst den Entwurf der Verfassung habe besorgen müssen.[18]

Das Faktum des Wiederentstehens von insgesamt neun Parteien neben der Kommunistischen Partei täuscht somit einen Grad an Pluralismus vor, den es in Wirklichkeit gar nicht gab.[19] In weiten Teilen des Landes kam es ohnehin zu keiner Reetablierung der Vorkriegsparteien. In Montenegro, Mazedonien und Bosnien vermochten sich überhaupt keine bürgerlichen Parteien nach 1945 mehr zu etablieren. In den anderen Republiken war ein Großteil der Parteien in das von der KP kontrollierte Netz der Volksfront eingebunden. Die Strategie der KP den bestehenden Parteien gegenüber war dabei zum einen durch den im Kriege gewonnenen Machtvorsprung bestimmt, den sie nicht mehr zur Disposition zu stellen gedachte, zum zweiten aber auch durch eine aus der Vorkriegszeit beibehaltene tiefe Skepsis gegenüber jeglichen Formen einer koalitionsähnlichen Zusammenarbeit mit bürgerlichen Parteien insgesamt. Bereits ihre zögernden Versuche einer „Volksfront" in den Jahren vor dem Ausbruch des Krieges, um die sie sich in Übernahme der Komintern-Strategie bemüht hatte, waren ja kläglich im Sande verlaufen.[20] Im Kriege selbst hatte sie zwar ihre Organisationen für Nicht-Kommunisten offengehalten und dabei stets auf einen „parteilosen" Charakter der Volksfront Wert gelegt. Lediglich in Slowenien war es seit 1941 zu einem koalitionsähnlichen Zusammenschluß der KP mit nicht-kommunistischen Parteien gekommen – eine Form, die freilich bereits seit 1943 durch die Unterordnung aller anderen Parteien unter die KP ihren Charakter weitgehend verlor. Als die KP gegen Ende des Krieges in Erfüllung der Bestimmungen von Jalta die Volksfront weiter für nicht-kommunistische Kräfte und Parteien öffnete, da rückte sie in der Praxis von ihrem Grundsatz nicht ab, die Volksfront nicht als Parteienkoalition zu begreifen. Der im Volksfront-Statut von 1945 zunächst verankerte Koalitionscharakter blieb Formalität. Allen Versuchen, die Volksfront als eine Art Koalition oder „Partnerschaft" zu begreifen, erteilte die KPJ eine konsequente Absage. In den Beziehungen zwischen KP und bürgerlichen Parteien, so legte Milovan Djilas unmißverständlich klar, gehe es um „Verständigung", nicht um „Gleichberechtigung".[21] In diesem Sinne wurden nicht nur das Wiedererstehen bzw. die Aktivitäten „fundamentaloppositioneller" Parteien wie etwa der Kroatischen Bau-

---

[18] Sednice Prezidijuma Narodne Skupštine FNRJ. (Prvog i drugog saziva, 4.2. 1946–9.1. 1953). Beograd o.J., S.11–12.

[19] Es ist daher fraglich, ob Koštunica und Čavoški in ihrer Analyse der Politik der KPJ gegenüber der Opposition selbst für die ersten Monate nach Kriegsende und bis zu den Wahlen vom Herbst 1945 zu Recht von einer „particular form of pluralism" und einem „hegemonic Party System" sprechen: V. Koštunica, K. Čavoški: Party Pluralism or Monism. Social Movements and the Political System in Yugoslavia, Boulder, Col. 1985.

[20] Vgl. D. Živković: Narodni front Jugoslavije 1935–1945, Beograd 1978, S.9–104.

[21] M. Djilas: Jahre der Macht, S.23. Ferner: I. Jelić: Komunistička partija Hrvatske 1937–1945, Bd. II, Zagreb 1981, S.243–248; L. Boban: Položaj i držanje gradjanskih stranaka u Hrvatskoj 1944, in: Ders.: Kontroverze iz povijesti Jugoslavije, 2. Aufl. Zagreb 1989, S.276–295, hier S.280ff., B. Petranović: Politička i ekonomska osnova, S.144–146.

ernpartei oder außerhalb der Volksfront stehender Parteien wie Grols „Demokratischer Partei" bereits bis zum Herbst 1945 praktisch unterbunden. Loyale Mitarbeit, Übereinstimmung in wichtigen strategischen Fragen und selbst die Anerkennung der führenden Rolle der KPJ vermochten vielmehr auch jene Parteien nicht vor der Bedeutungslosigkeit zu bewahren, die sich zum Eintritt in die Volksfront entschlossen hatten. Der aus Mitgliedern der einflußreichen Kroatischen Bauernpartei, die sich ab Mitte 1943 der Volksbefreiungsbewegung angeschlossen hatten, gegründeten Kroatischen Arbeiter-Bauernpartei wurde zwar ein rudimentäres organisatorisches Leben gestattet; dort, wo sie freilich eigene Ansätze entwickelte, gegen die Agrarpolitik der Regierung auftrat oder Tendenzen zeigte, sich organisatorisch über das erlaubte Maß hinaus zu entwickeln, wurde auch sie gebremst.[22] Die Illusion, selbst innerhalb der Volksfront eigene Konzeptionen oder gar die Idee eines „zweiten Beines" eines „Arbeiter-Bauern-Bündnisses" einzubringen, führte bereits ab Herbst 1946 auch zur schrittweisen Ausschaltung der serbischen Agrarpartei Dragoslav Jovanovićs[23]; was darüber hinaus das Jahr 1947 noch er- und z.T. formell überlebte, war, wie etwa die kleine und bedeutungslose Jugoslawische Republikanische Partei oder die „Kroatische Arbeiter-Bauernpartei", nicht mehr als die Herausgabe einer gleichgeschalteten Partei-Zeitung ohne organisatorischen Unterbau. Die Lage der Opposition, so klagten westliche Vertretungen schon seit dem Spätherbst 1945, sei in Jugoslawien beklagenswerter als in Polen, Rumänien oder Bulgarien.[24] Das von führenden Parteifunktionären noch bis spät in das Jahr 1946 wiederholte Bekenntnis zum Mehrparteiensystem und das Recht auf Opposition blieb schon zum damaligen Zeitpunkt hinter dem Stand der faktischen Monopolisierung der Macht weit zurück. Erst die mit dem Jahr 1947 nunmehr auch offen vertretene Ablehnung der Mehr-Parteiendemokratie[25] brachten Theorie und politische Realität wieder ins rechte Lot.

Wahlen waren angesichts einer derart rigiden Politik gegenüber der Opposition denn auch von Anfang an für die KPJ keine Abstimmung über die künftige ordnungspolitische Beschaffenheit des neuen Staates. Sie waren ein „Volksplebiszit", mit dem das im Krieg Erreichte formal legitimiert, nicht jedoch in Frage gestellt werden sollte.[26] Angesichts des Machtvorsprungs der KPJ hielten sich denn auch, verglichen etwa mit den Wahlen in Polen 1947, die direkten und indirekten Manipulationen in Grenzen. Ca. 2–3% der Wähler (200 000) wurde aufgrund tatsächlicher oder vermeintlicher Unterstützung des Besatzers oder des einheimischen Gegners der KPJ das Wahlrecht entzogen.[27] Die nicht der Volksfront angeschlossene Oppositionspartei Grols klagte zwar über Behinderung und verzichtete auf eine Beteiligung; entscheidend für den Wahlaus-

---

22 Vgl. I. Jelić: KPH II, S. 278–283; A. Važdar: Narodni front na području Slavonije u poratnim godinama, in: Historijski Institut Slavonije: Zbornik 18 (1981) 1, S. 71–145, hier S. 129–131; F. Jelić-Butić: Narodnooslobodilački pokret i Hrvatska Seljačka stranka, in: Povijesni prilozi I (1982) 1, S. 267–394, hier S. 274–303. J. Popov: Narodni front u Vojvodini. S. 152–159, 161–163.

23 Vgl. hierzu V. Koštunica, K. Čavoški: Party Pluralism or Monism, S. 92–97.

24 N. A. Washington, Dept. of State: 860 H.00/9-2745 (Shantz to Sec. of State 2.11. 1945), ebenda, 860 H.00/11-245 (Patterson to Sec. of State, 2.11. 1945), ebenda, 806 H.00/6-346 (American Embassy to Sec. of State, 18.6. 1946).

25 So Tito unmißverständlich auf dem III. Kongreß der Volksfront 1947: Govori i članci III, Zagreb 1959, S. 72.

26 Vgl. M. Djilas: Izbori u Jugoslaviji, in: Trideset dana III (1945) 2, S. 1–6.

27 S. Tomić: Izbori u vrijeme revolucionarnog etatizma 1945–1953, in: Skupštinski izbori u Jugoslaviji 1942–1982, Beograd 1983, S. 75–102.

gang war dies freilich nicht. Die KP sei, so resignierte die amerikanische Botschaft, bereits im Vorwege derart dominierend, daß auch internationaler Druck kaum etwas am Wahlausgang werde ändern können.[28] Angesichts der Machtpositionen der KP war in der Tat der vor allem regional relativ hohe Anteil an Dissens, der sich aus direkten Oppositionsstimmen, Wahlenthaltung und Entzug des Wahlrechts summiert, überraschender als die 90% Stimmen, die sich für die Liste der Volksfront entschieden. Negativ-Voten häuften sich beispielsweise in Slowenien oder der Vojvodina, wo die Partei aufgrund ihrer Agrarpolitik bereits dabei war, einen Teil des bäuerlichen Anhangs zu verlieren, auf 15–17%.[29] Die Wahlen vom November 1945 legitimierten so formal die von der Partei im Kriege errungene Machtstellung; ein Mittel zum Machtgewinn und zur „Sowjetisierung" waren sie bereits nicht mehr.

III

Wenngleich nach außen weniger deutlich als im Hinblick auf eine Umgestaltung der politischen Strukturen, zeichnete die KPJ auch auf ökonomischem Gebiet bereits vor Kriegsende den Übergang zu einer sozialistischen Neuordnung vor. Während des Krieges und noch in den ersten programmatischen Dokumenten nach Kriegsende waren Partei und Regierung dabei nicht müde geworden, grundsätzliche Eingriffe in die Eigentumsordnung zu leugnen und dem Privateigentum, wenn auch unter dem kontrollierenden Blick des Staates, Schutz und Entfaltungsmöglichkeit zuzusagen.[30] Nicht-kommunistische Partner der Partei wie die kleine Jugoslawische Republikanische Partei hatten gegenüber dem Wort Sozialismus und der offenen Forderung nach breitester Sozialisierung da sogar weniger Skrupel.[31]

Dies heißt freilich nicht, daß die KP sich in der Praxis auf diesem Gebiet abstinent verhalten hätte.[32] Bereits in der Frühphase des Krieges waren mit den sogenannten „Fočaer Vorschriften" von 1941 Enteignungsvorschriften erlassen worden, die die Konfiskation von Feind-Eigentum und Eigentum von Kollaborateuren vorsahen sowie zur kriegsbedingten Unterstützung der Partisanen auch die Möglichkeit der Requirie-

---

28 N.A. Washington, Dept. of State: 860 H.00/1-1145.

29 Vgl. J. Popov: Narodni front u Vojvodini, S.215–223; A. Važdar: Narodni front na području Slavonije, S.74–78.

30 Vgl. exemplarisch die Erklärung des Obersten Stabes und des AVNOJ vom 8.2. 1943, in: Istorijski Archiv KPJ t. I,2: „Borbá" 1942–1943, Beograd 1949, S.444–445; Erklärung des Kroatischen Landes tes vom Januar 1944: ZAVNOH. Zbornik Dokumenata II, Zagreb 1970, S.1–29; Erklärung der Regierung vom 9.3. 1945, in: Jugoslavija 1918–1984. Zbirka dokumenata, hg. v. B. Petranović und M. Zečević, Beograd 1985, S.583; für die Republik Regierung Bosniens ähnlich: Narodna vlada Narodne Republike Bosne i Hercegovine 1945–1948 (2.5. 1945). Zapisi, Sarajevo 1985, S.112 u.a.m. Grundsätzlich für die Haltung bei Kriegsende: R. Udalić: Intervencija države i privatna inicijativa, in: Archiv za Pravne i Društvene Nauke 32 (1945) 1–2, S.61–68.

31 Vgl. derartige Forderungen in der Zeitung der Partei „Republika": Nr.5 vom 4.12. 1945, S.3; Nr.9 vom 1.1. 1946, S.2; Nr.14 vom 5.1. 1946; Nr.16–17 vom 19.2. 1946, S.3. u.a.m.

32 Zur Wirtschaftspolitik im und unmittelbar nach dem Kriege: B. Petranović: O promenama u društveno-ekonomskoj strukturi Jugoslavije u toku narodnooslobodilačke borbe (1941–1945), in: Prilozi za istoriju socijalizma, Bd.6, Beograd 1969, s.57–72. Dj. Kosanović, Ekonomsko-politička djelatnost narodne vlasti u toku NOB-e, Zagreb 1964. J. Marjanović: Ekonomske promene u toku narodnooslobodilačkog rata, in: Istorijski glasnik (1955) 1, S.3–22. G.P. Muraško: Bor'ba rabočego klasa za nacionalizaciju promyšlennosti. Iz opyta revoljucii 40-ch godov v stranach Central'noj i Jugovostočnoj Evropy, Moskau 1979, S.43–47, 149–159.

rung möglich machten.[33] Bisweilen kam es auch zu – vom Umfang her eher symbolischen – eigentumsrechtlichen Umverteilungen wie der Vergabe konfiszierten Landes an kleine und landlose Bauern und zu sozial egalisierenden Maßnahmen wie Schuldenstornierungen und gezielter Requirierung bei wohlhabenderen Bauern. Während der Kriegsjahre 1941/42 regional vorkommende radikalere Maßnahmen wie Kampagnen gegen „Kulaken" oder die Organisation „sozialistischer" kollektiver Arbeits- und Betriebsformen in Brigaden in Montenegro und Ost-Bosnien wurden zwar wegen ihrer fatalen Folgen für die bäuerliche Massenbasis der Partisanen als „linksradikale Abweichung" schnell aufgegeben und blieben Episode. Sie lassen freilich erkennen, in welche Richtung das ideologische Profil der Partei wies, wenn es sich nicht dem Gebot der Taktik unterzuordnen hatte. Die Konfiskationen und Requirierungen während dieser Phase des Krieges waren zweifelsohne kriegsbedingter Natur und folgten keinem primär ideologischen Anliegen. Der dadurch geschaffene „Volksbefreiungs-Fonds" war im ganzen relativ bescheiden. Schon der Umstand, daß der „Volksbefreiungskrieg" sich bis weit in den Krieg hinein vornehmlich in den weniger entwickelten Regionen des ohnehin schwach industrialisierten und agrarisch weithin relativ egalitären Landes abspielte, setzte weitergehenden ordnungspolitischen Umgestaltungen im Kriege Grenzen. Gleichwohl aber symbolisierten derartige Schritte letztlich bereits die Perspektive angestrebter eigentumsrechtlicher Veränderungen. Mit ihnen wurde in nuce ein staatlicher Sektor geschaffen, der bereits im letzten Kriegsjahr systematisch erweitert wurde. Das Konfiskations- und Sequestrierungsdekret des AVNOJ vom November 1944, mit dem das Eigentum des Deutschen Reiches, der deutschen Minderheit sowie aller Kriegsverbrecher und Kollaborateure konfisziert und ausländisches Kapital sequestriert wurde, das Gesetz über die Enteignung von „Kriegsgewinnlern" vom Mai 1945 sowie das generelle Konfiskationsgesetz vom Juni 1945[34] brachten bereits bis zum Frühjahr 1945 den größten Teil der Industrie in staatlichen Besitz. Ende 1945 waren bereits 53% der Industrie nationalisiert und 19% sequestriert; in einzelnen zentralen Produktionsbereichen wie Kohle, Schwerindustrie und Metallverarbeitung betrug der Anteil 70–90%.[35] Die 1946 und 1947 erfolgte offizielle Nationalisierung habe denn auch, wie der kroatische Ministerpräsident Vladimir Bakarić feststellte, „der Bourgeoisie keinen solchen Schlag versetzt wie diese Expropriation".[36] In der Tat wurden beispielsweise in Kroatien sehr viel mehr Unternehmen auf dem Wege des Konfiskationsgesetzes vom November 1944 in staatlichen Besitz überführt als nach den späteren Nationalisierungsdekreten.[37] War deutsches und italienisches Kapital dabei problemlos zu nationalisieren, so brachte die für das übrige ausländische Kapital gewählte Form der Sequestrierung, die nichts anderes war als eine nur oberflächlich verschleierte Form der Verstaatlichung, schon bald Reibungspunkte nicht nur mit Briten und Amerikanern, sondern beispielsweise auch mit dem neuen „volksdemokratischen" Partner ČSR. Daß bereits die Konfiskations- und Sequestrierungsbestimmungen letztlich vor allem als Mittel zum ordnungspolitischen Strukturwandel begriffen wurden und dabei über die

---

[33] Abgedruckt in: AVNOJ i revolucija, S. 173–179.

[34] Vgl. die Gesetze in: Službeni list DFJ Nr. 2 vom 6. II. 1945, S. 13–14; Nr. 36 vom 29. V. 1945, S. 294–195, Nr. 40 vom 12. 6. 1945, S. 345–347. (Leichter zugänglich auch in: AVNOJ i revolucija, S. 681–686).

[35] B. PETRANOVIĆ: Politička i ekonomska osnova, S. 246–247.

[36] II. kongres KPH: Zagreb 1948, S. 76.

[37] Ebenda, S. 196–200.

auch in anderen Ländern praktizierte antifaschistische „Strafe“ für Kriegsverbrecher und Kollaborateure hinausgingen, zeigen die Vielzahl von Beispielen, in denen bereits jede Form wirtschaftlichen Kontaktes mit Organen der Besatzer oder einheimischen Gegnern der Partisanen im Kriege, der sich praktisch gar nicht hatte vermeiden lassen, nach Kriegsende zum Enteignungsgrund genutzt wurde.[38] Dem formellen Nationalisierungsdekret vom Dezember 1946 blieb lediglich die Aufgabe, einen de facto bereits erreichten Stand eigentumsrechtlicher Veränderungen zu sanktionieren.[39]. Nach fortlaufenden Nationalisierungen bereits während des Jahres 1946, die auch bei westlichen Beobachtern Zweifel an den nicht-sozialistischen Absichtserklärungen der jugoslawischen Partei weckten[40], war Ende des Jahres das gesamte Banken-, Geld- und Versicherungswesen nationalisiert, praktisch die gesamten industriellen Kapazitäten von Bundes- oder Republik-Bedeutung sowie 70% der lokal bedeutsamen Industrien. Die 1947/48 noch erfolgten Eingriffe in den Klein-Handel und das Klein-Gewerbe schlossen einen Prozeß ab, der zum gleichen Zeitpunkt in den übrigen Volksdemokratien sehr viel weniger weit fortgeschritten war.[41]

Es ist jedoch weniger das Faktum einer aus dem Krieg heraus erfolgten Nationalisierung, die die jugoslawische Entwicklung von der in anderen Volksdemokratien abhebt. Die Übernahme ehemals jüdischen Besitzes und der mit dem Rückzug der deutschen Armee und Bevölkerung freigewordenen Industrieanlagen durch den Staat sowie Eingriffe in die Schlüsselindustrien, Banken und Versicherungen waren ja auch in der Tschechoslowakei und in Polen ein über die Parteigrenzen hinweg akzeptiertes Mittel einer noch nicht als sozialistisch verstandenen Neuordnung der Wirtschaft. Die Feind- und Kollaborateurs-Enteignung, die schon vom Kaschauer Programm angestrebte und bereits mit dem Nationalisierungsdekret vom Oktober 1945 in die Tat umgesetzte Verstaatlichung in der Tschechoslowakei brachte ja auch dort und nur wenige Monate später eine von den industriellen Kapazitäten her nur graduell geringere Verlagerung der wirtschaftlichen Eigentumsordnung; in Polen lag der Anteil an verstaatlichter Industrie nach der Einziehung deutschen Besitzes im Januar 1945 und dem Nationalisierungsdekret vom Januar 1946 Ende des gleichen Jahres mit 76% der industriellen Produktion ebenfalls bereits fast auf jugoslawischem Niveau.[42] Im Instrumentarium griff die KPJ somit durchaus auf den Kanon der auch in den anderen Ländern zeitgleich oder später angewendeten „antifaschistischen“ Maßnahmen zurück, wenn auch konsequenter und früher. In Jugoslawien kommt jedoch, abgesehen vom Umfang und

---

[38] Vgl. Beispiele in der eher sozialisierungsfreundlichen und weitgehend KP-loyalen Zeitung der Republikanischen Partei: Republika Nr. 34 vom 25.6. 1946, S. 5. Ferner Zv. Rihtman: KPH u procesima pretvaranja privatnih kapitalističkih potencijala u društvene, in: Četiri decenija SKH; S. 285–296, hier 290.

[39] Vgl. in diesem Sinne den jugoslawischen Wirtschaftsminister B. Kidrič: Privredni problemi FNRJ, Beograd 1949, S. 64–71.

[40] Vgl. z. B. Times vom 21.2. 1946.

[41] Vgl. B. Kidrič in: V. kongres KPJ Stenografske beleške, Beograd 1949, S. 594–601, hier S. 594.

[42] Vgl. A. Leontiev: Ekonomičeskie osnovy novoj demokratii, in: Planovoe chozjajstvo (1947) 4, S. 65ff. Für die ČSR vgl.: J. Krejči: The Czechoslovak Economy During the Years of Systemic Transformation 1945–1949, in: Jahrbuch der Wirtschaft Osteuropas 7(1977), S. 298ff. K. Kaplan: Znárodnění a socialismus, Prag 1968, S. 10ff. J. Kosta: Abriß der sozialökonomischen Entwicklung der Tschechoslowakei 1945–1947, Frankfurt/M. 1978, S. 17–31. Für Polen u. a. C. Klessmann: Der Kalte Krieg als Determinante der polnischen Innen- und Außenpolitik, in: O. N. Haberl, L. Niethammer (Hg): Der Marshall-Plan und die europäische Linke, Frankfurt/M. 1986, S. 287–312, hier S. 293–294.

dem frühen Zeitpunkt der Nationalisierung, vor allem noch hinzu, daß diese Veränderungen der Eigentumsstruktur von Anfang an verstanden wurden als Vorbereitung einer staatlich gelenkten Zentralverwaltungswirtschaft, denen früher eine stärker „sowjetisch"-dirigistische Planungskonzeption anzumerken war als dies in den sonstigen Volksdemokratien der Fall war, in denen ja ebenfalls das Prinzip der Planung durchaus einen über die Kommunisten hinausreichenden Konsens fand. Die bereits im Kriege bei den Volksbefreiungsausschüssen, den „Antifaschistischen Landesausschüssen" und dem AVNOJ gebildeten Wirtschaftskommissionen waren zweifelsohne in erster Linie kriegswirtschaftliche Lenkungsorgane. Ihre primären Aufgaben der Nahrungsmittelversorgung, der Organisation von Aussaat und Ernte sowie der Aufrechterhaltung bzw. Rekonstruktion der industriellen Produktion hatten noch keinen planwirtschaftlichen Charakter.[43] Zugleich aber wies bereits ihre Existenz und auch ihre Tätigkeit über den Krieg hinaus auf den Aufbau einer insgesamt planwirtschaftlich organisierten Wirtschaft. So begannen sie bereits mit der Gründung eigener, „staatlicher" Unternehmen in den Gebieten, wo dies möglich war, und bezogen die private Wirtschaftstätigkeit in ihre koordinierende und kontrollierende Lenkung mit ein.[44] Symptomatisch ist auch, daß sich beispielsweise die kroatische Wirtschaftskommission beim Antifaschistischen Landesrat in der Definition ihrer Aufgabe an der Frage orientierte, „Wie ist dies in Rußland gelöst worden", und sich selbst dabei als in der Phase der NEP befindlich sah.[45] Kriegswirtschaftlicher Interventionismus und „sozialistische Planwirtschaft" waren so für die jugoslawischen Kommunisten letztlich ein Kontinuum. Die Richtlinien des Wirtschaftsrates der Partisanen vom Mai 1944 griffen über einen kriegswirtschaftlichen Interventionismus hinaus und zielten auf einen nach einer kurz gefaßten Wiederaufbauphase zügig anzugehenden Ausbau des staatlichen Verfügungsmonopols und den baldigen Übergang zur Planwirtschaft. Planung war 1945/46 dabei zwar noch keine auf Kennziffern beruhende „sowjetische" Planung. Sie bedeutete aber sehr wohl bereits zu diesem frühen Zeitpunkt die direkte Erteilung von Produktionsaufträgen, die dirigistische, nach zentral gesetzten Prioritäten erfolgende Zulieferung, Verteilung von Rohstoffen und Arbeitskräften auch für die noch privat wirtschaftenden Betriebe.[46] Wenngleich offiziell noch nicht als sozialistische Planung eingestuft, wurde ihre Notwendigkeit aber nicht mehr nur mit den Notwendigkeiten eines Wirtschaftsaufbaus begründet, sondern zugleich auch mit der Notwendigkeit, die dem kapitalistischen System innewohnende „Anarchie" zu kontrollieren und ein Wiedererstarken „kapitalistischer Elemente" zu verhindern.[47] Die noch 1945 eingeführte „Staatliche Verwaltung des Volkseigentums" war bereits nichts anderes als eine zentralistisch strukturierte Wirtschaftslenkungsinstitution, die sich ab Mitte 1946 einfach in offizielle staatliche Planinstitutionen umwandeln ließ. Die bereits im Juli 1946 begonnene Vorbereitung

---

43 Vgl. die entsprechenden Richtlinien z.B. für Kroatien in: ZAVNOH II, S.38–41, 278–282, 396–398, 420–430.

44 Vgl. exemplarisch ebenda, S.352; Naprijed vom 13.4.1944.

45 ZAVNOH II, S.448.

46 Wenn ein Unternehmer auf die Idee käme, Kinderspielzeug zu produzieren, so beschrieb die „Politika" im Frühjahr 1945 die herrschende Planpraxis der Behörden, so würden ihm dafür schlicht und einfach weder Materialien noch Arbeitskräfte zugeteilt werden: Politika vom 6./7.5. 1945, S.7.

47 Vgl. u.a. R. Udalić: Državna intervencija, S.63–64.

für den ersten Fünfjahresplan, der ab 1947 in Kraft trat[48], sollte denn auch nur, wie Wirtschaftsminister Kidrič betonte, konsequenterweise jenen Widerspruch überwinden, der zwischen Politik und Wirtschaft entstanden war[49], d.h. zwischen einer politisch bereits weitgehend vollendeten, wirtschaftlich jedoch nachhinkenden Sowjetisierung des Landes. Im Rückgriff auf das Vorbild des sowjetischen Betriebsgesetzes wurden im August 1946 auch die betriebsorganisatorischen und arbeitsrechtlichen Grundlagen für den Übergang zu einer stalinistisch organisierten Ökonomie gelegt. Brigadesystem und Normenvorgaben und die vorrangige Orientierung auf die Schwerindustrie können hierfür als Beispiele gelten.[50] Sich auftuende typische Übergangsprobleme wie die Preisschere zwischen Stadt und Land, Preisanstieg und dörflicher Kaufkraftüberhang waren zweifelsohne Faktoren, die dem Drang zum Weitertreiben des staatlichen Interventionismus in Richtung auf eine „klassische" sowjetische Planwirtschaft entgegenkamen. Daß aber allein der Primat der Ideologie die Parteiführung auf diesen Weg drängte, wird aus dem Umstand klar, daß alternative Übergangsmodelle, wie sie zum damaligen Zeitpunkt in anderen Volksdemokratien noch unter dem Aspekt eines „Dritten Weges" verfolgt wurden, von den jugoslawischen Kommunisten bereits 1946 aus ideologischen Gründen abgelehnt wurden. Die offensichtlich vom damaligen kroatischen Wirtschaftsminister Andrija Hebrang präferierte Konzeption eines auf längerfristig stabilen, gemischten Eigentumsformen basierenden „Staatskapitalismus" wurde von der Partei mit dem ideologischen Verdikt zurückgewiesen, damit aus einer „zeitweiligen Not eine Tugend" machen zu wollen, die den Übergang zum Sozialismus nur verlangsamen würde.[51] Der von Tito, Kidrič und Kardelj vertretene „linksradikale" Kurs der zügigen sozialistischen Transformation hatte sich gegenüber vorsichtigeren, stärker an den Entwicklungen in den anderen Volksdemokratien orientierten Ansätzen durchgesetzt.[52] Der These eines schon im Kriege und unmittelbar nach Kriegsende vorbereiteten Übergangs zu einer weitgehend sowjetisch-sozialistischen Wirtschaftsweise widerspricht auch nicht das selbst noch in der Verfassung von 1946 verankerte Bekenntnis zu einer gemischten Eigentumsstruktur aus staatlicher, genossenschaftlicher und privater Wirtschaft. Sie war von Anbeginn an nicht als stabile Koexistenz gleichberechtigter Sektoren gedacht, sondern ging vom absoluten Primat der staatli-

---

[48] Das Gesetz vgl. in: Službeni list FNRJ Nr. 36/1947. (Leichter zugänglich in: Jugoslavija 1918–1984, S. 713–714).

[49] B. Kidrič: Privredni problemi, S. 25 (1. 10. 1946).

[50] Vgl. zum Gesamtkomplex der wirtschaftlichen „Sowjetisierung" B. Ppetranović: Politička i ekonomska osnova, S. 263–270, 315–338. N. Čobeljić: Politika i metodi privrednog razvoja Jugoslavije 1947–1959, Beograd 1959.

[51] Vgl. in diesem Sinne Kidrič: Privredni problemi, S. 41–54, hier S. 41–44. Ders. in: V. kongres SKJ, S. 596–597, Ders. in: Sednice CK SKJ I Politbiroa 1948–1952, (= Izvori istorije SKJ), hg. v. B. Petranović, Beograd 1982, S. 111.

[52] So jetzt in einer sehr vorsichtigen Analyse der politischen Konzeption Hebrangs, die freilich von den Quellen her immer noch nicht voll aufzuschlüsseln ist: I. Banac: With Stalin against Tito, S. 84–98, 111–112f. Offen bleibt dabei vor allem immer noch die in der Literatur bisweilen und nicht immer mit genügender Rücksichtnahme auf die Quellenlage vorgenommene Parallelisierung der Konzeption Hebrangs mit der des Stalin-Flügels in der KPdSU und jener Titos mit der Ždanovs. (Vgl. G. Ra'anan: International Policy Formation in the USSR. Factional Debates during the Zhdanovshchina, Hamdon, Conn. 1983, sowie jetzt erneut B. Heuser: Western Containment Policies in the Cold War. The Yugoslav Case 1948–1953, London 1989, S. 24–25.)

chen Wirtschaft aus.[53] Bereits während des Krieges hatten die Volksausschüsse das Recht einer gewissen Kontrolle und Koordination der privaten Wirtschaftstätigkeit beansprucht[54]; nach dem Kriege wurde dem privaten Eigentum nur noch eine vom Staat kontrollierte Rolle zugebilligt, bei der es diesem oblag, zwischen „schaffendem" und ausbeuterischem Kapital zu entscheiden.[55] Von seiner wirtschaftlichen Bedeutung wie von seinem ideologischen Schutz her war das private Eigentum somit allen gegenteiligen Bekenntnissen zum Trotz von Anfang an nur als residuale Größe gedacht. Selbst die Landwirtschaftspolitik der Partei, in der die KPJ mit Rücksicht auf ihren dominierenden bäuerlichen Anhang noch die größte Zurückhaltung walten ließ, wies bereits in den ersten $2^1/_2$ Jahren nach dem Kriege in Richtung auf eine Zurückdrängung des privaten Sektors. Im und unmittelbar nach dem Kriege griff man zwar nicht grundsätzlich in die bestehenden agrarischen Eigentumsstrukturen im Sinne einer umfassenden Nationalisierung ein. Man beschränkte sich vielmehr auf „antifeudale" Maßnahmen wie die Aufhebung noch bestehender feudaler Bindungen in einzelnen Regionen sowie auf die Landreform vom August 1945, mit der vor allem der im Zuge der Konfiskation enteignete Besitz sowie der relativ geringe Großgrundbesitz und kirchlicher Besitz von über 30–35 ha teilweise an landlose und kleine Bauern verteilt sowie zum Grundstock der aufzubauenden Genossenschaften umgewandelt wurde.[56] Staatliche Zwangsmaßnahmen erreichten dabei in Art und Umfang nicht annähernd das Ausmaß sowjetischer Kollektivierungspolitik, nahmen aber auch in Jugoslawien bereits zu, bevor man mit dem offiziellen Übergang zur Planwirtschaft 1947 den Druck auf die Bauern verstärkte. Der seit Juli 1945 begonnene Aufkauf zu staatlich festgelegten Niedrigstpreisen, staatliche Saatpläne, die Verteilung der knappen Industriegüter oder eine progressive Besteuerung waren nicht nur Elemente einer dem sowjetischen Vorbild entnommenen Industrialisierungsstrategie, sondern waren zugleich auch als Instrument der „Klassenpolitik" gedacht und sollten die mittelfristige Transformation der Privatwirtschaft hin zu kollektiven Wirtschaftsformen vorbereiten. In Kroatien etwa mußten im Sinne einer solchen zugleich sozial nivellierenden Aufkaufpolitik 55% des Aufkaufs von 19% der größeren Einzelwirtschaften aufgebracht werden, wohingegen 34% der Höfe nur 27% des Aufkaufs stellten.[57] Die Belebung des Genossenschaftsgedankens nach 1945 war demgegenüber ausdrücklich nicht gedacht als Anknüpfung an traditionale balkanische

---

[53] B. KIDRIČ: Privredni problemi, S. 94.

[54] Vgl. exemplarisch ZAVNOH II, S. 19, 411, 551.

[55] M. PIJADE bei der Begründung des Verfassungsgrundsatzes des gemischten Eigentums: Izabrani govori, S. 62–103, hier S. 72–75.

[56] Zur Agrarpolitik in der Kriegs- und Übergangsphase vgl.: N. L. GAČEŠA: Koncepcija KPJ o agrarnom pitanju i seljaštvu tokom Narodnooslobodilačkog rata i socijalističke revolucije, in: Matica Srpska. Zbornik za istoriju 19/1979, S. 9–48. DERS.: Agrarna reforma i kolonizacija u Jugoslaviji 1945–1948, Beograd 1984. V. STIPETIĆ: Agrarna reforma i kolonizacija u FNRJ 1945–1948, Zagreb 1954. V. V. MAR'INA: Krestjanstvo v revoljucijach 40-ch godov v stranach Central'noj i Jugo-vostočnoj Evropy, Moskau 1984, S. 54–63, 236–239. V. KRŽIŠNIK-BUKIĆ: Politika KPJ prema agrarnom i seljačkom pitanju na području Bosanske krajine 1945–1948. Banja Luka 1988. M. MATICKA: Društvene promjene na selu u Hrvatskoj u vrijeme provodjenja agrarne reforme i kolonizacije 1945–1948, in: Časopis za suvremenu povijest 9 (1977) 3, S. 69–80. J. POPOV: Narodni front u Vojvodini 1944–1953, Novi Sad 1986, S. 116–136. I. CIFRIĆ: Komunistički pokret u Hrvatskoj i njegov odnos prema seljaštvu u kontinuitetu: predratno razdoblje – NOB – socijalistička izgradnja, in: Četiri decenija SKH, S. 221–258.

[57] V. BAKARIĆ in: II. kongres KPH, S. 85.

Formen einer nicht-staatlichen zadruga-Wirtschaft, wie sie besonders von den Resten der serbischen Agrarparteien gefordert wurden, sondern als zentralistisch gelenkte Brücke für einen weiteren Ausbau des staatlichen Sektors.[58] Mittels der Verteilung von Industriegütern verfügte der Staat über ein indirektes Lenkungsmittel zur Präferierung der Genossenschaften. Der Hauptverband der Genossenschaften war von Anfang an praktisch ein quasi-staatliches Lenkungsorgan. Wenn auch vom Umfang her noch relativ bescheiden, so waren es diese, letztlich, von sekundären Abweichungen einmal abgesehen, den sowjetischen Kolchosen nachempfundenen Genossenschaften, die bereits 1945–1947 als Zielmodell verfolgt wurden. Die ab 1947 einsetzende, besonders nach Ausbruch des Kominform-Konflikts 1948 noch verstärkte Forcierung der Kolchosisierung war auch auf diesem Gebiet lediglich die Radikalisierung eines bereits in den ersten beiden Jahren vorbereiteten Instrumentes der sozialistischen Umgestaltung.

IV

So wie sich die Machteroberung und Umgestaltung des politischen und ökonomischen Systems somit in Jugoslawien im Unterschied zu den anderen Volksdemokratien als „Revolution" aus dem Kriege heraus vollzogen, organisierte sich auch die KPJ nach Kriegsende konsequenter als anderswo als unangefochtene stalinistische Führungspartei. Von Anbeginn an sicherte sie sich einen uneingeschränkten Einfluß auf alle staatlichen und gesellschaftlichen Organe. Die Parteisekretäre übernahmen praktisch auf allen Ebenen zugleich die führenden lokalen Verwaltungsaufgaben. Nur auf lokaler Ebene beschränkte sich die Partei auf einen Anteil von ca. 50% der durch Wahl vergebenen Mandate; alle höheren Vertretungsinstitutionen waren mit 70–85% praktisch monopolistisch in ihrer Hand.[59] Die Massenorganisationen wurden schon im Laufe des Jahres 1946 auf den Charakter exekutiver Transmissionsorgane reduziert, staatliche Behörden durch ein dem sowjetischen Vorbild entlehntes System von Parteikommissionen und einer weitgehenden „Personal- und Realunion" von Partei und Staat zu Befehlsempfängern der Partei degradiert.[60] In der Wirtschaft wurde schon vor dem Übergang zum System der Fünfjahrespläne der direkte Einfluß der Partei durch ca. 80% Parteimitglieder unter den Leitungskräften sichergestellt.[61] Innerorganisatorisch entsprach dieser stalinistischen Führungskonzeption eine fast militärische Hierarchisierung der Willensbildung, die selbst das Zentralkomitee zum einflußlosen Feigenblatt reduzierte. Die erste Sitzung des Zentralkomitees seit 1940 fand aus Anlaß der Kominformresolution im April 1948 statt. Selbst das Politbüro trat nur selten zusammen.[62] Der Vorwurf mangelnden innerparteilichen Lebens, den das Kominform 1949 gegen die KPJ erhob, ging somit durchaus nicht ganz an der Realität vorbei. Das revolutionäre Gehabe des Partisanenkrieges wurde auch in den ersten 2–3 Friedensjahren beibehalten. Obwohl die

---

[58] Vgl. in diesem Sinne eindeutig B. Kidrič: Privredni problemi (18.7. 1946), S.93–96, hier S.95. M. Vučković: Opšti pogled za zadrugarstvo kod nas, in: Arhiv za pravne i društvene nauke 32 (1945) 3–5, S.177–187.

[59] Pregled istorije SKJ, S.325.

[60] B. Petranović: Politička i ekonomska osnova, S.50. Instruktiv für die Vojvodina auch: J. Popov: Narodni front u Vojvodini, S.170–172; für Slavonien: K. Špehnjak: Organizacionopolitički aspekti djelovanja Narodnog fronta u Slavoniji 1945–1951, in: Časopis za suvremenu povijest 20 (1988) 1–2, S.183–193.

[61] II. kongres KPH, S.135–137.

[62] M. Djilas: Jahre der Macht, S.110.

Partei nach Kriegsende ihren Mitgliederbestand stark ausweitete, blieben doch alle lokalen und zentralen Organe weiterhin geheim.[63] Westliche Botschaftsberichte ergingen sich angesichts dieses damals nur in Jugoslawien anzutreffenden Verhaltens einer KP in einem bisweilen amüsant anmutenden Rätselraten, wer innerhalb der „tight-lipped, secret organziation" KPJ welche Funktion innehabe.[64]

Auch die Ideologie, die mit ihren unzähligen Bekenntnissen zu einem Marxismus-Leninismus Stalinscher Prägung keinen Zweifel an der Linientreue zur Sowjetunion aufkommen ließ, weist Spurenelemente jenes spezifisch jugoslawischen Hyperradikalismus auf. Von Anfang an, so erklärte der jugoslawische Chefideologe Edvard Kardelj 1949, habe man gegenüber der Sowjetunion betont, daß man anders als sie die Volksdemokratie nicht als irgendetwas Drittes zwischen bürgerlicher Demokratie und Sozialismus aussehe, sondern als eine nur der Form, nicht jedoch dem Wesen nach vom sowjetischen System abweichende Diktatur des Proletariats.[65] In dieser, im zeitlichen Kontext des auf der Höhe befindlichen Kominform-Konfliktes zu sehenden Aussage spielt sicherlich ein gutes Stück ex eventu-Interpretation mit, mit der gegenüber den aus Moskau kommenden Vorwürfen der „Abweichung" ideologischer Purismus demonstriert werden sollte. Der amerikanische Historiker Ross Johnson hat aber davon unabhängig überzeugend nachweisen können, daß schon in den Jahren 1945–1947 die jugoslawische Partei die Akzente ihrer Volksdemokratie-Konzeption anders setzte als dies in dem damals noch nicht streng fixierten Begriff der „Volksdemokratie" in den ostmitteleuropäischen Ländern und in der UdSSR selbst gemeinhin der Fall war.[66] Zwar vermied es auch die KPJ bis zum Jahre 1947, ihre Volksdemokratie als sozialistisch oder gar als „Diktatur des Proletariats" zu bezeichnen. Wie für die anderen kommunistischen Parteien auch galt sie als nicht mehr „bürgerlich-demokratisch", aber noch nicht als sozialistisch.[67] Auch in der Terminologie und in der Auffassung, daß die Volksdemokratie eine transistorische Übergangsphase in Richtung auf eine sozialistische Ordnung sei, bewegte man sich durchaus in dem auch in den anderen Staaten theoretisch abgesteckten Rahmen.[68] Die Akzente dieses paradigmatischen Rahmens wurden jedoch durch die jugoslawischen Kommunisten anders gesetzt. Schon früh begann man beispielsweise den revolutionären Charakter des Krieges und seine antibürgerliche Stoßrichtung zu betonen. Der transistorische Charakter der Volksdemokratie wurde weniger begriffen als Konzept eines zeitlich bestimmten „Dritten Weges",

---

63 „Unlike the Communist Parties of most European countries", so stellte der Korrespondent der „Times" im September 1946 überrascht fest, „the Yugoslav party has not published officially the names of the members of its central and local committees. There is little public mention of communist activities ... The lower ranks are kept as secret as possible": The Times vom 20. 9. 1946.

64 N. A. Washington, Dept. of State: 860 H.00/8-12-46 (American Embassy to Sec. of State. Subject: Yugoslav Communist Party).

65 E. Kardelj: O narodnoj demokratiji (29. 5. 1949), Beograd 1949, S. 6-9.

66 A. Ross Johnson: The Transformation of Communist Ideology: The Yugoslav Case 1945–1953, Cambridge/Mass. 1972. Ferner: M. Obradović: Doktrina „narodne demokratske" države, in: Istorija XX. veka, Bd. V (1987) 1, S. 135–155.

67 Vgl. exemplarisch M. Pijade: Izabrani govori (November, Dezember 1945, Dezember 1946), S. 67, 199–205, 321.

68 Vgl. zum Wandel des Volksdemokratiekonzeptes den knappen, den Forschungsstand berücksichtigenden Überblick von H. Heiter: Die Veränderung des Konzeptes der Volksdemokratie infolge der Bipolarisierung Europas, in: O. N. Haberl, L. Niethammer (Hg.): Der Marshall-Plan und die europäische Linke, S. 535–551.

worauf die Kommunisten in den anderen Volksdemokratien bis zur konzeptionellen Wende des Jahres 1948 immer wieder abhoben. Früher schon – nämlich bereits mit der Vorbereitung des Fünfjahres-Plans Mitte 1946 – legte man vielmehr in Jugoslawien die Scheu vor dem Begriff Sozialismus ab und begann vom zügigen Aufbau des Sozialismus zu sprechen. Mit der Verkündung des Fünfjahres-Plans 1947 galt die jugoslawische Entwicklung seit 1941 als spezifische Revolution, nicht identisch mit der Oktoberrevolution, aber vergleichbar; die jugoslawische Demokratie als der „Sowjet-Demokratie" ebenbürtig.[69] Akzentuelle Unterschiede nur, die aber auch auf der theoretischen Ebene jenen jugoslawischen Sonderweg einer orthodoxen Abweichung widerspiegeln. Die Praxis war ohnehin von Anfang an radikaler als die Theorie.

V

Die zügige Ausschaltung sowohl der Fundamentalopposition als auch der loyalen Opposition innerhalb der Volksfront kann freilich nicht allein mit dem nicht zu neutralisierenden Machtvorsprung der KPJ erklärt werden, den diese uneinholbar aus dem siegreichen Partisanenkrieg mit in den neuen Staat eingebracht hatte. Zu Recht ist in jüngerer Zeit im Hinblick auf das Scheitern der nicht-kommunistischen Parteien in den Volksdemokratien vielmehr auch auf die im Krieg fundamental veränderten strukturellen und sozialgeschichtlichen Handlungsbedingungen dieser Parteien verwiesen worden.[70] Sie gehen ebenso auf die mangelhafte organisatorische und zum Teil auch programmatische Kapazität der bürgerlichen Oppositionsparteien zurück, die ihrem Handlungsspielraum unabhängig von kommunistischen Schikanen Grenzen setzte. Wenn die Korrespondentin des „News Chronicle", Bertha Caster, im August 1945 feststellte, „I have never, and I repeat never been given a constructive thought-out alternative to Partisan policy by any of the opposition in Belgrade"[71], so deutet dies die konzeptionelle wie organisatorische Schwäche der noch verbliebenen oppositionellen Kräfte zweifelsohne richtig. Praktisch alle zugelassenen Parteien bestanden eigentlich mehr oder weniger nur aus Führung und Programm, ohne den Unterbau einer regionale Grenzen überschreitenden Organisation und ohne große Mitgliedschaft. Der Krieg hatte letztlich auch das bestehende Parteiensystem des alten Jugoslawien zerstört und zumeist nicht mehr als formale Hülsen von den alten Vorkriegsparteien übriggelassen.[72] Diejenige Partei, die sich noch am ehesten zu einem antikommunistischen Mobilisierungsfaktor hätte entwickeln können, die Kroatische Bauernpartei Mačeks, wurde denn auch konsequent an einem organisatorischen Wiederaufbau in der alten Form gehindert. Programmatisch bemühten sich die meisten der zugelassenen Parteien um eine Anpassung an die veränderten Bedingungen. Das Bekenntnis zur Agrarreform und zur Nationalisierung der Schlüsselbereiche sollte sie vom Geruch des Reaktionären befreien.[73] Die jugoslawische Historiographie wird daher diesen Parteien nicht gerecht,

[69] Vgl. exemplarisch B. Kidrič: Privredni problemi, S. 8 (Juli 1946); B. Ziherl: Članci i rasprave, Beograd 1948, S. 123–191, hier S. 182–183 (Juli 1947).

[70] Vgl. für die sozialdemokratischen Parteien Ostmitteleuropas P. Heumos: Arbeiterschaft und Sozialdemokratie in Ostmitteleuropa, in: Geschichte und Gesellschaft 13 (1987), S. 22–38, hier S. 22f.

[71] News Chronicle vom 23. 8. 1945.

[72] L. Boban : Položaj i držanje gradjanskih stranaka, S. 276.

[73] Vgl. die Programme der Parteien bei M. Pavlović: Politički programi Demokratske stranke, Narodni radikalne, Jugoslovenske Republikanske i Socijalističke stranke, in: Istorija XX. veka Bd. I (1985), S. 119–166.

wenn sie ihnen in platter Wiederholung der pejorativen Urteile der damaligen politischen Auseinandersetzungen unterstellt, sie hätten sich lediglich in einer Neuauflage überholter Grundsätze erschöpft.[74] Dennoch blieben sie zumeist mit ihrem Festhalten an liberal-demokratischen Staatsprinzipien hoffnungslos hinter dem bereits erreichten Stand der politischen Umgestaltung zurück. In manchen politischen Fragen, wie vor allem der nationalen Frage, zeigten sie sich aber auch trotz der Erfahrungen des alten Jugoslawien und des Krieges nicht flexibel und lernfähig genug, um dem föderativen Konzept der KPJ etwas Gleichwertiges entgegenzusetzen. Bestimmte Elemente dieser föderativen Neuordnung Jugoslawiens, wie etwa die Aufwertung der Montenegriner und Mazedonier zu einer eigenen Nation, mochten den „bürgerlichen" Parteien als eine von außen oktroyierte Neuschaffung von Nationen erscheinen.[75] Sie zeigten jedoch, daß man in diesem Lager zu innovativen Lösungen der nationalen Konfliktpotentiale des alten Jugoslawien nur in Grenzen bereit war.

Neben der nur geringen organisatorischen Kapazität der Oppositionsparteien in und außerhalb der Volksfront waren es jedoch die aus dem Königreich hinüberwirkenden historischen Prädispositionen, die den Wirkungskreis der bürgerlichen Parteien wesentlich einengten. Die mangelhafte nationale und soziale Integrationsfähigkeit des alten Jugoslawien, die kaum überbrückbare Polarisierung der Gesellschaft angesichts der nationalen Frage, die dem jugoslawischen Staat schon vor Ende seiner staatlichen Existenz 1941 seine Autoritätsbasis genommen hatte, machte es auch für jene bürgerlichen Kräfte schwer, nach dem Kriege politisches Terrain wiederzugewinnen, die sich nicht dem Verdacht der Kapitulation und Kollaboration ausgesetzt sahen. Wenngleich manche der nationalen Antagonismen der Vorkriegszeit zwischen den bürgerlichen Parteien auch verschwunden waren, so wurde die nationale Polarisierung des alten Jugoslawien doch auch innerhalb der Opposition der Nachkriegsjahre spürbar. Allesamt national differenziert fanden sie in keiner Phase zu gemeinsamen organisatorischen Formen. „All plans, but no conclusions", so kommentierte die amerikanische Botschaft in Belgrad im Mai 1946 das vergebliche Bemühen der Opposition um Vereinheitlichung.[76]

Nationale Fragmentarisierung verhinderte auch, daß sich den Kommunisten wie in anderen Volksdemokratien starke Agrarparteien entgegenstellen konnten. Der geringe Industrialisierungsgrad wiederum hatte den traditionellen Gegner der Kommunisten, die Sozialdemokratie, ohnehin nie zu einem relevanten Faktor in der Machtauseinandersetzung werden lassen. Ein Potential für einen demokratischen Sozialismus, der als alternatives Integrationsmodell die Forderungen nach einem ordnungspolitischen Strukturwandel mit demokratisch-parlamentarischen Grundsätzen zu vereinen gewußt hätte, existierte somit in Jugoslawien anders als in der ČSR oder Polen nicht.

Schließlich ist im Kanon jener historischen Prädispositionen, die der reibungslosen Machtsicherung der KP zugute kamen, auch auf den gewaltigen sozialen und demographischen Strukturwandel zu verweisen, den Krieg und Partisanenkampf ausgelöst hatten. Die jugoslawische Armee bestand bei Kriegsende allein zu 70% aus Jugendlichen

---

[74] B. Petranović: Gradjanske stranke u Jugoslaviji 1944–1948 i njihov karakter, in: Istorijski glasnik (1969) 1, S. 71–85, hier S. 83.

[75] Vgl. die ablehnende Einstellung bei Oppositionspolitikern wie Jaša Prodanocić und Milan Grol: N. A. Washington, Dept. of State: 860 H.00/6-445. S. Nesovic, B. Petranović: (Hg.): AVNOJ i revolucija, S. 849–850.

[76] N. A. Washington, Dept. of State: 860 H/00- 4-2545.

unter 25 Jahren, während der Krieg innerhalb der mittleren und älteren Jahrgänge erhebliche Lücken gerissen hatte; mithin also aus einem Mobilisierungspotential, das in der politischen Umgestaltung nicht zuletzt auch soziale Aufstiegsmöglichkeiten sah. Die These, daß Krieg und Partisanenkampf mit ihrer erzwungenen Mobilität, der Erschütterung traditioneller Identitäten und der Umwälzung sozialer Strukturen sozialgeschichtliche Vorbedingungen auch für den ordnungspolitischen Wandel in der Nachkriegszeit geschaffen hätten[77], gehört in den Problemzusammenhang von Krieg und sozialem Wandel, der von einer noch immer fast ausschließlich politikgeschichtlichen Erforschung des Krieges leider für den Fall Jugoslawien bislang noch völlig unberücksichtigt geblieben ist.

Genesis und innere Dynamik der sozialistischen Umgestaltung heben die jugoslawische „Revolution aus dem Kriege“ somit letztlich doch recht erheblich aus dem „klassischen“ Paradigma der Volksdemokratisierung als eines letztlich wesentlich von außen erzwungenen Systemwandels heraus. In den Instrumenten des Machterhalts und -ausbaus lebte die KPJ 1944 bis 1947 das meiste von dem bereits vor, was die anderen kommunistischen Parteien ab 1947 anzuwenden begannen; in den paradigmatischen Elementen einer „Sowjetisierung“ war sie bereits zu diesem Zeitpunkt weiter fortgeschritten.

---

[77] So eher im Sinne einer abschließenden Hypothese als bereits im Sinne einer empirisch abgeleiteten Vertiefung in der Zusammenfassung von K.-H. Schlarp: Wirtschaft und Besatzung in Serbien 1941–1945. Ein Beitrag zur nationalsozialistischen Wirtschaftspolitik in Südosteuropa, Stuttgart 1986, S. 418. Zum Problemzusammenhang grundsätzlich W. Długoborski (Hg.): Zweiter Weltkrieg und sozialer Wandel, Göttingen 1981.

Die Sowjetische Militäradministration in Deutschland (SMAD) und ihr politischer Kontrollapparat

von
Peter Strunk

1. Einleitende Bemerkungen

Die Besatzungspolitik der vier Hauptsiegermächte des Zweiten Weltkrieges in Deutschland findet schon seit langem das Interesse der Zeitgeschichtsforschung. Inzwischen sind viele Bereiche der westlichen Politik intensiv bearbeitet und transparent gemacht worden. Eingehende Untersuchungen zur sowjetischen Besatzungspolitik in Deutschland stehen dagegen noch immer aus. Während sich Entscheidungsprozesse innerhalb der Regierungen der westlichen Besatzungsmächte in vielen Fällen bis in das kleinste Detail hinein nachvollziehen lassen, wird in bezug auf die UdSSR weiterhin auf Personifizierungen und Verallgemeinerungen ausgewichen. Noch immer gilt, was der Rußland-Historiker Dietrich Geyer 1985 mit den folgenden Worten beschrieben hat:

> „Die Quellenlage zur sowjetischen Außenpolitik ist schlecht wie eh und je... Nach wie vor sind die sowjetischen Archive für die zeitgeschichtliche Forschung tabu. Über die Amerikaner wissen wir, zugespitzt gesagt, vielleicht schon zu viel, über die Russen gewiß zu wenig.“ [1]

Zwar liegen zur Politik der sowjetischen Besatzungsmacht in Deutschland eine Reihe von Publikationen vor, diese sind jedoch zumeist in den fünfziger und sechziger Jahren, häufig noch unter dem unmittelbaren Eindruck sowjetischer Besatzungsherrschaft in Deutschland, verfaßt worden.[2] Erst seit Beginn der achtziger Jahre wird die Politik der sowjetischen Militärverwaltung in der bundesdeutschen Forschung thematisiert.[3]

---

1 D. Geyer: Deutschland als Problem der sowjetischen Europapolitik am Ende des Zweiten Weltkriegs, in: Kalter Krieg und Deutsche Frage. Deutschland im Widerstreit der Mächte 1945–1952, hrsg. von J. Foschepoth, Göttingen, Zürich 1985, S. 50–S. 65, hier S. 50.

2 Vgl. z. B. B. Meissner: Rußland, die Westmächte und Deutschland. Die sowjetische Deutschlandpolitik 1943–1953, Hamburg 1953; E. Richert: Macht ohne Mandat. Der Staatsapparat in der Sowjetischen Besatzungszone Deutschlands. 2. Aufl. Köln, Opladen 1963; Ders.: Das zweite Deutschland. Ein Staat, der nicht sein darf, Gütersloh 1964, und H. Duhnke: Stalinismus in Deutschland. Die Geschichte der sowjetischen Besatzungszone, Köln, Berlin 1955.

3 H. Weber: Die Sowjetische Militäradministration in Deutschland und das Parteiensystem in der SBZ/DDR, in: Deutschland-Archiv 15 (1982), Nr. 10, S. 1064–1079. Eine überarbeitete Fassung wurde von Weber ebenfalls 1982 publiziert: Ders.: Einleitung: Zum Transformationsprozeß des Parteiensystems in der SBZ/DDR, in: Parteiensystem zwischen Demokratie und Volksdemokratie. Dokumente und Materialien zum Funktionswandel der Parteien und Massenorganisationen in der SBZ/DDR 1945–1950, hrsg. von H. Weber, Köln 1982, S. 11–50. In weiten Passagen wurden die soeben genannten Aufsätze übernommen in: Ders.: Geschichte der DDR, München 1985, S. 59–69. Vgl. ferner D. Staritz: Die Gründung der DDR. Von der sowjetischen Besatzungsherrschaft zum sozialistischen Staat (= Deutsche Geschichte der neuesten Zeit vom 19. Jahrhundert bis zur Gegenwart), München 1984, S. 43–48, und McCauley: Deutsche Politik unter sowjetischer Besatzung, in: Kalter Krieg und Deutsche Frage, S. 291–313.

Inzwischen ist die SBZ auch in der amerikanischen Zeitgeschichtsforschung entdeckt worden.[4] Die zahlreichen westlichen Gesamtdarstellungen zur deutschen Nachkriegsgeschichte gehen dagegen auf die sowjetische Besatzungspolitik in der Regel nur kurz ein. Ihr Anliegen konzentriert sich zumeist darauf, die Hauptlinien sowjetischer Deutschlandpolitik zu interpretieren und mögliche politische Alternativen aufzuzeigen, wie dies Hans-Peter Schwarz in einer grundlegenden Untersuchung bereits 1967 geleistet hat.[5] Seit kurzem liegt in der Bundesrepublik eine Untersuchung zur Struktur der SMAD vor, die sich offenbar auf die Auswertung zahlreicher bisher unbekannter Quellen zu stützen scheint.[6]

Was die Zeitgeschichtsforschung in der UdSSR – und bisher auch in der DDR – betrifft, läßt sich feststellen, daß dort Bedenken politischer Natur bestehen, die den Historikern eine intensivere Auseinandersetzung mit der sowjetischen Politik in Deutschland erschweren. So liegen aus der UdSSR nur sehr wenige, überdies äußerst allgemein gehaltene Veröffentlichungen zu diesem Thema vor.[7] In der DDR sind eine Reihe von Arbeiten entstanden, die den Anspruch erheben, die Politik der Sowjetischen Militäradministration in Deutschland (SMAD) zu untersuchen. Sie liefern aber ebenfalls nur wenige verläßliche Informationen über den tatsächlichen Aufbau und die Arbeitsweise

---

[4] G. W. Sanford: From Hitler to Ulbricht. The Communist Reconstruction of East Germany 1945–46, Princeton, 1983; G. D. Ra'anan: International Policy Formation. Factional „Debates" during the Zhdanovshchina, Hamden 1983; W. G. Hahn: Postwar Soviet Politics. The Fall of Zhdanov and the Defeat of Moderation, 1946–53, Ithaca and London 1982, and H. Krisch: German Politics under Soviet Occupation, New York, London 1974.

[5] H.-P. Schwarz: Vom Reich zur Bundesrepublik. Deutschland im Widerstreit der außenpolitischen Konzeptionen in den Jahren der Besatzungsherrschaft 1945–1949, 2. erw. Aufl. Stuttgart 1980 (1. Aufl. 1966), S. 217–260. Vgl. auch G. von Rauch: Geschichte der Sowjetunion, 5. verb. u. erw. Aufl. Stuttgart 1969, S. 448f. und S. 475–485, sowie diverse Beiträge zum Osteuropa-Handbuch: Sowjetunion. Außenpolitik I (1917–1955), hrsg. von D. Geyer, Köln, Wien 1972, dort vor allem der Beitrag von B. Meissner: Die sowjetische Deutschlandpolitik 1945–1949, S. 448–473.

[6] J. Foitzik: SMAD, in: SBZ-Handbuch, Hrsg. von M. Broszat und H. Weber, München 1990, Teil I, S. 9–69. Vgl. auch Ders.: Die Sowjetische Militäradministration in Deutschland. Organisation und Wirkungsfelder in der SBZ 1945–1949, in: Aus Politik und Zeitgeschichte, Beilage zur Wochenzeitung „Das Parlament", 9. März 1990, S. 43–51.

[7] J. S. Drabkin: Zur Tätigkeit der Sowjetischen Militäradministration in Deutschland, in: Wissenschaftliche Zeitschrift der Humboldt-Universität zu Berlin. Gesellschafts- und sprachwissenschaftliche Reihe 19 (1979), S. 177–180, hier S. 177. Von den zahlreichen Erinnerungen sowjetischer Generäle und Offiziere ist eine detaillierte Schilderung über die Errichtung der SMAD enthalten in: Generalleutnant F. J. Bokow: Frühjahr des Sieges und der Befreiung, 2. Aufl., Berlin (Ost) 1981, S. 377ff. Des weiteren enthalten u. a. folgende Darstellungen Informationen über die SMAD: G. Weiss: Am Morgen nach dem Kriege. Erinnerungen eines sowjetischen Kulturoffiziers, 1. Aufl. Berlin (Ost) 1981 und St. Doernberg: Befreiung. Ein Augenzeugenbericht, Berlin (Ost) 1985.

der Militärverwaltung als dem Vollstrecker sowjetischer Politik in Deutschland.[8] Erstaunlicherweise wurde jedoch ausgerechnet von Historikern aus der DDR und der UdSSR der geringe Kenntnisstand über den Aufbau und die Arbeitsweise der sowjetischen Besatzungsverwaltung beklagt.[9] In jüngster Zeit bekannte der DDR-Historiker Rolf Badstübner freimütig, daß eine Geschichte der Sowjetischen Militäradministration in Deutschland (SMAD) nicht einmal in Ansätzen existiere und beklagte in diesem Zusammenhang, daß Historikern der Zugang zu den einschlägigen Archivbeständen in der UdSSR weiterhin versperrt sei.[10]

Es steht außer Zweifel, daß eine Untersuchung der SMAD schon deshalb sinnvoll ist, weil sie möglicherweise korrigierende Rückschlüsse auf die Deutschlandpolitik der UdSSR in den Jahren nach dem Ende des Zweiten Weltkriegs zuläßt. In diesem Zusammenhang ist hervorzuheben, daß der Zugang zu internen sowjetischen Quellen k e i n e unabdingbare Voraussetzung für Analysen zur Deutschland- und Besatzungspolitik der UdSSR ist. Einer solchen Feststellung liegt die Erkenntnis zugrunde, daß sich beispielsweise anhand von veröffentlichtem Quellenmaterial ein verhältnismäßig geschlossenes Bild vom Aufbau, der Struktur und der Funktionsweise der Sowjetischen Militäradministration in Deutschland (SMAD) gewinnen läßt. Es stehen eine ganze Reihe zusätzlicher Materialien zur Verfügung, deren Quellencharakter bisher nicht erkannt worden ist und die sich relativ leicht erschließen lassen. Hierzu zählen unter an-

---

[8] S. z.B.: L. Kölm: Die Befehle des Obersten der Sowjetischen Militäradministration in Deutschland 1945–1949, Diss., masch.-schr., Berlin (Ost) 1977, und W. Lohse: Die Politik der Sowjetischen Militäradministration in der sowjetischen Besatzungszone Deutschlands, Diss., masch.-schr., Halle/Saale 1967. Zur Untersuchung des Aufbaus der SMAD vgl.: Die Errichtung des Arbeiter- und Bauernstaates der DDR 1945–1949, hrsg. von einem Autorenkollektiv unter Leitung von K.-H. Schöneburg, Berlin (Ost) 1983, S.31–41; G. Benser: Die KPD im Jahre der Befreiung. Vorbereitung und Aufbau der legalen kommunistischen Massenpartei (Jahreswende 1944/45 bis Herbst 1945), Berlin (Ost) 1985; St. Doernberg: Die Hilfe der sowjetischen Besatzungsmacht beim Aufbau eines neuen Deutschland, in: Deutsche Außenpolitik 10 (1965), Sonderheft 1: 20 Jahre danach. Deutschland 1945–1965, S.94–114 und Ders.: Die Tätigkeit der Sowjetischen Militärverwaltung, in: Zwei Jahrzehnte deutsch-sowjetischer Beziehungen 1945–1964. Beiträge von einem Kollektiv beim Institut für Geschichte der Völker der UdSSR an der Martin-Luther-Universität Halle-Wittenberg, Berlin (Ost) 1965, S.37–55.

[9] S. z.B. St. Doernberg: DieTätigkeit, S.37; J.S. Drabkin: Zur Tätigkeit, S.177, und R. Badstübner: Zur Tätigkeit des Alliierten Kontrollrats in Deutschland 1945 bis 1948, in: Zeitschrift für Geschichtswissenschaft 36 (1986), Nr.7, S.581–598, hier: S.581.

[10] Wie war es? Wie wahr ist es? Interview mit R. Badstübner, in: „Freie Welt“, 3/1990, S.18. Hinweise auf Akten in sowjetischen Archiven geben u.a.: W.N. Belezki: Die Unterstützung und Hilfe der Sowjetarmee für die Bevölkerung Berlins und die antifaschistisch-demokratischen Kräfte des deutschen Volkes bei der Normalisierung des Lebens in den ersten Monaten nach der Befreiung der Stadt, in: Befreiung und Neubeginn. Zur Stellung des 8.Mai 1945 in der deutschen Geschichte, wiss. Redaktion: Bernhard Weissel (= Schriften der Deutschen Sektion der Kommission der Historiker der DDR und der UdSSR, Bd.V), Berlin (Ost) 1968, S.164–191, hier S.188–190, und: Um ein antifaschistisch-demokratisches Deutschland. Dokumente aus den Jahren 1945–1949, hrsg. von den Ministerien für Auswärtige Angelegenheiten der DDR und der UdSSR, Berlin (Ost) 1968, S.106. In der DDR sind Akten über die SMAD im Zentralen Parteiarchiv im früheren Institut für Marxismus-Leninismus beim ZK der SED, eine Sammlung von SMAD-Befehlen im Staatsarchiv Potsdam archiviert. Vgl. hierzu G. Benser: Die KPD im Jahre der Befreiung, S.337–412; Die Errichtung, S.59, Anmerkung 83, und in: Dokumente der sowjetischen Militäradministration in Deutschland zum Hoch- und Fachschulwesen 1945–1949, hrsg. von G. Handel und R. Köhler, Berlin (Ost) 1975.

derem die Memoirenliteratur und Erinnerungsaufsätze. Sie enthalten neue Informationen über die sowjetische Militärverwaltung, sind jedoch oft unbeachtet geblieben oder in ihrer Aussagekraft unterschätzt worden. Von den veröffentlichten Quellen sind vor allem die Befehle und Anordnungen der SMAD verhältnismäßig leicht zugänglich. Jedoch muß berücksichtigt werden, daß weniger als die Hälfte bei Erlaß publiziert oder deutschen Verwaltungsstellen zugänglich gemacht worden ist.[11] Interne Akten der Militärverwaltung wurden nur vereinzelt und verstreut veröffentlicht. Sie müssen daher aus zahlreichen, vor allem in der DDR erschienenen Einzelpublikationen zusammengetragen werden.[12] Hinweise zur Tätigkeit der sowjetischen Militärverwaltung finden sich in Quelleneditionen zur alliierten Besatzung Deutschlands.[13] Als wichtige und bislang vernachlässigte Informationslieferanten müssen die Presse und andere Periodika aus der SBZ und der DDR angesehen werden. Dies gilt in besonderem Maße auch für die autobiographische Literatur.[14] Ferner sind auch die zahlreichen Erinnerungsfragmente ehemaliger SMAD-Angehöriger und SBZ-Politiker zu berücksichtigen.[15] An unveröffentlichten Quellen stehen vor allem die Nachlässe von Politikern aus der SBZ zur Verfügung, sofern diese im Westen archiviert sind. Schließlich bieten die Aktenbestände der westlichen Militärregierungen in Deutschland, vor allem die des Office of

---

[11] Die Befehle des Obersten Chefs der Sowjetischen Militärverwaltung in Deutschland. Aus dem Stab der Sowjetischen Militärverwaltung in Deutschland. Sammelheft 1, 1945, Berlin 1946; Die Befehle des Obersten Chefs der Sowjetischen Militärverwaltung in Deutschland. Aus dem Stab der Sowjetischen Militärverwaltung in Deutschland. Sammelheft 2, 1946, Berlin 1946, und Verordnungsblatt für die Provinz Sachsen 1945–1947 (Ab August 1947: Gesetzblatt des Landes Sachsen-Anhalt) und Zentralverwaltungsblatt. Hrsg. namens aller Zentralverwaltungen von der Deutschen Justizverwaltung der sowjetischen Besatzungszone in Deutschland, Berlin 1947 ff.

[12] Um ein antifaschistisch-demokratisches Deutschland, Berlin (Ost) 1968, und: Geschichte des Staates und des Rechts der DDR. Dokumente 1945–1949, hrsg. von K.-H. SCHÖNEBURG, Berlin (Ost) 1984.

[13] Berlin. Quellen und Dokumente 1945–1951, hrsg. im Auftrage des Senats von Berlin, bearb. durch H.J. REICHARDT, H.U. TREUTLER u. U. LAMPE, 2 Halbbände, Berlin 1964 (= Schriftenreihe zur Berliner Zeitgeschichte, Bd. 4,1 und 4,2). Vgl. auch: DDR. Dokumente zur Geschichte der Deutschen Demokratischen Republik 1945–1985, hrsg. von H. WEBER, München 1986.

[14] Vgl. z. B.: E.W. GNIFFKE: Jahre mit Ulbricht. Mit einem Vorwort von H. WEHNER, Köln 1966, S. 184; E. LEMMER: Manches war doch anders. Erinnerungen eines deutschen Demokraten, Frankfurt am Main 1968, S. 239; J.B. GRADL: Anfang unter dem Sowjetstern. Die CDU 1945–1948 in der sowjetischen Besatzungszone Deutschlands, Köln 1981; W. LEONHARD: Die Revolution entläßt ihre Kinder, 5. Aufl., München 1982 (Erstausgabe: Köln 1955). Der einzige im Westen erschienene Memoirenband eines SMAD-Offiziers stammt vom ehemaligen Leiter der Abteilung Handel und Beschaffung der Berliner Stadtkommandantur, Major Grigorij Klimow: G. KLIMOW: Berliner Kreml, Köln, Berlin o. J. (1952). Berichte geflohener Mitarbeiter veschiedener SMAD-Abteilungen sind in folgender Sammlung von Aufsätzen zusammengefaßt: Soviet Economic Policy in Postwar Germany, hrsg. von R. SLUSSER, New York 1953.

[15] S. TJULPANOW: Deutschland nach dem Kriege. Erinnerungen eines Offiziers der Sowjetarmee, hrsg. von ST. DOERNBERG, Berlin (Ost) 1986; A. ACKERMANN: Von der Geburt der neuen Staatsmacht. Dokumentarischer Bericht von Aktivisten der ersten Stunde, in: Staat und Recht 14 (1965), S. 665–679; DERS.: Der Weg zur Einheit, in: Vereint sind wir alles. Erinnerungen an die Gründung der SED, hrsg. von F. ROSNER, I. SCHIEL u. a., Berlin (Ost) 1966, S. 65–86, ... einer neuen Zeit Beginn. Erinnerungen an die Anfänge unserer Kulturrevolution 1945–1949, hrsg. vom Institut für Marxismus-Leninismus beim ZK der SED und vom Kulturbund der DDR, Berlin (Ost) 1975, S. 353–361, und: Kampfgenossen–Weggefährten. Erinnerungen deutscher und sowjetischer Genossen an die ersten Jahre der antifaschistisch-demokratischen Umwälzung in Dresden, Berlin (Ost) 1975.

Military Government for Germany, United States (OMGUS) ein ergiebiges Untersuchungsfeld, die ebenfalls Einblicke in die Tätigkeit sowjetischer Besatzungsbehörden in Deutschland liefern.

2. Zur Struktur der SMAD

a) Die „Obersten Chefs"

Am 6. Juni 1945, einen Tag nachdem die alliierten Siegermächte des Zweiten Weltkrieges die oberste Regierungsgewalt in Deutschland übernommen hatten, bestätigte der „Rat der Volkskommissare" der UdSSR die „Anordnung für die Sowjetische Militäradministration über die Verwaltung der sowjetischen Besatzungszone in Deutschland".[16] Am 9. Juni wurde die Errichtung der Sowjetischen Militäradministration in Deutschland (SMAD) durch den Befehl Nr. 1 bekanntgegeben.[17] Sie unterstand bis September 1945 dem „Staatlichen Komitee für Verteidigung der UdSSR" und anschließend dem Rat der Volkskommissare bzw. dem sowjetischen Ministerrat.[18] Vor allem aber wurde sie vom Politbüro der KPdSU und der Politischen Hauptverwaltung der Roten Armee kontrolliert.[19] Zum „Obersten Chef" der SMAD wurde am 9. Juni 1945 Marschall Georgij K. Žukov, bisher Oberbefehlshaber der 1. Belorussischen Front, ernannt. Žukov vertrat ferner die Sowjetunion im Alliierten Kontrollrat.[20] Schließlich befehligte er die „Gruppe der Sowjetischen Besatzungstruppen in Deutschland" (GSBD), die einem eigenen Oberkommando mit Sitz in Potsdam unterstellt war.[21] Ziel der Bildung der GSBD war, die sowjetischen Kampftruppen von der deutschen Zivilbevölkerung zu isolieren, denn offenbar stand die Präsenz der gefürchteten Rotarmisten einer erfolgreichen Besatzungspolitik im Wege. Damit erreichte man zugleich, daß die sowjetischen Soldaten nicht länger Zeugen des trotz aller Kriegszerstörungen erkennbar hohen Lebensstandards in Deutschland wurden.[22]

Marschall Žukov kehrte Ende März 1946 in die UdSSR zurück, um auf den relativ unbedeutenden Posten des Oberbefehlshabers im Militärbezirk Odessa versetzt zu werden. Seine Ablösung erfolgte während einer großangelegten Umorganisation der sowjetischen Streitkräfte. Im Krieg hatte das Militär seine Stellung gegenüber der kommunistischen Partei stärken können; nach 1945 wurde es wieder der vollständigen Kontrolle durch die KPdSU unterstellt. An Žukovs Stelle trat sein bisheriger Stellver-

---

16 Anordnung für die Sowjetische Militäradministration, 6. 6. 1945, Um ein antifaschistisch-demokratisches Deutschland, S. 51.

17 SMAD-Befehl Nr. 1, 9. 6. 1945, in: Die Befehle des Obersten Chefs. Sammelheft 1, 1945, S. 9.

18 S. Tjulpanow: Die Rolle der SMAD bei der Demokratisierung Deutschlands, in: Zeitschrift für Geschichtswissenschaft 15 (1967), Nr. 2, S. 240–252, hier S. 243.

19 Vgl. Hinweise in: F. J. Bokow: Frühjahr des Sieges, S. 408 und 427.

20 SMAD-Befehl Nr. 1, ebenda, S. 51. Vgl. auch: Die Errichtung, S. 31.

21 V. Rudolph: The Agencies of Control: Their Organization and Policies, in: Soviet Economic Policy, S. 18–35, hier: S. 18, und: Organization of the Soviet Military Government for Germany Special Intelligence Report, Headquarters Berlin Command, Office of Military Government for Germany (US), 24. 9. 1947, Institut für Zeitgeschichte, München, Archiv (zitiert: IfZ–Archiv), Bestand Mf 260 (OMGUS), AGTS/53/3. Zur Einrichtung der GSBD: Andreas Hübner: 40 Jahre Gruppe der Sowjetischen Streitkräfte in Deutschland, in: Militärgeschichte Nr. 3/1985, S. 245.

22 Memorandum der amerikanischen Militärregierung, 6. 1. 1946, IfZ-Archiv, Bestand Mf 260 (OMGUS), AGTS/14/2.

treter General Vasilij D. Sokolovskij. Sokolovskij blieb bis zum 29. März 1949 SMAD-Chef. Seine Nachfolge trat Armeegeneral Vasilij I. Čujkov an. Als nach Gründung der DDR die SMAD im November 1949 in die Sowjetische Kontrollkommission (SKK) überführt wurde, übernahm er bis 1953 deren Leitung.[23]

Nach der Ernennung Sokolovskijs zum Obersten Chef wurde der Posten des stellvertretenden SMAD-Chefs bis zum Frühjahr 1947 von Generaloberst Pavel A. Kuročkin übernommen.[24] Ihn löste Generalleutnant Michail I. Dratvin, seit Dezember 1945 stellvertretender SMAD-Stabschef, ab.[25] Als weitere stellvertretende „Oberste Chefs" der SMAD sind in den Jahren 1945 bis 1949 unter anderen Generaloberst Zajcev und Generaloberst M. S. Malinin in Erscheinung getreten.[26]

Nach der Räumung Mitteldeutschlands durch die westalliierten Truppen gab die SMAD am 9. Juli 1945 durch den Befehl Nr. 5 die Einrichtung von Militärverwaltungen in den Ländern Mecklenburg, Thüringen und Sachsen sowie in den preußischen Provinzen Brandenburg und Sachsen bekannt. Die Ländermilitärverwaltungen trugen eigene Bezeichnungen. Für die SMA in Sachsen lautete sie beispielsweise: „Sowjetische Militäradministration für das föderale Land Sachsen" (SMAS).[27] Der Aufbau ihres Apparates ähnelte der Struktur des SMAD-Hauptstabes in Berlin. Sie gliederte sich in Bezirkskommandanturen sowie in Kreis- und Ortskommandanturen.[28] Eine Sonderstellung nahm der sowjetische Sektor Berlins ein, der wie eine Ländermilitärverwaltung behandelt wurde.[29]

---

[23] Erklärung des Vorsitzenden der Sowjetischen Kontrollkommission in Deutschland (SKK), Armeegeneral Wassili I. Tschuikow, zur Bildung der SKK vom 11. November 1949, in: Beziehungen DDR-UdSSR. 1949 bis 1955. Dokumentensammlung, hrsg. von den Ministerien für Auswärtige Angelegenheiten der DDR und der UdSSR, 2 Halbbände, Redaktionskollegium: M. A. Charlamow, St. Doernberg, O. Fischer, I. K. Kobljakow, G. Schuky, W. S. Semjonow, I. N. Semskow, H. Seydewitz, Berlin (Ost) 1975, S. 142.

[24] New Appointments in Soviet Military Administration, Germany, 5. 6. 1947, IfZ-Archiv, Bestand Mf 260 (OMGUS), Polad/778/46. Erster von Kuročkin unterzeichneter SMAD-Befehl: SMAD-Befehl Nr. 189, 1. 7. 1946, Gesamtdeutsches Institut, Berlin, Archiv. Letzter Befehl: SMAD-Befehl Nr. 117, 16. 5. 1947, ebenda.

[25] Zur Ernennung Dratvins: New Appointments in Soviet Military Administration, Germany, 5. 6. 1947, IfZ-Archiv, Bestand Mf 260 (OMGUS), Polad/778/46. Erster von Dratvin in seiner Funktion als Stellvertreter Sokolovskijs unterzeichneter Befehl: SMAD-Befehl Nr. 125, 23. 5. 1947, Dokumente der Sowjetischen Militäradministration zum Hoch- und Fachschulwesen 1945–1949 (= Studien zur Hochschulentwicklung, Nr. 57), hrsg. von G. Handel und R. Köhler, Berlin (Ost) 1975, S. 69.

[26] Zu Malinin: Organization of the Soviet Military Government for Germany, 24. 9. 1947 IfZ-Archiv, Bestand Mf 260 (OMGUS), AGTS/53/3, Annex I, S. 1. Zu Zajcev: SMAD-Befehl Nr. 168, 11. 12. 1945, Landesarchiv Berlin, Zeitgeschichtliche Sammlung, Nr. 4693.

[27] Helfried Wehner: Proletarischer Internationalismus und sozialistische Besatzungspolitik. Ein Beitrag zur antifaschistisch-demokratischen Entwicklung im ehemaligen Land Sachsen unter besonderer Berücksichtigung der sozialistischen Besatzungspolitik, Habilitationsschrift der Sektion Philosophie/Geschichte/Staatsbürgerkunde der Martin-Luther-Universität Halle-Wittenberg 1969, masch.-schr., S. 190.

[28] F. J. Bokow: Frühjahr, S. 419, gibt an, daß auf dem Gebiet der SBZ insgesamt zwölf Bezirkskommandanturen eingerichtet wurden. Dagegen nennt eine amerikanische Quelle für jedes Land bzw. jede Provinz sechs bis acht Kommandanturen: Memorandum der amerikanischen Militärregierung, 6. 1. 1946, IfZ-Archiv, Bestand Mf 260 (OMGUS), AGTS/14/2.

[29] J. Fijalkowski u. a.: Berlin – Hauptstadtanspruch und Westintegration, Köln und Opladen 1967, S. 108–120.

b) Die Verwaltungen im Berliner Hauptstab

Auf höchster Führungsebene der SMAD unterstanden dem „Obersten Chef" eine Reihe von weiteren Stellvertretern bzw. „Gehilfen". Dabei handelte es sich um die Leiter der Abteilungen für Heer, Luftstreitkräfte, Marine und Repatriierung, den „Stellvertreter des Obersten Chefs für Fragen der Zivilverwaltung" sowie einen „Gehilfen des Obersten Chefs für ökonomische Fragen".[30]

Im Sommer 1945 richtete man zunächst im Berliner Hauptstab der SMAD zahlreiche Fachabteilungen ein, deren Leiter vom Rat der Volkskommissare der UdSSR ernannt wurden.[31] In den Fachabteilungen waren nicht nur Militärs, sondern auch zivile Fachleute in leitenden Funktionen beschäftigt. Sie erhielten militärische Ränge, um sich in der Befehlshierarchie besser durchsetzen zu können. Die ständige Erweiterung des Hauptstabes der SMAD in Berlin machte es Ende 1945/Anfang 1946 erforderlich, die Abteilungen in übergeordnete F a c h v e r w a l t u n g e n umzuwandeln und diese wiederum in F a c h a b t e i l u n g e n zu untergliedern.[32]

Der Aufbau des Verwaltungsapparates der SMAD ging nur langsam voran und war offensichtlich mit einer ganzen Reihe organisatorischer Schwierigkeiten verbunden.[33] Beispielsweise setzte sich die SMA in Mecklenburg (SMAM) zunächst nur aus dem Oberbefehlshaber, General I.I. Fedjuninskij, seinem Adjutanten und zwei weiteren Offizieren zusammen.[34] In späteren Jahren gehörten der SMAD mehr als 32000 Personen an.[35] Der Aufbau der SMAD legte auch zahlreiche Schwierigkeiten bei der Kompetenzabgrenzung einzelner Dienststellen offen. Außerdem überschnitten sich die Zuständigkeiten zwischen SMAD und den Stäben der GSBD. Organisatorische Mängel traten besonders auf den unteren Kommandoebenen in Erscheinung. Viele Ortskommandanten besaßen keine Verwaltungserfahrungen. Schließlich operierten in der SBZ sowjetische Geheimdienststellen und Demontagekommandos ohne jede Ermächtigung durch die SMAD. Marschall Žukov mußte im August 1945 in einem Befehl zugeben, daß dies zu einer „Anarchie in der Arbeit der Militär-Kommandanturen" geführt ha-

---

30 Anordnung für die Sowjetische Militäradministration, 6. 6. 1945, Um ein antifaschistisch-demokratisches Deutschland, S.53.

31 Ebenda und F.J. Bokow: Frühjahr, S.407.

32 Die Errichtung, S.62, Anmerkung 92. Zum Begriff der Fachverwaltung: SMAD-Befehl Nr.8, 9. 1. 1946, Dokumente der Sowjetischen Militäradministration in Deutschland zum Hoch- und Fachschulwesen, S.29–31. Zum Aufbau der Fachverwaltungen: St. Doernberg: Die Tätigkeit der Sowjetischen Militäradministration, S.38. Zur Untergliederung in Fachverwaltungen und -abteilungen und deren Kompetenzabgrenzung: L. Kölm: Befehle, S.42, und H. Fiedler: Zur Zusammenarbeit von Vertretern der SMAD und der deutschen Arbeiterklasse für die antifaschistisch-demokratischen Verhältnisse in der sowjetischen Besatzungszone, in: Die Entwicklung der freundschaftlichen Beziehungen zwischen der DDR und der UdSSR, hrsg. von R. Badstübner u.a., Berlin (Ost) 1977, S.113–119, hier S.115.

33 St. Doernberg: Die Tätigkeit, S.41ff. und F.J. Bokow: Frühjahr, S.405–411 und S.427f.

34 St. Doernberg: Befreiung, S.166. S.a.: F.J. Bokow: Frühjahr, S.406.

35 F.J. Bokow: Frühjahr, S.419. Eine amerikanische Quelle gibt die Zahl der SMAD-Angehörigen für 1947 mit 38000 an: Synopsis of Special Intelligence, Summary No.37, Hq., Eucom, 20. 12. 1947, IfZ-Archiv, Bestand Mf260 (OMGUS), AGTS/53/3, S.7.

be.[36] Erst allmählich begann die Besatzungsmacht, ihr Personal durch geschulte Offiziere zu ersetzen.[37]

3. Der Wirtschaftskontrollapparat

Der mit Abstand größte Apparat innerhalb der SMAD befaßte sich mit wirtschaftlichen Fragen. Seine Abteilungen unterstanden zunächst dem „Chef der ökonomischen Verwaltung der SMAD", Generalmajor S. I. Šabalin.[38] Offenbar war er mit dieser Aufgabe überfordert und wurde deshalb im Dezember 1945 von seinem Posten abberufen.[39] Anschließend wertete man die einzelnen Abteilungen des Wirtschaftsapparates zu selbständigen Fachverwaltungen auf und unterstellte sie einem „Stellvertreter des Obersten Chefs für ökonomische Fragen".[40] In dieses Amt wurde Ende 1945 Konstantin I. Koval' eingesetzt. Koval' war zugleich stellvertretender Volkskommissar für Schwerindustrie der UdSSR.[41]

Der Struktur des Hauptstabes in Berlin entsprechend unterstanden den Wirtschaftsverwaltungen in den Ländermilitäradministrationen Fachabteilungen, die sich in zahlreiche Unterabteilungen gliederten.[42] Als nach Erlaß des Befehls Nr. 17 der SMAD vom 27. Juli 1945 deutsche Zentralverwaltungen für das sowjetische Besatzungsgebiet eingerichtet wurden, unterstellte man einen Großteil direkt der Wirtschaftsverwaltung der SMAD.[43] Der ständige Ausbau dieser deutschen Verwaltungen führte dazu, daß die SMAD von 1947 an mit der allmählichen Verkleinerung ihres wirtschaftlichen Kontrollapparates begann und einen Teil ihrer Kompetenzen an deutsche Stellen übergab.[44]

---

36 SMAD-Befehl Nr. 33, 22. 8. 1945, Landesarchiv Berlin, Zeitgeschichtliche Sammlung, Nr. 3929. Die organisatorischen Schwierigkeiten werden indirekt auch von F. J. Bokow: Frühjahr, S. 405–408, eingestanden. Zu den Kompetenzüberschneidungen s. a. W. Zank: Wirtschaft und Arbeit in Ostdeutschland 1945–1949. Probleme des Wiederaufbaus in der Sowjetischen Besatzungszone Deutschlands, München 1987 (= Studien zur Zeitgeschichte, herausgegeben vom Institut für Zeitgeschichte, Bd. 31), S. 63.

37 Recent Information from the Russian Zone of Occupation, 8. 8. 1945, IfZ-Archiv, Bestand Mf 260 (OMGUS), 3/372–1/3, S. 7.

38 Anordnung für die Sowjetische Militäradministration, 6. 6. 1945, ebenda, S. 51. Zu Šabalin: SMAD-Befehl Nr. 46, 4. 9. 1945, Verordnungsblatt Provinz Sachsen, 1 (1945), Nr. 4/5/6, S. 5 f.

39 Klimow: Berliner Kreml, S. 210 f. Letzter Befehl, in dem Šabalin in seiner Funktion genannt wird: SMAD-Befehl Nr. 138, 9. 11. 1945, Gesamtdeutsches Institut Berlin, Archiv.

40 Klimow: Berliner Kreml, S. 210–212, und V. Rudolph: The Administrative Organization of Control, S. 30 und S. 37.

41 F. J. Bokow: Frühjahr, S. 414.

42 Organization of the Soviet Military Government of Germany, 24. 9. 1947, IfZ-Archiv, Bestand Mf 260 (OMGUS), AGTS 53/3, Annex I, S. 1–9.

43 SMAD-Befehl Nr. 17, 27. 7. 1945, Um ein antifaschistisch-demokratisches Deutschland, S. 100–102. Zum Aufbau der Zentralverwaltungen vgl. H. Duhnke: Stalinismus, S. 142, und J. P. Nettl: The Eastern Zone and the Occupation of Germany 1945–1949, London, New York, Toronto 1951, S. 62 f.

44 Die Errichtung, S. 34 ff.; ferner H. Weber, Geschichte der DDR, S. 96 f.

In den Jahren 1945 bis 1947 setzte sich der Wirtschaftskontrollrat der SMAD u.a. aus Verwaltungen für Handel und Versorgung[45], Außenhandel[46], Industrie[47], Transport[48], Finanzen[49], Brennstoffindustrie und Energie (später „Verwaltung für Bergbau und metallurgische Industrie“)[50], Land- und Forstwirtschaft[51] und Arbeitskraft[52] zusammen. Anfang 1946 folgte die Einrichtung der „Planungsökonomischen Abteilung“ (später: Planwirtschaftsabteilung), die bei der Errichtung planwirtschaftlicher Strukturen in der SBZ eine zentrale Rolle spielte. Sie arbeitete eng mit sowjetischen Planungsstellen zusammen und übte auch erheblichen Einfluß auf andere Verwaltungen des SMAD-Wirtschaftsapparates aus.[53] In den Kompetenzbereich des Stellvertreters für ökonomische Fragen fielen außerdem die deutschen Reparationslieferungen an die UdSSR.[54] Hierbei ist zu berücksichtigen, daß auf diesem Gebiet auch andere sowjetische Dienststellen aktiv waren, die nicht zur SMAD gehörten. Hierzu zählte vor allem das „Komitee für den Wiederaufbau in den von der Besetzung befreiten Gebieten“ in der UdSSR, das Ende 1944 eingerichtet worden war.[55] Seine Aufgabe bestand darin, durch umfangreiche Demontagen das deutsche Industriepotential für die sowjetische Volkswirtschaft nutzbar zu machen.[56] Höchster Repräsentant des Komitees war in Deutschland Maksim Z. Saburov. Sein Stellvertreter war Konstantin I. Koval', der, wie bereits erwähnt, Ende 1945 die Leitung des Wirtschaftskontrollapparates übernahm.[57]

---

45 SMAD-Befehl Nr. 55, 8. 9. 1945: Gesamtdeutsches Institut Berlin, Archiv. S.a. Brief von Oberstleutnant Harry S. Pretty an den stellv. Dir. of Intelligence, 13. 10. 1947, IfZ-Archiv, Bestand Mf260 (OMGUS), AGTS 53/3.

46 SMAD-Befehl Nr. 67, 6. 3. 1946. Gesamtdeutsches Institut Berlin, Archiv; SMAD-Befehl Nr. 50, 14. 2. 1946, ebenda, und: Organization of the Soviet Military Government for Germany, 24. 9. 1947, IfZ-Archiv, Bestand Mf260 (OMGUS), AGTS 53/3, Annex I, S. 9.

47 SMAD-Befehl Nr. 44, 4. 9. 1945, Gesamtdeutsches Institut Berlin, Archiv, und „Instruktion“ zu SMAD-Befehl Nr. 72, 25. 9. 1945, Gesamtdeutsches Institut Berlin, Archiv.

48 SMAD-Befehl Nr. 32, 25. 8. 1945, Gesamtdeutsches Institut Berlin, Archiv, und SMAD-Befehl Nr. 46, 4. 9. 1945, Verordnungsblatt Provinz Sachsen, 1 (1945) Nr. 4/5/6, S. 5f.

49 SMAD-Befehl Nr. 6, 29. 8. 1945, Landesarchiv Berlin, Zeitgeschichtliche Sammlung, Nr. 8008, und SMAD-Befehl Nr. 55, 16. 2. 1946, Gesamtdeutsches Institut Berlin, Archiv.

50 SMAD-Befehl Nr. 46, 4. 9. 1945, Verordnungsblatt Provinz Sachsen, 1 (1945), Nr. 4/5/6, S. 5f., Gesamtdeutsches Institut Berlin, Archiv.

51 Anlage zu SMAD-Befehl Nr. 97, 13. 10. 1945, Verordnungsblatt Provinz Sachsen, 1 (1945) Nr. 4/5/6, S. 7f., und: Organization of the Soviet Military Government for Germany, 24. 9. 1947, IfZ-Archiv, Bestand Mf 260 (OMGUS), AGTS/53/3, Annex I, S. 9.

52 SMAD-Befehl Nr. 01, 23. 7. 1945, Verordnungsblatt Provinz Sachsen, 1 (1945), Nr. 1, S. 16f.; Anlage zum SMAD-Befehl Nr. 150, vom 29.11.1945, Verordnungsblatt der Provinz Sachsen, 1 (1945), Nr. 8, S. 3, Landesarchiv Berlin, Zeitgeschichtliche Sammlung, Nr. 4691, und Instruktion der SMA zum SMAD-Befehl Nr. 147, 17. 6. 1946, VOBl LV Sachsen, 30. 11. 1946, S. 530.

53 Intelligence Report der amerikanischen Militärregierung vom 30. 3. 1948, IfZ-Archiv, Bestand Mf260 (OMGUS), 7/22-2/27. S.a.: SMAD-Befehl Nr. 67, 6. 3. 1946, Gesamtdeutsches Institut Berlin, Archiv. Instruktionen zu SMAD-Befehl Nr. 67, ebenda. Zur Bedeutung der Abteilung: Die Errichtung, S. 62, und W. WEISSLEDER: Wesen und Funktion der Deutschen Wirtschaftskommission (DWK), Diss. jur., masch.-schr., Berlin (Ost) 1976, S. 79.

54 Zur Errichtung einer Verwaltung für Reparationen und Lieferungen: Anordnung für die Sowjetische Militäradministration, 6. 6. 1945, ebenda, S. 53. Erstmalige Erwähnung dieser Verwaltung: SMAD-Befehl Nr. 128, 1. 11. 1945, in: Verordnungsblatt Provinz Sachsen, 1 (1945) Nr. 4/5/6, S. 13f.

55 V. RUDOLPH: The Agencies of Control, S. 19.

56 V. RUDOLPH: ebenda, S. 19 und S. 22.

57 V. RUDOLPH: The Administrative Organization of Control, S. 30.

Im Sommer 1945 sollen für das Komitee rund 70000 sowjetische Experten in Deutschland tätig gewesen sein.[58] Hierbei handelte es sich um Zivilisten, die, damit sie ungestört arbeiten konnten, in Uniformen („Saburov-Majore") gesteckt wurden.[59] Auch nach der Auflösung des Komitees im Herbst 1946 blieben sowjetische Demontagekommandos in der SBZ tätig, ohne der SMAD unterstellt zu werden.[60] Neben ihnen war auch die „Trophäenverwaltung" (Kriegsbeuteverwaltung) der Gruppe der sowjetischen Besatzungsstreitkräfte in Deutschland (GSBD) bis Anfang 1946 für Reparationsentnahmen in Deutschland zuständig.[61] Für die 1946 in sowjetisches Eigentum überführten deutschen Industriebetriebe („Sowjet-AG") war schließlich der „Chef des Sekretariats der Verwaltung für Angelegenheiten der Sowjetischen Actiengesellschaften in Deutschland" zuständig.[62] Die Verwaltung der SAG-Betriebe unterstand direkt der Hauptverwaltung für sowjetisches Eigentum im Ausland des Außenhandelsministeriums der UdSSR.[63]

4. Der „Stellvertreter des Obersten Chefs für Fragen der Zivilverwaltung"

Zum „Stellvertreter des Obersten Chefs für Fragen der Zivilverwaltung" wurde 1945 Generaloberst Ivan Aleksandrovič Serov ernannt.[64] Er war in Personalunion Erster Stellvertreter des sowjetischen Innenministers und Geheimdienstchefs Lavrentij Berija.[65] Analog zum Hauptstab der SMAD in Berlin waren den Oberbefehlshabern in den Ländermilitärverwaltungen jeweils ein Stellvertreter als Leiter der Zivilverwaltung

---

58 Die Potsdamer (Berliner) Konferenz der höchsten Repräsentanten der drei alliierten Mächte – UdSSR, USA und Großbritannien. Dokumentensammlung, hrsg. vom Ministerium für Auswärtige Angelegenheiten der UdSSR von einer Hauptredaktionskommission unter dem Vorsitz von A.A. Gromyko. (= Bd. 6 der Reihe: Die Sowjetunion auf internationalen Konferenzen während des Großen Vaterländischen Krieges 1941 bis 1945), Moskau, Berlin (Ost) 1986, S. 414, und V. Rudolph: The Agencies of Control, S. 22.

59 Klimow: Berliner Kreml, S. 104 f.

60 Organization of the Soviet Military Government for Germany, 24. 9. 1947, IfZ-Archiv, Bestand Mf 260 (OMGUS), AGTS/53/3, S. 3. S. a.: Nettl: The Eastern Zone, S. 62, und V. Rudolph: The Agencies of Control, S. 19 ff.

61 SMAD-Befehl Nr. 73, 27. 9. 1945, Gesamtdeutsches Institut Berlin, Archiv. Dieser Befehl enthält u. a. einen Hinweis auf Generalleutnant Šišin, den „Chef der Trophäenverwaltung" (Beuteverwaltung) der GSOW (=GSBD), ebenda.

62 V. Rudolph: The Agencies of Control, S. 26. H. Duhnke: Stalinismus, S. 143.

63 Bericht von Harry H. Pretty, Intelligence Berlin to Dep. Chief of Intelligence Frankfurt, 13. 10. 1947, IfZ-Archiv, Bestand Mf 260 (OMGUS), AGTS 53/3.

64 SMAD-Befehl Nr. 1, 9. 6. 1945, Die Befehle des Obersten Chefs. Sammelheft 1, S. 9.

65 V. Rudolph: The Agencies of Control, S. 33; N. Grishin: The Saxony Uranian Mining Corporation („Vismut"), in: Soviet Economic Policy, S. 127–155, hier: S. 128, und Leonhard: Die Revolution, S. 327. Vgl. ferner M. Voslensky: Vier Generäle als Regenten Deutschlands. Vor vierzig Jahren löste sich mit dem Auszug der Sowjetdelegation der Alliierte Kontrollrat auf, in: „Süddeutsche Zeitung", 19./20. 3. 1988. 1947 wurde Serov von Generaloberst B.S. Kabulov angelöst; dessen Nachfolge trat 1949 A. Kabanov an, bis dahin Leiter der SMAD-Landwirtschaftsverwaltung. Zu Kabulov: vgl. J. Foitzik: SMAD, S. 50. Zu Kabanov: Schreiben des Stellvertreters des Obersten Chefs der SMAD (A. Kabanow) an den Präsidenten der Deutschen Verwaltung für Volksbildung, 18. 9. 1949, Dokumente der Sowjetischen Militäradministration zum Hoch- und Fachschulwesen, S. 82 f.

unterstellt.[66] Laut Anordnung des Rates der Volkskommissare vom 6. Juni 1945 wurde der Zivilstellvertreter mit der „Leitung und Kontrolle der Organe der deutschen Verwaltung in der sowjetischen Besatzungszone" betraut. Zu diesem Zweck unterstellte man ihm die Abteilungen für innere Angelegenheiten, für Verbindungen, das Gesundheitswesen und den Kommandanturdienst und die Aufsichtsbehörde für die Stäbe der Ländermilitärverwaltungen der Bezirks- und Ortskommandanturen.[67] Als ranghöchster Vertreter des sowjetischen Innenministeriums (NKWD bzw. MWD) bzw. des Staatssicherheitsdienstes (NKGB bzw. NKGB/MGB) war der Zivilstellvertreter sowohl für die SMAD als auch für die Gruppe der sowjetischen Besatzungsstreitkräfte (GSBD) zuständig.[68] Wie man in der amerikanischen Militärverwaltung glaubte feststellen zu können, unterstanden die Dienststellen des NKWD/MWD und das NKGB/MGB nicht dem „Obersten Chef" der SMAD. Vielmehr erhielten sie ihre Anweisungen über General Serov bzw. direkt aus Moskau.[69] Serov residierte auch nicht in Berlin, sondern am Sitz des GSBD in Potsdam.[70]

Im Gegensatz zu den Dienststellen des NKWD/MWD in der SMAD, zu denen die Innenverwaltung, die Abteilung Verbindungen und der Kommandanturdienst zählten, wurden die Dienststellen des NKGB/MGB gegen jegliche Einsichtnahme abgeschirmt. Von Potsdam aus lenkten sie einen weitverzweigten Apparat, der sich auf Länder- bzw. Provinzebene in sogenannte Operationssektoren gliederte, die sich u.a. mit der Spionage, der Spionageabwehr, der Überwachung des SMAD-Personals und der Aburteilung deutscher politischer Häftlinge befaßten. Ihnen wiederum arbeiteten Operationsgruppen auf Kreis- und Gemeindeebene zu.[71] Die in der SBZ operierenden sowjetischen Geheimdienststellen, denen rund 20000 Mitarbeiter angehörten, waren nicht nur für die innere Sicherheit und die Entnazifizierung, sondern auch für die Verfolgung der politischen Opposition zuständig.[72] Zur Überwachung des SMAD-Personals unterstand dem NKGB/MGB bis 1946 die Hauptverwaltung Spionageabwehr „Smerš" (Smert'-Špionam – Tod den Spionen).[73]

---

66 SMAD-Befehl Nr. 1, 9. 6. 1945, ebenda.

67 Anordnung für die Sowjetische Militäradministration, 6. 6. 1945, ebenda, S. 52.

68 Synopsis of Special Intelligence Summary No. 37, Hq. Eucom, 20. 7. 1947, IfZ-Archiv, Bestand Mf 260 (OMGUS), AGTS/53/3.

69 Oberstleutnant John P. Merrill an Director of Intelligence, 22. 10. 1946, IfZ-Archiv, Bestand Mf 260 (OMGUS), AGTS/14/2, S. 3.

70 Organization of the Soviet Military Government for Germany, 24. 9. 1947, IfZ-Archiv, Bestand Mf 260 (OMGUS), AGTS/53/3, Annex I, S. 1.

71 Intelligence-Bericht, 18. 10. 1948, IfZ-Archiv, Bestand Mf 260 (OMGUS), 7/22-2/28. Zur Überwachung des SMAD-Personals: Government and Administration in Soviet Zone of Germany, 20. 5. 1949, IfZ-Archiv, Bestand Mf 260 (OMGUS), 5/372-1/2, S. 6.

72 Bericht Int. Div. Eucom, 31. 5. 1948, Bundesarchiv Koblenz, Z 45 F (OMGUS), AGTS/44/1.

73 Organization of the Soviet Military Government for Germany, 24. 9. 1947, IfZ-Archiv, Bestand Mf 260 (OMGUS), AGTS/53/3, Annex I, S. 1. Oberstleutnant John P. Merrill an Director of Intelligence, 22. 1. 1946, IfZ-Archiv, Bestand Mf 260 (OMGUS), AGTS/14/2, S. 3. Zur Auflösung von „Smerš": Schreiben des Acting Secretary of State an den Politischen Berater der amerikanischen Militärregierung Robert Murphy, 18. 12. 1947, IfZ-Archiv, Bestand Mf 260 (OMGUS), Polad/778/46. Zur Geschichte von „Smerš" vgl. Robert Stephan: Smersh: Soviet Counter-intelligence during the Second World War, in: Journal of Contemporary History 22 (1987), Nr. 4, S. 585–613.

Die bereits erwähnte Abteilung für innere Angelegenheiten der SMAD (OVD)[74] war unter anderem für Fragen der öffentlichen Sicherheit und die Zivilverwaltung zuständig.[75] Bis März 1947 soll sie aus einer Reihe von Komitees (Unterabteilungen) bestanden haben; danach wurde sie zur Innenverwaltung der SMAD (UVD) aufgewertet.[76] Diese setzte sich aus zwei großen Hauptabteilungen und einer Reihe von Unterabteilungen zusammen. Die Leitung der Innenabteilung bzw. -verwaltung war bereits 1947 Generalmajor P.M. Malkov übertragen worden.[77]

Die erste Hauptabteilung der Innenverwaltung (Leitung: Oberst Lapenkov) beaufsichtigte die deutsche Polizei und befaßte sich mit der Auswertung von Informationen, die durch Spitzeldienste gewonnen wurden. Hinzu kam die Entnazifizierung in der SBZ.[78] In der zweiten Hauptabteilung hatte man die Personalabteilung, eine Registratur und ein Übersetzerbüro zusammengefaßt. Darüber hinaus unterstand ihr eine Abteilung zur Koordinierung der Tätigkeit aller Dienststellen der Innenverwaltung und das Kommandantenbüro. Besondere Beachtung verdient schließlich eine Verwaltung, die zur Auswertung deutscher Archivbestände eingerichtet wurde.[79] Zu den Aufgabenbereichen der zweiten Hauptabteilung gehörte auch die Kontrolle des deutschen Justizwesens und die Aufsicht über die Gefängnisse.[80] Ihr Tätigkeitsfeld entsprach damit dem der Rechtsverwaltung der SMAD unter der Leitung von Oberst Karasev. Zu ihren Aufgaben zählte nicht nur die Ausarbeitung und Formulierung der SMAD-Befehle, sondern auch die Reform des deutschen Justizwesens in der SBZ. Es ist zu vermuten, daß die Rechtsabteilung der SMAD ebenfalls der Innenverwaltung unterstellt war.[81]

Die Verwaltung für Verbindungen war innerhalb der SMAD offensichtlich als eigenständige Institution zunächst General Serov, später dem SMAD-Stabschef, General Lukjančenko, unterstellt worden.[82] Als Chef dieser Verwaltung wurde der Generalmajor der Verbindungstruppen Popov eingesetzt. Er leitete zugleich die Nachrichtenab-

---

74 OVD = Otdel vnutrennich del (Abteilung für innere Angelegenheiten): Bericht der amerikanischen Militärregierung über die Innenverwaltung der SMAD o.D. (Juli) 1947, IfZ-Archiv, Bestand Mf260 (OMGUS), 7/22-2/23.

75 Bericht der US-Militärregierung, o.D. (Juli) 1947, ebenda.

76 UVD = Upravlenie vnutrennich del (Verwaltung für innere Angelegenheiten): Bericht der amerikanischen Militärregierung über die Innenverwaltung der SMAD o.D. (Juli) 1947, ebenda.

77 Schreiben von Oberstleutnant Joseph Dasher, 13. 7. 1946, IfZ-Archiv, Bestand Mf260 (OMGUS), AGTS/14/2, S.2. Zu Malkov: Bericht der amerikanischen Militärregierung über die Innenverwaltung der SMAD o.D. (Juli) 1947, IfZ-Archiv, Bestand Mf260 (OMGUS), 7/22-2/23; Organization of the Soviet Military Government for Germany, 24. 9. 1947, IfZ-Archiv, Bestand Mf 260 (OMGUS), AGTS/53/3, Annex I, S.5.

78 Organization of the Soviet Military Government for Germany, 24. 9. 1947, IfZ-Archiv, Bestand Mf 260 (OMGUS), AGTS/53/3, Annex I, S.5. Lapenkov soll Anfang 1948 aus Berlin verschwunden sein: „Die Neue Zeitung", 13. 3. 1948.

79 Bericht des S-2 (Intelligence, Berlin) vom 14. 9. 1948, IfZ-Archiv, Bestand Mf260, AGTS/55/3.

80 Bericht der amerikanischen Militärregierung über die Innenverwaltung der SMAD o.D. (Juli) 1947, IfZ-Archiv, Bestand Mf260 (OMGUS), 7/22-2/23.

81 Klimow: Berliner Kreml, S.209, und: Organization of the Soviet Military Government for Germany, 24. 9. 1947, IfZ-Archiv, Bestand Mf 260 (OMGUS), AGTS/53/3, Annex I, S.8.

82 Zur Zuständigkeit Serovs für die Verwaltung für Verbindungen SMAD-Befehl Nr.18, 17. 11. 1945, Gesamtdeutsches Institut Berlin, Archiv. Zu Lukjančenko: Intelligence Report (OMGBS), unterzeichnet von Oberstleutnant Harry H. Pretty, 20. 3. 1948, IfZ-Archiv, Bestand Mf260 (OMGUS), 7/22-2/27.

teilung sowie die Abteilung für das Post- und Fernmeldewesen.[83] Neben technischen Aufgaben hatte die Verwaltung für Verbindungen auch die Postzensur übernommen.[84] Eine zweite Abteilung für Verbindungen stellte die Verbindungsoffiziere zu den anderen Besatzungsmächten. Hier war zunächst die Gruppe der Sowjetischen Besatzungsstreitkräfte in Deutschland (GSBD) zuständig.[85] In späteren Jahren trat auch ein solcher Verbindungsdienst zu den Westalliierten innerhalb des SMAD-Apparates auf.[86]

Im Unterschied zu den westlichen Besatzungsverwaltungen führte der Zivilstellvertreter auch die Aufsicht über die Gesundheitsverwaltung sowie über die in der SBZ stationierten sowjetischen Grenztruppen.[87] Abschließend ist noch auf den von Generalmajor S.F. Gorochov (Stellvertreter: Oberst Šestakov) geleiteten Kommandanturdienst der SMAD hinzuweisen, der die Aufsicht über die Länder- und Provinzialverwaltungen, die Bezirks- sowie über die Orts- und Kreiskommandanturen der sowjetischen Militärverwaltung führte, aber auch deren politische Arbeit überwachte und für die Personalausbildung sorgte.[88]

5. Der Militärrat der SMAD

Der Militär- oder Kriegsrat der SMAD wurde am 28. Juni 1945 auf Befehl des Staatskomitees für Verteidigung der UdSSR gebildet. Als kollektives Führungsorgan hatte er bei allen Anordnungen der SMAD-Führung mitzuentscheiden.[89] Zwischen dem 21. Juli 1945 und dem 4. Januar 1947 sind nahezu sämtliche von der SMAD erlassenen Befehle von einem Mitglied des Militärrates mitunterzeichnet worden.[90] Leiter des Militärra-

---

83 SMAD-Befehl Nr. 123, 29. 10. 1945, Landesarchiv Berlin, Zeitgeschichtliche Sammlung, Nr. 4682, und SMAD-Befehl Nr. 143, 19. 11. 1945, Gesamtdeutsches Institut Berlin, Archiv.

84 SMAD-Befehl Nr. 18, 17. 11. 1945, Gesamtdeutsches Institut Berlin, Archiv. Einen Überblick über die Zensur von Post und Telefon durch die SMAD bietet die Übersicht: „Systematische Eingriffe sowjetischer oder sowjetisch kontrollierter Stellen in das Berliner Post- und Fernmeldewesen mit 34 Anlagen, erstellt von der Landespostdirektion Berlin", 15. 9. 1948, Landesarchiv Berlin, Zeitgeschichtliche Sammlung, Nr. 4772.

85 Englische Übersetzung eines Schreibens des stellvertretenden Leiters des Verbindungsdienstes der GSBD, Oberst Shibalov an Major Bakirk in der amerikanischen Militärregierung, o. D. (Ende Juli 1945), IfZ-Archiv, Bestand Mf 260 (OMGUS), USGCC 44-45/6/5.

86 Organization of the Soviet Military Government for Germany, 24. 9. 1947, IfZ-Archiv, Bestand Mf 260 (OMGUS), AGTS/53/3, Annex I, S. 2.

87 SMAD-Befehl Nr. 25, 7. 8. 1945, Landesarchiv Berlin, Zeitgeschichtliche Sammlung, Nr. 7297. Zur Gesundheitsverwaltung: Schreiben des stellv. US-Militärgouverneurs in Deutschland, General Lucius D. Clay, 11. 1. 1946, IfZ-Archiv, Bestand Mf 260 (OMGUS), 3/177-1/2. Zur Abteilung Grenztruppen: Ebd., Annex I, S. 1, und Bericht der amerikanischen Militärregierung vom 30. 3. 1948, IfZ-Archiv, Bestand Mf 260 (OMGUS), 7/22-2/27.

88 Anordnung für die Sowjetische Militäradministration, 6. 6. 1945, S. 52.; Organization of the Soviet Military Government for Germany, 24. 9. 1947, IfZ-Archiv, Bestand Mf 260 (OMGUS), AGTS/53/3, Annex I, S. 2; F. J. Bokow: Frühjahr, S. 419, und St. Doernberg: Die Tätigkeit, S. 38. Zu Gorochov: Organization of the Soviet Military Government for Germany, ebenda, S. 1. Zu Šestakov: SMAD-Befehl (ohne Nummer), 14. 9. 1945, Gesamtdeutsches Institut Berlin, Archiv.

89 F. J. Bokow: Frühjahr, S. 406.

90 Erster Befehl, der von General Bokov in seiner Eigenschaft als Mitglied des Militärrats der SMAD mitunterzeichnet wurde: SMAD-Befehl Nr. 9, 21. 7. 1945, Um ein antifaschistisch-demokratisches Deutschland, S. 72.

tes wurde 1945 General Fëdor E. Bokov, während des Krieges Mitglied des Kriegsrates der 5. Stoßarmee unter Generaloberst Berzarin, Berlins erstem sowjetischen Stadtkommandanten.[91] Neben Bokov gehörten dem Militärrat Generalleutnant E.V. Makarov und Generalleutnant Ponomarëv an.[92] Auch in der Gruppe der Sowjetischen Besatzungstruppen in Deutschland (GSBD) existierte ein Militärrat, dem u.a. Generalleutnant K.F. Telegin angehörte. Seit Herbst 1945 trat er gelegentlich als Mitunterzeichner von SMAD-Befehlen auf.[93] Anschließend wurden zahlreiche SMAD-Befehle von General Bokov als „Mitglied des Militärrates der Gruppe der sowjetischen Besatzungstruppen in Deutschland für die SMAD" mitunterzeichnet.[94] Es ist daher nicht auszuschließen, daß es von 1946 an für die SMAD und die GSBD nur einen Militärrat gab.

Die Schlüsselrolle des SMAD-Militärrates wurde schon in den ersten Monaten der sowjetischen Besatzungsherrschaft sichtbar. Sobald deutsche Politiker mit der Spitze der Militärverwaltung zu verhandeln hatten, trafen sie zumeist mit General Bokov zusammen. Allerdings ist die Rolle des Militärrates und seiner Mitglieder von deutscher Seite offensichtlich nicht recht verstanden worden. Beispielsweise bezeichnet der CDU-Politiker Ernst Lemmer in seinen Erinnerungen Bokov als Marschall Žukovs „Frühstücksgeneral".[95]

Die Karriere des Generals Bokov war nur von kurzer Dauer. Im November 1946 wurde er nach Moskau zurückbeordert. Zuvor hatten am 20. Oktober in der SBZ Landtagswahlen und in Berlin Wahlen zur Stadtverordnetenversammlung stattgefunden, bei denen die von der SMAD geförderte SED in der deutschen Hauptstadt eine verheerende Wahlniederlage erlitt – Grund genug, den politischen Kontrollapparat der SMAD zu säubern, wie man in der amerikanischen Militärregierung feststellte.[96] Die Führung der UdSSR machte vor allem Bokovs Militärrat, aber auch die SMAD-Propagandaverwaltung des Obersten Sergej I. Tjul'panov für die ungünstigen Ergebnisse der Wahlen verantwortlich. Tjul'panov überstand diesen Vorwurf jedoch unbeschadet. Bokov dagegen wurde von seinem Posten abberufen und Ende November 1946 durch General I.V. Makarov ersetzt.[97] Zugleich übertrug man dem Militärrat of-

---

[91] Zu Bokov in seiner Funktion als Leiter des SMAD-Militärrates: Memorandum der amerikanischen Militärregierung, 6. 1. 1947, IfZ-Archiv, Bestand Mf260 (OMGUS), AGTS/14/2. S.a.: H. Weber: Geschichte der DDR, S.99, und F.J. Bokow: Frühjahr, S.406f.

[92] Zu Ponomarëv: Bericht des Office of the Director of Intelligence, 22. 7. 1948, Bundesarchiv Koblenz, Z 45 F (OMGUS), AGTS/44/1 (3).

[93] Aus dem Stab der SMV, 25. 9.1945, Befehle 1945. Sammelheft 1, S.39. Ein 1946 von K.F. Telegin mitunterzeichneter Befehl ist der SMAD-Befehl Nr.11, 11. 1. 1946, Verordnungsblatt Provinz Sachsen, 2 (1946), S.22. Telegin mußte 1946 seinen Posten in Potsdam räumen: Organization of the Soviet Military Government for Germany, 24. 9. 1947, IfZ-Archiv, Bestand Mf 260 (OMGUS), AGTS/53/3, S.2.

[94] SMAD-Befehl Nr.208, 17. 7. 1946, in: G. Handel, R. Köhler: Dokumente der sowjetischen Militäradministration, S.47f., und SMAD-Befehl Nr.295, 3. 10. 1946, ebenda, S.54f.

[95] E. Lemmer: Manches war doch anders, S.260.

[96] Combined Intelligence Survey No.4 von Oberstleutnant John P. Merrill, 22. 1. 1947, Bundesarchiv Koblenz, Z 45 F (OMGUS), (ODI) 7/24-3/1-5.

[97] Letzter von Bokov mitunterzeichneter Befehl: Befehl Nr.318, 14. 11. 1946, Um ein antifaschistisch-demokratisches Deutschland, S.334. Zu Bokovs Absetzung: Memorandum der amerikanischen Militärregierung, 6. 1. 1947, IfZ-Archiv, Bestand Mf260 (OMGUS), AGTS/14/2. Erster von Makarov mitunterzeichneter Befehl: SMAD-Befehl Nr. 332, 27. 11. 1946, Um ein antifaschistisch-demokratisches Deutschland, S.347. Zu Makarov als Mitglied des SMAD-Militärrates vgl. S. Tjulpanow: Deutschland, S.32.

fenbar neue Aufgaben. Auffallend ist, daß seit Januar 1947 kein veröffentlichter SMAD-Befehl mehr von einem Mitglied dieser Institution unterzeichnet worden ist. Hieraus kann jedoch nicht geschlossen werden, daß der Militärrat aufgelöst wurde. Wie die Amerikaner in Erfahrung brachten, setzte er sich im Oktober 1947 aus dem stellvertretenden „Obersten Chef" der SMAD, General Dratvin, dem SMAD-Stabschef, General Lukjančenko, dem Wirtschaftsstellvertreter sowie den Generälen Malinin und Georgiev zusammen.[98] General Georgiev wurde bereits im September 1946 nach Berlin entsandt, um sich persönlich mit der Entwicklung der politischen Parteien zu befassen. Ferner hatte er die Aufgabe, in seiner Eigenschaft als „leading representative" des sowjetischen Außenministers Molotov ein Gegengewicht zu der besatzungspolitischen Linie aufzubauen, wie sie bis dahin von Bokov und Tjul'panov vertreten worden sein soll.[99]

General Makarov übernahm bereits im Januar 1947 als Stellvertreter Marschall Sokolovskijs für politische Fragen eine neue Funktion. Die Schaffung dieses Postens soll vom sowjetischen Geheimdienstchef Berija bei dessen Besuch in Berlin Ende 1946/Anfang 1947 veanlaßt worden sein. Berija hatte Sokolovskij vorgeschlagen, eine neue Einrichtung in der SMAD zu schaffen, deren Funktionen der des Politbüros in der UdSSR entsprach.[100] Dementsprechend beschrieben die Amerikaner Makarovs Stellung „above and beyond" der Bokovs.[101] Im Oktober 1947 kamen die Amerikaner zu dem Schluß, das innerhalb der SMAD eine Aufsichtsinstanz für alle deutschen politischen Aktivitäten geschaffen worden sei. Als Leiter dieser neuen Behörde wurde der bereits erwähnte General Georgiev genannt. Unter Georgievs Leitung sei General Makarov für die Aufsicht über die deutschen politischen Parteien zuständig.[102] Ein halbes Jahr später wurde diese Feststellung korrigiert und festgestellt, daß dem „Obersten Chef" General Makarov als Stellvertreter für politische Propaganda unterstellt worden sei. Ihm habe General Georgiev als Leiter der SMAD-Abteilung für die politischen Parteien in der SBZ unterstanden.[103] Georgiev wurde jedoch schon im März 1948 wieder abgelöst. Seine Nachfolge trat Legationsrat Gribanov vom sowjetischen Außenministerium an. Dieser

---

98 Harry H. Pretty an stellv. Chief of Intelligence, 13. 10. 1947, IfZ-Archiv, Bestand Mf260 (OMGUS), AGTS/53/3.

99 Combined Int. Survey No. 4 von Oberstleutnant John P. Merrill, 22. 1. 1947, Bundesarchiv Koblenz, Z 45 F (OMGUS), (ODI) 7/24-3/1-5. S. a. Special Intelligence Summary. Soviet Russia in Germany, 8. 3. 1947 (unterzeichnet von Peter P. Rhodes; Director of Intelligence), Bundesarchiv Koblenz, Z 45 F (OMGUS), (ODI) 3/429-3/1. Hinter dem Namen Georgiev soll sich nach Auffassung von J. Foitzik General Leonid A. Malinin verborgen haben: J. Foitzik: SMAD, S. 22.

100 Special Inteligence Summary 8. 3. 1947, Bundesarchiv Koblenz, Z 45 F (OMGUS) (ODI) 3/429-3/1. Nach Auffassung Jan Foitziks trat Makarov den Posten als Stellvertreter des Obersten Chefs für politische Fragen bereits im April 1946 an: J. Foitzik: SMAD, S. 19.

101 Organization of the Soviet Military Government for Germany, 24. 9. 1947, IfZ-Archiv, Bestand Mf 260 (OMGUS), AGTS/53/3, Annex I, S. 1.

102 Harry H. Pretty an stellv. Chief of Intelligence, 13. 10. 1947, IfZ-Archiv, Bestand Mf260 (OMGUS), AGTS 53/3. Vgl. auch den Wortlaut einer beigehefteten Notiz zur Niederschrift eines Gesprächs zwischen Georgiev und Ernst Lemmer am 29. 8. 1947, Bundesarchiv Koblenz, NL 18 Jakob Kaiser, Nr. 85. Zur Zuständigkeit Georgievs für die politischen Parteien s. a. den indirekten Hinweis in: Aufzeichnung von Alfred Gerigk nach einem Bericht von Jakob Kaiser, 29. 11. 1947, Bundesarchiv Koblenz, NL 18 Jakob Kaiser, Nr. 85.

103 Intelligence Report (OMGBS), 20. 3. 1948, unterzeichnet von Oberstleutnant Harry H. Pretty, IfZ-Archiv, Bestand Mf260 (OMGUS), 7/22-2/27; Bericht des Office of the Director of Intelligence, 22. 7. 1948, Bundesarchiv Koblenz Z 45 F (OMGUS) AGTS/44/1 (3).

gehörte offenbar seit 1947 zum Stab des Politischen Beraters Semënov. Im Juli 1948 löste man auch Makarov ab und ersetzte ihn durch General Russkich.[104]

6. Rolle und Funktion des Politischen Beraters

Die Anordnung zur Errichtung der SMAD sah auch die Schaffung des Amtes eines Politischen Beraters vor. Zu seinen Aufgaben hieß es: er habe „Vorschläge und Stellungnahmen zu allen Fragen politischen Charakters, darunter zu allen außenpolitischen Fragen zu unterbreiten, sowie in Abstimmung mit dem Oberbefehlshaber [Stalin – P.S.] der sowjetischen Regierung Informationen über die Lage in Deutschland und Vorschläge zu allen Fragen, die in den Zuständigkeitsbereich der sowjetischen Militäradministration in Deutschland fallen, zu übermitteln". Ursprünglich war vorgesehen, dem „Politischen Berater" einen eigenen Stab, bestehend aus einer politischen Abteilung, einer Abteilung für Volksbildung und einer Rechtsabteilung, zu unterstellen.[105] Somit hätte er an der Spitze des gesamten politischen Kontrollapparates der SMAD gestanden. Tatsächlich wurden ihm zunächst – wie vorgesehen – diese Abteilungen zugeordnet, noch während der Aufbauphase der Militärverwaltung definierte man den Aufgabenbereich des Politischen Beraters jedoch offenbar neu.[106]

Wie schon erwähnt, muß die Rechtsabteilung dem Stab des Zivilstellvertreters zugerechnet werden. Die Volksbildungsverwaltung wurde am 6. Juli 1945 mit zunächst 55 Mitarbeitern eingerichtet. Leiter war von August 1945 bis Februar 1949 Generalleutnant P.V. Zolotuchin, vor dem Krieg Chefredakteur der „Leningradskaja Pravda", Rektor der Leningrader Universität und stellvertretender Bildungsminister der Russischen Föderativen Sowjetrepublik (RSFSR). Schon im Sommer 1945 soll es zwischen dem Politischen Berater und dem Leiter der Volksbildungsabteilung zu Kompetenzstreitigkeiten gekommen sein. Der Militärrat sah sich daher auf seiner ersten Sitzung veranlaßt, dem Politischen Berater die Aufsicht über das Volksbildungsressort zu entziehen und es zeitweilig seiner direkten Kontrolle zu unterstellen.[107] Später gehörte das Volksbildungsressort zwar als selbständige Behörde der Besatzungsverwaltung an[108], geriet jedoch zunehmend unter den Einfluß der im August 1945 eingerichteten SMAD-Propagandaverwaltung.[109]

Über Zugehörigkeit und Kompetenzen der politischen Abteilung bestehen unterschiedliche Auffassungen. Vor allem in der westlichen Literatur wird die Ansicht vertreten, sie sei für die Kontrolle und Beeinflussung des gesamten politischen Lebens in

---

[104] Bericht der amerikanischen Militärregierung, 12. 5. 1948, Bundesarchiv Koblenz Z 45 F (OMGUS) AGTS/44/1 (3). Zur Ablösung Makarovs: Bericht des Office of the Director of Intelligence, 22. 7. 1948, Bundesarchiv Koblenz, Z 45 F (OMGUS), AGTS/44/1 (3.).

[105] Anordnung für die Sowjetische Militäradministration, 6. 6. 1945, S. 52.

[106] Hierüber gibt auch ein Schaubild Auskunft, das vermutlich Anfang Oktober 1947 in der amerikanischen Militärregierung angefertigt wurde, IfZ-Archiv, Bestand Mf 260 (OMGUS), 5/269–1/11.

[107] F.J. Bokow: Frühjahr, S. 418f. Zur Abtrennung des Stabes des „Politischen Beraters" von den Abteilungen für Volksbildung, der politischen Abteilung und der Rechtsabteilung: Klimow: Berliner Kreml, S. 206.

[108] Klimow: ebenda, S. 206, und J. S. Drabkin: Zur Tätigkeit", S. 178.

[109] G. Handel: Zum internationalistischen Wirken von S. I. Tjulpanow als Politoffizier der Sowjetarmee, in: Wissenschaftliche Zeitschrift der Karl-Marx-Universität, Gesellschaft- und sprachwissenschaftliche Reihe 25 (1976), Nr. 4, S. 351–368, hier: S. 353 und S. 367, sowie S. Tjulpanow: Deutschland, S. 280–282.

der SBZ zuständig gewesen.[110] Derartige Mutmaßungen lassen sich indessen nicht bestätigen. Vielmehr existierten innerhalb des SMAD-Apparates zwei politische Abteilungen, deren eine offenbar von vornherein nicht dem Politischen Berater unterstellt worden war. Sie befaßte sich mit Fragen der politischen Schulung und der politischen Überwachung des SMAD-Personals. Somit war die Politische Verwaltung Teil des KPdSU-Apparates in der Militäradministration.[111] Die Leitung dieser politischen Abteilung hatte Generalmajor Andreev übernommen; sein Stellvertreter, Oberst Ovčinnikov, leitete die politische Abteilung des SMAD-Stabes in Berlin.[112]

Im Stab des Politischen Beraters waren dagegen zahlreiche Diplomaten tätig, die dem Außenministerium der UdSSR unterstanden und in der Hauptsache als Bindeglieder zwischen der sowjetischen Partei- und Staatsführung und der SMAD-Spitze in Berlin fungierten. So jedenfalls war es schon in der Anordnung vom 6. Juni 1945 festgelegt worden. In diesem Sinne äußert sich auch Vladimir Semënov, von 1946 bis 1949 Politischer Berater der SMAD: „Als Politischer Berater der SMAD war ich verpflichtet, Vorschläge zu allen Problemen zu unterbreiten, die in die Kompetenz der SMAD fielen, und Schlußfolgerungen aus allen Fragen politischen Charakters zu ziehen. In Abstimmung mit der Leitung der SMAD mußte ich die sowjetische Regierung über die Lage in Deutschland informieren."[113]

Vladimir S. Semënov war bis 1941 Diplomat an der sowjetischen Botschaft in Berlin. 1941/42 leitete er die Europaabteilung des sowjetischen Außenministeriums, um anschließend als Sonderbeauftragter nach Stockholm geschickt zu werden. Dort koordinierte er die Arbeit des Spionageringes „Rote Kapelle" und sondierte 1943 Möglichkeiten eines Separatfriedens mit Deutschland. Nach Kriegsende nahm er sowohl an den Konferenzen von Jalta als auch von Potsdam teil.[114] Über seine genaue Funktion zum damaligen Zeitpunkt liegen widersprüchliche Angaben vor. So berichtet Anton Ackermann, die von ihm geleitete KPD-„Initiativgruppe" sei bei ihrer Ankunft in Dresden am 1. Mai 1945 von Semënov als Beauftragtem des Außenministeriums der UdSSR beim Oberkommandierenden der 1. Ukrainischen Front begrüßt worden.[115] Kurze Zeit später hielt sich Semënov bereits in Berlin-Karlshorst im Hauptquartier der

---

110 Nettl: The Eastern Zone; S. 67, K. W. Fricke: Politik und Justiz in der DDR. Zur Geschichte der politischen Verfolgung 1945–1968. Bericht und Dokumentation, Köln 1978, S. 26; Klimow: Berliner Kreml, S. 206. Zu dieser Problematik vgl. H. Weber: Zum Transformationsprozeß, S. 20f.

111 Die geht u. a. aus dem Verhör eines sowjetischen Deserteurs hervor: Schreiben von Oberstleutnant John P. Merrill an Director of Intelligence, 22. 10. 1946, IfZ-Archiv, Bestand Mf 260 (OMGUS), AGTS/14/2.

112 F. J. Bokow: Frühjahr, S. 429. Zu Andreev: Bericht des ODI, 22. 7. 1948. Bundesarchiv Koblenz, Z 45 F (OMGUS), AGTS/44/1 (3). Zu Ovčinnikov: Schreiben von Oberstleutnant Harry H. Pretty an Deputy Director of Intelligence, 29. 12. 1947, IfZ-Archiv, Bestand Mf 260 (OMGUS), AGTS/53/5.

113 Bewegte Jahre sowjetischer Diplomatie (Auszug aus einem Erinnerungsaufsatz von Vladimir Semënov), in: Horizont 20 (1987), Nr. 12, S. 28–34, hier S. 32. Vgl. auch P. Abrassimow: 300 Meter vom Brandenburger Tor. Erinnerungen eines Botschafter, Berlin 1985, S. 83; J. S. Drabkin: Zur Tätigkeit, S. 178, und: Organization of the Soviet Military Government for Germany, 24. 9. 1947, IfZ-Archiv, Bestand Mf 260 (OMGUS), AGTS/53/3, Annex I, S. 1.

114 Die Potsdamer (Berliner) Konferenz der höchsten Repräsentanten der drei alliierten Mächte, S. 49, 168, 192 und S. 447. Vgl.: „Bewegte Jahre sowjetischer Diplomatie, in: Horizont 20 (1987), Nr. 12, S. 32.

115 A. Ackermann: Von der Geburt der neuen Staatsmacht, in: Staat und Recht 14 (1965), S. 667.

SMAD auf, wo er zusammen mit General Bokov und Oberst Tjul'panov Gespräche mit deutschen Politikern führte.[116] Nach Gründung der SMAD wurde er zum Leiter der politischen Abteilung und Stellvertreter des Politischen Beraters der Militäradministration ernannt.[117] Dieses Amt bekleideten zunächst der stellvertretende sowjetische Außenminister Andrej Vyšinskij, danach Andrej Andreevič Smirnov und schließlich Arkadij A. Sobolev. Vyšinskij traf am 8. Mai 1945 anläßlich der Unterzeichnung der deutschen Kapitulation in Berlin ein und blieb dort noch bis Juni als „Beauftragter für politische Fragen beim Chef der Sowjetischen Militärverwaltung".[118] Smirnov war von 1937 bis 1941 an der Botschaft der UdSSR in Berlin tätig. 1945 begleitete er Marschall Žukov als außenpolitischer Berater nach Berlin, wo er sich bis zum Jahresende aufhielt.[119] Sobolev war vor dem Krieg als Botschafter der UdSSR in Bulgarien und 1945 in London eingesetzt. Seinen Posten als Politischer Berater in Berlin trat er im Juni 1945 an.[120] Die Ablösung Sobolevs durch Semënov erfolgte im April oder Mai 1946.[121]

7. Die Verwaltung für Propaganda

a) Aufgaben und Funktion

Im August 1945 richtete die SMAD eine „Verwaltung für Propaganda" ein. 1947 änderte diese ihren Namen in „Verwaltung für Information", was unverfänglicher klang.[122] Leiter wurde Oberst Sergej Ivanovič Tjul'panov. In kurzer Zeit erreichte er einen so großen Bekanntheitsgrad, daß die Informationsverwaltung noch heute als bedeutsamste Institution der sowjetischen Besatzungsmacht zur Lenkung des deutschen politischen Lebens angesehen wird.[123] Dabei liegen über Tjul'panovs tatsächliche Funktion recht widersprüchliche Aussagen vor. So wird er als Leiter der politischen Abteilung oder auch als politischer Berater der Militärverwaltung bezeich-

---

[116] Gniffke: Jahre mit Ulbricht, S. 41 f., und Bericht Jakob Kaisers über die Wiederzulassung von Gewerkschaften (Juni 1945), Bundesarchiv Koblenz, NL 18 Jakob Kaiser, Nr. 126.

[117] In der bisherigen DDR-Geschichtsschreibung wurde der Eindruck vermittelt, Semënov sei von Anfang an Politischer Berater gewesen: L. Kölm: Die Befehle, S. 39; G. Handel: Zum internationalistischen Wirken, S. 360, und Heinz Vosske: Über die politische Hilfe der KPdSU, der Sowjetregierung und der SMAD für die deutsche Arbeiterklasse in den ersten Nachkriegsjahren (1945–1949), Beiträge zur Geschichte der Arbeiterbewegung 14 (1972), S. 725–739, hier: S. 733.

[118] F. J. Bokow: Frühjahr, S. 419.

[119] Bericht der amerikanischen Militärregierung über ein Treffen der CDUD-Führung mit Marschall Žukov vom 12. Dezember 1945, Current Political Intelligence Memorandum Nr. 73, 21. 12. 1945, IfZ-Archiv, Bestand Mf 260 (OMGUS), Polad/747/29. Zu Smirnov vgl. auch J. Bokow: Frühjahr, S. 353, und „Berliner Zeitung", 7. 6. 1945.

[120] Schaubild der ISD, Herbst 1945, IfZ-Archiv, Bestand Mf 260 (OMGUS), 5/243-2/17. Vgl. auch: Tjulpanow: Deutschland, S. 16, 19 und S. 81.

[121] Vgl. hierzu Meissner: Rußland, S. 81.

[122] Inter-office-Memorandum, September 1947, IfZ-Archiv, Bestand Mf 260 (OMGUS), 5/239-1/15. Ferner St. Doernberg: Die Tätigkeit, S. 101; Ders.: Die Hilfe, S. 101; G. Handel: Zum internationalistischen Wirken, S. 360, und „Zeit des Neubeginns", S. 60.

[123] Vgl. hierzu z. B. die entsprechenden Feststellungen bei: G. Handel: Zum internationalistischen Wirken, S. 361, und St. Doernberg: Nachwort, in: Erinnerungen, S. 158.

net.[124] Sie sind das Resultat einer bis heute herrschenden Unklarheit über die Stellung der Informationskontrollbehörde innerhalb der Militärverwaltung.[125]

Die Einrichtung einer Propagandaverwaltung war zunächst nicht beabsichtigt. Fragen der Medienkontrolle und Propagandapolitik lagen zunächst in der Zuständigkeit des Politischen Beraters.[126] Anfang August 1945 trat in Berlin die „zentrale Zensur" unter Ivan Filipov erstmals in Erscheinung.[127] Filipov war zugleich stellvertretender Leiter der politischen Abteilung und kontrollierte in dieser Eigenschaft auch die Theater und den Rundfunk. Im Sommer 1945 nahmen ferner das Sowjetische Nachrichtenbüro (SNB) und eine Filmabteilung ihre Tätigkeit auf.[128] Nach Ansicht des Chefs der amerikanischen Informationskontrollabteilung in Deutschland, General Robert A. McClure, war Filipov „apparently the Russian Chief of Information Services although his title is Chief Censor".[129]

Der SMAD-Militärrat war mit dieser Organisation der Pressekontroll- und Propagandaarbeit nicht zufrieden und veranlaßte bereits im August 1945, die Volksbildungsabteilung der Kompetenz des Politischen Beraters zu entziehen und unter seine Aufsicht zu stellen. Im Einvernehmen mit der politischen Hauptverwaltung der Roten Armee regte er zugleich die Einrichtung einer Propagandaverwaltung an.[130] Am 18. August erhielt Tjul'panov von Marschall Žukov den entsprechenden Befehl.[131] Der Aufbau der Propagandaverwaltung zog sich hin bis in das Jahr 1946 hinein. Beispielsweise nahm die von Major Dymšic geleitete Kulturabteilung im November 1945 mit sieben Mitarbeitern ihre Arbeit auf.[132] Die Zuständigkeit Tjul'panovs für die Kontrolle des Rundfunks ist für den Dezember 1945 belegt; die Ausgabe von Presselizenzen fand

---

[124] Die Auffassung, daß Tjul'panov Chef der politischen Abteilung war, vertreten u. a. W. von Buttlar: Ziele und Zielkonflikte in der sowjetischen Deutschlandpolitik 1945–1947, 1. Aufl. Stuttgart 1980, S. 300; E. Richert (in Zusammenarbeit mit C. Stern und P. Dietrich): Agitation und Propaganda. Das System der publizistischen Massenführung in der Sowjetzone, Berlin und Frankfurt a. M. 1958, S. 91; E. Lemmer: Manches war doch anders, S. 312; C. Stern: Porträt einer bolschewistischen Partei. Entwicklung, Funktion und Situation der SED, Köln 1957, S. 82. Vgl. hierzu auch: Die Errichtung, S. 537. Michael Balfour bezeichnet Tjul'panov als den politischen Berater der SMAD. Vgl. M. Balfour: Four Power Control in Germany and Austria, London 1956, S. 44.

[125] Auch in der jüngsten Veröffentlichung, die sich mit der SMAD auseinandersetzt, wird einerseits behauptet, Tjul'panovs Bedeutung sei in der SMAD-Hierarchie geringer gewesen, als dies vielfach angenommen wurde; andererseits jedoch heißt es, die ihm unterstellte Informationsverwaltung sei ein Instrument umfassender Kontrolle der Medien und politischen Parteien gewesen. Vgl. J. Foitzik: SMAD, S. 23 f.

[126] Schaubild der ISD, Herbst 1945, IfZ-Archiv, Bestand Mf 260 (OMGUS), 5/243-2/17.

[127] Memorandum von General Robert A. McClure, 29. 8. 1945, IfZ-Archiv, Bestand Mf 260 (OMGUS), 5/243-2/17.

[128] „Zeit des Neubeginns", S. 47 f.

[129] Schaubild der ISD, Herbst 1945, IfZ-Archiv, Bestand Mf 260 (OMGUS), 5/243-2/17.

[130] F. J. Bokow: Frühjahr, S. 418 und S. 428, sowie S. Tjulpanow: Deutschland, S. 58.

[131] S. Tjulpanow: Deutschland, S. 14 f. und S. 19. S. a.: Hinweis auf SMAD-Befehl Nr. 29 vom 18. August 1945 in: J. Foitzik: SMAD, S. 17 f und S. 24. In einer anderen Veröffentlichung weist Foitzik ebenfalls auf den Befehl Nr. 29 hin. Vgl. J. Foitzik: Die sowjetische Militäradministration in Deutschland. Organisation und Wirkungsfelder in der SBZ 1945–1949, in: Aus Politik und Zeigeschichte. Beilage zur Wochenzeitung Das Parlament, B 11/90, 9. März 1990, S. 43–51, hier S. 46.

[132] D. Moldowski, G. Snimstschikowa, K. Ziermann: A. L. Dymschitz – Ein Lebensbild, in: Alexander Dymschitz. Wissenschaftler, Soldat, Internationalist, hrsg. von K. Ziermann unter Mitarbeit von H. Baierl, Berlin (Ost) 1977, S. 20 f.

erstmals im Januar 1946 statt. Nach Angaben des DDR-Historikers Roland Köhler wurde der „Sektor Museen und Kulturarbeit" der Verwaltung für Volksbildung 1946 entzogen und „mit dem Gegenstand der Arbeit in die Informationsverwaltung der SMAD überführt".[133] Auch der Aufbau der Propagandaabteilungen in den Ländermilitärverwaltungen kam erst 1946 zum Abschluß.[134] In der sowjetischen Zentralkommandantur in Berlin begann man mit der Einrichtung einer Informationsabteilung im März 1946. Sie unterstand Gardeoberst Ivan Elisarov, der zugleich auch die politische Abteilung leitete. 1946 übernahm er das Amt des stellvertretenden bzw. 1948 das des amtierenden Kommandanten des sowjetischen Sektors von Berlin.[135]

Im März 1946 rückte Vladimir Semënov zum Politischen Berater des SMAD-Chefs auf. Zensur und Propaganda, bisher Aufgabe der politischen Abteilung, wurden der Verwaltung für Propaganda unterstellt. Sie war damit nach den Worten Tjul'panovs ein Organ der „politischen und ideologischen Einflußnahme auf die deutsche Bevölkerung", das „operativ den Prozeß der Demokratisierung und Entnazifizierung" beeinflußte.[136]

b) Sergej Ivanovič Tjul'panov und die Verwaltung für Information

Sergej Ivanovič Tjul'panov war im Berlin der Nachkriegsjahre kein Unbekannter. Schon wegen seines markanten Aussehens blieb der „breitschultrige Oberst mit dem mächtigen kahlrasierten Tatarenschädel" (Alfred Kantorowicz)[137] vielen seiner Zeitgenossen in Erinnerung. Tjul'panov verstand es wie kaum ein anderer sowjetischer Besatzungsoffizier seine deutschen Gesprächspartner durch „messerscharfe Intelligenz"[138] zu beeindrucken. Dabei trat er als ein in der Form zwar konzilianter, in der Sache aber kompromißloser Verfechter einer harten, am kommunistischen Gesellschaftsideal ausgerichteten Politik auf.

Tjul'panov hatte als Wissenschaftler und als Soldat Karriere gemacht. Er wurde am 3. Oktober 1901 geboren und nahm im Alter von 18 Jahren auf seiten der Roten Armee

---

[133] R. Köhler: Die Zusammenarbeit der SED mit der SMAD bei der antifaschistisch-demokratischen Erneuerung des Hochschulwesens (1945–1949) (= Studien zur Hochschulentwicklung, hrsg. Zentralinstitut für Hochschulbildung), Berlin (Ost) 1985, S. 56.

[134] Beispielsweise wurde die Informationsabteilung in Sachsen von Oberst A. Vatnik, in Mecklenburg von Oberst A. Serebrijskinov, in der Provinz Sachsen von Oberst Rodionov und in Brandenburg von Oberstleutnant Mil'cheker geleitet: Zu Serebrijskijnov vgl. J. Mai: Die Rolle der Sowjetunion bei der antifaschistisch-demokratischen Umwälzung 1945–1949, dargestellt am Beispiel Mecklenburg", in: Jahrbuch für Geschichte. 28 (1983), S. 193–234, hier S. 201. Zu Vatnik: S. Tjulpanow: Deutschland, S. 73. Zu Rodionov: ebd., S. 31; Schreiben von Erich Fischer an Jakob Kaiser vom 27. 10. 1947, Bundesarchiv Koblenz, NL 18 Jakob Kaiser, Nr. 46. Zu Mil'cheker: Aufzeichnung von Frau Dr. Erika Wolf über die Unterredung Wilhelm Wolfs mit dem Leiter der SMA-Propagandaabteilung in Brandenburg, Oberstleutnant Milcheker, zum Thema Bodenreform, 14. 12. 1945, Archiv für Christlich-Demokratische Politik, NL Andreas Hermes, I-090-017/4.

[135] Oberstleutnant John P. Merrill an Director of Intelligence, 22. 10. 1946, IfZ-Archiv, Bestand Mf 260 (OMGUS), AGTS/14/2. Zu Elisarov: Schreiben Oberst Howleys an General Kotikow, 5. 11. 1946, LA-Berlin, Rep. 240, OMGBS, 4/135-2/3. Zu Elisarov: Weber: Geschichte der DDR, S. 99, und W. G. Oschilewski: Zeitungen in Berlin im Spiegel der Jahrhunderte, Berlin 1975, S. 233.

[136] S. Tjulpanow: Deutschland, S. 23.

[137] A. Kantorowicz: Deutsches Tagebuch, Band 1, München 1959/61, S. 282.

[138] E. W. Gniffke: Jahre mit Ulbricht, S. 43.

am Bürgerkrieg teil.[139] 1929 folgte ein Lehrgang an der Leningrader Militärakademie, dem sich ein Hochschulstudium an der Leningrader Pädagogischen Hochschule und 1936 die Promotion zum Wirtschaftswissenschaftler anschlossen.[140] Zwischenzeitlich soll Tjul'panov auch an der Heidelberger Universität studiert haben, wofür allerdings Belege fehlen. Er sprach jedoch nachweislich ausgezeichnet deutsch.[141]

Zum Zeitpunkt des deutschen Angriffs auf die Sowjetunion, im Juni 1941, war Tjul'panov Dozent an der Leningrader Universität.[142] Er wurde eingezogen und als Regimentskommissar zur Stalingrader Front abkommandiert, in deren Politverwaltung er die 7. Abteilung übernahm.[143] Dort gehörte es zu seinen Aufgaben, deutsche Kriegsgefangene zu verhören und sie für die sowjetische Frontpropaganda zu gewinnen. Der damalige Luftwaffenleutnant Heinrich Graf von Einsiedel erinnert sich in seinem „Tagebuch der Versuchung", wie er wenige Tage nach seiner Gefangennahme von Tjul'panov vernommen und zur Unterschrift unter ein Flugblatt überredet wurde. Tjul'panov berichtet in seinen Erinnerungen ebenfalls von diesem Verhör.[144] Bereits 1942 arbeitete Tjul'panov eng mit deutschen Emigranten zusammen, darunter mit Erich Weinert, dem späteren Präsidenten des „Nationalkomitees ‹Freies Deutschland›" (NKFD) und Walter Ulbricht vom ZK der KPD.[145] Ob Tjul'panov allerdings „Berater und Inspirator"[146] des Nationalkomitees war, muß bezweifelt werden.

Am 8. Mai 1945 befand sich Tjul'panov in der tschechoslowakischen Hauptstadt Prag. Anfang Juni wurde er in den Stab der Politverwaltung der 1. Belorussischen Front nach Berlin versetzt.[147] Im August 1945 ernannte man ihn zum Chef der SMAD-Propagandaverwaltung. Darüber hinaus leitete er das Parteiaktiv der KPdSU im

---

[139] Vgl. A. Heinze, A. A. Domin (Leningrad), P. Hoffmann, S. A. Peschechonow, H. Richter: Professor Dr. Dr. h.c. S. I. Tulpanow – 70 Jahre, in: Wissenschaftliche Zeitschrift der Karl-Marx-Universität-Leipzig, Gesellschaftswissenschaftliche und Sprachwissenschaftliche Reihe 21 (1972), S. 81–83, hier S. 81.

[140] S. Tjulpanov: Erinnerungen, S. 95 f., und „Zum 30. Jahrestag der Befreiung vom Hitlerfaschismus. Interview mit S. I. Tjulpanow und F. Oelßner, in: Wirtschaftswissenschaften 23 (1975), Nr. 5, S. 641–653 hier: S. 641; A. Heinze u. a.: Professor Dr. Dr. h. c. S. I. Tulpanow – 70 Jahre, S. 81, und H. R.: S. I. Tjulpanov 80 Jahre, in: Zeitschrift für Geschichtswissenschaft 29 (1981), Nr. 10, S. 945.

[141] Über den Aufenthalt in Heidelberg berichten u. a. F. Friedensburg: Es ging um Deutschlands Einheit. Rückschau eines Berliners auf die Jahre nach 1945, Berlin 1971, S. 109 f., und E. Lemmer: Manches war doch anders, S. 239. Zum Fehlen der Belege vgl. Manfred Koch: Zum Tode von Sergej I. Tjulpanov, Deutschland-Archiv 17 (1984), Nr. 4. S. 341–343, hier S. 342, Anmerkung 8. Zu Tjul'panovs Deutschkenntnissen: Manuskript Ernst Lemmer, Manches war doch anders, Komplex C, Archiv für Christlich-Demokratische Politik, NL Ernst Lemmer I-280-053/3.

[142] H. R.: S. I. Tjulpanov 80 Jahre, S. 945.

[143] S. Tjulpanov: Erinnerungen, S. 43 f. und S. 97. Ferner: G. Handel: Zum internationalistischen Wirken, S. 353 f.

[144] H. Graf von Einsiedel: Tagebuch der Versuchung 1942–1950, vom Autor ergänzte Neuausgabe, Frankfurt/M., Berlin, Wien 1985, S. 54; S. Tjulpanov: Erinnerungen, S. 24–27.

[145] S. Tjulpanov: Erinnerungen, S. 43 und S. 73, und Ders.: Deutschland, S. 17.

[146] Dies vermutet E. Richert, Agitation und Propaganda, S. 91.

[147] S. Tjulpanov: Erinnerungen, S. 73, und Ders.: Deutschland, S. 14 und S. 76.

SMAD-Apparat. Bei dieser Gruppe von Besatzungsoffizieren handelte es sich um den Kern der Parteiorganisation der sowjetischen Kommunisten in der SMAD.[148]

Die Machtfülle Tjul'panovs trat erstmals im Dezember 1945 zutage, als er sich an der Absetzung der CDUD-Vorsitzenden in der SBZ, Andreas Hermes und Walther Schreiber, beteiligte. Ende 1947 veranlaßte er einen erneuten Wechsel an der CDUD-Parteispitze, indem er die Ablösung der Nachfolger von Hermes und Schreiber, Ernst Lemmer und Jakob Kaiser, erzwang. An der Verschmelzung von SPD und KPD zur SED in den ersten Monaten des Jahres 1946 war er ebenfalls beteiligt.[149] Seine Machtmittel reichten dabei von der Zensur bis zu massiven Drohungen gegenüber Gegnern einer Fusion. Als sich nach der Gründung der SED herausstellte, daß die neue Partei in der Bevölkerung nicht die gewünschte Popularität erreichte, war es Tjul'panov, der eine Wiederzulassung der SPD in der SBZ andeutete.[150]

1948 erreichte Tjul'panovs Karriere ihren Höhepunkt, als er sich nicht nur an der Gründung der Nationaldemokratischen Partei (NDPD) und der Demokratischen Bauernpartei Deutschlands (DBD) beteiligte, sondern sich vor SED-Funktionären für die Umwandlung der SBZ in einen Staat nach bolschewistischem Vorbild aussprach.[151] Außerdem trat er mit Vehemenz für die These ein, daß ganz Berlin auf dem Territorium der SBZ liege.[152] Mit Walter Ulbricht, der „feste Verbindungen" mit der SMAD, „insbesondere mit der Informationsverwaltung" unterhielt[153], fühlte sich Tjul'panov offenbar besonders verbunden. Es deutet auch einiges darauf hin, daß Tjul'panov über gute Beziehungen zum sowjetischen Politbüromitglied Andrej Ždanov verfügte.[154]

Die Karriere Tjul'panovs schien jedoch nicht immer auf sicherer Grundlage zu stehen. Schon einmal geriet sie ins Wanken, als er nach den Oktoberwahlen im Jahre 1946 zusammen mit General Bokov für das schlechte Abschneiden der SED verantwortlich gemacht wurde. Damals überstand er die Säuberung des politischen Kontrollapparates der SMAD noch unbeschadet. Bereits zu Beginn der Berliner Blockade im Jahre 1948

---

148 E.W. Gniffke: Jahre mit Ulbricht, S.185 und S.291. Vgl. auch S. Tjulpanow: Deutschland, S.28f., und H. Weber: Zum Transformationsprozeß, S.21. Einen weiteren Hinweis auf Tjul'panovs Funktion im Parteiaktiv gibt seine Rede vor diesem Gremium am 29. 2. 1948 aus Anlaß des 100. Jahrestages des Kommunistischen Manifestes, in: „Tägliche Rundschau", 2. 3. 1948, und in: „Die Neue Zeitung", 18. 12. 1948.

149 E.W. Gniffke: Jahre mit Ulbricht, S.81. Zum Engagement Tjul'panovs: Tjulpanov: Gedanken zum Vereinigungsparteitag der SED im Jahre 1946, in: Zeitschrift für Geschichtswissenschaft 18 (1970), Nr.5. S.617–S.625, hier S.621.

150 E.W. Gniffke: Jahre mit Ulbricht, S.229.

151 W. Leonhard: Die Revolution, S.429–431.

152 Bereits 1947 hatte Tjul'panov gegenüber Jakob Kaiser geäußert, daß einmal ganz Berlin unter sowjetischem Einfluß stehen werde: Niederschrift von Elfriede Kaiser-Nebgen o.D. einer Unterredung Jakob Kaisers mit Marschall Sokolowskij und Oberst Tulpanow im Vorfeld des 2. CDU-Parteitages (5.–8. 9. 1947), Bundesarchiv Koblenz, NL 18 Jakob Kaiser, Nr.116, S.4. Zur These Tjul'panovs vgl. auch E. Perling (= S. Tjul'panov): Die Entstehung der Volksdemokratie, in: „Neue Welt 3 (1948), Nr.9, S.40–52.

153 S. Tjulpanow: Deutschland, S.74. Vgl. auch E.W. Gniffke: Jahre mit Ulbricht, S.310 und S.365; E. Lemmer: Manches war doch anders, S.242 und S.249f., und C. Stern: Porträt einer bolschewistischen Partei, S.82.

154 E.W. Gniffke: Jahre mit Ulbricht, S.178; M. Balfour: Four Power Control, S.44. Auf die Verbindung Tjul'panovs mit Ždanov gehen auch ein: G.D. Ra'anan: International Policy Formation, S.85 und S.87f.; J.E. Smith: Germany Beyond the Wall. People, Politics... and Prosperity, Boston, Toronto 1969, S.205; B. Meissner: Rußland, S.81f., und Krisch: German Politics, S.26.

kamen erneut Gerüchte auf, wonach seine Machtstellung erschüttert sei.[155] Diese Gerüchte standen u.a. im Zusammenhang mit dem plötzlichen Tod Andrej Ždanovs am 31. August 1948.[156] Ein weiteres Indiz für den allmählichen Machtverlust Tjul'panovs war sein Eintreten für eine Vertreibung der Westmächte aus Berlin und seine scharfen antiwestlichen Reden. Sie fanden in der Militärverwaltung offenbar nicht nur Zustimmung. Zwischen Tjul'panov und dem Politischen Berater der SMAD, Vladimir Semënov, soll es hierüber zu heftigen Auseinandersetzungen gekommen sein.[157] Als sich Tjul'panov am 25.Januar 1949 auf der 1. Parteikonferenz der SED in einer Rede erneut in scharfer Form gegen die Politik der Westmächte wandte, mußte der „Berliner Rundfunk" seine Direktübertragung bereits nach vier Minuten absetzen. Die Medien der SBZ und Ost-Berlins erhielten Anweisung, die Rede zu verschweigen.[158] Tjul'panov war jedoch noch nicht am Ende seiner Karriere: Im Mai 1949 wurde er zum Generalmajor befördert. In seiner herausgehobenen Position bereitete es ihm keine Schwierigkeiten, sich im redaktionellen Teil des SMAD-Organs „Tägliche Rundschau" für die zahlreichen Gratulationen zu bedanken.[159]

Im Sommer 1949 wurde es endgültig still um den General. Am 4. Oktober 1949, wenige Tage vor Gründung der DDR, soll er von seinem Posten abberufen und in die Sowjetunion zurückbeordert worden sein.[160] Über sein eigenes Schicksal orakelte er 1976 in einem Interview: „Nach der Gründung der Deutschen Demokratischen Republik entwickelten sich aus den einzelnen Bereichen meiner Verwaltung die entsprechenden Abteilungen der Ministerien; später hat sich dann manches entsprechend den neuen Bedingungen verändert."[161] Er sei dann nach Auflösung der Informationsverwaltung im März 1950 in die UdSSR zurückgekehrt.[162] Tjul'panov, der seine Jahre in

---

155 So vermutete im Juli 1948 die amerikanische „Neue Zeitung", daß Tjul'panov, der sich zum damaligen Zeitpunkt in Karlsbad aufhielt, vermutlich nicht wieder nach Berlin zurückkehren werde. Als Grund nannte die Zeitung die Störaktion am Berliner Stadthaus vom 23. Juni 1948, die in der SMAD als Fehlschlag gewertet wurde: „Die Neue Zeitung", 24. 7. 1948.

156 B. Konrad: „Ohne Tulpanow lief in der Ostzone nichts, in: „Die Welt", 18. 2. 1984.

157 St. Alsop: Chink in the Curtain, in: „New York Herald Tribune" (NYHT), 1. 3. 1949; Ders.: What did Truman mean? In: NYHT, 5. 1. 1949; „Telegraf", 5. 10. 1949, und „Die Neue Zeitung", 27. 1. 1949.

158 Vgl. hierzu Berichte in folgenden West-Berliner Zeitungen: „Die Neue Zeitung", 27./28. 1. 1949; „Der Sozialdemokrat", 26./27. 1. 1949; „Der Abend", 26. 1. 1949 und „Der Tagesspiegel", 28. 1. 1949. Ferner W. Brandt, R. Löwenthal: Ernst Reuter. Ein Leben für die Freiheit. Eine politische Biographie, München 1965, S.492f. und G.D. Ra'anan: International Policy Formation, S.99.

159 „Tägliche Rundschau", 24. 5. 1949.

160 Zur Abberufung: „Telegraf", 5. 10. 1949. Am 29. 9. 1949 soll Tjul'panov seine letzte Pressekonferenz in Berlin gegeben haben: „Der Abend", 5. 10. 1949. Am 4. Oktober 1949 dementierte das Sowjetische Nachrichtenbüro (SNB) Meldungen, denen zufolge Tjul'panov am 3. Oktober eine Pressekonferenz abgehalten haben sollte. Gleichzeitig verbreitete die Agentur eine Meldung, wonach Tjul'panov vor längerer Zeit nach Moskau versetzt und dort mit anderen Aufgaben betraut wurde: „Tägliche Rundschau", 5. 10. 1949; „Die Neue Zeitung", 5. 10. 1949 und „Telegraf", 5. 10. 1949.

161 „Zeit des Neubeginns", S.46.

162 Ebd., S.60. Vgl. Zum 30. Jahrestag der Befreiung vom Hitlerfaschismus. Interview mit S.I. Tjulpanow und Fred Oelssner, in: Wirtschaftswissenschaften 23 (1975), Nr.5, S. 642. Zur Rückkehr Tjul'panovs im Jahre 1950 vgl. J. Kuczynski: Mein Freund Sergej Iwanowitsch Tjulpanow, in: Sinn und Form. Beiträge zur Literatur. Hrsg. von der Akademie der Künste der DDR 36 (1984) Nr.5, S.956–961, hier S.956f., und Heinze u.a.: Professor Dr. Dr. h.c. S.I. Tjulpanow – 70 Jahre, S.82.

Deutschland als „Sturm- und Drangperiode“[163] bezeichnet hat, ist in jener Zeit auch von der SED scharf an gegriffen worden. Dies deutet jedenfalls der DDR-Gesellschaftswissenschaftler Jürgen Kuczynski an, der sich mit Tjul'panov freundschaftlich verbunden fühlte.[164] Nach seiner Rückkehr in die Sowjetunion setzte Tjul'panov seine akademische Laufbahn zunächst an der Marine-Militärakademie in Leningrad fort. Nach seiner Entlassung aus der Armee im Jahre 1956 wurde er Prorektor an der Leningrader Ždanov-Universität und besuchte mehrmals die Schauplätze seines Wirkens in Berlin.[165] Am 16. Februar 1984 starb er in Leningrad.[166]

c) Die Verwaltung für Propaganda und ihre Abteilungen

Die Verwaltung für Propaganda setzte sich aus den Abteilungen für Presse, Rundfunk, Zensur, Parteien, Gewerkschaften, Jugend- und Kirchenfragen sowie für Kontakte mit deutschen Dienststellen zusammen.[167] Außerdem unterstanden ihr die Redaktion des SMAD-Organs „Tägliche Rundschau“, der SWA-Verlag, das „Haus der Kultur der Sowjetunion“, die sogenannte Antifaschule in Königswusterhausen und eine Gruppe von Lektoren. Ein „kleiner Stab“ koordinierte die Tätigkeit der Propagandaabteilungen in den Ländern und Provinzen sowie die Arbeit der in den Kreis- und Ortskommandanturen eingesetzten Instrukteure.[168] Nach Angaben des DDR-Historikers G. Handel war die Informationsverwaltung mit über 150 Offizieren die „kadermäßig“ am stärksten besetzte Behörde der SMAD.[169] Ihrer Größe entsprechend hatte sie neben Oberstleutnant A.S. Zdorov vier weitere stellvertretende Leiter.[170]

---

[163] „Sturm und Drang sind in meinem Herzen verankert. Professor Sergej Tulpanow 80“, in: „Sonntag“, 4.10. 1981. Vgl. auch S. Tulpanow: Ich bin sicher, daß unsere Freundschaft fest sein wird. Erinnerungen an die Zeit nach der Befreiung. Episoden aus der Zusammenarbeit mit Otto Grotewohl, in: „Sonntag“, 16. 3. 1975.

[164] J. Kuczynski: Mein Freund Sergej Iwanowitsch Tulpanow, S. 956f.

[165] „Sonntag“, 16. 3. 1975, und Heinze u.a.: Professor Dr. Dr. h.c. S.I. Tulpanow – 70 Jahre, S. 82. Zu den Besuchen in Berlin: S. Tjulpanov: Erinnerungen, Abbildung vor S. 81, und „Former Aid Visits Berlin“, in: „New York Times“, 7. 12. 1969.

[166] „Neues Deutschland“, 18. 2. 1984.

[167] S. Tjulpanow: Deutschland, S. 43, und Ders.: Deutschland, S. 6 und S. 151. Ferner Kölm: Die Befehle, S. 133f.; H.U. Feige: Zur propagandistischen Unterstützung des demokratischen Neuaufbaus in der sowjetischen Besatzungszone Deutschlands durch Mitarbeiter der SMAD (1945–1949), in: Beiträge zur Geschichte der Arbeiterbewegung 1976, Nr. 3, S. 482–491, hier S. 484; K.-H. Graefe, H. Wehner: Zur Politik der Sowjetischen Militäradministration in Sachsen, in: Zeitschrift für Geschichtswissenschaft, 18 (1975) Nr. 8, S. 897–907, hier S. 904; H. Laschitza: Kämpferische Demokratie gegen den Faschismus. Die programmatische Vorbereitung auf die antifaschistisch-demokratische Umwälzung in Deutschland durch die Parteiführung der KPD, Berlin (Ost) 1969, S. 133f.; F.J. Bokow: Frühjahr, S. 429; A. Kantorowicz: Deutsches Tagebuch, Bd. 1, S. 282, und G. Handel: Zum internationalistischen Wirken, S. 363–S. 367.

[168] S. Tjulpanow: Deutschland, S. 43.

[169] G. Handel: Zum internationalistischen Wirken, S. 361.

[170] Zu Zdorov: Englische Übersetzung eines Schreibens Zdorovs an den Chef der Information Control Division der amerikanischen Militärregierung (ICD), Oberst Gordon E. Textor, 2. 3. 1948, Bundesarchiv Koblenz, Z 45 F (OMGUS), 5/266-3/21. Die weiteren Stellvertreter Tjul'panovs waren Major Davidovič, Oberst Abramov, Major Valach und Oberstleutnant G.P. Slavin: Zu Slavin: S. Tjulpanow: Deutschland, S. 242. Zu Oberst Abramov: Schreiben des Chefs der ICD, Oberst Gordon E. Textor an Tulpanow, 21.5.1948, Bundesarchiv Koblenz, Z 45 F (OMGUS), ISD 5/243-1/6.; englische Übersetzung eines Schreibens von Abramow an Oberst Gordon E. Textor, Chef der ICD, 20.5.1948, ebd.; zu Major Valach: A. Kantorowicz: Deutsches Tagebuch, Bd. II, S. 361, und „Der Abend“, 22.2.1949.

Sie genossen, wie alle Offiziere der Verwaltung, das besondere Privileg, in Zivil auftreten zu dürfen.[171]

Die Leitung der Abteilung „Parteien und gesellschaftliche Organisationen" war Oberstleutnant P. Nazarov übertragen worden. 1949 sollte er die Nachfolge von Major Davidovič als Leiter der Presseabteilung antreten.[172] Eine seiner Aufgaben bestand in der „Koordination der Tätigkeit der Referenten, die Kontakt mit den Leitungen der Parteien hielten".[173] Besonders enge Verbindungen unterhielt die Propagandaverwaltung naturgemäß zur KPD. Dagegen bereitete den sowjetischen Offizieren die Herstellung von Kontakten zu den führenden Funktionären anderer Parteien Schwierigkeiten. Als Verbindungsoffizier zu den Sozialdemokraten wurde Major Romm, ein Deutschlehrer aus Riga[174], zur CDUD und zur LDPD Hauptmann Kratin und Major Golovšiner entsandt.[175] Während der Kampagne zur Vereinigung von SPD und KPD richtete die Parteienabteilung einen Sonderstab ein, der sich mit der Beobachtung und Lenkung des Vereinigungsprozesses befaßte.[176] Als sich im Dezember 1945 die Parteiführungen von SPD und KPD im sowjetischen Besatzungsgebiet Deutschlands während der sogenannten Sechziger-Konferenz in Berlin auf die Verschmelzung beider Parteien verständigten, ließ Oberst Tjul'panov alle leitenden Offiziere der Propagandaverwaltung zusammenrufen, um ihnen zu erklären, daß die Gründung einer vereinigten Arbeiterpartei „den Staatsinteressen der Sowjetunion entsprach".[177]

Die Presseabteilung (auch „Propaganda-Leitung" genannt[178]) unterstand Major David S. Davidovič, der zugleich stellvertretender Leiter der Informationsverwaltung war.[179] Sie gliederte sich in Unterabteilungen für das Verlagswesen, die Lizenzvergabe sowie die Zensur und überwachte außerdem die Papierzuteilungen an die deutschen

---

171 S. Tjulpanow: Deutschland, S. 47f.

172 Ebenda, S. 42 und S. 80, Hinweise auf Nazarov sind auch enthalten in: „Der Tagesspiegel", 8./9. 1. 1948, und in: „Der Kurier", 7./8./9. 1. 1948.

173 S. Tjulpanow: Deutschland, S. 42. Siehe auch Hinweise in Kölm: Befehle, S. 133f.

174 S. Tjulpanow: Deutschland, S. 42, und Ders.: Erinnerungen, S. 136. Demgegenüber behauptet Max Seydewitz in seinen Erinnerungen, Romm sei in Riga als Agrarwissenschaftler tätig gewesen: M. Seydewitz: Es hat sich gelohnt zu leben. Lebenserinnerungen, Band 2, Berlin (Ost) 1980, S. 80.

175 Zu Golovšiner: Aktenvermerk über eine Besprechung zwischen dem sowjetischen Major Golowschiner, A. Lieutenant, und Carl-Hubert Schwennicke zur Frage der Oberbürgermeisterwahl, 21. Juni 1947 (Auszug), in: Berlin, Quellen und Dokumente, 2. Halbband, S. 959. Zu Kratin: S. Tjulpanow: Deutschland, S. 42.

176 S. Tjulpanow: Deutschland, S. 42.

177 Tjulpanow: Gedanken zum Vereinigungsparteitag, S. 620. S. a.: G. Benser, I. Ksenofontov: Die Befreiung durch die Sowjetunion und der Weg zur Gründung der SED, in: Beiträge zur Geschichte der Arbeiterbewegung 27 (1985), Nr. 2. S. 161–173, hier S. 168.

178 Den Namen „Propaganda-Leitung" führte die Informationsverwaltung noch im Februar 1946, wie aus einem Abdruck der Lizenzurkunde für die „Berliner Zeitung" an Gerhard Kegel und Rudolf Herrnstadt hervorgeht. Fotografische Wiedergabe in: G. Kegel: In den Stürmen unseres Jahrhunderts. Ein deutscher Kommunist über sein ungewöhnliches Leben, Berlin (Ost) o. J. (1984), zwischen S. 448 und 449. In dieser zweisprachigen Urkunde lautet die Übersetzung der russischen Bezeichnung jedoch „Verwaltung für Propaganda".

179 Die Entwicklung der freundschaftlichen Beziehungen, S. 437. Zu Davidovič s. a.: A. Abusch: Aus den ersten Jahren unserer Kulturrevolution, in: ... einer neuen Zeit Beginn, S. 39–84, hier S. 48. S. Tulpanow: Gedanken zum Vereinigungsparteitag, S. 623, und F. J. Bokow: Frühjahr, S. 429. Sein Stellvertreter war Oberstleutnant P. Nazarov: „Neue Zürcher Zeitung", 8. 10. 1949.

Druckereien.[180] Die Regelung der Zensur deutscher Publikationen wurde erstmals durch den SMAD-Befehl Nr. 19 vom 2. August 1945 geregelt. Den deutschen Lizenzzeitungen waren jedoch schon seit Juni 1945 sowjetische Zensoren zugeteilt worden.[181] Entsprechend der gestiegenen Zahl lizenzierter Presseerzeugnisse wuchs der Apparat der Zensur, der auch in den Propaganda- bzw. Informationsabteilungen der Ländermilitärverwaltungen vertreten war. Ein ähnliches Aufgabenfeld wie der Abteilung für die Parteien fiel auch der Abteilung Gewerkschaften (Leiter: S. L. Ponisovskij und Major Kogan) sowie der Abteilung für Jugendfragen (Leiter: Oberstleutnant Ivan A. Bejdin) zu.

Als Leiter der Rundfunkabteilung wurde Major Vladimir Mulin, ein enger Mitarbeiter von Oberst Tjul'panov, eingesetzt. Kontrolloffiziere wurden in die Funkhäuser des „Berliner Rundfunks" und die Rundfunkanstalten in der SBZ entsandt.[182] Sie überwachten den laufenden Sendebetrieb vor Ort und trafen die letzte Entscheidung über die Freigabe von Sendemanuskripten. Als Chef der Propagandaverwaltung griff Oberst Tjul'panov auch persönlich in die Programmgestaltung des Rundfunks ein.[183]

Bereits seit dem 15. Mai 1945 erschien als erste reguläre deutsche Tageszeitung nach dem Zweiten Weltkrieg in Berlin die „Tägliche Rundschau". Die Zeitung wurde zunächst als Organ der Frontpolitverwaltung der 1. Belorussischen Front herausgegeben. Nach Gründung der SMAD avancierte das Blatt zum offiziellen Organ der Militärverwaltung und wurde der Propagandaverwaltung unterstellt, die hierfür eigens einen Verlag gründete.[184] Chefredakteur des Blattes war von 1945 bis 1950 Oberst Aleksandr Vladimirovič Kirsanov. Mit massiver materieller Unterstützung der Militärverwaltung gelang es, die Auflage der „Täglichen Rundschau" bis 1948 auf eine Million Exemplare

---

180 TULPANOW: Deutschland, S. 123; DERS.: Die Rolle der SMAD bei der Demokratisierung Deutschlands, in: Zeitschrift für Geschichtswissenschaft 15 (1967), Nr. 2, S. 240–252; DOERNBERG: Die Tätigkeit, S. 104, und J. S. DRABKIN: Zur Tätigkeit, S. 181. Vgl. auch A. ABUSCH: Aus den ersten Jahren unserer Kulturrevolution, S. 42, und G. RAUE: Geschichte des Journalismus in der DDR (1945–1961), Leipzig 1986, S. 246.

181 WILHELM GRIES: Unter sowjetischer Zensur. Das Drama einer deutschen Zeitung. Saarbrücken, o. J., Archiv für Christlich-Demokratische Politik, NL Wilhelm Gries, I-297-004, S. 21; Wesen und Praxis der sowjetischen Zensur, undatierter Bericht eines deutschen Informanten in deutscher Sprache aus der Zeit vor Aufhebung der Vorzensur, Bundesarchiv Koblenz, Z 45 F (OMGUS), ODI, 7/31-3/6, S. 2, und A. KANTOROWICZ: Deutsches Tagebuch, Bd. 1, S. 346.

182 H. SCHMIDT: Intendant des demokratischen Rundfunks in Westberlin 1947 bis 1949, in: Beiträge zur Geschichte des Rundfunks 9 (1975), Nr. 2, S. 3–20, hier S. 9.

183 Prof. Dr. Dr. h. c. S. TULPANOW: Ich erinnere mich an M. Seydewitz: in: Beiträge zur Geschichte des Rundfunks 6 (1972), Nr. 4., S. 77.

184 Zur Gründung der „Täglichen Rundschau": W. GOLDSTEIN: „Tägliche Rundschau" – erste deutsche Nachkriegszeitung, in: Neue Deutsche Presse 1970, Nr. 14, S. 13 f.; P. DE MENDELSSOHN: Zeitungsstadt, S. 507; ERICH KUBY: Die Russen in Berlin 1945, München 1965, S. 358; WEISS: Am Morgen, S. 38 bis S. 41; DERS.: Ich war wieder Journalist, S. 557; J. G. LEITHÄUSER, Journalisten zwischen zwei Welten. Die Nachkriegsjahre der Berliner Presse, Berlin 1960, S. 13, und L. NEBENZAHL: Mein Leben begann von neuem, S. 45. Zur redaktionellen Arbeit bei der „Täglichen Rundschau": RUDOLF REINHARDT: Zeitungen und Zeiten. Journalist im Berlin der Nachriegszeit, Köln 1988.

zu steigern.[185] Bei den deutschen Lesern besaß sie allerdings kein Ansehen, wohl auch deshalb, weil sie sich seit 1947 in zunehmendem Maße als Vorreiter einer Umwandlung des Pressewesens in der SBZ nach marxistisch-leninistischen Vorstellungen betätigte.[186] Nach Gründung der DDR wurde die „Tägliche Rundschau" von der SKK als Hausorgan übernommen. Sie erschien noch bis zum 30. Juni 1955, ihre Auflage war bis dahin auf 150000 Exemplare pro Ausgabe gesunken.[187] Im Verlag der „Täglichen Rundschau" erschienen außerdem seit Mai 1946 die theoretische Halbmonatschrift „Neue Welt"[188], die Wochenzeitschrift „Illustrierte Rundschau" (seit Juni 1946)[189] und die „Romanzeitung" (seit 1948), die literarische Werke in Zeitungsform verbreitete.[190] Schließlich besorgte der Verlag die Edition zahlreicher Einzelbroschüren über kommentierte SMAD-Befehle, Reden, Interviews und Stellungnahmen sowjetischer Politiker und Parteifunktionäre.

Im Herbst 1945 gründete die SMAD als zweiten den „SWA-Verlag". In erster Linie besorgte er die Herausgabe von Büchern für die Sowjetunion, die – als Reparationsleistung - in deutschen Druckereien hergestellt wurden. Darüber hinaus gab er politische Broschüren sowie Taschenbücher mit Übersetzungen russischer Literatur für den deutschen Markt heraus.[191] Bei der Namensgebung des Verlages hatte das Kürzel für die sowjetische Militäradministration (Sovetskaja voennaja administracija – SVA) Pate gestanden, das man in „Sozialismus – Wissenschaft – Aufklärung" (SWA) eindeutschte.[192] Sitz des SWA-Verlages war zunächst Berlin, im Frühsommer 1946 wurde er nach Leipzig verlegt.[193] Chefredakteur war Oberstleutnant Michail Petrovič

---

185 Zur Auflagenentwicklung vgl. u. a.: Press Run Figures of Berlin Daily Newspapers, 30. 5. 1947, Bundesarchiv Koblenz, Z 45 F, 5/238-1/16, und: Evidence of Soviet Discrimination in Favor of a Socialist Unity Party as Against other German Political Parties, 21. 8. 1946, IfZ-Archiv, Bestand Mf260 (OMGUS), Polad/747/33, S. 6. Vgl. auch: A. Scholz: Ein Jahr Telegraf, Berlin 1947, S. 27. Berliner Werbedienst. Zeitungs- und Zeitschriftenkatalog, Berlin 1947, S. 44f. Der Leitfaden für Presse und Werbung, hrsg. von W. Stamm, Essen Stadtwald 1947, S. 8.

186 Vgl. hierzu unter anderem die Auswertungen: Befragungen der Berliner Bevölkerung durch die amerikanische Militärregierung, in: H. Hurwitz: Die Eintracht der Siegermächte und die Orientierungsnot der Deutschen 1945–1946, Köln 1984, S. 125.

187 „Der Spiegel", 26. 1. 1955, S. 23. Nach Angaben des Ostbüros der SPD betrug die Auflage bereits 1954 nur noch 170000 Exemplare: Die Presse in der Sowjetischen Bezatzungszone (= Sopade Informationsdienst, Denkschriften Nr. 54), hrsg. vom Vorstand der Sozialdemokratischen Partei Deutschlands, Bonn 1954, S. 20.

188 „Neue Welt", 1 (1946), Heft 1, S. 1.

189 „Illustrierte Rundschau" 1 (1946), Nr. 1, Mai 1946. Zur Herausgabe der „Illustrierten Rundschau" vgl.: H. Bruhn: Die Bedeutung der „Täglichen Rundschau" für die Herausbildung partei- und volksverbundener Journalistenpersönlichkeiten, in: Theorie und Praxis des sozialistischen Journalismus. Wissenschaftliche Hefte der Sektion Journalistik an der Karl-Marx-Universität Leipzig 3 (1975), Nr. 6, S. 10–22, hier S. 11 und: Die Presse in der Sowjetischen Besatzungszone, S. 22.

190 „Tägliche Rundschau", 15. 6. 1948.

191 M. P. Sokolow: Verlag der Freundschaft, in: Neue Deutsche Presse, Nr. 9/1969, S. 22; Ders.: Bücher aus Leipzig, in: ... einer neuen Zeit Beginn, S. 465–475, hier S. 473.

192 M. P. Sokolow: Herzlichen Glückwunsch, liebe Freunde, in: Neue Deutsche Presse, Nr. 9/1979, S. 15, und Ders.: Verlag der Freundschaft, S. 22.

193 M. P. Sokolow: Herzlichen Glückwunsch, S. 15, und L. Nebenzahl: Mein Leben begann von neuem, S. 130f. Ferner Dr. G. Zazworka: Hand in Hand mit den deutschen Antifaschisten der ersten Stunde. M. P. Sokolow, ehemaliger Chefredakteur der „Täglichen Rundschau" erinnert sich, in: „Der Morgen", 23./24. 3. 1985.

Sokolov, der von 1951 bis 1955 die Leitung der „Täglichen Rundschau" übernahm. Zwischen 1945 und 1949 gab der „SWA-Verlag" nach eigenen Angaben insgesamt 202 Buchtitel und Broschüren mit einer Gesamtauflage von rund zehn Millionen Exemplaren heraus, die in über 150 Druckereien der SBZ hergestellt wurden.[194] Nach der Überführung der SMAD in die SKK im November 1949 stellte der Verlag seine Tätigkeit ein.[195]

Für die kulturelle Arbeit der SMAD war die Abteilung für „Literatur, Musik und bildende Kunst" der Propagandaverwaltung zuständig. Sie unterstand dem Leningrader Germanisten Aleksandr Dymšic. Der 35jährige Major war 1945 zunächst als „Inspektor" für das Berliner Pressewesen eingesetzt worden.[196] Im November 1945 übernahm er die Kulturabteilung der SMAD-Informationsverwaltung.[197] Dymšic galt als „exzellenter Kenner der deutschen Literatur" und trat 1948 als Initiator einer 1948 gestarteten Kampagne gegen westliche Kultureinflüsse besonders in Erscheinung.[198] Im März 1949 wurde er unter nicht geklärten Umständen abgelöst.[199] Die Schwerpunkte der Tätigkeit der Kulturabteilung lagen auf propagandistischem Gebiet. Sie arbeitete eng mit einer Gruppe von Lektoren zusammen, deren Mitglieder „ideologisch-aufklärerische Arbeit" (Tjul'panov)[200] über die Sowjetunion leisten sollten. Als Begegnungsstätte zwischen sowjetischen Besatzungsoffizieren und deutschen Intellektuellen hatte die Kulturabteilung im Juni 1946 den Künstlerklub „Möwe", benannt nach einem Schauspiel Anton Čechovs, einrichten lassen.[201] Im November 1946 folgte die Einrichtung eines „Hauses der Kultur der Sowjetunion" in Berlin, dessen feierliche Eröffnung am 27. Februar 1947 erfolgte.[202] Im „Haus der Kultur", das 40 sowjetische und bald über 200 deutsche Mitarbeiter beschäftigte, wurden Vorträge, Sprachkurse, Konzerte, Theateraufführungen, Filmvorstellungen und Ausstellungen angeboten.[203] Schließlich hatte die Informationsverwaltung 1947 Anteil an der Gründung der „Zentralen Gesellschaft zum Studium der Kultur der Sowjetunion", aus der 1949 die „Gesellschaft für deutsch-sowjetische Freundschaft" hervorging.[204]

---

194 Sokolow: Herzlichen Glückwunsch, S. 15, Ders.: Bücher aus Leipzig, S. 469.

195 Sokolow: Verlag der Freundschaft, S. 22.

196 „Sonntag", 14. 3. 1985.

197 A. L. Dymschitz: Ein unvergeßlicher Frühling, in: .. .einer neuen Zeit Beginn, S. 138–143, hier S. 138; Ders.: Ein unvergeßlicher Frühling. Erinnerungen eines Kulturoffiziers. Berlin (Ost) 1970, und A. Kantorowicz: Deutsches Tagebuch, Bd. 1, S. 283.

198 A. Dymschitz: Warum wir gegen Dekadenz sind, in: „Tägliche Rundschau", 31. 3. 1948.

199 „Der Abend", 5. 3. 1948, ferner M. Seydewitz: Es hat sich gelohnt zu leben. S. 80.

200 S. Tjulpanow: Erinnerungen, S. 101.

201 „Tägliche Rundschau", 16. 6. 1946; C. Trepte: Bretter, die uns die Welt bedeuteten, in: ... in einer neuen Zeit Beginn, S. 497–510, hier S. 500.

202 Zur Eröffnung des Hauses der Kultur der Sowjetunion: Beschluß Nr. 2498 des Ministerrates der UdSSR über die Eröffnung des Hauses der Kultur der Sowjetunion in Berlin, 17. 11. 1946, in: Um ein antifaschistisch-demokratisches Deutschland, S. 336. Zur Gründung und Arbeit des Hauses der Kultur der Sowjetunion vgl. S. Tjulpanow: Deutschland, S. 284; G. Handel: Zum internationalistischen Wirken, S. 364, und G. Körbel: Das Haus am Kastanienwäldchen, in: Im Zeichen des roten Sterns, S. 515–533.

203 Waleri Alexandrowitsch Poltawzew: Haus der offenen Tür am Kupfergraben, in: ... einer neuen Zeit Beginn, S. 368–375, hier S. 369 f.

204 Schreiben der Interalliierten Kommandantur Berlin, 29. 11. 1947, LAZ Nr. 5897; „Tägliche Rundschau", 1. 7. 1947, und G. Handel: Zum internationalistischen Wirken, S. 364.

Die Abteilung für Kirchenfragen wurde von 1945 bis zur Überführung der SMAD in die SKK im November 1949 von Hauptmann Ermolaev geleitet. In Kreisen der deutschen Kommunisten hatte er den Spitznamen „Metropolit von Karlshorst" erhalten.[205] Ermolaev war auch für Fragen der Papierzuteilung und der Überwachung der Redaktionen der Kirchenzeitungen zuständig.[206] Auch die Lizenzierung von Kirchenzeitungen fiel in seinen Aufgabenbereich.[207]

Eine wichtige Funktion hatte schließlich die sogenannte „Antifaschule" in Königswusterhausen zu erfüllen. Von 1946 bis 1948 wurden dort neben den Offizieren der sowjetischen Besatzungsmacht auch deutsche Kommunisten, ehemalige NKFD-Angehörige, darauf vorbereitet, in der SBZ leitende Funktionen in der Verwaltung zu übernehmen.[208] Die Leitung der Schule übernahm der deutschstämmige Major V.L. Martens.[209] Zu den Lehrkräften zählten neben sowjetischen Offizieren ehemalige Angehörige des „Nationalkomitees ‚Freies Deutschland'" (NKFD).[210] 1947 begann man damit, auch Mitglieder der bürgerlichen Parteien sowie Parteilose an den Lehrgängen der Antifaschule teilnehmen zu lassen. Die Auswahl nahmen Offiziere der SMAD in den Kreis- und Ortskommandanturen oder die Landesverbände der Parteien vor. Während der Lehrgänge wurden den Teilnehmern besondere Pässe ausgehändigt, die sie den SMAD-Angehörigen gleichstellten.[211] Zwei Jahre nach Eröffnung der Antifaschule stellte diese Einrichtung ihre Tätigkeit wieder ein. Die sowjetische Besatzungsmacht erachtete es offenbar nicht mehr für notwendig, die Aufsicht über die Ausbildung deutscher Kader zu übernehmen. Wahrscheinlich führte auch das gespannte Verhältnis unter den Teilnehmern verschiedener Parteien dazu, daß man die Aufgaben der Antifaschule parteieigenen deutschen Bildungsstätten überließ.[212]

8. Die SMAD – ein Spiegelbild innersowjetischer Machtverhältnisse?

Aufbau und Struktur des politischen Kontrollapparates der SMAD werfen eine Reihe von Fragen auf, deren Beantwortung in Anbetracht der Quellenlage problematisch ist. Sie berühren den Bereich der inneren Machtstrukturen in der Sowjetunion. Dabei spielt vor allem die Rolle und Funktion der beiden prominentesten SMAD-Angehörigen,

---

205 H. Berner: Mit der Sowjetarmee nach Berlin, in: Im Zeichen des roten Sterns, S. 325 und S. 335.

206 Vermerk von Generalsuperintendent Dr. Friedrich Krummacher über ein Gespräch mit Jermolajew vom 1.3. 1949, Evangelisches Zentralarchiv (Berlin), 4/KB I, 42, Bd. 1a, Archiv-Lager Nr. 262, Blatt 57.

207 Vermerk Krummachers über Gespräch mit Jermolajew am 28. 6. 1949, Evangelisches Zentralarchiv (Berlin), 4/KB I, 42, Bd. 1a, Archiv-Lager Nr. 262, Blatt 86.

208 Zur Tätigkeit der „Antifaschule" vgl. H. Berner: Mit der Roten Armee nach Berlin, in: Im Zeichen des Roten Sterns, S. 325–336; ferner: Die Vereinigung von KPD und SPD zur Sozialistischen Einheitspartei Deutschlands, hrsg. von G. Benser und Oda Schulze, Berlin (Ost) 1976, S. 234f, und H. Heitzer: Die Befreiung durch die Sowjetunion und der Beginn der antifaschistisch-demokratischen Umwälzung, in: Zeitschrift für Geschichtswissenschaft 28 (1980), Nr. 8, S. 711–729, hier: S. 723.

209 M.I. Burzew: Einsichten, Berlin (Ost) 1985, S. 93 und S. 200. Zu Martens: Bericht eines CDUD-Teilnehmers an einem Lehrgang der Schule vom 17. 8. 1947, Bundesarchiv Koblenz, NL 18 Jakob Kaiser, Nr. 34.

210 L. (Helene) Berner: Über die Arbeit einer Antifaschule an der Front, in: Freundschaft für immer. Deutsche Genossen berichten über die Traditionen der deutsch-sowjetischen Freundschaft, Berlin (Ost) 1960, S. 43–49.

211 „SMA schult Parteinachwuchs", in: „Die Neue Zeitung", 24. 10. 1947.

212 Die Vereinigung von KPD und SPD zur Sozialistischen Einheitspartei Deutschlands, S. 234f.

Vladimir S. Semënov und Sergej I. Tjul'panov eine besondere Rolle. Alle Versuche, den Hintergrund einer angeblichen oder tatsächlichen Rivalität dieser beiden Exponenten sowjetischer Besatzungspolitik in Deutschland aufzuhellen, können sich letzten Endes jedoch nur auf Vermutungen gründen.

Nach Ansicht von Hans-Peter Schwarz war Vladimir Semënov ein an Deutschland interessierter Politiker, der im Hinblick auf das weitere politische Schicksal des besiegten Kriegsgegners eine moderate Haltung einnahm. Dagegen habe Tjul'panov auf eine Sowjetisierung der SBZ gedrängt.[213] Aufgrund der unterschiedlichen Auffassungen zwischen Tjul'panov und Semënov glauben Beobachter eine Rivalität zwischen beiden feststellen zu können.[214]

Boris Meissner stellte 1953 die These auf, daß in der UdSSR bei Kriegsende drei außenpolitische Strategien vertreten wurden, die voneinander erheblich abwichen und sich unmittelbar in der sowjetischen Deutschlandpolitik niederschlugen. Nach seiner Auffassung konnte sich 1945 zunächst die pragmatische, auf wirtschaftliche Gesichtspunkte konzentrierte Politik des stellvertretenden Vorsitzenden des Rates der Volkskommissare und Außenhandelskommissars Anastas Mikojan durchsetzen. Mikojan war am 9. Mai 1945 zu einem Informationsbesuch nach Berlin gekommen, wo er u.a. die Lebensmittelversorgung der deutschen Bevölkerung organisierte. Am 10. Mai veröffentlichte er in der Regierungszeitung „Izvestija" einen ausführlichen Artikel, worin er die Versorgung der deutschen Bevölkerung begründete. Dem Besuch Mikojans wird in der Rückschau sowohl in Ost als auch in West große Bedeutung für die künftige sowjetische Haltung beigemessen.[215] Dabei herrscht weitgehende Übereinstimmung darüber, daß er das Signal für einen Kurswechsel in der sowjetischen Deutschlandpolitik darstellte. Folgt man weiter Meissners Argumentation, soll Mikojan in enger Verbindung mit Außenkommissar Vjačeslav Molotov gestanden haben. Als Folge seines Besuchs gelang es dem Außenkommissariat, sich innerhalb der im Entstehen begriffenen Besatzungsverwaltung in Deutschland eine entscheidende Machtposition zu sichern. Eine derartige Einflußnahme schien dringend geboten: Die enge Zusammenarbeit mit den Westalliierten machte es erforderlich, daß den Militärs in außenpolitischen Fragen versierte Fachleute und Diplomaten zur Seite gestellt wurden.

Gleichzeitig soll es jedoch auch den Gegnern dieser politischen Linie – Georgij Malenkov und dem sowjetischen Innenkommissar und Geheimdienstchef Lavrentij Berija – gelungen sein, ihren Einfluß in der Deutschlandpolitik erheblich auszubauen.[216] Zu

---

[213] H.-P. Schwarz: Vom Reich zur Bundesrepublik, S.266. S. auch M. Balfour: Four Power Control, S.44f.; D. Staritz: Die Gründung der DDR. Von der sowjetischen Besatzungsherrschaft zum sozialistischen Staat (= Deutsche Geschichte der neuesten Zeit vom 19. Jahrhundert bis zur Gegenwart), München 1984, S.46; F. Friedensburg: Es ging um Deutschlands Einheit, Berlin 1971, S.286; C. Stern: Porträt einer bolschewistischen Partei, S.82; B. Meissner: Rußland, S.82; E.W. Gniffke: Jahre mit Ulbricht, S.310 und S.365; E. Lemmer: Manches war doch anders, S.240, S.243 und S.316f.

[214] „Telegraf, 5. 10. 1949; „Die Neue Zeitung", 27. 1. 1949; St. Alsop: Chink in the Curtain, in: NYHT, 1. 3. 1949.

[215] B. Meissner: Rußland, 1953, S.59; Ders.: Die sowjetische Deutschlandpolitik, 1945–1949, in: Osteuropa-Handbuch, Sowjetunion, Außenpolitik I: 1917–1955, Köln, Wien 1972, S.448–473, hier S.450.

[216] B. Meissner: Rußland, S.59 und S.81; M. Balfour: Four Power Control, S.44; E. Krippendorff: Die Liberal-Demokratische Partei Deutschlands in der Sowjetischen Besatzungszone 1945/48. Entstehung, Struktur, Politik, hrsg. von der Kommission für Geschichte des Parlamentarismus und der politischen Parteien, Düsseldorf 1961, S.18.

den Repräsentanten der Gruppe Malenkov-Berija im Apparat der sowjetischen Militärverwaltung in Deutschland werden General Serov (als Chef der Innenverwaltung) und Vladimir S. Semënov (als Politischer Berater) gezählt.[217] Malenkov hatte während des Krieges den Partei- und Regierungsapparat der UdSSR geleitet. Seit Herbst 1944 stand er auch dem „Komitee für Wiederaufbau in den von der Besetzung befreiten Gebieten“ vor. Nach Ansicht eines ehemaligen SMAD-Angehörigen konnte sich Malenkovs Konzept spätestens im Herbst 1945 innerhalb der sowjetischen Führung weitgehend durchsetzen.[218] Ein wichtiger Grund dafür wird u. a. in grundsätzlichen außenpolitischen Erwägungen gesehen. Während Molotov eine eher „uneinheitliche“ Haltung gegenüber Deutschland nachgesagt wird, war das deutschlandpolitische Konzept Malenkovs und Berijas verhältnismäßig einfach. Man wollte sich in erster Linie des wirtschaftlichen Potentials bedienen, vertrat im übrigen jedoch eine moderate, gesellschaftspolitisch weniger ambitionierte Politik gegenüber Deutschland. So habe die Gruppe um Malenkov und Berija die Auffassung vertreten, daß es nicht sicher sei, ob es der Sowjetunion auf Dauer gelingen werde, ihr Besatzungsgebiet in Deutschland zu halten. Es müßte damit gerechnet werden, daß die sowjetische Besatzungszone eines Tages von den bevölkerungsreicheren und wirtschaftlich potentiell stärkeren Westzonen absorbiert werde.[219]

Eine dritte Gruppe soll schließlich erst 1946 Einfluß auf die SMAD und damit auf die Gestaltung der sowjetischen Besatzungs- und Deutschlandpolitik gewonnen haben. An ihrer Spitze stand der Leningrader Parteisekretär der KPdSU, Andrej Aleksandrovič Ždanov. Ždanov, der seit 1939 dem Politbüro seiner Partei angehörte und sich dort mit ideologischen Fragen befaßte, war während des Krieges mit der Verteidigung des belagerten Leningrad beauftragt. Nach Kriegsende baute er seine Moskauer Machtposition wieder aus, die ihm während des Krieges verlorengegangen war. Hierbei soll ihm Malenkov im Wege gestanden haben. Als dieser 1946 in das Politbüro der KPdSU gewählt wurde , startete Ždanov eine ideologische Kampagne in der Sowjetunion. Sie war von aggressiver außenpolitischer Rhetorik, von Parteisäuberungen und einem ins Lächerliche gesteigerten russischen Chauvinismus begleitet, der sich auch in der Propagandapolitik der SMAD bemerkbar machte.[220] Doch, wie Werner G. Hahn glaubt feststellen zu können, wollte der Leningrader Parteisekretär damit nicht in erster Linie eine Abschottung und Immunisierung der Sowjetunion gegen jede Art von ausländischen Einflüssen erzielen, sondern sich seines Rivalen im Politbüro, Malenkov, entledigen.[221] Schon im Mai 1946 gelang es Ždanov, Malenkovs Position im Politbüro zu schwächen, indem er ihm – nicht zu Unrecht – das Fiasko der sowjetischen Reparationspolitik in Deutschland anlastete. Diese kam einer wahllosen Plünderung der SBZ gleich, ohne der Sowjetunion den erhofften Nutzen zu bringen. Bis Ende 1946 hatte sich Ždanov in der Gunst Stalins dann angeblich durchgesetzt.[222] In der Deutschlandpolitik lehnte Ždanov zwar die von Malenkov verfolgte Demontagepolitik ab, favorisierte dafür aber eine ra-

---

[217] B. Meissner: Rußland, S. 81 f.; H.-P. Schwarz: Vom Reich zur Bundesrepublik, S. 267.

[218] H.-P. Schwarz: Vom Reich zur Bundesrepublik, S. 267; M. Balfour: Four Power Control, S. 44: Meissner: Die sowjetische Deutschlandpolitik, 1945–1949, S. 450 f., und V. Rudolph: The Agencies of Control, S. 19.

[219] V. Rudolph: The Execution of Policy, S. 43.

[220] Ra'anan: International Policy Formation, S. 88. Vgl. auch V. Rudolph: The Agencies of Control, S. 19, und Ders.: The Execution of Policy, S. 43.

[221] W. G. Hahn: Postwar Soviet Politics, S. 19.

[222] Ebd., S. 12 und S. 20.

sche Umgestaltung der SBZ nach sowjetischem Vorbild. In der langfristigen Perspektive war diese Umgestaltung für ganz Deutschland vorgesehen.[223]

In der Sowjetischen Militäradministration hatte sich Ždanov im April 1946 eine erhebliche Machtposition sichern können, als deren Oberster Chef, Marschall Žukov, abgelöst und auf einen unbedeutenden Kommandeursposten in der UdSSR versetzt wurde. Žukov hatte von Mai 1945 bis April 1946 die Besatzungspolitik in Deutschland entscheidend bestimmen können. Seine politische Linie war verhältnismäßig pragmatisch und vom Denken eines Militärs bestimmt. Ihm lag an der Rekonstruktion der SBZ, aber auch an einer dauerhaften Bindung der Besatzungszone an die Sowjetunion. Überdies schien er sich in Einklang mit den Interessen Malenkovs zu stellen, indem er Garantien für die deutschen Reparationslieferungen verlangte. Die moderate Haltung Žukovs war auch in seinem Verhältnis zu den Westalliierten zum Ausdruck gekommen; die Beschwörung der Waffenbrüderschaft mit Westmächten hatte für ihn auch nach dem Kriege noch Bedeutung.[224] Žukov soll außerdem von Ždanovs aggressivem politischen Kurs wenig angetan gewesen sein, vor allem weil er befürchtete, der Leningrader Parteisekretär könne allzu großen Einfluß auf das sowjetische Militär gewinnen.[225] Mit Žukovs Ablösung räumte auch dessen Politischer Berater Sobolev seinen Berliner Posten. Seine Abberufung soll dem Außenministerium den Zugriff auf die SMAD erschwert haben, denn mit Semënov wurde zwar ein Diplomat zum Politischen Berater ernannt, dieser jedoch galt als Vertrauensmann General Serovs.[226] Von April 1946 an wurde die SMAD im wesentlichen von drei politischen Linien bestimmt: Während die geschwächte Position Malenkovs und Berijas durch Semënov vertreten wurde, setzte Oberst Tjul'panov die aggressive Linie Ždanovs durch. Das sowjetische Außenministerium, das auf den Apparat des Politischen Beraters weiterhin Einfluß ausübte, konnte in beschränktem Umfang auch dort eine Zwischenposition vertreten.[227]

Die Machtposition Tjul'panovs hatte jedoch nicht nur mit dessen Verbindungen zu Ždanov, sondern auch mit dem Aufgabenfeld der Verwaltung für Propaganda zu tun. Der Aufbau der Propagandaverwaltung war zur Zeit des Amtswechsels an der SMAD-Spitze im wesentlichen abgeschlossen. Die Feststellung, daß er funktionsbedingt eine Schlüsselstellung im politischen Kontrollapparat einnehmen konnte, ist korrekt. Allerdings mußte zunächst der Einfluß des Politischen Beraters und seines Stabes reduziert werden, ehe sich Tjul'panovs Macht entfalten konnte. Als der Oberst im Januar 1946 gegenüber SPD-Politikern die bevorstehende Ablösung Žukovs bekanntgab, wertete man diese Ankündigung, wie Erich W. Gniffke schreibt, noch als „die unmaßgebliche Meinung des Chefs des Informationsamtes".[228] Aber schon bald danach setzte sich unter den ehemaligen Sozialdemokraten innerhalb der Führung der SED die Erkenntnis durch, daß man mehr „als bisher [...] den Einfluß Tulpanows in Betracht zu ziehen" habe.

---

[223] Ebd., S. 44; G. D. Ra'anan: International Policy Formation, S. 89, und B. Meissner: Rußland, S. 82.

[224] W. G. Hahn: Postwar Soviet Politics, S. 9. Diese These wird auch gestützt von Meissner: Die sowjetische Deutschlandpolitik, S. 451.

[225] J. E. Smith: Germany Beyond the Wall, S. 205.

[226] G. D. Ra'anan: International Policy Formation, S. 32 und S. 90.

[227] B. Meissner: Rußland, S. 82.

[228] E. W. Gniffke: Jahre mit Ulbricht, S. 184. Vgl. auch G. D. Ra'anan: International Policy Formation, S. 90f.

Zum Aufgabenbereich des Politischen Beraters der SMAD ist anzumerken, daß die in der Anordnung des Rates der Volkskommissare vom 6. Juni 1945 beschriebenen Aufgaben später innerhalb der SMAD in den Kompetenzbereich anderer Verwaltungen fielen. Ursprünglich sollte der Politische Berater sowohl für die Kontrolle des deutschen politischen Lebens als auch für die Verbindungen zur sowjetischen Partei- und Staatsführung zuständig sein. Für den ersten Bereich ist jedoch im Sommer 1945 die Verwaltung für Information geschaffen und mit Politoffizieren aus den Politischen Verwaltungen der Fronten, insbesondere aus den sogenannten 7. Abteilungen, besetzt worden.

Während im Juni 1945 noch vorgesehen war, den Politischen Berater mit der Lenkung und Kontrolle des gesamten politischen Lebens in der SBZ zu beauftragen, muß nach Errichtung der SMAD diese Anordnung wieder rückgängig gemacht worden sein. Die These Meissners, wonach mit dem Amtswechsel an der SMAD-Spitze der Einfluß des sowjetischen Außenministeriums zurückgedrängt wurde, scheint also zuzutreffen. Zur Unterstützung dieser Feststellung lassen sich unter anderem Pëtr Abrasimovs detaillierte Schilderungen des Aufgabenbereiches des Politischen Beraters heranziehen. Dort heißt es unter anderem, daß der Politische Berater erst im Laufe der Zeit „zunehmenden Kontakt mit den deutschen Selbstverwaltungsorganen und den Parteien [hatte – PS] und ... diesen die Grundsätze der sowjetischen Außenpolitik" darlegte.[229]

Für eine zeitweilige Einschränkung des Kompetenzbereiches des Politischen Beraters spricht auch die Zurückhaltung Vladimir Semënovs. Zwar hatte er schon 1945 zusammen mit Oberst Tjul'panov und General Bokov Gespräche mit den Deutschen geführt, überließ dabei jedoch die Initiative zumeist seinen sowjetischen Kollegen.[230] Dagegen verstand es Sergej I. Tjul'panov von Anfang an, seine Machtposition auszunutzen und sich für den gesamten sowjetischen Besatzungsapparat bald unentbehrlich zu machen. Tjul'panovs hoher Bekanntheitsgrad hat aber auch dazu geführt, daß seine Machtstellung überschätzt worden ist. Sein Ermessensspielraum dürfte zu keinem Zeitpunkt so groß gewesen sein, daß er beispielsweise über die Vereinigung von SPD und KPD zur SED hätte allein entscheiden können. Schließlich muß auch bezweifelt werden, ob er maßgeblicher Betreiber der Bolschewisierung der SBZ oder gar treibendes Element bei der Blockade der Westsektoren Berlins war. Das politische System der UdSSR verlangte stets, daß auch weniger wichtige Entscheidungen von höchster Stelle getroffen werden mußten.[231] Tjul'panov war gegenüber dem „Obersten Chef" der SMAD verantwortlich wie gegenüber dem oft unbeachtet gebliebenen Militärrat und der politischen Führung in Moskau.

Eine Reihe von Indizien deutet daraufhin, daß Vladimir Semënov seit 1948 seine Stellung in der SMAD erheblich ausbauen konnte, während Tjul'panov allmählich an Bedeutung verlor. Bereits 1948 hatte man nach der Ablösung General Georgievs die Zuständigkeit der Parteienaufsicht dem Legationssekretär Gribanov aus dem Stab Semënovs übertragen. Anfang Januar 1949 wurde Vladimir Semënov in den Rang eines

---

[229] P. Abrassimow: 300 Meter vom Brandenburger Tor, S. 185.

[230] M. Voslensky: Vier Generäle als Regenten Deutschlands. Vor vierzig Jahren löste sich mit dem Auszug der Sowjetdelegation der Alliierte Kontrollrat auf, in: Süddeutsche Zeitung, 19./20. 3. 1988.

[231] Zum politischen Entscheidungsprozeß im stalinistischen Herrschaftsapparat siehe u.a. Hannes Adomeit: Die Sowjetmacht in internationalen Krisen. Verhaltensmuster. Handlungsprinzipien. Bestimmungsfaktoren (= Internationale Politik und Sicherheit, Bd. 11), Baden-Baden 1983, S. 207–211.

Botschafters befördert. Am 20. Mai 1949 stellte man seitens der amerikanischen Militärregierung fest, daß Tjul'panovs „influence at the time of writing seems to be under a partial but by no means total eclipse".[232] Möglicherweise wurde es Tjul'panov zum Verhängnis, daß er seine exponierte Stellung im politischen Kontrollapparat der SMAD dazu ausgenutzt hatte, um selbst Besatzungspolitik zu gestalten. Es ist aber genauso vorstellbar, daß nur seine aggressive Rhetorik zum Verlust seines Postens in Berlin führte. Schließlich lassen sich auch Zusammenhänge zwischen dem plötzlichen Tod Andrej Ždanovs, dem Erfolg der Luftbrücke zur Überwindung der Blockade der Westsektoren Berlins und dem Abstieg Tjul'panovs herstellen. Alle diese Vermutungen liefern jedoch keine Erklärung über die genauen Ursachen der Machtverschiebungen im politischen Kontrollapparat der SMAD. So bleibt am Ende nur die Feststellung, daß Vladimir Semënov im Jahre 1949 zum Politischen Berater der Sowjetischen Kontrollkommission (SKK) aufstieg, während Tjul'panov im Jahre 1950 als Hochschullehrer in die Sowjetunion zurückkehren mußte.

[232] Government and Administration in Soviet Zone of Germany, vom 20. 5. 1949, IfZ-Archiv, Bestand Mf260, 5/372-1/2, S. 7.

Militärorganisation und sowjetisches Modell in Ostmitteleuropa 1943–1956

von
Bernard Michel

Die Sowjetisierung der Armeen der Länder Ostmitteleuropas ist aus einer faktischen Lage entstanden: dem Einmarsch der sowjetischen Armee in Ostmitteleuropa am Ende des Zweiten Weltkrieges. Die Bevölkerung lernte die Sowjets zuerst als verbündete oder erobernde Soldaten kennen. Das Schicksal der nationalen Armeen wurde völlig von der UdSSR abhängig, die den ehemaligen Satelliten Deutschlands die Besetzung in verschiedenen Formen aufdrängte: rücksichtslos in Ungarn, das sich dem Lager der Achsenfeinde nicht angeschlossen hatte und ganz einfach erobert wurde; etwas besser erging es Rumänien und Bulgarien, wo die militärischen Oberkommandos im August und September 1944 Staatsstreiche durchführten, um das Lager zu wechseln und Deutschland zu bekämpfen. Polen, obwohl alliierte Macht, wurde von den Sowjets wie ein erobertes Land behandelt, und seine Widerstandsbewegung, die mächtigste auf dem europäischen Festland, wurde entwaffnet und interniert. Die nicht-kommunistische Bewegung, die AK (Armia Krajowa), wurde aus den neuen polnischen Institutionen politisch eliminiert und auch faktisch beseitigt. Nur die Tschechoslowakei zog Vorteile aus ihrem Status als Alliierte: nach der gleichzeitigen Räumung durch die amerikanischen und sowjetischen Armeen Ende 1945 behielt die Sowjetunion bis zur Machtübernahme im Februar 1948 nur eine indirekte Kontrolle über die tschechoslowakische Armee.[1]

Kann man von einer Sowjetisierung der Armeen nach 1945 sprechen? In einer ersten Phase von 1945 bis 1949 versuchte die Sowjetunion die nationalen Armeen vor allem aufzulösen, indem sie auf eine strenge Durchführung der in den Friedensverträgen von Paris 1947 den Satellitenländern Deutschlands oktroyierten Reduzierung drang. Sie wollte das Offizierskorps zerbrechen, um ein mögliches Hindernis auf dem Weg zur Machteroberung zu beseitigen. Die innenpolitische Rolle der Armeen stand im Vordergrund, und die UdSSR entwickelte dezidierte Vorstellungen darüber, was sie nicht sein sollten, bevor ein positives Konzept für ihre Zukunft vorlag. Erst in der zweiten Phase von 1949 bis 1956 wurde eine Sowjetisierung im eigentlichen Sinn durchgeführt. Die Streitkräfte übernahmen wieder ihre Hauptrolle in der Verteidigung nach außen und wurden dazu zügig modernisiert. Sie sollten dem Modell der sowjetischen Armee genau nachgebildet werden. Uns interessiert deshalb diese zweite Etappe, da die erste nur eine Vorbereitungsperiode war.

---

[1] L'Europe centrale et orientale en 1944–1945, in: Guerres mondiales et conflits contemporains (Jg. 1988) Nr. 149; P. Gosztony: Zur Geschichte der europäischen Volksarmeen, Bonn 1976; J.K. Hoensch: Sowjetische Osteuropapolitik 1945–1975, Königstein 1977; Ch. Jones: Soviet Influence in Eastern Europe. Political Autonomy and the Warsaw Pact, New York 1981.

Die Zerstörung der traditionellen Armeen

Die Streitkräfte in Ostmitteleuropa wurden in der Zwischenkriegszeit fast alle nach dem französischen Modell organisiert: eine einzige Militärakademie nach dem Vorbild von Saint Cyr mit speziellen Militärschulen für jede Waffengattung: Infanterie, Artillerie, Luftwaffe sowie einer Akademie für die Ausbildung der Generalstäbler und künftigen Generäle (Polen, Rumänien, Tschechoslowakei). Ungarn setzte mit der Militärakademie Ludovica die österreichisch-ungarische Tradition fort. In allen Ländern blieb dem Offizierskorps politische Enthaltsamkeit auferlegt. Es wurde zur Loyalität ausschließlich gegenüber dem König (Rumänien) oder dem Staat verpflichtet. Nur die polnische Armee machte eine Ausnahme, als Piłsudski und seine Legionen in das politische Leben eintraten.

Das Offizierskorps wurde zu einer wichtigen Stütze der bürgerlichen Gesellschaften in der Zwischenkriegszeit. Dem setzte Stalin die Schöpfung neuer Armeen der jeweiligen Nationalität, die auf sowjetischem Boden entstanden waren, als eine Gegenmacht für die Nachkriegszeit entgegen. Nach dem diplomatischen Bruch mit der polnischen Londoner Exil-Regierung 1943, gründete er eine unmittelbar von sowjetischen Offizieren kommandierte polnische Truppe. Die Offiziersschule von Rjazan bildete neue Kader wie die künftigen Generäle Jaruzelski und Siwicki aus. Anstelle einer polnischen Armee, die als reaktionär und sowjetfeindlich galt, wurden Streitkräfte herangebildet, deren Verläßlichkeit im Sinne Stalins mehr auf Vernunft als auf Gefühlen beruhte.[2] Die tschechoslowakische Armee, die sich in Buzuluk in der Ukraine sammelte, hatte eine andere Basis: sie blieb nominell der Regierung Beneš in London untergeordnet, der Einfluß der Kommunisten war gering.

Aber durch die ehrgeizige und schwache Persönlichkeit ihres Befehlshabers, General Ludvík Svoboda, konnten die Sowjets die pro-russischen Gefühle der tschechoslowakischen Soldaten nutzen.[3] Im Frühjahr 1945 bildeten die Sowjets auf dem Boden der UdSSR aus Kriegsgefangenen die rumänische Division Horia Closea Crisen, deren Kader von ihnen kontrolliert wurden.

Nach dem sowjetischen Einmarsch 1944 und 1945 wurde das Offizierskorps überall unterminiert. In den deutschfreundlichen Ländern schlossen die Säuberungskommissionen als erste die Offiziere aus, die sich mit den faschistischen Regimen kompromittiert hatten, und in der Folge ganz allgemein all jene, die gegen die kommunistische Regierung waren. In Ungarn wurden 1947 14 Generäle, 374 Offiziere und 2292 Unteroffiziere aus den Streitkräften entfernt.[4] In Polen wurde die ganze nichtkommunistische Widerstandsbewegung im Westen aus dem Land ausgeschlossen und blieb dort im Exil. Die meisten Kader der AK (Armia Krajowa) wurden beseitigt; von 1945 bis 1948 jagten Miliz und Volksarmee die „bewaffneten Banden" der AK, die festgenommen und vernichtet wurden. In der Tschechoslowakei veranlaßte Stalin 1945 Beneš zur Entfernung der Offiziere aus dem Westen oder aus der nichtkommunistischen Widerstandsbewegung aus leitenden militärischen Stellen und deren Ersetzung durch Offiziere aus der

---

2 20 lat Ludowego Wojska Polskiego, hrsg. von der Polska Akademia Nauk, Wojskowy Instytut Historyczny, Warszawa 1967, S. 215–251.

3 L. Svoboda: Z Buzuluku do Prahy, Praha 1974.

4 A. V. Antosiak: Zaroždenie narodnych armii – stran učastnic Varszavskogo dogovora 1941–1949 gg., Moskva 1975, S. 324–329.

Sowjetunion. So ersetzte General Svoboda, offiziell parteilos, General Ingr als Verteidigungsminister. Trotz der völligen Neutralität der Armee während des Staatsstreichs vom Februar 1948 wurde eine strenge Säuberung durchgeführt: 22,2% der Offiziere wurden aus der Armee ausgeschaltet, 2,3% flüchteten in den Westen.[5] Einige Generäle und Stabsoffiziere wurden zum Tode oder zu langen Gefängnisstrafen verurteilt, wie der ehemalige Chef der Militärmission in Moskau, General Pika, oder der Chef der Luftwaffe in London, der berühmte General Janoušek.

Die frühere apolitische Haltung der Offiziere wurde verurteilt. Parteizellen wurden direkt in der Armee gegründet. Trotz des Widerstandes der Offiziere wurde die Neuorientierung vollzogen, so zum Beispiel im Juli 1948 in Rumänien. Überall entstand unter dem Deckmantel von Erziehung und Kultur ein ganzes Netz von Offizieren, die nach 1948 offiziell die Bezeichnung Politoffiziere erhielten.

Die Eroberung der Verteidigungsministerien durch die Kommunisten konnte nur schrittweise realisiert werden. Dies geschah oft unter dem Druck der sowjetischen Generäle der Besatzungstruppen, die unter dem Vorwurf von reaktionären Phantasieverschwörungen nichtkommunistische Generäle zur Abdankung oder in die Verbannung drängten. So wurde den Ungarn General Mihály Farkas im September 1948 von den Sowjets aufgedrängt. Ähnliches spielte sich in Bulgarien seit November 1946 und in Rumänien seit Dezember 1947 ab. In Polen wurde bereits 1944 General Rola-Żymierski zum Verteidigungsminister der Lubliner Regierung nominiert.

Die Sowjetisierung der Armeen

Mit dem Jahre 1949 begann eine offene Verschärfung der Gangart. Dieser Wechsel wurde durch den Beginn des Kalten Krieges und durch die Vorbereitungen Stalins auf einen dritten Weltkrieg beeinflußt. Überall übernahmen die Sowjets direkt die Verteidigungsministerien: In Polen mit Marschall Rokossowski, einem sowjetischen Offizier polnischer Abstammung (1949–1956); in Rumänien mit Emil Bodnaras, einem ehemaligen Überläufer in die Sowjetunion, Mitglied des NKWD seit 1931 (1947–1956); in Bulgarien mit Petar Pancevski, einem sowjetischen Offizier (1950–1958); in Ungarn mit Mihály Farkas, Mitglied des NKWD (1948–1956). In der Tschechoslowakei wurde Svoboda beseitigt und durch Alexej Čepička (Gottwalds Schwiegersohn), einem Zivilisten ohne militärische Erfahrung, ersetzt, der als von Stalin unterstützt galt (1950–1956).

Nach der Auflösung der Armeen folgte eine starke Remilitarisierung. Neue Gesetze über den Militärdienst ermöglichten eine schnelle Zunahme der personellen Stärke, wobei die Begrenzungen durch die Friedensverträge nicht mehr beachtet wurden. Zum Beispiel hatten die ungarischen Streitkräfte, die auf 120000 Mann beschränkt bleiben sollten, im Jahre 1955 eine Stärke von 230000. Die Tschechoslowakei als striktester und verläßlichster Satellit in den 50er Jahren hatte 1948 nur 130000 Mann, nach 1951 aber mehr als 250000 unter Waffen. Die Entwicklung der Militärausgaben wurde verschleiert. 1949–1950 wurden sie in der Tschechoslowakei gänzlich im Haushalt des Innenministeriums geführt. Die Ausgaben verdoppelten sich 1952 und wieder 1953.[6]

---

5 M. Špičák: V armádě po únoru, Praha 1968; Ders., J. Lipták: Vojenská politika KSČ v období urych lené výstavby Armády socialistického typu (1948–1954), in: Československý časopis historický (Jg. 1975) Nr. 5, S. 641–663.

6 C. Rice: The Soviet Union and the Czechoslovak army 1948–1983, Princeton 1985, S. 78–79.

Die polnischen Ausgaben vermehrten sich von 1949 bis 1952 um das Dreifache.[7] Die Rüstung sollte schnell modernisiert werden. Hierzu lieferte die Sowjetunion seit 1949 Rüstungsgüter. Die Tschechoslowakei und Polen bekamen moderne Waffen, Ungarn aber mußte sich mit veraltetem und wenig wirksamem sowjetischem Material begnügen. Die tschechoslowakische Rüstungsindustrie, am Ende des Krieges kaum zerstört, erzeugte Rüstungsgüter unter sowjetischer Lizenz. Ausgehend vom Index 100 für das Jahr 1950 stieg die Waffenproduktion im Jahre 1953 auf den Index 955 an.[8] Die sowjetischen Rüstungsnormen wurden im ganzen Block durchgesetzt, was ein wichtiges Element der Integration war.

Die sowjetische Armee hatte angekündigt, daß sie den Bruderländern Hilfe leisten würde. Aber diese Hilfe bedeutete eine totale Übernahme des sowjetischen Modells. Es blieb für die Bruderländer nur die Möglichkeit, es mit Begeisterung willkommen zu heißen. Im August 1949 meldete Svoboda, daß die Tschechoslowakei beschlossen habe, „die Schulung der Streitkräfte nach den Richtlinien der sowjetischen Armee durchzuführen, auf deren Seite wir die Ehre hatten, während des Zweiten Weltkrieges zu kämpfen und auf deren Seite wir im Ernstfall wieder kämpfen würden“.[9] Der IX. Kongreß der Kommunistischen Partei der Tschechoslowakei erklärte im Mai 1949:

> „In der Zukunft werden wir uns als höchstes Ziel setzen, das Niveau unseres glänzenden Vorbildes, der berühmten und heldenmütigen sowjetischen Armee, unseres Befreiers, zu erreichen.“

Die Nachahmung wurde total. Sowjetische Uniformen ersetzten überall die nationalen Uniformen, ohne die von der Bevölkerung geschätzten nationalen Traditionen, ja ohne auch nur die klimatischen Unterschiede zu beachten. Nur die 1943 in der Sowjetunion gegründete polnische Armee behielt, obwohl sowjetisch bewaffnet, ihre alten Uniformen, besonders ihre breiten Mützen. Das Tragen sowjetischer Uniformen wurde durch die öffentliche Meinung mißbilligt.

Die Vorschriften wurden wörtlich übersetzt, wie auch der Text des Eides für die Offiziere und Soldaten. Die sowjetischen Berater prüften die Übersetzungen ganz genau. So berichtete Király über Ungarn:

> „Unsere Vorschriften wurden überprüft. Wenn sie keine wörtlichen Übersetzungen der betreffenden Sowjetvorschriften waren, wanderten sie in die Papiermühle und mußten durch buchstabengetreue Übersetzungen ersetzt werden. Jedes Wort wurde geprüft und eine Abweichung vom sowjetischen Muster hart bestraft. Kommandeure erhielten wegen Kleinigkeiten den Abschied.“[10]

Im Juli 1950 führte die tschechoslowakische Armee die neue Vorschrift A I A ein. Die alten Vorschriften wurden als Überbleibsel des bürgerlichen Geistes und der Habsburger Traditionen verurteilt.[11] Für Generäle ersetzte man die französischen Rangstufen Brigadegeneral, Divisionsgeneral und Armeegeneral durch Generalmajor, Generalleutnant und Generaloberst. Die Rangstufe des Armeegenerals verschwand in Polen, aber 1973 ließ Jaruzelski sie durch den Sejm für sich selbst wieder einführen.

---

[7] J. Hoensch: Sowjetische Osteuropapolitik 1945–1975, S. 87.

[8] A. Ross-Johnson u. a.: Die Streitkräfte des Warschauer Pakts in Mitteleuropa: DDR, Polen und ČSSR, Stuttgart 1982, S. 159.

[9] C. Rice: The Soviet Union, S. 71.

[10] B. Király: Honvéds unter Sowjetbefehl. Persönliche Erlebnisse eines hohen ungarischen Offiziers, in: Hinter dem Eisernen Vorhang (Mai 1958) Nr. 10.

[11] P. Gosztony: Zur Geschichte, S. 95–96.

Der Nachahmungskult kannte keine Grenzen. In Ungarn lagen früher zehn Mann auf einer Stube, dann zwanzig Soldaten. Die Ähnlichkeit sollte bis ins kleinste Detail vollkommen sein.

Selbstverständlich sollte in der Schulung der Armeeführung nur die sowjetische Erfahrung des Zweiten Weltkrieges als Lehrbeispiel dienen. Die eigenständigen Erfahrungen aus der nationalen militärischen Geschichte Polens, Rumäniens und der Tschechoslowakei wurden vernachlässigt. Natürlich war es undenkbar, daß Bruderarmeen selbständige Forschungen über strategische Fragen anstellten, wie es die Tschechoslowakei 1968 versuchte. Die sowjetische Militärwissenschaft wurde das einzige Muster.

Aber die Einführung der sowjetischen Prinzipien und Normen genügte nicht. Um diese in Kraft zu setzen, brauchte man sowjetische Berater. Nach der Logik des Stalinschen Systems sollten die Bruderländer selbst den großen Bruder um die Entsendung dieser Berater bitten. Noch im April 1950 lehnten es die Sowjets ab, in die Tschechoslowakei Berater zu senden, da sie gegenüber General Svoboda und seinen Mitarbeitern als ehemaligen Legionären des Ersten Weltkrieges Mißtrauen hegten. Im November 1948 traf in Ungarn eine erste Gruppe von zurückhaltenden und gemäßigten Beratern unter der Leitung von General Prokofiev ein. Nach 1949 kam eine zweite Gruppe mit General Bojko an der Spitze, die scharf und kompromißlos auftrat. Ihre Zahl nahm von 1953 an ab, als Imre Nagy Ministerpräsident wurde. Die Diskrepanz zwischen der sowjetischen und der ostmitteleuropäischen Welt verbreiterte sich. Als Beispiel erinnert General Király an die Worte des sowjetischen Generals S.S. Sergej vor dreißig ungarischen Stabsoffizieren:

> „Die westlichen Imperialisten fallen in ohnmächtiger Wut über das sowjetische System der Politoffiziere her. Sie erheben die Beschuldigung, der Politoffizier stelle die Soldaten vor unlösbare Aufgaben und ermorde sie sogar gegebenenfalls. Das ist eine Lüge. Ich selbst war während des ganzen Krieges als Politoffizier tätig. Bei Stalingrad war ich Politoffizier und Mitglied des Kriegsrates einer Armee. Ich habe aber während des ganzen Krieges nur fünf Sowjetsoldaten erschossen, und die hatten es auch verdient." [12]

Marschall Rokossowski brachte nach Polen eine ganze Armee von sowjetischen Beratern mit. Die Zahl der sowjetischen Offiziere nahm nach 1947 zunächst ab und dann wieder zu, um schließlich 17000 zu erreichen. Unter ihnen waren russische Offiziere, aber auch sowjetische Bürger polnischer Herkunft wie zum Beispiel der Chef des Generalstabs General Korzyc (1949–1954) und sein Nachfolger Bordzilowski. Ganz charakteristisch ist der Fall Bordzilowski: Als Sohn eines polnischen Militärarztes wurde er 1918 Freiwilliger in der Roten Armee, wo er bei den Pionieren diente. Als sowjetischer General wurde er dann in die polnische Armee abkommandiert, wo er die Pioniertruppen kommandierte. Seit 1954 Ministerstellvertreter, behielt er sein Amt nach 1956 bis 1968 infolge seiner polnischen Abstammung. [13] Die leitenden Positionen wurden durch Sowjets besetzt. Polen war wie ein sowjetischer Militärbezirk dem sowjetischen Oberkommando unmittelbar unterstellt. [14]

In dieser Armee neuen Typs spielte die Beziehung zur Sowjetunion und die Begeisterung für die Partei eine größere Rolle als technisches Wissen. Die apolitische Hal-

---

[12] B. KIRÁLY: Honvéds, S. 9–11.

[13] General Bordzilowski (1900–1983), in: Żolnierz Wolności, 15–16. Oktober 1983.

[14] A. ROSS-JOHNSON u. a.: Die Streitkräfte, S. 43.

tung der bürgerlichen Armeen wurde beseitigt, um für Klassenbewußtsein und Parteigeist Platz zu machen. Die Kader sollten sich aus dem einfachen Volk, aus den Söhnen von Arbeitern oder armen Bauern rekrutieren. 1949 waren in Rumänien 45% der Offiziere proletarischer Herkunft, 1955 aber bereits 90%. In Ungarn entsprachen 1945 65% der Offiziere nicht dieser Anforderung, 1954 waren dann aber schon 52% Arbeitersöhne und 25% Bauernsöhne. In Bulgarien waren bereits 1948 82% der Offiziere proletarischer Herkunft.[15]

Die Parteiaktivisten wurden zu Politoffizieren ernannt. Die Schaffung des Politruk, des Politoffiziers, spiegelte die Sowjetisierung der sozialistischen Streitkräfte wider. Als stellvertretende Kommandeure für politische Angelegenheiten leiteten und kontrollierten sie die Parteizellen in der Armee. In den Jahren 1948–1949 wurden die ehemaligen Offiziere für Kultur und Erziehung in Politoffiziere umbenannt. An der Spitze stand nach dem sowjetischen Modell die politische Hauptverwaltung. In Rumänien leitete Peter Borila, Mitglied des ZK, die politische Hauptverwaltung der Armee. Im März 1950 ernannte die Parteileitung das stellvertretende ZK-Mitglied Nicolae Ceauşescu, einen Zivilisten ohne militärische Erfahrung. Er erhielt den Rang eines Generalmajors und wurde stellvertretender Verteidigungsminister. In der Tschechoslowakei war der erste Leiter der politischen Hauptverwaltung Procházka, der seit 1945 die Erziehungsoffiziere befehligte. Bohuslav Laštovička, auch er ein Politiker ohne militärische Erfahrung, ersetzte ihn im Juli 1950. In Polen wurden die Offiziere für politische Erziehung des Oberst Gross in Politoffiziere umbenannt. In Ungarn ernannte Verteidigungsminister Farkas für dieses Amt seinen Freund Sandor Nogradi.

Die politische Hauptverwaltung arbeitete mit der Kommission des ZK für Fragen des Heeres und der Polizei zusammen, die verschiedene Namen in den einzelnen Ländern hatte: z.B. administrative Kommission in Polen oder achte Abteilung in der Tschechoslowakei. Parteifunktionäre, fast alle Zivilisten, dienten als zusätzliche organisatorische Basis zur Kontrolle der zuverlässigen Befolgung sowjetischer Befehle. Den militärischen Sicherheitsdienst und die Geheimen Sicherheitsdienste leiteten von Moskau ausgewählte Kommunisten wie z.B. Bedřich Reicin, der von Gottwald 1945 eingesetzt wurde. Er wandelte diesen Dienst im Auftrag der Partei in einen Spionagedienst gegen das Offizierskorps um.

Ein wichtiger Faktor der Sowjetisierung war in diesem System die Parteimitgliedschaft. In Rumänien waren Ende 1947 nur 5,5% der Offiziere Kommunisten. Dieser Prozentsatz stieg 1949 auf 26%. In der tschechoslowakischen Armee lagen, u.a. durch opportunistische Eintritte nach der Machtübernahme, die Anteile höher: 37,9% im Jahre 1948 und 64,98% 1952. In Polen waren 1949 40% der Offiziere in der Partei.

Die Militärschulen wurden nach dem sowjetischen Muster umgebaut. Die russische Sprache, in allen Schulen obligatorisch, spielte eine wichtige Rolle in der Schulung. Statt einer einzigen Militärakademie, wie Hranice in der Tschechoslowakei, wurden mehrere Militärschulen für die einzelnen Waffengattungen gegründet. So gab es in Polen 1954 28 Militärschulen und Akademien.[16] In Rumänien wurde die alte Kriegsschule in drei Akademien aufgeteilt: die Generalstabsakademie, die Militärische Politakademie

---

[15] A. Antosiak: Zaroždenie, S. 229–281, 329–335. M. Inoan: Armata română în primi anii ai revoluţiei şi construcţiei socialiste, Bukarest 1975, S. 99–106; A. Alexiev (ed.): The Romanian Army, in: J. Adelman: Communist Armies in Politics, Boulder 1982, S. 153.

[16] Ludowe Wojsko Polskie 1943–1973, Warszawa 1974, S. 417–419.

sowie die Militärische Technische Akademie.[17] In Ungarn verschwand die Akademie Ludovica. Die Generalstabsakademie Zrinyi schulte nach 1950 die leitenden Kader; die Politakademie Stalin (später Petőfi) bildete die Politoffiziere aus.

Alle Politischen Akademien hatten als Muster die Lenin-Akademie in Moskau. In Prag wurde die Politische Akademie Klement Gottwald auf Anregung des Zentralkommitees der Partei gegründet. Die Schulung wurde dem sowjetischen Programm angepaßt. Aber wie eine Veröffentlichung aus dem Jahre 1968 betonte:

> „Dieses Muster konnte nur in den Hauptlinien und als Rahmen fungieren, besonders da am Anfang eine genaue Kenntnis dieser Kriegsakademie fehlte.“ [18]

In Warschau trug die Politische Akademie den Namen Dzierżyńskis, des Gründers der Tscheka.

Der polnischen Armee wurde 1947 erlaubt, ihre eigene Generalstabsakademie zu betreiben. Diese wurde als Erbe der polnischen Tradition betrachtet, obwohl sie dem Muster der Stabsakademie Vorošilov in Moskau entsprach.

So wirkten Offiziere und Soldaten in einem System, das ihren nationalen Traditionen fremd war, und mußten sich an das sowjetische Muster anpassen.

Es wäre interessant, die Widerstände gegen die Sowjetisierung der Armeen zu erforschen. Der Zugang zu einem solchen Thema wäre allerdings nicht leicht. Alle nichtkommunistischen Offiziere, die Widerstand hätten leisten können, waren bereits in den ersten Säuberungen der Jahre 1945–1950 beseitigt worden. Offenem Widerstand war damit weitgehend der Boden entzogen.

Die Prozesse gegen kommunistische Offiziere, die nach 1949 vor allem wegen Titoismus und Spionage angeklagt wurden, waren nicht gegen die Gegner der Sowjetisierung gerichtet. Vielmehr bildeten diese Prozesse, mit Hilfe von sowjetischen Beratern inszeniert, eine neue Stufe der Sowjetisierung von Gesellschaft und Armee.

Im Oktober 1949 verhaftete man in Ungarn 39 Stabsoffiziere im Rahmen des Prozesses gegen Rajk. General Pálffy-Österreicher, Generalinspektor der Streitkräfte und Minister-Stellvertreter, wurde hingerichtet. Er hatte scharf und fanatisch an den gegen Nicht-Kommunisten gerichteten Säuberungen mitgewirkt. General Béla Király wurde zum Tode und dann zu lebenslanger Haft verurteilt, bevor er 1956 begnadigt wurde. In der Tschechoslowakei wurden Procházka und Reicin im Rahmen der Slánský-Prozesse hingerichtet. Der fanatische und blutdürstige Reicin hatte die Armee einer Schreckensherrschaft unterworfen. Gottwald benutzte diese Prozesse, um sich von ihm zu befreien. Dann wurden als Folge des Kampfes gegen den „bürgerlichen slowakischen Nationalismus“ die Generäle Kopold und Hromadko verurteilt und viele slowakische Offiziere aus der Armee ausgestoßen. In Polen wurden nach Gomułkas Verhaftung viele Offiziere als Mitschuldige angeklagt, wie z. B. General Spychalski. Neunzehn Offiziere, 1952 hingerichtet, wurden nach 1956 rehabilitiert.[19]

Die Wirksamkeit der Sowjetisierung wurde – es sei an das Zitat zur Gottwald-Akademie erinnert – lediglich durch die unvollkommene und ungenaue Kenntnis der Sowjetunion begrenzt. Auch wenn die sowjetischen Vorschriften überall galten, wurden sie in Gesellschaften mit ganz anderen Traditionen nicht immer voll wirksam. Die Zeit der Sowjetisierung von 1949 bis 1956 war ja auch zu kurz, um alle Erinnerungen

---

[17] V. Rybecký: Bratrství a tradice armád Varšavské smlouvy, Praha 1983, S. 265.

[18] Vojenská politika Akademie Klementa Gottwalda 1953–1968, Praha 1968, S. 9.

[19] A. Korbonski: The Polish Army, in: J. Adelman: Communist Armies, S. 114–125.

an die Welt von Gestern zu beseitigen. Offiziere, die 1956 25 Jahre alt waren, waren in Gesellschaften und Schultraditionen aufgewachsen, die sich von denen der Sowjetunion grundlegend unterschieden. Dies galt in verstärktem Maße für ältere Offiziere, die in der Tschechoslowakei Masaryks und dem Polen Piłsudskis gelebt hatten. In der tschechoslowakischen Armee von vornherein am positivsten gegenüber den Sowjets eingestellt, waren manche Offiziere unter Svoboda denn auch eher Russophile als Kommunisten.

Mit offensichtlicher Genugtuung begrüßten nach 1956 die hohen Offiziere und das ganze Offizierskorps den Verzicht auf die extreme Sowjetisierung und die Rückkehr zu gewissen nationalen Traditionen.

Als der Warschauer Pakt unterzeichnet wurde, fand dies in der Öffentlichkeit kaum Widerhall. Der formelle und abstrakte Vertragstext blieb bis zum Anfang der 60er Jahre relativ folgenlos. Erst mit den gemeinsamen Übungen des Paktes begann er tatsächlich zu leben. Der Staatsvertrag von 1955 dagegen, der Österreich von der sowjetischen Besetzung befreite, beflügelte die Geister, besonders in Ungarn. Die Stationierung der sowjetischen Armeen, die offiziell mit den Transiterfordernissen der Truppen nach Österreich begründet worden war, galt nicht mehr als eine Notwendigkeit. Während der Krise des Jahres 1956 wurde die Anwesenheit sowjetischer Truppen überall kritisiert. Die Sowjetunion mußte mit den verschiedenen Ländern 1956 und 1957 neue Verträge aushandeln.[20] Kurz nachher, im Juli 1956, räumten die sowjetischen Truppen Rumänien als zweites Land nach Bulgarien (1947).

Die nationalen Revolutionen vom Oktober 1956 zwangen Chruščev und die sowjetische Führung, der massiven Anwesenheit sowjetischer Berater ein Ende zu machen. In Polen wählte das VIII. Plenum des ZK (19. bis 21. Oktober 1956) Gomułka zum Ersten Sekretär. Am 14. November ersetzte General Marian Spychalski General Rokossowski im Verteidigungsministerium. Dieser kehrte in die Sowjetunion zurück und mit ihm mehrere tausend sowjetische Berater.

In Ungarn wurden am 11. Oktober 1956 die Leichen von sieben Generälen und Obristen, die als Verräter mit Rajk hingerichtet worden waren, rehabilitiert und auf dem Farkasreter-Friedhof mit großen Ehren und in Anwesenheit einer Menge von Soldaten, Offizieren und Zivilisten beigesetzt. Unter den Offizieren waren viele, wie General Béla Király, kurz zuvor aus dem Gefängnis entlassen worden.[21] Während der ungarischen Oktober-Revolution standen die meisten Offiziere um General Pal Maleter, den neuen Verteidigungsminister, mit ihren Soldaten auf der Seite der Regierung Imre Nagy. In den höheren Rängen räumten einige Offiziere ihren Pflichten gegenüber den Sowjets Vorrang ein. Trotz der Niederschlagung der Revolution aber wurde nach 1956 die Sowjetisierung der Armee verurteilt und konnte nicht mehr wiederbelebt werden.

Auch in den anderen Ländern, die diese Revolution nicht erlebt hatten, entwickelte sich ein Prozeß der „Renationalisierung". Die bisherigen Verteidigungsminister mußten ihr Amt verlassen. In Bulgarien wurde General Pancevski Botschafter in Peking. An seine Stelle rückte General Slavcho Trunski, der im Zweiten Weltkrieg den Partisanen und der inneren Widerstandsbewegung angehört hatte. Die Sowjetunion zog aus den Bruderländern eine halbe Million Soldaten ab, die dort stationiert waren. Später

---

[20] M. Mackintosh: The Evolution of the Warsaw Pact, Institute for Strategic Studies London, Adelphi Papers no. 58, 1969.

[21] B. Király: Hungary's Army. Its Part in the Revolt, in: East Europe, June 1958, S. 3–4.

kehrte man dann auch zu den alten Uniformen, zu nationalen Ehrenzeichen und zu neuen Vorschriften zurück, die sich vom sowjetischen Modell emanzipierten.

Diese „Renationalisierung" konnte aber notwendigerweise nur begrenzt sein. Eine Ausnahme bildete Rumänien, wo die Parteileitung die Lage ausnutzte, um sich im Rahmen des Warschauer Paktes von seinen Bündnispartnern zu distanzieren. Der sowjetische Einmarsch in die Tschechoslowakei 1968 zeigte die engen Grenzen der möglichen Reformen auf. Von 1949 bis 1956 wollte die Sowjetunion die ostmitteleuropäischen Armeen direkt kontrollieren und leiten. Seit 1956 achtete sie stärker auf nationale Gefühle. Aber sie entwickelte ein ganzes Netz von indirekten Kontrollen, das an die Strukturen anknüpfte, die bereits in allen Armeen vor 1949 gegeben waren. Die Streitkräfte der Verbündeten blieben untergeordnet, aber seit 1956 konnte ihre Identität als Vertreter der ostmitteleuropäischen Nationen nicht mehr verleugnet werden. Ohne wirkliche nationale Unabhängigkeit zu haben, suchten sie mindestens den Anschein einer gewissen Eigenständigkeit zu wahren.

Das Konzept der „politischen Kultur" in der Tschechoslowakei 1945–1948

von
Eva Schmidt-Hartmann

Wird die Nachkriegsentwicklung in Ostmitteleuropa unter der Perspektive „Kontinuität und Wandel" betrachtet, bietet sich gerade das Konzept der politischen Kultur als ein wichtiger Forschungsansatz an. Die in und nach dem Jahr 1945 erfolgten gewaltigen Veränderungen der politischen, wirtschaftlichen, sozialen und institutionalen Strukturen der osteuropäischen Staaten rufen nämlich mit Nachdruck nach zweierlei grundlegenden und verwandten Fragestellungen: welche endogenen Voraussetzungen in den betroffenen Ländern begünstigten diesen Wandel einerseits, und welche Kontinuitäten lassen sich trotz der gewaltigen Veränderungen andererseits feststellen. Da die vertrauten und in einer Gesellschaft verbreiteten Weisen, die Wirklichkeit und Probleme aller Art zu konzeptualisieren und zu interpretieren, mit Sicherheit zu den stabilsten Faktoren der historischen Kontinuitäten gehören, und da diese gerade jene Wirklichkeitsdimension darstellen, mit der sich das Konzept der politischen Kultur beschäftigt, erscheint dieses Konzept als ein unabdingbares Instrument zur Diskussion der in diesem Band behandelten Fragen.

Wenig Gemeinsames hat allerdings der moderne politikwissenschaftliche Begriff „politische Kultur" mit den gängigen Überlegungen über die sog. nationalen Traditionen. Sogar im Gegenteil: hier geht es um einen Forschungsansatz, der uns die erkenntnistheoretischen Schwierigkeiten der gängigen Diskussionen der „nationalen Traditionen" deutlich vor Augen zu führen vermag, nicht zuletzt, weil er durch seine Bemühung um begriffliche Präzision und Differenziertheit auf die Unzulänglichkeiten der verbreiteten Tendenz zu vagen Verallgemeinerungen hinweist.

Die wichtigste Prämisse der modernen politischen Kulturforschung ist die Annahme eines Begriffs der „Politik" als einer spezifischen Aktivität der Menschen in ihrem sozialen Zusammenleben, nämlich einer nach formalen Spielregeln geordneten Austragung von gesellschaftlichen Konflikten aller Art. Politikverständnis in diesem Sinne richtet sich nach der aristotelischen Definition der P o l i s als einer bestimmten Form des Zusammenlebens, die sich von allen anderen – Königtum, Aristokratie, Tyrannis, Oligarchie und Demokratie – dadurch unterscheidet, daß sie die Gesellschaft als ein Konglomerat unterschiedlicher autonomer Gruppierungen, rivalisierender Interessen und unterschiedlicher Traditionen durch eine Verfassung regelt, die einem jeden Mitglied Partizipation an den Entscheidungen über gemeinsame Angelegenheiten freistellt und solche Entscheidungen aus einem Ausgleich unter Berücksichtigung aller Standpunkte hervorgehen läßt.[1] In diesem Verständnis wird der Begriff Politik freilich nicht so weit gefaßt wie heute üblich. Vielmehr wird Politik nicht als ein selbstverständlicher Bestandteil des gesellschaftlichen Lebens bzw. der Herrschaftsordnung einer jeden Gesellschaft gesehen. Politik wird vielmehr als eine spezifische Erscheinung mancher

---

[1] Vgl. ARISTOTELES: Politik, hrsg. v. P. GOHLKE, Paderborn 1959, Buch III, S. 62–110.

komplexer Gesellschaften unter bestimmten Bedingungen aufgefaßt. Demokratie, von Aristoteles als die Tyrannis der Mehrheit betrachtet, wird, anders als heute allgemein üblich, nicht unbedingt als ein Synonym einer „politischen" Gesellschaftsordnung betrachtet; Ideologien wie Nationalismus oder Sozialismus werden, als primär „unpolitische" Visionen, sogar für das Wohlergehen der „Politik" als gefährlich angesehen. Das heißt, um unserem Thema näher zu kommen, eine Gesellschaft, die etwa durch Mobilisierung des Willens zu nationaler Selbstbestimmung, Demokratie oder Sozialismus zwar durchaus die üblichen formal-institutionalen politischen Strukturen aufweist und sich nach außen als vielleicht erfolgreicher Willensträger behauptet, wie es sich etwa in der Errichtung eines unabhängigen demokratischen Nationalstaats manifestiert, kann in unserer Betrachtung als durchaus „unpolitisch" betrachtet werden, wenn ihr die spezifisch politischen Konzepte und Mechanismen der Konfliktregelung fremd bleiben.[2]

Mit einem solchen Begriff der „Politik" arbeitet auch der moderne Forschungsansatz „politische Kultur". Er ist in der amerikanischen Sozialwissenschaft der 50er Jahre aufgekommen und wird heute mit den Namen seiner „Klassiker" assoziiert: Gabriel J. Almond, James S. Coleman, Lucian W. Pye und Sidney Verba. Einige seiner Gedanken finden sich freilich schon in der älteren Politikwissenschaft bzw. politischen Philosophie, etwa bei Aristoteles oder Alexis de Tocqueville. In der Bundesrepublik erlebte das Konzept Ende der 70er Jahre seine Blütezeit. Eine überaus informative Übersicht über den gegenwärtigen Stand der deutschen Forschung auf diesem Gebiet gibt ein vor kurzem veröffentlichter Band zur politischen Kultur in Deutschland, ihrer Bilanz und ihren Perspektiven.[3]

Primär sucht der Forschungsansatz „politische Kultur", ebenso wie der sich an dem Verhalten der politischen Akteure orientierende Behaviorismus, die traditionelle institutional-funktionale Betrachtung um die Zuwendung der politikwissenschaftlichen Forschung zur Rolle der Wertorientierungen zu erweitern, d.h. der Rolle von Normen, Einstellungen, Meinungen und deren Konzeptualisierung im politischen Prozeß. Politische Kultur geht von der Annahme aus, daß Wertorientierungen einer Gesellschaft oder sozialen Gruppe als unabhängige Variablen betrachtet werden können, daß sie gewisse Strukturen einer Gesellschaft herausbilden und das Verhalten der politischen Akteure beeinflussen. Es wird also nach der Häufigkeit verschiedener Arten kognitiver (wissensmäßiger), affektiver (gefühlsmäßiger) und evaluativer (bewertender) Orientierungen gegenüber dem politischen System gesucht. Damit steht die politische Kultur-Forschung in der Nähe einer ganzen Reihe verwandter sozialwissenschaftlicher Ansätze, wie Vorurteils- und Stereotypenforschung, Ideologieforschung, natürlich auch der älteren Beschäftigung mit Fragen der sog. Nationalcharaktere. Die moderne politische Kultur-Forschung unterscheidet sich jedoch von ihren älteren Verwandten in zwei grundlegenden Punkten[4]:

– politische Kultur ist eine in Entwicklung begriffene Kategorie; sie sucht sowohl die Entwicklung einzelner Orientierungen wie auch die Entwicklung ihrer Reichweite zu berücksichtigen;

---

[2] B. Crick: In Defence of Politics, Second and Expanded Edition, Harmondsworth 1984.

[3] D. Berg-Schlosser, J. Schissler (Hrsg.): Politische Kultur in Deutschland. Bilanz und Perspektiven der Forschung = Politische Vierteljahresschrift 28 (1987), Sonderheft 18; vgl. auch W.M. Iwand: Paradigma Politische Kultur. Ein Forschungsbericht, Opladen 1985.

[4] D. Berg-Schlosser: Politische Kultur. Eine neue Dimension politik-wissenschaftlicher Analyse, München 1972, S. 19–29.

– politische Kultur legt Wert auf die Feststellung von Inkonsistenzen und der Fragmentierung der zu untersuchenden Orientierungen in einzelnen Gesellschaften; sie sucht nicht die „typischen“ Orientierungen zu ermitteln, sondern richtet sich in der Untersuchung bestimmter Variablen auf das gesamte Spektrum einer Gesellschaft.[5]

I

Der Forschungsansatz „politische Kultur“ wurde ursprünglich vor allem zur Erforschung von Fragen bezüglich Westeuropa und Nordamerika einerseits und der Länder der Dritten Welt andererseits angewandt. Doch sogar der „Founding Father“ der politischen Kultur-Forschung, Gabriel A. Almond, hat in den letzten Jahren den wichtigen Beitrag der Erforschung der politischen Kultur in der Entwicklung der kommunistisch regierten Gesellschaften erkannt und dieses Gebiet voll in den allgemeinen politischen Kultur-Ansatz miteinbezogen.[6] Wie es Archie Brown formulierte: “those who originally made use of the concept in their studies of the ‘first’ and ‘third’ world are now citing political culture analysis of the ‘second’ (Communist) world as a ‘test of the explanatory power of political culture theory’”.[7]

Betrachten wir einmal die umfangreiche deutsche Literatur zur politischen Kultur und suchen darin nach Arbeiten zu unserem Thema, werden wir feststellen müssen, daß bisher wenig zum osteuropäischen Bereich vorliegt. Vereinzelt wurde zwar der Begriff „politische Kultur“ in Zusammenhang mit osteuropäischer Zeitgeschichte gebracht und auch gelegentlich Aussagen von der Art getroffen, wie wir sie unter der Kategorie „politische Kultur“ erwarten würden; doch es handelt sich auch in solchen Fällen nicht immer um eine Anwendung des modernen Forschungsansatzes „politische Kultur“.[8] Meistens finden sich nämlich unter diesem Begriff vage Aussagen über bestimmte Formen des sozialen Bewußtseins im allgemeinen, die sehr an überlieferte

---

5 Es wurde beispielsweise in amerikanischen Untersuchungen gezeigt, daß nur bei rund 2,5% der Bevölkerung konsistente Orientierungen festgestellt werden können, daß bestimmte Persönlichkeitsmerkmale nicht in mehr als 60–70% und daß bestimmte Merkmalskombinationen in nur etwa 10–30% der Bevölkerung gefunden werden können. Vgl. D. Berg-Schlosser: Politische Kultur, S. 24.

6 D. Berg-Schlosser, J. Schissler: Politische Kultur in Deutschland, S. 33; G. A. Almond: Communism and Political Culture, in: Comparative Politics 16 (1983), Nr. 1, S. 127–138.

7 A. Brown (Hrsg.): Political Culture and Communist Studies, Houndmills, Basingstoke 1984, S. 7; vgl. auch R. C. Tucker: Culture, Political Culture and Communist Societies, in: Political Science Quarterly 88 (1973), S. 173–190, und Ch. Lemke: Die politische Kultur sozialistischer Systeme in Osteuropa – Fragestellungen, theoretische und konzeptionelle Probleme der Forschung, in: G. Meyer, F. Ryszka (Hrsg.): Die politische Kultur Polens, Tübingen 1989, S. 41–56.

8 Der vor kurzem erschienene Sammelband zur politischen Kultur Polens stellt die erste größere deutsche Veröffentlichung auf diesem Gebiet dar. Vgl. G. Meyer, F. Ryszka: Die politische Kultur…; für die ältere Literatur vgl. die umfangreichen Forschungsberichte von B. Bonwetsch (Hrsg.): Zeitgeschichte Osteuropas als Methoden- und Forschungsproblem, Berlin 1985, und H. Lemberg: Lage und Perspektiven der Zeitgeschichtsforschung über Ostmitteleuropa in der Bundesrepublik Deutschland, in: Zeitschrift für Ostforschung 35 (1986), Nr. 1/2, S. 191–218.

Aussagen über „nationale Traditionen" erinnern.[9] Beispielhaft sei diese Problematik anhand einer unlängst veröffentlichten Studie illustriert.[10]

Dort werden die Unterschiede zwischen der politischen Kultur in West- und Osteuropa durch die folgenden vier Punkte charakterisiert:
- bis auf die Sowjetunion und Jugoslawien sind in allen osteuropäischen Ländern historische Traditionen der politischen Beherrschung durch fremde Staaten und Nationen wirksam;
- sämtliche sozialistischen Staaten Osteuropas weisen die konstitutiven Merkmale staatlichen oder genossenschaftlichen Eigentums an den Produktionsmitteln und der Kontrolle von Staat und Wirtschaft durch leninistische Parteien auf;
- ganz Osteuropa war historisch lange von Entwicklungen im westlichen Europa isoliert;
- Auswirkungen des Marxismus-Leninismus als der verbindlichen Ideologie der sozialistischen Länder schärften nolens volens den Blick für soziale Ungleichheit und Ungerechtigkeit.

In einzelnen Abschnitten behandelt dann der Autor dieser Studie die spezifischen Züge der politischen Kultur in den einzelnen Ländern: Im Hinblick auf die Tschechoslowakei ist so die Rede von den historisch überlieferten Traditionen des Egalitarismus und der Fremdbestimmung, von politischer Resignation und der Kontinuität demokratischer und nationaler Werthaltungen.[11]

Unbefriedigend sind Aussagen dieser Art vor allem, weil ihnen weder begriffliche Differenzierung noch empirische Forschung zu Grunde liegen. Fraglich bleibt natürlich auch die Relevanz einzelner Aussagen für den Bereich des Politischen bzw. die politisch relevanten Folgen der hier angesprochenen Erscheinungen. Was hier als Aussagen zur politischen Kultur ausgegeben wird, ist ein Konglomerat von mehr oder weniger häufig in der Tagespresse angebotenen stereotypen scheinbaren Erklärungen einzelner historischer Phänomene durch willkürlich gewählte historische Analogien.

Von einer anderen Art, aber ebenso unbefriedigend, sind auch Erklärungshypothesen in der zeitgeschichtlichen Literatur zu Osteuropa, die zwar das Konzept „politische Kultur" nicht direkt anwenden, aber doch Aussagen solcher Art machen, die eigentlich in dessen Bereich gehören könnten. So etwa, wenn bei den Erklärungen der kommunistischen Machtübernahmen in Ostmitteleuropa von den neuen Vielvölkerstaaten „ohne die stärkende Weihe der Traditionen"[12] die Rede ist oder von der „kulturellen Enteuropäisierung, die vielfach durch die zwangsweise Entfernung der deutschen Bevölkerung als einer der wichtigsten Klammern zum Westen erleichtert wurde".[13] Ähnlich auch bei der Hypothese, in Ostmitteleuropa handele es sich um Völker, die „nur schwächer mit dem Westen verbunden waren", weshalb „auch die see-

---

[9] Für eine illustrative Beschreibung des Phänomens am Beispiel der polnischen Entwicklung in der Verwendung des Begriffs „politische Kultur" vgl. F. Ryszka: Die politische Kultur Polens – Strukturelemente und empirische Forschungen, in G. Meyer, F. Ryszka: Die politische Kultur..., S. 105–120.

[10] J. Hartmann: Politik und Gesellschaft in Osteuropa. Eine Einführung, Frankfurt, New York 1983, S. 239–254.

[11] Ebenda, S. 244–247.

[12] E. Birke, R. Neumann (Hrsg.): Die Sowjetisierung Ost-Mitteleuropas. Untersuchungen zu ihrem Ablauf in den einzelnen Ländern, Frankfurt, Berlin 1959, S. 6.

[13] Ebenda, S. 18.

lischen Widerstandskräfte" solcher Völker „gegen eine Entfremdung nur geringer sein konnten".[14]

Etwas intensiver als die deutschen Zeithistoriker und Politologen haben sich mit unserem Thema die britischen Osteuropaforscher beschäftigt. Die erste wichtige Sammelstudie, die weitere nach sich zog, wurde von Archie Brown und Jack Gray 1977 unter dem Titel "Political Culture und Political Change in Communist States" herausgegeben.[15] Theoretisch wesentlich besser fundiert als in den oben zitierten Aussagen wurde hier ein Versuch unternommen, jenen Beitrag festzustellen, den der Ansatz „politische Kultur" zur Erklärung der „nationalen Prägung" des Kommunismus in einzelnen Staaten leisten kann. Der analytische Rahmen des Sammelbandes suchte
- die früheren politischen Erfahrungen bzw. ihre Rezeption zu analysieren;
- die populären Einstellungen zu den folgenden Konzepten zu erläutern: Sicherheit, Freiheit, Unabhängigkeit, Gleichheit, Individualismus, Kollektivismus und Paternalismus.

Es sollten weiterhin
- die Bezugspunkte der sozialen Identifikation festgestellt, die Bedeutung populärer politischer Symbole eingeschätzt und die Verbreitung des Wissens von politischen Entwicklungen und Institutionen untersucht werden;
- die festgestellten Beziehungen zwischen dem Prozeß der politischen Sozialisation und der politischen Kultur, zwischen politischer Kultur und ihren einzelnen Subkulturen sowie das Verhältnis zwischen dem Niveau der sozio-ökonomischen Entwicklung und der politischen Kultur zur Sprache gebracht werden.[16]

Insgesamt habe es sich gezeigt, daß Zusammenhänge zwischen älterer politischer Kultur und dem Funktionieren der kommunistischen Systeme durchaus nachweisbar seien:

> "From the broadest point of view, our general conclusion must be that the results of political change so far in the Communist countries have been consonant with what we know of their previous political experience and political culture."[17]

Sowohl die Erkenntnisse dieser Studien wie auch ihr methodologisches Vorgehen wurden in Großbritannien bald Gegenstand einer intensiven kritischen Auseinandersetzung. Die wichtigsten Ergebnisse dieser Diskussionen präsentierte wieder Archie Brown in dem von ihm 1984 herausgegebenen Band "Political Culture and Communist States".[18] Unter den beteiligten Autoren haben sich dabei zwei große Richtungen herausgebildet:
- Die einen (darunter Brown selbst) favorisieren die Beschränkung des Ansatzes auf die Fragestellungen nach den sog. subjektiven Dimensionen der politischen Prozesse und suchen dabei Anlehnung an die neuesten Entwicklungen im Bereich der Kulturanthropologie, wie sie vor allem in den USA betrieben wird. Im Mittelpunkt ihrer Interessen stehen dann "popular perceptions of history and politics, fundamental beliefs and values, foci of identification and loyalty, and political knowledge and expectations", die kommunistischen Gesellschaften werden dabei als besonders wichtiges

---

[14] Ebenda, S. 19.

[15] A. Brown, J. Gray (Hrsg.): Political Culture and Political Change in Communist States, Basingstoke, London 1977.

[16] Ebenda, S. 16–19.

[17] Ebenda, S. 267.

[18] A. Brown (Hrsg.): Political Culture...

Testgebiet für die Fragen nach den Möglichkeiten, solche Einstellungen zu ändern, bzw. nach ihrer Dauerhaftigkeit betrachtet.[19]

- Die zweite Gruppe, unter anderem David W. Paul, der sich besonders intensiv mit der Tschechoslowakei beschäftigt, und Stephen White, dessen Studien vor allem der Sowjetunion gelten, vertritt dagegen die Auffassung, politische Kultur-Forschung habe sich nicht nur den subjektiven Aspekten zuzuwenden, sondern das politische Verhalten, "behavioural patterns", sei ein unabdingbarer Bestandteil des Begriffs „politische Kultur".[20]

Weitgehende Übereinstimmung herrscht jedoch im Hinblick auf die Notwendigkeit, verschiedene Kategorien der politischen Kultur in ihrer Anwendung auf die kommunistisch regierten Gesellschaften zu unterscheiden: nämlich die sog. o f f i z i e l l e politische Kultur, die anhand von Analysen der Reden und Beschlüsse der Zentralorgane der regierenden Parteien, partei- und staatskontrollierten Medien, Schulbüchern und ähnlichen Quellen erschlossen werden kann. Diese sei keineswegs mit der politischen Kultur der Eliten gleichzusetzen, sondern sie entwickele sich aus einem engeren Kreis der politischen Führung. Sie müsse keineswegs konsistent sein, nicht zuletzt seien darin Widersprüche und Elemente der sog. d o m i n a n t e n politischen Kultur feststellbar.[21] Die letztere sei nicht unbedingt durch das Handeln einer Gesellschaft manifest und dürfe nicht mit zeitgebundenen Einstellungen und Haltungen verwechselt werden. Sie könne nur durch langfristig angelegte Untersuchungen erforscht werden, stelle ein Konglomerat von „Traditionen" im Wandel der Zeit dar und sei nur mit Hilfe von aggregierten Indikatoren erschließbar.[22] Sie sei in einzelnen Gesellschaften in unterschiedlichem Maße verbreitet, unterschiedlich stark auch bei verschiedenen gesellschaftlichen Gruppen. So auch unter den Trägern der „offiziellen" politischen Kultur, die sie kontinuierlich in unterschiedlichem Maße zu verschiedenen Zeiten zum Ausdruck bringen. Daneben unterscheide man die sog. S u b k u l t u r e n, d.h. die politische Kultur einzelner Gruppen, die von der dominanten abweiche. Meistens handele es sich bei dieser Kategorie um spezifische Eigenschaften nationaler und religiöser Minderheiten mit unterschiedlichen historischen Erfahrungen und Traditionen, es gebe jedoch solche Subkulturen auch innerhalb sozial oder gar politisch homogener oder gar organisatorisch abgegrenzter gesellschaftlicher Gruppen.

Insgesamt muß leider festgestellt werden, daß in unserem Themenbereich der Ansatz „politische Kultur" kaum unmittelbar eingesetzt wurde, und daß Margareta Mommsen-Reindl mit guten Gründen die unbefriedigende Lage in diesem Forschungsbereich durch die folgende Feststellung beschrieb: „Es gibt zwar eine Reihe von geistreichen Ansätzen über die Frage der angemessenen Konzeptualisierung von ‚politischer Kultur' im Rahmen der Kommunismusforschung... hingegen keine wirklich empirisch fundierte Untersuchungen ...".[23] Freilich übersieht die Autorin die positiven

---

19 Vgl. die gut informierte und diskursive Einleitung und Zusammenfassung des Herausgebers ebenda, S. 1–13, 149–205.

20 D.W. PAUL: Czechoslovakia's Political Culture Reconsidered, in: A. BROWN (Hrsg.): Political Culture..., S. 134–149; M. MCAULEY: Political Culture and Communist Politics: One Step Forward, Two Steps Back, ebenda, S. 13–40.

21 Zusammenfassend zu der Unterscheidung einzelner Teilbegriffe siehe A. BROWN (Hrsg.): Political Culture..., S. 174–184.

22 Zum Begriff „aggregierte Indikatoren" vgl. D. BERG-SCHLOSSER: Politische Kultur, S. 27–29.

23 M. MOMMSEN-REINDL: Interpretationsmodelle zu Struktur und Entwicklung der Sowjetunion, in: B. BONWETSCH: Zeitgeschichte..., S. 25.

Auswirkungen, die der Ansatz „politische Kultur" trotzdem schon allein in der Osteuropaforschung verzeichnen kann, wenn sie die festgestellten Schwierigkeiten darauf zurückführt, daß „...die von der Systemtheorie in die Welt gesetzte Formel der ‚politischen Kultur' unpräzise und nur schwer operationalisierbar" sei. Das Konzept „politische Kultur" trägt nämlich nicht nur zu einer Schärfung und Differenzierung des begrifflichen Apparates bei, die gerade in der Osteuropaforschung im Vergleich mit anderen Bereichen der zeitgenössischen Historiographie und Politologie zu wünschen übrig lassen, sondern es konnte auch schon zur Bereicherung der Fragestellungen und zu Ansätzen neuer Erkenntnisse beitragen.

II

Historische Studien, die die Entwicklungen in der Tschechoslowakei um 1945 untersuchen, fragen selten nach Erklärungen. Vielmehr bieten sie beschreibende Informationen, vorwiegend konzentriert auf die Erläuterung der politischen Schlüsselereignisse, der institutionellen Entwicklungen und des Verhaltens der zentralen politischen Akteure.[24] Auf die erkenntnistheoretischen und methodologischen Schwierigkeiten der gängigen Analysen der entscheidenden Ereignisse der tschechoslowakischen Nachkriegsgeschichte, der sog. Februarereignisse vom Jahre 1948, wies schon vor mehreren Jahren Peter Heumos hin.[25] Was sich im Februar 1948 in Prag ereignet hat, sieht Heumos zwar als einen gewaltsamen Einbruch in die bestehende legale, politische und soziale Ordnung des Landes an; er bemüht sich jedoch gleichzeitig, diesen Einbruch primär aus der inneren Beschaffenheit dieser Ordnung zu erklären. Dabei sucht Heumos seine Erklärungen nicht im Verhalten der politischen Spitzenakteure oder gar in Konspirationen geheimer Sowjetagenten, sondern in strukturgeschichtlichen Betrachtungen im Bereich des politischen Verhaltens, des institutionellen Rahmens und der populären politischen Einstellungen. Damit rückt er mit seiner Kritik an der bisherigen Historiographie für den von uns betrachteten Rahmen und mit Konzeption seiner begrifflichen Differenzierung in die unmittelbare Nähe der politischen Kultur-Forschung.

Unmittelbar verwendet wurde der Ansatz „politische Kultur" in diesem Zusammenhang bisher kaum, erstaunlicherweise, wenn man bedenkt, daß gerade in diesem Bereich wesentliche Quellenmaterialien von den im allgemeinen eingeschränkten Forschungsmöglichkeiten in der Tschechoslowakei nicht betroffen sind. Wichtige Indikatoren für den Historiker finden sich nämlich in den bisher kaum unter dieser Perspek-

---

[24] Für umfassende Literaturhinweise vgl. K. Kaplan: Der kurze Marsch. Kommunistische Machtübernahme in der Tschechoslowakei 1945–1948, München, Wien 1981; M. McCauley (Hrsg.): Communist Power in Europe 1944–1949, London, Basingstoke 1977; W. Diepenthal: Drei Volksdemokratien. Ein Konzept kommunistischer Machtstabilisierung und seine Verwirklichung in Polen, der Tschechoslowakei und der Sowjetischen Besatzungszone Deutschlands 1944–1948, Köln 1974; O. Pustejowsky: Der Februar 1948 in der Tschechoslowakei. Probleme, Arbeitsberichte, Literatur, in: Bohemia 10 (1969), S. 324–404; im einzelnen hat sich mit der Vielfalt der Interpretationen der kommunistischen Machtübernahmen die Tagung „Revolution aus der Rückschau: Eine Analyse der Interpretationen der kommunistischen Machtübernahmen in Osteuropa" beschäftigt, die im April 1989 in der Akademie für Politische Bildung in Tutzing stattgefunden hat und deren Referate demnächst in einem vom Collegium Carolinum herausgegebenen Sammelband erscheinen werden.

[25] P. Heumos: Der Februarumsturz 1948 in der Tschechoslowakei. Gesichtspunkte zu einer strukturgeschichtlichen Interpretation, in: B. Bonwetsch (Hrsg.): Zeitgeschichte..., S. 121–136.

tive ausgewerteten gedruckten Materialien – ob es politisch und historisch relevante Periodika und Sachliteratur sind –, in unterschiedlichen Ausdrucksformen der populären politischen Interpretationen der grundlegenden relevanten Begriffe wie Staat, Gesellschaft, Politik, Freiheit und ähnliche, in Analysen der Geschichtsbilder, stereotypen Inhalten und Leitbildern der Sozialisierungsprozesse oder in der politischen Mythologie und Symbolik. Selbstverständlich spielen aber auch die Analysen der gängigen Erfahrungen in der politischen Willensbildung eine wichtige Rolle, ebenso wie Mechanismen der erfahrenen politischen Kommunikation im allgemeinen. Die Aufzählung von bisher kaum verwendeten Quellen zur Erforschung der für unser Thema relevanten Aspekte der politischen Kultur könnte fortgesetzt werden, ihre Erforschung liegt bisher nur in Ansätzen vor, die jedoch die Grundlage der folgenden Ausführungen bilden.

Auch wenn der Forschungsansatz „politische Kultur" in diesem Bereich bisher vernachlässigt wurde, stand doch die Frage nach Kontinuität und Wandel in jenem Zeitraum im Fokus der meisten historischen Studien. Vielleicht nicht zuletzt deshalb, weil die keineswegs unproblematische Behauptung der Kontinuität der Ersten Tschechoslowakischen Republik den Grundstein für die politische Identität der tschechoslowakischen Gesellschaft nach dem Zweiten Weltkrieg bildete. Die Kontinuität im staatsrechtlichen Sinne zu erreichen, war ja das wichtigste Ziel der tschechoslowakischen politischen Führung während des Krieges, die Präsidentschaft von Edvard Beneš symbolisierte den Erfolg dieser Bemühung nach dem Kriegsende. Das Bekenntnis zur Kontinuität galt auch als ein Grundelement des allgemeinen politischen Konsensus in der Tschechoslowakei, wie unterschiedlich auch immer die damit verbundenen konkreten politischen Zielsetzungen gewesen sein mögen. Das Jahr 1948 steht dagegen im allgemeinen für ein Symbol des Wandels. Das populäre Szenario sieht dementsprechend in der Tschechoslowakei die demokratische politische Ordnung zwischen 1918 und 1948, mit der Unterbrechung der Jahre 1938–1945, und ihr dramatisches Ende im Februar 1948, mit gewaltsamer Vorherrschaft der Kommunistischen Partei als eines Instruments der sowjetischen Expansion, die als die Hauptursache aller nachfolgenden tiefgreifenden Veränderungen angenommen wird.

Genauere Untersuchungen ergaben freilich ein komplizierteres Bild. So heißt es etwa im Handbuch der Geschichte der böhmischen Länder:

> „Mit dem Bewußtsein, daß an der Spitze der Dritten Republik wiederum Eduard Beneš stand und daß der junge Masaryk ihr Außenminister war, verband sich die Vorstellung von der Wiederherstellung der Situation von 1938, an die auch tatsächlich in allen Äußerlichkeiten angeknüpft wurde. Hinter dieser Fassade konnten die Kommunisten – schrittweise und zunächst unauffällig – eine Position um die andere besetzen und sich der Nationalausschüsse, der Revolutionären Garden, der Werksmilizen und vor allem der Gewerkschaftsbewegung bemächtigen." [26]

Das Bewußtsein einer Wiederherstellung der Situation von 1938 wird hier nun als eine „Fassade" bezeichnet, die darüber hinaus die Kommunisten in ihren Bestrebungen begünstigt zu haben scheint. In einer anderen Variante finden wir das oben erwähnte populäre Bild durch die Auffassung herausgefordert, im Februar 1948 kulminierten nur „jene politisch-sozialen Prozesse, die bei der Umformung des Regimes der Volksdemokratie zur kommunistischen Alleinherrschaft wirksam waren". [27] Hier steht also das

---

[26] K. BOSL (Hrsg.): Handbuch der Geschichte der böhmischen Länder, Bd. 4: Der tschechoslowakische Staat im Zeitalter der modernen Massendemokratie und Diktatur, Stuttgart 1970, S. 324.

[27] K. KAPLAN: Der kurze Marsch ..., S. 9.

Jahr 1945 für das Gründungsjahr eines „volksdemokratischen Regimes“, dessen Entwicklung im Februar 1948 nur durch die machtpolitischen Folgen der in ihm inherent wirksamen Prozesse unterbrochen wurde. Aus unterschiedlicher Sicht formuliert, widersprechen sich diese beiden Diagnosen in ihren Grundzügen keineswegs; in unserem Zusammenhang ist es durchaus nicht wichtig, ob es sich 1945 um eine „Fassade“ oder ein „volksdemokratisches Regime“ gehandelt haben mag, wichtig ist, daß die zeitgenössische Historiographie jene nach wie vor populäre Auffassung von der Kontinuität der Ersten Tschechoslowakischen Republik bis zum Jahre 1948 nicht gelten läßt.

Auf die Unzulänglichkeit jener Auffassung wurde in unterschiedlichen, jedoch zahlreichen Einzelaspekten hingewiesen. Nicht nur haben sich die Staatsgrenzen und die Bevölkerungszusammensetzung 1945 grundlegend verändert, sondern auch das Rechts-, das Wirtschafts- und das politische System erfuhren einen fundamentalen Wandel.[28] Da alle diese Veränderungen nicht auf dem Wege üblicher politischer Auseinandersetzungen erfolgten, sondern ohne die Beteiligung der Bevölkerung auch nur im formalen Sinne eines parlamentarisch-demokratischen politischen Systems vorgenommen wurden, können sie nicht als Ergebnis einer in solchen Systemen üblichen Reformentwicklung betrachtet werden, auch wenn sie weitgehend akzeptiert und, wenn auch zweifelhaft, nachträglich formal legitimiert wurden.[29] Im Hinblick auf die Frage nach politischer Kultur ist freilich nicht der konkrete Inhalt der schon angesprochenen oder auch anderer politischer Veränderungen, sondern allein die Tatsache von entscheidender Bedeutung, daß 1945 schlagartig tiefgreifende Eingriffe in die staatliche, soziale und politische Ordnung ohne demokratische Legitimation vorgenommen, von den Führungsgremien aller damals zugelassenen politischen Parteien getragen und von der Bevölkerung hingenommen wurden.[30]

Anders als im Jahre 1945 ließen die im Februar 1948 erfolgten Entwicklungen keine Zweifel daran bestehen, daß es sich um einen Bruch in der Kontinuität handelte.[31] Zur Debatte steht dann die Frage, wie plötzlich dieser Bruch erfolgte bzw. wie weit er schon durch die vorhergehenden Entwicklungen vorbereitet war. Im Hinblick auf poli-

---

[28] K. Kaplan: Poválečné Československo. Československo 1945–1948: národy a hranice, München 1985.

[29] Sehr ergiebig wäre für die Diskussion dieser Fragen mit Sicherheit ein Vergleich der unterschiedlichen Art und Weise, wie die Nationalisierungen im wirtschaftlichen Bereich zu jener Zeit in Großbritannien und in der Tschechoslowakei vorgenommen wurden.

[30] Die angesprochene Erscheinung begünstigte mit Sicherheit auch die Hervorhebung der Kontinuität der Nachkriegstschechoslowakei mit der unmittelbar vorhergehenden politischen Erfahrung anstelle der im allgemeinen behaupteten Kontinuität mit der Vor-Münchener Republik. So etwa sieht es Vojtech Mastny und folgert daraus: "Czech democracy proved to be a supreme example of government by consent but without participation..." Vgl. V. Mastny: Tradition, Continuity and Discontinuity in Recent Czechoslovak History, in: N. Lobkowicz, F. Prinz (Hrsg.): Die Tschechoslowakei 1945–1970, München, Wien 1978, S. 83.

[31] Vgl. die Analogien in den Bezeichnungen, die für die Februarereignisse von der kommunistischen Propaganda in der Tschechoslowakei einerseits und von den emigrierten, damals besiegten Politikern andererseits gewählt werden, vor allem die beiderseitige Diskrepanz zwischen der kampf- und legalitätsbetonten Begrifflichkeit (Sieg der Arbeiterklasse, Abwehr eines Putsches der Bourgeoisie, kommunistischer Coup d'Etat einerseits, andererseits aber auch die Betonung, die Diktatur des Proletariats sei mit legalen Mitteln der parlamentarischen Demokratie errichtet worden bzw. die nichtkommunistische Niederlage sei durch politische Fehlentscheidungen Edvard Beneš' und einiger führender Minister herbeigeführt worden).

tische Kultur ist in diesem Zusammenhang nur die Feststellung wichtig, daß auch diesmal, so wie drei Jahre zuvor, dieser Kontinuitätsbruch keinen weitgehenden Protest in der Öffentlichkeit herausgefordert hat. Der allgemeine Konsens ähnelte zwar in diesem Falle keineswegs jenem von 1945, bedeutende Teile der politisch aktiven Bevölkerung mußten in diesem Fall unter Androhung von Repressalien und häufig mit offener Gewalt aus dem politischen Leben ausgeschaltet werden; doch die Grundzüge der politischen Reaktionsweise weiter Bevölkerungskreise können durchaus als denen von 1945 analog betrachtet werden. Sie können als aktive oder passive Unterstützung bzw. passive Ablehnung von den durch die Staatsführung eingeleiteten tiefreichenden Veränderungen bezeichnet werden.

Wie wir gesehen haben, beschäftigt sich die Frage nach Kontinuität und Wandel in der Perspektive des Forschungsansatzes „politische Kultur" primär weder mit den territorialen und institutionellen Entwicklungen noch mit den konkreten Entwicklungen der machtpolitischen Struktur. Es wird im Rahmen der politischen Kultur nicht einmal nach konkreten historischen Meinungen, etwa Präferenzen im Bereich der politischen Parteien, gefragt. Wir haben auch gesehen, daß sogar in der Frage nach dem politischen Verhalten bisher unterschiedliche Auffassungen betreffend ihres Stellenwertes im Konzept der „politischen Kultur" herrschen, vor allem auf Grund unserer bisher mangelhaften Erkenntnisse über die Zusammenhänge zwischen subjektiven Haltungen und Wertorientierungen einerseits und manifesten Verhaltensweisen andererseits. Daraus ergibt sich die Feststellung, daß nur bestimmte Aspekte der Diskussionen über Kontinuität und Wandel in der Tschechoslowakei um 1945 für unseren Zusammenhang von Belang sind. Wenn wir diese berücksichtigen und weitere Literatur hinzuziehen, die sich zwar nicht unmittelbar mit unserem Thema beschäftigt, aber verwandte historische Erscheinungen im Bereich der tschechischen politischen Kultur behandelt, dann ergeben sich zu unserer Themenstellung die folgenden Beobachtungen:

Ein weitverbreiteter Konsens in der Tschechoslowakei nach 1945 verrät bestimmte Züge, die auf ein nur schwach ausgebildetes Bewußtsein für Politik in dem hier verwendeten engeren Sinne des Begriffs hindeuten. Die Feststellung, daß die oben angedeuteten Diskontinuitäten im tschechischen politischen Leben nach 1945 entweder als solche überhaupt nicht wahrgenommen wurden oder in einem kaum signifikanten Grade zum Objekt öffentlicher Auseinandersetzungen geworden waren, zeigt, daß sich das politische Bewußtsein weiter Teile der tschechischen Bevölkerung[32] vorwiegend an territorialen und staatsrechtlichen Aspekten und an der personellen Besetzung oberster Staatsämter (bei besonderer Bedeutung der Vor- und Nachkriegspräsidentschaft von Edvard Beneš) als Kriterien der Kontinuität orientierte und einer fundamentalen Umgestaltung des parlamentarisch-demokratischen Systems kein großes Gewicht beigemessen hat. Damit liegt die Vermutung nahe, daß das stabile Funktionieren dieses Systems in der Vorkriegszeit nicht unbedingt mit der Verankerung der dieses System tragenden Werthaltungen gleichgesetzt werden kann.

Eine Analyse der Memoiren führender nichtkommunistischer Politiker, die der Entwicklung von 1948 zum Opfer gefallen waren, deutet in eine ähnliche Richtung – nämlich darauf, daß die Interpretation ihrer politischen Auseinandersetzung mit der

[32] Auf die Situation in der Slowakei wird hier nicht im gleichen Maße eingegangen; doch konnten auch dort, trotz der im Vergleich mit den böhmischen Ländern unterschiedlichen Wahlergebnisse, ebenfalls keine Stimmen vernommen werden, die die Gültigkeit der hier diskutierten Thesen für die Slowakei in Frage stellen würden.

Kommunistischen Partei als ein Konflikt zwischen Anhängern der parlamentarischen Demokratie einerseits und kommunistischer Monopolherrschaft andererseits erst ex post entstanden.[33] Die führenden Politiker der wichtigsten Oppositionsparteien gegen die KPTsch zwischen 1945–48 zeichneten nämlich in ihren sicherlich nach Selbstrechtfertigung strebenden Memoiren durchaus unterschiedliche und in sich widerspruchsvolle Bilder ihrer damaligen Ziele und Intentionen. Das politische System der Nationalen Front, wie es 1945 konstituiert wurde, wurde sogar als ein politisches Experiment bezeichnet:

> "What we had been trying to bring about was a synthesis of the fundamental principles of political liberalism and certain elements of collective socialism. If this political experiment, which was not without audacity, had suceeded...".[34]

Dabei lieferte der ehemalige Minister Hubert Ripka freilich einen weiteren Hinweis darauf, daß das parlamentarisch-demokratische politische System der Vorkriegsrepublik auch nicht von den wichtigsten Gegenspielern der KPTsch in und nach 1945 verteidigt wurde und die Kongruenz zwischen jenem System und der politischen Kultur des Landes sorgfältig hinterfragt werden muß.

Gleichzeitig weist David W. Paul, der Verfasser der bisher umfangreichsten Studie zur tschechischen politischen Kultur, in seinem 1979 veröffentlichten Buch auf den oft vernachlässigten Stellenwert der tschechischen kommunistischen Tradition in der politischen Geschichte des Landes hin.[35] Er diskutiert sie ausführlich in der von uns angewandten Perspektive unter dem Schlagwort "From Subculture to Ruling Elite" als einen festen Bestandteil der tschechischen politischen Kultur:

> "This subculture – the KSČ – grew up from roots reaching back into the Austro-Hungarian Social Democratic tradition and was nourished in the interwar period by the dual influence of the Communist International and the First Republic. The Czechoslovak Communists came to power as the result of fortuitous circumstances, both domestic and international, that cast them in the role of a minoritarian government...".[36]

Damit wird der „revolutionäre" Umsturz, der während und nach den Februarereignissen von 1948 erfolgte, als ein Durchbruch einer latent schon lange vorhandenen Subkultur mit Hilfe externer Unterstützung erklärt. Paul betrachtet die Praktiken der kommunistischen Herrschaft nach 1948 als der dominanten tschechischen politischen Kultur grundsätzlich fremd, auch wenn sie in Form einer Subkultur einen ihrer Bestandteile bilden. Seine Aussagen mögen im einzelnen durch detailliertere und besser informierte historische Untersuchungen in Frage gestellt werden, sein Modell der unterschiedlichen und unterschiedlich stark wirkenden Elemente in der politischen Kultur ist jedoch fruchtbar für eine jede Beschäftigung mit unserem Thema, indem es auf wichtige Elemente dieser politischen Kultur hinweist, die zwar nach dem Zweiten

---

33 Zu einer ausführlichen Analyse der Memoiren führender emigrierter tschechischer Politiker vgl. meinen Beitrag „Memoiren der besiegten Politiker als Informationsquelle zur Erforschung der politischen Kultur" in dem demnächst erscheinenden Sammelband „Revolution aus der Rückschau" (vgl. Anm. 24).

34 H. Ripka: Czechoslovakia Enslaved: The Story of the Communist Coup d'Etat, London 1950, S. 310.

35 D. W. Paul: The Cultural Limits of Revolutionary Politics. Change and Continuity in Socialist Czechoslovakia, Boulder 1979.

36 Ebenda, S. 80.

Weltkrieg durch konkrete historische Umstände mit neuen machtpolitischen Potentialen ausgestattet wurden, jedoch als Träger von Kontinuitäten unbedingt in Betracht gezogen werden müssen.

Zahlreiche Untersuchungen haben darüber hinaus eine Reihe von Erscheinungen in der tschechischen politischen Kultur ausfindig gemacht, die offensichtlich auch die neue Verteilung der machtpolitischen Kräfte und die kommunistischen Bestrebungen in dem von uns diskutierten Zeitraum begünstigt haben. So etwa H. Gordon Skillings Beschäftigung mit der Rolle des Pluralismus in der tschechischen politischen Tradition.[37] Während nämlich im allgemeinen in allen bisher erwähnten Studien „Pluralismus" als einer der zentralen Züge der dominanten tschechischen politischen Kultur angesehen wird, unterzieht Skilling in seinem Beitrag diese These einer intensiven Kritik. Er versucht, die Heterogenität und Diskontinuität einer solchen Tradition zu skizzieren, und stellt fest, daß sie sowohl bei den Tschechen als auch bei den Slowaken vor allem durch die parallel vorhandene "presence of a contradictory tendency toward authoritarianism which has markedly influenced the behaviour and the thinking of the two nations"[38] kontinuierlich geschwächt wurde.

Mit den spezifischen Eigenschaften der in der tschechischen Gesellschaft einflußreichen Grundmuster der politisch relevanten Aspekte von Sozialisierungsprozessen einerseits und Formen der konfliktregelnden Mechanismen andererseits beschäftigte sich ausführlich Peter Heumos.[39] Seine Arbeiten sind heute die einzigen theoretisch fundierten Untersuchungen differenzierter Aspekte der tschechischen politischen Kultur und damit von großer richtungweisender Bedeutung. Im Hinblick auf unser Thema kam Heumos mit guten Gründen zu der folgenden Feststellung: Es „wird bei genauerem Hinsehen klar, daß die KPTsch auf erfindungsreiche Strategien der Machteroberung verzichten konnte, weil es nur der Nutzung traditioneller – d.h. selbstverständlicher und legitimer – Macht- und Herrschaftsstrukturen bedurfte".[40] Dabei untersucht Heumos das Funktionieren und die Auswirkungen der Ausschaltung des Prinzips der Mehrheitsbildung und -entscheidung sowie des Wechselspiels von Regierungsverantwortung und Opposition zugunsten der Proportionalisierung politischer Macht in der Vorkriegstschechoslowakei, die spezifischen Charakteristiken des damaligen Parteiensystems, das geringe Gewicht des Parlaments und sein Herabsinken von einer Entscheidungsinstanz zu einem nur noch akklamierenden Repräsentationsorgan, um nur einige Beispiele zu nennen. Gleichzeitig beschäftigt er sich mit dem Problem des traditionell geringen partizipatorischen Potentials der tschechoslowakischen Demokratie, das er vor allem in der überwiegenden Entfaltung der Partizipation auf den unteren Ebenen der Organisationshierarchie und gleichzeitiger relativ ausgeprägter Indifferenz gegenüber traditionellen Arrangements höherer Ordnung sieht.

Im Bereich des politischen Denkens können ebenfalls einige Aspekte der verbreiteten tschechischen Denkmuster gefunden werden, die einen Erklärungsbeitrag zu den

---

[37] G. H. Skilling: Czechoslovak Political Culture: Pluralism in an International Context, in: A. Brown (Hrsg.): Political Culture..., S. 115–134.

[38] Ebenda, S. 115.

[39] P. Heumos: Die Arbeiterschaft in der Ersten Tschechoslowakischen Republik. Elemente der Sozialstruktur, organisatorischen Verfassung und politischen Kultur, in: Bohemia 29 (1988), S. 50–72; P. Heumos: Konfliktregelung und soziale Integration. Zur Struktur der Ersten Tschechoslowakischen Republik, in: Bohemia 30 (1988), S. 52–71.

[40] P. Heumos: Der Februarumsturz..., S. 129.

Nachkriegsentwicklungen leisten. So etwa zeigen die vorliegenden Analysen des Demokratieverständnisses eine Tendenz zur Überwertung individual-moralischen gegenüber formal-institutionalen Aspekten des Demokratiebegriffs. Ähnlich wie Heumos' Studien der Funktionsweisen des politischen Systems in der Ersten Republik feststellen, so weist auch das tschechische politische Denken eine Neigung zur personalisierenden Betrachtung der politischen Macht und ihrer Ausübung auf, während die Schlüsselprobleme der klassischen politischen Philosophie, Fragen der Machtbegrenzung und -kontrolle vernachlässigt bleiben. Gleichzeitig richtet sich das traditionelle Gesellschaftsverständnis der Tschechen aller politischen Couleurs eher nach den utopischen Hoffnungen auf eine, mit Karl Popper gesprochen, „geschlossene" nationale Einheit als nach seinem Modell einer flexiblen „offenen" Gesellschaft. Nicht zuletzt deuten auch die zahlreichen strukturellen Ähnlichkeiten zwischen dem offiziellen kommunistischen Geschichtsbild und dessen bis ins 19. Jahrhundert zurückreichenden Vorgängern in dieselbe Richtung.[41]

III

Zusammenfassend gesehen, weisen die bisherigen Forschungen zur Frage nach Kontinuität und Wandel in der Nachkriegstschechoslowakei unter der Perspektive des Konzepts „politische Kultur" vielfach darauf hin, daß das immerhin funktionierende parlamentarisch-demokratische System der Ersten Tschechoslowakischen Republik keineswegs auf eine Verankerung der klassischen Elemente der politischen Kultur traditionell liberal-demokratischer Gesellschaften schließen läßt und daß das „sowjetische Modell" nicht als ein ausschließlich mit machtpolitischen Mitteln importiertes, der einheimischen politischen Kultur fremdes Modell angesehen werden darf. Die Anwesenheit einer Reihe von weit verbreiteten grundlegenden politischen Wertorientierungen zeigt offensichtlich, daß die Bestrebungen der Kommunistischen Partei von einer Reihe endogener Faktoren im Bereich der politischen Kultur unterstützt wurden. Wirkten sich bestimmte Elemente der politischen Kultur zugunsten der machtpolitischen Bestrebungen der Kommunistischen Partei aus, so wurden diese Bestrebungen freilich durch das Fortwirken eben derselben politischen Kultur auch kontinuierlich geschwächt. Die hier schon angesprochene Literatur bietet auch Hinweise auf die Beständigkeit älterer Wertorientierungen nicht nur in dem hier diskutierten Zeitraum, sondern über Jahrzehnte der restriktiven kommunistischen Herrschaft hin.[42]

Dabei sollte in diesem Zusammenhang keineswegs von den sog. nationalen Traditionen die Rede sein. Hier geht es um tragende Elemente von Kontinuitäten beschränk-

---

[41] Für die von mir erarbeiteten Einsichten in die Kontinuitäten im politischen Denken vgl. E. HARTMANN: Politische Bildung im Rahmen der Volksbildung in der Ersten Tschechoslowakischen Republik, in: F. SEIBT (Hrsg.): Kultur und Gesellschaft in der Ersten Tschechoslowakischen Republik, München, Wien 1982, S. 125–141; E. SCHMIDT-HARTMANN: T. G. Masaryk und die Volksdemokratie, in: Bohemia 23 (1982), S. 370–387; DIES.: Forty Years of Historiography under Socialism. Continuity and Change in Patterns of Thought, ebenda 29 (1988), S. 300–324; DIES.: People's Democracy: the Emergence of a Czech Political Concept in the Late Nineteenth Century, in: S. J. KIRSCHBAUM (Hrsg.): East European History, Columbus, Ohio 1988; über die Wirkung der überlieferten politischen Konzepte an das tschechische politische Denken im Jahre 1968 vgl. meine Analyse einer Textauswahl in der Zeitschrift Svědectví 22 (1988), S. 349–360.

[42] A. BROWN, G. WIGHTMAN: Czechoslovakia: Revival and Retreat, in: A. BROWN, J. GRAY: Political Culture..., S. 159–197.

ter Reichweite, deren Stellenwert bzw. machtpolitisches Potential sich in als Landmarken bekannter Ereignisse verlagerte und neu verteilt wurde. Konzepte wie „demokratische" oder „nationale" Tradition müssen in der Perspektive der politischen Kultur auseinandergenommen werden, die unmittelbar „politisch" relevanten Fragestellungen erarbeitet, einzelne Subkulturen und deren Konstellationen festgestellt und Zusammenhänge zwischen „subjektiven" Einstellungen und Verhaltensweisen überhaupt erst erläutert werden. Dabei zeigt sich schon heute, daß bestimmte Konstellationen grundlegender Wertorientierungen das Funktionieren eines parlamentarisch-demokratischen Systems unter bestimmten historischen Bedingungen begünstigen, unter anderen Umständen jedoch solche Haltungen und Verhaltensweisen unterstützen können, die ein derartiges System gegen Bedrohung oder in Zeiten hoher politischer Belastung nicht zu verteidigen vermögen.

Wenn wir uns an den zu Beginn dieser Ausführungen eingeführten Begriff „Politik" erinnern, werden wir unter dieser Perspektive in den hier betrachteten Entwicklungen eine Tendenz gradueller „Entpolitisierung" des tschechoslowakischen politischen Systems und der gesamten Gesellschaft feststellen können. Seit 1945 wurde kontinuierlich das Spektrum der am politischen Willensbildungsprozeß partizipierenden Gruppierungen, Interessenvertretungen und Meinungen mit unterschiedlichen Mitteln eingeschränkt: von den verfassungsändernden Dekreten der Provisorischen Nationalversammlung im Jahre 1945, über die willkürliche gewaltsame Verfolgung der Opponenten der KPTsch seit dem Februar 1948 bis zu den politischen Schauprozessen und Hinrichtungen der fünfziger Jahre, die nicht einmal vor den Reihen der Kommunisten selbst haltgemacht haben. In dieser Perspektive läßt sich die Kontinuität der tschechischen politischen Kultur deutlich erkennen. Alle hier erwähnten Hinweise deuten darauf hin, daß dieser Prozeß der „Entpolitisierung" schon vor dem Zweiten Weltkrieg beobachtet werden kann, ohne daß seine Gefahren erkannt worden wären. Es scheint, als ob das Konzept der Demokratie im modernen tschechischen politischen Bewußtsein tiefe und feste Wurzeln zu schlagen vermochte, daß aber das Konzept der „Politik" als eines geregelten permanenten Konfliktausgleichs eine relativ schwach ausgeprägte Rolle gespielt hat. Angesichts dieser Vermutungen erscheinen künftige Forschungen gerade auf dem hier diskutierten Gebiet nicht nur wünschenswert, sondern außerordentlich interessant.

Wirtschaft und Gesellschaft

Die Eingliederung der ostmitteleuropäischen Volkswirtschaften in den sowjetischen Block

von
Jiří Kosta

Einführung

In diesem Beitrag wird die Eingliederung der Volkswirtschaften der Tschechoslowakei (im weiteren ČSR[1]), Polens und Ungarns in den Sowjetblock, die im Verlauf von acht Jahren (1945–1953) im wesentlichen vollendet war, behandelt. Der Transformationsprozeß, der – durch den Ausgang des Zweiten Weltkriegs politisch bedingt – als „Sowjetisierung“ bezeichnet werden kann, beinhaltet zwei Elemente: erstens einen neuen entwicklungsstrategischen Kurs, der in enger Verschränkung von Binnen- und Außenwirtschaft auf ein forciertes Wachstum der Produktionsgüterindustrien zu Lasten der Konsumgüter- und Nahrungsmittelerzeugung ausgerichtet war, und zweitens die Übernahme des Wirtschaftssystems sowjetischen Typs, das auf Staatseigentum und zentraler Planung basierte.[2]

Das in den ersten drei Jahren (1945–1948) vorherrschende sozial-ökonomische Mischsystem, das noch wesentliche Elemente privatwirtschaftlicher Marktsysteme enthielt, wurde einer sukzessiven Umgestaltung unterworfen. Nachdem in allen drei Ländern die kommunistischen Parteien um das Jahr 1948 ihre Alleinherrschaft etabliert hatten, ist die Sowjetisierung buchstäblich durchgepeitscht worden, so daß 1953 die neue Wirtschaftsordnung dem politischen Totalitarismus voll entsprach.

Aus der kurz umrissenen Thematik ergibt sich die Gliederung des folgenden Beitrags. In zwei Abschnitten, die der skizzierten Periodisierung der beiden Phasen entsprechen, wird jeweils zunächst die Entwicklungsstrategie dargestellt. Wir gehen dann auf die institutionellen Systemveränderungen auf dem Gebiet der Eigentumsverhältnisse sowie der Lenkungsformen ein, um abschließend die in den drei Ländern erzielten Entwicklungsresultate nachzuvollziehen. Im Vordergrund der Ausführungen steht der Ländervergleich, der neben wesentlichen Gemeinsamkeiten auch einige spezifische Unterschiede aufzuweisen hat.

---

1 Die offizielle Abkürzung „ČSR“ galt für die erste Tschechoslowakische Republik (1918–1938) sowie für den Nachkriegsstaat bis 1960. Mit der zum 11. Juli 1960 verabschiedeten neuen Verfassung wurde die neue Bezeichnung „Tschechoslowakische Sozialistische Republik“ – als Abkürzung „ČSSR“ – eingeführt. (Mit dem Gesetz Nr. 81/1990 ist zum 29. 3. 90 die Bezeichnung „Tschechoslowakische Föderative Republik“ [ČSFR] und – aufgrund der tschechisch-slowakischen Auseinandersetzung – mit dem Gesetz Nr. 101/1990, welches das erstere außer Kraft setzt, zum 23. 4. 90 die Bezeichnung Tschechische und Slowakische Föderative Republik [weiterhin ČSFR] angenommen worden.)

2 Die wichtigsten Quellen, auf die wir uns in diesem Beitrag stützen, sind W. Brus: Geschichte der Wirtschaftspolitik in Osteuropa, Köln 1986; ders.: Postwar Reconstruction and Socio-Economic Transformation, in: The Economic History of Eastern Europe 1919–1975, Volume II, edited by M. C. Kaser and E. A. Radice, Oxford 1986, S. 495–641; ders.: 1950 to 1953: The Peak of Stalinism (Chapter 23), 1953 to 1956: The "Thaw" and the "New Course" (Chapter 24), in: The Economic History, Volume III.

Die Übergangsperiode (1945–1948)

Entwicklungsstrategie

Der in der ČSR, in Polen sowie in Ungarn eingeschlagene entwicklungsstrategische Weg war im wesentlichen durch die gleichen Zielsetzungen gekennzeichnet.[3] Es ging zunächst um die Beseitigung der sicherlich von Land zu Land ungleich großen Kriegsschäden und in diesem Zusammenhang um die Ankurbelung der Wirtschaft insgesamt. Die Bemühungen richteten sich darauf, das Vorkriegsniveau in möglichst kurzer Frist, etwa in zwei bis drei Jahren, zu erreichen. Im Vordergrund der Bestrebungen stand – so die Intention aller politischen Strömungen in den drei Ländern – die Anhebung des Lebensstandards, wobei eine im Vergleich zu den Vorkriegsverhältnissen gerechtere Einkommens- und Vermögensverteilung angestrebt werden sollte.

Tabelle 1. Anteil Osteuropas und der UdSSR am Außenhandel von sechs osteuropäischen Ländern 1938, 1948 (in Prozent, Preisbasis 1938)

Jahr	Ausfuhr		Einfuhr	
	Osteuropa[1]	UdSSR[2]	Osteuropa[1]	UdSSR[2]
1938	13,7	1,3	16,2	0,8
1948	27	18	24	22

[1] Bulgarien, ČSR, Jugoslawien, Polen, Rumänien, Ungarn.
[2] Hier bereits 1938 Baltikum einbezogen.
Quelle: W. Brus: Postwar, S. 581.

Tabelle 2. Anteil Osteuropas und der UdSSR am Außenhandel der ČSR, Polens und Ungarns 1946, 1948 (in Prozent, jeweilige Preise)

	Ausfuhr		Einfuhr	
	Osteuropa[1]	UdSSR[1]	Osteuropa[1]	UdSSR[1]
ČSR:				
1946	10	12	17	13
1948	23	16	23	16
Polen:				
1946	7	46	4	69
1948	25[2]	19[2]	25[2]	23
Ungarn:				
1946	25	45	21	79
1948	26	17	37	15

[1] Definiert wie in Tab. 1.
[2] Geschätzt.
Quelle: W. Brus: Postwar, S. 582.

[3] W. Brus: Postwar, S. 572, 608; dazu ausführlicher zur ČSR: J. Kosta: Abriß der sozialökonomischen Entwicklung der Tschechoslowakei 1945–1977, Frankfurt a. M. 1978, S. 32–37; zu Ungarn: I. T. Berend, G. Ranki: The Hungarian Economy in the Twentieth Century, London and Sydney 1985, S. 177–197.

Hand in Hand mit der außenwirtschaftlichen Neuorientierung [4] – der Expansion des Warenaustauschs mit der Sowjetunion (vgl. Tabelle 1 u. 2) – ist allmählich ein Strukturwandel in Gang gesetzt worden, dessen Intensität allerdings erst einige Jahre später voll zum Tragen kam (vgl. S. 211 ff.).

Einige länderspezifische Unterschiede, die in der etwas ungleichen Akzentuierung der Entwicklungsstrategie zum Ausdruck kommen, seien kurz angefügt.

Der weit höhere industrielle Reifegrad der tschechoslowakischen Wirtschaft [5] im Vergleich zu den Volkswirtschaften Polens und Ungarns sowie die erheblich geringeren Kriegsschäden erleichterten zunächst die Ausgangslage in diesem Land. Gleichzeitig bahnte sich früher und in breiterem Ausmaß die Rolle der ČSR als Lieferant von Maschinen und Ausrüstungen sowie weiteren Erzeugnissen der verarbeitenden Industrie an, während die relative Rohstoffknappheit (der Sonderfall des Urans, dessen Abbau und Lieferungen sich die Sowjets voll bemächtigten, kann hier nicht weiter thematisiert werden) dazu führte, daß die UdSSR zum Hauptlieferanten der Grundstoffe avancierte. [6]

Zwei Faktoren erschwerten die Situation Polens [7] nach Beendigung des Weltkriegs: erstens die erheblichen Kriegsschäden und zweitens die einschneidenden Gebietsveränderungen. Daß allerdings die Einverleibung des oberschlesischen Industriegebiets in den polnischen Staat für Moskau einen besonderen Anreiz bot, die wirtschaftliche Eingliederung des Landes in den sowjetischerseits beherrschten Ostblock voranzutreiben, kann nicht unerwähnt bleiben. Ähnlich wie die ČSR konnte Polen (beide Länder zählten zu den „Siegermächten") von den Lieferungen der UNRRA profitieren. [8]

Im Falle Ungarns [9] sind zwar die durch den Krieg verursachten Schäden geringer ausgefallen als in Polen. Andererseits war das „exenemy-Land" durch Reparationen belastet (vgl. dazu S. 209 f.; 220). Die UNRRA-Hilfe blieb unter diesem Aspekt praktisch aus (vgl. Anm. 8). Ergänzend sei noch erwähnt, daß es der ungarischen Führung erst Ende 1946 gelang, aufgrund einer besonders harten Stabilisierungspolitik der „wildest inflation experienced in history" (Brus) Herr zu werden.

Eigentumsverhältnisse

Obwohl in den Verlautbarungen der Exilregierungen Polens und der ČSR sowie in den vor Kriegsende veröffentlichten Erklärungen der Regierungsparteien eher von staatlicher Kontrolle als von direkter Verstaatlichung in der Zeit nach der Befreiung die Rede war, setzte gleich zu Beginn der Übergangsperiode eine massive Verstaatlichungswelle ein. Ohne auf Einzelverläufe und länderspezifische Unterschiede einzugehen, läßt sich zusammenfassend feststellen: verstaatlicht wurden das gesamte Geld- und Kreditwesen,

---

4 W. Brus: Postwar, S. 579–585.

5 J. Kosta: Abriß, S. 11–17; E. Radice: The Collapse of German Hegemony and its Economic Consequences, in: The Economic History, Volume II, S. 510–513.

6 Was die außenwirtschaftlichen Beziehungen zwischen der ČSR und der UdSSR betrifft, so stützt sich der Verfasser auf eigene Erfahrungen, die er in den Jahren 1948–50 als Sachbearbeiter des tschechoslowakischen Außenhandelsministeriums auf diesem Gebiet selbst gemacht hat.

7 E. Radice: The Collapse, S. 513–518.

8 R. Nötel: International Finance and Monetary Reform, in: The Economic History, Volume III, S. 521–527.

9 W. Brus: Postwar, S. 572–579.

die Natur- und Energieressourcen, die Groß- und Schlüsselindustrie (wie immer im einzelnen definiert), das Verkehrs- und Nachrichtenwesen und der gesamte Außenhandel.[10] Die Verstaatlichung dieser Bereiche war innerhalb einiger weniger Monate vollendet. In den Jahren 1947 sind in allen drei Ländern auch zunehmend kleinere und mittlere Industrie- und Handwerksbetriebe in den staatlichen bzw. genossenschaftlichen Sektor einverleibt worden. Dies zeigt die folgende Tabelle.

Tabelle 3. Anteil des sozialistischen Sektors[1] an der Industrieproduktion

Staat	Jahr	%	Jahr	%
ČSR	1948	86	1950	95,5
Polen	1948	80	1950	92
Ungarn	1947	45[2]	1949	81

[1] Staats-, Kommunal- und Genossenschaftsbetriebe.
[2] Anteil an der Beschäftigtenzahl (insofern nicht vergleichbar mit den ansonsten aufgeführten Produktionsanteilen).
Quelle: W. Brus: Postwar, S. 600; Historická ročenka ČSSR, Praha 1985, S. 55.

Die in Tabelle 3 zusammengefaßten Daten zeigen, daß in der ČSR 1950 kaum 5% des industriellen Produktionswertes in Privatbetrieben produziert wurde und in Polen auch nur 8%. Der Sozialisierungsprozeß verlief in der ungarischen Industrie etwas langsamer, erreichte jedoch – wie noch zu zeigen sein wird – im Verlauf der folgenden Jahre ein vergleichbar hohes Niveau. Auch kleinere Einzelhandels- und Dienstleistungsbetriebe konnten nur zeitweilig überleben (vgl. Tabelle 14).

Lediglich in der Landwirtschaft ist zunächst ein völlig anderer Kurs anvisiert worden. Ziel war offensichtlich die Gewinnung der bäuerlichen Bevölkerung für die Politik der kommunistischen Parteien. Anstelle einer Expansion des staatlichen Eigentums von Grund und Boden und der Förderung von landwirtschaftlichen Produktionsgenossenschaften lag die Hauptstoßrichtung in der Umverteilung des privaten Großgrundbesitzes zugunsten von Kleinbauern und Landarbeitern.[11] Hinzu kam noch im Falle Polens und der ČSR die Tatsache, daß mit der Vertreibung bzw. Zwangsaussiedlung der Deutschen nutzbarer Boden zur Verfügung stand, der sich als „politisches Kapital" des Regimes hervorragend eignete.[12]

[10] Ebenda, S. 596–608.
[11] Ebenda, S. 586–596.
[12] Zur ČSR vgl. J. Sláma: Die sozioökomische Umgestaltung in der Nachkriegs-Tschechoslowakei – Zur Politik des kommunistischen Machtmonopols, Wiesbaden 1977, S. 15–24; zu Polen: der Beitrag von H. Mrowka in diesem Band.

Tabelle 4. Landreformen: Verteilung des verfügbaren Bodens[1] nach Kriegsende in Prozent

Staat	Insgesamt	Großgrund-besitz[2]	Deutsches Eigentum	Eigentum von Kolla-borateuren[3]
ČSR	100	29	71[4]	–
Polen	100	24	76	
Ungarn	100	90	–	10

[1] Einschl. des landwirtschaftlich nicht nutzbaren Bodens.
[2] Oberhalb der in den jeweiligen Gesetzen festgelegten Obergrenze.
[3] Einschl. „Krimineller".
[4] Einschl. ungarisches Eigentum (Slowakei).
Quelle: W. Brus: Postwar, S. 586.

Kein Zweifel: Die unmittelbar nach Kriegsende durchgeführten Bodenreformen – in der ČSR folgten bis 1948 zwei weitere Phasen[13] – stellten einen gewaltigen Einschnitt in die Sozialstruktur der Landbevölkerung dar (Tabelle 4). Der Großgrundbesitz, der vor allem in Ungarn eine dominierende Rolle gespielt hatte, verschwand von der Bildfläche. In der ČSR und in Polen entsprang die verfügbare „Beute" – wie zuvor angedeutet – dem ehemaligen Grundbesitz der Deutschen, die ihre Güter und ihr Betriebsvermögen (dies galt freilich auch für Gewerbetreibende) verlassen mußten. Auf diese Weise gelang den Machthabern – dank der Beschlüsse der Alliierten – ein Schachzug, dessen Resultat die (zeitweilige) Unterstützung der politischen Führung seitens der Neusiedler ermöglichte.[14]

Tabelle 5. Landreformen: Soziale Herkunft der neu angesiedelten Bauern (in Prozent)

Staat	Landbevölkerung ohne Bodenbesitz	Kleinbauern	Mittelbauern
Polen	42	53	6
Ungarn	60	40	–

Anm.: Im Falle Polens sind die Prozentzahlen nach oben aufgerundet.
Quelle: W. Brus: Postwar, S. 594.

Während in Polen den größeren Teil der Siedler Landarbeiter und Kleinbauern stellten, rekrutierten sich die „neuen Privatbauern" Ungarns mehrheitlich aus ehemaligen Landarbeitern (Tab. 5). Für die ČSR stehen keine Vergleichsdaten zur Verfügung; in der einschlägigen Literatur ist lediglich die Rede von Bodenzuteilungen an beide soziale

[13] J. Kosta: Abriß, S. 22–24, 61–63.
[14] J. Sláma: Die sozioökonomische Umgestaltung; H. Mrowka in diesem Band.

Gruppen, sowohl an die Landbevölkerung, die keinen Boden besessen hatte, als auch an die Kleinbauern.[15]

Lenkungsformen

In allen drei Ländern war das wirtschaftliche Lenkungssystem der Übergangsperiode durch ein Nebeneinander von Markt- und Planelementen gekennzeichnet.[16] Es gab zwar keine explizite Auseinandersetzung im Sinne einer Plan-Markt-Debatte, wie wir sie seit den sechziger Jahren in den Ländern des „Realsozialismus" erleben. Dennoch gab es konfliktreiche Diskussionen und Entscheidungsprozesse, in denen die Vertreter der kommunistischen Strömungen – weniger die Sozialdemokraten bzw. Sozialisten, die mit diesen z.T. kontroverse Debatten führten – für mehr Staat und Planung plädierten, während deren eher liberal orientierte Gegenspieler stärker auf Markt setzten. Es sollte jedoch nicht außer acht gelassen werden, daß es unmittelbar nach dem Zweiten Weltkrieg auch im Westen – man denke etwa an Frankreich, England, Holland und an die skandinavischen Länder – eine gewisse Planungseuphorie gab, auch wenn dies nicht eine Befürwortung der Befehlsplanung sowjetischen Typs bedeutete. Jedenfalls setzte sich eine Tendenz durch, die zu einer "mixed economy" besonderer Art führte.

Wichtige Elemente der Kriegswirtschaft lebten fort: so zunächst die Rationierung einiger Lebensmittel im Konsumgüterbereich und eine zentrale Zuteilung wichtiger Grundstoffe für die Produktion. Mit zunehmendem Güterangebot dominierte nach einiger Zeit die Marktsteuerung bei der Herstellung und Verteilung von Konsumwaren und Nahrungsmitteln: die Preisbildung auf Wettbewerbsmärkten sowie das Rentabilitätsdenken kennzeichneten das Lenkungssystem. Die aufgestellten Planziele wurden nicht in der Gestalt aufgeschlüsselter Auflagen an die Betriebe weitergeleitet, die Planung hatte folglich eher globalen (nicht detaillierten) und indikativen (nicht imperativen) Charakter. Dies galt sowohl für den tschechoslowakischen Zweijahresplan (1946–1947) als auch für die Dreijahrespläne Polens und Ungarns (jeweils 1947–1949). Einen hohen Verbindlichkeitsgrad erlangten allerdings die Produktquoten, die in den bilateralen Warenaustauschprotokollen im Rahmen der Außenhandelsverträge mit der Sowjetunion festgelegt waren (dies galt natürlich auch für die gemischten sowjetisch-ungarischen Gesellschaften und eine für den Abbau und die Lieferungen von Uran zuständige sowjetisch-tschechoslowakische Gesellschaft).[17]

Ähnlich wie auf den übrigen Gebieten gilt auch hier: im Zuge der Übergangsperiode, insbesondere um das Jahr 1948, sind zunächst konzeptionell, allmählich auch realiter Elemente der zentral-direktiven Planung zu Lasten der Marktkräfte durchgesetzt worden: die Transformation in ein System der zentral gelenkten Wirtschaft zeichnete sich um 1948 immer deutlicher ab.

---

15 Stručný hospodářský vývoj Československa do roku 1955, kolektiv autorů VŠE v Praze a Bratislavě, Praha 1969, S. 318–326.

16 W. Brus: Postwar, S. 608–621; vgl. auch J. Kosta: Abriß, S. 37–42; I. T. Berend, G. Ránki: The Hungarian Economy, S. 194–195.

17 Vgl. Anm. 6.

Ergebnisse der wirtschaftlichen Entwicklung

Die Ergebnisse der Wirtschaftsentwicklung zum Jahre 1948 werden zunächst mit Hilfe des Wachstumsindex (gemessen am Vorkriegsniveau der drei Volkswirtschaften) verdeutlicht und anschließend mit den Zielsetzungen des tschechoslowakischen Zweijahresplanes sowie der Dreijahrespläne Polens und Ungarns konfrontiert.

Tabelle 6. Wachstumsindikatoren in der Übergangsperiode

Indikator	ČSR 1937	1948[1]	Polen 1938	1949[1]	Ungarn 1938	1949[1]
Nationaleinkommen	100	90–106	100	109–128	100	109–124
Industrieproduktion	100	102–110	100	148–177	100	137–154
Agrarproduktion[2]	100	62– 90	100	75– 82	100	64– 95

[1] Die „von-bis"-Indizes sind auf unterschiedliche Schätzungen zurückzuführen; [2] in allen Ländern 1934–1938=100.
Quelle: W. Brus: Postwar, S. 626.

Gegenüber dem Vorkriegsniveau ist in der ČSR im Jahre 1948 das Nationaleinkommen (östliches Konzept) knapp erreicht, das Volumen der Industrieproduktion über- und das der Agrarproduktion erheblich unterschritten worden (Tabelle 6). In Polen lag das Nationaleinkommen 1949 dank dem rapiden Wachstum der Industrie bedeutend höher als 1938; dies ist offensichtlich auf die Tatsache zurückzuführen, daß das ehemals deutsche oberschlesische Industriegebiet, dem in der Kriegswirtschaft eine Schlüsselrolle zugefallen war, nunmehr in den polnischen Staat einverleibt worden war. Um die Landwirtschaft stand es jedoch schlecht. Hier hatte ähnlich wie in der ČSR die Neuansiedlung nicht die erhofften Resultate erbracht. Auch in Ungarn war ein Aufschwung im Hinblick auf den relativ früh einsetzenden Industrialisierungsprozeß unverkennbar. Wie in den beiden anderen Ländern erstreckte sich die volkswirtschaftliche Expansion nicht auf die Landwirtschaft. Festzuhalten ist, daß der ungarischen Wirtschaft in der Gestalt von Reparationsverpflichtungen insbesondere gegenüber der Sowjetunion – die Reparationen wurden durch Exportlieferungen abgegolten – ein nicht unerheblicher Teil der Industrieproduktion für binnenwirtschaftliche Zwecke entzogen worden war.[18]

Vergleicht man die Wachstumsraten mit den Planzielen, dann sind in allen drei Ländern die Industriepläne erfüllt, z. T. auch übererfüllt worden, während die geplanten Zuwachsraten in der Landwirtschaft nirgendwo erreicht werden konnten.[19] Es gibt keine hinreichenden Unterlagen, die in Form von Indikatoren des Lebensstandards einen Vergleich der Plan- und Ist-Zahlen ermöglichen würden. Folgt man jedoch Brus[20], der eine Reihe von Einzeldaten zusammengetragen hat, dann dürfte die ČSR in bezug

[18] W. Brus: Postwar, S. 572–576; J. K. Hoensch: Sowjetische Osteuropapolitik 1945–1975, Kronberg 1977, S. 16–19.

[19] J. Kosta: Abriß, S. 44–48; G. R. Feiwel: Poland's Industrialization Policy: A Current Analysis, Volume I, New York u. a. 1971, S. 233; I. T. Berend, G. Ránki: The Hungarian Economy, S. 195.

[20] W. Brus: Postwar, S. 629–639.

auf das erreichte Versorgungsniveau am besten abgeschnitten haben, gefolgt von Polen und mit einigem Abstand von Ungarn. Bei diesem Vergleich müßten wohl die durch UNRRA-Hilfe den beiden ersteren Ländern zugute gekommenen „Spritzen" ebenso einkalkuliert werden wie die belastenden Reparationen im Falle Ungarns.

Tabelle 7. Wachstum der Industrieproduktion 1947/48 im internationalen Vergleich
Produktion je Einwohner (1935–1938=100)

Land	1947	1948
Österreich	47	65
Belgien	81	85
Frankreich	84	95
Großbritannien	106	113
Schweden	110	116
ČSR	89	100
Polen	87	99
Ungarn	87	109

Anm.: Die Indizes sind mit denjenigen der Tab. 6 nicht vergleichbar, da es hier um die Pro-Kopf-Produktion und im Falle Polens sowie Ungarns zudem um andere Perioden geht.
Quelle: I. BEREND, G. RÁNKI: S. 195.

Von Interesse ist schließlich der in Tabelle 7 vorgenommene Vergleich der Aufbauleistungen der drei ostmitteleuropäischen Länder mit einigen Staaten Westeuropas. Da es hier um die industriellen Wachstumsraten pro Kopf der Bevölkerung geht (weitere Vergleichsdaten sind kaum verfügbar) und da lediglich einige wenige Länder einbezogen wurden, sind die folgenden Aussagen nur recht allgemein formuliert. Mit einiger Sicherheit läßt sich wohl sagen, daß die ČSR, Polen und Ungarn nicht langsamer, sondern nach dem Krieg im Zuge des Wiederaufbaus zügiger vorangekommen sind als die benachbarten westeuropäischen Staaten. Etwas erfolgreicher mögen Großbritannien und die skandinavischen Länder gewesen sein: hier ging es um einen früheren Start bzw. im Falle Schwedens um den Vorteil eines Landes, das vom Krieg verschont geblieben war.

Ziehen wir alle von uns kommentierten Daten (Tabelle 6 und 7) in Betracht, dann ist wohl die generelle Aussage berechtigt, daß die wirtschaftlichen Resultate der ersten Nachkriegsjahre in der ČSR, in Polen und in Ungarn recht günstig waren. Dies gilt um so mehr, wenn wir – um dies vorwegzunehmen – die Ergebnisse mit denjenigen der folgenden Periode, der Phase der forcierten „Sowjetisierung", vergleichen (die in diesem Beitrag nicht verfolgte spätere Entwicklung bestätigt eindringlich die Diskrepanz zwischen der Bilanz der Nachkriegsjahre und der späteren Perioden).

Worauf sind die relativen Erfolge zurückzuführen? Die folgenden Faktoren waren u. E. ausschlaggebend:

– Ähnlich wie im Westen, insbesondere im westlichen Teil Mitteleuropas, gab es einen allgemeinen Nachholbedarf, der nach all den Entbehrungen der Kriegszeit überall einen gewaltigen Motivationsschub hervorbrachte;

- die Entwicklungsstrategie der ostmitteleuropäischen Länder, oft im Zuge eines Kompromisses verschiedener noch bestehender konfligierender politischer Strömungen formuliert, war insgesamt pragmatisch, auch die Umlenkung der Außenhandelsströme in Richtung Osten war insbesondere in den Jahren 1946/47 (noch) nicht allzu weitgehend, so daß die traditionellen wirtschaftlichen Kanäle, die westwärts orientiert waren, einigermaßen fortbestanden (dies war vor allem für die industriell am höchsten entwickelte ČSR von ganz besonderer Bedeutung);
- neben einem expandierenden sozialistischen Sektor gab es einen nicht zu vernachlässigenden privatwirtschaftlichen Bereich, wobei ein marktorientierter Preis-Wettbewerbsmechanismus funktionierte und leistungsbedingte Einkommen die für jede Volkswirtschaft erforderlichen Anreize zeitigten;
- nicht zuletzt wirkte sich – eher zu Beginn als gegen Ende der hier behandelten Etappe – das verhältnismäßig freie politische Klima aus: so gab es noch keine parteipolitisch bedingte Kaderpolitik, der Apparat der KP griff (noch) nicht in das wirtschaftliche Alltagsgeschehen ein, der Informationsaustausch mit dem Westen, Reisemöglichkeiten etc. waren (noch) nicht unterbunden. Sicherlich gab es von Land zu Land Unterschiede, so etwa in der Nachkriegstschechoslowakei – sieht man von der Vertreibung der Deutschen ab – anfangs ein vergleichsweise hohes Maß an demokratisch-pluralistischen Verkehrsformen.

Die Periode der Sowjetisierung (1948–1953)

Entwicklungsstrategie, forciertes Wachstum, Akkumulation vor Konsumtion

In den Jahren 1948/49 sind die ersten mittelfristigen Volkswirtschaftspläne vorbereitet bzw. aufgestellt worden: der tschechoslowakische Fünfjahresplan für die Jahre 1949–1953, der polnische Sechsjahresplan für die Periode 1950–1955, der ungarische Fünfjahresplan für die Jahre 1950–1954.[21] Unter dem Einfluß der sowjetischen Führung ist in den drei Ländern auf dem Weg der außenwirtschaftlichen Beziehungen (siehe Tabelle 12 und 13), ideologisch untermauert durch die Parole der „sozialistischen Industrialisierung", der entwicklungsstrategische Kurs, der sich zum Ende der vorangehenden Periode bereits abgezeichnet hatte, in völlig einseitiger Weise uminterpretiert worden. Von nun an hieß es: das Wachstumstempo sei extrem voranzutreiben, die Industrie gegenüber der Landwirtschaft und den tertiären Bereichen vorrangig zu entwickeln, die Schwerindustrie müsse zu Lasten der Konsumgüterindustrie gefördert werden, anzuvisieren sei eine hohe Akkumulationsquote. Diese binnenwirtschaftlichen Ziele erfuhren ihre zusätzliche „Rechtfertigung" durch das sukzessive Auseinanderfallen des Bündnisses der ehemals Alliierten, eine Entwicklung, die zu Beginn der 50er Jahre ihren extremen Ausdruck im kalten und in der Folge im heißen (Korea-)Krieg fand. Konkret bedeutete dies, daß sich der gesamte Sowjetblock vom Westen wirtschaftlich abschottete. Ehe wir auf die total veränderte außenwirtschaftliche Situation eingehen (vgl. Tabelle 12), soll gezeigt werden, wie sehr die Planziele in bezug auf Wachstum und Akkumulation (Industrie, Produktionsgüter, Investitionen) im Verlauf der Planaufstellung hochgeschraubt wurden und welche tatsächlichen Wachstumsraten aus dem Plandruck resultierten.

[21] J. Kosta: Abriß, S. 72–88; A. Teichova: Wirtschaftsgeschichte der Tschechoslowakei 1918–1980, Wien 1988, S. 112–116; G. R. Feiwel: Polands Industrialization, S. 229–262; I. T. Berend, G. Ránki: The Hungarian Economy, S. 199–225.

Tabelle 8. Wachstumsraten des ersten tschechoslowakischen Fünfjahresplanes. Ursprünglicher und revidierter Plan sowie realisierte Wachstumsraten 1949–1953 (in Prozent, 1948=100)

Indikator	Plansoll für 1953/1948 Ursprüngl. Plan (1948)	Revidierter Plan (1951)	Ist-Zahlen 1953/48	Jahres-durchschnitt
Nationaleinkommen	148	170	159	9,7
Industrieproduktion	157	198	193	14,1
darunter:				
Produktionsmittel	170	233	219	17,0
Konsumgüter	150	173	166	10,7
Metallindustrie	193	267	323	26,2
Chemie	162	210	238	18,9
Metallurgie	149	–	203	15,2
Textilindustrie	168	–	139	6,8
Leder- und Pelzprodukte	143	–	119	3,5
Landwirtschaftliche Produktion	137	153	117	3,2
darunter:				
Pflanzliche Produkte	111	142	115	2,8
Tierische Produkte	186	171	118	3,4

Quelle: J. Kosta: Abriß, S. 82.

Fassen wir die wichtigsten in Tabelle 8 aufgeführten Daten zusammen: das Nationaleinkommen sollte dem ursprünglichen Plansoll entsprechend in fünf Jahren um 48 Punkte steigen, nach einer später vorgenommenen „Revision" auf 170 Punkte hochgeschraubt werden. Tatsächlich belief sich der Anstieg auf 59 Punkte, d. i. 9,7% im Jahresdurchschnitt. Extrem hoch war die Planschraube in den Zweigen der Schwerindustrie („Produktionsmittel": Metallindustrie, Metallurgie, Chemie). Die Planziele in der Landwirtschaft, die niedriger als in der Industrie angesetzt waren, konnten nicht erreicht werden.

Tabelle 9. Ursprüngliche und revidierte Ziele des polnischen Sechsjahresplans 1950–1956 (in Prozent, 1949=100)

Indikator	Ursprünglich (Grundsätze: 1948)	Revidiert (Gesetz: 1950)
Nationaleinkommen	170 –180	212
Bruttoinvestitionen	230 –250	350
Sozialisierte Industrie (Bruttoproduktion)	185 –195	258
Bruttoproduktion der Landwirtschaft	135 –145	150
Rohstahl in Mio. t	3,8	4,6
Rohöl in Taus. t	170	394
Steinkohle in Mio. t	90 – 95	100
Elektr. Energie, Mrd. kWh	17,5– 18,0	19,3

Quelle: T. P. Alton: Polish Postwar Economy, S. 117.

Für Polen (Tabelle 9) ergibt sich ein ähnliches Bild wie für die ČSR (Tabelle 8). Die ursprünglichen Planziele – hier geht es um ein Planjahrsechst – wurden 1950 erneut höher gesetzt: für das Nationaleinkommen auf 212, für die Investitionen auf 350 (!), für die Industrie auf 258 Punkte. Diese Tendenz verdeutlichen auch die naturalwirtschaftlich formulierten Planziele für die wichtigsten Grundstoffe.

Im Falle Ungarns steht uns nur eine Angabe über das nach Verabschiedung des Fünfjahresplanes nachträglich angehobene Plansoll des Nationaleinkommens zur Verfügung, ein Indiz, das jedoch hinreichend aussagekräftig ist: das Wachstum war ursprünglich mit 163, nach der Revision jedoch mit 230 (!) Punkten veranschlagt worden.[22] Bedenkt man, daß das industrielle Ausgangsniveau in der ČSR bereits sehr hoch war, dann wird trotz unterschiedlicher Indizes die gleiche Tendenz in den drei Ländern erkennbar. Die extrem angespannten Ziele von Wachstum und Akkumulation überforderten die Leistungsfähigkeit der drei Volkswirtschaften.

Wie das Beispiel der ČSR gezeigt hat (Tabelle 8), lagen die erzielten Wachstumsraten niedriger als das hochgeschraubte Plansoll. Zudem konnten die ehrgeizigen, zu Lasten der Konsumbedürfnisse gesetzten Zielsetzungen nach 1953 nicht mehr aufrechterhalten werden. Dies ist bei der Bewertung der in Tabelle 10 zusammengefaßten Daten zu berücksichtigen, welche die Wachstumsraten für die Periode von 1951 bis 1955 wiedergeben.

Tabelle 10. Wachstum des Nationaleinkommens pro Kopf: 1951–1955 (Jahresdurchschnittliches Wachstum in Prozent)

Land	Offizielle Schätzung: Nationaleinkommen – östl. Konzept	Schätzung der ECE: Physische Indikatoren
ČSR	6,9	3,7
Polen	6,6	4,1
Ungarn	4,6	5,3

Quelle: W. Brus: Geschichte, S. 63.

Es ist wohl davon auszugehen, daß die Berechnungen der ECE (Europäischen Wirtschaftskommission), die etwas niedriger liegen als die landesoffizielle Statistik, der Wirklichkeit näher kommen. Auch so gilt die zuvor getroffene Aussage, daß das eingeschlagene Wachstumstempo die Entwicklungspotentiale aller drei Länder überforderte, zumal die Akkumulationsraten wenig Raum für eine Anhebung des von den Kriegsfolgen immer noch beeinträchtigten Lebensstandards ließen. Nach Brus lagen die Akkumulationsquoten (in etwa vergleichbar mit der im Westen erfaßten Investitionsquote) um rund 30–40% höher als in den ersten Nachkriegsjahren.[23] Ergänzend zu diesem Sachverhalt seien in Tabelle 11 die Konsumquoten für die Jahre 1952 und 1953 wiedergegeben (leider fehlt es an Vergleichsdaten für die vorangehenden Jahre).

---

[22] W. Brus: 1950 to 1953, S. 19.

[23] Ebenda.

Tabelle 11. Anteil des privaten Konsums am Nationaleinkommen (in Prozent)

Land	1952	1953
ČSR	62	57
Polen	60,8	55,4
Ungarn	52,0	46,4

Quelle: W. BRUS: Geschichte, S. 107.

Die an sich niedrige Konsumquote von 1952 lag im Jahre 1953 noch niedriger. Besonders schlecht schnitt Ungarn ab, eine Tatsache, die sicherlich im Zusammenhang mit dem Aufstand von 1956 zu sehen ist, der u. a. auf die Unterversorgung der Bevölkerung und die dadurch zu erklärende Unzufriedenheit zurückzuführen ist.[24] Ergänzend sei hinzugefügt, daß mit den Jahren 1954/55 ein leichter Kurswechsel zu verzeichnen war, der in einer Lockerung der Akkumulationsschraube zugunsten der Konsumbedürfnisse bestand (vgl. S. 218 ff.).

Wie bereits betont, war die Entwicklungsstrategie nach 1948 mit der radikalen Umlenkung des Außenhandels hin zur Sowjetunion eng verkoppelt. Es sei nochmals darauf hingewiesen, daß dieser Kurs nicht zuletzt durch die veränderte außenpolitische Lage, durch den vollzogenen Bruch zwischen Ost und West bedingt war.

Tabelle 12. Anteil der UdSSR am Außenhandel der ČSR, Polens und Ungarns (in Prozent des Außenhandelsumsatzes)

Land	1948	1950	1953
ČSR	16	27	36
Polen	22	27	34
Ungarn	16	27	35

Quelle: F. L. PRYOR: The Communist Foreign Trade System, London 1963; Tab. 6-10.

Wie Tabelle 12 zeigt, hatte 1938 der Anteil der Sowjetunion am Außenhandel der ČSR nur 3%, an der polnischen Außenwirtschaft lediglich 1% betragen, während Ungarn überhaupt keine Handelsbeziehungen zur UdSSR unterhielt (vgl. auch Tabelle 1). Nach dem Zweiten Weltkrieg änderte sich dies zusehends (vgl. S. 204 ff.), wobei die radikale Wende der Außenhandelsorientierung ostwärts erst nach 1948 eintrat. 1953 machte der Anteil der UdSSR am Außenhandel aller drei Länder mehr als ein Drittel aus (Tabelle 12), wobei die ČSR an erster Stelle rangierte. Weitere 43% der tschechoslowakischen Ein- und Ausfuhren entfielen auf die übrigen „nichtkapitalistischen" Staaten (RGW, Jugoslawien, China), etwa 6% auf die Entwicklungsländer, so daß der

[24] W. BRUS: 1953 to 1956, S. 44, 54.

Anteil der westlichen Industrieländer – der einstmals dominierenden Handelspartner der Vorkriegsrepublik – im Jahre 1953 weniger als 15% betrug.[25] Es braucht nicht sonderlich betont zu werden, daß die radikale Reduzierung des Westhandels eine der entscheidenden Modernisierungsquellen der tschechoslowakischen Volkswirtschaft nahezu zum Versiegen brachte. Im Falle Polens und Ungarns dürften die Größenordnungen der wirtschaftlichen Westbeziehungen in etwa vergleichbar gewesen sein.[26]

Der Zusammenhang zwischen der außenwirtschaftlichen Orientierung auf die Sowjetunion einerseits und dem binnenwirtschaftlichen sektoralen Strukturwandel andererseits ergibt sich daraus, daß die Güterströme zwischen den ostmitteleuropäischen Ländern und der UdSSR einen komplementären Charakter erhielten. Am deutlichsten zeigt dies das tschechoslowakische Beispiel. Hier mußte das industriell entwickelte Land in extremem Ausmaß eigene Produkte der Schwerindustrie gegen sowjetische Rohstoffe austauschen. Die Interdependenzen verdeutlicht die folgende Tabelle 13.

Tabelle 13. Außenwirtschaft und „Stahlkonzeption" in der ČSR

Anteil ... an (%)	1948	1953	1960
der Produktionsmittel an der Industrieproduktion	51,4	58,1	60,3
darunter Maschinen	15,5	25,9	30,9
der Maschinen und Ausrüstungen am Export	20,3	42,4	45,1
der RGW-Länder am Export	32,6	70,6	63,9
darunter UdSSR	17	32,3	34,1
der Metallprodukte[1] am Export	41	–	59[2]

[1] Metallschaffende und metallverarbeitende Industrie; [2] 1965.
Quelle: J. Kosta; Abriß, S. 99.

Eigentumsverhältnisse: die totale Sozialisierung

Die sozial tiefgreifendsten Veränderungen, welche die entscheidende zweite Periode der Sowjetisierung kennzeichnen, betreffen wiederum die Eigentumsverhältnisse: die Enteignung nahezu aller privaten Kleinbetriebe zu Beginn der 50er Jahre und deren Ersetzung durch staatliche bzw. „quasigenossenschaftliche" Betriebsformen („quasigenossenschaftlich" deswegen, weil praktisch der Staat bzw. die Parteiapparate die Entscheidungen der „Genossen" vorwegnahmen) war 1952 vollzogen. Die vollendete „Vergesellschaftung" in der Industrie und im Einzelhandel dokumentieren die folgenden Daten:

---

[25] Facts on Czechoslovak Foreign Trade, Praha 1965, S. 112.

[26] Anstelle handfester Daten haben wir lediglich Aussagen darüber gefunden, daß in den frühen 50er Jahren sowohl Polen als auch Ungarn den Handel mit westlichen Industrieländern stark einschränken mußten (G. R. Feiwel: Polands Industrialization, S. 249 f.; I. T. Berend, G. Ránki: The Hungarian Economy, S. 279 f.).

Tabelle 14. Anteil des sozialistischen Sektors an der Industrieproduktion und am Einzelhandelsumsatz 1952 (in Prozent)

Land	Industrieproduktion	Einzelhandelsumsatz
ČSR	98	97
Polen	99	93
Ungarn	97	82

Quelle: W. Brus: Geschichte, S. 46.

Zum Ende der 40er Jahre war es auch in der Landwirtschaft um die früher gegebenen Zusagen, der (alte und neue) bäuerliche Privatbesitz bleibe auch in Zukunft erhalten, geschehen. Vergenossenschaftlichung war nun die von den Kommunisten in allen drei Ländern ausgegebene Devise.[27] Neben den Staatsgütern, die bereits unmittelbar nach Kriegsende auf kirchlichem, deutschem oder bereits zuvor öffentlich bewirtschaftetem Boden errichtet worden waren, wurde nach 1949 Kurs auf die Kollektivierung in Genossenschaftsform genommen. Es hieß zwar, die Bauern sollten sich freiwillig zusammenschließen. In Wirklichkeit ging es aber um eine Zwangskollektivierung, die auf den verschiedensten Formen administrativen, ökonomischen und moralischen Drucks basierte.

Sicherlich: die Praktiken waren, verglichen mit den brutalen, Millionen von Menschenleben kostenden Repressionen der 20er und 30er Jahre in der Sowjetunion, etwas glimpflicher. Mit welchem Widerwillen sich jedoch die Bauern gegen die zwangsweise Vergenossenschaftlichung wehrten, zeigen die Erfahrungen Polens und Ungarns. In beiden Ländern wurden nach den Revolten von 1956 die Zügel gelockert, eine Auflösung der zuvor bereits etablierten Produktionsgenossenschaften war möglich geworden.[28] Dies führte praktisch zu einer Reprivatisierung der polnischen Landwirtschaft: keine der sich in den drei Jahrzehnten abwechselnden Parteiführungen Polens hat es gewagt, eine neue Kollektivierungswelle ins Rollen zu bringen. Anders in Ungarn: hier hat man – allerdings weit behutsamer und eher mit Hilfe von Anreizen zum Ende der 50er Jahre – einen neuen Kurs auf die Kollektivierung in die Wege geleitet, der zu Beginn der 60er Jahre zu einer Dominanz der Genossenschaften bei gleichzeitiger Förderung etlicher Staatsgüter führte, so daß 1961 95% des Ackerlandes von sozialistischen Betrieben bewirtschaftet wurde. Wie nun die Entwicklung in der Periode aussah, die Gegenstand unserer Untersuchung ist, zeigt die folgende Tabelle 15.

[27] Die gleiche Stoßrichtung ist auf Resolutionen des Kominformbüros von 1948 zurückzuführen (W. Brus: 1950 to 1953, S. 9).

[28] Ebenda, S. 47 f., 51 f.

Tabelle 15. Sozialisierung in der Landwirtschaft. Flächenanteile[1] von Genossenschaften und Staatsgütern (in Prozent)

Land	1953		1955		1957	
	Genoss.	Staatsgüter	Genoss.	Staatsgüter	Genoss.	Staatsgüter
ČSR	33	10	29	14	51	17
Polen	7	12	11	13	1	12
Ungarn	26	13	22	12	12	–

[1] Landwirtschaftliche Nutzfläche.
Quelle: W. Brus: Geschichte, S. 115.

Die Transformation zur zentralen Planwirtschaft sowjetischen Typs

Der Übernahme des sowjetischen Planungsmodells war in den ersten Nachkriegsjahren ein Diskussionsprozeß zu Fragen der Organisationsstruktur, der zentralen Planadministration, der Methoden der Planaufstellung und Planrealisierung, und nicht zuletzt der inhaltlichen Planziele vorausgegangen.[29] Die Auseinandersetzungen, an denen Experten der zunächst noch vertretenen nichtkommunistischen Parteien beteiligt waren, spielten wohl in der Tschechoslowakei vor den Februarereignissen von 1948 eine erhebliche Rolle; ähnlich – wenn auch vielleicht nicht in der gleichen Intensität – in Polen. In Ungarn, das als ehemaliger Bündnispartner Hitlers seit Anbeginn von den Sowjets und von der anfangs relativ kleinen moskautreuen Partei stärker dominiert war, dürften ähnliche Debatten von geringer Bedeutung gewesen sein. Die nichtkommunistischen Nationalökonomen in Prag und Warschau – die Sozialdemokraten bzw. Sozialisten mit eingeschlossen – waren bestrebt, den zentralen Planungsapparat nicht allzu sehr ausufern zu lassen und den Planzentralismus sowie die befehlsartigen Lenkungsformen in Grenzen zu halten. Was die Inhalte betrifft, so plädierten diese Experten für moderatere Wachstumsraten und Investitionsquoten. Es ist allerdings einzuräumen, daß einflußreiche Expertengruppen der KPTsch insbesondere zu Beginn der Planarbeiten – in den Jahren 1946–1948 – eher auf Modernisierung und konsumnahe Planziele setzten und erst auf Druck von außen das stalinistische Modell in seiner Totalität befürworteten (es ist eine tragische Ironie des Schicksals, daß diese Experten – etwa Löbl, Frejka, Goldman u. a. – zu den ersten Opfern der Säuberungen und der folgenden Schauprozesse in den frühen 50er Jahren wurden[30]).

Fest steht, daß um das Jahr 1953 das zentral-direktive Planungssystem sowjetischer Prägung in allen drei Ländern voll etabliert war. Seine konstitutiven Elemente seien hier stichwortartig wie folgt umrissen.[31]

- der vertikal-hierarchische Charakter des Leitungsapparates
- die zentral-imperative Form der Planung
- die primär naturalwirtschaftliche und erst in abgeleiteter Form monetär formulierte Planrechnung

[29] Ebenda, S. 608–617.
[30] K. Kaplan: Die politischen Prozesse in der Tschechoslowakei 1948–1954, München 1986, S. 170–206.
[31] Dazu ausführlicher: J. Kosta: Wirtschaftssysteme des realen Sozialismus. Probleme und Alternativen, Köln 1984, S. 57–88.

- die aufgrund der Planbilanzen praktizierte Zuteilung der Produktionsfaktoren in naturalwirtschaftlichen Einheiten
- die unter Einschränkungen mögliche freie Konsumgüterwahl sowie die Wahl des Arbeitsplatzes
- die auf Planerfüllung ausgerichteten kollektiven und individuellen Leistungsanreize.

Auf die Funktionsmechanismen dieses Systems sowie die daraus resultierenden Probleme kann hier nicht näher eingegangen werden.

Die Resultate der Sowjetisierung

Wollte man als Erfolgsmaßstab der wirtschaftlichen Entwicklung die erzielten Wachstumsraten betrachten, dann müßten in allen drei Ländern die Entwicklungsresultate der Jahre 1948–1953, der Periode der forcierten Sowjetisierung, als günstig bewertet werden (Tabelle 10). Ganz anders fällt jedoch die Bewertung aus, wenn die Befriedigung der Bedürfnisse der Bevölkerung, die Entwicklung des Lebensstandards, als Kriterium des wirtschaftlichen Erfolgs angesehen wird. Schließlich besteht der Zweck des Wirtschaftens in der Bereitstellung von privaten und öffentlichen Gütern für die Verbraucher, Dienstleistungen mit eingeschlossen. Die hohen Akkumulationsraten ließen in keinem der drei Länder hinreichend Mittel zur Verfügung, die dem persönlichen Konsum hätten dienen können. Es ist hinzuzufügen, daß es auch nicht um „Investitionen in die Zukunft" ging, die in späteren Perioden der Bevölkerung der ČSR, Polens und Ungarns zugute gekommen wären.[32] Die Wurzel des Übels lag nicht nur darin, daß die vorrangige Forcierung der Grundstoff- und Investitionsgüterindustrien das A und O der Planziele bestimmte. Systemeigene Ineffizienzen der Kommandowirtschaft wie die Verschwendung der Ressourcen und das Vorbeiproduzieren am Bedarf entzogen dem Wirtschaftskreislauf zusätzliche Mittel, die ansonsten für Konsumzwecke verfügbar gewesen wären.

Eine wenngleich nur halbherzige und deswegen erfolglose Antwort der kommunistischen Führungen in allen Ostblockländern – also auch in der ČSR, Polen und Ungarn – war der aus Moskau nach Stalins Tod (1953) signalisierte „Neue Kurs" der Wirtschaftspolitik.[33] Als Ziel wurde nunmehr eine stärkere Orientierung auf die Produktion von Nahrungsmitteln und Konsumgütern proklamiert; die notwendigen Voraussetzungen für einen Erfolg, nämlich eine radikale Reduzierung der Investitionsquoten – in der ČSR mit einer Lockerung der Rüstungsschraube einhergehend – sowie eine grundlegende Reform des wirtschaftlichen Lenkungssystems, ist zu dieser Zeit nirgendwo im sowjetischen Machtbereich ins Auge gefaßt worden.

Mit der Sowjetisierung Ostmitteleuropas, insbesondere unter dem Aspekt der außenwirtschaftlichen Eingliederung in den Sowjetblock, wird häufig die These von der „Ausbeutung" vertreten. Wir wollen anstelle dieses unscharfen, ideologiebeladenen Ausdrucks den Begriff der Diskriminierung verwenden. Es geht um die Frage, inwieweit die Sowjetunion ihre politische Hegemonialstellung dazu nutzte, um sich gegenüber den Satellitenstaaten einseitige Vorteile zu verschaffen.

Die Diskriminierungsthese basiert auf zwei Argumentationssträngen: zum einen wird behauptet, daß die Preise, die zwischen der UdSSR und dem jeweiligen RGW-Partner festgelegt werden, das kleine Land benachteiligen, m.a.W., daß eine Preisdis-

---

32 Ders.: Abriß, S. 93–112; W. Brus: Geschichte, S. 177–182, 423–439.

33 W. Brus: 1953 to 1956, S. 45–49.

kriminierung stattfindet.[34] Zum anderen wird darauf hingewiesen, daß der vermittels der außenwirtschaftlichen Beziehungen durchgesetzte Strukturwandel für die übrigen RGW-Länder ungünstig gewesen sei.[35] Ein besonderer Aspekt, der sowohl mit der Preisbildung als auch insbesondere mit den Außenhandelsströmen zusammenhängt, betrifft die bereits erwähnten Warenlieferungen Ungarns im Rahmen der Reparationsabkommen sowie die Konsequenzen, die sich aus der Errichtung gemischter sowjetisch-ungarischer Gesellschaften (im Falle der ČSR gab es die zuvor erwähnte „Kooperationsform" für den Uranabbau) ergaben.[36]

Was die Preisdiskriminierung anlangt, so ist es äußerst schwierig, die Diskriminierungsthese einem komplexen Test zu unterziehen. Denn erstens fehlen die notwendigen umfassenden Unterlagen über den Warenaustausch, der eine ansehnliche Zahl von mengenmäßig unterschiedlichen Güterarten betraf, wobei jeweils Einzelpreise bekannt sein müßten. Zweitens hat der Zeitfaktor eine Rolle gespielt, denn die Verhaltensweisen der Handelspartner waren in hohem Maß von den sich wandelnden politischen Konstellationen – wie im weiteren gezeigt wird – beeinflußt. Und drittens sind länderspezifische Aspekte zu berücksichtigen, über die gleichfalls nur bruchstückartige Informationen vorliegen. Zu diesen drei Punkten seien einige Anmerkungen angefügt, die partielle, wenngleich etwas vage Schlußfolgerungen zulassen.

Zunächst ist grundsätzlich zwischen homogenen Gütern, v.a. Grundstoffen einerseits und spezifischen Erzeugnissen der verarbeitenden Industrie – etwa Maschinen, neuartigen Konsumgütern etc. – andererseits zu unterscheiden. Im ersteren Fall war in den Jahren 1948/49, wie der Autor dieses Beitrags aus eigener Erfahrung bezeugen kann[37], die „Weltmarktklausel"[38] voll anwendbar, zumal die wichtigsten Rohstoffe auf internationalen Produktbörsen notiert wurden. In diesen Fällen hielten sich die tschechoslowakischen und die sowjetischen Partner einigermaßen an den Weltmarktpreis. Schwieriger war ein Preis etwa für eine Maschine auszuhandeln, und dementsprechend zäh wurde auch verhandelt. Die Vertreter der Prager Außenhandelsorganisationen gaben jedoch keineswegs klein bei, so daß als Resultat ein im großen und ganzen marktgerechter Preis entstand. In diesem Zusammenhang ist sicherlich der Zeitfaktor von besonderer Bedeutung. Zumindest für die Verhandlungen zwischen der ČSR und der UdSSR kann bis Ende 1948 von einer Preisdiskriminierung nicht gesprochen werden (zum Sonderfall Uran s.S. 220). Dies mag sich im Laufe des Jahres 1949 – dem Jahr, in dem Löbl und später andere führende Persönlichkeiten des tschechoslowakischen Außenhandels Repressionen (Entfernung aus der Partei, Inhaftierung, harte Gerichtsurteile) unterworfen wurden – radikal verändert haben. Von dieser Zeit an ist anzunehmen, daß jeder Vorschlag der sowjetischen Handelspartner, ob es nun um Produktmengen, Sortimente und vor allem auch um Preise ging, ohne großen Widerspruch seitens der „Partner" akzeptiert wurde. Inwieweit diese Erfahrungen – insbesondere was die relativ günstige Situation bis 1948 betrifft – auch für Polen und Ungarn zutreffen, kann der Verfasser nicht beurteilen. Jedenfalls gibt es länderspezifische Fälle, die auch in den er-

---

34 Dazu vgl.: F.L. Pryor: The Communist Foreign Trade System, London 1963, S. 144–153.

35 Vgl. u.a.: J. Kosta: Abriß, S. 93–99.

36 J.K. Hoensch: Sowjetische Osteuropapolitik, S. 16–19.

37 Vgl. Anm. 6.

38 Der „Weltmarktklausel" zufolge waren die Partner gehalten, die Preise der jeweiligen Güter gemäß den auf den entscheidenden internationalen (sprich v.a. westlichen) Märkten tatsächlich erzielten Preisen festzulegen.

sten Nachkriegsjahren auf Preisdiskriminierungen schließen lassen. So dürften die tschechoslowakischen Uranlieferungen an die Sowjetunion von Anfang an zu Preisen unterhalb des Weltmarktniveaus ausgeführt worden sein. Ähnliches gilt wohl für Produkte der sowjetisch-ungarischen Gesellschaften sowie für andere Exporte, die im Rahmen der Reparationen für die UdSSR bestimmt waren. Hinzugefügt sei, daß die ungarischen Reparationszahlungen den Staatshaushalt des Landes mit einem Ausgabenanteil von 26,4% im Jahre 1946 und 46,6% (!) im Jahre 1947 immens belasteten.[39] Eindeutig als massive Benachteiligung Polens seitens der Sowjetunion ist zu interpretieren, daß im Zusammenhang mit den zu Lasten des Deutschen Reiches vereinbarten Reparationen im August 1945 ein „Sonderpreis" von 1,25 $ für polnische Kohle festgelegt wurde, und das im voraus für einige Jahre, obwohl der Weltmarktpreis rd. 10,– $ ausmachte.[40]

Selbst wenn man argumentiert, daß zur damaligen Zeit die terms of trade für rohstoffexportierende Länder generell ungünstiger waren als für Exporteure von Fertigprodukten, so dürfte doch im Hinblick auf die verfügbaren Informationen die These zutreffen, daß zumindest in den frühen 50er Jahren die Sowjetunion von den „Preisabsprachen" mit den kleineren Partnerländern profitiert hat.

Erheblich transparenter ist das Phänomen des Strukturwandels, der als Konsequenz der Eingliederung Polens, der ČSSR und Ungarns in den sowjetischen Block zu betrachten ist. Es kann kein Zweifel darüber bestehen, daß die Sowjetunion ihre ökonomische und politische Hegemonie in die Waagschale warf, um die bilateralen Wirtschaftsbeziehungen in den ersten Nachkriegsjahren, v.a. im Zuge der frühen 50er Jahre, den eigenen Interessen gemäß auszubauen. Der von den Sowjets erzwungene Strukturwandel war für die drei hier untersuchten Länder nachteilig. Besonders die Tschechoslowakei mit ihrer vielfältigen, hoch entwickelten Industriestruktur litt unter der Abschottung vom wirtschaftlich und technologisch fortgeschrittenen Westen: anstelle moderner technologieintensiver Programme wurden dem rohstoffarmen Land riesige Mengen von Material verschlingende Produktionsverfahren aufgezwungen, die den komparativen Vorteilen dieser Volkswirtschaft in keiner Weise Rechnung trugen. Aber selbst Polen und Ungarn, Länder, die an sich vom Industrialisierungsprozeß zu profitieren hatten, waren überfordert, indem der ihnen aufoktroyierte Weg den jeweiligen naturgegebenen und ökonomischen Bedingungen zuwiderlief.

Es besteht kein Zweifel, daß die Sowjetisierung im ökonomischen Bereich den drei ostmitteleuropäischen Volkswirtschaften erheblichen Schaden zufügte. Die These, derzufolge der Industrialisierungsprozeß auf einer relativ niedrigen Stufe der wirtschaftlichen Entwicklung unter den Bedingungen einer zentralen Planwirtschaft sowjetischer Prägung erfolgreicher voranzubringen sei als unter marktwirtschaftlichen Bedingungen, ist durch die Erfahrungen Polens und Ungarns gründlich widerlegt worden.[41] Unumstritten ist um so mehr die für entwickelte Volkswirtschaften vom Typ der Tschechoslowakei zutreffende Aussage, daß nur eine totale Abkehr vom sowjetischen Modell in allen seinen Erscheinungsformen neue Entwicklungsperspektiven für moderne Industriegesellschaften eröffnen kann.

---

[39] J.K. Hoensch: Sowjetische Osteuropapolitik, S. 17.

[40] Ebenda.

[41] Die These von der Angemessenheit eines zentraldirektiven Planungssystems für wirtschaftlich rückständige Länder, die eine Überwindung ihrer Unterentwicklung anstreben, ist in zwei weiteren Arbeiten, an denen der Verfasser dieses Beitrages mitgewirkt hat, gründlich widerlegt worden (Sozialismus und Industrialisierung, hrsg. von P. Gey u.a., Frankfurt a.M. 1985; Crisis and Reform in Socialist Economies, edited by P. Gey u.a., Boulder 1987).

Sowjetisches Modell oder eigener Weg zum Sozialismus? Triebkräfte der Entwicklung der polnischen Wirtschaftsordnung 1944 bis 1950

von
Karl von Delhaes

I

Erklärungsbedürftig sind nicht so sehr die Veränderungen, denen die polnische Wirtschaftsordnung in wirtschaftlichen und politischen Wechsellagen vorübergehend immer wieder unterworfen war, sondern viel eher die Gleichförmigkeiten, die sich in ihr seit der Übernahme des sowjetischen Modells mit dem ersten 6-Jahres-Plan 1950–1955 stets erneut durchgesetzt haben: Ihre geringe Leistungsfähigkeit im Konsumbereich hat verschiedentlich Anlaß zu Unruhen und Aufständen gegeben. Selbst aus Kreisen der jeweiligen Führungskader verlautet von Zeit zu Zeit, daß etwa die unzureichende Innovationsfähigkeit des Wirtschaftssystems oder seine Schwäche bei der Produktion exportfähiger Waren die Verfolgung der politischen Ziele beeinträchtige. Schließlich ist gerade im Falle Polens bekannt, daß dieses System von den Betroffenen auch aus nationalen Emotionen als etwas Aufgezwungenes, ja als Herrschaftsinstrument der Sowjetunion abgelehnt wird.

Die relative Stabilität der der sowjetischen nachgebildeten Wirtschaftsordnung ist aber noch unter einem ganz anderen Blickwinkel keine Selbstverständlichkeit: Nach der Dialektik von Basis und Überbau, wie sie von Marx formuliert wurde, geschieht der Wandel der Produktionsverhältnisse, d.h. der Wirtschaftsordnung, in Anpassung an den Stand der Produktivkräfte, das technisch-ökonomische Entwicklungsniveau einer Volkswirtschaft. Sie erfolgt dann, wenn sich zwischen beiden solche Widersprüche aufgetan haben, daß es zu einer revolutionären Entladung kommt. Im Sozialismus gilt – nach der bislang gültigen Ideologie – dieses „Entwicklungsgesetz der Gesellschaft" ebenfalls. Allerdings werden die sich ergebenden Widersprüche als „nicht antagonistisch" bezeichnet und jegliche Anpassung vollzieht sich – gemäß dem Selbstverständnis der herrschenden Partei – planmäßig und evolutorisch. Es hätte hiernach also der verschiedene wirtschaftliche Entwicklungsstand der Länder, die seit dem Zweiten Weltkrieg das sozialistische Lager konstituieren, unterschiedliche Wirtschaftsordnungen erfordert; die seitdem erfolgte Fortentwicklung (auch in der Sowjetunion selber) hätte von einem wesentlichen Systemwandel begleitet sein müssen.[1]

Dafür daß ein Wandel trotz vielfacher Ansätze (z.B. DDR 1953, Ungarn 1956, Polen 1956–58, ČSSR 1968, Polen 1980–81) ausblieb, ist im Westen (öffentlich) wie im Osten (nicht öffentlich) vor allem die Begründung zu finden, daß die Sowjetunion dies

---

1 Derselben Argumentation bediente sich auch St. Kania im Referat des Zentralkomitees auf dem 9. Außerordentlichen Parteitag der PVAP bei der Erklärung der gegenwärtig noch andauernden polnischen Wirtschaftskrise: „Die Hauptursache bildet jedoch der Widerspruch zwischen den sich stürmisch entwickelnden Produktivkräften und dem auf unverändertem Niveau aufrechterhaltenen Leitungs- und Verwaltungssystem der Volkswirtschaft... Dieser Widerspruch hat sich in den 70er Jahren ganz entschieden vertieft." Siehe: Polens Gegenwart Nr. 15/16 (August 1981), S. 22.

nicht erlaube.[2] Auf anderer Ebene herrscht gleichermaßen Übereinstimmung in dem Argument, solche wesentlichen Änderungen scheiterten an ideologischen Barrieren, wobei allenfalls strittig bleibt, inwieweit die Ideologie hier nur Vehikel für den erstgenannten Faktor ist.

An Belegen und Indizien, daß der Widerstand der Sowjetunion (oder der „sozialistischen Staatengemeinschaft") Reformen verhindert oder erstickt hat, fehlt es nicht. Sie sind von Zeithistorikern wohl auch ausreichend untersucht worden. Zu klären wäre allerdings, ob dieser Widerstand immer auch der Abwandlung der Wirtschaftsordnung galt, und weiter, worin gegebenenfalls ein anscheinend existentielles Interesse am Fortbestand eines bestimmten Wirtschaftssystems in anderen Ländern begründet sein könnte.

Immerhin sind auch einige Tatsachen zu nennen, die nicht recht in dieses Erklärungsmuster passen: Innerhalb des direkten Einflußbereiches der Sowjetunion hat es in Ungarn seit geraumer Zeit und auch in Polen schon vor der unter Gorbatschow begonnenen Liberalisierungsdiskussion Reformansätze gegeben, die nach der erklärten Absicht auf mehr Marktorientierung zielen. Von Einsprüchen der östlichen Führungsmacht ist hier kaum etwas bekannt geworden, während verschiedene, auch offizielle Berichte von inneren Widerständen verschiedenster Art handeln. Von den sozialistischen Ländern, die außerhalb des direkten militärischen Zugriffs liegen, haben sich zwar Jugoslawien und neuerdings wohl auch China zum sowjetischen Modell emanzipiert; Albanien andererseits hat das traditionelle System beibehalten und Kuba sich ihm wieder angenähert.[3]

Wendet man sich den Motiven der ordnungspolitischen Entscheidung Polens nach dem Kriege zu, sollte deshalb untersucht werden, ob das schließlich übernommene sowjetische Modell jenseits ideologischer, entwicklungs- und außenpolitischer Gesichtspunkte Merkmale aufweist, die es in der damaligen Situation als innenpolitisches Instrument attraktiv erscheinen ließen. Dies ist zwar keineswegs ein neuer, wie mir scheint aber ein oftmals zu gering gewichteter Ansatz der Interpretation des damaligen Geschehens. Hierzu erscheint es als zweckmäßig, zunächst die in solchem Zusammenhang interessierenden Grundzüge der Zentralverwaltungswirtschaft sowjetischen Typs zu skizzieren und ihre Übernahme in Polen, wie sie sich in Konkurrenz zu einem eigenen Weg zum Sozialismus vollzog, nachzuzeichnen. Daran wird dann zu prüfen sein, welchen Erklärungsbeitrag die verschiedenen denkbaren Triebkräfte dieser Entwicklung leisten.

II

Eine in unserem Zusammenhang wesentliche Eigenschaft der Zentralverwaltungswirtschaft sowjetischen Typs ist sicherlich die Verquickung des politischen mit dem wirtschaftlichen Lebensbereich. Sie geht weit über das hinaus, was Marx für den Kapitalis-

---

2 Daß diese Erklärung nicht als ergänzungsbedürftig empfunden wird, zeigt sich beispielhaft an der apodiktischen Feststellung eines deutschen Nachrichtenmagazins: „Alle Versuche, die nationalen Eigenheiten wieder herzustellen, sowie das Wirtschafts- und Gesellschaftsmodell der Sowjetunion per Reform zu verbessern, scheiterten am mißtrauischen Veto der Kreml-Führung." Siehe: Der Spiegel, Nr. 9 (1987) vom 27.2.1987, S. 147.

3 Vgl. C. Mesa-Lago: Das kubanische Wirtschaftsmodell in den 80er Jahren: Konflikte zwischen Ideologie und Praxis, in: Sozialismus und Industrialisierung, hrsg. v. P. Gey, Frankfurt u.a. 1985, S. 286–308, hier S. 290, 298.

mus diagnostiziert hat. Dies ist schon den ideologischen Vorgaben aus der Frühzeit der Sowjetmacht zu entnehmen, als die zukünftige Wirtschaftsordnung des Reiches noch keineswegs Gestalt angenommen hatte: In einer Auseinandersetzung mit Bucharin und Trotzki betonte Lenin 1921: „Politik ist der konzentrierteste Ausdruck der Ökonomik…“ und weiter „Die Politik hat notwendigerweise das Primat gegenüber der Ökonomik. Anders argumentieren heißt, das Abc des Marxismus vergessen“.[4] Konkreter noch wird diese Auffassung bei Preobraženskij formuliert:

> „Der proletarische Staat und die proletarische Wirtschaft bilden im vollen Sinne des Wortes ein einziges Ganzes. Dieses Zusammenschweißen der politischen und der ökonomischen Macht läßt sowohl die politische Stärke des Staates als auch die ökonomische Stärke der Staatswirtschaft in ungeheurem Ausmaße anwachsen“.[5]

Während des ersten, 1928/29 begonnenen Fünfjahresplanes erhielt das sowjetische Modell seine weiterhin verbindliche Form. Dominierendes Prinzip der Koordination des Wirtschaftsprozesses wurde die naturale Güterbilanzierung und die daraus abgeleiteten mengenmäßigen Produktionsziele und Faktorzuteilungen für die vergesellschafteten Betriebe. Diese Art der Herstellung des gesamtwirtschaftlichen Rechnungszusammenhanges erfordert logisch eine größtmögliche Zentralisierung, da sie kein System relativer Preise hervorbringt, das die Betriebe bei eigenständigen Entscheidungen im Sinne eines ökonomischen Faktoreinsatzes leiten könnte. Die Produktionseinheiten haben die nach technischen Koeffizienten zugewiesenen Material- und Faktormengen in der Produktion bestimmter Güterkontingente zu verwenden und ihr wesentlicher Erfolgsmaßstab ist die Einhaltung der in der vorgesetzten Behörde geplanten Größen.

Abwägungen gesamtwirtschaftlicher Knappheiten sind sonach nur an der Spitze der Administration möglich, wo allein das Aufkommen an Gütern und Faktoren dem Bedarf in den Bilanzen gegenübergestellt wird. Nicht nur kann die Zentrale ihre Präferenzen dabei allen anderen Interessen in der Planung und Bedienung des Bedarfes voranstellen, die Prämissen ihres ökonomischen Kalküls brauchen den übrigen Teilnehmern am Wirtschaftsprozeß auch nicht offengelegt zu werden und unterliegen deshalb keinem Rechtfertigungszwang.

Es ist wahrscheinlich, daß bei Stalin, unter dessen Führung sich dieses System etablierte, das Interesse an den politischen Vorteilen einer solchen Wirtschaftsordnung gegenüber ihren wirtschaftlichen Qualitäten, sofern sie sich damals überhaupt einschätzen ließen, überwog.[6] Zwar betonte er immer wieder die Notwendigkeit der raschen Bewältigung des russischen Industrialisierungsrückstandes, besonders im Hinblick auf die Rüstung. Wesentliche Gesichtspunkte dürften aber auch der Zusammenhalt des Reiches, die vollständige Neustrukturierung der Gesellschaft (begründet durch die These des „dauernd sich verschärfenden Klassenkampfes“) und, damit einhergehend, die Machterhaltung und -ausweitung der Parteibürokratie gewesen sein.

Die folgende, sicherlich noch nicht umfassende Liste nennt einige aus dem Modell ableitbare Eigenschaften der Sowjetwirtschaft, die neben den bereits er-

---

4 Aus der 1921 erschienenen Broschüre „Noch einmal über die Gewerkschaften, die gegenwärtige Lage und die Fehler Trotzkis und Bucharins“, zitiert nach Lenin, Werke, Bd. 32, Berlin 1961, S. 58–100, hier S. 73.

5 Siehe E. A. Preobraženskij: Die neue Ökonomik, Berlin 1971 (zuerst erschienen 1926), S. 167.

6 Eine ausführliche Schilderung der Stalinschen Politik in dieser Zeit findet sich bei O. Šik: Das kommunistische Machtsystem, Hamburg 1976, insbes. S. 44–74.

wähnten Wesenszügen geeignet erscheinen, den eben genannten Zielsetzungen dienlich zu sein:

- Alle Vorhaben, die materielle Güter zu ihrer Verwirklichung bedürfen, können prinzipiell durch deren Zuteilung bzw. Nichtzuteilung direkt gesteuert werden.
- Gesellschaftliche Präferenzen bzw. Präferenzen der Führung lassen sich so gegenüber individuellen Präferenzen der Bürger ohne Rekurs auf Gesetzgebung und Besteuerung jederzeit durchsetzen.
- Insonderheit läßt sich die Aufteilung der zur Verfügung stehenden Produktionsmittel auf Konsum- und Investitionsgüterherstellung (die Akkumulationsrate) unmittelbar festlegen, wobei die Protestschwelle der Bevölkerung einziges begrenzendes Datum ist.
- Die Wirtschaftsverwaltung bietet ein großes Potential von Stellen jeglicher Abstufung, in denen Loyalität zur vorgesetzten Stelle – der Natur des Systems entsprechend – erstes und zuweilen einziges Qualifikationsmerkmal ist.
- Geld als nur unvollkommen kontrollierbares Medium individueller Selbständigkeit spielt eine untergeordnete Rolle.
- Ein auf privatrechtlicher Verfügungsmacht gründender Einfluß von Individuen, Gruppen oder Schichten ist weitgehend ausgeschlossen.
- Da notwendig nach Güterarten bilanziert werden muß, setzt sich in der Leitungsstruktur das zentralisierende Branchenprinzip immer wieder zu Lasten lokaler und regionaler (wie auch funktionaler) Organisationsansätze durch.

Mit dieser Liste soll nicht suggeriert werden, daß alle oder einzelne dieser Merkmale zur Erklärung der ersten Grundentscheidung für eine solche Wirtschaftsordnung ausreichen. Schließlich mußte sie nach der stark ideologisch beeinflußten Beseitigung des Sondereigentums an Produktionsmitteln dem Prinzip nach als die gegebene Alternative erscheinen. Auch gab es mangels Erfahrung einen weitverbreiteten Optimismus hinsichtlich der Überlegenheit zentraler Leitung und Planung. Für die Stabilität dieser Art Wirtschaftssystem trotz immer deutlicher zu Tage tretender Mängel und seine weitere Ausbreitung im sowjetischen Machtbereich waren sie jedoch von wesentlicher Bedeutung.

III

In Polen waren die Voraussetzungen für eine radikale Neugestaltung der Wirtschaftsordnung fraglos günstig. Der erhebliche Anteil verwaisten jüdischen und deutschen Besitzes am Produktivvermögen des alten Staatsgebietes wie auch insbesondere der Zugewinn an Schwerindustrie in den neuen Westgebieten begünstigte nach offizieller Geschichtsschreibung „die Übernahme dieser Industriebetriebe, des gesamten Transportwesens und der Banken durch den polnischen Staat unter antifaschistischen, demokratischen und nationalen Losungen".[7] Mißtrauen gegenüber einem allein auf Privatinitiative gründenden Wirtschaftssystem läßt sich nahezu für das gesamte Spektrum der seinerzeit existierenden polnischen Parteien nachweisen, was übrigens dem damaligen europäischen Trend entsprach. Da die faktische Macht in Händen der Roten Armee lag, war ein sozialistischer Weg vorgezeichnet.

Andererseits schien zu Beginn nicht viel für die Übernahme des sowjetischen Modells zu sprechen. Wie in allen von der Sowjetunion besetzten Gebieten war auch in Polen die Bildung einer Volksfrontregierung das Gebot der Stunde. Die Linksparteien

---

[7] Siehe: W. Góra: Volksrepublik Polen, Berlin (O) 1979, S. 45.

aber befanden sich, gemessen an Mitgliederzahl und Wählerpotential der Vorkriegszeit, in der Minderheit. Ihre Traditionen, Leitideen und Grundforderungen hatten auch für die vorwiegend kleinbäuerlich geprägte Bevölkerungsmehrheit keine große Anziehungskraft. Die Polnische Sozialistische Partei (PPS), vor dem Kriege zahlenmäßig stärkste Gruppierung im linken Spektrum, entwickelte und vertrat überdies schon während des Krieges ein Programm[8], das eine Koexistenz verschiedener Eigentumsformen im neu zu errichtenden polnischen Staat vorsah. Insbesondere aber wurde ausdrücklich eine zentralistische, bürokratische Organisation der Wirtschaft mit ähnlichen Argumenten abgelehnt, wie sie sich schon bei Karl Kautsky, einem der ersten marxistischen Kritiker des Leninismus, finden. Dieser meinte, daß das Los der Arbeiter sich dort kaum verändern würde, wo die Staatsbürokratie den Platz der Privatkapitalisten übernähme.[9] So wird in diesem Programm ausdrücklich von Vergesellschaftung und nicht von Verstaatlichung der Produktionsmittel gehandelt. Diese Wortwahl entspricht der Forderung nach weitgehender Selbstverwaltung der Betriebe.[10]

Als Gewährsmann für einen eigenen polnischen Ansatz in der Frage des geeigneten sozialistischen Wirtschaftssystems wird immer wieder Oskar Lange zitiert. Insofern die theoretische Behandlung des Problems angesprochen ist[11], trifft dies unbestreitbar zu. Im praktisch-politischen und im ideologisch-propagandistischen Bereich verlief die von Lange verfolgte Linie freilich, wie noch zu zeigen sein wird, späterhin nicht immer eindeutig. Gleichwohl machten ihn sein internationales und nationales Renommee sowie seine intellektuelle Potenz zu einem der wichtigsten Teilnehmer der Debatte, dessen programmatische Äußerungen für die Ausrichtung der sozialistischen Partei, wenn nicht immer repräsentativ, so doch von großem Einfluß waren.[12] Noch zur Zeit des Hitler-Stalin-Paktes stellte er in einer englischsprachigen Zeitschrift fest:

> „Ohne demokratische Praxis und Kontrolle ist politische Macht nichts als ein Privileg, das jenen wirtschaftliche Vorteile verschafft, die im Besitz der politischen Macht sind. ... Mit dieser Argumentation traten die Sozialisten in jüngster Vergangenheit auch jenen Kommunisten entgegen, die glaubten, die industrielle und wirtschaftliche Demokratie lasse sich errichten, wenn man eine einzige politische Partei mit unkontrollierten diktatorischen Machtbefugnissen ausstattet. Die tragische Erfahrung des sowjetischen Volkes hat die Richtigkeit der sozialistischen Auffassung nur zu klar bewiesen".[13]

---

[8] Program Polski Ludowej, Warszawa 1941, konkretisiert in: Materiały do programu Polski Ludowej, Zesz. I: Organisacja produkcji, o. O. 1942.

[9] Vgl. u. a. K. Kautsky: Sozialdemokratische Bemerkungen zur Übergangswirtschaft, Berlin 1918, S. 19 ff., oder ders.: Von der Demokratie zur Staatssklaverei, Berlin 1921, S. 109 ff.

[10] Vgl. Program Polski Ludowej.

[11] Im Widerspruch zur These L. v. Mises, daß eine geschlossene Wirtschaftsrechnung ohne Privateigentum an Produktionsmitteln nicht möglich sei (Die Wirtschaftsrechnung im sozialistischen Gemeinwesen, in: Archiv f. Sozialwissenschaften 1920) und in Anknüpfung an E. Barones Artikel: Il ministro de la produzione nello stato collettivista, in: Giornale degli Economisti 1908, verfaßte Lange 1936/37 einen längeren Beitrag: On the Economic Theory of Socialism (Review of Economic Studies), der Auftakt zu einer bedeutsamen Diskussion über die Funktionsfähigkeit sozialistischer Wirtschaftssysteme war und bis heute eine große Zahl von Modellen des „Dritten Weges" inspiriert hat. Erstmals vollständig in polnischer Sprache veröffentlicht wurde er wahrscheinlich 1947 (vgl. das Vorwort von H. Jęndruszczak in: Wizje gospodarki socjalistycznej w Polsce, Warszawa 1983, S. 10).

[12] Vgl. hierzu z. B. das Vorwort von M. Chałubiński und A. Jędras zu O. Lange: Wizje gospodarki socjalistycznej, Warszawa 1985, S. XXXII.

[13] Siehe O. Lange: Was ich unter Sozialismus verstehe, zuerst erschienen 1940, hier zitiert nach der Übersetzung in ders.: Ökonomisch-theoretische Studien, Frankfurt 1977, S. 329.

In einem 1943 in der Emigrationszeitschrift Nowa Polska erschienenen, aber auch in den ersten Nachkriegsjahren in Polen mehrfach, zuletzt im Przegląd Socjalistyczny 1947, abgedruckten Artikel zum Thema „Wirtschaftliche Grundlagen der Demokratie in Polen[14] nennt Lange als wichtigste Anforderung an die neue Wirtschaftsordnung neben der Gewährleistung der Vollbeschäftigung und einer gerechten Verteilung die Verhinderung der Konzentration wirtschaftlicher Macht sowohl in den Händen von Kapitalisten als auch in den Händen einer Staatsbürokratie. Er führt aus:

> „Die Vergesellschaftung vieler Bereiche des wirtschaftlichen Lebens beseitigt die der Demokratie von seiten des privaten Kapitals drohenden Gefahr und die Gefahr, die sich aus der durch monopolistische Praktiken hervorgerufenen Arbeitslosigkeit ergibt. Gleichzeitig entsteht durch die Vergesellschaftung eine ebenso bedrohliche Gefahr für die Demokratie in Gestalt der Konzentration wirtschaftlicher Macht in den Händen der staatlichen Bürokratie und der damit verbundenen Privilegien bei der Verteilung des Volkseinkommens. Deshalb sind alle wirtschaftlichen Entscheidungszentren:
> 1) strikt vom politisch-administrativen Staatsapparat zu trennen (ähnlich wie z. B. die unabhängigen Gerichte von der Exekutivgewalt getrennt sind);
> 2) nach den Prinzipien demokratischer Selbstverwaltung und demokratischer Kontrolle von unten zu organisieren (z. B. mittels Wahl der Selbstverwaltung durch Vertreter unabhängiger Interessengruppen wie Konsumenten, Arbeiter u. ä.).
>
> Darüber hinaus muß die demokratische Kontrolle durch die Existenz einer unabhängigen Arbeiterbewegung (speziell gewerkschaftlich), eines unabhängigen Genossenschaftswesens sowie geeigneter Organisationen zur Vertretung der wirtschaftlichen Interessen der Bauern gestärkt werden“.[15]

Dieses Zitat umreißt die Grundzüge der ordnungspolitischen Vorstellungen der PPS, wie sie in vielen Debatten und Veröffentlichungen bis zur Vereinigung mit der PPR Ende 1948 (und vereinzelt noch später) vorgetragen wurden. Zugleich sind damit auch die Punkte angesprochen, bei denen es im Verlauf der ersten Nachkriegsjahre zu zunehmenden Konfrontationen mit der PPR kam.[16]

Weit schwieriger ist es, eine einheitliche, die zukünftige Wirtschaftsordnung Polens betreffende programmatische Linie der PPR festzustellen. Da das entrückte Ziel des schließlichen Einmündens in den Kommunismus ideologisch unantastbar war, konnten Unterschiede nur in der Interpretation der von Marx eher flüchtig skizzierten und von Lenin entsprechend den Wechsellagen nach der Oktoberrevolution variierten Lehre vom Übergang bestehen. Eine gewisse Austauschbarkeit zwischen taktischen und grundsätzlichen Positionen war damit vorprogrammiert.

Am ehesten lassen sich die bis 1948 häufig mehrdeutigen Positionsbestimmungen der PPR ordnen, wenn man von zwei Fraktionen ausgeht. Die eine gruppierte sich um die Führung der 1942 wiedergegründeten und im polnischen Untergrund operierenden Partei mit W. Gomułka an der Spitze. Eine erste Erklärung vom März 1943 „O co walczymy“ zeigte zwar noch Anklänge an den klassischen Kanon kommunistischer Forderungen, darunter insbesondere das Postulat nach Einführung des Grundsatzes

---

14 O. Lange: Gospordarcze podstawy democracji w Polsce, hier zitiert nach dem wahrscheinlich ersten polnischen Neudruck seit 1947 in ders.: Wizje gospodarki..., S. 313–318.

15 Siehe ebenda, S. 316 (eigene Übersetzung).

16 Die wohl seit Jahrzehnten ausführlichste und relativ ausgewogenste Darstellung dieser Diskussion gibt unter Verwendung einer Fülle von Archivalien und privater Korrespondenz J. Jagiełło insbes. in Teil V seines Buches „O polską drogę do Socjalizmu“, Warszawa 1983, S. 151–216.

der Planung „in allen Bereichen des wirtschaftlichen und kulturellen Lebens, der Einführung der Kontrolle der Produktion durch Fabrik-Komitees in den vergesellschafteten Betrieben“ [17] und eine entschädigungslose Enteignung allen Landbesitzes über 50 ha. Dies rief jedoch sogleich Kritik aus Moskau hervor: Der Generalsekretär des Exekutivkomitees der damals noch bestehenden Kommunistischen Internationalen telegraphierte, daß in der gegebenen Etappe die sozialistische Grundordnung als Plattform nicht hervorgehoben werden solle und daß die künftige Gestaltung Polens demokratisch und nicht sowjetisch zu sein hätte. [18] So wurde im November 1943 eine zweite Erklärung gleichen Namens abgegeben, die nun viel eher den schon auf dem letzten Kongreß der III. Internationalen 1935 verkündeten [19] und von der Sowjetunion in den ersten Nachkriegsjahren favorisierten Volksfrontprinzipien entsprach. Auch in Polen ist heute umstritten, ob diese programmatische Verlautbarung, die auf Lösungen gemäß den speziellen polnischen Gegebenheiten abstellte und u. a. von der Kollektivierung der klein- und mittelbäuerlichen Betriebe abrückte, von ihren Verfassern als Grundsatzentwurf oder als taktisch-propagandistisches Instrument verstanden wurde. [20]

Tatsache ist, daß in den Reihen der Partei selbst die zweite Auffassung verbreitet war, was mehrfach Anlaß zur Richtigstellung seitens der Führung gab. [21] Auch war ja, wie dies die Sprachregelung im Verkehr mit Moskau wie innerhalb der Partei deutlich macht, immer die – allerdings zeitlich nicht eingegrenzte – Übergangsperiode angesprochen. Andererseits hielten Gomułka und seine Gefolgsleute aus dieser Zeit mit gewissen Einschränkungen bis 1948 an der Linie eines polnischen Weges und der Ablehnung einer Übernahme des sowjetischen Modells fest, was dann auch zu ihrer Entfernung aus der Parteispitze führte. Es ist daher nicht von der Hand zu weisen, daß, wie Brzezinski meint, die persönlichen Erfahrungen der im Lande verbliebenen Kommunisten, das Schicksal der 1938 von Stalin aufgelösten Vorgängerpartei und die spezifischen polnisch-russischen Beziehungen und ihre Wechsellagen während des Krieges dazu beigetragen haben, daß diese sich in der Interpretation der „Übergangslehre“ eine gewisse Eigenständigkeit bewahrten. [22]

Weit wendiger zeigten sich die während des Krieges in der Sowjetunion gebildeten Gruppen polnischer Marxisten: ZPP (Vereinigung polnischer Patrioten) und CBKP (Zentralbüro der polnischen Kommunisten in der UdSSR). Dies wurde durch ihre Nähe zum Zentrum sowjetischer Macht nicht nur erleichtert, sondern wohl auch erzwungen. Äußerst gemäßigt nahmen sich die Forderungen der „Deklaracja ideowa“ des ZPP von Juli 1943 aus: Das wirtschaftliche Programm erwähnt neben einer Landreform lediglich das Verbot der Kartelle und vermehrte Planung der Wirtschaft. Im übrigen beschäftigt sie sich mit der außenpolitischen Lage und Verfassungsproblemen der Machtübernahme. [23] Ihrem Verfasser, A. Lampe, darf man wohl noch die Befürwortung eines

---

[17] Siehe: Kształtowanie się podstaw programowych PPR w latach 1942–1945, Warszawa 1958, S. 95.

[18] Vgl. J. Jagiełło: O polską drogę…, S. 43, Anm. 8.

[19] Vgl. L. Kolakowski: Hauptströmungen des Marxismus, Bd. 3, München 1979, S. 127f.

[20] Vgl. J. Jagiełło: O polską drogę…, S. 48.

[21] Vgl. ebenda, S. 44, insbes. Anm. 10.

[22] Vgl. Z. Brzezinski: The Soviet Bloc – Unity and Conflict, 2. erw. Aufl. Cambridge (Mass.) 1967, S. 48f. Jagiełło verweist in diesem Zusammenhang auf das unterschiedliche Informationsniveau über die tatsächliche Lage in Polen und die Kommunikationsprobleme (O polską drogę…, S. 71). Ab Ende 1943 dürfte dies aber keine ausreichende Begründung mehr gewesen sein.

[23] Vgl. J. Jagiełło: O polską drogę…, S. 64f.

polnischen Weges aus Überzeugung unterstellen. In seinen persönlichen Notizen finden sich u. a. folgende Bemerkungen: „Irgendein Eingreifen von außen muß in Polen ungeheure Gegnerschaft, Widerstand und Kämpfe hervorrufen, mit der Folge, daß immer stärkere Einmischung nötig würde. ... solch ein Zustand wäre sowohl für die UdSSR wie für eine normale fortschrittliche Entwicklung Polens unerwünscht"[24] sowie weiter: „Polen braucht einen eigenen Weg der Entwicklung und nicht das Nachäffen westlicher oder auch östlicher Muster"[25] und schließlich „Es ist theoretisch möglich und jedenfalls nicht ausgeschlossen, daß Polen sich wirtschaftlich und politisch in sozialistische Richtung entwickelt, auf friedlichem Wege, ohne Bürgerkrieg und sogar ohne Zwangsenteignung dessen, was in Polen von der Bourgeoisie noch übriggeblieben ist".[26]

Lampe starb jedoch Ende 1943, und für die übrige Führung der ZPP, die zur selben Zeit das CBKP mitbegründete, scheint eher die Einstellung von H. Minc kennzeichnend: Er betrachtete die programmatischen Forderungen der Deklaration lediglich als „konkrete tagespolitische Linie" und kritisierte in diesem Zusammenhang die vorgesehene Bildung einer (nichtmarxistischen) Einheitspartei wie folgt: „Wenn die Situation in Polen sich auch in Richtung der Liquidation eines Teils der Parteien entwickelt, gibt es keinen Grund, schon darüber zu sprechen. Erst schlagen und dann schreien – und nicht umgekehrt".[27] Ähnlich muß dann wohl auch die Kritik des CBKP an verschiedenen Ausarbeitungen zur zukünftigen Wirtschaftsordnung Polens verstanden werden: Oskar Lange konnte sich noch 1948 auf der letzten Sitzung des Parteivorstandes der PPS vor der Vereinigung mit der PPR gegen Kritik an seinem oben zitierten Artikel über die „Wirtschaftlichen Grundlagen der Demokratie in Polen"[28] mit dem Argument wehren, er sei von Funktionären der ZPP Mitte 1944 als zu radikal bewertet worden.[29] Eine ähnliche Kritik erfuhren auch die Ausarbeitungen eines Arbeitskreises für gesellschaftlich-wirtschaftliche Planung beim KRN, dessen Gründung durch die PPR am 1. 1. 1944 in Moskau ebenfalls nicht günstig aufgenommen worden war.[30]

Die von dem genannten Arbeitskreis entwickelten Vorstellungen haben bei der Gestaltung der polnischen Wirtschaftsordnung nach dem Kriege keine Wirkung gezeigt. Bemerkenswert aber ist, daß die – sicherlich unter starkem Einfluß der PPS – erarbeitete Konzeption eines gesonderten Wirtschaftsnationalrates, zusammengesetzt aus Vertretern der Gewerkschaften, Genossenschaften, Bauern, privaten Kleinproduzenten und einem von den Arbeiterkomitees der Betriebe delegierten zentralen Arbeiterkomitee, dem entscheidende Funktionen in der Wirtschaftspolitik zufallen sollten[31], deut-

---

24 Ebenda, S. 58. Ein Brief von S. Jęndrychowski an Jagiełło bestätigt, daß diese Notizen seinerzeit niemandem bekannt waren (S. 56, Anm. 31).

25 Ebenda, S. 55, Anm. 28 (eigene Übers.).

26 Ebenda, S. 61, Anm. 36 (eigene Übers.).

27 Ebenda, S. 67, Anm. 44.

28 Vgl. oben O. Lange: Gospodarcze podstawy.

29 Vgl. M. Chałubiński und A. Jędras: Vorwort zu O. Lange: Wizje, S. XXXVI.

30 Dafür spricht u. a. die etwa gleichzeitige Gründung des PKN als provisorische nationale Vertretung durch die ZPP in Moskau. Hierüber kam es mit dem Zentralkomitee der PPR zu einem kritischen Briefwechsel. Vgl. dazu Z. Brzezinski: The Soviet Bloc..., S. 49, oder J. Jagiełło: O polską drogę..., S. 69 ff. Die Darstellung bei Neumann in E. Birke, R. Neumann (Hrsg.): Die Sowjetisierung Ostmitteleuropas 1945–1957, Marburg 1959, S. 67, erscheint deshalb zumindest unvollständig.

31 Vgl. J. Jagiełło: O polską drogę..., S. 74 f.

liche Parallelen im Programm der Gewerkschaft „Solidarität" vom Oktober 1981 findet.[32] Gleiches gilt für die Forderung nach Stärkung des Genossenschaftswesens und der regionalen Selbstverwaltung.

IV

Erste Ansätze zur konkreten Gestaltung des Wirtschaftslebens begannen mit der Bildung des PKWN im Juli 1944. Bekanntlich besetzte die PPR in diesem Komitee nur die Ressorts: innere und äußere Sicherheit, Information, Propaganda und Bildung, während die Wirtschaftsressorts an die PPS, die Landwirtschaft an die SL vergeben wurde. Allerdings gab es noch ein Büro für Wirtschaftspolitik beim Präsidium des PKWN, dem H. Minc vorstand.[33]

Es ist sicherlich nicht zweckmäßig, unter den ersten wirtschaftlich- und ordnungspolitischen Maßnahmen eine zielstrebige Grundsteinlegung für den Nachbau des sowjetischen Wirtschaftsmodells auf polnischem Boden noch auch den Beginn eines eigenen polnischen Weges zum Sozialismus finden zu wollen. Zu allererst waren sie ein Versuch, in den von der Roten Armee bereits eroberten Landesteilen Produktion und Versorgung wieder in Gang zu bringen. Allerdings lassen sich jenseits dieser Prioritäten bereits Strömungen feststellen, die in unterschiedliche Richtung wiesen. Wenn man von den im PKWN noch vertretenen bürgerlichen und bäuerlichen Interessen absieht, die im weiteren Verlauf bald zurückgedrängt wurden, gingen die Strömungen einerseits von einer stärkeren Gruppe innerhalb der PPS und andererseits von Teilen der PPR aus, die sich um vormalige Mitglieder des CBKP scharten. Für viele Aktivisten beider Parteien wird man gleichwohl zu dieser Zeit noch Voreingenommenheit mit Tagesproblemen, Opportunismus oder auch eine eher vermittelnde Haltung unterstellen können.

Das CBKP hatte in einer Stellungnahme zum Entwurf des Julimanifestes, ganz im Sinne der von Moskau favorisierten tagespolitischen Linie, gemahnt, daß „die Verwirklichung einer Volksfront eine Reihe von Kompromissen erfordert, die das Lager der Feinde spalten, ohne auf Grundlegendes zu verzichten, d.h. Kompromisse, die die wichtigsten Forderungen der breiten Volksmassen erfüllen und eine günstige Ausgangsposition für die Zukunft schaffen".[34] Da diese Taktik erst mit zunehmender Konsolidierung der kommunistischen Position in Polen nach und nach aufgegeben wurde, läßt sich eigentlich nur im nachhinein, in Kenntnis der späteren Entwicklung, so etwas wie ein konzertierter „Marsch durch die Institutionen" in Richtung Sowjetisierung konstatieren, ein Verfahren, das, wie etwa Brzezinski warnt[35], leicht zu einem verzerrten Bild führen kann. Man gelangt dann sogleich zu der weithin akzeptierten Vorstellung, daß die zunehmende „Gleichschaltung" auch des wirtschaftlichen Lebensbereiches in Polen wie anderswo durch Moskau von langer Hand vorbereitet und von dort gesteuert wurde. Wenn den Grundzügen dieses Bildes auch nicht unbedingt widersprochen werden muß, so scheint es doch von Interesse, in Ergänzung der These nach-

---

[32] Vgl. Program NSZZ „Solidarność" uchwalony przez I Krajowy Zjazd Delegatów vom 7.10. 1981, insbes. „VI. Die Selbstverwaltete Republik" und Vorschlag Nr. 2 im Anhang zu diesem Programm. Dtsch. Übersetzung in: Dokumentation Ostmitteleuropa, Heft 1/2 (1982), S. 117–120 und S. 124 f.

[33] Vgl. W. Góra: Volksrepublik Polen..., S. 26 und S. 50, Anm. 15.

[34] Zitiert nach der Dokumentation „Z archiwów polskich komunistów" in: Zeszyty Historyczne (Paryż) Nr. 26, 1973, S. 186–202, hier S. 192 (eigene Übersetzung).

[35] Vgl. Z. Brzezinski: The Soviet Bloc..., S. 47.

zugehen, daß einzelne Schritte, die die polnische Wirtschaftsordnung dem sowjetischen Modell annäherten, aus den Sachzwängen resultierten, denen sich eine Minderheit[36] ohne große Basis im Lande bei dem Vorhaben der totalen Machtübernahme konfrontiert sah. Damit rückt die Wirtschaftsordnung vornehmlich als politisches Mittel und nicht als politisches Ziel ins Blickfeld.

Eine der ersten Ordnungsfragen, an der dies deutlich wird, war die Arbeiterselbstverwaltung.[37] Der Zustand der Wirtschaft in den von der Roten Armee eingenommenen Gebieten ließ wegen unsicherer Kommunikation und des Mangels an übergreifender Organisation zunächst kaum etwas anderes zu als die Bildung lokaler Komitees zur Fortführung oder Ingangsetzung der Produktion in den von ihren Eigentümern verlassenen Betrieben. Den programmatischen Vorstellungen der PPS kam diese Entwicklung entgegen, und überdies kann man davon ausgehen, daß die Sozialisten, die vor dem Kriege – im Gegensatz zu den Kommunisten – eine starke Basis in der Gewerkschaft hatten, auch in den Komitees der ersten Stunde, die sich vornehmlich aus den Belegschaften rekrutierten, den größeren Einfluß besaßen.[38] Das Interesse der PPR dagegen ging aus diesem Grund und wegen der „bürgerliche" Ängste berücksichtigenden „tagespolitischen Linie" in eine andere Richtung[39], so daß eine erste Instruktion des PKWN in dieser Frage einen ernannten Direktor mit alleiniger Exekutivgewalt sowie je einen Vertreter des örtlichen Nationalrates und der Belegschaft als Führungsgremien vorsah.[40]

Diese Regelung scheint keine erheblichen Auswirkungen gehabt zu haben[41] und befriedigte anscheinend weder die bereits bestehenden Fabrikkomitees[42] noch die PPS, so daß B. Drobner (PPS), Ressortleiter für Arbeit, Soziales und Gesundheit im PKWN, im Oktober 1944 einen stärker belegschaftsorientierten Entwurf vorlegte. Obwohl offenbar die Fabrikkomitees und Teile der PPS-Basis ihn immer noch als eher halbherzig empfanden, wurde die Diskussion von seiten der PPR trotz vieler Lippenbekenntnisse zur Arbeiterselbstbestimmung verschleppt. So insistierte H. Minc auf einer differenzierten Gestaltung der Kompetenzen der Betriebsräte in staatlichen und in kapitalistischen Betrieben.[43] Nachdrücklich betonte er in jener Zeit nämlich immer wieder den

---

36 Bei W. Lamentowicz: Die Legitimation der politischen Herrschaft in Polen seit 1944 = Berichte des Bundesinstituts für ostwissenschaftliche und internationale Studien, H. 23, Köln 1986, S. 14f., wird eine Minderheitsposition der schließlichen Machthaber in dreifacher Hinsicht konstatiert: Die Minderheit der Linken im Nachkriegsparteienspektrum, die Minderheit der PPR unter den Linken und die „sektiererische stalinistische Minderheit" (S. 16) innerhalb der PPR.

37 Vgl. zum folgenden auch K. v. Delhaes: Arbeiterselbstverwaltung als Grundlage einer sozialistischen Wirtschaftsordnung: Die polnische Perspektive, in: Wirtschaftsprobleme und Bildungsfragen in der polnischen Reformdiskussion = Wirtschafts- und sozialwissenschaftliche Ostmitteleuropastudien, Bd. 7, Marburg 1984, S. 9–43, hier S. 16–21.

38 Vgl. C. Klessmann: Betriebsräte, Gewerkschaften und Arbeiterselbstverwaltung in Polen (1945–1948), in: Jb. für Geschichte Osteuropas 29 (1981) H. 2, S. 188ff.

39 Fabrikkomitees hatten zuweilen Betriebe aus polnischem Eigentum mit weniger als 50 Beschäftigten übernommen, was in Widerspruch zu den zunächst erklärten „gemäßigten" Enteignungsabsichten des PKWN stand. Vgl. A. Polonsky und B. Drukier: The Beginnings of Communist Rule in Poland, London 1980, S. 39.

40 Vgl. J. W. Gołębiowski: Nacjonalisacja Przemysłu w Polsce, Warszawa 1965, S. 102.

41 Vgl. ebenda, S. 189f.

42 Vgl. ebenda, S. 192ff.

43 Vgl. A. Polonsky und B. Drukier: The Beginnings..., Dokumentation, S. 393.

kapitalistischen Charakter des sich abzeichnenden 3-Sektoren-Modells der ersten Nachkriegsjahre.[44] Bezeichnender noch waren die Einwände der provisorischen Zentralkommission der Gewerkschaften (TKCZZ), die den gewerkschaftlichen Einfluß in den Betriebsräten besser abgesichert wissen wollten.[45] Hier hatte die PPR sich durch frühzeitige Aufbauarbeit im Untergrund entscheidenden Anteil an der Führung, wenn auch nicht an der Basis gesichert. Der Vorsitzende dieser November 1944 gegründeten Kommission, ihr Generalsekretär und dessen Stellvertreter waren PPR-Mitglieder.[46]

Das schließlich am 6.2. 1945 von der provisorischen Regierung beschlossene (allerdings erst am 20. Mai in Kraft gesetzte) Dekret über Betriebsräte[47] zeichnete sich dann auch vor allem durch die Bindung dieser Gremien an die Gewerkschaft aus. Sie wurden in Artikel 1 als Organe der Gewerkschaft bezeichnet. Passives Wahlrecht war an gewerkschaftliche Mitgliedschaft geknüpft, der Gewerkschaft oblag die Initiative für die Wahlkommission, deren Vorsitzenden sie stellte. Weiter hatte sie eine beratende Stimme in Ratssitzungen und war dritte Partei in Schlichtungsfällen.[48] Insgesamt waren die im Dekret verliehenen Kompetenzen ebensoweit von den ausgeübten Funktionen der amtierenden Fabrikkomitees wie von der offiziellen PPR-Propaganda entfernt.[49] Eine Instruktion des Industrieministeriums vom 1.6. 1945 über die „Abgrenzung der Kompetenzen der Betriebsdirektoren und der Betriebsräte“[50] schränkte sie überdies – mit der Zustimmung der KCZZ – sogleich weiter ein, so daß selbst innerparteilich geklagt wurde, die Betriebsräte seien zu Verwaltungsabteilungen verkommen.[51]

Immerhin erwiesen sie sich offenbar bis zu den Streiks in Łódź vom September 1947 als politische Kristallisationspunkte für die Artikulation der Anliegen der Arbeiterschaft und Betätigungsfeld für Basisarbeit der PPS[52], ein Faktum, das aus der Sicht der PPR-Führung allein schon ihre rechtzeitige Kanalisation und Bindung an die Gewerkschaft rechtfertigen mußte.

Wie bereits oben angedeutet, stellte sich das Problem der Verstaatlichung, trotz oder vielleicht gerade wegen der entsprechenden Befürchtungen bei der nichtsozialistischen Mehrheit der polnischen Bevölkerung, nicht sogleich in voller Schärfe. Die „Kommandohöhen der Wirtschaft“, d.h. Banken und Großunternehmen, konnten ohne großen Widerstand in breiteren Bevölkerungsschichten unter „antifaschistischen, demokratischen und nationalen Losungen“[53] besetzt werden. Was Klein- und Mittelbetriebe anlangte, hatte Privateigentum in diesem Bereich in der programmatischen Konzeption der PPS einen dauerhaften Platz, und auch die PPR schlug, dem Volksfrontrezept folgend, zunächst eine behutsame Gangart ein. Schon die im Untergrund

---

44 Vgl. z.B. J. Jagiełło: O polską drogę..., S. 112f.

45 Vgl. A. Polonsky und B. Drukier: The Beginnings..., S. 82, und Dokumentation, S. 400, sowie J.W. Gołębiowski: Nacjonalisacja..., S. 196.

46 Vgl. A. Polonsky und B. Drukier: The Beginnings..., S. 28, und C. Klessmann: Betriebsräte, S. 189f.

47 Vgl. Systematyczny przegląd ustawodawstwa Polski Odrodzonej, Kraków 1946, S. 475f.

48 Die Ausführungsverordnung des Arbeitsministers vom 7.5. 1945 zu den Betriebsratswahlen stärkte die Gewerkschaftsposition weiter. Vgl. ebenda, S. 483ff., insbes. § 12.

49 Vgl. hierzu u.a. J.W. Gołębiowski: Nacjonalisacja..., S. 196, 200f.; A. Polonsky und B. Drukier: The Beginnings..., Dokumentation, S. 409.

50 Vgl. Rocznik polityczny i gospodarczy 1948, Warszawa 1948, S. 440ff.

51 Vgl. J.W. Gołębiowski: Nacjonalisacja..., S. 209.

52 Vgl. J. Reynolds: Communists, Socialists and Workers: Poland 1944–48, in: Soviet Studies 30 (1978), S. 522ff.

53 Vgl. oben, Anm. 7.

und im Moskauer Exil verfaßten Programme divergierten erheblich nach Art und Umfang der Enteignung (gesetzlicher Weg, Entschädigung, Betriebsgröße).[54] Obwohl zweifellos die Landreform in Polen die meisten Gemüter bewegte, wollen wir uns hier auf Handel, Dienstleistungen und Industrie beschränken.

Im Julimanifest des PKWN war nur noch vom Schutz des Industrievermögens durch Fabrikkomitees und Vertreter der entstehenden Volksmacht die Rede und die Rückgabe kleiner und mittlerer, von den Deutschen konfiszierter Betriebe an ihre polnischen Eigentümer wurde zugesichert.[55] Insgesamt war man damit hinter den früheren Vorstellungen von PPR und auch PPS zurückgeblieben. So kam es auch verbreitet zu Übergriffen von Fabrikkomitees und lokalen Funktionären auf Betriebe mit weniger als 50 Beschäftigten, die allgemein nicht der Großindustrie zugerechnet wurden.[56] Solche Vorkommnisse wurden vom PKWN zwar gerügt, außer einem Dekret, daß die Regelung von Eigentumsansprüchen auf einen späteren Zeitpunkt verwies[57], wurde es aber weiter nicht tätig. Formal waren die meisten Betriebe „vorläufiger staatlicher Verwaltung unterstellt".

Die seit Anfang 1945 amtierende provisorische Regierung (KRN) erließ dann im Februar ein Dekret und im Mai ein Gesetz, in denen zwischen „verlorenem" und „verlassenem" Vermögen unterschieden wurde, wobei das erste im Prinzip zurückgegeben werden sollte.[58] Diese Vorschriften waren jedoch so unklar abgefaßt, daß es je nach örtlicher Lage sowohl zur Rückgabe größerer Unternehmen wie auch zu deren Verweigerung bei nicht zur Verstaatlichung vorgesehenen Betrieben kam.[59] Bemühungen um eine Novellierung gab es deshalb in allen Parteien. Für die nichtsozialistischen Gruppierungen war dies eine der letzten Widerstandslinien, und selbst die PPS wollte die Obergrenze für die Privatunternehmen offenbar gestaltet wissen (50–100 Beschäftigte).[60] Von seiten der PPR kamen Vorschläge schon relativ früh. Sie zeichneten sich durch eine Fülle von Vorbehalten gegen die Reprivatisierung nach der mehr oder weniger praktizierten 50-Beschäftigten-Regel aus. Beispielhaft, wenn auch nicht unbedingt wesentlich, war die Forderung, Lichtspielhäuser und Druckereien von jeglicher Reprivatisierung auszunehmen.[61] Gleichzeitig stellte allerdings H. Minc auf dem ersten Parteitag der PPR im Dezember 1945 fest: „Es wird keine Nationalisierung der kleineren Unternehmen geben, die kleinen Unternehmen verbleiben in der Domäne, in welche der Staat sich nicht einmischt. ... Wir geben auch der Privatinitiative in Handel, Industrie und Kleinindustrie die Möglichkeit der Entwicklung, wenn es sein muß, sogar durch Gesetze, die der Privatinitiative alle Sicherheiten geben".[62]

---

54 Vgl. z. B. J. Jagiełło: O polską drogę..., S. 48, 61, 69 f., 162 f.

55 Vgl. J. W. Gołębiowski: Nacjonalisacja..., S. 64 f.

56 Vgl. ebenda, S. 104 f., sowie A. Polonsky und B. Drukier: The Beginnings..., S. 39.

57 Vgl. H. Jędruszczak: Miasta i przemysł w okresie odbudowy, in: Polska Ludowa 1944–1950, hrsg. von F. Ryszka, Warszawa 1974, S. 279–407, hier S. 311.

58 Vgl. ebenda, S. 314 f.

59 H. Jędruszczak betont in diesem Zusammenhang, daß die Reprivatisierung zu keiner Zeit die Interessen des Staates in diesem Bereich gefährdete (ebenda, S. 316) und kritisiert damit die Ausführungen J. W. Gołębiowskis in: Nacjonalisacja..., S. 252, insbes. S. 261 f.

60 Vgl. H. Jędruszczak: Miasta i przemysł..., S. 318.

61 Vgl. J. W. Gołębiowski: Nacjonalisacja..., S. 281.

62 Zitiert nach H. Jędruszczak: Miasta i przemysł..., S. 317 (eigene Übersetzung).

Eine verbindliche Novellierung erfolgte mit Gesetz vom 3.1. 1946. Verstaatlicht wurde nach drei Kriterien: In 17 Branchen wurden alle Unternehmen verstaatlicht. Vormals deutscher Besitz verfiel dem Staat. Betriebe mit unter 50 Beschäftigten, soweit sie nicht den anderen Kategorien angehörten, konnten reprivatisiert werden.[63] Die Verstaatlichung leitete eine Kommission, die trotz ihres formal unabhängigen Charakters weitgehend unter dem Einfluß des Industrieministeriums stand. Das „Eigentum" an den verstaatlichten Betrieben fiel wiederum in der Hauptsache dem Industrieministerium, an Druckereien allerdings dem Ministerium für Information und Propaganda zu.[64]

Territoriale Selbstverwaltungskörperschaften und Genossenschaften mochten ihren Status in dem Gesetz gestärkt haben, da es die Möglichkeit der Überlassung verstaatlichter Betriebe an solche Organisationen vorsah. Auch ein Gesetz zur Unterstützung der Privatinitiative und Bildung neuer Unternehmen wurde am selben Tag beschlossen[65], so daß allem Anschein nach das polnische Nachkriegsmodell der vier Sektoren gesetzliche Bestätigung erfahren hatte. 1947 (nach Ablauf der gesetzlich vorgesehenen Frist für die Verstaatlichung) präsentierte sich der Anteil der Sektoren nach Beschäftigten in Produktionsbetrieben wie folgt[66]:

staatliche Betriebe	1318385	(70,6%)
selbstverwaltete Betriebe (kommunal, territorial)	32036	(1,7%)
genossenschaftliche Betriebe	87365	(4,7%)
private Betriebe (davon 230265 Beschäftigte im Handwerk).	429754	(23,0%)

Es zeigte sich jedoch alsbald, daß selbständige Teilhabe am Wirtschaftsprozeß nicht schon durch formale Zuerkennung von Vermögensrechten als Eigentum gewährleistet wird. Bereits im November 1945 war eine „Spezialkommission zur Bekämpfung von Mißbräuchen und Wirtschaftsvergehen" gebildet worden.[67] Sie sollte nach Art. 10, Punkt 2 des Dekrets „ihre Aufgaben nicht auf dem Wege von Gerichtsverfahren verfolgen, [sondern] kann nach Durchführung der Ermittlungen den Täter zur Zwangsarbeit überstellen, wenn sein Handeln mit Arbeitsscheu im Zusammenhang steht oder die Gefahr des Begehens eines Mißbrauchs oder Wirtschaftsvergehens heraufbeschwört".[68] Rechtsbeistand für die Beschuldigten war nicht vorgesehen.[69] Die Hauptstoßrichtung der Kommission wird daraus deutlich, daß die Mehrheit der verfolgten Anzeigen durch die gesellschaftlichen Preiskontrollkommissionen erstattet wurde. Von deren Strafprotokollen entfielen in den Jahren 1947–1949 im Mittel 90% auf private und 10% auf genossenschaftliche Geschäfte. Ins Arbeitslager überwiesen wurden: 1946: 1397, 1947:

63 DzURP nr. 3, poz. 17.
64 Vgl. H. Jędruszczak: Miasta i przemysł..., S. 322.
65 DzURP nr. 3, poz. 18.
66 Siehe A. Jezierski, B. Petz: Historia gospodarcza Polski Ludowej 1945–1975, 2. Aufl. Warszawa 1982, S. 79.
67 DzURP 1945, nr. 53, poz. 302.
68 Zitiert nach T. Kowalik: W sprawie publikacji M. Mieszczankowskiego, in: Życie Gospodarcze Nr. 42 vom 14. 10. 1984.
69 H. Jędruszczak: Wizje..., S. 45.

4335 und 1948: 5186 Personen. Die eingezogenen Vermögenswerte betrugen: 1946: 85 Mio. zł, 1947: 115 Mio. zł und 1948: 220 Mio. zł.[70]

Unter dem von H. Minc auf der ZK-Sitzung der PPR im April 1947 geprägten Schlagwort „Schlacht um den Handel“ wurden private und genossenschaftliche Unternehmen in die Zange genommen: Nachdem schon im Februar 1947 die Kartenzuteilung für Beschäftigte in Genossenschaften, Selbstverwaltungs- und Privatunternehmen sowie freien Berufen fortgefallen war[71], wurden die Steuern erhöht und andere einkommensmindernde Maßnahmen ergriffen. Auf der anderen Seite führte man auf dem allgemein unterversorgten Markt im April einheitliche „Ausgangspreise“ ein, zu denen die Preiskommissionen, in denen die PPR sehr aktiv war, Maximalpreise festsetzten.[72] Dieselben Kommissionen kontrollierten die Einhaltung dieser Preisgrenzen und konstatierten Preistreiberei, überhöhte Gewinne oder Spekulation. Daraufhin konnte die Spezialkommission tätig werden. T. Kowalik, ein Kenner der Materie, vermerkt hierzu, daß dieser Kampf um den Handel im Grunde den ganzen Privatsektor, d.h. auch Handwerk, Kleinindustrie und Dienstleistungen betraf. Außerdem weist er darauf hin, daß diese Maßnahmen ein Schlag gegen die traditionellen, selbständigen Genossenschaften waren und die Schwächung der PPS beabsichtigten, die in diesem Sektor stärker vertreten war als die PPR.[73]

C. Bobrowski (PPS), der damalige Vorsitzende der Zentralen Planungsbehörde (CUP), erinnert sich 1979: „Es war keine Schlacht um den Handel, wenn wir dem Begriff Schlacht irgendeine präzise Bedeutung geben. Denn die Angreifenden trafen auf keinerlei Widerspruch. Die PPS zog sich fast sofort zurück, und der Handel war keine kämpfende Partei und konnte es nicht sein, er war einfach nur die angegriffene Seite. Mit Sicherheit wirkten in den Entscheidungen, die den Namen Schlacht um den Handel erhielten, psychologische und doktrinäre Momente mit“.[74] Gerechtfertigt wurde die Schlacht von ihren Befürwortern vor allem mit der Bekämpfung der sich beschleunigenden Teuerung. Dazu war aber von der Abteilung Wirtschaft und Industrie des Exekutivkomitees der PPS ein ganz anderer Plan entworfen worden.[75] Die Ausgangsanalyse konstatierte die Ursachen zu Recht in mangelnder Rentabilität der verstaatlichten Industrie und sinkender Arbeitsproduktivität. Diese hätten zur Abdeckung der Defizite durch Geldemissionen in Höhe von ca. 30 Mrd. zł (davon 7 Mrd. Banknoten) gezwungen. Deshalb wurde gefordert:

- Ausrichtung der staatlichen Schlüsselbetriebe auf Rentabilität (u.a. durch mehr Selbständigkeit in Einkauf und Absatz und Zulassung von Wettbewerb im Zwischenhandel)
- minderwertige und veraltete Betriebe bzw. solche, die keine Schlüsselbedeutung haben, zu schließen bzw. den Genossenschaften oder der Privatinitiative zuzuweisen (hierzu sei das Nationalisierungsgesetz zu novellieren)

---

70 Ebenda, Dokumente: Statistischer Rechenschaftsbericht über die Tätigkeit der Spezialkommission... für die Jahre 1946–47, S. 1185f., 1189, 1193, 1195.

71 Vgl. A. Jezierski, B. Petz: Historia gospodarcza..., S. 70.

72 Vgl. ebenda, S. 70f.

73 Vgl. T. Kowalik: W sprawie...; ähnlich auch C. Bobrowski: Ze wspomnień 1945–1948, in: Kwartalnik Historyczny, 1979, nr. 3, S. 746.

74 Siehe C. Bobrowski: Ze wspomnień..., S. 746.

75 Vgl. H. Jędruszczak: Wizje..., Dokument nr. 166, S. 317ff.

- zur Preisregulierung erst nach Sanierung der Industrie zu schreiten, da erst dann realistische Gewinnmargen festzustellen seien
- das genossenschaftliche Vertriebsnetz zur billigen Versorgung der Bevölkerung auszubauen
- Einkommen progressiv zu besteuern
- den Geldumlauf allmählich zu verringern.

Mit ihrer umfangreichen, bereits mehrfach zitierten Dokumentation zeigt Hanna Jędruszczak eindrucksvoll, „daß die Planwirtschaft in Polen unter Konflikten entstand, daß die Entwicklung der Planungskonzeptionen voller Komplikationen und weit davon entfernt war, von vornherein determiniert zu sein, wie dies einige Autoren behaupten“.[76] Der Drei-Jahr-Plan 1946–1949, hauptsächlich von der CUP entwickelt, stellte auf die Existenz von drei oder vier Sektoren mit unterschiedlichem Unternehmenseigentum ab und bediente sich deshalb mehr einer analytisch-prognostischen Methode, auf Grund derer dann indirekt wirkende wirtschaftspolitische, insbesondere auf Investitionssteuerung zielende Maßnahmen abgeleitet wurden. Hier manifestierte sich die programmatische Ausrichtung der PPS, die in dieser Behörde am stärksten vertreten war. Interessant in diesem Zusammenhang sind auch die dort 1946 begonnenen Vorbereitungen für Langfristpläne bis 1973. Sie zeigen, daß die dem Dreijahresplan zugrundeliegende Konzeption keineswegs nur als Übergangslösung gedacht war. Auffallend ist, daß eine behutsame Industrialisierung ins Auge gefaßt wurde, bei der oberstes Ziel jeweils die Steigerung des Pro-Kopf-Konsums der Bevölkerung war. Die landwirtschaftliche Bevölkerung sollte in 24 Jahren bei Anhebung der Betriebsgröße auf durchschnittlich 10 ha pro Familie (!) auf 10 Millionen zurückgehen.[77]

Die PPR machte wie auch in anderen Grundsatzentscheidungen zur Wirtschaftsordnung „gute Miene zum bösen Spiel“, solange die Volksfronttaktik noch Nutzen abzuwerfen schien. Gleichwohl arbeiteten bestimmte Kreise dieser Partei, die sich vornehmlich um das Anfang 1945 entstandene Ministerium für Handel und Industrie und dessen Leiter, H. Minc, gruppierten, auf andere Ziele hin. Zunächst ist darauf hinzuweisen, daß das Ministerium in vielen Fällen seine Kompetenz, Ausführungsbestimmungen zu wichtigen Gesetzen im Bereich der Wirtschaft zu erlassen, dazu nutzte, die Wirkung dieser Gesetze in seinem Sinne zu beeinflussen. Deutlich wird dies z. B. beim Gesetz über die Betriebsräte oder über die Nationalisierung. Hier stärkten die Ausführungsbestimmungen jeweils die zentrale Wirtschaftsbürokratie. Zweiter Ansatzpunkt war der Ausbau dieser Bürokratie sowie ihre Besetzung mit geeigneten Leuten und deren Schulung. In diesem Zusammenhang tat sich besonders die Industrieabteilung beim Zentralkomitee der PPR hervor.[78] Über diesen Teil der Aktivitäten der PPR kam es zur Auseinandersetzung mit den Sozialisten. So wurde in deren Parteiblatt „Robotnik“ schon am 10. 2. 1946 angeprangert, daß „man in Łódź vor dem Kriege 187 000 Arbeiter und 28 000 Beamte gezählt hat. 1945 waren diese Daten wie folgt: 115 000 Arbeiter und 45 000 Beamte“.[79] H. Minc spottete auf dem Aprilplenum des KC der PPR 1947 über J.

---

76 Vgl. ebenda, S. 70.

77 Vgl. ebenda, Dokumente, S. 435 ff. (Notizen über Methoden und Phasen des im CUP vorbereiteten Langfristplanes) sowie S. 437 ff. (Richtlinien des Langfristplanes für die Jahre 1950–1973, ausgearbeitet durch CUP), beide aus dem Jahr 1947.

78 Vgl. A. Polonsky und B. Drukier: The Beginnings…, S. 78, und H. Jędruszczak: Wizje…, S. 54, sowie die dort angegebenen Dokumente.

79 Zitiert nach J. Jagiełło: O polską drogę…, S. 207, Anm. 46 (eigene Übersetzung).

Hochfeld, einen Führer der PPS, er sei „...General dieser Offensive in Sachen Bürokratie. Er schreibt, daß sich in Polen eine neue herrschende Kaste, eine neue Bourgeoisie bildet. Und die PPSler fügen im stillen hinzu, daß dies eine PPR-Bourgeoisie ist". [80]

Schließlich kam es in der sogenannten CUP-Diskussion zur offenen Austragung der Kontroverse zwischen den beiden zu dieser Zeit in Polen einzig noch verbliebenen politischen Lagern von Gewicht. Der polnische Weg, vornehmlich entwickelt von der PPS und deren Mitgliedern im CUP, war nach Jędruszczak „die Konzeption eines Modells, das in der Wirtschaftssphäre die allgemeinen Grundsätze des sozialistischen Humanismus zur Anwendung bringen, sich auf einen Pluralismus der Eigentumssysteme stützen und als wesentlichsten Punkt die wirtschaftlichen Ziele den Bedürfnissen des Menschen unterordnen sollte". [81] Die Gegenposition, vertreten vom MHiP unter H. Minc und der schließlich siegreichen Fraktion der PPR, charakterisiert die gleiche Autorin als eine „Planungskonzeption, die auf ausschließlich ökonomische Ziele reduziert war, sich auf einen voluntaristischen soziotechnologischen Apparat stützte und der Losung des Klassenkampfes diente". [82]

Nachdem die Zusammenarbeit zwischen CUP und MHiP schon in der zweiten Hälfte des Jahres 1947 schwierig geworden war [83], wurden die Kontrahenten von H. Minc (als Vorsitzender des KERM formal Vorgesetzter des CUP) im Februar 1948 zu einer zweitägigen Diskussion geladen. Angegriffen wurde das Planprojekt des CUP für 1948. Die Kritik gipfelte in dem Vorwurf, das CUP habe sich der bürgerlichen Methode der Volkseinkommensrechnung bedient, indem es den Beitrag der Dienstleistungen, z.B. der Verwaltung, der freien Berufe und des gesamten Handels in seine Berechnungen einbezogen habe. Diese Methode sei „nicht nur ökonomisch falsch, sondern auch deutlich klassenfeindlich". [84] Tatsächlich aber, und dies wird, wenn auch z.T. nur zwischen den Zeilen des hier zitierten Memorandums, deutlich, war das in diesem Plan und in der Gesamtkonzeption des CUP vertretene Mehrsektorenmodell nicht mehr opportun, die „behutsame", auf den Lebensstandard der Bevölkerung Rücksicht nehmende Industrialisierungsstrategie und die vorwiegend indirekt wirkenden, zu ihrer Durchsetzung vorgesehenen Instrumente der gewünschten kämpferischen Mobilisierung nicht angemessen. [85] Explizit wurde dem Planentwurf entgegengehalten, er setze ein „Fragezeichen hinter die Notwendigkeit der Ausweitung staatlicher Kontrolle über die Tätigkeit kleingewerblicher und kapitalistischer Elemente". [86] Ein anderer Beitrag zu dieser Diskussion aus den Reihen der PPR stellte dagegen bündig fest, „daß das einzige Subjekt der Planung der Staat ist". [87]

Die Führung des CUP wurde daraufhin mit PPR-Funktionären neu besetzt, viele der PPS zugehörige Mitarbeiter entlassen. Der neue Geist manifestierte sich in den sogleich ausgearbeiteten „Bemerkungen betreffend die Thesen zum Sechsjahresplan der Entwicklung der Industrie in den Jahren 1950–1955". In der Auseinandersetzung mit

---

80 Ebenda, S. 205, Anm. 44 (eigene Übersetzung).
81 H. Jędruszczak: Wizje..., S. 68.
82 Ebenda.
83 Vgl. C. Bobrowski: Ze wspomnień..., S. 727.
84 Siehe: H. Jędruszczak: Wizje..., Dokumente, S. 560f. (Memorandum zu den fehlerhaften Methoden der Ausarbeitung des Planes für 1948 durch das CUP vom 7. 1. 1948).
85 Vgl. ebenda, S. 562f.
86 Ebenda, S. 563f.
87 Siehe: H. Jędruszczak: Wizje..., Dokumente, S. 587.

den Vorstellungen des MPiH, die als zu hoch gegriffen bezeichnet werden, bedient sich die Argumentation nicht der spezifisch polnischen Gegebenheiten, sondern des Vergleichs zu anderen sozialistischen Ländern, insbesondere der Sowjetunion.[88] H. Jędruszczak trägt hierzu noch ein bezeichnendes Kuriosum aus der späteren Plandiskussion[89] bei, während derer gefordert wurde, die Zahlen über die demographische Entwicklung Polens im Lichte der Bevölkerungsstatistik einer Sowjetrepublik zu überprüfen.

Nach dem Vereinigungsparteitag der PZPR wurde dann im Februar 1949 anstelle des CUP die Staatliche Plankommission einberufen, deren Führung H. Minc übernahm. Sie erhielt erweiterte Kompetenzen, insbesondere das Recht zur Kontrolle der Ausführung der Pläne. Auch das Ministerium für Handel und Industrie wurde aufgelöst und durch eine größere Anzahl Branchenministerien ersetzt. Der organisatorischen Angleichung an das sowjetische Vorbild entsprach die stereotype Übernahme des Modells forcierter Industrialisierung sowie der Methoden ihrer Durchsetzung. Hierzu gehörten die „Produktionsberatungen" der Belegschaft unter Anleitung der Partei, die „Transmissionsriemenfunktion" der Gewerkschaft, der sozialistische Arbeitswettbewerb usw.

V

Die Geschichtsschreibung über die Nachkriegszeit wie auch Stellungnahmen von Zeitzeugen bieten eine Fülle von Erklärungs- und Rechtfertigungshypothesen für die hier geschilderte Entwicklung. Vorherrschend in der offiziellen Interpretation war bislang die These, daß die PPR planmäßig nach den Erkenntnissen des Marxismus-Leninismus die Wirtschaftsordnung ausbaute und nach den Erfordernissen der jeweils erreichten Etappe des „gesellschaftlichen Fortschrittes" umgestaltete. Konkret wird für die fragliche Periode der Beginn des kalten Krieges, zumindest aus der Sicht Polens, sozusagen vordatiert. Hierzu dienen dann die Gründungskonferenz der UNO (25.4. 1945), zu der die Provisorische Regierung Polens nicht geladen wurde, die Rede Churchills in Fulton (5.3. 1946) und die Äußerungen von James Byrnes in Stuttgart (6.9. 1946), die die Frage der polnischen Westgrenze als noch nicht abgeschlossen darstellten.[90]

Im Westen wurde dem bei streckenweise paralleler Interpretation der Geschehnisse die These von der planmäßigen Fernsteuerung aus Moskau entgegengesetzt.[91] Die damaligen Programme der Kommunisten in aller Welt bereicherten dieses Erklärungsmuster noch um eine ideologische Komponente, da offensichtlich die verbindliche Interpretation des Marxismus-Leninismus ebenfalls in Moskau erfolgte. Schließlich findet sich in der westlichen Literatur insbesondere der 50er und 60er Jahre (wie auch verbreitet, aber nicht publiziert, im heutigen Polen) die Vorstellung, daß die Sowjetunion ihr Modell den Satellitenstaaten zum Zwecke der Ausbeutung oktroyiert habe.[92]

---

[88] Vgl. ebenda, S. 753 ff.

[89] Vgl. ebenda, S. 1172.

[90] Vgl. z.B. W. Góra: Volksrepublik Polen..., S. 212; A. Jezierski, B. Petz: Historia gospodarcza..., S. 17; J. Jagiełło: O polską drogę..., S. 85.

[91] Vgl. stellvertretend für viele den Artikel „Polen" von R. Neumann in: E. Birke und R. Neumann: Die Sowjetisierung..., S. 65–176, hier z.B. S. 82. Vgl. aber auch die vorsichtige und relativierende Behandlung dieses Themas bei Z. Brzezinski: The Soviet Bloc..., insbes. S. 47.

[92] Vgl. z.B. A. Zaubermann: Economic Imperialism, London 1955, insbes. S. 31 ff., oder auch E. Birke und R. Neumann: Die Sowjetisierung..., S. 86.

Für Polen von besonderem Interesse ist eine kleine Schrift O. Langes aus dem Jahre 1957, in der er zum „polnischen Weg“ Stellung nimmt.[93] Lange, dessen theoretische Arbeit bis 1947 diesen Weg wesentlich inspirierte und der dann dennoch (nachdem er Selbstkritik geübt hatte) ins ZK der PZPR übernommen wurde, muß das Bedürfnis nach Rechtfertigung besonders intensiv verspürt haben. Ebenfalls an den kalten Krieg anknüpfend, leitet er den Aufbau einer Zentralverwaltungswirtschaft sowjetischen Typs aus der Furcht vor der „zersetzenden Rolle kapitalistischer und kleinbürgerlicher Elemente in der Gesellschaft und Volkswirtschaft“[94] ab, die er als fundiert betrachtete. Hier wäre allerdings zu fragen, wie er die Behandlung seiner ehemaligen Parteifreunde aus der PPS eingeordnet hätte. Weiterhin verteidigt er die forcierte Industrialisierung u.a. mit dem Hinweis auf die entsprechende Rechtfertigung mit Bedürfnissen der nationalen Verteidigung in der Sowjetunion zwischen den Kriegen.[95] Allerdings räumt er ein, daß es in diesem Zusammenhang zu Verzerrungen kam. Schließlich bemüht er ein Argument, das heute auch in der Entwicklungsdebatte zuweilen auftaucht: Kadermangel, d.h. ein Fehlen ausgebildeter Führungskräfte für die Wirtschaft, hätte bei rascher Industrialisierung eine weitgehende Zentralisierung verlangt.[96] Diese Begründung hat mehrere schwache Punkte: zum einen wurde mit der Verdrängung der „kleinbürgerlichen Elemente“ (wie auch mit der Entlassung der PPS-Ökonomen z.B. aus dem CUP) ein Teil der vorhandenen ausgebildeten Kräfte ausgeschaltet. Erst das zusätzliche Kriterium politischer Zuverlässigkeit und Parteilichkeit machte ja den Mangel an Fachleuten eklatant. Zum anderen absorbiert gerade eine hierarchisch-bürokratische Organisation mehr Fachleute bzw. verringert deren Produktivität. Immerhin räumt Lange ein: „Dieses System wurde nach einer gewissen Zeit in bestimmtem Grade zu einem selbständigen Faktor, wucherte infolge seiner eigenen Ohnmacht über das notwendige Maß hinaus und war daran interessiert, die zentralistischen Methoden der Verwaltung und Wirtschaftslenkung zu vertiefen und zu erweitern“.[97]

Als Errungenschaft der forcierten Industrialisierung nach sowjetischem Muster wird bei Lange auch das Wachstum der Arbeiterklasse angeführt: „Zerań und Nowa Huta sind... als Industriebetriebe wichtig. Eine wichtigere Errungenschaft jedoch... das sind die Belegschaften dieser Betriebe.“[98] Andere Autoren geben diesen Gründungen ohne erkennbare raumwirtschaftliche Vorteile eine ähnliche Interpretation: Sie seien so lokalisiert worden, weil sich ihre Arbeiterschaft zu einem politischen Gegengewicht in Gegenden entwickeln sollte, wo die Parteiführung ihre Basis in der Bevölkerung als besonders schwach einschätzte.[99]

Die unterschiedlichen Motive und Erklärungsmuster für die Übernahme des sowjetischen Modells einer Wirtschaftsordnung, die hier kurz aufgelistet wurden, erfassen zweifellos jeweils eine mehr oder weniger wichtige Facette des damaligen Geschehens und lassen sich vielfach belegen. Dennoch möchte ich hier abschließend einen Aspekt in den Vordergrund rücken, den anscheinend auch W. Brus im Auge hat, wenn

93 O. Lange: Über einige Probleme des polnischen Wegs zum Sozialismus, Warschau 1957.
94 Siehe ebenda, S. 11.
95 Vgl. ebenda, S. 12f.
96 Vgl. ebenda, S. 14f.
97 Siehe ebenda, S. 15.
98 Siehe ebenda, S. 16.
99 Vgl. z.B. Z. Brzezinski: The Soviet Bloc..., S. 101f., oder A. Zaubermann: Industrial Progress in Poland, Czechoslovakia and East Germany 1937–1962, London 1964, 188f.

er über die andersgeartete Ausgangsposition der Kommunistischen Partei Jugoslawiens schreibt: „In keinem Zeitpunkt kam es zu einer Teilung der Macht, und der Einparteienstaat nach sowjetischem Vorbild fand auch seine gesetzliche Bestätigung (jugoslawische Verfassung vom Januar 1946). Paradoxerweise ermöglichte es den jugoslawischen Kommunisten gerade diese Stärke, vom sowjetischen Weg abzugehen und unabhängig zu handeln, als es 1948 zum Bruch mit der Sowjetunion kam".[100] Die Lösung des scheinbaren Paradoxons liegt zum einen in der schwachen Position der von Moskau zur Herrschaft in Polen designierten Führung, die ein bei Lamentowicz wiedergegebenes Zitat des 1944–1949 stellvertretenden Justizministers L. Chajn eindrucksvoll belegt: „Auch ich war vom Fetisch der Wachsamkeit erfaßt... Bei unserem geringen gesellschaftlichen Rückhalt glaubte ich, ein politischer Pluralismus könne der Volksmacht gefährlich werden... Wir wußten, daß wir nur eine verschwindende Minderheit bildeten und daß die Mehrheit uns gegenüber feindselig eingestellt war".[101] – Zum anderen findet sie sich in den oben aufgelisteten Eigenschaften des sowjetischen Wirtschaftssystems, die ja auch Ausfluß von dessen Entstehungsgeschichte, dabei nicht zuletzt der These Stalins vom „ständig sich verschärfenden Klassenkampf auch nach der Liquidierung der Bourgeoisie" [102], sind.

In diesem Lichte läßt sich das Resümee St. Kurowskis interpretieren, das er in seiner 1963 in Warschau erschienenen Vergleichsstudie über die Industrialisierungserfolge des sowjetischen Modells zieht. Bezugnehmend auf das für diese Wirtschaftsordnung keineswegs positive Ergebnis schreibt er: „Und daher müssen wir die Analogie für den Wettbewerb zwischen Sozialismus und Kapitalismus nicht im Sieg des Kapitalismus über den Feudalismus suchen, der sich auf Grund der höheren Produktionstechnik vollzog, sondern im Sieg des Feudalismus über die antike Welt, der als Ergebnis der unter den gegebenen Bedingungen effektiveren Organisation der Gesellschaft eintrat".[103] Diese Eigenschaft machte für eine Minderheit das sowjetische Modell zum Instrument der Wahl für die Beherrschung einer widerwilligen Mehrheit. Und sie war es offenbar auch, die ihm trotz eklatanter ökonomischer Dysfunktionalitäten weiter eine erstaunliche Stabilität sicherte.

---

[100] Siehe W. BRUS: Die Geschichte der Wirtschaftlichkeit in Osteuropa, Köln 1987, S. 19 (Brus kann als Zeitzeuge angesehen werden, der übrigens seinerzeit zu den Verfechtern des sowjetischen Modells gehörte).

[101] Siehe W. LAMENTOWICZ: Die Legitimation..., S. 77, Anm. 7 (L. Chajn war allerdings Mitglied der SD).

[102] Vgl. O. ŠIK: Das kommunistische Machtsystem..., S. 68.

[103] S. KUROWSKI: Historyczny proces wzrostu gospodarczego, Warszawa 1963, S. 385 f. (eigene Übersetzung).

Bodenreform und Kollektivierung als Instrumente der Integration nationaler Minderheiten in Polen

von
Heinrich Mrowka

Untersuchungen der „Landfrage“, des „Landhungers“ und auch Fragen nach unterschiedlichen Vorstellungen in der Agrarpolitik der polnischen Parteien während des 2. Weltkrieges und unmittelbar nach dessen Beendigung rückten in den letzten beiden Jahrzehnten aus mehreren Gründen in den Vordergrund wissenschaftlichen Interesses. Es ist dies die Entstehungszeit eines neuen politischen Systems und auch eines neuen landwirtschaftlichen Modells in Polen, das, neben der Neufestsetzung der geographischen Grenzen, als ein Ereignis ersten Ranges in der neuesten polnischen Geschichte anzusehen ist.

Auch in seinen neuen Grenzen ist Polen ein mitteleuropäisches Land geblieben, ja man kann sagen, es liegt „mitten in Europa“.[1] Die kulturellen Traditionen dieser Region will man in der Synthese zwischen denen von Ost und West sehen, da dies der geographischen Lage an der Schnittstelle von westlichen und östlichen Einflüssen zu verdanken sei. Unbestreitbar ist, daß Polen vom Westen erst das Christentum übernahm, um dann knapp zweihundert Jahre später auch wie fast kein anderes Land das deutsche Recht gestaltend zu rezipieren.

Gerade heute ist es gut, daran zu erinnern, daß Polen – Litauen nach der Union von Lublin (1569) zu Beginn des 17. Jahrhunderts ein Territorium von fast 990 000 km^2 umfaßte, also fast dreimal größer als die heutige Volksrepublik Polen war. Dies sei deshalb hier erwähnt, weil die damalige Expansion Polens, insbesondere jedoch der „Export“ polnischer Strukturen und die damit verbundene Polonisierung dieser Gebiete, bis in die Gegenwart hineinwirkten. In der unmittelbaren Nachkriegszeit lag darin die Ursache für einen Bevölkerungsaustausch zwischen der SU und Polen von rund 2,4 Mio. Menschen. Vielsagend ist, daß das PKWN – Polski Komitet Wyzwolenia Narodowego = Polnisches Komitee der Nationalen Befreiung – einige Monate nach seiner Gründung als praktisch erste Amtshandlung (im Sinne einer Regierung) die Unterzeichnung der bilateralen Verträge mit der SU über gerade diesen Bevölkerungstransfer vornahm (PKWN am 21. 7. 1944) und dann, eher dem Verlangen der SU nachgebend, einwilligte, daß noch während der Kriegshandlungen diese Menschen (rund 117212 Personen) aus der UdSSR in die gerade von den Russen eroberten polnischen Gebiete, die sogenannten „Altpolnischen Gebiete“ (also westlich der Curzon-Linie, der späteren Ostgrenze Polens), repatriiert wurden.

Gestützt auf das „Manifest“ (vom 22. 7. 1944) und auf das Dekret des PKWN über die Agrarreform (vom 6. 9. 1944) konnte in erster Linie der Landbesitz von Deutschen (deutsche Siedler voriger Jahrhunderte) und während des Krieges mit Deutschen Sym-

---

[1] Wenn man vom zentralen geographischen Punkt Polens, ca. 20 km nordwestlich von Lodz, einen Kreis von 1 000 km schlägt, so würde man im Osten den Mittellauf der Oka, im Westen das Ufer der Marne, im Süden den Arno (Eingang zum Ligurischen Meer) und im Norden die Mündung der Newa ins Weiße Meer berühren.

pathisierenden, den sog. „Kollaborateuren", entschädigungslos enteignet und den aus der SU Repatriierten zugewiesen werden.[2] Bis zum Sommer 1945, als es noch keineswegs sicher war, daß für die Agrarreform andere Gebiete zur Verfügung stehen könnten, rechnete man mit einem Mangel an Boden und hielt sich an die im Dekret vorgegebenen Flächengrößen. Aber auch dieser Forderung – im Durchschnitt 2–5 ha – konnte man nur nachkommen, indem man entweder mehrere Familien auf einem größeren Anwesen ehemaliger Deutscher oder Ukrainer ansetzte oder mehrere Kleinstparzellen zusammenlegte. Auf dieses in aller Eile neu vermessene Land drängten vor allem jene Polen, die sich noch mit den sich aus der Ukraine zurückziehenden deutschen Truppen vor der nachrückenden Roten Armee aus der Ukraine abgesetzt hatten.[3] Das schon vorher bestehende Spannungsverhältnis zwischen Polen und Ukrainern und den zahlreichen jüdischen Bewohnern (Pogrome in der Vergangenheit) wurde auf diese Weise nur unwesentlich entschärft, und ehe eine halbwegs geordnete Repatriierung, wie sie bilateral vertraglich beschlossen war, beginnen konnte, haben sich rund 100000 Menschen in der Gegend von Lublin und später bis nach Rzeszów, ja sogar Krakau, niedergelassen.

Ein Problem ist[4] bisher noch nicht von polnischer Seite behandelt worden – außer daß es registriert wurde. In der Zeit vom September 1939 bis zum Juli 1941 hatte sich die SU nicht nur das Gebiet Białystok (außer dem Landkreis Suwalki), sondern noch erheblich weitere Landstriche entlang der ehemaligen Ostgrenze einverleibt. Beispielhaft sei hier nur ihr Vorgehen im nördlichen Abschnitt skizziert. Der unmittelbaren Einsetzung einer vorläufigen Verwaltung in den Städten, Gemeinden und Dörfern folgte auch die Einsetzung des gesetzgebenden Organs, des „Volksparlaments von West-Bielorußland" (Zgromadzenie Ludowe Zachodniej Białorusi), das auf seiner ersten Sitzung drei Deklarationen annahm:

1) die Eingliederung dieses Gebietes in den Staatsverband der UdSSR,
2) die Konfiszierung des Großgrundbesitzes und des Besitzes der Religionsgemeinschaften,
3) die Nationalisierung der Industrie.

Zwar wurden die Güter und der Boden größerer Bauern parzelliert, und eine „Provisorische Bauernmiliz" sollte u.a. für die gerechte Aufteilung sorgen. Aber im Jahre 1966 haben damals beteiligte Bauern auf Befragung gesagt, daß die zugeteilten Flächen zwischen 0,5–5 ha umfaßten und daß die Zuteilung von mehreren Faktoren abhängig war:

a) dem verfügbaren Boden,
b) der Anzahl der Familienmitglieder,
c) der Mitgliedschaft in der Parzellierungskommission,
d) der Zugehörigkeit zu politischen Organisationen.[5]

Schon im Frühjahr 1940 versuchten die Behörden mittels Überzeugungsversuchen, dann jedoch mit administrativen Maßnahmen, dieser Landbevölkerung den angeblich weitaus höheren Lebensstandard in Kolchosen und Sowchosen nahezulegen. Der

---

[2] Walczymy o Prawo do ziemi dla chłopów, in: Chłopska Sprawa Nr. 1, vom 1. 5. 1942.

[3] H. Słabek: Dzieje polskiej reformy rolnej, Warszawa 1972, S. 78.

[4] Polska Ludowa 1944–1950, Przemiany społeczne, Wrocław 1974, S. 180.

[5] Ebenda, S. 181, Umfrage der Wyższa Szkoła Nauk Społecznych = Hochschule für Gesellschaftswissenschaften in Warschau im Jahre 1966 unter den Bauern der Landkreise Łapy und Bielsk.

schon zitierten Befragung von 1966 zufolge antworteten auf die Frage, wie die Bauern die Kollektivierung ihres Dorfes beurteilten:

3 – gut
7 – gleichgültig (darunter 3 Handwerker eines Gutes)
12 – verschieden
7 – keine eigene Meinung
163 – negativ.

Für diese Haltung gab es sicherlich viele verschiedene Gründe. Aber weder der Bauer noch der Landarbeiter, der Jahre vom eigenen Grund und Boden geträumt hatte, mochten sich so kurz nach der Übereignung schon wieder davon trennen.

Man wird daher wohl heute zu Recht schlußfolgern, daß diese Bevölkerung nicht nur abermals wirtschaftlich ruiniert worden war, sondern daß diese Ereignisse wenige Jahre später, also ab Sommer 1944, den Beginn der wiederum angesagten Agrarreform erheblich behinderten, wenn nicht sogar dieser Reform einen anderen als von den Linksparteien geplanten Verlauf vorprogrammierten.[6] Der Übergang des bisherigen deutschen Eigentums im Staatsgebiet Vorkriegspolens in den Besitz von Repatrianten, polnischen Landarbeitern und landlosen polnischen Bauern vollzog sich spontan, oft wurde das noch vorhandene tote und lebende Inventar von regelrechten Banden geraubt und vernichtet. Besitzer wurde derjenige, der sich zuerst niederließ.[7]

In den meisten Fällen hatten die Repatrianten aus der SU jedoch das Nachsehen. Wiederholte Vertreibungen, Gewaltanwendung und sogar Morde seien an der Tagesordnung gewesen. Anhand der offiziellen statistischen Angaben kann man mit Vorbehalten vom 15. 9. 1945–1. 1. 1947 die Übernahme des Landbesitzes der Deutschen im Rahmen der Agrarreform datieren[8] (Tabelle 1). Die Repatrianten übernahmen also nur einen kleinen Teil des deutschen Besitzes, obwohl auffällt, daß dieser in den ver-

Tabelle 1

Wojewodschaft	Übernommene deutsche landwirtschaftl. Anwesen	Davon von Repatrianten
Pommerellen	27722	16349
Posen	34541	13674
Łodz	7750	4795
Warschau	8262	349
Kielce	951	558
Lublin	2769	1463
Białystok	923	–
Danzig	3530	611
Schlesien	2826	934
Krakau	1136	37
Rzeszów	47	8
	90457	21135

6 Die in den Jahren 1950–1952 versuchten Kollektivierungsmaßnahmen in Polen liefen nach dem gleichen Muster ab wie die der sowjetischen Behörden im Frühjahr 1941.
7 H. Słabek: Dzieje polskiej reformy, S. 166.
8 Rocznik Statystyczny 1949, Warszawa 1950, S. 56 u. 57.

schiedenen Landesteilen unterschiedlich ausfiel. Hervorzuheben ist, daß er besonders groß in vier Gebieten war: Pommerellen, Posen, Lodz und Danzig. Hier standen die verhältnismäßig größeren Areale der Landreform zur Verfügung. In diesen Gebieten jedoch begannen die Behörden, gerade weil zwar mehr Boden, aber weniger landwirtschaftliche Gebäude zur Verfügung standen, die Repatrianten in Gruppen auf den Gütern bzw. größeren Bauernhöfen anzusiedeln. (In den Gebieten Lublin und Kielce verhielt es sich genau umgekehrt.) Dies sind die ersten landwirtschaftlichen Betriebsformen nach sowjetischem Vorbild. Nachdem nun bis zum Frühjahr 1945 der wenige Boden im polnischen Kernland (Altpolnische Gebiete) verteilt worden war, kam auch die von der Kommunistischen Partei so hoch eingeschätzte Bodenreform wegen Bodenmangels zum Erliegen. Die Überbevölkerung auf dem Lande durch den Zuzug von weiteren Repatrianten und auch durch obdachlose Städter nahm jedoch unaufhaltsam zu. Der „Provisorischen Regierung" boten sich nur zwei Alternativen:

1) abzuwarten, bis die Siegermächte die neue Westgrenze festlegten,
2) die deutschen Provinzen ohne Rücksicht auf die bisherigen Bewohner und ohne eine vertragliche Basis mit der Roten Armee mit der eigenen Bevölkerung zu besiedeln.

Die erste Alternative kam aus den genannten Gründen überhaupt nicht in Frage, und man handelte daher schnell. Sogenannte „Operationsgruppen" übernahmen die Verwaltung, meist aber installierten sie neben den sowjetischen Kommandanturen polnische Verwaltungsorgane. In den meisten Fällen tolerierten die sowjetischen Behörden dies; aber es hat darüber auch erhebliche Meinungsverschiedenheiten gegeben.[9] Richtig ist jedoch, auch wenn im polnischen Schrifttum oft noch an der alten Version festgehalten wird, daß diese frühe Inbesitznahme deutschen Territoriums nicht auf der Basis eines Vertrages zwischen der SU und der provisorischen polnischen Regierung geschah, sondern nur nach jeweiliger Verständigung des polnischen Bevollmächtigten mit dem zuständigen Kommandeur der Roten Armee. Aber polnische Demographen, Soziologen und Wirtschaftswissenschaftler, die von sich aus die wissenschaftlichen Pläne zur Besiedlung der sogenannten „wiedergewonnenen Gebiete" entwarfen, drängten darauf, daß diese die Grundlage für alle Unterfangen der Zivilbehörde werden sollten.[10] Man darf jedoch nicht übersehen: diese Konzeptionen wurden zu einer Zeit formuliert (1941–1944), als es noch keineswegs sicher war, wie der 2. Weltkrieg ausgehen und welche Gebiete des polnischen Territoriums die SU für sich beanspruchen würde.

Diese polnischen Überlegungen haben ihre Wurzeln in den Ereignissen der Vorkriegszeit. Da die polnische Westgrenze, wie sie nach dem 1. Weltkrieg festgelegt worden war, weder von Deutschland noch von Polen akzeptiert wurde, entstand in Polen der Verband „Związek Obrony Kresów Zachodnich".[11]

Schon 1921, ehe der Westverband sich konstituierte, formulierten seine Gründer:

> „Die Deutschen sind schon heute dabei, in Großpolen, Pommerellen, Schlesien und Masuren eifrig zu wirken..., um dort das deutsche Bewußtsein durch die Förderung der heimischen Traditionen wachzuhalten. Dem muß energisch entgegengewirkt werden. Es müssen die polnischen Tra-

---

[9] Stettin, das mehrere Male den Polen von den Sowjets abgenommen wurde, ist ein sehr gutes Beispiel dafür.

[10] K. Kersten: Plany i organizacja ludności na Ziemie Zachodnie, in: Kwartalnik Historyczny 67 (1960), H. 3, S. 682.

[11] Związek Obrony Kresów Zachodnich = Verein zur Verteidigung der Westgrenze, später in PZZ = Polski Związek Zachodni = Polnischer Westverband, umbenannt.

ditionen, die Andersartigkeit und die regionalen Denkwürdigkeiten geweckt, die Dialektliteratur sowie alle Einflüsse in der polnischen Literatur, die die jeweiligen Regionen betreffen, gesammelt, sowie Tafeln und Denkmäler für diejenigen, die der polnischen Sache dienten, aufgestellt werden. Es sollten die Volksbräuche ins Bewußtsein gebracht und das Gefühl eines seßhaften Slaventums geweckt und der Mythos vom polnischen Westen geschaffen werden.“ [12]

Allen neuen, also in den Jahren 1941–1944 entstandenen Konzepten war eines gemeinsam – sie postulierten eine enge Verflechtung dieser Umsiedlungen mit einer Umstrukturierung des landwirtschaftlichen Systems, nicht so sehr in den „Altpolnischen Gebieten“, sondern vornehmlich in den „Wiedergewonnenen Gebieten“. [13]

Alle Überlegungen gingen davon aus, daß die Inbesitznahme im unmittelbaren Zusammenhang mit der Bodenreform stehen und die ländliche Umstrukturierung auch auf diesen Territorien in Zukunft ein einheitliches Staatsgebilde ohne nationale Minderheiten garantieren müsse.

Bei der Verwirklichung der Konzeption zur Umbildung der landwirtschaftlichen Struktur zeigte sich, daß gerade diese Gebiete der angestrebten Kollektivwirtschaft entgegenkamen. Im Gegensatz zu den „Altpolnischen Gebieten“ mußte man die Erfahrung machen, daß die ehemalige deutsche Agrarstruktur sich auf überwiegend großbäuerliche Betriebe und Güter gestützt hatte. Diese Tatsache kam den Befürwortern der Kollektivwirtschaft entgegen, und sie setzten durch, daß, ehe in Polen überhaupt offiziell von einer Kollektivierung die Rede war, in diesen Gebieten ein bedeutender Teil des Bodens in den staatlichen Bodenfond übernommen wurde und somit nicht der Bodenreform zur Verfügung stand. [14] Vor diesem Hintergrund wird verständlich, daß in den Jahren 1945 und 1946 ganz bewußt fast alle Kräfte nicht so sehr die Bodenreform vorantrieben, als vielmehr die Idee von der zuallererst notwendigen Wieder-Bevölkerung der „Wiedergewonnenen Gebiete“ unterstützten.

Diese Wieder-Bevölkerung der „Wiedergewonnenen Gebiete“ sollte aber auch durch eine besondere Siedlungsweise, eine Militärsiedlung entlang der neuen Westgrenze, geschützt werden. Ob es sich in erster Linie nur um die Befestigung der Westgrenze im Sinne der einstigen „Stannica Wojskowa“ an der polnischen Grenze zu Rußland in früheren Jahrhunderten [15] oder aber um eine wirkliche Ansiedlung auf Dauer handelte, ist heute kaum nachzuvollziehen.

> „Wir wollen, daß das an der Grenze liegende Land dem Militär zugeteilt wird, daß die Soldaten sich der Feldarbeit widmen und sich niederlassen, gleichzeitig aber auch den Militärdienst ausüben. Auf diese Weise beschleunigen wir den Besiedlungsprozeß am westlichsten Rande unseres Territoriums.“ [16]

Datierbar ist die Art der Besiedlung recht genau. Der Befehl Nr. 111 des Oberkommandos der Polnischen Streitkräfte vom 3. 6. 1945 besagte:

> „Der Gerechtigkeit der Geschichte ist nun Genüge getan. Wir erlangten einen großen, breiten Zugang zum Meer. Heute steht nun vor uns die Aufgabe, die Früchte des Sieges zu sichern, das

---

[12] T. Tyc: Pamiętnik, Poznań 1931, S. 95. Siehe dazu M. Musielak: Polski Związek Zachodni 1944–1950, Warszawa 1986, S. 323.

[13] K. Kersten: Plany, S. 684.

[14] B. Okoniewska: Problem nowej polityki rolnej w Polsce w latach 1948–1956, in: Dzieje Najnowsze (Wrocław 1984), H. 2, S. 69 f.

[15] Encyklopedia Powszechna, Warszawa 1866, Bd. 23, S. 970.

[16] St. Chojnecki: in: Z historii z tamtych lat, Warszawa [o. J.], S. 162.

Polentum (das Polnische) dieses Landes zu erneuern und zu festigen, es zu bevölkern und zu bewirtschaften.“ [17]

Siedler im Sinne dieses Befehls konnten sein:
1) Soldaten, Unteroffiziere und Offiziere der kämpfenden Armee,
2) Familien gefallener Soldaten, Unteroffiziere und Offiziere,
3) Partisanen und solche Personen, die aktiv gegen Deutschland gekämpft haben,
4) die Familien gefallener Partisanen und anderer aktiver Kämpfer.

Rechtlich abgedeckt wurde dieses Vorhaben durch das Dekret des PKWN über die Agrarreform vom 6. 9. 1945, das am 13. 11. 1945 auch rechtsbindend für die deutschen Ostgebiete wurde.

Die „Militärsiedlung“ sollte in einem durch weitere Befehle und Instruktionen genau fixierten Gebiet stattfinden. [18] Und zwar in den folgenden Landkreisen: (siehe Karte nach Seite 251):
Cammin (Kamien Pomorski),
Wollin (Wolin),
Greifenhagen (Gryfino),
Königsberg (Chojna),
Zielenzig (Sulęcin),
Reppen (Rzepin),
Crossen a. d. O. (Krosno Odrzańskie),
Guben (Gubin),
Sorau (Żary),
Sagan (Żagań),
Görlitz (Zgorzelec),
Lauban (Lubań),
Löwenberg (Lwówek Śląski).
Etwas später wurden auch die weiteren Landkreise für diese Siedlung benannt:
Naugard (Nowogard),
Stettin (Szczecin),
und in Ostpreußen die masurischen Landkreise:
Lyck (Ełk),
Goldap (Gołdap),
Treuburg (Olecko).

Es scheint wohl so gewesen zu sein, daß, als man diesen zukünftigen Grenzstreifen zwischen Deutschland und Polen für die „Militärsiedlung“ vorsah, man dieses wohl aus „gesamtpolnischer Staatsräson“ tat. Unberücksichtigt blieben offenbar die geographischen, geologischen und auch die wirtschaftlichen Voraussetzungen – zumal man ja in erster Linie die aufgrund des Vertrages mit der UdSSR umzusiedelnden Menschen aus der Sowjetunion (Ukraine, Weißrußland) und den an die SU abgetretenen polnischen Ostgebieten anzusiedeln beabsichtigte.

Der gesamte Grenzstreifen hatte einen ausgesprochen landwirtschaftlichen Charakter. Die landwirtschaftliche Nutzfläche betrug z. B. im Kreis Cammin ca. 60%, Königs-

---

[17] Orzeł Biały vom 3. 6. 1945. Siehe dazu K. Kersten: Osadnictwo wojskowe w 1945r, in: Przegląd Historyczny 55 (1964), H. 4, S. 640–658.

[18] Befehl Nr. 141 vom 5. 7. 1945 des Oberkommandos der polnischen Streitkräfte. Siehe dazu: E. Męclewski: Powrót Polski nad Odrą i Nysą Łużycka, Bałtyk, Warszawa 1971, S. 431 f.

berg 65,6%, Greifenhagen 75,6%. Die durchschnittlichen Waldflächen machten 28 bzw. 27% (Cammin, Königsberg), in Wollin aber 36,5% aus. Auch ein nur oberflächlicher Vergleich mit den Herkunftsgebieten der Siedler macht deutlich, daß diese sich nun in einer völlig anders gearteten Umgebung zurechtfinden mußten. Zu diesen Schwierigkeiten kam noch ein anderes Problem hinzu. Im Juli 1945 existierten im Landkreis Königsberg ca. 3000 bäuerliche Anwesen, die kaum zerstört hätten übernommen werden können. Doch nur ca. 700 wurden den polnischen Soldaten zugewiesen, aber 1050 besetzten die Einheiten der Roten Armee, und wie angedeutet wird, war nach ihrem Abzug nichts mehr vorhanden.

Die zweite Etappe der Besiedlung ist auf Oktober/November 1945 zu datieren. Denn die drei Minister der Verteidigung, der Allgemeinen Verwaltung sowie der Landwirtschaft und Bodenreform erließen nun am 24. 9. 1945 eine Verordnung, die das militärische Siedlungswesen in das Gesamtprogramm der Besiedlung der wiedergewonnenen Gebiete eingliederte, also ohne den besonderen militärischen Strang, aber mit Sonderrechten. Für Mitte 1946 ist aber festzustellen, daß die Soldaten sich nicht mehr nur auf dem Land niederließen, sie zogen auch in die Städte – wo man sie offenbar zu diesem Zeitpunkt noch nicht haben wollte.

Während der ganzen Zeit scheint es aber ein ständiges Hin und Her gegeben zu haben – offenbar entsprechend den Bedingungen, die die Siedler vorfanden. Es kamen mehrere Faktoren zusammen. Erstens die schon erwähnte deutsche Agrarstruktur, zweitens die Kriegsschäden und drittens die noch vorhandene deutsche Bevölkerung, obwohl die nicht unbedingt das größte Hindernis darstellte. Einheiten der Roten Armee und der 10. polnischen Infanteriedivision beförderten im Juni und Juli 1945 rund 1000000 Deutsche über die bis dahin offene Grenze an der Oder.[19]

Diese Aussiedlungen der Deutschen durch das Militär waren neben den ohnehin schon vorhandenen Kriegsschäden eine der Ursachen, die das ganze Vorhaben, also die Militärsiedlung – im Sinne der Stannica Wojskowa – entlang der Grenze, letztendlich scheitern ließen. Die Deutschen wurden zwar ausgesiedelt, aber ihr Besitz konnte nicht gesichert werden. Die nach Wochen bzw. Monaten eintreffenden Siedler fanden nur noch Ruinen und total geplünderte Anwesen vor.

Deshalb brach im Landkreis Königsberg z. B. Ende 1945 eine regelrechte Rückwanderung aus, denn die Verordnungen der Grenztruppen verlangten von den Militärsiedlern genaueste Angaben, wie: Anzahl der Tauben, Radioapparate, Hunde usw., und wenn man bedenkt, daß von den damals dort registrierten 26900 Siedlern 17969 Soldatensiedler aus der UdSSR waren, dann kann man wohl vermuten, daß die Behörden eben diese auf das Genaueste zu kontrollieren gedachten, möglicherweise, weil sie aus der UdSSR, d. h. den Ostpolnischen Gebieten, stammten.

Um die Siedler auch an Ort und Stelle mit einer eigenen militärischen Organisation zu betreuen, wurde mit Befehl des Oberkommandos Nr. 220 vom 24. 9. 1945 der Verband der Militärsiedler (Związek Osadników Wojskowych) gegründet.

Die Hauptaufgaben des Verbandes wurden durch das Statut bestimmt. Er sollte:
1) dem Staat bei der Schaffung der „Soldatensiedlung" im Grenzstreifen behilflich sein;
2) das Polentum in den wiedergewonnenen Gebieten stärken und diese Gebiete wirtschaftlich erschließen;

[19] J. Ławski: Żołnierska służba na Ziemiach Zachodnich i Północnych, in: Wojskowy Przegląd Historyczny 25 (1980), H. 3, S. 74.

3) sich um das Wohl der „Soldatensiedler" sorgen und deren Interessen gegenüber dem Staat vertreten;
4) die Kultur und Bildung sowie die staatspolitische Haltung der Siedler fördern.[20]

Dennoch gilt festzuhalten, daß das ursprüngliche Konzept, eine „militärische Bauernsiedlung" zu schaffen, insofern als gelungen zu bezeichnen ist, als rund 130000 Familien 79,3% der 174918 landwirtschaftlichen Anwesen bzw. Parzellen und kleinen Handwerksbetriebe, hauptsächlich Schmieden und Lebensmittelgeschäfte, übernommen hatten. Von den knapp 45000 „Soldatensiedlern", die sich in den Städten niederließen, gingen ca. 16% in die Industrie, 4% in den Staats- und Selbstverwaltungsdienst, 2% in den zu dieser Zeit meist noch privaten Handel. Einige versuchten sich im Handwerk, andere wurden Freiberufler – Ärzte und Anwälte –, andere wiederum begannen nun das verspätete Studium.

Trotz zunehmender Abwanderung der Militärsiedler gelang es bei gleichzeitigem stärkeren Einsatz einer Reihe anderer für die Besiedlung zuständiger Organisationen[21], bis Ende 1945 rund 1442300 Personen umzusiedeln, wobei jedoch zu berücksichtigen ist, daß sich darunter auch vielfach solche befanden, die schon einmal aus der SU in die ohnehin übervölkerten und landarmen Gebiete im südöstlichen Polen umgesiedelt worden waren. Dieses Unterfangen, in nicht ganz sieben Monaten in den durch Kriegseinwirkungen meist zerstörten Dörfern und Städten fast 1,5 Mio. Menschen anzusiedeln, ist in der polnischen Geschichte ohne Beispiel. Obwohl sämtliche Angaben mit Vorbehalt betrachtet werden müssen, kann man dennoch behaupten, daß schon zu dieser Zeit die Neusiedler in den meisten Orten die Anzahl der noch vorhandenen deutschen Bewohner übertrafen. Die inzwischen bekanntgewordenen Siedlungspläne[22] gingen davon aus, daß die Besiedlung nicht nur individuell, sondern in Gruppen durchgeführt werden sollte. Auf diese Art sollten soziale Bindungen, Dorfgemeinschaften und a.m. erhalten bleiben. Dieser Aspekt verdient besondere Aufmerksamkeit. Denn diese Forderungen kamen aus ganz anderen Motiven den Wünschen der Zentralen Behörde sehr entgegen, die zunehmend von Moskau dominiert wurde. Die von den Wissenschaftlern formulierten Ansiedlungspläne besagten jedoch nicht, was mit den nun freiwerdenden landwirtschaftlichen Kleinstparzellen der Siedler in den „Altpolnischen Gebieten" geschehen sollte. Diese Tatsache nutzten die Behörden für einen Erlaß, der ihnen nur wenig später die Möglichkeit zur Gründung von landwirtschaftlichen Kollektiv-Genossenschaften bot, auch wenn man zunächst nur von der Beibehaltung der alten sozialen Bindungen sprach, die man nur in Gruppenumsiedlungen zu erhalten trachtete. Jeder Umsiedler aus den „Altpolnischen Gebieten" mußte nicht nur eine genaue Beschreibung des Besitzes (auch des kleinsten Gartenstücks), sondern auch eine Erklärung abgeben, daß der von ihm zurückgelassene Boden nicht an Familienangehörige übergeben oder verkauft würde, sondern der Bodenreform zur Verfügung stehe, was bedeutete, daß dieses Land in den staatlichen Bodenfonds überging. Allein dieser Handhabung ist es zuzuschreiben, daß in den späteren Jahren auch in diesen Gebieten eine ganze Anzahl von landwirtschaftlichen Kollektiven – nach sowjetischem Muster – entstehen konnte.

---

[20] Osadnik na Ziemiach Odzyskanych, Nr. 13, vom 15. 8. 1947, S. 4.

[21] St. Banasiak: Działalność osadnicza Państwowego Urzędu Repatriacyjnego na Ziemiach Odzyskanych w latach 1945–1947, Poznań 1963, S. 241.

[22] St. Pietkiewicz, M. Orlicz: Plan regionalny przesiedlenia osadników rolnych na Ziemie Odzyskane. Sesja rady naukowej, H. 3, S. 11–51. Zitiert in: Kwartalnik Historyczny 67 (1960), H. 3, S. 685.

Mit dem Versprechen, im neuen „Westen Polens“ sei für diejenigen, die ihre lebensunfähigen Parzellen in den „Altpolnischen Gebieten“ dem Staat übergäben, ein anderes, besseres, in einer neuen erweiterten Dorfgemeinschaft aktives Leben garantiert, gelang der auf dem Lande bis dahin unbedeutenden kommunistischen Partei ein vorübergehender Durchbruch. Sie gewann unzweifelhaft, obwohl die Neubesiedlung beschwerlicher war und auch manche Not für die Umsiedler mit sich brachte, aber der bisherige Bevölkerungsdruck konnte auf diese Weise wenigstens etwas gemindert werden. Die kommunistische Partei konnte in dieser Zeit auch die formelle Enteignung der Deutschen durchsetzen und damit unter der Landbevölkerung werben. Dies fiel ihr um so leichter, als mehr als ein Drittel der gesamten Fläche die der Bodenreform im ganzen Land überhaupt zur Verfügung stand, aus dieser Enteignung stammte.

Die vielen Umsiedler, die sich als Privatbauern niederlassen wollten, stießen jedoch auf bürokratische Barrieren, die ihre gerade gewonnene Sympathie für die Kommunisten rasch schwinden ließen. Die Behörden überließen ihnen den Boden nicht als Eigentum, der im Schrifttum so oft angeführte „Akt nadania“ bedeutete keine Eigentumsübertragung. Diese war erst 1957 nach Beendigung der Kollektivierungsmaßnahmen möglich.[23]

Einerseits erhielten also die Umsiedler das Land nicht als Eigentum, andererseits wurden jedoch die Gemeinschafts- bzw. Gruppenansiedlungen mit allen damals zur Verfügung stehenden Mitteln gefördert. Die noch vorhandene deutsche Agrarstruktur war dafür sehr geeignet, die relativ großen Bauernhöfe und die Güter bildeten rund 38% der landwirtschaftlichen Nutzfläche.

Aus heutiger Sicht ist es nicht schwer, eine ganze Anzahl von Faktoren anzuführen, die die Neubesiedlung förderten, aber man kann auch eine Reihe von Ursachen feststellen, die sie hemmten. Unbestritten ist, daß in relativ kurzer Zeit (1945–1948) dieses Gebiet mit rund 5,5 Mio. Menschen (in Stadt und Land) neu besiedelt wurde, davon stammte mehr als ein Drittel der Siedler aus den „Altpolnischen Gebieten“, die übrigen aus vielen anderen Ländern. Man kann daher zu recht von einem Aufeinanderprallen verschiedener regionaler Kulturen sprechen. In der Vergangenheit hat es solches schon öfter gegeben, so in Grenzbezirken oder den ehemals so bevorzugten Einwanderungsländern, z.B. Amerika. (Heute leben dort z.B. auch mehrere Mio. Polen.) Es hat dabei die unterschiedlichsten Ergebnisse gegeben. Einige Kulturkreise überlagerten andere, manche glichen sich den attraktiveren an, andere pflegen weiterhin ihre Tradition mit besonderer Hingabe. Nach 1945 geschah in Polen wohl das tragischste und auch das folgenreichste Aufeinandertreffen der unterschiedlichsten Traditionen. Dies geschah spontan, ungelenkt und traf alle Gruppen absolut unvorbereitet.

Ausgelöst vom Ergebnis des 2. Weltkrieges, getragen aber von der versprochenen Agarreform, vollzog sich hier eine kulturelle Annexion, die in diesem Bereich von niemandem damals gewollt war. Deshalb ist die Inbesitznahme dieser Region, unter diesem Aspekt wohlgemerkt, so sehr interessant.

Die oben erwähnten Personengruppen waren:

1) die trotz Kriegseinwirkungen in der Region bisher ansässige Bevölkerung (oft nicht mehr auf eigenem Besitz, jedoch noch in der Nähe ihrer einstigen Wohnorte). Kriegsbedingt setzte sich diese Gruppe vorwiegend aus Frauen, Alten und Kindern zusammen, erst Monate später kehrte ein Teil der Männer heim;

---

[23] K.E. Wädekin: Sozialistische Agrarpolitik in Osteuropa, Bd. 1, Berlin 1974, S. 161 f.

2) die Siedler – sie kamen aus allen Gegenden Polens und aus dem Ausland, und man darf ihnen wohl die unterschiedlichsten Motive für ihr Vorhaben unterstellen.

Diese Gruppe bestand überwiegend aus jungen Menschen, Alleinstehenden (demobilisierten Soldaten), jungen Familien, viele davon kinderreich. Man darf sicher sagen, daß es unternehmungsfreudige, energische Menschen waren, die freiwillig kamen. Sie waren unterschiedlichsten kulturellen Traditionen verhaftet, die durch die Kriegsereignisse[24] teilweise an Tragfähigkeit verloren hatten und manchmal regelrecht zerstört wurden.

Insbesondere diese Gruppe ist mit solchen Siedlern zu vergleichen, die zu anderen Zeiten mit Energie und Mut andere Länder oder Kontinente erobert haben, z.B. in Amerika und Australien. Eine soziologische Nivellierung wird gegenwärtig von polnischen Wissenschaftlern gern vorgenommen, und dieser sollte energisch widersprochen werden, denn auch heute noch sind unter solchen Siedlern, die aus der Gegend von Krakau, und solchen, die von Ostrołęka oder Kolno kamen, erhebliche Unterschiede in ihren Verhaltensweisen u.a.m. festzustellen. So ist ein Kurp – also ein Bewohner der Region Kurpien – fast bis auf den heutigen Tag für jeden Masuren, Ermländer, aber auch für die Repatrianten ein Synonym für Räuber und Pferdedieb.

3) Die Repatrianten – sie siedelten, wie schon erwähnt, nicht freiwillig. Oft unter Zwang aus ihrer bisherigen Umwelt in Litauen, Weißrußland und der Ukraine herausgerissen, versuchten sie, wenn immer es möglich war, sich in Gruppen niederzulassen. Sie versuchten die Trennung insofern zu erleichtern, als sie sich bemühten, Orte zugewiesen zu bekommen, die landschaftlich ihrer verlassenen Heimat entsprachen. Diese Personengruppen hatten jedoch auch schon Erfahrungen mit den eingangs erwähnten Kollektivierungsmaßnahmen (1939–1941). Sie waren diejenigen, die den Versprechungen bezüglich der Bodenreform keinen Glauben schenkten. Es kann wohl angenommen werden, daß diese Gruppe als einzige die neuen Siedlungsräume als eine endgültige Inbesitznahme ansah. Sie hatte, im Gegensatz zu den Siedlern (also der zweiten Gruppe), keine andere Wahl, sie konnte zu ihren Herkunftsorten nicht mehr zurückkehren. Die anderen taten dies durchaus, oft unter Mitnahme vorgefundener Wert- und Kulturgüter.[25] Es muß jedoch darauf hingewiesen werden, daß es damals einen erheblichen Unterschied machte, ob das Zusammentreffen dieser regionalen Eigenheiten auf dem Lande oder in der Stadt geschah. Wenn man auf dem Lande von verschiedenen Gruppen entsprechend ihren Herkunftsgebieten sprechen kann, so kann man eine Differenzierung nach diesem Kriterium bei Städtern kaum feststellen. Die Siedler in den Städten dürften sich nicht so sehr durch ihre regionale Herkunft als vielmehr durch unterschiedliche Werthaltungen unterschieden haben. Der Zugehörigkeit zu verschiedenen Standesgruppen (Intelligenz, Arbeiterschaft, Beamtenschaft) kam dabei eine besondere Bedeutung zu.

---

[24] Berührung mit deutschen Soldaten der kämpfenden Truppe, insbesondere der Etappe, mit der deutschen Verwaltung, Deportation bis an Saar und Ruhr.

[25] Es ist heute keine Seltenheit, wenn Personen aus der Gegend von Mława bis Lublin in der Bundesrepublik Deutschland als Spätaussiedler anerkannt werden, weil sie in der Lage sind, echte Urkunden, Zeugnisse usw. vorzulegen, die ihre Großväter und Väter vor über vierzig Jahren sich angeeignet hatten. Dieses Verhalten kann durchaus als „Selbstgermanisierung aus wirtschaftlichen Gründen“ bezeichnet werden.

An anderer Stelle ist gesagt worden, daß die vorgefundene Agrarstruktur in den „wiedergewonnenen Gebieten" der geplanten Kollektivierung entgegenkam und daß die „Gruppensiedlung" bzw. die „Parzellierungssiedlung" als erste Bemühung dazu anzusehen ist.

Generell versprachen die Bestimmungen der Bodenreform jedem einen entsprechenden Landanteil.[26] Exemplarisch soll nun versucht werden darzustellen, wie diese Reform das Zusammentreffen verschiedener Kulturen sichtbar machte.

Im Dezember 1945 (also ein gutes halbes Jahr nach Beendigung des Krieges) und nur wenige Wochen, nachdem die Bodenreform auch auf diese Gebiete ausgedehnt wurde (13. 11. 1945), lebten in der späteren Wojewodschaft Allenstein (Olsztyn – einige Monate formell auch als „Masurische Wojewodschaft" bezeichnet) 263512 Einwohner. Davon waren:

Siedler	59297
Repatrianten	30370
Deutsche (oder sogen. nicht Verifizierte)	133633
Autochthonen	40412

Bisher unveröffentlichte Untersuchungen[27] polnischer Soziologen und Ethnologen besagen, daß die Einheimischen (ganz gleich, ob sie als Deutsche oder Autochthone rubriziert worden waren,) von der Primitivität der Siedler und Repatrianten regelrecht geschockt waren. Diese wiederum waren hilflos angesichts des höheren Zivilisationsstandes des Alltäglichen, dem sie unvorbereitet gegenüberstanden. Sie deuteten dies als eine Eigenart des verhaßten Deutschtums. Erschwerend kam hinzu, daß sich in einer Region ganz besondere Schwierigkeiten auftaten: Im Falle der Masuren (die man ja eigentlich als „Noch-Slaven" ansah) gab es nicht einmal einen religiösen Berührungspunkt, die überwiegend katholischen Siedler und Repatrianten standen den evangelischen Masuren noch mißtrauischer als den Deutschen gegenüber.

Als Beispiel für viele andere kann die Entwicklung einiger typischer masurischer Dörfer, die an der Grenze zwischen Ermland (katholisch) und Masuren (evangelisch) liegen, angeführt werden. Um die Jahreswende 1945–1946 gab es z.B. im Dorf Rummau 141 bäuerliche Anwesen (5–112 ha), aber nur 114 waren bewohnt, da die restlichen durch Kriegseinwirkungen unbewohnbar geworden waren. Die in aller Eile (ohne Karten und durch ungeschulte Landvermesser) durchgeführte Bodenreform hatte zur Folge, daß die ursprünglichen Besitzverhältnisse sich wesentlich veränderten (siehe Karte nach Seite 251).

Die Zugehörigkeit zur PPR – nach 1948 zur PZPR – gaben nur 14 Personen zu, wobei sehr interessant ist, daß diese zur Gruppe der Siedler gehörten. Repatrianten und Einheimische gehörten bis Ende der 50er Jahre weder der Partei noch anderen Organisationen (ZMP, ORMO) an.[28]

In diesen Zahlen spiegeln sich zu dieser Zeit die unvereinbaren Vorstellungen zweier politischer Lager. Es waren dies die PPR (Polnische Arbeiterpartei), die zudem von „einigen Kreisen der Intelligenz gestützt wurde und die PSL (Polnische Bauernpar-

[26] P. Dziurżynski: Osadnictwo rolne na Ziemiach Odzyskanych. Warszawa 1983, S.29.

[27] L.-M. Szwengrub: Zagadnienie polskiej świadomości narodowej u Warmiaków i Mazurów. Rozprawa doktorska, Warszawa 1963.

[28] Ebenda

tei)". [29] Die Auseinandersetzungen gingen vornehmlich darum, ob die Agrarreform in den ehemaligen deutschen Provinzen als eine Fortsetzung der Reform, wie sie in den altpolnischen Landesteilen durchgeführt wurde, anzusehen war oder ob diese neuen Gebiete nur den überschüssigen Teil der Landbevölkerung, also ca. 280000 Personen aus den polnischen Landesteilen, aufzunehmen hatten. Diese Diskussionen, die, wie an anderer Stelle betont wurde, seit Beginn des 2. Weltkrieges stattfanden, wurden am 6. 7. 1948 insofern beendet, als die PPR an diesem Tage den Übergang zur Kollektivierung der polnischen Landwirtschaft verkündete. [30] Diese Ankündigung kann man als die folgenschwerste Kehrtwendung in der Agrarfrage bezeichnen. Die These, daß nach der Zerschlagung des Großgrundbesitzes und des Großbürgertums die private Landwirtschaft nicht der sozialistischen industriellen Entwicklung folgen könne, hatte zur Folge, daß dieses Bauerntum als Stütze des Kapitalismus diffamiert werden konnte. In den größeren bäuerlichen Anwesen, aber auch in jenen, die gerade dank der Agrarreform einige wenige Hektar Ackerland ausmachten, erblickte man das zukünftige Eigentum von Kapitalisten und begründete damit die Behauptung von einem sich verschärfenden Klassenkampf, und landwirtschaftliche Produktionsgemeinschaften galten als die wirksamste Form zur Verhinderung des vermeintlichen Klassenkampfes. [30a]

Man kann aus heutiger Sicht die mit der Kollektivierung verbundenen Maßnahmen keinesweg als integrationsfördernd ansehen. Solche Maßnahmen waren die Installierung von staatseigenen Maschinen-Stationen (Państwowe Ośrodki Maszynowe POM), aber insbesondere die Umstrukturierung der nicht nur in den altpolnischen Landesteilen, sondern auch in den ehemaligen deutschen Landesteilen zu dieser Zeit sehr ausgebauten Genossenschaften wie der gegenseitigen Bauernhilfe (Samopomoc Chłopska) sowie die forcierte Etablierung der „Staatsgüter" (Państwowe Gospodarstwa Rolne).

In den ersten Jahren nach Kriegsende herrschte die allgemeine Überzeugung eines Provisoriums, einer instabilen internationalen Lage vor. Die Repatrianten, die Siedler, aber insbesondere die einheimische Bevölkerung glaubten bzw. hofften, daß noch grundlegende Veränderungen möglich wären. Wenn solche Veränderungen, die von den einen befürchtet, von den anderen ersehnt wurden, auch nicht eintraten, so kann von einem harmonischen Zusammenleben dennoch nicht gesprochen werden. „Es fügte sich so, daß diese Menschen sich von Anfang an mit den niedergelassenen Siedlern nicht vertragen konnten. Die von jenseits des Bug gekommen waren, lobten den dortigen Boden, diesen hier bezeichneten sie als unfruchtbar. Über eine lange Zeit stritten sie sich um alles und mit jedem und konnten sich nicht mit den Nachbarn vertragen." [31]

Die landwirtschaftlichen Anwesen, die den neuen Siedlern und Repatrianten in den deutschen Ostprovinzen zufielen, standen auf einem viel höheren agrotechnischen Niveau, und viele mußten den Umgang mit Maschinen, Motoren sowie mit der elektrischen Energie erst lernen. „Mähmaschinen besitze ich nun zwei. Ich habe sie auf diesem Hof vorgefunden. Sie müssen wissen, hier ist es nicht so wie einst bei uns zu Hause. Dort dauerte die Ernte mit Sense und Sichel zwei bis drei Wochen. Hier ist in wenigen Stunden alles geschafft, dann wird mit der Maschine gedroschen, und schon kann

---

[29] W. Góra: Reforma rolna PKWN, Warszawa 1969, S. 230f.

[30] K. E. Wädekin: Sozialistische Agrarpolitik, S. 165.

[31] A. Wojtas: Stalinizacja, in: Odrodzenie Nr. 28 vom 15. 7. 1989.

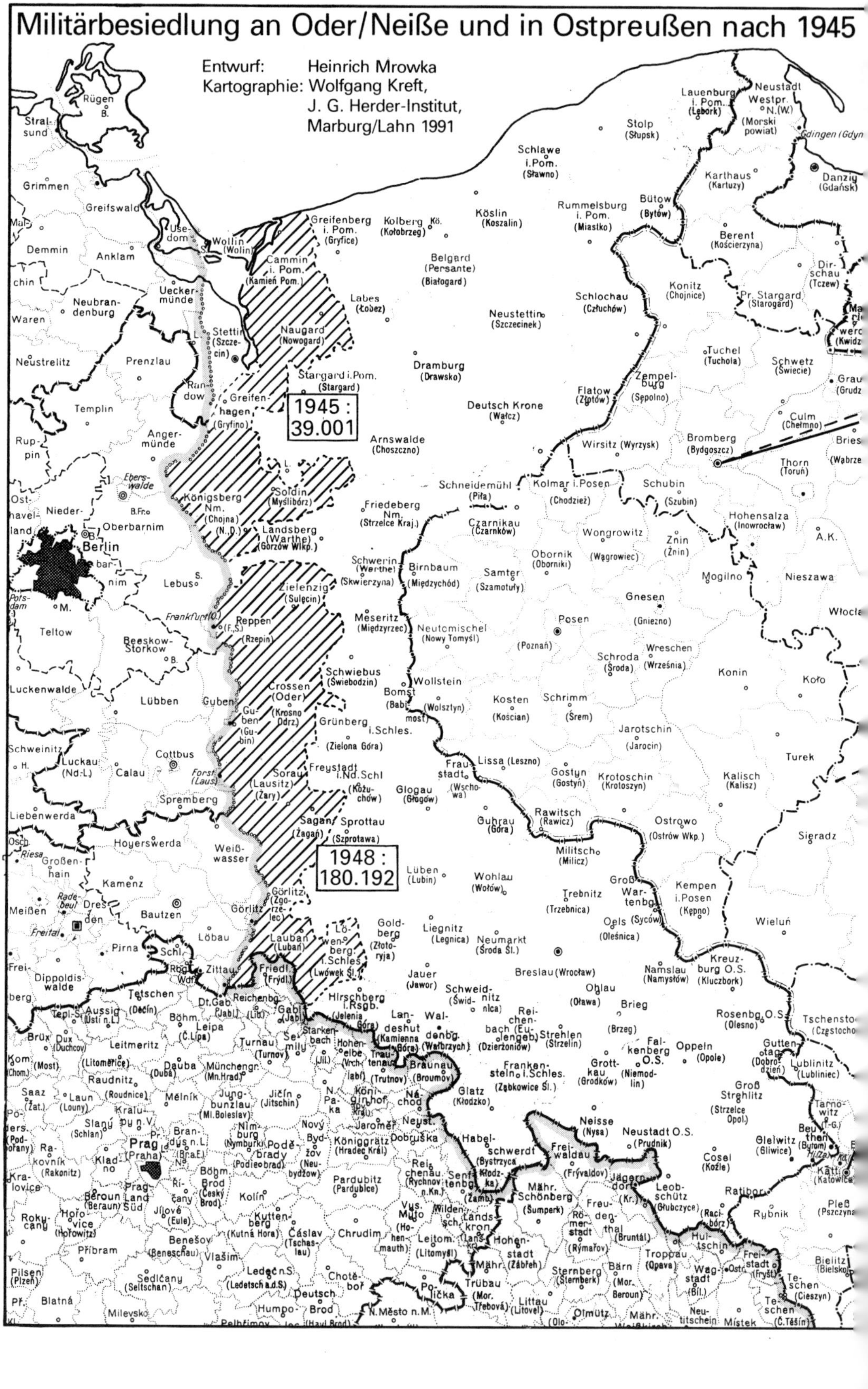
Militärbesiedlung an Oder/Neiße und in Ostpreußen nach 1945
Entwurf: Heinrich Mrowka
Kartographie: Wolfgang Kreft, J. G. Herder-Institut, Marburg/Lahn 1991
1945 : 39.001
1948 : 180.192
Rügen
Stralsund
Grimmen
Greifswald
Demmin
Anklam
Neubrandenburg
Waren
Neustrelitz
Prenzlau
Templin
Ueckermünde
Stettin (Szczecin)
Greifenberg i. Pom. (Gryfice)
Cammin i. Pom. (Kamień Pom.)
Naugard (Nowogard)
Kolberg (Kołobrzeg)
Köslin (Koszalin)
Belgard (Persante) (Białogard)
Labes (Łobez)
Schlawe i.Pom. (Sławno)
Stolp (Słupsk)
Lauenburg i. Pom. (Lebork)
Rummelsburg i. Pom. (Miastko)
Bütow (Bytów)
Neustettin (Szczecinek)
Schlochau (Człuchów)
Konitz (Chojnice)
Karthaus (Kartuzy)
Danzig (Gdańsk)
Berent (Kościerzyna)
Pr. Stargard (Starogard)
Dramburg (Drawsko)
Stargard i.Pom. (Stargard)
Greifenhagen (Gryfino)
Arnswalde (Choszczno)
Deutsch Krone (Wałcz)
Flatow (Złotów)
Zempelburg (Sępolno)
Tuchel (Tuchola)
Schwetz (Świecie)
Bromberg (Bydgoszcz)
Thorn (Toruń)
Culm (Chełmno)
Angermünde
Eberswalde
Königsberg Nm. (Chojna)
Soldin (Myślibórz)
Landsberg (Warthe) (Gorzów Wlkp.)
Friedeberg Nm. (Strzelce Kraj.)
Schneidemühl (Piła)
Kolmar i.Posen (Chodzież)
Schubin (Szubin)
Czarnikau (Czarnków)
Wongrowitz (Wągrowiec)
Hohensalza (Inowrocław)
Berlin
Oberbarnim
Lebus
Schwerin (Warthe) (Skwierzyna)
Birnbaum (Międzychód)
Samter (Szamotuły)
Obornik (Oborniki)
Gnesen (Gniezno)
Mogilno
Zielenzig (Sulęcin)
Frankfurt(O.)
Reppen (Rzepin)
Meseritz (Międzyrzecz)
Neutomischel (Nowy Tomyśl)
Posen (Poznań)
Schroda (Środa)
Wreschen (Września)
Konin
Teltow
Beeskow-Storkow
Schwiebus (Świebodzin)
Crossen (Oder) (Krosno Odrz.)
Guben (Gubin)
Wollstein (Wolsztyn)
Kosten (Kościan)
Schrimm (Śrem)
Jarotschin (Jarocin)
Luckenwalde
Lübben
Grünberg i.Schles. (Zielona Góra)
Cottbus
Freystadt i.Nd.Schl (Kożuchów)
Sorau (Lausitz) (Żary)
Fraustadt (Wschowa)
Lissa (Leszno)
Gostyn (Gostyń)
Krotoschin (Krotoszyn)
Kalisch (Kalisz)
Glogau (Głogów)
Spremberg
Liebenwerda
Sagan (Żagań)
Sprottau (Szprotawa)
Guhrau (Góra)
Rawitsch (Rawicz)
Ostrowo (Ostrów Wlkp.)
Hoyerswerda
Weißwasser
Milítsch (Milicz)
Sieradz
Lüben (Lubin)
Wohlau (Wołów)
Trebnitz (Trzebnica)
Kempen i.Posen (Kępno)
Kamenz
Görlitz
Bautzen
Dresden
Meißen
Löbau
Lauban (Lubań)
Goldberg (Złotoryja)
Liegnitz (Legnica)
Neumarkt (Środa Śl.)
Oels (Oleśnica)
Wieluń
Zittau
Jauer (Jawor)
Breslau (Wrocław)
Namslau (Namysłów)
Kreuzburg O.S. (Kluczbork)
Hirschberg i.Rsgb. (Jelenia Góra)
Schweidnitz (Świdnica)
Ohlau (Oława)
Brieg (Brzeg)
Rosenbg.O.S. (Olesno)
Tschenstochau
Oppeln (Opole)
Glatz (Kłodzko)
Neisse (Nysa)
Neustadt O.S. (Prudnik)
Cosel (Koźle)
Gleiwitz (Gliwice)
Kattowitz (Katowice)
Ratibor
Rybnik
Troppau (Opava)
Prag (Praha)
Pardubitz (Pardubice)
Chrudim
Kolín
Pilsen (Plzeň)
Teschen (Cieszyn)

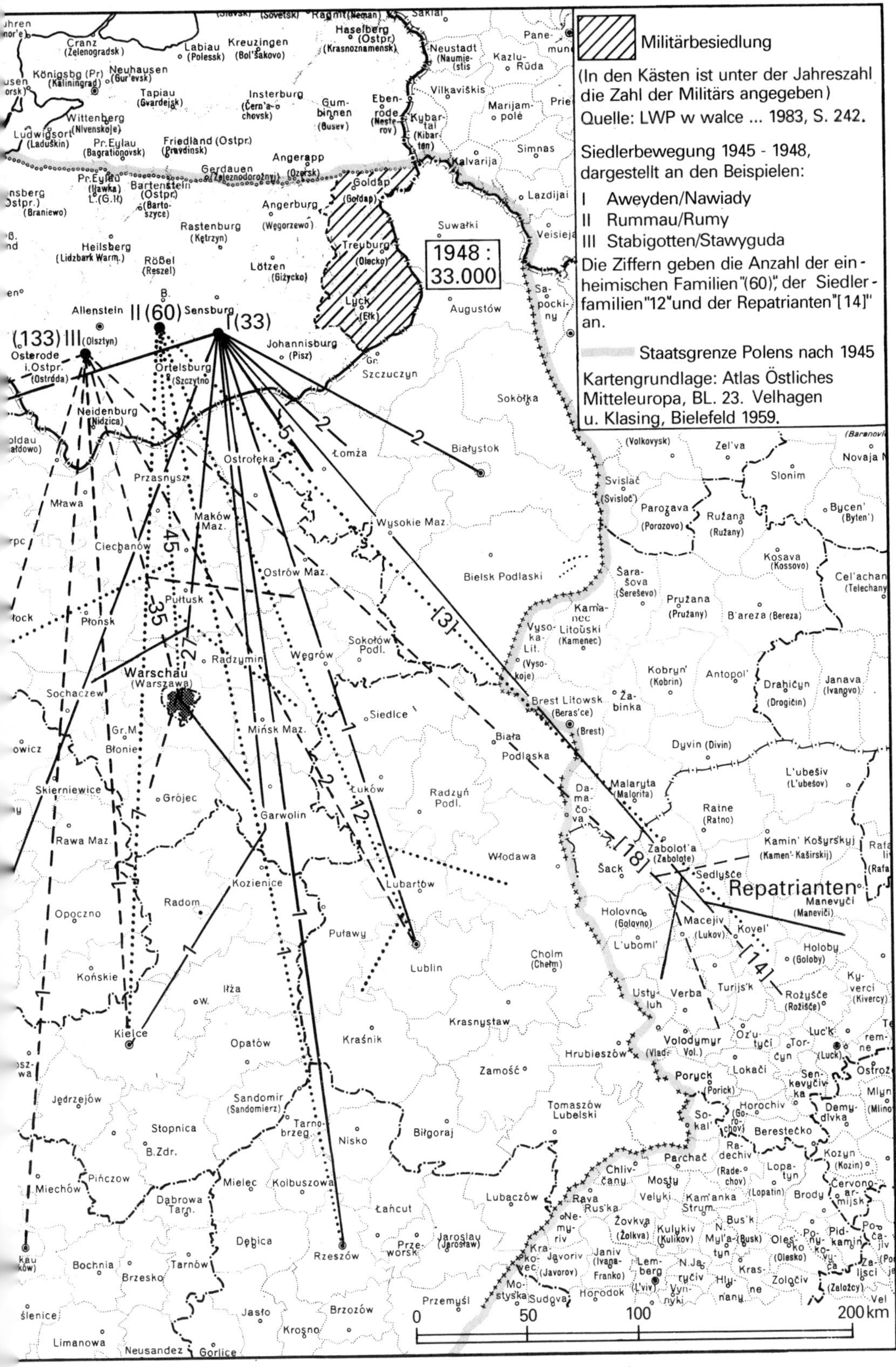
Militärbesiedlung
(In den Kästen ist unter der Jahreszahl die Zahl der Militärs angegeben)
Quelle: LWP w walce ... 1983, S. 242.
Siedlerbewegung 1945 - 1948, dargestellt an den Beispielen:
I Aweyden/Nawiady
II Rummau/Rumy
III Stabigotten/Stawyguda
Die Ziffern geben die Anzahl der einheimischen Familien"(60)", der Siedlerfamilien"12"und der Repatrianten"[14]" an.
Staatsgrenze Polens nach 1945
Kartengrundlage: Atlas Östliches Mitteleuropa, BL. 23. Velhagen u. Klasing, Bielefeld 1959.
1948 : 33.000
Repatrianten
II (60)
I (33)
(133) III
Warschau (Warszawa)
Allenstein
Sensburg
Osterode i.Ostpr. (Ostróda)
Königsbg (Pr) (Kaliningrad)
Lublin
Kielce
Rzeszów
Białystok
Brest Litowsk (Beras'ce)
0 50 100 200 km

das Brot gebacken werden."[32] Diese Freude des individuell wirtschaftenden Bauern währte jedoch nicht lange.

Als wirksamstes Instrument, die Kollektivierung voranzutreiben, erwies sich die Fiskalpolitik. In den Jahren 1952–1953 wuchs die ursprüngliche Grundsteuer um 129%. Im Jahre 1953 betrug die Steuer der Kleinbauern 13,8%, der landwirtschaftlichen Höfe mittlerer Größe 33,3% und der sogenannten „Großbauern" 47,7% der Nettoproduktion. Den Genossenschaften wurde zur gleichen Zeit die Grundsteuer um 30% ermäßigt. Als Ergebnis einer ganzen Reihe von Schikanen, von Diskriminierung, Kriminalisierung und fiskalischem Druck, also ökonomischer und administrativer Maßnahmen, ist ein stetiges Ansteigen der Zahl der landwirtschaftlichen Genossenschaften zu verzeichnen (siehe Tabelle 2).

Der Versuch der Staatsmacht, neben der in diesen Jahren vorangetriebenen Industrialisierung auch die Landwirtschaft nach sowjetischem Muster zu einer zentralgelenkten Kollektivwirtschaft umzuformen, verlief jedoch wesentlich weniger erfolgreich als in den anderen Staaten Osteuropas. Die vorher genannten POM, die den sowjetischen Maschinen-Traktoren-Stationen nachgebildet worden waren und deren eine Hauptaufgabe es war, die notwendigen Impulse für eine rasche Kollektivierung der Bauernwirtschaften zu geben (ihre Zahl stieg von 30 im Jahre 1949 auf 425 im Jahre 1956), konnten dieser Aufgabe jedoch nicht im gewünschten Umfange entsprechen. Dies lag an der mangelnden Leistungsfähigkeit der polnischen Landmaschinenfabriken.

Tabelle 2. Landwirtschaftliche Produktionsgenossenschaften (Stand 31.12.1955)

Wojewodschaft	1949	1950	1951	1952	1953	1954
Warschau	27	168	202	203	268	369
Bromberg	21	140	196	300	621	949
Posen	28	265	356	482	846	165
Łodz	9	110	133	169	268	388
Kielce	4	30	30	72	180	169
Lublin	12	147	145	207	423	423
Białystok	4	59	72	145	273	327
Allenstein	25	124	131	220	451	517
Danzig	10	118	148	239	357	402
Köslin	9	188	275	322	467	572
Stettin	10	220	397	451	664	721
Grünberg	17	70	88	236	489	519
Breslau	38	273	532	820	1383	1589
Oppeln	19	133	160	284	454	510
Katowice	2	8	25	53	110	126
Krakau	6	52	53	95	185	219
Rzeszow	2	94	112	180	333	357
Polen insgesamt	243	2199	3056	4478	7772	9322

Quelle: Rocznik Statystyczny 1955, S. 107ff.

[32] Nach einem Erlebnisbericht eines Siedlers aus Großpolen in Niederschlesien. Zitiert in: K. Żygulski: Repatrianci na Ziemiach Zachodnich, Poznań 1962, S. 71.

Ende 1948 hatten die 243 Kollektivbetriebe ein Areal von knapp 50000 ha (= 0,3% der gesamten landwirtschaftlichen Nutzfläche), das sich bis Anfang 1956, dem Höhepunkt in der polnischen Kollektivierungspolitik, auf ca. 1900000 ha (= 9% der gesamten LN) vergrößerte.[33] Parallel zu dieser mit allen Mitteln des Staatsapparates, auch unter Inkaufnahme von Versorgungskrisen und örtlichen Bauernunruhen[34] geförderten Art der Landwirtschaft, nahm auch das Areal der Staatsgüter von 1800000 ha im Jahre 1950 auf 3200000 ha im Jahre 1956 zu.[35]

Es zeigte sich, daß diese Jahre der Zwangskollektivierung die Ergebnisse der von der Mehrheit begrüßten und insbesondere von den Landlosen getragenen Agrarreform fast vollständig zunichte gemacht hatten. Überkommene und neue, erst nach dem Krieg durch die Agrarreform entstandene soziale Gemeinschaften verschiedenster ethnischer Gruppen wurden aufgebrochen. Da Adaptions- und Integrationsprozesse sich auf dem Lande wesentlich langsamer als in den Städten vollziehen, ist für die ersten Nachkriegsjahre festzuhalten, daß insbesondere in den von Polen übernommenen ehemaligen deutschen Ostprovinzen von einem kontinuierlichen Integrationsprozeß nicht gesprochen werden kann. Die Ursachen dafür sind in dem durch die Kriegswirren verursachten Chaos, den organisatorischen und wirtschaftlichen Schwierigkeiten und der sozialen Desorganisation zu suchen. Berücksichtigt man alle Bevölkerungsgruppen, so ist festzustellen, daß die sogenannte einheimische, die „autochthone" Bevölkerung wohl als jene zu bezeichnen ist, die am meisten gelitten hat und daher auch deswegen nicht bereit war, sich aktiv an einer Integration zu beteiligen. Zusammenfassend läßt sich das hier besprochene Thema in seinen Entwicklungsphasen so darstellen:

D i e J a h r e 1945–1948: In dieser Zeit finden die meisten der verschiedenen Bevölkerungsgruppen ihre Siedlungsräume. Es vollzieht sich die erste Anpassung an Klima, Boden und den durch die Agrarreform erlangten Besitz. Festzustellen sind sehr lebendige sozio-kulturelle Stereotypen, Sitten und Bräuche. Dies bedeutet eine Bereicherung überkommener Werte. Besonders bei den Neusiedlern in den ehemaligen deutschen Ostprovinzen herrscht das Gefühl eines Provisoriums vor. In den zwischenmenschlichen Beziehungen, insbesondere zu den „Autochthonen" und der deutschen Bevölkerung ist die Distanz unverkennbar.

D i e J a h r e 1948–1950: Stabilisierung einiger Gruppen. Anpassung der neuen Siedler an eine andere, als höher empfundene Agrarkultur und Agrartechnik. Es entstehen erste Mischehen, die sprachliche Anpassung kann ebenfalls als neues Bindeglied in den neuen Dorf- und Hausgemeinschaften gewertet werden.

D i e J a h r e 1950–1955: Niedergang der Landwirtschaft durch die einseitige Förderung der Kollektivwirtschaft. Zerstörung der traditionellen und neu entstandenen ländlichen Strukturen, die die Unsicherheit unter der ländlichen Bevölkerung verstärkt und erneut das Gefühl eines Provisoriums begünstigt. Die vom Staat geförderte Abwanderung, insbesondere der jungen Bevölkerung, vom Lande in die neu entstehenden industriellen Zentren Schlesiens, Nowa Huta u.a., ist eine bewußte Inkaufnahme der Vernichtung von sozialen Strukturen und Bindungen.

---

[33] Ebenda, S. 96.

[34] K. Bajan: Polityka rolna w PRL, Warszawa 1984, S. 269.

[34] D. Warriner: The East European Revolution, London 1950, S. 159.

[36] K. Bajan: Polityka, S. 248.

Das Genossenschaftswesen in der Tschechoslowakei und die Übernahme des sowjetischen Modells nach dem Zweiten Weltkrieg. Mit einem vergleichenden Hinweis auf die Situation in Polen

von
Andreas Reich

Betrachtet man die Entwicklung des Genossenschaftswesens in der Tschechoslowakei und in Polen nach dem Zweiten Weltkrieg unter der Fragestellung „Sowjetisches Modell und nationale Prägung. Kontinuität und Wandel nach dem Zweiten Weltkrieg", so ist es notwendig, in knapper Form auf die historischen Wurzeln dieser Bewegungen hinzuweisen. Die Polarisierung „sowjetisches Modell" und „nationale Prägung" bedeutet in diesem Zusammenhang vollständige Übernahme des sowjetischen Genossenschaftssystems oder aber Anknüpfung an das Traditionelle. Es ist Aufgabe dieses Beitrages, die traditionellen Merkmale aufzuzeigen und den Prozeß der Sowjetisierung nachzuzeichnen.

Die Untersuchung von „nationaler Prägung" und „sowjetischem Modell" bedeutet auch die Gegenüberstellung von Genossenschaften in industrialisierten Ländern mit einem kapitalistischen Wirtschaftssystem und Genossenschaften im Sozialismus. Es wird zu zeigen sein, daß die traditionellen Genossenschaften in ihrer Gründungsphase sich in erster Linie an der Versorgung vernachlässigter Bevölkerungsschichten orientierten. Allmählich wurde dieser Anspruch durch zunehmende Aufgabenorientierung verdrängt. Es entstanden funktionalisierte Verbände und Unterorganisationen. In einer Konzentrationsphase kam es dann zur Verflechtung verschiedener Verbände. Der Unternehmensgedanke stand im Vordergrund, und hauptberufliche Fachleute bestimmten mehr und mehr den Willensbildungsprozeß.

Diese Genossenschaftsform wurde dann nach dem „sowjetischen Modell" umgestaltet. Im Vordergrund standen der Marxismus-Leninismus und die zentrale Planwirtschaft. Die Partei übernahm die führende Rolle, und die Politik dominierte. Das System funktionierte eingebettet in den Wirtschaftsapparat durch administrative Maßnahmen in direktiver Form. Am Beginn dieses Systems stand der Genossenschaftsplan Lenins mit seinem Stufenprinzip. Danach dienten die Genossenschaften zur Beschleunigung des Übergangs vom Kapitalismus zum Sozialismus. Sie übten quasi eine „Transformationsfunktion" aus. Der Staat schrieb den Ablauf des Geschäftsbetriebes vor. Das einzige Ziel war dabei die Erfüllung des Zentralplans. Die Funktionäre waren der Partei und dem Staat verantwortlich, nicht den Mitgliedern. Die Genossenschaften galten faktisch als eine Schule des Sozialismus.[1] Anhand der Errichtung des Zentralen Genossenschaftsrates und der Kollektivierung der Landwirtschaft läßt sich dieser Prozeß am besten verfolgen.

---

1 J. Brazda: Genossenschaftswissenschaft als Gestaltungsaufgabe, Veröffentlichungen der Kommission für Sozial- und Wirtschaftswissenschaften, Bd. 25, Wien 1988, S. 24 ff.

Zur Tradition des Genossenschaftswesens

Das Genossenschaftswesen auf dem Gebiet der Tschechoslowakei besaß nach Beendigung des Zweiten Weltkriegs bereits eine hundertjährige Tradition. Schon zur Zeit der Habsburger Monarchie entwickelten sich auf dem Gebiet der böhmischen Länder unzählige Genossenschaften mit den unterschiedlichsten Aufgaben und Zielsetzungen. Ihnen allen gemeinsam war das Streben nach Verbesserung der zum Teil katastrophalen wirtschaftlichen Situation ihrer Mitglieder. Darüber hinaus – und dies galt in erster Linie für Tschechen und Slowaken – boten die Genossenschaften Gelegenheit, nationale Aspirationen zu artikulieren. Nahezu die gesamte Bevölkerung wurde von der Genossenschaftsbewegung erfaßt. Industriearbeiter, städtischer Mittelstand und Landbevölkerung organisierten sich gleichermaßen, wenn auch in verschiedenen, ihren Interessen gemäßen genossenschaftlichen Vereinigungen.[2]

Die Entwicklung schritt nur allmählich voran. Während sich die Kreditgenossenschaften im allgemeinen gut behaupten konnten, war vielen Konsum- und Landwirtschaftsgenossenschaften der ersten Gründungsphase nur eine kurze Existenz beschieden. Auf der einen Seite waren die ersten Kooperativen und Vereine dem einschränkenden österreichischen Versammlungsrecht unterworfen. Auf der anderen Seite übten sie Anziehungskraft nur in Notzeiten aus, besaßen zumeist keine fachliche Leitung und standen aufgrund der Praxis der Borgwirtschaft bald vor dem finanziellen Ruin.[3]

In den neunziger Jahren kam es dann zu einer Neugründung der Genossenschaften. Von da an standen sie auf einem wesentlich festeren Fundament. Es entwickelte sich ein Netz, das von Kredit-, Konsum- und Landwirtschaftsgenossenschaften über Einkaufs-, Absatz-, Produktiv- und Hilfsgenossenschaften bis hin zu landwirtschaftlichen Vereinen für Viehverkauf und Viehversicherung reichte. Diese Genossenschaften besaßen zumeist eigene Zentralverbände und Großeinkaufsgesellschaften.[4] Der Aufschwung war stark genug, um die Bewegung zu stabilisieren, so daß sie auch Rückschläge verkraften konnte. Selbst der Erste Weltkrieg vermochte daran nichts zu ändern. Die Regierung machte sich sogar die Infrastruktur der Genossenschaften bei der Versorgung der Bevölkerung in den letzten Jahren des Krieges zunutze.[5]

Ähnliches kann für Polen festgestellt werden, auch wenn das polnische Genossenschaftswesen für diese Zeit vergleichsweise weniger gut entwickelt war und große regionale Unterschiede aufwies, auf die im einzelnen an dieser Stelle nicht eingegangen werden kann. Die kontinuierliche Entwicklung setzte in den siebziger Jahren des

---

2 L. F. Dvořák: Das tschechoslowakische Genossenschaftswesen, Prag 1922, S. 7.

3 E. Herz: Die Konsumgenossenschaften in der Tschechoslowakei, jur. und staatswiss. Diss., Prag 1932, S. 20.

4 L. F. Dvořák: Genossenschaftswesen, S. 8–22 u. 43 ff. Ders.: Podnikání svépomocné, Družstevnictví, smysl družstevního podnikání, in: Československá vlastivěda, Díl. 6, Práce, Praha 1930, S. 26–76. A. Teichova: The Czechoslovak Economy 1918–1980, London, New York 1988, S. 29.

5 E. Herz: Konsumgenossenschaften, S. 28.

19. Jhs. unter maßgeblicher Beteiligung katholischer Geistlicher ein.[6] Dabei spielten die Genossenschaften für die nationalpolitischen Bestrebungen eine ganz erhebliche Rolle. Noch vor Kriegsende kam es zu Verbandsbildungen.[7] Trotzdem waren die polnischen Genossenschaften bei Kriegsende weitgehend zusammengebrochen.

Nach dem Untergang der Habsburgermonarchie 1918 trennte sich das Genossenschaftswesen in den böhmischen Ländern von den österreichischen Genossenschaften. In der Slowakei und der Karpatoukraine setzte erst jetzt die Entwicklung voll ein. Bisher hatte der magyarische Adel über die Regierung in Budapest die Entstehung eines unabhängigen slowakischen und ruthenischen Genossenschaftswesens weitgehend verhindert. Als 1913 Genossenschaftsgründungen in größerem Ausmaß erfolgten, standen diese noch ganz unter dem Einfluß der Regierung. Aus diesem Grund war das slowakische und ruthenische Genossenschaftswesen lange nicht so gut entwickelt wie das der böhmischen Länder.[8]

Das Genossenschaftswesen nahm in der Ersten Tschechoslowakischen Republik einen großen Aufschwung. Existierten 1919 insgesamt 10989 Genossenschaften, so waren es zehn Jahre später schon 15946, was einem Zuwachs von 45,1% entspricht.[9] Ladislav Feierabend schätzt die Zahl der Personen, die direkt oder indirekt mit dem Genossenschaftswesen in Berührung kamen, für 1938 auf ca. 6 Mio., wenn man die Durchschnittsfamilie zu drei Mitgliedern annimmt. Dies würde bedeuten, daß bei einer Gesamteinwohnerzahl von 15 Mio. ca. 40% aller Bürger mit dem Genossenschaftswesen in Kontakt standen.[10]

Die Gründung erfolgte auf Initiative der Mitglieder nach deren Bedürfnissen, meist unabhängig voneinander in jeder einzelnen Stadt oder Gemeinde. Erst später schlossen sich die Genossenschaften freiwillig Verbänden an, die nur die Interessen ihrer Mitglieder vertraten und durch ihre Revisionstätigkeit für eine wirtschaftlich gesunde Entwicklung sorgen sollten. Ansonsten wurden alle Entscheidungen meist von den Mitgliedern selbst getroffen.

Eine besonders wichtige Rolle spielten die Genossenschaften bei der Versorgung der Bevölkerung während der Weltwirtschaftskrise. Im Herbst 1932 wurde dem „Centrokooperativ", in dem die landwirtschaftlichen Genossenschaften zusammengefaßt waren, der gesamte Getreidehandel übertragen. Für diesen Zweck stellte der Staat 500 Mio. Kč. zur Verfügung.[11] Zwei Jahre später schlossen sich die Genossenschaften

---

6 Polen und seine Wirtschaft, unter Mitwirkung von G. Fischer, hrsg. von P.-H. Seraphim; Institut für Osteuropäische Wirtschaft, Königsberg 1937, S. 29. Die ersten vereinzelten Gründungen reichen offenbar bis Ende des 18., Anfang des 19. Jahrhunderts zurück. Vgl. Fr., Genossenschaftswesen in Polen, in: Blätter für Genossenschaftswesen Nr. 24, 11. Juni 1926, Bundesarchiv Koblenz (kurz: BA) R 99F, 320 fol. 29. Vgl. auch M. Ehm: Die polnischen Genossenschaften zwischen Privat- und Zentralplanwirtschaft, Kooperations- und Genossenschaftswissenschaftliche Beiträge, Bd. 6, Münster 1983, S. 19.

7 Dr. Szuca: Entwicklungstendenzen im polnischen Genossenschaftswesen während des Krieges, in: Blätter für Genossenschaftswesen, Nr. 42, 19. Oktober 1918, Nr. 45, 9. November 1918, Nr. 24, 11. Juni 1926; Fr., Genossenschaftswesen in Polen, in: Blätter für Genossenschaftswesen Nr. 24, 11. Juni 1926, BA R 99F, 320, fol. 23, 25, 29.

8 L. F. Dvořák: Genossenschaftswesen, S. 72 f. Vgl. auch: Das Genossenschaftswesen in der Slowakei, BA R 141 III, Bd. 477.

9 A. Teichova: Czechoslovak Economy, S. 30.

10 L. Feierabend: Agricultural Cooperatives in Czechoslovakia, New York 1952, S. 13.

11 The Economic History of Eastern Europe 1919–1975, Vol. 1, Economic Structure and Performance between the two Wars, ed. by M. C. Kaser and E. A. Radice, Oxford 1985, S. 177.

mit anderen Institutionen zur „Tschechoslowakischen Getreide-Gesellschaft“ zusammen, die gemeinsam mit dem Staat sämtliche Getreidepreise kontrollierte und diktierte.

Allein die Miteinbeziehung der Genossenschaften zur Besserung der mehr als schlechten Versorgungslage durch den Staat zeigt ihre Bedeutung. Diese konnte jedoch nur durch das leistungsfähige System der zahlreichen Kreditgenossenschaften erreicht werden. Sie sorgten für eine Zusammenfassung des über das Land verstreuten Kapitals und schufen mit ihren Krediten die Voraussetzung für eine Weiterentwicklung.[12]

An dieser Stelle kann nicht näher auf das komplizierte System der Genossenschaften in der Ersten Republik eingegangen werden. Es bleibt aber festzuhalten, daß die Genossenschaften neben der Erfüllung wirtschaftlicher Aufgaben auch in zunehmendem Maße politische Ambitionen hegten. Sie dienten als Rückhalt und Stabilitätsfaktor der politischen Parteien. Während die Verbrauchergenossenschaften überwiegend der sozialdemokratischen und der nationalsozialistischen Partei nahestanden, fühlten sich die landwirtschaftlichen Genossenschaften am besten durch Agrarier und christliche Parteien repräsentiert. Führende Genossenschaftsfunktionäre waren Abgeordnete im Parlament, wichtige Parteifunktionäre oder bekleideten Ämter in Banken oder Wirtschaftsunternehmen.[13] Es zeigte sich eine enge Verflechtung des Genossenschaftswesens mit Verbänden, Industrie, Banken und nicht zuletzt mit der Politik. Die Genossenschaften waren ein wichtiger Bestandteil des pluralistischen Systems, und sie besaßen über ihre Aufgaben hinaus ein entsprechendes Maß an Einfluß auf die Leitung des Staates.

Demnach ist davon auszugehen, daß die Tschechoslowakei am Vorabend des Münchener Abkommens über ein leistungsfähiges und einflußreiches Genossenschaftswesen verfügte, das nach marktwirtschaftlichen Prinzipien arbeitete. Der Genossenschaftsgedanke in der vorherrschenden Form war in der Bevölkerung tief verwurzelt. Es existierte ein Genossenschaftsnetz, das ganz an den Bedürfnissen seiner Mitglieder orientiert war, also eine spezifisch nationale Prägung aufwies.

Auch in Polen hatte sich nach dem Weltkrieg ein weitverzweigtes Genossenschaftswesen entwickelt. 1920 wurde ein eigenes Genossenschaftsgesetz verabschiedet. Es kam zur Bildung des Genossenschaftsrates, der die Verbindung zur Regierung herstellte und die Aufsicht über die nichtorganisierten Genossenschaften übernahm. Er war dem Finanzminister zugeordnet. Die Zentralisierung hatte aber keine Auswirkung auf die selbständige Tätigkeit der Genossenschaften. Insbesondere die positive Entwicklung der Kreditgenossenschaften nach der Stabilisierung der Währung im Jahre 1924 war die Garantie für ein Wiederaufleben.[14] Während der Weltwirtschaftskrise zeigte sich die Bedeutung der Genossenschaften. Zwar blieben auch sie nicht von deren verheerenden Auswirkungen verschont, aber dennoch wurden sie wichtig für den Überlebenskampf der polnischen Bauern.

---

[12] Ebenda, S. 282.

[13] So war z. B. Rudolf Fischer gleichzeitig Geschäftsführer des Nordböhmischen Konsumvereines, für die Sozialdemokraten Parlamentsabgeordneter und Vorsitzender des Aufsichtsrates der Großeinkaufsgesellschaft. Ferner saß er zusammen mit Rudolf Kreisky im Verwaltungsrat der Všeobecná družstevní banka [Allgemeine Genossenschaftsbank], vgl. Compass, Finanzielles Jahrbuch 1930, Čechoslovakei, Prag 1930, S. 279. Landwirtschaftliche Genossenschafter saßen in den Führungsgremien der Nationalbank, der Getreidebörse und der Škoda-Werke.

[14] Polen und seine Wirtschaft, S. 30.

Eine vielleicht noch größere Rolle als in der Tschechoslowakei spielte die Genossenschaft als nationale Organisationsform der verschiedenen Nationalitäten. Entsprechend gut entwickelt war das Genossenschaftswesen der nationalen Minderheiten.[15] 1937 stand etwa ein Viertel bis ein Drittel der Gesamtbevölkerung in Kontakt mit den Genossenschaften.

Das Ende der Ersten Republik und die Okkupation durch das Deutsche Reich

Das Münchener Abkommen vom September 1938 bedeutete auch für das tschechoslowakische Genossenschaftswesen einen tiefen Einschnitt. Fast alle deutschen, polnischen und ungarischen Genossenschaften sowie ein kleinerer Teil der tschechischen bzw. slowakischen gingen verloren. Viele dieser Genossenschaften hatten ihre Zentralen bzw. Verbände auf dem der Tschechoslowakei verbleibenden Territorium. Die deutschen Konsumgenossenschaften wurden aufgelöst.

Der Einmarsch der Deutschen brachte das Ende der turbulenten Parteikämpfe der dreißiger Jahre. Dies bedeutete z.B. für die landwirtschaftlichen Genossenschaften das Ende ihrer politischen Ambitionen.[16] Die politische Rolle der Genossenschaften wurde nicht mehr gewünscht. Gleichwohl boten sie den politischen Parteien Gelegenheit, ihre Mitglieder zusammenzufassen und zu kontrollieren.[17]

Leicht desorientiert präsentierten sich 1939 die Kommunisten, denen es nicht gelang, die Wünsche ihrer Mitglieder und die sowjetische Nichtangriffspolitik gegenüber Deutschland miteinander zu vereinbaren. Sie sprachen sich u.a. für die Vereinigung der Genossenschaften im Zusammenhang mit der „Kampagne zur Einstellung des imperialistischen Krieges und Enthüllung Benešs'" aus.[18] Weniger als zehn Jahre später sollten sie hierzu, wenn auch unter anderen Bedingungen, ausgiebig Gelegenheit haben.

Die Tätigkeit der Genossenschaften sollte der nationalsozialistischen Wirtschaftspolitik nutzbar gemacht werden. Zu diesem Zweck wurden eigens „Bevollmächtigte" zu den Verbänden und Zentralen entstandt. Offenbar gerieten sie nicht in Konflikt mit der genossenschaftlichen Selbstverwaltung, da sie lediglich darauf zu achten hatten, daß die Genossenschaften jederzeit für die Anordnungen der Protektoratsverwaltung zur Verfügung standen.[19]

---

15 C. Poralla: Die Wirtschaft zwischen den beiden Kriegen, in: Polen, Osteuropa-Handbuch, hrsg. von W. Markert, Köln, Graz 1959, S.77; I. Swart: Das polnische Genossenschaftswesen im polnischen Staat, in: Deutschland und der Osten, Bd.11, Leipzig 1938, S.19. Vgl. auch H. Roos: Polen zwischen den Weltkriegen, in: Polen, Osteuropa-Handbuch, hrsg. von W. Markert, Köln, Graz 1959, S.42.

16 L. Feierabend: Agricultural Cooperatives, S.49.

17 D. Brandes: Die Tschechen unter deutschem Protektorat, Teil 1: Besatzungspolitik, Kollaboration und Widerstand im Protektorat Böhmen und Mähren bis Heydrichs Tod (1939–1942), Wien 1969, S.43 u. 140. L. Feierabend: Agricultural Cooperatives, S.54.

18 Depesche des Zentralkomitees der KPČ an Gottwald vom 13.12. 1939, in: Depeše mezi Prahou a Moskvou 1939–1941, Úvod G. Bareš, in: Přispěvky k dějinám KSČ, 1967, S.375–433, zit. nach D. Brandes: Die Tschechen, S.194.

19 L. Feierabend: Agricultural Cooperatives, S.50. Eine andere Meinung vertreten M. Větvička u.a.: Dějiny družstevního hnutí, Díl.3, Dějiny spotřebního družstevnictví u nás, Část 2, Historie a úloha bytového družstevnictví, Praha 1961, S. 165. Auf Anordnung der Besatzer wurden die Mitgliederrechte aufgehoben, und nur noch der Name erinnerte an wirkliche Genossenschaften. Vgl. auch K. Pernica: Introduction to the Czechoslovak Co-operative Movement, in: The Czechoslovak Co-operative Achievement, Prague 1965, S.30f.

Zur besseren Kontrolle wurden wenige neue Zentralen errichtet, in denen die bisherigen Verbände aufgingen. Dabei kam es zur Trennung der Interessenvertretung und Rechnungsprüfung von den Finanz- und Handelsaufgaben nach reichsdeutschem Vorbild.[20] Alle Schlüsselpositionen kontrollierten Deutsche. Václav Průcha bezeichnete dieses System als „geleitete Wirtschaft".[21]

Für die landwirtschaftlichen Genossenschaften waren fortan der „Svaz zemědělských družstev v Praze" [Verband der landwirtschaftlichen Genossenschaften in Prag] und die „Peněžní ústředí zemědělských družstev pro Čechy" [Geldzentrale der landwirtschaftlichen Genossenschaften für Böhmen], die sich nur um Kreditangelegenheiten kümmerte, zuständig. Genauso wurde in Mähren verfahren. Für sämtliche Kreditangelegenheiten wurde noch einmal ein Dachverband gebildet, die „Všeobecné peněžní ústředí družstev pro Čechy a Moravu" [Allgemeine Geldzentrale der Genossenschaften für Böhmen und Mähren]. Diese Neuorganisation brachte im Kern keine allzu großen Veränderungen, da bereits zuvor Interessenvertretung bzw. Rechnungsprüfung von den Kreditgeschäften innerhalb eines Zentralverbandes getrennt worden waren.[22]

Konsum-, Produktions-, Bau- und Genossenschaften für die Errichtung von Arbeiterheimen wurden überwiegend in der „Sdružení – Ústřední svaz družstev" [Vereinigung – Zentralverband der Genossenschaften] zusammengefaßt. Gleichzeitig war dieser Verband auch für die Revision zuständig. Den Wareneinkauf besorgte die „Velkonákupní společnost družstev" [Großeinkaufsgesellschaft der Genossenschaften]. Als alleiniges Finanzinstitut fungierte die „Družstevní banka" [Genossenschaftsbank].[23]

Der Betrieb der Kreditgenossenschaften lief weiter, und die Lagerhausgenossenschaften erfuhren sogar eine Stärkung, da ihnen viele Verteilungsfunktionen neu übertragen wurden und in ihren Händen von jetzt an die Verantwortung für den gesamten Handel in der Landwirtschaft lag. Einen Auftrieb durch die Kriegswirtschaft hatten Molkerei- und Mühlengenossenschaften zu verzeichnen, während verarbeitende Genossenschaften, wie Brennereien und kartoffelverarbeitende Genossenschaften, in Schwierigkeiten gerieten angesichts des Mangels an Rohmaterial, hervorgerufen durch die Kriegsbewirtschaftung.[24]

Diese Veränderungen hatten kaum Auswirkungen auf den Geschäftsbetrieb. Sie waren rein organisatorisch, zumal keine weiteren, personeller oder örtlicher Natur, vorgenommen wurden.[25] Zwar kam es zu einer strengeren Zentralisierung, aber einen Zuwachs an Macht und Einfluß wußte man zu verhindern. Dennoch bedeutete die Neuorganisation einen Eingriff in die traditionellen Strukturen. Für die Kommunisten war damit bereits die Grundlage für die Errichtung ihres zentral organisierten Genossenschaftswesens und für die Übernahme des sowjetischen Modells geschaffen.

In Polen wurde deutlich, daß die zentralistische Organisation der Nationalsozialisten nicht weit von der kommunistischen zentralen Planwirtschaft entfernt war. Bei der Ausdehnung der Herrschaft nach dem zuvor unter sowjetischem Einfluß stehenden Ostpolen Anfang der vierziger Jahre fiel den Deutschen eine weitgehend kollektivierte

---

20 L. Feierabend: Agricultural Cooperatives, S. 50.

21 V. Průcha: Die wirtschaftliche Entwicklung der Tschechoslowakischen Sozialistischen Republik, Studien zur Wirtschaftsgeschichte sozialistischer Länder, H. 3, Berlin [Ost] 1975, S. 12.

22 Ebenda. Vgl. auch K. Pernica: Introduction, S. 30.

23 Ebenda, S. 29. M. Větvička u. a.: Dějiny, S. 164.

24 L. Feierabend: Agricultural Cooperatives, S. 51.

25 Ebenda, S. 50.

Landwirtschaft in die Hände. Göring behielt die sozialistischen Produktionsformen bei, da sie gut in seine Kriegswirtschaft paßten. Die Kollektivierung wurde nur ein wenig gelockert, aber keineswegs beseitigt. Nur vereinzelt kam es zur Reprivatisierung.[26]

Nach der Kriegsunterbrechung und dem Einmarsch der Deutschen wurden Genossenschaften im Generalgouvernement im Herbst 1940 rasch wieder aufgebaut und in die Kriegswirtschaft eingebunden. In der Landwirtschaft sorgten sie für eine schnelle Erfassung und Verteilung der Nahrungsmittel. Auch in Galizien übernahmen Genossenschaften die Nahrungsmittelerfassung.[27] Sonst aber wurde das polnische Genossenschaftswesen weitgehend zerstört.

Die Phase des Aufbaus bis 1948

Nach der Befreiung der Tschechoslowakei durch die Rote Armee stellte sich zwangsläufig die Frage nach einer Neuordnung. Allgemein erwartete man die Errichtung einer sozialistischen Republik. Offen war aber die Form des Sozialismus. Das einzige Beispiel für den Sozialismus bot die Sowjetunion, aber es herrschte allgemein die Ansicht, die Tschechoslowakei dürfe und könne das sowjetische Modell – wenigstens zum gegenwärtigen Zeitpunkt – nicht kopieren. Dieser Meinung schlossen sich in öffentlichen Äußerungen auch die Kommunisten an.

Die kommunistische Partei hatte enorm an Einfluß gewonnen. Sie beherrschte eine ganze Reihe von Schlüsselpositionen. Dennoch hielt sie sich spürbar zurück und verschleierte aus politischen Gründen ihre wahren Absichten. Sie erhob nur solche Forderungen und setzte sie auch durch, die nicht nur bei ihren Parteigängern, sondern auch in der gesamten Bevölkerung Zustimmung fanden.[28] Auf der einen Seite blieb das sowjetische Modell der Maßstab für den Sozialismus schlechthin[29], auf der anderen Seite beteuerte man noch im April 1948: „U nás nikdo nechce kolchozy" [Bei uns will niemand Kolchosen].[30] So entstand die Vision vom eigenen Weg zum Sozialismus. Eine Einmischung der Sowjetunion hielt man für unwahrscheinlich.[31]

---

26 H. Roos: Polen in der Besatzungszeit, in: Polen, Osteuropa-Handbuch, hrsg. von W. Markert, Köln, Graz 1959, S. 186 f. Kurt König sieht die Anknüpfung des Sowjetmodells an den „Etatismus" der Zwischenkriegszeit, besonders ab 1936 mit dem Übergang zur staatlich gelenkten Wirtschaft in der Industrie verbunden. Vgl. K. König: Die Wandlung der inneren Wirtschaftsstruktur in Polen seit 1945, Eine wirtschaftspolitische Studie unter besonderer Berücksichtigung der Autarkie- und Exporttendenzen, (=Marburger Ostforschungen, Bd. 21), Würzburg 1963, S. 14, Anm. 31.

27 Ebenda, S. 178 u. 187; vgl. ferner F. Swart: Diesseits und jenseits der Grenze, Das deutsche Genossenschaftswesen im Posener Land und das deutsch-polnische Verhältnis bis zum Ende des Zweiten Weltkrieges, Leer 1954, S. 175 ff.

28 V. Průcha: Die wirtschaftliche Entwicklung, S. 20.

29 K. Kaplan: Der kurze Marsch. Kommunistische Machtübernahme in der Tschechoslowakei 1945–1948, (=Veröffentlichungen des Collegium Carolinum, Bd. 33), München, Wien 1981, S. 24.

30 So zu lesen in: Svornou prací k rozkvětu naší vesnice, Osnovy referátů, Nr. 4, S. 13, und in: Říkáme lidem pravdu, Nr. 7, jeweils herausgegeben von der Kultur- und Propagandaabteilung der Kommunistischen Partei im April 1948, zit. nach A. Václavů; O novou linii zemědělské politiky, in: Příspěvky k vývoji československého hospodářství v letech 1949–1955, Učební texty vysokých škol, Praha 1969, S. 21.

31 K. Kaplan, Der kurze Marsch, S. 19.

Die Regierung der „Nationalen Front“ [32] nahm massive Eingriffe in die Eigentumsstruktur vor. Herrschte bisher weitgehend das Privateigentum vor, so wurden jetzt alle Schlüsselbereiche der Wirtschaft verstaatlicht. Fortan hatten diese Staatsunternehmen einen bestimmten Plan zu erfüllen und unterlagen nicht mehr den Gesetzen der Marktwirtschaft. Das Ergebnis dieser Aktionen war eine Mischwirtschaft, bestehend aus einem sozialistischen, nationalisierten Sektor (Staatsunternehmen, Genossenschaften), einem privatkapitalistischen Sektor und der Kleinproduktion von Handwerkern und Kleinbauern. [33]

Die Entwicklung in den Jahren 1945–1948 stellte bereits die Weichen in Richtung auf die Übernahme des sowjetischen Modells. Ausgangspunkt war die Einrichtung des „Ústřední rada družstev“ [Zentraler Genossenschaftsrat] am 17. Mai 1945 als höchstes Organ des tschechoslowakischen Genossenschaftswesens. [34] Dadurch wurden die bisherigen Zentralorgane durch ein neues ersetzt. Viele Funktionäre verloren ihre Posten. Dennoch kann man für diese Zeit noch nicht von Einheitsgenossenschaften sprechen. Noch wurde um die Gestalt der Genossenschaften gerungen. An wichtigen Stellen saßen Verantwortliche, die die Vereinheitlichung durch den Genossenschaftsrat bremsten und die für eine kapitalistische Wirtschaftsordnung eintraten. [35]

An ein aufgefächertes, weitgehend unabhängiges Genossenschaftswesen wie zur Zeit der Ersten Republik war aber nicht mehr zu denken. Die zentrale Struktur des Genossenschaftswesens wurde damit endgültig festgeschrieben. Die Entwicklung, die bereits während des Krieges unter deutscher Herrschaft eingesetzt hatte, wurde fortgeführt. Dies hatte zur Folge, daß sich die Genossenschaften immer weiter von ihrem ursprünglichen Charakter entfernten. Am Ende dieser Entwicklung hatten sie mit den früheren Genossenschaften kaum mehr als den Namen gemein.

Die landwirtschaftlichen Genossenschaften waren besonderem Druck ausgesetzt, da sie als die Basis der jetzt verbotenen Agrarpartei galten. Der Agrarpartei sollte jede Grundlage zur Wiederherstellung ihrer alten Macht entzogen werden. Aus diesem Grund wurden alle Funktionäre, die gleichzeitig Mitglieder der Agrarier waren, ihrer Posten enthoben. Viele Kommunisten wurden jetzt Mitglieder und bekleideten leitende Funktionen. Die Selbstverwaltung der Verbände und Zentralen wurde aufgehoben. An ihre Stelle traten „nationale Verwalter“, die den Parteien der „Nationalen Front“ angehörten. Sie übernahmen bis 1948 die Leitung. [36] Die neuen Funktionäre hatten bisher oft keinerlei Verbindung zu den Genossenschaften gehabt. Entweder waren sie erst seit kurzem Mitglieder oder aber sie traten erst nach ihrer „Wahl“ in die Genossenschaft ein. [37]

---

[32] Die „Nationale Front“ entsprach praktisch dem alten Volksfrontideal der Kommunisten aus der Vorkriegszeit. Mitglieder waren neben den tschechischen und slowakischen Kommunisten Nationalsozialisten, Sozialdemokraten, die Volkspartei und die slowakische Demokratische Partei.

[33] H. Slapnicka: Die Tschechoslowakei 1945–1965, in: Handbuch der Geschichte der böhmischen Länder, Bd. 4, Der tschechoslowakische Staat im Zeitalter der modernen Massendemokratie und Diktatur, hrsg. von K. Bosl, Stuttgart 1970, S. 316.

[34] 15 [Fünfzehn] Jahre tschechoslowakische Genossenschaften, Zentralrat der Genossenschaften, Prag 1960, S. 77; K. Pernica: Introduction, S. 33. Auf den Zentralen Genossenschaftsrat wird später noch ausführlicher einzugehen sein.

[35] K. Pernica: Introduction, S. 33.

[36] L. Feierabend: Agricultural Cooperatives, S. 54.

[37] Ebenda, S. 55.

Trotz der Wiederangliederung der 1938 verlorenen Gebiete – die Abtretung der Karpatoukraine an die Sowjetunion fällt bezüglich der Genossenschaften nicht allzusehr ins Gewicht – sank die Gesamtzahl der landwirtschaftlichen Genossenschaften im Vergleich zur Vorkriegszeit rapide ab. Schuld daran war vor allem der Rückgang der landwirtschaftlichen Kreditgenossenschaften um fast ein Drittel. Der Verlust an Nichtkreditgenossenschaften von 23% wurde bald wieder wettgemacht. Das war darauf zurückzuführen, daß in diesen Gebieten bereits während des Krieges viele Genossenschaften ihre Tätigkeit einstellten und erst recht, als die Vertreibung feststand. Es gab keine Neugründung der deutschen und polnischen Genossenschaften mehr. Ein Blick auf die Statistik mag dies verdeutlichen: Existierten vor dem Krieg (1937) – abzüglich der Karpatoukraine – insgesamt 11611 landwirtschaftliche Genossenschaften, so waren es nach dem Kriege nur noch 8383.[38]

Eine andere Art von Genossenschaften erlebte einen großen Aufschwung. Gab es 1938 ganze 173 landwirtschaftliche Maschinengenossenschaften, so erhöhte sich ihre Zahl 1947 auf 2576 und betrug ein Jahr später schon 4113. Diese Genossenschaften hatten Vorrang bei der Zuteilung von landwirtschaftlichen Maschinen, waren aber noch nicht mit den Maschinen- und Traktorenstationen nach sowjetischem Vorbild zu vergleichen. Daneben entstanden noch verschiedene andere neue Genossenschaften. Viele Gesellschaften verwandelten sich in Genossenschaften, um der drohenden Verstaatlichung zu entgehen.[39]

Die einsetzende Verstaatlichung der Wirtschaft wurde durch die zentralistische Wirtschaftsorganisation, wie sie die Deutschen eingerichtet hatten, wesentlich erleichtert. Die Genossenschaften standen quasi zwischen beiden Bereichen, mit der Tendenz zur Vereinnahmung durch den staatlichen Sektor. Die landwirtschaftlichen Genossenschaften wurden in die staatliche Planwirtschaft miteinbezogen. Sie übernahmen Verteilungsaufgaben und standen dabei unter der Kontrolle des Staates.[40]

Diese Abhängigkeit vom Staat lief zweifellos ihren ursprünglichen Zielsetzungen als unabhängige Unternehmen zur Selbsthilfe entgegen. Dennoch war ihre Tätigkeit nicht vergleichbar mit der der Kolchosen sowjetischen Modells. Es sei daran erinnert, daß schon während des Ersten Weltkriegs Genossenschaften zugunsten der staatlichen Bewirtschaftung von Nahrungsmitteln eingesetzt wurden und daß sie während der Weltwirtschaftskrise ebenfalls eng mit dem Staat zusammenarbeiteten. Dennoch darf die Einbindung der Genossenschaften in das staatliche Planungssystem während der schwierigen Aufbauphase nicht darüber hinwegtäuschen, daß die Kommunisten mit der „heimlichen Unterwanderung" der Genossenschaften politische Absichten verfolgten.

Wie auch immer die Beurteilung der Politik dieser ersten Jahre aussehen mag: Man kommt der Wahrheit am nächsten, wenn man davon ausgeht, daß die Tschechoslowakei einen spezifischen Weg beschritten hat, an dessen Ende die Erreichung des sowjetischen Modells stehen sollte[41], getreu dem Motto Klement Gottwalds: „ständige Annäherung an das sowjetische Vorbild"[42]. Konkret auf die Genossenschaften bezogen be-

---

38 Ebenda, S. 54.

39 Ebenda, S. 55.

40 L. Feierabend: Agricultural Cooperatives, S. 56.

41 J. Kosta: Abriß der sozialökonomischen Entwicklung der Tschechoslowakei 1945–1977, Frankfurt/Main 1978, S. 20.

42 Zit. nach H. Slapnicka: Die Tschechoslowakei 1945–1965, S. 339.

deutet dies, daß ein Wiederaufbau des Genossenschaftswesens, wie es vor dem Krieg bestanden hatte, nicht mehr in Frage kam. Die Genossenschaften wurden bereits in der Aufbauphase den Interessen der kommunistischen Partei untergeordnet. Gleichwohl besaßen sie aber noch eine gewisse Unabhängigkeit. Sie mußten aber damit leben, daß diese durch die Beibehaltung der noch aus dem Krieg stammenden gelenkten Wirtschaft eingeschränkt wurde und daß mehr und mehr Kommunisten Einfluß gewannen, was vor dem Krieg nicht der Fall gewesen war. Es würde jedoch zu weit gehen, bereits in dieser Phase von einer Übernahme des sowjetischen Modells zu sprechen. Gleichwohl wäre es ein Unding, von nationaler Prägung im Sinne einer Kontinuität auszugehen.

In der Zeit bis 1948 rückte man vom ursprünglichen Genossenschaftswesen weiter ab. Die Anfänge hierzu wurden bereits während der Kriegszeit von der deutschen Verwaltung gemacht. Die Kommunisten verfolgten jedoch nicht nur weitere organisatorische Veränderungen, sondern griffen mit der Einführung der zentralen Planwirtschaft direkt in den Betrieb ein. Die bisherige nationale Prägung wurde weiter aufgeweicht und alles für die Übernahme des sowjetischen Modells vorbereitet.

In Polen hatten führende Genossenschafter schon 1942/43 ein Programm für die Nachkriegsordnung ausgearbeitet. Darin sprach man sich für soziale Gerechtigkeit, die stufenweise Einführung einer sozialorientierten Planwirtschaft und die Verstaatlichung der Schlüsselindustrien aus. Im ersten Programm der Polnischen Arbeiterpartei fand die Unterstützung von Genossenschaften Berücksichtigung. Dabei wollte man in Anbetracht der Erfahrungen aus der Vorkriegszeit sogar auf die Einführung von Kolchosen verzichten.

1944 setzte dann der grundlegende Neuaufbau ein. Es konstituierten sich zwei große Verbände: der alle Genossenschaften umfassende „Revisionsverband der Genossenschaften der Republik Polen“ und der „Społem – Wirtschaftsverband der Genossenschaften der Republik Polen“ für landwirtschaftliche Agrar- und Handelsgenossenschaften.

Im „Polski Komitet Wyzwolenia Narodowego“ [Nationales Befreiungskomitee], in dem die Kommunisten die Mehrheit hatten, wurde keine Kollektivierung geplant. Ganz im Gegenteil, man ging ebenfalls wie in der Tschechoslowakei von einer in drei Sektoren gegliederten Wirtschaft aus, wobei die Verbindung zwischen den Sektoren durch den Zentralplan hergestellt wurde.[43]

In der Landwirtschaft wurden in den Nachkriegsjahren lediglich Staatsgüter geschaffen. Die Privatwirtschaften blieben sowohl aus politischen als auch aus wirtschaftlichen Gründen unangetastet. Erst nachdem die „Polnische Vereinigte Arbeiterpartei“ ihr Machtmonopol gesichert glaubte, begann sie – analog zur Tschechoslowakei – mit der Verstaatlichung und der Kollektivierung der Genossenschaften.[44]

---

[43] M. Ehm: Die polnischen Genossenschaften, S. 34 ff. St. Hegenbarth: Landwirtschaftliche Zirkel und landwirtschaftliche Produktionsgenossenschaften in Polen, Gießener Abhandlungen zur Agrar- und Wirtschaftsforschung des europäischen Ostens, Bd. 72, Gießen, Berlin 1976, S. 17 ff. K. König: Die Wandlung der inneren Wirtschaftsstruktur, S. 14 f. K. Robakowski: Społeczno-polityczne problemy rozwoju spółdzielczośi produkcyjnej w Polsce w latach 1944–1956, Poznań 1986, S. 38.

[44] R. Neumann: Polen, in: Die Sowjetisierung Ost-Mitteleuropas, Untersuchungen zu ihrem Ablauf in den einzelnen Ländern, Bd. 1, Frankfurt/Main, Berlin 1959, S. 88.

Die Übernahme der Alleinherrschaft durch die Kommunisten 1948

Mit der Machtübernahme durch die Kommunisten im Februar 1948 begann die Phase der strikten Ausrichtung nach dem sowjetischen Modell. Die bisher nur in Teilbereichen durchgeführte Verstaatlichung wurde auf die gesamte Wirtschaft ausgedehnt.[45] Ziel des Sozialisierungsprozesses war die Verschmelzung der drei Wirtschaftssektoren zur sozialistischen „Einsektorenwirtschaft".[46] Die Verfassung vom 9. Mai führte als neuen Eigentumsbegriff das „sozialistische Eigentum" ein. Hierzu gehörte auch das genossenschaftliche Eigentum, das somit direkt an die staatliche Verwaltungssphäre gebunden wurde.[47]

Die Forschung ist sich nicht einig darüber, welche Rolle dabei die Resolution des Kominform vom 28. Juni 1948 gespielt hat. Während Helmut Slapnicka in ihr den Anfang der sowjetischen Lösung sieht – Aufruf zur Kollektivierung des Bodens als einziger Form des Sozialismus auf dem Dorf, Liquidierung der Kulaken[48] –, sieht Jiří Kosta in ihr keine Wende der bisherigen Politik, da sie den Kolchosen eine klare Absage erteilte und den sowjetischen Weg lediglich als „beispielhaft" betrachtete.[49]

Tatsache ist, daß bereits im Juli 1948 mit dem Umbau der bisherigen Genossenschaftsstruktur begonnen wurde. Als erste bekamen dies die Kreditgenossenschaften zu spüren. Am 20. Juli 1948 wurde ein Gesetz über die Organisation des Finanzwesens formuliert, das sämtliche Finanzgenossenschaften und Kreditinstitute dem Finanzministerium direkt unterstellte.[50] Fortan legte das Ministerium die gesamte Tätigkeit aller Geldinstitute fest und kontrollierte deren Ablauf. Schließlich wurden im Dezember die Kreditgenossenschaften mit den Sparkassen zu „Volksgeldinstituten" zusammengelegt[51], von denen es in jeder Gemeinde nur jeweils eines geben durfte. 1952 schließlich wurden die Kreditgenossenschaften in staatliche Anstalten umgewandelt. In Polen erfolgte eine ähnliche Regelung, die die Kreditgenossenschaften in die Tätigkeit der staatlichen Banken einband, erst 1950. Zwei Jahre später wurde ihnen die Möglichkeit genommen, Spareinlagen auf eigene Rechnung entgegenzunehmen.[52]

Nur einen Tag nach dem Gesetz bezüglich der Neuregelung der Geldinstitute erging ein ähnliches Gesetz für alle Nichtkreditgenossenschaften. Am 21. Juli 1948 wurde per Gesetz die Tätigkeit des „Zentralen Genossenschaftsrates" geregelt.[53] Alle Genossenschaften waren verpflichtet, diesem Zentralverband beizutreten. Dieser Beitritt war gleichbedeutend mit dem Verlust ihrer Autonomie und der Unterordnung unter die Planwirtschaft der Regierung.[54]

---

45 J. Kosta: Abriß, S. 53. V. Průcha: Die wirtschaftliche Entwicklung, S. 26; R. Urban: Die Tschechoslowakei, in: Die Sowjetisierung Ost-Mitteleuropas, S. 207 ff.

46 V. Průcha: Die wirtschaftliche Entwicklung, S. 34.

47 J. Pokstefl: Der soziale Wandel in der ČSSR und sein Reflex auf das politische und Verfassungssystem, (=Wirtschafts- und Sozialwissenschaftliche Ostmitteleuropa-Studien, Bd. 5), Marburg 1984, S. 45; E. Schmied: Einzelne Rechtsgebiete, in: Tschechoslowakei, Länderberichte Osteuropa, Bd. 3, München, Wien 1977, S. 120 f.

48 H. Slapnicka: Tschechoslowakei, S. 341.

49 J. Kosta: Abriß, S. 66.

50 Sbírka zákonů a nařízení republiky Československé 1948, č. 181.

51 V. Průcha: Die wirtschaftliche Entwicklung, S. 26.

52 M. Ehm: Die polnischen Genossenschaften, S. 40.

53 Sbírka zákonů 1948, č. 187.

54 L. Feierabend: Agricultural Cooperatives, S. 61.

Der bedeutendste Sektor, der in dieser Phase von der Sozialisierung betroffen wurde, war zweifellos die Landwirtschaft. Vom 23. Februar 1949 datiert das Gesetz über die landwirtschaftlichen Einheitsgenossenschaften, das hierfür die Grundlagen schuf.[55] Trotzdem dauerte es nahezu zwölf Jahre, bis die Staatsführung feststellen konnte, daß die Kollektivierung der Landwirtschaft durchgeführt war.

Im Mai 1949 stellte der IX. Parteitag der KPČ fest, der Aufbau des Sozialismus sei ohne die sozialistische Entwicklung des Dorfes nicht möglich. Waren bisher „Kolchosen“[56] nie Gegenstand der Diskussion gewesen, so galten jetzt der Umbau der landwirtschaftlichen Genossenschaften nach sowjetischem Muster und ihre Stärkung bei gleichzeitiger Mechanisierung der Landwirtschaft als der Weg zum Sozialismus schlechthin.[57]

In Polen setzte ebenfalls nach dem Kominform-Beschluß die letzte Etappe der Sozialisierung ein. Bisher hatte man sich nicht an die Kollektivierung der Landwirtschaft getraut, man hatte sogar die Privatwirtschaften durch Steuerermäßigungen und günstige Kredite unterstützt.[58]

Nun hörte man erste Stimmen, die die Kollektivierung ankündigten. Anfänglich schritt man jedoch behutsam voran. Ausdrücklich wurde betont, die Kollektivierung sollte „freiwillig“ durchgeführt werden, und dabei wollte man sich Zeit lassen.[59]

Bereits nach kurzer Zeit wurde das Tempo forciert. Als erstes wurde das bestehende Genossenschaftswesen umorganisiert. Der Revisionsverband mußte seine Tätigkeit einstellen. An seine Stelle traten Zentralen, denen sich die Genossenschaften der verschiedenen Zweige unterzuordnen hatten. Als Koordinationsorgan fungierte der „Zentrale Genossenschaftsverband“. Zu diesem Zweck wurde das Genossenschaftsgesetz von 1920 entsprechend geändert. Der „Zentrale Genossenschaftsverband“ erhielt breite Entscheidungsbefugnisse und war für die Verwaltung der Einzelgenossenschaften verantwortlich.[60]

Das offizielle Ziel dieser straffen Zentralisierung war in beiden Staaten einmal ideologisch begründet. Es sollte eine starke, einheitliche und koordinierte Genossenschaftsbewegung entstehen. Gleichzeitig verfolgte man aber auch einen Anstieg des Lebensstandards der Bevölkerung. Ob dazu angesichts der verschiedenartigen Interessen der Genossenschaften ausgerechnet die straffe Organisation durch zentrale Körperschaften und die Einbindung in den zentralen Wirtschaftsplan die beste Lösung war, mag dahingestellt bleiben. Die folgenden Jahre sollten zeigen, daß es mehr Schwierigkeiten gab als erwartet. Die Genossenschaften waren nur noch als Mittel zur Ausführung und Einhaltung des Wirtschaftsplanes der Regierung gedacht. Ihnen blieb keinerlei Möglichkeit mehr, ihr Tätigkeitsfeld selbst zu bestimmen oder darüber zu entscheiden, welche Waren zu welchen Mengen an welchem Ort angeboten werden sollten.

---

55 Sbírka zákonů 1949, č. 69.

56 Wenngleich der Begriff auch in Zukunft streng vermieden wurde, waren die geplanten Genossenschaften nichts anderes als Kolchosen sowjetischen Typs.

57 V. Průcha: Die wirtschaftliche Entwicklung, S. 34.

58 M. Ehm: Die polnischen Genossenschaften, S. 38.

59 R. Neumann: Polen, S. 88.

60 M. Ehm: Die polnischen Genossenschaften, S. 40.

Der Zentrale Genossenschaftsrat

Die Errichtung der allgewaltigen Genossenschaftszentrale änderte die Genossenschaftsstruktur von Grund auf. Bisher entschieden allein die Mitglieder, ob eine Genossenschaft errichtet wurde und wer die Leitung übernahm. Es war ihnen freigestellt, sich einem der Genossenschaftsverbände anzuschließen. Ausschlaggebend war dafür meist die gesetzlich festgelegte Durchführung der Revision.[61] Darüber hinaus beschränkte sich die Arbeit einer Zentrale in der Regel auf Beratung und Interessenvertretung.

Die Freiheit der Einzelgenossenschaften gehörte ab sofort der Vergangenheit an. Die kommunistische Regierung baute den Zentralen Genossenschaftsrat zu einem Kontrollorgan und zur Schaltzentrale des Genossenschaftswesens aus. Jetzt, erst drei Jahre nach der Gründung, konnte er seine geplante Tätigkeit in vollem Umfang aufnehmen. Zuvor war er am Widerstand der Genossenschaften gegen die Zentralisierung gescheitert.[62]

Seine Arbeit sollte ein einheitliches Genossenschaftswesen hervorbringen, das seinen Beitrag zur Steigerung des Lebensstandards der Bevölkerung liefern sollte. Zu seinen wichtigsten Aufgaben gehörte die Organisation aller Genossenschaften. Gleichzeitig übernahm er die Interessenvertretung und die Aufsicht. Er versorgte die öffentliche Verwaltung mit Informationen über das Genossenschaftswesen und kümmerte sich um die Erziehung der Mitglieder. Dies schloß die Überwachung der Kultur- und Volksbildungsarbeit mit ein.[63] Um dies in seinem Sinne durchführen zu können, standen ihm die Genossenschaftspresse und das Verlagsunternehmen „Svépomoc" zur Verfügung. Darüber hinaus unterhielt er einen Lehrstuhl, der sich in wissenschaftlicher Form mit dem Genossenschaftswesen befaßte.[64]

Ferner knüpfte er Kontakte mit dem Ausland und beteiligte sich auch am Außenhandel über die UNICOOP, einen genossenschaftlichen Ein- und Ausfuhrunternehmen.[65] Für die Genossenschaften in der Slowakei wurde ein eigener „Slowakischer Genossenschaftsrat" als Regionalverband des Zentralen Genossenschaftsrates eingerichtet.[66]

Wie bereits erwähnt mußte jede eingetragene Genossenschaft Mitglied des Zentralen Genossenschaftsrates werden. Ferner gehörten ihm die Volksgeldinstitute und Volksgeldzentralen sowie die Wohnungsbaugenossenschaften an.[67] Die Existenz einer Genossenschaft ohne schriftliche Zustimmung des Zentralen Genossenschaftsrates war

---

61 Die Revision wurde erstmals 1903 durch ein Gesetz geregelt.

62 K. Pernica: Introduction, S. 33.

63 Sbírka zákonů 1948, č. 187, § 2. Vgl. auch L. Feierabend: Agricultural Cooperatives, S. 61 f.

64 15 [Fünfzehn] Jahre tschechoslowakische Genossenschaften, S. 78.

65 Ebenda, S. 77.

66 Sbírka zákonů 1948, č. 187, § 3.

67 „Povinným členem Ústřední rady družstev jest každé družstvo, zapsané ve společenstevním (firemním) rejstříku" [Pflichtmitglied des Zentralen Genossenschaftsrates ist jede Genossenschaft, die in das Gesellschafts-(Firmen-)register eingetragen ist], ebenda, § 4. Später hatte er nur noch die Aufsicht über die Wohnungsbaugenossenschaften. Die landwirtschaftlichen Einheitsgenossenschaften wurden 1950 abgetrennt. Zuständig waren von da an das Landwirtschaftsministerium bzw. die Landwirtschaftsreferate der Kreis- und Bezirksnationalausschüsse. Vgl. H. Slapnicka: Die sozialistische Kollektivperson, Funktion und Struktur der juristischen Person in den europäischen Volksdemokratien, (=Veröffentlichungen des österreichischen Ost- und Südosteuropa-Institutes, Bd. 7), Wien, Köln, Graz 1969, S. 123; 15 [Fünfzehn] Jahre tschechoslowakische Genossenschaften, S. 77.

undenkbar.[68] Er vereinigte die Zentralverbände der Konsumgenossenschaften und der Handwerkergenossenschaften. Somit hielt der Zentrale Genossenschaftsrat die gesamte Konstruktion des zentralistischen Genossenschaftswesens zusammen. Er war ein wichtiger Bestandteil der „Nationalen Front", und dementsprechend sorgte er für die Durchführung der staatlichen Genossenschaftspolitik; er war gewissermaßen das genossenschaftliche Exekutivorgan der Regierung.

Der gesamte Genossenschaftsbetrieb wurde durch ihn geregelt. Er formulierte die Satzungen, und seinen Beschlüssen hatten die Genossenschaften Folge zu leisten. Initiativen der Genossenschaftsmitglieder vor Ort blieben ohne Einfluß. Er allein war fortan für die Geschäftsprüfung zuständig. Stellten die Bevollmächtigten fest, daß eine Genossenschaft gegen die Vorschriften verstieß, konnte der Betrieb auf Verlangen des Genossenschaftsrates durch das zuständige Ministerium stillgelegt werden. Ebenso konnte er die Funktionäre ihrer Posten entheben, wenn sie ihren Pflichten nicht nachkamen, der Genossenschaft schadeten oder nicht im Sinne des einheitlichen Wirtschaftsplanes arbeiteten. Der Zentrale Genossenschaftsrat sorgte dann für zuverlässigen Ersatz für die noch verbleibende Amtszeit.[69]

Um den Anschein der Kontinuität des Genossenschaftswesens zu wahren, ließ man die alten Zentralverbände im Zentralen Genossenschaftsrat aufgehen. Das heißt, sie wurden de jure nicht aufgelöst, sondern ihre Rechte und Pflichten wurden der neuen Organisation übertragen.[70] De facto aber kam dieser Prozeß – angesichts ihres neuen Charakters – einer Auflösung gleich.

Die Kollektivierung der Landwirtschaft

Die Errichtung der „Landwirtschaftlichen Einheitsgenossenschaften" (Jednotné zemědělská družstva, kurz JZD) regelte das Gesetz vom 23. Februar 1949.[71] Fortan standen alle landwirtschaftlichen Genossenschaften unter staatlicher Kontrolle. Es wurde ausdrücklich betont, die Kollektivierung solle freiwillig vor sich gehen und die frühere Zersplitterung der Genossenschaften aufheben.[72]

Dementsprechend wurde auch das Aufgabenfeld umschrieben. An erster Stelle stand die Kommassation, also die Zusammenlegung der Ackerflächen. Ferner sollte die Mechanisierung der Landwirtschaft eingeführt werden. Hierzu waren die JZD berechtigt, mit staatlichen Unternehmen Verträge abzuschließen, die dann die maschinellen Arbeiten ausführten.[73] Ihnen oblag der gesamte Bereich der Herstellung und des Handels mit landwirtschaftlichen Produkten. Sie sorgten auch für den Einkauf landwirtschaftlicher Bedarfsgüter. Die Förderung der Pflanzen- und Tierproduktion sowie die Steigerung der landwirtschaftlichen Produktion durch möglichst gute Arbeitsorganisation gehörte ebenso zu ihren Aufgaben wie die Hebung des kulturellen und sozialen Niveaus auf dem Lande. Schließlich sollte die Arbeit der Landfrauen erleichtert werden.[74]

---

[68] Sbírka zakonů 1948, č. 187, § 13.
[69] Ebenda, § 5.
[70] Ebenda, § 12.
[71] Sbírka zákonů 1949, č. 69. Vgl. auch L. FEIERABEND: Agricultural Cooperatives, S. 65 ff.
[72] Sbírka zákonů 1949, č. 69, § 1.
[73] Vgl. Kapitel über die Maschinen- und Traktorenstationen.
[74] Sbírka zákonů 1949, č. 69, § 2.

Zur Erfüllung der ihnen durch den einheitlichen Wirtschaftsplan vorgeschriebenen Aufgaben durften sie Verträge betreffend Produktion und Lieferung landwirtschaftlicher Produkte abschließen. Hierbei vertrat die Genossenschaft ihre Mitglieder, gegebenenfalls sogar die übrigen Bauern der Gemeinde.[75] Pro Gemeinde wurde nur eine Genossenschaft zugelassen.[76]

Es stellt sich nun die Frage, wie die Gründung einer solchen JZD vor sich ging. Zunächst wurde ein sogenannter Vorbereitungsausschuß gebildet. Dieser Ausschuß bestand aus fünf bis zehn Personen, die entweder Mitglieder bereits bestehender Genossenschaften oder sonst in der Landwirtschaft tätige, interessierte Personen waren. Diese wählten einen Ausschußvorsitzenden und einen Stellvertreter. Hatte der Zentrale Genossenschaftsrat seine Zustimmung gegeben, war die Konstituierung rechtskräftig.[77]

Die Beendigung der Vorbereitungsarbeit mußte der Ausschuß dem Zentralen Genossenschaftsrat mit der Bitte um Gründung der Einheitsgenossenschaft anzeigen. Vom Tage der Zustimmung des Genossenschaftsrats an galt die Genossenschaft als gegründet. Die Entstehung der JZD wurde anschließend vom Ausschuß in der Gemeinde bekanntgemacht.[78]

Die nächste Aufgabe war die Eintragung in das Register beim zuständigen Gericht. Hierzu wurde eine Abschrift des Genehmigungsbescheides sowie ein Verzeichnis der Mitglieder des Vorbereitungsausschusses mit ihren beglaubigten Unterschriften benötigt.[79]

Zuletzt schließlich berief der Vorbereitungsausschuß eine Generalversammlung ein, die gemäß den Statuten die Funktionäre wählte. Bis zu diesen Wahlen oblag die Leitung der neuen Genossenschaft dem Vorbereitungsausschuß.[80]

Die JZD übernahmen alle Rechte und Pflichten der früheren Genossenschaften, die nicht aufgelöst wurden, sondern in die Einheitsgenossenschaften übergingen.[81] Jeder, der irgendwie in der Landwirtschaft tätig war, mußte freiwillig Mitglied einer JZD werden. Diese Formulierung war ein Widerspruch in sich. Die Mitglieder der alten Genossenschaften wurden automatisch Mitglieder der JZD, sofern sie nicht innerhalb von vierzehn Tagen ihren Austritt erklärten.[82]

Alle Vorschriften standen in den Statuten, über die die Genossenschaft aber nicht selbst entscheiden konnte. Sie richteten sich nach den Musterstatuten, die der Zentrale Genossenschaftsrat zusammen mit dem Landwirtschaftsministerium entwarf.[83] Im Hinblick auf die Monopolstellung des Zentralen Genossenschaftsrates ist es nicht verwunderlich, daß die JZD dort Mitglied sein mußte.[84] Die Aufsicht übernahm das Landwirtschaftsministerium.[85] Angesichts der umfassenden Fürsorge, die die Staatsorgane den Landwirtschaftlichen Einheitsgenossenschaften zuteil werden ließen, blieb ih-

75 Ebenda, § 3.
76 Ebenda, § 4.
77 Ebenda, § 5 Abs. 1.
78 Ebenda, § 5 Abs. 2.
79 Ebenda, § 5 Abs. 3.
80 Ebenda, § 5 Abs. 4.
81 Ebenda, § 6 Abs. 3. Vgl. Kap. Zentraler Genossenschaftsrat.
82 Sbírka zákonů 1949, č. 69, § 7.
83 Ebenda, § 9.
84 Ebenda, § 10.
85 Ebenda, § 11.

nen nur noch die Feldarbeit. Sie hatten keine Möglichkeit mehr, über organisatorische oder geschäftliche Angelegenheiten selbständig und unabhängig zu entscheiden.

So einfach die Umstrukturierung nach dem Wortlaut des Gesetzes aussieht, so kompliziert und schwierig war ihre Durchsetzung in der Praxis. Es war nicht möglich, die Landwirtschaft mit einem Schlag zu kollektivieren. In dieser Übergangsphase begann die Verwirklichung von Lenins „Genossenschaftsplan". Ein Vier-Stufen-Modell, dessen letzte Stufe den gewünschten kollektivierten Betrieb, die „Kolchose" nach sowjetischem Vorbild, brachte, sollte die Landwirte behutsam an die kollektivierte Genossenschaft heranführen.[86]

Typ 1

In den Genossenschaften vom Typ 1 wurde der größte Teil der Feldarbeit von den Mitgliedern gemeinsam erledigt. Sie sollten lernen, gemeinsam die anfallenden Arbeiten zu bewältigen, die sonst jeder individuell auf seinem Hof durchführte. Dazu gehörte auch der gemeinschaftliche Gebrauch von Maschinen. Dies war der erste Schritt, die Mitglieder behutsam an die Planwirtschaft heranzuführen. Genossenschaftler sollten ihre Arbeitskraft und ihre Maschinen teilen. Dies geschah gewöhnlich vor der Aussaat oder zur Erntezeit. Die Mitglieder mußten sich dazu verpflichten, nach einem systematischen Plan während bestimmter Tage gewissenhaft zu arbeiten, wo immer man sie einsetzte.[87]

Die Höfe blieben weiterhin die private Sphäre jedes Bauern. Die Grenzen jedes einzelnen Besitzes blieben bei diesem Typ unangetastet. Die Felder aber wurden praktisch von der gesamten Dorfgemeinschaft, eingeteilt in Arbeitsgruppen, gemeinsam bewirtschaftet.

Um die Leistung jedes einzelnen messen zu können, wurde genau Buch darüber geführt, welche Arbeitsleistung und welche Maschinen er der Genossenschaft zur Verfügung stellte. Am Ende der Erntesaison erhielt er dann seine Leistungen vergütet. Hiervon wurden die Leistungen, die seine Kollegen auf seinem Besitz erbracht hatten, abgezogen.

Es gab auch Genossenschaften dieser ersten Stufe, die noch einen Schritt weitergingen. Sie kamen darin überein, auf einigen ihrer Felder parallel das gleiche Getreide zu säen und dies in einem organisierten Arbeitsvorgang, was eine Vereinfachung der Arbeit für die einzelnen Gruppen bedeutete.

Typ 2

Genossenschaftstyp 2 brachte zusätzlich die Aufhebung der Gehöftgrenzen. Die Bearbeitung der ausgedehnten Felder geschah durch das gesamte Dorf nach einem systematischen Plan. Trotz der Aufhebung der Besitzgrenzen blieb der Boden noch in Privatbesitz. Dies verdeutlicht das System der Entlohnung. Weiterhin erhielten die Mitglieder Anteile an der Ernte, deren Größe sich nach ihrem Besitz und in geringerem Um-

---

[86] The Economic History of Eastern Europe 1919–1975, Vol. 3, Institutional Change within a Planned Economy, ed. by M. C. Kaser, Oxford 1986, S. 9 u. 37. L. Feierabend: Agricultural Cooperatives, S. 65 ff.; J. Kosta, Abriß, S. 67 f.; V. Průcha: Die wirtschaftliche Entwicklung, S. 36 ff; Ders. u. a.: Hospodářské dějiny Československa v 19. a 20. století, Praha 1974, S. 332 ff.; H. Slapnicka: Die sozialistische Kollektivperson, S. 121; L. Špirk: Agricultural Cooperatives, in: The Czechoslovak Cooperative Achievement, Prague 1965, S. 117 ff.

[87] L. Feierabend: Agricultural Cooperatives, S. 65 f.

fang nach der erbrachten Arbeitsleistung richtete. Nicht nur die Entlohnung erfolgte nach dem eingebrachten Landanteil. Auch die durch die Kollektivierung entstandenen Kosten wurden auf die Mitglieder nach ihrem Besitz umgelegt. Der Viehbestand war weiterhin Privatbesitz.[88]

Die Genossenschaftsmitglieder sollten in Zukunft nach der Art der geleisteten Arbeit und nicht nach den geleisteten Arbeitsstunden vergütet werden. Dies hatte zur Folge, daß auf der Grundlage der Leistung eines pflichtbewußten Arbeiters pro Arbeitstag für jede Tätigkeit – nach Maßgabe der jeweiligen örtlichen Bedingungen und unter Berücksichtigung der vorhandenen Ausrüstung – ein System von Arbeitsnormen eingeführt wurde. Jede Tätigkeit wurde in eine bestimmte Kategorie eingeordnet, abgestuft nach Wichtigkeit, Schwierigkeit und nach der erforderlichen Ausbildung.[89] Für die Erfüllung der Norm in einer bestimmten Kategorie erhielt der Genossenschafter eine bestimmte Anzahl von Arbeitseinheiten.

Typ 3

Genossenschaftstyp 3 brachte nach Einführung der kollektiven Massenproduktion die kollektive Leitung der Genossenschaften. Die Ernte gehörte der Genossenschaft. Noch waren die Bauern als Eigentümer der Äcker in den Grundbüchern verzeichnet, die Verfügungsrechte aber hatten sie aus der Hand gegeben. Das Genossenschaftsmitglied mußte sich dazu verpflichten, den Boden für mindestens drei Jahre unter kollektive Leitung zu stellen. Danach hatte es das Recht, den Boden wieder zurückzufordern, sofern es nicht mehr Mitglied der Genossenschaft sein wollte. Es hatte aber keinen Anspruch darauf, seine ursprünglich zur Verfügung gestellten Felder zurückzuerhalten. Es mußte mit den Feldern vorliebnehmen, die ihm zugewiesen wurden. Allerdings durfte dieses Land nicht von minderer Qualität sein, sondern die Genossenschaft versprach, gleichwertiges Land zuzuteilen.[90]

Typ 3 brachte auch die Kollektivierung des Viehbestandes. Das Vieh wurde in gemeinsamen Ställen gehalten. Jedes Mitglied durfte aber eine Privatparzelle von $^1/_2$ ha Land, eine Kuh, ein Kalb sowie Schweine, Schafe, Ziegen und Geflügel, soviel wie für den Eigenbedarf notwendig, besitzen. Die „leerstehenden" Stallgebäude konnten an die Genossenschaft verpachtet werden.[91]

Dieser fast vollständig kollektivierte Genossenschaftstyp vereinfachte die Buchführung wesentlich. Von jetzt ab wurden nur noch die einzelnen Arbeitseinheiten der Mitglieder verzeichnet. Die Verrechnung der Ausgaben mit den Lohnanteilen, basierend auf dem Privatbesitz, entfiel. Statt dessen wurde der verbleibende Profit nach Begleichung aller finanziellen Verpflichtungen unter den Mitgliedern entsprechend den erarbeiteten Arbeitseinheiten verteilt. 10% oder 20% des Gewinns wurden dabei zuvor schon einbehalten und als gesonderte Vergütung an all jene ausbezahlt, die Boden für die Genossenschaft zur Verfügung gestellt hatten.[92]

---

88 L. Feierabend: Agricultural Cooperatives, S. 66; V. Průcha u. a.: Hospodářské dějiny, S. 332; L. Špirk: Agricultural Cooperatives, S. 125 ff.
89 L. Feierabend: Agricultural Cooperatives, S. 66.
90 Ebenda, S. 67.
91 Ebenda; V. Průcha u. a.: Hospodářské dějiny, S. 333; L. Špirk: Agricultural Cooperatives, S. 144 f.
92 L. Feierabend: Agricultural Cooperatives, S. 67.

Typ 4

Genossenschaftstyp 4 war praktisch identisch mit der sowjetischen Kolchose, auch wenn die Bezeichnung tunlichst vermieden wurde. Sämtliche Bereiche waren kollektiviert. Für die Landnutzung gab es keine Zahlungen mehr. Der gesamte Profit wurde gemäß den erzielten Arbeitseinheiten unter die Mitglieder verteilt. Jegliche Form von Privateigentum innerhalb der Genossenschaft – einmal abgesehen von den Gütern für den Hausgebrauch – war abgeschafft.[93]

Die Arbeit wurde in der Regel durch die Mitglieder ausgeführt, die eine Minimalzahl an Arbeitseinheiten leisten mußten. Die Genossenschaft hatte das Recht, Nichtmitglieder zu beschäftigen, falls Arbeiten nicht durch die eigenen Leute oder deren Familien ausgeführt werden konnten.

Nicht die gesamte Arbeit konnte in Arbeitsgruppen getan werden. Neben der Gruppenarbeit gab es auch individuelle Arbeit, wie z.B. bei den Mechanikern oder Zimmerleuten.

Die Arbeitsgruppen wurden von einem Vormann geführt. Da dieser – ebenso wie der Vorsitzende oder die übrigen Funktionäre der Genossenschaft – Verantwortung trug, erhielt er zusätzliche Arbeitseinheiten gutgeschrieben. Da die Abrechnung einer landwirtschaftlichen Genossenschaft wegen des Rhythmus von Aussaat im Frühjahr und Ernte im Herbst immer erst am Jahresende erfolgen konnte, erhielten die Mitglieder während des Jahres einen Vorschuß in Form von Geld und Waren. Am Jahresende wurde ihr Konto dann auf der Basis von Produktion und Verkauf ausgeglichen.

In gleicher Weise wurde die Kollektivierung in Polen geplant. Insgesamt sollten auch hier vier Typen die Genossenschaften auf die Stufe der sowjetischen Kolchose heben. Jeder dieser Typen erhielt einen eigenen Namen. Die „Zrzeszenie Uprawy Ziemi" (ZUZ) [Vereinigung zur Bodenbearbeitung] wurde von der „Rolnicze Zrzeszenie Spółdzielcze" (RSZ) [Landwirtschaftliche Genossenschaftsvereinigung] abgelöst. Typ 3 war die „Rolnicza Zrzeszenie Spółdzielnia Wytwórcze" (RSW) [Landwirtschaftliche Produktionsgenossenschaft] und Typ 4, die eigentliche Kolchose, „Rolniczy Zespół Spółdzielczy" (RZS) [Landwirtschaftliches Genossenschaftskollektiv].[94]

Im wesentlichen entsprachen diese Typen denen in der Tschechoslowakei. Hier wie dort wurde für die Kollektivierung verstärkte Propaganda betrieben, und auch in Polen durften dabei administrativer Druck und wirtschaftliche Anreize nicht fehlen. Bisher war die Entwicklung in den Grundzügen in beiden Ländern fast parallel verlaufen. Von nun an gab es jedoch gravierende Unterschiede, jedenfalls was die Kollektivierung der Landwirtschaft betraf. Die Privatwirtschaft war in der polnischen Landwirtschaft weitaus stärker verwurzelt als in der tschechoslowakischen.

Wie verlief nun der Prozeß der Kollektivierung der Landwirtschaft? Ein kleinerer Teil der Bauern ergriff die Initiative und arbeitete aktiv beim Umbau des Genossenschaftswesens mit. Dabei darf nicht vergessen werden, daß sich unter den Bauern eine

---

[93] Ebenda. L. Špirk: Agricultural Cooperatives, S. 130.

[94] R. Neumann: S. 88f. Eine andere Einteilung, gemäß den Statistiken, findet sich bei K. König: Die Wandlung der inneren Wirtschaftsstruktur, S. 60, I. Spółdzielnie zorganizowane, II. Spółdzielnie zarejestrowane, III. Spółdzielnie prowadzące gospodarkę zespołową, IV. Spółdzielnie dzielące dochód. Vgl. auch H. Slapnicka: Die sozialistische Kollektivperson, S. 125f.

ganze Reihe von Parteimitgliedern befanden, die sich von der Werbekampagne der Kommunisten überzeugen ließen.[95]

Sehr bald schon ging den Behörden die Kollektivierung zu langsam vonstatten. In den Jahren 1951/52 versuchte man, den Kollektivierungsprozeß durch Vergünstigungen und administrativen Druck zu beschleunigen.[96] Das Ergebnis allerdings war kontraproduktiv. Das verlangte Tempo war von den meisten Kooperativen organisatorisch nicht zu meistern. Erschwerend kam hinzu, daß viele Genossenschaften in wirtschaftlich ungeordneten Verhältnissen arbeiteten und zu allem Überfluß unbefriedigende Wirtschaftsergebnisse erzielten. Dadurch wurde die Illusion zerstört, die Vergenossenschaftung bringe automatisch einen Produktionszuwachs.[97] Es hatte sich bitter gerächt, daß die Landwirtschaft zugunsten der Industrie vernachlässigt worden war.

In den ersten Jahren überwogen naturgemäß die Genossenschaftstypen 1 und 2. Bis 1952 stieg die Zahl der genossenschaftlichen Betriebe auf insgesamt 8636. Fast 57% davon gehörten den Genossenschaftstypen 3 und 4 an. Damit überwog erstmals der Anteil der weiterentwickelten Typen.[98] 34% aller Genossenschaftsbetriebe waren damit zu diesem Zeitpunkt kollektiviert. In Polen hingegen betrug der Anteil lediglich 7%.[99] Zu keiner Zeit erreichte die Kollektivierung auch nur annähernd das Tempo wie in der Tschechoslowakei. Trotzdem machte sich auch hier die Bevorzugung der Industrie auf Kosten der Landwirtschaft bald negativ bemerkbar.

1953 setzte eine rückläufige Entwicklung ein. Sobald der Druck auf die Bauern nachließ, traten viele aus den Einheitsgenossenschaften aus. Die Gesamtzahl betrug nur noch 8388, aber die „wirklichen" Kollektivbetriebe hatten in der Zwischenzeit einen Anteil von fast 80% erreicht. Der Tiefpunkt kam 1954 mit nur noch 6745 JZD, bei einem Anteil der Typen 3 und 4 von fast 95%.[100] Nur noch 29% aller Betriebe waren jetzt genossenschaftlich organisiert, während in Polen immerhin noch ein Anstieg um 1% auf insgesamt 8% zu verzeichnen war.[101] Dennoch stagnierte die Entwicklung insgesamt, und die schlechte Stimmung gefährdete die Ernährung der Gesamtbevölkerung. In aller Eile versuchte man, ein Notprogramm zu erstellen. Investitionen wurden umgeleitet. Die Abwanderung landwirtschaftlicher Arbeitskräfte wurde gestoppt. Man besiedelte die landwirtschaftlichen Bezirke in den Grenzgebieten.[102]

Erst 1955 zeigt die Tendenz wieder nach oben. Dabei übte die Regierung erneut indirekt Druck aus, um den Prozeß zu beschleunigen. Die Einheitsgenossenschaften erhielten massive staatliche Unterstützung in Form von Subventionen, Krediten, Preisvorteilen u.a. Demgegenüber wurden die Privatbauern benachteiligt. Ihnen wurde die soziale Sicherheit verweigert, ihre Kinder hatten Aufstiegsschwierigkeiten u.a. Ferner wurde das Beitrittsverbot für Kulaken aufgehoben, das bis 1957 in Kraft war.[103] Im gleichen Jahr übertraf die Zahl der kollektivierten Betriebe mit 10709 deutlich die alte

---

[95] L. Feierabend: Agricultural Cooperatives, S. 55; K. König: Die Wandlung der inneren Wirtschaftsstruktur, S. 59; J. Kosta: Abriß, S. 69.

[96] Ebenda; V. Průcha: Die wirtschaftliche Entwicklung, S. 37f.

[97] Ebenda, S. 38.

[98] L. Špirk: Agricultural Cooperatives, S. 133.

[99] The Economic History of Eastern Europe 1919–1975, Vol. 3, S. 52.

[100] L. Špirk: Agricultural Cooperatives, S. 133.

[101] The Economic History of Eastern Europe 1919–1975, Vol. 3, S. 52.

[102] V. Průcha: Die wirtschaftliche Entwicklung, S. 34.

[103] J. Kosta: Abriß, S. 70.

Höchstmarke von 1952. Gleichzeitig waren die Genossenschaftstypen 1 und 2 verschwunden.[104] Erstmals gab es mehr Genossenschaftsbetriebe als Privatbetriebe; ihr Anteil lag jetzt bei 51%.

In Polen setzte genau die entgegengesetzte Entwicklung ein. Zwar plante man auch hier, die Kollektivierung nach der Stagnation von 1953 in großem Stil fortzusetzen, aber der Regierungsantritt Władysław Gomułkas im Jahre 1956 setzte dieser Entwicklung ein Ende. Gomułka übte heftige Kritik und verurteilte die Zwangskollektivierung der Betriebe, da diese weniger produzierten als die benachteiligten Privatbauern und obendrein mit Verlust wirtschafteten. Die Kollektiven wurden größtenteils reprivatisiert. Private Betriebe erhielten wieder staatliche Unterstützung. Wenn auch die Privatwirtschaft nicht in altem Maße wieder eingeführt wurde, so führten Reformen und die Aufhebung vieler Verfügungen der Jahre 1949–1956 wieder zu einer trisektoralen Landwirtschaft.[105] Die Kollektivierung war zusammengebrochen, was nachfolgende Zahlen eindrucksvoll belegen: 1955 hatten die Genossenschaftsbetriebe mit einem Anteil von 11% ihre höchste Zahl erreicht. Zwei Jahre später betrug ihr Anteil nur noch 1%. Damit spielten sie praktisch keine Rolle mehr.[106]

Ende der 50er Jahre kam es in der Tschechoslowakei zur Durchführung einer Reform. Die Zentralorgane wurden von der Detailplanung befreit. Die Dezentralisierung zugunsten überbetrieblicher Organe brachte den Betrieben mehr Freiraum für selbständige Entscheidungen.[107] 1960 konnte die Regierung verkünden, die Kollektivierung sei erfolgreich beendet.[108] Zwar war die Tendenz seit dem Höhepunkt 1959 mit über 12000 wieder rückläufig[109], aber der Anteil an allen Betrieben stieg auf 84,2%.

In Polen hatte sich der Anteil der Genossenschaftsbetriebe um 1% eingependelt.[110] Trotz dieses grandiosen Fehlschlages behielt die Regierung die Kollektivierung als Ziel weiterhin bei. Die wenigen noch verbliebenen Produktionsgenossenschaften wurden tatkräftig unterstützt. Auf unterster Ebene sollten wirklich freiwillig Zusammenschlüsse wie landwirtschaftliche Zirkel und einfache Kooperativen, z.B. für die Viehhaltung, entstehen. Die Bauern hielten sich mit einer Beteiligung anfänglich verständlicherweise zurück. Sie sahen in ihnen den Neubeginn der Kollektivierung. Als sie aber nur über landwirtschaftliche Zirkel Maschinen erhalten konnten und sich erste Erfolge einstellten, gaben sie ihre Zurückhaltung auf.[111]

---

104 L. Špirk: Agricultural Cooperatives, S. 133.

105 M. Ehm: Die polnischen Genossenschaften, S. 43 f.; St. Hegenbarth: Landwirtschaftliche Zirkel, S. 22 f.; K. König: Die Wandlung der inneren Wirtschaftsstruktur, S. 91; K. Robakowski: Społeczno-polityczne problemy, S. 187 ff.

106 The Economic History of Eastern Europe 1919–1975, Vol. 3, S. 52.

107 Das Gesetz über die „Landwirtschaftlichen Einheitsgenossenschaften“ vom 9. Juli 1959, das am 1. Oktober in Kraft trat, schuf neue Rahmenbedingungen für die kollektivierte Landwirtschaft. Vgl. Sbírka zákonů 1959, č. 49, besonders §§ 48 ff.

108 V. Průcha: Die wirtschaftliche Entwicklung, S. 42 ff.

109 L. Špirk: Agricultural Cooperatives, S. 133.

110 The Economic History of Eastern Europe 1919–1975, Vol. 3, S. 52.

111 St. Hegenbarth: Landwirtschaftliche Zirkel, S. 23 ff. Zu Tradition und Arbeit der landwirtschaftlichen Zirkel vgl. S. 36 ff.; K. König: Die Wandlung der inneren Wirtschaftsstruktur, S. 97 f.; H. Slapnicka: Die sozialistische Kollektivperson, S. 127.

Maschinen- und Traktorenstationen

Sozialismus auf dem Dorf bedeutete neben Kollektivierung der Landwirtschaft auch deren Mechanisierung. Als Hilfsunternehmen für die landwirtschaftlichen Kollektivbetriebe wurden daher getreu sowjetischem Vorbild seit 1949 Maschinen- und Traktorenstationen errichtet (Strojní a Traktorové Stanice, STS). Sie traten an die Stelle der früheren Maschinengenossenschaften. Gegen Bezahlung übernahmen sie Arbeiten für die Genossenschaften. Die Trennung des Maschinenparks von den landwirtschaftlichen Betrieben erwies sich bald als äußerst verlustbringend.

Im Zuge der Reorganisation Ende der fünfziger Jahre verloren die Stationen den größten Teil ihrer Aufgaben. Ein Großteil der Maschinen, Fahrzeuge und Ausrüstung wurde an die Genossenschaften verkauft. Übrig blieb nur noch schweres Gerät für Spezialeinsätze.[112]

Ebenso waren in Polen die staatlichen Maschinenstationen (Państwowe Ośrodki Maszynowe, POM) Mittelpunkte der Mechanisierung. Ihnen wurden 1952 die genossenschaftlichen Stationen, die 1947 als Teil der Genossenschaften des „Bäuerlichen Selbsthilfeverbandes“ (Samopomoc Chłopska) aufgebaut worden waren, zugeordnet. Ihre Entwicklung verlief bis 1956 parallel zur Kollektivierung. Auch die Mechanisierung brachte keine Erfolge. Viele POM arbeiteten unrentabel. Die Privatbauern erzielten trotz des geringeren Mechanisierungsgrades eine höhere Produktion. Nach 1956 wurde ein Teil der POM aufgelöst, über 80% blieben jedoch bestehen.[113]

Zusammenfassung

Zusammenfassend läßt sich sagen, daß bis zum Beginn des Zweiten Weltkrieges in der Tschechoslowakei und in Polen ein gut entwickeltes Genossenschaftswesen mit langer Tradition bestanden hat. Der Krieg und die deutsche Herrschaft führten in Polen zum Zusammenbruch des größten Teils der Genossenschaften, während in der Tschechoslowakei deren Tätigkeit aufrechterhalten wurde und es zu einer zentralistischen Organisation kam. Auf diesem zentralistischen System bauten die Kommunisten ab 1948 nach einer Übergangsphase die Genossenschaften zu Instrumenten für die Errichtung einer sozialistischen Gesellschaft nach sowjetischem Vorbild aus.

Mit aller Macht wurde dieser Prozeß gegen den Widerstand des größten Teils der Bevölkerung durchgeführt. Trotzdem dauerte es mit Unterbrechungen zwölf Jahre, bis die Regierung 1960 die Beendigung der Kollektivierung verkünden konnte. In Polen war der Widerstand der Bevölkerung so stark, daß 1956 von der weiteren Kollektivierung Abstand genommen werden mußte. Die bisherigen Betriebe lösten sich wieder auf. In Polen war die Kollektivierung der Landwirtschaft ein Fehlschlag.

---

[112] F. L. Altmann: Wirtschaft, in: Tschechoslowakei, Länderberichte Osteuropa, Bd. 3, München, Wien 1977, S. 226; J. Kosta: Abriß, S. 68; V. Průcha u. a.: Hospodářské dějiny, S. 339 f.

[113] K. König: Die Wandlung der inneren Wirtschaftsstruktur, S. 64 ff.

Internationales System

Das Abstimmungsverhalten des Ostblocks in der UNO[1]

von
Peter Burian

Dieser Bericht beschäftigt sich mit zwei Fragen: 1) Sind im Untersuchungszeitraum die Angehörigen des entstehenden und dann bald tatsächlich vorhandenen Ostblocks in der UNO immer ein Block gewesen, das heißt: haben sie sich stets gleichförmig und einheitlich entschieden, oder hat es innerhalb dieser Staatengruppe Abweichungen gegeben? Wenn ja, welche Staaten haben sich bei welchen Gelegenheiten anders verhalten? 2) Stellte sich der Ostblock mit seinen Entscheidungen in einen Gegensatz zu jeweils allen anderen UNO-Mitgliedern, oder kam es zu partieller oder gar völliger Übereinstimmung mit diesen anderen? Wenn ja: mit welchen, in welchem Ausmaß und bei welchen Gelegenheiten? Es ist zu erwarten, daß aus dem von dieser Fragestellung aus erörterten Verhalten des Ostblocks in solch prominenter internationaler Öffentlichkeit Material für eine neue, differenzierende Beschreibung und Erklärung der Phänomene Ostblock und Ostblockstaaten gewonnen werden kann.

Vorauszuschicken sind einige Angaben über die Stärke dieser Staatengruppe in der Weltorganisation, und zwar in deren beiden wichtigsten Körperschaften, Vollversammlung und Sicherheitsrat. Die UNO ist die Fortsetzung der sogenannten Antihitlerkoalition über das Ende des Krieges hinaus. Deshalb konnten nur solche Staaten für Ende April 1945 zur Gründungskonferenz nach San Francisco eingeladen werden, die sich im Kriegszustand mit dem Deutschen Reich befanden und in denen es eine allseits anerkannte Regierung gab. Das ist die Erklärung dafür, weshalb aus dem Bereich des künftigen Ostblocks nur drei Staaten bei der Eröffnung der Konferenz durch Delegationen vertreten waren: die Sowjetunion, die Tschechoslowakei und Jugoslawien. Zwar konnte sich mit sofortiger Wirkung, also noch zu den Beratungen und Abstimmungen in San Francisco selbst, die Sowjetunion entsprechend den Vereinbarungen von Jalta durch die satzungswidrige Aufnahme der beiden sowjetischen Gliedstaaten Ukraine und Weißrußland als selbständige Mitglieder sozusagen verdreifachen. Polen aber, also der Staat, der sich am längsten in diesem als Voraussetzung geforderten Kriegszustand befand, hat an der Gründungskonferenz nicht teilnehmen dürfen, weil die neue polnische Regierung erst Anfang Juli 1945, also nach Konferenzschluß, auch von den Westmächten anerkannt wurde. Polen gilt aber als Gründungsmitglied. Die anderen künftigen Ostblockstaaten Albanien, Bulgarien, Rumänien und Ungarn wurden – inzwischen war der Kalte Krieg ausgebrochen – erst gegen Ende der hier interessierenden Epoche, im Dezember 1955, in die UNO aufgenommen, der einzige asiatische Ostblockstaat, die Äußere Mongolei, im Oktober 1961 und die Deutsche Demokratische Republik im September 1973. Im Jahre 1956 gehörten von den damals 79 UNO-Mitgliedern neun zum Ostblock (rund ein Neuntel), ein Jahr vorher, vor dieser Erweiterung, lautete das

[1] Der Bericht beruht auf der systematischen Auswertung der das Thema betreffenden Eintragungen im „Archiv der Gegenwart", Jg. 15 (1945) – 26 (1956). Auf Einzelnachweise wurde verzichtet.

Zahlenverhältnis fünf Ostblockmitglieder von insgesamt 60 UNO-Staaten (ein Zwölftel). Diese Relationen gelten für die UNO im allgemeinen und für die Vollversammlung im besonderen, in der jedes Mitglied eine Stimme hat.

Im Sicherheitsrat war in dieser ersten Nachkriegszeit der Ostblock in folgender Weise präsent. Die Sowjetunion ist eines der fünf ständigen Mitglieder dieses Gremiums, und auf einen der damals sechs nichtständigen Sitze wurde jeweils ein osteuropäischer Staat gewählt. Das beruhte allerdings nur auf einer bloß informellen Vereinbarung, und in der Hochzeit des Kalten Krieges in den fünfziger Jahren wurde in deutlich antisowjetischer Absicht diese Absprache ignoriert. Zunächst war – die nichtständige Mitgliedschaft dauert jeweils zwei Jahre – 1946 und 1947 Polen und 1948 und 1949 die Ukraine Inhaber dieses osteuropäischen Sitzes. Aber schon für 1950 und 1951 hat man ihn trotz energischen Protesten von sowjetischer Seite an das inzwischen dissident gewordene Jugoslawien vergeben und in den folgenden Wahlperioden das sozialistische Lager gänzlich unbeachtet gelassen. Waren für 1952 und 1953 mit Griechenland und für 1954 und 1955 mit der Türkei immerhin noch Staaten berücksichtigt, die im geographischen, wenn auch nicht im politischen Sinn zu Osteuropa gezählt werden können, so wurde später, schon außerhalb des Berichtszeitraums, dieser eigentlich osteuropäische Sicherheitsratssitz von den Philippinen und dann von Japan eingenommen. Die stets aufs neue erhobenen Einsprüche aus dem Ostblock blieben wirkungslos. Erst in den sechziger Jahren wurde dieser eine nichtständige Sitz wieder für einen Staat des Ostblocks reserviert. Von 1946 bis 1949 verfügte der Ostblock also über zwei Sicherheitsratssitze von insgesamt elf (ein Sechstel), danach nur über einen Sitz (ein Elftel). Allerdings hat sich auch das aus dem Ostblock ausgeschlossene Jugoslawien in der UNO nicht selten mit eben dieser Staatengruppe solidarisiert. All das hat zur Folge, daß in diesem Bericht der Sicherheitsrat für die Zeit ab 1952 unbeachtet gelassen werden kann, denn es soll ja nicht über die sowjetische UNO-Politik als solche berichtet werden. Die UdSSR war im Rat selbstverständlich immer präsent.

Als Ergebnis aus diesen einleitenden Bemerkungen ist festzuhalten: Unter dem Gesichtspunkt der Mitgliederzahl war bereits damals, und das galt später in noch viel größerem Maß, die Staatengruppe des Ostblocks innerhalb der UNO nahezu bedeutungslos. Trotzdem hat sich das Interesse schon der zeitgenössischen Öffentlichkeit, sobald sie sich mit der Weltorganisation beschäftigte, gerade diesem Block zugewendet. Das geschah deshalb, weil die ihm angehörenden Staaten in den Ost-West-Konflikt unmittelbar eingebunden waren und die innenpolitischen Veränderungen, die während der frühen Nachkriegszeit in ihnen eingetreten sind, einen wichtigen Anlaß für den Kalten Krieg gebildet haben. Gefestigt wurde diese Position des Ostblocks innerhalb der UNO noch durch die Tatsache, daß seine Führungsmacht im Sicherheitsrat über das Vetorecht verfügte. Dabei darf allerdings nicht vergessen werden, daß das Vetorecht nur defensiv wirken kann. Durch das Einlegen eines Vetos kann zwar die Mehrheit an der Verwirklichung ihrer Entscheidungen gehindert werden; das Einlegen eines solchen Vetos genügt aber nicht, um die Mehrheit zu etwas zu zwingen, was sie nicht will.

Nun zur ersten der beiden Fragen: Ist der Ostblock während des Berichtszeitraums als Block aufgetreten, das heißt: haben die ihm angehörenden UNO-Mitglieder jeweils einheitlich abgestimmt, oder hat der eine oder andere Staat gelegentlich oder häufiger abweichend votiert? Die Antwort auf diese Frage wird bekannt sein: der Ostblock hat während dieses Jahrzehnts – in der Gründungskonferenz, in der vorbereitenden Kommission zwischen der Verabschiedung der Satzung und dem Zusammentreten der ersten Vollversammlung Anfang 1946 und von da ab in allen Haupt- und Nebenorganen dieses Staatenbundes – stets und immer disziplinierte Einmütigkeit demonstriert, also auch schon zu einer Zeit, als die dazu an sich nötige Machtübernahme in der Heimat – etwa in der Tschechoslowakei – noch nicht stattgefunden hatte oder die Entwicklung hin zu einer solchen Transformation der politischen Ordnung im eigenen Staat noch nicht erfolgreich – im sowjetisierenden Sinn erfolgreich – abgeschlossen war.

Um so mehr Interesse verdienen die wenigen Fälle, bei denen ein Dissens zu beobachten ist. Aus den Jahren 1946 und 1947 und aus der ersten Hälfte des Jahres 1948 sind – bei einer Gesamtzahl von rund 250 Abstimmungen – 20 solcher Abweichungen festzustellen. Erst von da ab verhielt sich der Ostblock in der UNO völlig uniform, abgesehen selbstverständlich vom unbotmäßig gewordenen Jugoslawien. In 17 von diesen 20 Fällen ist Polen der Dissident gewesen, in zwei Fällen Jugoslawien und in einem Fall die Tschechoslowakei. Bei der Bewertung dieses zunächst erstaunlich hohen polnischen Anteils muß freilich berücksichtigt werden, daß die meisten dieser Abweichungen im Sicherheitsrat aufgetreten sind, wo, wie soeben erwähnt wurde, in den ersten beiden Jahren Polen Inhaber des osteuropäischen oder, wie es damals noch durchaus zutreffend geheißen hat, des slawischen nichtständigen Sicherheitsratssitzes gewesen ist. Es muß offenbleiben, ob die Tschechoslowakei oder Jugoslawien als dieses nichtständige Sicherheitsratsmitglied sich ähnlich verhalten hätten.

Viermal war die polnische Stimme dem Votum des Ostblocks – im Sicherheitsrat eben dem der Sowjetunion – genau entgegengesetzt (Ja statt Nein, Nein statt Ja), in 13 Fällen hat sich der polnische Vertreter bei einem Ja oder Nein seiner Blockpartner der Stimme enthalten, also sich für eine etwas mildere Form des Dissenses entschieden. Zumindest zwei der vier gänzlich konträren Stellungnahmen Polens haben sich gegen Blockinteressen von einiger Erheblichkeit gerichtet. Im Februar 1946 hat Polen, anders als die Sowjetunion, in der Anwesenheit britischer Truppen in Griechenland und deren vermuteter indirekter Teilnahme am Bürgerkrieg nicht eine Friedensgefährdung gesehen, und im August 1946 hat Polen für die Aufnahme Irlands in diesen Staatenbund gestimmt, die dann durch ein sowjetisches Veto verhindert wurde. Hier waren wichtige Blockinteressen insofern betroffen, als es im ersten Fall darum ging, eine außersowjetische Stabilisierung in Südosteuropa zu verhindern oder doch zu erschweren. Die Situation in Griechenland und die behauptete Unterstützung der griechischen Partisanen von Albanien, Jugoslawien und Bulgarien aus hat die UNO jahrelang beschäftigt. Der zweite Fall war der erste sowjetische Versuch – hier handelte es sich nicht so sehr um Interessen des Blocks als Ganzen, sondern eher um Interessen der Führungsmacht dieser damals entstehenden Staatengruppe –, durch eine nicht immer einleuchtende Selektion unter den Bewerbern um die Aufnahme in die Weltorganisation das Wachsen der nichtsowjetischen Mehrheit zu verlangsamen.

Die beiden anderen Fälle der gänzlichen polnischen Abweichung scheinen minder bedeutend. Es handelt sich einmal um einen Verfahrensbeschluß bei der Beschäftigung der UNO mit der Zukunft des noch bestehenden britischen Mandatsregimes in Palästina und um eine Entscheidung über den Gouverneur von Triest, der entsprechend dem im Februar 1947 in Paris mit Italien abgeschlossenen Friedensvertrag von der UNO zu bestellen war.

Über für die Blockpolitik Wichtiges wie weniger Wichtiges war auch in den Fällen zu entscheiden, in denen sich Polen der Stimme enthielt. Für den Block als Ganzes bedeutsam waren Abstimmungen über das griechische Problem und über die Frage, ob der UNO die Stationierung eigener Truppen auf fremdem Territorium anzuzeigen sei (ausgenommen im Gebiet des Kriegsgegners). Für die Sowjetunion im besonderen wichtig waren Entscheidungen über die sowjetische Präsenz im Iran, über die Aufnahme neuer Mitglieder – diesmal ging es um Österreich und Italien –, über den Abzug britischer und französischer Truppen aus Syrien und dem Libanon und britischer Truppen aus Ägypten sowie über die Bestellung der Kommission, die von seiten der Vereinten Nationen die Verwendung der Atomenergie kontrollieren sollte.

Minder wichtige Beratungsgegenstände betrafen die wiederholt beantragte internationale Ächtung Spaniens, Verfahrensfragen bei der Debatte über die Abrüstung und das Verhalten sowjetischer Truppen in Österreich. Gerade letzteres scheint der UdSSR eher peinlich gewesen zu sein, und um so bemerkenswerter ist die polnische Stimmenthaltung. Es war über eine Beschwerde abzustimmen, daß die sowjetischen Truppen in Österreich sich unmittelbar aus dem besetzten Land versorgten, während die Österreicher ihrerseits aus UNRRA-Mitteln unterstützt wurden. Dadurch ist, wie man nicht zu Unrecht gefunden hat, der kuriose Fall eingetreten, daß Truppen einer der großen Siegermächte von der Flüchtlingshilfsorganisation der UNO zumindest indirekt subventioniert wurden.

Das Abweichen Jugoslawiens vom Verhalten des Ostblocks geschah in beiden Fällen bei der Beschäftigung mit dem Palästinaproblem, in beiden Fällen in der milderen Art der Stimmenthaltung. Beim ersten Mal ging es um die Bestellung einer Kommission, beim nächsten Mal, das ist erheblich bedeutsamer, um den Beschluß über die Teilung Palästinas, Ende November 1947. Sie wurde vom Ostblock bekanntlich einmütig gebilligt, Jugoslawien aber hat sich hier absentiert.

Ob schließlich der tschechoslowakische Dissens von gleicher Art ist wie die anderen soeben erörterten Entscheidungen, ist fraglich. Der Internationale Gerichtshof, ein UNO-Organ, hatte im März 1948 über britische Schadenersatzansprüche zu entscheiden, die von der Admiralität in London geltend gemacht wurden. Im Herbst 1946 war ein britisches Kriegsschiff in der Straße von Korfu in einem wohl von Albanien gelegten Minenfeld schwer beschädigt worden; mehrere Matrosen waren ums Leben gekommen. Für Albanien, das noch kein UNO-Mitglied war, wurde ein tschechoslowakischer Jurist nur für dieses Verfahren in das Haager Gremium berufen. Der Gerichtshof hat einmütig, also einschließlich seines sowjetischen, seines polnischen und seines jugoslawischen Mitglieds, seine Kompetenz für diesen Fall bejaht, lediglich der tschechoslowakische Richter hat dies verneint. Nun ist zwar nicht auszuschließen, daß diese judizielle Separation vom sonstigen Ostblockverhalten auf einem Nebenschauplatz demonstrativ gedacht war, immerhin hatte erst vor genau drei Wochen die KSČ in Prag die Macht übernommen. Es kann aber auch sein, daß der tschechoslowakische Jurist es für richtig hielt, zumindest ein Mitglied des Gerichts müsse sich auf die albanische Seite stellen.

Nun zur zweiten Frage: Standen die Entscheidungen des Ostblocks jeweils in Gegensatz zu den Entscheidungen aller anderen Mitglieder, oder gab es hier Übereinstimmungen mit diesen? Auch hier wird die Antwort nicht überraschen. Bei mehr als der Hälfte dieser Entscheidungen war der Ostblock gänzlich isoliert. Auch hier soll unterschieden werden zwischen solchen Abstimmungen über Gegenstände, die die Staatengruppe als Ganzes oder doch das eine oder andere unter Moskauer Hegemonie stehende Mitglied betrafen, und solchen Materien, an deren Regelung in einem ganz bestimmten Sinn in erster Linie der Führungsmacht selbst gelegen war.

Auf allgemeines Interesse im Ostblock stießen etwa die Bemühungen, die Weltorganisation dazu zu ermächtigen, die Sicherung der Grund- und Menschenrechte in den einzelnen Staaten zu kontrollieren. Die nichtsowjetische UNO-Mehrheit wollte vor allem die Verfahren überprüfen lassen, die damals gegen Geistliche durchgeführt wurden – so ist namentlich der Mindszenty-Prozeß in der UNO wiederholt erörtert worden.

Zwar gehörten die Staaten, um die es hier in erster Linie ging, gerade auch Ungarn, damals noch nicht der UNO an, aber zu den Bedingungen, unter denen zu Beginn des Jahres 1947 mit diesen ehemaligen Satelliten Deutschlands Frieden geschlossen worden war, gehörte auch die Verpflichtung, die Menschenrechte entsprechend den UNO-Normen zu respektieren – hier wäre es vor allem um die Gewissensfreiheit und das Gewährleisten eines fairen Gerichtsverfahrens gegangen –; die UNO wäre deshalb als Summierung der Pariser Vertragspartner auch völkerrechtlich befugt gewesen, in diesen Fällen zu intervenieren.

Ostblockinteressen sind ebenfalls betroffen gewesen bei der immer wieder aufs neue geführten Beratung der Verhältnisse an der nordgriechischen Grenze, vor allem aber war man im Ostblock darum bemüht, die innenpolitischen Veränderungen hin zur kommunistischen Machtübernahme und die Sicherung des auf diese Weise erreichten Zustands nicht zum Gegenstand von UNO-Debatten und -Resolutionen werden zu lassen. Eben das aber wollte die Mehrheit, denn – so argumentierte sie – dieser Systemwechsel sei nicht das Ergebnis einer innerhalb des Staatsvolks frei und unbeeinflußt verlaufenen Entwicklung gewesen, sondern durch politische – ČSR 1948 – oder – Ungarn 1956 – durch militärische Aggression von außen zustande gebracht oder wiederhergestellt worden. Es versteht sich von selbst, daß diese Absicht als Einmischung in die inneren Angelegenheiten souveräner Staaten vom Ostblock einmütig zurückgewiesen wurde.

Eher im Interesse der Hegemonialmacht lag das Abwehren aller Versuche, die Befugnisse des Sicherheitsrats einzuschränken und auf diese Weise das sowjetische Vetorecht in seiner Wirksamkeit zu mindern (Interimskommission; UNO-Truppen zur Verfügung des Generalsekretärs; Resolution „Uniting for peace“, November 1950). In diesem Zusammenhang gehören auch das Iranproblem 1946 und das einmütige Zurückweisen aller UNO-Maßnahmen im Koreakrieg.

Schließlich muß noch eine bestimmte Entscheidung während der Beratungen über den künftigen Status von Palästina erwähnt werden, mit der sich der Ostblock in einen gewissen Gegensatz zu allen anderen Mitgliedern gebracht hat. Im März und April 1948 wurde auf Vorschlag der USA ernsthaft erwogen, den Teilungsbeschluß zu suspendieren und damit auch die Gründung des jüdischen Staates zu verschieben und das ganze bisherige Mandatsgebiet, so wie die anderen Völkerbundsmandate – mit Ausnahme von Südwestafrika sowie der ehemals japanischen Mandate – ja auch, vorerst unter die Treuhandschaft der UNO zu stellen. Denn in der Weltöffentlichkeit und im besonderen in der UNO war man inzwischen davon überzeugt, die Teilung werde sich nur mit Gewalt gegen die arabische Bevölkerungsmehrheit durchsetzen lassen (Deir Jassin). Der Ostblock aber hat sich von Anfang an gegen diese amerikanischen Absichten gewendet.

Bei etwa einem Viertel der diesem Bericht zugrunde gelegten Entscheidungen ist der Ostblock nicht gänzlich isoliert gewesen, sondern hat sich mit einer mehr oder weniger großen Zahl von anderen Mitgliedsstaaten in Übereinstimmung befunden. Hierher gehören vor allem die Beschlüsse im Zusammenhang mit der beginnenden Entkolonisierung (Indonesien; Teilung Palästinas; Kaschmirkonflikt; Zukunft der italienischen Kolonien; Einsetzen einer Treuhandschaft für Südwestafrika). Nicht allein stand der Ostblock auch bei den Beratungen und Abstimmungen über das Ersetzen der Kuomintangregierung durch die der Volksrepublik China als stimmführend für den Mitgliedsstaat China und bei einer ganzen Reihe von Entscheidungen über die Aufnahme neuer Mitglieder (Afghanistan, Israel, Indonesien, Marokko, Tunesien und die Ostblockmitglieder Albanien, Bulgarien, Rumänien und Ungarn). Schließlich gehören hierher auch die Beschlüsse während der Suezkrise Ende 1956.

Bestand in diesen Fällen Übereinstimmung mit einer mitunter recht großen außersowjetischen Mehrheit – bei den Entkolonialisierungsbeschlüssen etwa mit Staaten aus Lateinamerika, aus der arabischen Region und aus Asien –, so gab es auch Fälle, in denen nur einige wenige sich genauso entschieden haben wie der Ostblock. So hat dieser für seine Behauptung, die Weltorganisation dürfe den Zustand der Menschenrechte in den einzelnen Staaten nicht kontrollieren, nur noch bei Südafrika und Saudiarabien Unterstützung gefunden, und als im Jahre 1951 durch die Bestellung einer Beobachterkommission die Mitwirkung der UNO bei der Vorbereitung und Durchführung von gesamtdeutschen Wahlen beschlossen wurde und dann in die Tat umgesetzt werden sollte, ist dies außer vom Ostblock nur noch von Israel abgelehnt worden.

Zuletzt sollen auch noch die wenigen Fälle erwähnt werden, in denen der Ostblock derselben Meinung war wie alle anderen UNO-Mitglieder. Außer bei der Verabschiedung der UNO-Charta in San Francisco war das der Fall bei mehreren Abstimmungen über die Ächtung Spaniens, bei dem einen oder anderen Beschluß über die Entkolonialisierung und bei der Aufnahme einer ganzen Reihe von neuen Mitgliedern (aus der Frühzeit: Island, Schweden; bei der großen Erweiterung 1955: alle nicht dem Ostblock angehörenden Kandidaten, namentlich Portugal, Finnland, Spanien, Italien und Österreich).

Am Ende dieses zweiten Abschnitts soll noch das Verhalten Jugoslawiens erörtert werden. Es wurde schon erwähnt, daß das Ausscheiden von Titos Volksrepublik aus dem Ostblock diese keineswegs zu einem entschlossenen und beharrlichen Widersacher ihrer bisherigen Partner gemacht hat. So hat sich der jugoslawische Delegierte gemeinsam mit dem Ostblock gegen alle anderen gestellt bei den Beratungen über die Vorgänge in der Tschechoslowakei – solche Debatten hat es auch noch in der zweiten Hälfte des Jahres 1948 gegeben – und in Ungarn 1956, bei den wiederholten Versuchen, die Bedeutung des Sicherheitsrats und damit auch die des sowjetischen Vetorechts zu mindern und bei mehreren Abstimmungen über das Vorhaben, die Einhaltung der Menschenrechte in den Ostblockstaaten durch die Weltorganisation kontrollieren zu lassen. Auch darf nicht übersehen werden, daß Jugoslawien während der ersten fünf Wochen des Koreakriegs (Juni, Juli 1950), als die Sowjetunion aus Protest gegen die Nichtzulassung der Volksrepublik China den Sitzungen des Sicherheitsrats fernblieb, durch Stimmenthaltung, hin und wieder auch durch eine Neinstimme, faktisch den Ostblock vertreten hat.

Was läßt sich nun aus diesen wenigen, aber doch auf Charakteristisches hin konzentrierten Angaben für die generelle Problemstellung gewinnen?

1) Zweifellos war das Verhalten der Ostblockdelegationen in der UNO von der Sowjetunion als der Führungsmacht dieser Staatengruppe bestimmt, ob es sich nun um die Sicherung und um die unter Umständen vielleicht sogar noch mögliche Ausweitung der soeben eingerichteten Einflußsphäre (Griechenland) gehandelt hat oder um das Verfolgen bestimmter weltpolitischer oder satzungsrechtlicher Vorstellungen und Absichten (Entkolonisierung; Beharren auf dem uneingeschränkten Vetorecht). Das gilt für beide hier skizzierten Verhaltensweisen: für den Gegensatz des Ostblocks zu allen anderen UNO-Mitgliedern wie für seine partielle Kooperation mit diesen. All das überrascht nicht, denn die außenpolitische Orientierung dieses Staatensystems hin auf den Moskauer Hegemon, die sich hier vor allem im einmütigen Verhalten gezeigt hat, ist spätestens durch die kommunistische Machtübernahme für jeden Blockangehörigen verpflichtend geworden. Solange die Weltorganisation und die Tätigkeit in ihr von allen Beteiligten als Instrument des Kalten Krieges genutzt wurde, hätten Abweichungen vom Blockverhalten, noch dazu in einer Körperschaft, auf deren Verhandlungen und

Entscheidungen die Aufmerksamkeit der Weltöffentlichkeit in besonderem Maß gerichtet war, auch der einzelnen Staatsführung in ihrem Bemühen um den Machterhalt im Innern schaden können. Weil aber der Ostblock in der UNO stets und immer eine numerische Minderheit gewesen ist, die ihm Angehörenden jedoch auf der anderen Seite sicher waren, daß Störungen des Status quo satzungstechnisch durch das Vetorecht der Führungsmacht und weltpolitisch durch deren militärische Potenz jederzeit abgewehrt werden würden, müssen die hier interessierenden Entscheidungen der einzelnen Delegationen primär als blockinterne Demonstration der Geschlossenheit angesehen werden.

2) Trotzdem sollten selbst die wenigen hier vorgestellten Hinweise auf Abweichungen genügen, um bei einer weiteren Beschäftigung mit diesem Thema eine genauere Untersuchung solcher Zusammenhänge für die Inkubationsphase des Ostblocks in der frühen Nachkriegszeit als lohnend erscheinen zu lassen. Es ist zu erwarten, daß eine minutiöse Beschreibung dieses damaligen UNO-Verhaltens eine Perspektive öffnet, aus der heraus man das Verfestigen der Bindungen innerhalb des Ostblocks bisher noch nicht beobachtet hat. Vor allem die Beschäftigung mit der Mitarbeit dieser Regierungen in den wirtschaftlichen, kulturellen und sozialen Organisationen der Vereinten Nationen dürfte dafür nützlich sein (UNRRA, UNESCO, ILO, ECOSOC, Wirtschaftskommission für Europa; Internationaler Gerichtshof).

3) Wer weiß, daß der politische Zionismus und die von diesem erhobene Forderung nach einem jüdischen Nationalstaat in Palästina nicht zuletzt die Antwort auf den indigenen Antisemitismus in Ostmittel- und Osteuropa waren, wundert sich über das engagierte, hin und wieder sogar im Widerspruch zu allen anderen stehende Eintreten des Ostblocks in der UNO für eben diesen Staat. Zwar ist zu vermuten, daß dies, auf sowjetische Initiative hin, in erster Linie geschehen ist, um dadurch das Ende der britischen Präsenz im Nahen Osten zu beschleunigen. Trotzdem würde es sich empfehlen, die dann bald erfolgte Wendung des Ostblocks hin zum arabischen Lager im Hinblick auf eine bestimmte Frage zu erforschen, nämlich: wieweit haben dabei die einzelnen Blockmitglieder eimal mehr bloß Moskauer Weisungen befolgt und wieweit haben dabei auch eigene antijüdische Traditionen, Absichten und Vorhaben mitgespielt? Zwar würde es nicht genügen, wenn man sich dabei nur mit dem Verhalten des Ostblocks in der UNO und den von seinen Mitgliedern als Erklärung dafür hier vorgebrachten Argumenten beschäftigen wollte, aber die Auswertung des UNO-Materials wäre gewiß ein erfolgversprechender Beginn.

Literatur

S. D. BAILEY: The General Assembly of the United Nations. A Study of Procedure and Practice, London 1960.

S. D. BAILEY: The Procedure of the UN Security Council, Oxford 1975

A. DALLIN: Sowjetunion und Vereinte Nationen, Köln 1965.

TH. HOVET Jr.: Bloc Politics in the United Nations, Cambridge (Mass.) 1960.

A. KRAMMER: The Forgotten Friendship. Israel and the Soviet Bloc, 1947–53, Urbana (Ill.) 1974.

K.-U. MOELLER: Die UNO-Politik der Sowjetunion. Zwischen Kriegskoalition und Kaltem Krieg. 1943–1949. Eine diplomatiegeschichtliche Studie zur sowjetisch-amerikanischen Kooperation in der internationalen Öffentlichkeit, Phil. Diss. Tübingen 1980.

Y. RO'I: Soviet Decision Making in Practice, The USSR and Israel, 1947–1954, New Brunswick (N.J.) 1980.

Die Entscheidung von Schreiberhau/Szklarska Poręba

von
Gert Robel

Zu den in der zeitgeschichtlichen Literatur häufig unterbewerteten Ereignissen zählt die Konferenz von Szklarska Poręba, dem schlesischen Schreiberhau. Sie hat zudem, sofern sie nicht überhaupt als marginal übergangen wurde[1], eine recht unterschiedliche Bewertung erfahren, die Urteile reichen von einer „Erklärung des Kalten Krieges"[2] über das neutrale „Stalins Antwort auf den Marshall-Plan" und McCaggs Insignifikanz-These[3] bis zur „revisionistischen" Interpretation[4] einer durch westliche Bedrohungen erzwungenen, von (legitimen) Sicherheitsinteressen diktierten Reaktion sowjetischen Selbstbehauptungswillens – eine Position, den traditionelle kommunistische Publikationen, sofern sie darauf eingingen, mutatis mutandis teilen.[5]

Dieses breite Spektrum der Beurteilungen der Konferenz beruht – neben der Tatsache, daß die Kominform-Institution sich, außer im Konflikt mit Tito, faktisch politisch wenig wirkungsvoll zeigte – zu einem erheblichen Teil auf dem Mangel an verläßlichen Quellen. Schon die Information über die Konferenz war irritierend vage: Erst am 5. Oktober gab die „Pravda" bekannt, daß „Ende September" eine „Konferenz einiger kommunistischer Parteien in Polen" stattgefunden habe, wurden die „Deklaration über die internationale Lage" und das Communiqué über die Gründung des Kominformbüros veröffentlicht.[6] Auch die Publikation der Beschlüsse (Communiqué, Deklaration und Resolution der Tagung) und Referate[7] brachte hinsichtlich Tagungsort und Datum keine exakte Information. So konnte noch 1963 als Konferenzort „Wiliza Góra in Po-

---

1 In den einschlägigen Beiträgen in: The Sources of Soviet Foreign Policy, ed. by E. P. Hoffman, F. J. Fleron jr., Chicago, New York 1971, wird die Konferenz nicht erörtert.

2 So der amerikanische Vertreter in Moskau. Elbridge Durbrow: „... a declaration of political and economical war against the U.S. ..." (J. L. Gaddis: Russia, The Soviet Union and the United States: An Interpretive History, New York u. a. 1978, S. 192).

3 W. O. McCagg, jr.: Stalin Embattled, 1943–1948, Detroit 1978, S. 261–284. McCaggs These, wonach Stalin sich von der Konferenz eine Niederlage der Ždanov-Gruppe (zu ihr siehe G. D. Ra'anan: International Policy Formation in the USSR, Factional „Debates" during the Zhdanovschina, with a foreword by R. Conquest, Hamden/Conn. 1983, S. 25–41) erhofft habe, bedarf näherer Untersuchung.

4 Siehe dazu E. P. Hoffman, F. C. Barghorn (eds.): The Conduct of Soviet Foreign Policy, Chicago, New York 1971, besonders S. 179 ff.; G. Lundestad: The American Non-Policy towards Eastern Europe, 1943–1947, Oslo, New York 1975, S. 338 ff. Vgl. auch O. N. Haberl: Die sowjetische Außenpolitik im Umbruchsjahr 1947, in: Ders., L. Niethammer (Hrsg.): Der Marshall-Plan und die europäische Linke, Frankfurt am Main 1986, S. 83–92.

5 Vgl. etwa: Informacionnoe bjuro kommunističeskich i rabočich partij, in: Bol'šaja Sovetskaja ėnciklopedija, 2-oe izd., tom 18, Moskva 1953, S. 329–331. Die dritte Auflage der Enzyklopädie (tom 10. Moskva 1972, S. 351 f.) widmet der Konferenz und dem Informationsbüro nur noch wenige Zeilen.

6 Deutsch in: Tägliche Rundschau vom 7. Okt. 1947.

7 Informacionnoe soveščanie predstavitelej nekotorych Kompartii v Pol'še sentjabrja 1947 goda. (Moskva) 1948, S. 305.

len“ angegeben werden.[8] Von den Teilnehmern hat ausführlich nur der Vertreter der PCI, Eugenio Reale, nach seinem Bruch mit dem Stalinismus aufgrund der Ereignisse des Jahres 1956 berichtet[9]; Djilas erwähnt die Konferenz in seinen beiden relevanten Werken zwar[10], trägt aber zur Klärung des Ablaufs kaum bei, auch die Hinweise in Dedijers Tito-Biographie[11] führen ebenso wie die Erwähnung der Tagung bei einigen polnischen Autoren[12] nicht wesentlich weiter. Neben Reale hat Karel Kaplan[13] aus tschechoslowakischen Quellen sehr wertvolles Material beigesteuert, Szabo[14] und Ágnes Ságvári[15] haben aus ungarischen Archiven einige aufschlußreiche Informationen hinzugefügt.

Als annähernd geklärt kann nur der rein äußere Ablauf der Konferenz betrachtet werden. Sie fand vom 22. bis 27. September 1947 im Schloß von Schreiberhau/Szklarska Poręba im Riesengebirge statt, das sorgfältig von der Außenwelt abgeschirmt wurde.[16] Teilnehmer waren führende Repräsentanten der neun größten kommunistischen Parteien Europas. Neben der KPdSU waren die Parteien des kommunistischen Hegemonialbereichs der Sowjetunion vertreten, die Polnische Arbeiterpartei (Polska Partia Robotnicza, PPR), die Kommunistischen Parteien Jugoslawiens (KPJ)[17], der Tschechoslowakei (KPČ), Ungarns (MKP), Rumäniens (KPR) und Bulgariens (BKP)[18] sowie die beiden mitgliederstärksten Kommunistischen Parteien Westeuropas, die französische (PCF) und italienische (PCI) Partei. Nicht geladen war die albanische Partei der Arbeit.[19] Das Land wurde noch als Klientel Jugoslawiens gehandelt, und die KPJ, der im Verlauf der Konferenz eine maßgebliche Rolle zufiel, hätte eine Teilnahme wohl als ei-

---

8 J. M. Mackintosh: Strategie und Taktik der sowjetischen Außenpolitik, Stuttgart 1963, S. 226.

9 Eugenio Reale: Avec Jacques Duclos au banc des accussés à la réunion constitutive du Kominform à Szklarska Poręba (22–27 Septembre 1947. Traduit de l'italien par Pierre Bonuzzi. Paris [1958]. Reale (S. III) rechtfertigt die Publikation damit, daß infolge der Auflösung der Kominform 1956 er sich keines Mißbrauchs vertraulicher dienstlicher Informationen mehr schuldig mache.

10 M. Djilas: Gespräche mit Stalin, Frankfurt 1962, S. 165 f.; Ders.: Jahre der Macht, Kräftespiel hinter dem Eisernen Vorhang, Memoiren 1945–1968, München 1983, S. 163 f. Auch in seiner Tito-Biographie (M. Djilas: Tito, Eine kritische Biographie, Wien u. a. 1980, S. 325) wird nur die Tatsache der Gründung erwähnt, diese allerdings auf den 30. September datiert („... folgt am 30. September 1947 praktisch ihre [der Komintern] Neugründung ...“).

11 V. Dedijer: Novi priloži za biografiju Josipa Broza Tita, Treći tom, Beograd 1984, S. 224, 271–279, 437–441. Allerdings wird (S. 224) Djilas' Notiz gebracht, wonach sich Gomułka und die PCF- und PCI-Vertreter gegen die Gründung der Kominform aussprachen („Gomulka protiv Kominforma, Francusi protiv, Italijani protiv. Maljenkov debeo, rošav, ružan, glup“).

12 Für diese freundliche Auskunft danke ich Jörg K. Hoensch.

13 K. Kaplan: Kominform – auf Grund des Archivmaterials , in: Ostblick (Juli/August 1986), S. 45-80.

14 B. Szabó: Népi demokrácia es forradalo-melmélet. A marxista forradalomelmélet fejlódésének néhány kérdése Magyar országon 1935–1949, Budapest 1970, vgl. L. Marcou: Le Kominform, Le communisme de guerre froide, Paris 1977, S. 42.

15 L. Marcou: S. 52, Anm. 19.

16 E. Reale: Jacques Duclos, S. 6.

17 Die Umbenennung in Bund der Kommunisten Jugoslawiens (Savez Komunista Jugoslavije) erfolgte erst auf dem VI. Parteikongreß im November 1952.

18 Bulgarische Arbeiterpartei (Kommunisten).

19 Bernard S. Morris: The Cominform: A five-year perspective, in: World Politics 5 (April 1953), S. 368–376, erwähnt im Zusammenhang mit dem albanischen Aufnahmeantrag, alle kommunistischen Parteien seien zur Teilnahme an der Konferenz eingeladen gewesen. Dagegen der als Insider wohlinformierte J. R. Starobin: American Communism in Crisis, 1943–1957, Cambridge/Mass. 1972, S. 170.

ne gegen die jugoslawischen Interessen gerichtete Aufwertung aufgefaßt.[20] Ferner fehlte die kämpfende Kommunistische Partei Griechenlands (KKE)[21], auch die finnischen Kommunisten (SKP) waren nicht vertreten[22], obwohl Ždanov das Land ebenso wie Ungarn und Rumänien dem „demokratischen" Lager zuordnete[23] – vermutlich aufgrund der Absage Finnlands an die Pariser ERP-Konferenz, zu der sich Helsinki allerdings erst nach der nachdrücklichen Intervention der Sowjetunion entschlossen hatte.[24] Diese Nichtberücksichtigung der SKP trotz des von ihr am 23. August 1947 – zwei Tage nach dem entsprechenden Beschluß der KPČ[25] – angenommenen „Offensivprogramms" dürfte wohl auf den Machtverlust der Partei zurückzuführen sein, der sich auch in der Veränderung des zwischenstaatlichen Klimas widerspiegelt: Nach der scharfen Schelte für Paasikivi im Mai des Jahres markierte der sowjetische Botschafterwechsel im September eine freundlichere Haltung Moskaus.[26]

Nichtbeteiligt war ferner die ebenfalls „regierende" SED, obwohl die Kommunisten der Sowjetischen Besatzungszone Deutschlands durch die Vereinigung mit den Sozialdemokraten einen Schritt vollzogen hatten, der ein wesentliches Hindernis auf

---

20 Ždanov führte in seiner Rede zur Oktoberrevolutionsfeier 1946 Albanien nicht unter den „demokratischen Staaten" auf (Pravda, 8. 11. 1946): – Der Begründung der Ablehnung des albanischen Aufnahmeantrags in das Kominformbüro vom Juni 1948 – die Mitgliedschaft Tiranas könnte „Schwierigkeiten in Griechenland und jetzt auch in Jugoslawien geben" (K. Kaplan: Kominform, S. 51) –, dürfte, was Griechenland betrifft, angesichts der damaligen Lage der KKE mit Skepsis zu begegnen sein.

21 Nach einer Mitteilung in „Le Monde" (11./12. Januar 1948) aus griechischen Regierungskreisen hätten Markos und die KKE die Aufnahme in die Kominform-Organisation beantragt, seien aber wegen der damit verbundenen de facto-Anerkennung als Regierung und der damit verbundenen Verpflichtung zur Unterstützung nicht akzeptiert worden (L. Marcou: Kominform, S. 44). Richtig dürfte daran sein, daß eine Aufnahme des Markos-Flügels der KKE ihre und der von ihr proklamierten Regierung Unterstützung notwendig gemacht hätte. Die KPdSU (B) aber hielt am moskauorientierten Generalsekretär der KKE, Zachariadis, fest, auch um eine Eskalation des Konflikts mit den Westmächten zu vermeiden, die Moskau nicht riskieren wollte.

22 Zur Lage der SKP siehe H. Beyer-Thoma: Kommunisten und Sozialdemokraten in Finnland 1944–1948 (= Veröffentlichungen des Osteuropa-Institutes München, Reihe Geschichte 57), Wiesbaden 1990, S. 361 ff.

23 Ždanov in seinem Grundsatzreferat über die internationale Lage: „Die antiimperialistischen und antifaschistischen Kräfte bilden das andere Lager. Die Grundlage dieses Lagers bilden die UdSSR und die Länder der neuen Demokratie. Ihm gehören ferner solche Länder an, wie Rumänien, Ungarn und Finnland, die mit dem Imperialismus gebrochen und fest den Weg der demokratischen Entwicklung beschritten haben." (Zitiert nach B. Meissner: Das Ostpaktsystem, Dokumentensammlung, Frankfurt am Main, Berlin 1955, S. 91). Wenig später schränkt Ždanov jedoch, und dies ist signifikant, Finnlands Zugehörigkeit zu dieser Gruppe ein: „... und zum Teil auch Finnland ..." (ebenda).

24 H. Beyer-Thoma: Kommunisten, S. 362.

25 K. Kaplan: Das verhängnisvolle Bündnis, Unterwanderung, Gleichschaltung und Vernichtung der Tschechoslowakischen Sozialdemokratie 1945–1954, Wuppertal 1984, S. 107.

26 H. Beyer-Thoma: Kommunisten, S. 344 ff. – Möglicherweise wirkten hier aber auch die Meinungsverschiedenheiten zwischen Außenministerium und Ždanov-Gruppe fort, wie er für das sowjetische Verhalten auf der Marshall-Plan-Konferenz in Paris vermutet wird. Vgl. dazu Molotovs Äußerung gegenüber Djilas (M. Djilas: Jahre der Macht, Kräftespiel hinter dem Eisernen Vorhang, Memoiren 1945–1966, München 1983, S. 143 f., vgl. auch Ders.: Gespräche mit Stalin, Frankfurt 1962, S. 164). Daß die Moskauer Führung auch nach Molotovs Rückkehr aus Paris in der Marshall-Plan-Frage noch schwankend war, zeigt H. Ripka: Czechoslovakia enslaved: The Story of the Communist coup d'état, London 1950, S. 66 f., vgl. dazu auch A. B. Ulam: Expansion and Coexistence, The History of Soviet Foreign Policy, 1917–1967, London 1968, S. 432–434.

dem Weg zur kommunistischen Machtergreifung beseitigte und von anderen kommunistischen Parteien Ostmitteleuropas, etwa der einladenden PPR oder der MKP, noch nicht vollzogen war. Die Teilnahme der SED hätte jedoch als Präjudiz sowjetischer Deutschlandpläne[27] aufgefaßt und als Argument für eine beschleunigte Westintegration der Trizone ausgegeben werden können. Komplikationen in der Deutschlandfrage heraufzubeschwören, scheute sich Moskau zu dieser Zeit – zumindest öffentlich – noch[28], auch wenn man Mitte September, wie Tjul'panovs Gespräch mit Wilhelm Külz zeigt[29], den Gedanken einer separaten Gründung eines deutschen Oststaates bereits mit – wenn auch vertrauenswürdigen – Nichtkommunisten erörterte.

In Schreiberhau waren also diejenigen kommunistischen Parteien Europas vertreten, die die politische Entwicklung ihrer Länder maßgeblich beeinflußten. Ihre Repräsentanten waren entweder die Generalsekretäre der Parteien selbst – Gheorghe Gheorghiu-Dej (KPR) und Władysław Gomułka (PPR) –, oder die „zweiten Männer" wie Andrej Aleksandrovič Ždanov (KPdSU), Luigi Longo (PCI), Jacques Duclos (PCF), Vulko Červenkov (BKP), Edvard Kardelj (KPJ), Rudolf Slánský (KPČ) und Józef Révai (MKP), denen jeweils ein zweiter Mann aus der Parteiführung zur Seite stand – herausragende Persönlichkeiten der kommunistischen Bewegung, die die Bedeutung demonstrieren, welche der Konferenz zugemessen wurde.[30] Die Unterschiede in der Repräsentanz der einzelnen Parteien sah die zeitgenössische nichtkommunistische Berichterstattung, wie Marcou berichtet[31], in dem Bemühen, keine Führer der aufgelösten Komintern zu beteiligen, um das neue Koordinierungsorgan nicht mit deren Odium zu belasten. Diese Begründung scheint jedoch angesichts der Geheimhaltung der Konferenz einerseits, die eine Manipulation der Informationsgebung jederzeit erlaubte, und der militanten Tendenz des wenig später veröffentlichten Ždanov-Referats und der damit eingeleiteten neuen Politik, die eine solche Rücksichtnahme überflüssig machte, kaum haltbar. Reale zufolge nahm mit Dmitrij Zacharovič Manuil'skij (dessen Name allerdings in den kommunistischen Berichten nicht aufscheint) auch ein ausgewiesener Komintern-Fachmann an der Konferenz teil[32], wohl um seine organisatorischen Erfahrungen einzubringen. Auch berichtet Reale, daß der Emissär der einladenden PPR, Dłuski[33], „...avait insisté, au nom des camarades soviétiques, afin que Togliatti lui-mème participât personellement à cette réunion".[34]

Der Gedanke einer derartigen Konferenz, die der besseren Koordinierung der Politik der einzelnen kommunistischen Parteien dienen sollte, ist bereits 1945 geäußert[35], 1946 auf einem Treffen zwischen Stalin, Dimitrov und Tito erörtert worden, er wurde

---

[27] Zur sowjetischen Deutschlandpolitik siehe G. D. RA'ANANS (International Policy, S. 85–97) Analyse.

[28] Dieser Zurückhaltung entspricht, daß in der Kominform-Zeitschrift bis Ende 1948 keine Beiträge zur Sowjetischen Besatzungszone Deutschlands veröffentlicht wurden (L. MARCOU: Kominform, S. 85).

[29] HERGARD ROBEL (Hrsg.): Wilhelm Külz, Ein Liberaler zwischen Ost und West, Aufzeichnungen 1947–1948, München 1989, S. 106.

[30] Georgij Maksimilianovič Malenkov (KPdSU), Stefan Bastanovský (KPČ), Anna Pauker (KPR), Hilary Minc (PPR), Eugenio Reale (PCI), Etienne Fajon (PCF), Vladimir Pomptomov (BKP), Milovan Djilas (KPJ) und Mihály Farkas (MKP). – Kurze biographische Daten der Teilnehmer bei E. REALE: Jacques Duclos, S. 182–203.

[31] L. MARCOU: Kominform, S. 47.

[32] E. REALE: Jacques Duclos, S. 10; G. D. RA'ANAN: International Policy, S. 102.

[33] Dłuski war Leiter der Auslandsabteilung des ZK-Sekretariats der PPR.

[34] E. REALE: Jacques Duclos, S. 3.

[35] L. MARCOU: Kominform, S. 46.

damals jedoch nicht weiter verfolgt, da man eine Belastung der internationalen Beziehungen, insbesondere des Verhältnisses zu den USA vermeiden wollte:[36] Die Schaffung eines wie immer gearteten Koordinierungsorgans mußte den Gedanken an eine Wiederbelebung der Komintern und deren offensive Politik in der westlichen Welt und damit zwangsläufig einen Konflikt hervorrufen, den die Moskauer Führung zu vermeiden suchte, solange noch Aussicht auf eine wirtschaftliche Unterstützung des sowjetischen Wiederaufbaus durch die USA bestand. Wie Ágnés Ságvári berichtet, wurde 1946 auch von einer Reihe anderer kommunistischer Parteien die Wiederbelebung der Komintern angeregt, doch mit dem Hinweis auf die Notwendigkeit abgelehnt, daß jede Partei die Freiheit benötige, gemäß den spezifischen Bedingungen ihres Landes zu agieren.[37]

Annie Kriegel vertritt in ihrer Studie die Auffassung[38], durch die Auflösung der Komintern sei eine intermediäre Instanz zwischen Moskau und den anderen kommunistischen Parteien weggefallen, deren Bindung an – und Leitung durch – die KPdSU (B) damit verstärkt worden. Die Restitution einer kominternartigen multiparteilichen Instanz, in der die Dominanz der KPdSU (B) zumindest gemildert würde und den einzelnen Parteien ein größeres Mitspracherecht erwüchse, sei daher von westlichen und osteuropäischen Parteien gewünscht worden. Kriegel zufolge war die Konferenz also auch eine Moskauer Reaktion auf die verschiedenen Anregungen zur Wiedererrichtung der Komintern in den Jahren 1945/46.

Den Anlaß zur Einberufung der Konferenz gab die internationale, besonders aber die europäische Lage nach der Pariser Marshall-Plan-Konferenz.[39] Wie Kaplan aufgrund tschechoslowakischer Quellen berichtet, hatten bereits im August Vorgespräche für die Konferenz stattgefunden[40], Pijade zufolge war dabei den jugoslawischen Kommunisten eine Initiativrolle übertragen worden. Die Einladung zur Konferenz selbst wurde hingegen von der gastgebenden PPR ausgesprochen.[41] Reale berichtet, daß einige Delegationen bereits einige Tage vor Konferenzbeginn anreisten, als letzte die Vertreter der PI und nach ihnen jene der PCF eintrafen. Wie ihm Kardelj mitteilte, wurden während dieser Tage noch Absprachen über den Konferenzablauf und die Inszenierung der Kritik an den beiden westlichen Parteien getroffen.[42] Eröffnet wurde die Konferenz am 22. September.

---

36 M. Djilas: Gespräche, S. 164. V. Dedijer (Tito, New York 1953, S. 291) zufolge hat Tito 1945 diesen Gedanken geäußert.

37 L. Marcou: Kominform, S. 46.

38 A. Kriegel: Les communistes français, 2e éd., Paris 1970, S. 185 ff.

39 Anna Pauker in ihrem Diskussionsbeitrag auf der Konferenz: „L'essentiel est le point de vue à l'égard du plan Marshall" (E. Reale: Jacques Duclos, S. 152). – Zum Marshall-Plan siehe A.S. Millwood: The Reconstruction of Western Europe, 1945–51, London 1984; M.J. Hogan: The Marshall Plan. America, Britain, and the Reconstruction of Western Europe. 1947–1952, Cambridge/Mass. 1987.

40 K. Kaplan: Kominform, S. 51 und S. 73, Anm. 11. Nach M. Djilas: Gespräche, S. 164, hatte Molotov bei ihrem Gespräch in Paris (Ende Juni/Anfang Juli 1947) bereits eine einheitliche Aktion der Länder unter sowjetischem Einfluß gegen den Marshall-Plan erwogen. Loths Auffassung, wonach sich die Sowjetunion noch bis Mitte September über ihre Entgegnung auf den Marshall-Plan nicht schlüssig gewesen sei (W. Loth: Die Teilung der Welt 1941–1955, München 1980, S. 179), geht zu weit.

41 E. Reale: Jacques Duclos, S. 3.

42 Ebenda, S. 7.

Aufgabe der Tagung war eine Positions- und Trendbestimmung der kommunistischen Bewegung sowohl im internationalen als auch im nationalen Rahmen, aus der heraus dann die politischen Zielsetzungen und die erforderlichen Aktionen auf beiden Ebenen gefolgert werden sollten. Tatsächlich hat die Konferenz auch die Leitlinien kommunistischer Propaganda und Politik bis zur Neuinterpretation der Weltlage durch Chruščev[43] Mitte der fünfziger Jahre festgelegt. Ždanov gab mit seinem einleitenden[44] Referat „Über die internationale Lage" die Moskauer Analyse der internationalen Entwicklung seit Kriegsende und der Lage nach Verkündung des Marshall-Planes. Sie knüpfte an seine Rede zum 7. November 1946 an[45] und fußte auf den Ergebnissen der politökonomischen Diskussion von Eugen Vargas Buch „Veränderungen in der Wirtschaft des Kapitalismus als Ergebnis des Zweiten Weltkrieges"[46] während des Monats Mai 1947[47], die im Wesentlichen nach einer kurzen Konsolidierungsphase eine neuerliche, tiefgreifende Krise des „Kapitalismus" in naher Zukunft prophezeite. Ždanov[48] konstatierte dementsprechend die „dritte Schwächung des imperialistischen Lagers": Der Zweite Weltkrieg habe die nichtkommunistische Welt tiefgreifend geschwächt, er habe nicht nur Deutschland, Italien und Japan als Machtfaktoren ausgeschaltet, sondern auch Frankreich seiner früheren Großmachtstellung beraubt, Großbritanniens Stellung erheblich gemindert. Zwischen den USA und Großbritannien sei zudem ein Konflikt um die Beherrschung der kolonialen Märkte entstanden, da die USA während des Krieges auf die ehedem britisch beherrschten kolonialen Absatzmärkte eingedrungen seien und die so errungene Stellung zu behaupten, ja „England... aus seinen Einflußsphären zu verdrängen und zu einer Vasallenmacht herabzudrücken" suchten.[49] Die amerikanische Politik, bis zum Zweiten Weltkrieg traditionell isolationistisch, habe eine „brutale" Wandlung vollzogen, sei, was die Truman-Doktrin bezeuge, „offen aggressiv und expansionistisch" und strebe die Weltherrschaft an.

Eines der Mittel dazu sei der Marshall-Plan[50], der u. a. auch zur Lösung eines der wichtigsten Probleme des amerikanischen Programms bestimmt sei: Neben den binnenwirtschaftlichen, inneramerikanischen Konsolidierungseffekten habe er nicht nur die wirtschaftliche Dominanz in Westeuropa zu festigen, sondern solle auch den „Imperialismus" in den Ländern der „neuen Demokratie" restaurieren und sie zwingen, ih-

---

43 Die Neuinterpretation teilte die Staaten in fünf Gruppen, wobei die UdSSR und die USA die Gegenpole repräsentierten, denen jeweils die „Volksdemokratien" bzw. die „kapitalistischen" Staaten angeschlossen waren. Die fünfte, mittlere Gruppe bildeten die Länder der Dritten Welt, um die sich in den folgenden Jahren die sowjetische Politik besonders bemühte.

44 Dem Konferenzband (Informacionnoe soveščanie) folgend. Reale bringt keine Angaben über das Referat. K. KAPLAN: Kominform, S. 53, setzt das Referat auf den vierten Verhandlungstag (25. Sept.) an, gibt aber keine Quelle an.

45 G. D. RA'ANAN: International Policy, S. 37–39.

46 Izmenenija v ėkonomike kapitalizma v itoge Vtoroj mirovoj vojny, Moskva 1946.

47 Diskussija po knige E. VARGA: Izmenenija v ėkonomike kapitalizma v itoge Vtoroj mirovoj vojny, in: Mirovoe chozjajstvo i mirovaja politika (1947) No. 11. Siehe F. C. BARGHOORN: The Varga Discussion and its Significance, in: American Slavic and East European Review 8 (1948), S. 214–236; G. D. RA'ANAN: International Policy, S. 62–74. Kurz vor Konferenzbeginn erschien I. GLADKOVS richtungsweisender Artikel: Ob izmenenijach v ėkonomike kapitalizma v resultate Vtoroj mirovoj vojny, in: Bol'ševik (15. 9. 1947). No. 17, S. 57–64.

48 Deutsche Übersetzung des Referates bei B. MEISSNER: Ostpaktsystem, S. 89–99.

49 Ebenda, S. 90.

50 Informacionnoe soveščanie, S. 37–42.

re enge wirtschaftliche und politische Zusammenarbeit mit der Sowjetunion aufzugeben.[51] Es handle sich dabei also, das habe die Pariser Konferenz gezeigt, um eine amerikanische Erpressung, deren Opfer die europäischen Staaten seien.[52] Was speziell die Staaten im sowjetischen Machtbereich betreffe, so sei er gegen „die Industrialisierung der demokratischen Staaten Europas und, folglich, gegen die Grundlagen ihrer Unabhängigkeit und Souveränität gerichtet." Daher sei es die Aufgabe aller kommunistischen Parteien, diesen Plan auf allen Gebieten – politisch, wirtschaftlich und ideologisch – zu bekämpfen, sich zusammenzuschließen und ihre Anstrengungen auf der Basis einer gemeinsamen anti-imperialistischen und demokratischen Plattform zu vereinen. Ždanov widmete sich der Bekämpfung des Marshall-Planes sehr viel intensiver als jener der Truman-Doktrin, er erklärte erstere gleichsam zur gemeinkommunistischen Aufgabe. Denn der Marshall-Plan drohte die kritische wirtschaftliche Lage der teilnehmenden europäischen Staaten entscheidend zu verbessern und damit eine soziale und politische Stabilisierung einzuleiten, was die kommunistische Politik bedeutend erschweren mußte. Außerdem waren Rückwirkungen auf das sowjetische Hegemonialgebiet nicht auszuschließen, zumindest so lange nicht, wie selbständige nichtkommunistische Parteien an der Gestaltung des politischen Lebens der osteuropäischen Länder noch beteiligt waren. Moskau hatte sich zwar nach dem Auszug aus der Pariser Konferenz intensiv um die wirtschaftliche Anbindung der osteuropäischen Länder an die Sowjetunion bemüht[53], die, dem Moskauer Verdikt folgend, ihre Teilnahme absagten[54], doch mußte es angesichts der tradierten wirtschaftlichen Rückständigkeit und der durch den Krieg vermehrten Armut der osteuropäischen Länder die Attraktivität des amerikanischen Hilfsprogramms bei Fortdauer der derzeitigen politischen Strukturen dennoch fürchten. PCI, PCF und britische Kommunisten hatten, der Situation ihrer Länder entsprechend, den Kampf nur im Namen der nationalen Unabhängigkeit und Souveränität zu führen.

Dem amerikanischen Streben nach Weltherrschaft stehe jedoch die Sowjetunion – „das Bollwerk der antiimperialistischen und antifaschistischen Politik" – entgegen, deren Position sich wesentlich verstärkt habe. Ihr gesellten sich die „Länder der neuen Demokratie, die der Kontrolle des anglo-amerikanischen Imperialismus entgangen sind", zu, auch die um ihre Unabhängigkeit kämpfenden Völker Indonesiens und Vietnams, und Indien, Syrien und Ägypten (das Ägypten König Faruks!) sympathisierten mit dem „antiimperialistischen Lager". Dazu finde es die Unterstützung der „Arbeiterbewegung in allen Ländern", selbst in den USA[55], der nationalen Befreiungsbewegungen und der demokratischen Kräfte der ganzen Welt. Angesichts dieser Macht mobilisiere der US-Imperialismus alle Kräfte, wie Ždanov im dritten Teil seines Referats

---

51 Ebenda, S. 38.

52 Die Ausführungen beruhen auf Gladkovs These, wonach die US-Wirtschaft, um nicht empfindliche Rückgänge ihrer im Krieg expandierten Produktion und damit einen Kapazitätsabbau hinnehmen zu müssen, auf den Absatz ihrer Produkte in Europa angewiesen sei.

53 Vgl. dazu J. K. Hoensch: Sowjetische Osteuropa-Politik 1945–1975, Kronberg/Ts. 1977, S. 32ff. Paradigmatisch das sowjetisch-ungarische Handelsabkommen vom 15. Juli 1947 als Instrument sowjetischer Hegemonie, siehe H. Sundhaussen: Die Vorbereitung der sozialistischen Wirtschafts- und Gesellschaftsordnung in Ungarn 1945–1948, in: Jahrbücher für Geschichte Osteuropas NF 28 (1980), S. 547–589.

54 J. K. Hoensch: Sowjetische Osteuropa-Politik, S. 34.

55 Dagegen die kritische Studie zum Kommunismus in den USA von R. Starobin: American Communism.

(„Der amerikanische Plan zur Unterjochung Europas") ausführt, seine gegen das „antiimperialistische Lager" gerichtete expansionistische Politik agiere auf militärischem, wirtschaftlichem und ideologischem Gebiet, Truman-Doktrin und Marshall-Plan sowie eine „Gaunerpropaganda"[56], die mit Erpressung und Verleumdung arbeite, seien die Kampfmittel. Dies seien jedoch leere Drohungen, die am Widerstand der vereinten „demokratischen Kräfte" scheitern werden. „Die Hauptgefahr für die Arbeiterklasse", so resümierte Ždanov, „besteht jetzt in der Unterschätzung ihrer eigenen Kräfte und in der Überschätzung der Kräfte des Gegners"[57] – eine These, die angesichts der Zuordnung Chinas[58], Südamerikas und des Nahen Ostens (außer Ägypten) zum „imperialistischen Lager" etwas kühn scheint.

Diese Analyse der Nachkriegsentwicklung, die die Folgen des Zweiten Weltkriegs, den Aufstieg der USA zur Vormacht der demokratischen Staaten, aus stalinistischer Sicht treffend beschreibt, dabei freilich – und bezeichnenderweise – den Aspekt der nationalen Selbstbestimmung und des individuellen Konsenses völlig außer acht läßt, ist jedoch, zumindest was die Befreiungsbewegungen und deren Sympathisanten betrifft, reichlich voluntaristisch und vom Dogma eines starren, deterministischen Marxismus bestimmt, der Anpassungsmechanismen und Reaktionen des Gegners auf eine veränderte Lage und eine Wandlung des „Imperialismus" als diesem wesensfremd ausschloß. Zudem kann die Einvernahme der Arbeiterbewegung und der „Demokraten" nicht verdecken, daß es sich dabei, streift man die semantische Verkleidung ab, um sehr schwächliche Verbündete handelte. Selbst wenn man die starke Linksorientierung der europäischen Intellektuellen in den ersten Nachkriegsjahren in Rechnung stellt, so scheinen doch die Euphorie des Sieges im Verein mit Wunschvorstellungen den Blick für die Realitäten getrübt zu haben.

Diese Selbsttäuschung ist dann auch in die Deklaration der Konferenz zur internationalen Lage[59] eingegangen, die die Grundgedanken des Ždanov-Referats enthält. Allerdings sind die langen Ausführungen über den Marshall-Plan stark gekürzt worden, statt dessen wird die Komplizenschaft der Rechtssozialisten – namentlich Blum, Attlee und Bevin, Schumacher, Renner und Schärf sowie Saragat – mit dem „Imperialismus" herausgestellt, Moskau kehrte hier also zur Einheitsfrontpolitik zurück. Diese Frontstellung hatte sich vor allem im Verlaufe der Diskussion ergeben, insbesondere der Lage in Frankreich und Italien; aber auch in anderen Ländern, etwa Finnland, hatten die demokratischen Sozialisten den Kommunisten weidlich Abbruch getan. Insgesamt ist der Tenor der Deklaration gegenüber Ždanovs Referat hinsichtlich der Lage des Kommunismus erheblich positiver, die Bedrohung des kommunistischen „Lagers" gemindert, die der eigenen Politik zugeschriebene rein defensive Funktion betont. Die Bürgerkriege in China und Griechenland werden überhaupt nicht in Betracht gezogen, offenbar weil die Moskauer Führung ihren Ausgang als ungewiß einschätzte und sich angesichts vordringlicherer Probleme mit einer Hilfeleistung wirtschaftlich und politisch überfordert sah. Der Aspekt einer massenwirksamen psychologischen „Aufrüstung" gegen die amerikanische containment-Politik und der Stärkung der politischen Kampf-

---

56 B. Meissner: Ostpaktsystem, S. 94.

57 Informacionnoe soveščanie, S. 47. B. Meissner: Ostpaktsystem, S. 97, weicht in der Übersetzung etwas ab.

58 Diese Zuordnung wirft ein bezeichnendes Licht auf die sowjetische Beurteilung des chinesischen Bürgerkriegs.

59 Text bei B. Meissner: Ostpaktsystem, S. 97–99.

moral bestimmt die Deklaration in hohem Maße. Sie legitimiert aber zugleich auch – mit dem Hinweis auf seine Gefährdung – die Forderung nach Einheit des Lagers (d. h. des Gehorsams gegenüber der Führungsmacht) zwecks optimaler Nutzung seiner Kräfte.

Ždanovs Referat bildete den Bezugspunkt der Rechenschaftsberichte der einzelnen Parteien über die politische und wirtschaftliche Entwicklung in ihren Ländern. Für die KPdSU legte ihn Malenkov im Anschluß an Ždanov vor[60]. Er entwarf ein eindrucksvolles Bild des sowjetischen Wiederaufbaus in allen Bereichen des wirtschaftlichen und gesellschaftlichen Lebens, das freilich wenig durch konkrete Daten belegt war[61], ging dann auf die Parteiarbeit und schließlich auf die Außenpolitik der Partei[62] ein, wobei er weitgehend Ždanov folgte, um abschließend die Forderung nach einem internationalen kommunistischen Koordinationsorgan zu erheben, die sich aus Ždanovs Forderung nach „Konsolidierung" der Politik der kommunistischen Parteien ergab.[63]

An den beiden folgenden Tagen referierten die Vertreter der übrigen Parteien. Die Inszenierung ließ auf die Bulgaren, für die Červenkov detailliert die Maßnahmen zur Ausschaltung der oppositionellen nichtkommunistischen Kräfte darlegte – am 22. September war mit Nikola Petkov der führende Kopf der Opposition hingerichtet worden – und damit den anderen Parteien ein Beispiel der systematischen Eroberung staatlicher, wirtschaftlicher und gesellschaftlicher Machtpositionen lieferte[64], den Bericht der PCF folgen, den Jacques Duclos vortrug.[65] Slánskýs Referat über die Lage in der Tschechoslowakei und die Politik der KPČ[66] beendete die Sitzung vom 23. September.[67] Am folgenden Tage sprachen nach Révai für die MKP[68], der die Infiltrationstaktik seiner Partei detailliert darlegte[69], und Longo für die PCI[70] die beiden jugoslawischen Teilnehmer. Kardelj behandelte die staatliche und wirtschaftliche Transformation Jugoslawiens[71], während Djilas in seinem Korreferat „Fragen der organisatorischen Arbeit" der KPJ erörterte.[72] Beide stellten den Weg der KPJ und ihre Überleitung eines nationalen Befreiungskrieges in eine sozialistische Revolution mit Stolz als vorbildhaft dar.

---

60 Nach E. Reale: Jacques Duclos, S. 51. Informacionnoe soveščanie plaziert zwar Malenkovs Referat erst hinter die Beiträge der beiden jugoslawischen Vertreter und Gomułkas (ebenda, S. 305), doch dürfte hier Reale zu folgen sein: Die Bedeutung, die der Sowjetunion unter der kommunistischen Parteien zukam und die sie sich selbst zumaß, legt diese Abfolge nahe.

61 Es hebt sich dadurch stark von Duclos' (Informacionnoe soveščanie, S. 159 ff.) präzisen volkswirtschaftlichen Angaben ab.

62 O vnejšnej politike VKP (b), in: Informacionnoe soveščanie, S. 150.

63 Ebenda, S. 125–156.

64 Ebenda, S. 203–232 (S. 231–232 findet sich die getreue Übernahme des Ždanov-Schemas der „fortschrittlichen" Länder).

65 Ebenda, S. 157–178.

66 Ebenda, S. 179–202.

67 Die Chronologie der Referate nach E. Reale: Jacques Duclos, S. 63 und S. 107. Offen bleibt dabei die Datierung der Referate von Gomułka und Gheorghiu-Dej. Für die PPR ist das Datum des 23., für die KPR das des 24. wahrscheinlich. Die veröffentlichten Texte: Informacionnoe soveščanie, S. 97–124 (Gomułka), 233–254 (Gheorghiu-Dej).

68 Ebenda, S. 256–279.

69 Danach waren von den 17 Ministern der Koalitionsregierung (7 Kommunisten, 4 Sozialisten, 4 Kleinbauern-, 2 Bauern-Partei) tatsächlich 13 Kommunisten. Siehe E. Reale: Jacques Duclos, S. 29.

70 Informacionnoe soveščanie, S. 280–304.

71 Ebenda, S. 49–86.

72 Ebenda, S. 87–96.

Der Kontrast zwischen der Politik dieser erfolgreichen und jener der zwei westlichen Parteien, die am 5. (PCF)[73] und 12. Mai (PCI)[74] des Jahres aus der Regierungsbeteiligung ausgeschieden waren, sprach für sich und nahm die Beurteilung ihrer Taktik und Strategie schon vorweg. Malenkov, der die Sitzung des 4. Konferenztages leitete, hatte zwei Punkte zur Diskussion vorgeschlagen:[75] Das Referat Ždanovs und Gomułkas Ausführungen über die politische Koordination der Parteien. Es waren vor allem Kardelj[76] und Djilas[77], die, wie vereinbart[78], die PCI, mehr noch aber die PCF einer scharfen Kritik aus radikal-revolutionärer Sicht unterzogen; Anna Pauker unterstützte sie dabei nachdrücklich.[79] Beide Parteien hatten nach Kriegsende an der Volksfrontpolitik festgehalten und so ihre Chance zu einer kommunistischen Machtergreifung nicht genutzt, obwohl sie die führende Kraft der Résistance bildeten. Sie hatten der Entwaffnung zugestimmt, was aus jugoslawischer Sicht ein unverzeihlicher Fehler war, und sie hatten – nach Meinung der Kritiker – viel zu lange an der Volksfrontpolitik festgehalten, wobei sie sich von den „bürgerlichen" Kräften in einer Koalition als Instrument der Restauration der alten, kapitalistischen Ordnung mißbrauchen ließen, um nach deren Konsolidierung, gleichsam als Morgengabe an die USA, beiseitegeworfen zu werden. Ihre Stabilisierungsstrategie[80] war gescheitert, und sie war, so Djilas, von Grund auf falsch gewesen, wie das jugoslawische Beispiel zeige. Besonders schwer wog, daß die PCF nicht einmal zu verwerten gewußt hatte, daß sie den Verteidigungsminister stellte – eine Schlüsselposition für die Überleitung des Befreiungskrieges in eine sozialistische Revolution. Ždanov verhehlte in seiner Kritik nicht, daß bei einer engeren Zusammenarbeit mit Moskau diese „falsche" Politik hätte vermieden werden können.

Zur Härte der Kritik an der Politik dieser beiden Parteien hat gewiß auch beigetragen, daß sie aufgrund ihrer großen Mitgliederzahl relativ unabhängig von Moskau agie-

---

73 Zur Entwicklung in Frankreich W. Loth: Frankreichs Kommunisten und der Beginn des Kalten Krieges, Die Entlassung der kommunistischen Minister im Mai 1947, in: Vierteljahrshefte für Zeitgeschichte 26 (1978), S. 9–65, hier S. 52 f.

74 P. Scoppola: La proposta politica di De Gaspari. Bologna 1977, S. 44; Manfred Boni: Italien und der Marshall-Plan, Das Ende der Einheitsgewerkschaft, in: Der Marshall-Plan und die europäische Linke, hrsg. v. O. N. Haberl u. L. Niethammer, Frankfurt am Main 1986, S. 344.

75 K. Kaplan: Kominform, S. 52.

76 Kardelj hatte bereits in seinem Beitrag in: Komunist (1947), No. 2, eine ähnliche Einschätzung der US-Politik gegeben wie Ždanov.

77 Nach K. Kaplan: Kominform, S. 55 (ohne Beleg), kritisierte Kardelj die italienische, Djilas die französische Partei. Zu Djilas Kritik siehe ebenda, S. 75 f., Anm. 25. Siehe auch G. D. Ra'anan: International Policy, S. 108. Auf eine enge Verbindung der KPJ mit der Ždanov-Gruppe verweist Ra'anan (ebenda, S. 42–46).

78 E. Reale: Jacques Duclos, S. 34 f.

79 Ebenda, S. 150–155. – Mangels anderer Quellen folgt die Darstellung hier weitgehend Reale. – K. Kaplan: Kominform, S. 54, gibt an, die Kritik an PCF und PCI sei bereits in einem vierten, in der Veröffentlichung der Konferenzbeiträge nicht enthaltenen Teil des Ždanov-Referats vorgebracht worden. Er gibt dafür aber keinen Beleg, auch findet sich für diese Angabe in anderen relevanten Beiträgen keine Bestätigung. Kaplan datiert zudem das Ždanov-Referat auf den 25. September. Nach Angaben von E. Reale: Jacques Duclos, S. 129, bezog sich jedoch Kardelj bereits in der Sitzung vom 24. auf Ždanovs Ausführungen, was Zweifel an der strikten Zuverlässigkeit der Quelle Kaplans wachruft. Vermutlich ist auch bei den von ihm ausgewerteten Notizen mit Irrtümern bei der Abfassung zu rechnen.

80 W. Loth: Kommunisten, S. 27.

ren konnten und agiert hatten, Moskau sie deshalb zur „Parteidisziplin" zu bringen suchte. Gegen die PCF richtete sie sich mit besonderer Schärfe[81], weil Duclos die Politik seiner Partei ausführlich zu rechtfertigen suchte.[82] (Longo, der aufgrund der PCI-Resolution vom 8. Juni[83] zur italienischen Regierungskrise sehr viel günstiger dastand, erklärte nur kurz, daß die Kritik hilfreich sei und seine Partei sie beherzigen werde.)[84] Ždanov rügte in der Diskussion besonders[85], daß die PCF an einer parlamentarischen Zusammenarbeit mit den nichtkommunistischen Parteien festhielt – das ZK der PCF hatte noch am 4. September sein Einverständnis mit dem Marshall-Plan erklärt[86], Thorez noch am 21. September öffentlich eine erneute Beteiligung an der Regierung gefordert. Eine derartige Politik sei illusionär und täusche die „Arbeiterklasse" über ihre wahren Gegner und den notwendigen harten Kampf gegen die „Klassenfeinde", sie sei aber auch auf die mangelnde Bereitschaft der PCF, mit der KPdSU (B) und der Sowjetunion zusammenzuarbeiten, und ihr Selbständigkeitsstreben zurückzuführen.[87] Pauker führte diesen Aspekt weiter aus: Um der Zusammenarbeit mit den nichtkommunistischen Parteien und einer Regierungsbeteiligung willen habe die PCF versäumt, den Kampf gegen das bürgerliche Lager, vor allem aber gegen die Sozialisten mit der notwendigen Härte und Kompromißlosigkeit zu führen, jene Sozialisten, die in der kommunistischen Propaganda der Folgezeit als „Sozialfaschisten" diffamiert wurden.[88] Duclos' Verteidigung, in der er nachdrücklich darauf hinwies, daß sich die beiden westlichen Parteien in einer völlig anderen Situation befänden als die osteuropäischen, da amerikanische Truppen an der Befreiung des Landes wesentlich migewirkt, auch dort noch ihre Basen hätten und die Kommunisten hier nicht, wie in den „Ländern der neuen Demokratie", Unterstützung durch eine sowjetische Besatzungsarmee erhielten, wurden nicht akzeptiert. Duclos mußte schließlich zugestehen, daß Opportunismus, „Legalitarismus" und Illusionen die Parteilinie beeinflußt hätten. Zwar übernahm Ždanov, soweit erkennbar, die extreme jugoslawische Argumentation nicht, aber er machte deutlich, daß Moskau eine Wendung der Politik von PCF und PCI von der Kooperation zur Konfrontation erwartete. „Wir glauben, daß die Situation anders werden kann, wenn wir, um die Regierung zu stürzen, zu den Kommunisten und zur Partei in der Sprache der Wahrheit sprechen", versprach Duclos schließlich. Die künftige Politik der PCF (und PCI) solle lauten: Sturz der Regierung durch „Mobilisierung der Massen" mittels der „antiimperialistischen Bewegung", d. h. die Parteien sollten zur Politik der Insurrektion übergehen.[89]

Die Kritik an der Politik von PCF und PCI war jedoch zugleich eng mit der Frage der politischen Strategien zur Machtergreifung in den osteuropäischen Ländern verbunden, und das hieß, mit der Ausschaltung der nichtkommunistischen Parteien. Hier

---

81 In der Deklaration der Konferenz wird der Kampf gegen die „Rechtssozialisten" „vor allem in England, in Frankreich" hervorgehoben, nicht jedoch in Italien (Informacionnoe soveščanie, S. 8).

82 E. Reale: Jacques Duclos, S. 156 ff.; K. Kaplan: Kominform, S. 56 f.

83 L'Unità, 8. Juni 1947. Vgl. auch Keesings Archiv der Gegenwart (1947), S. 1110 A.

84 K. Kaplan: Kominform, S. 58.

85 E. Reale: Jacques Duclos, S. 150.

86 W. Loth: Kommunisten, S. 54–56.

87 Keesings Archiv der Gegenwart (1947), S. 1195 J.

88 Nach Ágnes Ságvári (L. Marcou: Kominform, S. 49) prägte Rákosi den Begriff.

89 E. Reale: Jacques Duclos, S. 156 ff.; K. Kaplan: Kominform, S. 54–58, gibt anhand von KPČ-Material eine ausführliche Darstellung des Diskussionsverlaufs.

ergab sich eine beträchtliche Entwicklungsdifferenz zwischen den Staaten mit autoritären Traditionen – Bulgarien und Rumänien – und den mittelosteuropäischen Staaten Polen, Ungarn und der Tschechoslowakei, in denen Parlamentarismus und politischer Pluralismus die politische Kultur der Zwischenkriegszeit mitbestimmt hatten. Insbesondere Gomułka, aber auch Slánský sprachen sich für einen allmählichen Übergang und die Beibehaltung der Koalition aus, die den Gegebenheiten ihrer Länder angemessen sei – nach Révais Notizen[90] neigte die Mehrheit der Versammelten dieser evolutionären Strategie zu. Demgegenüber bestanden die Jugoslawen auf sofortiger revolutionärer Transformation und der Bildung einer Einheitspartei nach eigenem – und sowjetischem – Vorbild. Da die sowjetische Delegation ihre Partei nahm, setzte sich diese Linie weitgehend durch: kommunistische Machtergreifung und Alleinherrschaft wurden als Ziele der Parteien festgelegt. In den „Volksdemokratien" durften die nichtkommunistischen Parteien, im Gegensatz zu Jugoslawien und der Sowjetunion, allerdings fortbestehen, freilich mittels der „Blockdisziplin" zu Erfüllungsgehilfen der kommunistischen Partei degradiert, als demokratische Camouflage des kommunistischen Machtmonopols.

Zu einer Auseinandersetzung kam es offenkundig über die Frage der Nationalitätenpolitik zwischen Ungarn und der Tschechoslowakei, die sich an der Behandlung der magyarischen Minoritäten durch Prag entzündete. Der Frage dürfte grundsätzliche Bedeutung zugemessen worden sein, denn selbst im publizierten, also überarbeiteten Referat Révais[91] wird das Problem angesprochen: Nach einer Sympathieerklärung für Jugoslawien („weil das föderative Jugoslawien den Ungarn innerhalb seiner Grenzen die Freiheit und die Möglichkeit der eigenen nationalen Kultur gab") und einer etwas geminderten für Rumänien rügte er Prag offen:

> „Wir ungarischen Kommunisten, als die Partei des Volkes, vertreten die Rechte unseres Volkes. Wir können nicht damit zufrieden sein, daß die Ungarn in der Slowakei noch immer ihrer bürgerlichen Rechte beraubt sind. Wir denken, daß diese Frage vollständig entschieden werden muß."

Wie die Konferenz zu diesem Konflikt Stellung nahm, muß bei der derzeitigen Quellenlage offenbleiben.[92] Als Indiz für eine Unterstützung der ungarischen Forderungen durch die Mehrheit der Delegierten kann gelten, daß Révais Kritik in die offizielle Publikation aufgenommen wurde.

Kein Hinweis findet sich dagegen auf die Kontroverse um die griechische Frage, die von den jugoslawischen Delegierten aufgeworfen wurde. Sie kritisierten die fehlende Hilfe; außer Jugoslawien, Albanien, Bulgarien und der Sowjetunion beteiligten sich keine anderen Länder bzw. Parteien daran – ein Vorwurf, der freilich das Wesentlichste außer acht ließ: Eine derartige Unterstützung setzte voraus, daß die kommunistische Partei bereits das Machtmonopol in ihrem Lande ausübte.[93]

---

90 L. MARCOU: Kominform, S. 53.

91 Informacionnoe soveščanie, S. 277 f.; K. KAPLAN: Kominform, S. 74, Anm. 16, irrt.

92 K. KAPLAN: Kominform, S. 77, Anm. 29, bestätigt zwar die Kontroverse, gibt aber keinen Hinweis auf die Behandlung durch die Konferenz – lediglich Slánskýs Verteidigung gegen den Vorwurf, es handle sich dabei um Aktionen des slovakischen Nationalismus: Gottwald habe im Einverständnis mit A. Vyšinskij, dem stellvertretenden Außenminister der UdSSR, die Entscheidung getroffen – d. h. Moskau habe dies sanktioniert. Ob in diesem Kontext auch weitere Konfliktstoffe behandelt wurden (etwa Teschen, die Dobrudža, Makedonien), läßt sich nicht feststellen.

93 K. KAPLAN: Kominform, S. 29 und S. 77, Anm. 29.

Die Annahme der üblichen Schlußdokumente war eine bloße Formsache, auch wenn Gomułka der Veröffentlichung der Beschlüsse abgeneigt war und er sich mit den PCF- und PCI-Delegierten gegen die Schaffung der zentralen Koordinationsinstanz ausgesprochen hatte.[94] Auf Vorschlag Malenkovs[95] wurde eine Arbeitsgruppe, in der jede Partei mit einem Delegierten vertreten war, unter Leitung Ždanovs zur Ausarbeitung der Deklaration „Zur Frage der internationalen Lage"[96] gebildet, die auf Ždanovs Referat fußte[97]. Die Formulierung der „Resolution über Erfahrungsaustausch und Koordination der auf der Konferenz vertretenen Parteien"[98] übernahm Gomułka mit je einem sowjetischen (Malenkov?), jugoslawischen und französischen Vertreter.[99] Sie sah unter Punkt 1 die Errichtung eines Informationsbüros aus Vertretern der beteiligten Parteien vor, das (Punkt 2) Erfahrungsaustausch und Koordination der Tätigkeiten der kommunistischen Parteien[100] auf der Basis der Einstimmigkeit zur Aufgabe hatte und in das (Punkt 3) jede teilnehmende Partei zwei Vertreter aus ihrem ZK entsenden sollte. Das „Informbüro" sollte ein vierzehntägig, später wöchentlich erscheinendes Periodikum – als Titel wurde nach Rücksprache Ždanovs mit Stalin „Für dauerhaften Frieden, für Volksdemokratie" gewählt[101] – mit einer russisch- und einer französischsprachigen Ausgabe[102] veröffentlichen (Punkt 4), und sein Sitz sollte Belgrad sein (Punkt 5).[103]

Die Publikation der Dokumente am 5. Oktober erregte weltweites Aufsehen, die „Deklaration" wurde als eine Art Kriegserklärung – des „Kalten Krieges" – aufgefaßt.[104] Sie hat die Bildung einer gemeinsamen antikommunistischen Abwehrfront der Westmächte und die Integration des westlichen Europa entschieden gefördert, schloß sie doch jede Möglichkeit eines wie immer gearteten Kompromisses aus, indem sie die Unausweichlichkeit des Konfliktes zwischen Kommunismus und demokratischen Staaten dogmatisierte. Von der Ernsthaftigkeit der politischen Wendung aber mußte sich die westliche Welt sehr rasch überzeugen lassen: die Umsetzung der Beschlüsse von Szklarska Poręba in politische Aktionen erfolgte prompt.

Die am härtesten attackierte Parteiführung reagierte auf die Konferenzbeschlüsse am schnellsten: Am 2. Oktober bereits, noch vor der Veröffentlichung in der „Pravda", griff Thorez die USA direkt an, am 5. – also zeitgleich mit der „Pravda" – erschienen die Kominform-Resolutionen in der „Humanité", und auf der Sitzung des Zentralkomitees der Partei am 30. Oktober wurde dann jene Resolution verabschiedet, die die ge-

---

94 V. Dedijer: Novi prilozi, S. 224; M. Djilas: Gespräche, S. 166. Gomułkas ablehnende Haltung wurde ihm auf dem PPR-Plenum vom 31. 8.–3. 9. 1948 vorgehalten (A. B. Ulam: Titoism and Cominform, Cambridge/Mass. 1952, S. 48, Anm. 2).

95 E. Reale: Jacques Duclos, S. 183.

96 Informacionnoe soveščanie, S. 5–10.

97 Siehe dazu oben.

98 Informacionnoe soveščanie, S. 11–12.

99 E. Reale: Jacques Duclos, S. 28 (danach hatte Gomułka den Vorschlag zur Errichtung eines ständigen Koordinationsorgans vorgetragen); K. Kaplan: Kominform, S. 74 f., Anm. 17.

100 Hier ist keine Einschränkung auf die teilnehmenden Parteien vermerkt.

101 M. Djilas: Gespräche, S. 165 f.

102 Später erhielt die Zeitschrift auch Ausgaben in englischer, deutscher, rumänischer, italienischer, ungarischer, tschechischer, bulgarischer, albanischer und spanischer Sprache (L. Marcou: Kominform, S. 74).

103 Nach K. Kaplan: Kominform, S. 75, Anm. 18, hatten die Sowjets Prag als Sitz des Büros ins Auge gefaßt, doch Slánský habe sich „dazu ungefällig" geäußert.

104 L. Marcou: Kominform, S. 58–61.

forderte Selbstkritik mit einem Offensivprogramm verknüpfte. Seine Folge waren die schweren, bürgerkriegsähnliche Züge annehmenden Unruhen in Frankreich, die das Land zwischen dem 18. November und 9. Dezember erschütterten[105], eine Herausforderung der parlamentarischen Demokratie, die um so größere Besorgnis der demokratischen Kräfte hervorriefen, als es auch in Italien während des Winters 1947/48 immer wieder zu schweren Streiks und Ausschreitungen kam.[106] In beiden Ländern – so wie auch in Belgien und Österreich[107] – führte die Hinwendung zum verschärften „Klassenkampf" zwar zu der intendierten neuerlichen Identifikation der radikalen Arbeiterschaft mit der kommunistischen Partei, aber auch zur parlamentarischen Isolierung der Kommunisten und zur Entwicklung von Abwehrstrategien.[108] Dementsprechend waren die ebenfalls kommunistisch inspirierten französischen Märzunruhen des folgenden Jahres praktisch schon vor ihrem Ausbruch zum Scheitern verurteilt, und in den folgenden, bis in den September reichenden Arbeitskämpfen zeigte sich die Macht der PCF bereits gebrochen.[109]

Für die Länder der sowjetischen Hegemonialsphäre leitete die Konferenz den Übergang von einer Koalititonsregierung zu einer kommunistischen Alleinherrschaft (z.T. mit „Blockparteien") ein, deren Methode und Instrumentarium von Červenkov und Révai expliziert worden waren. In Polen wurde bereits im Oktober die Opposition um Stanisław Mikołajczyk, den Führer der Bauernpartei (Stronnictwo Ludowe)[110], in Ungarn um Zsoltan Pfeiffer (Freiheitspartei) und Ferenc Nagy (Kleinlandwirtepartei) liquidiert.[111] Damit waren die führenden Oppositionspolitiker ausgeschaltet und die Opposition ihrer Integrationsfiguren beraubt, die restlose Zerschlagung bzw. Gleichschaltung der nichtkommunistischen Parteiapparate war daher relativ leicht durchzusetzen, fehlte es doch nun an einer Koordination des Widerstandes. In Rumänien beseitigten die Kommunisten am 29. Oktober den Führer der Bauernpartei, Iuliu Maniu, mittels eines Prozesses (nach Vorbild des bulgarischen Vorgehens gegen Petkov), und am 30. Dezember zwangen sie König Michael zur Abdankung, so daß die „Volksrepublik" ausgerufen werden konnte.[112] In Griechenland proklamierte Markos (Vafidiadis) am 24. Dezember seine „Freie Demokratische Provisorische Regie-

---

[105] Ebenda, S. 133–144; W. Loth: Kommunisten, S. 70f.

[106] Zum Widerstand der PCI gegen den Marshall-Plan siehe besonders J. L. Harper: America and the Reconstruction of Italy, 1945–1948, Cambridge/Mass. 1986.

[107] J. M. Mackintosh: Strategie, S. 26.

[108] W. Loth: Kommunisten, S. 62.

[109] Zur innerfranzösischen Entwicklung K. Hänsch: Frankreich zwischen Ost und West, Die Reaktion auf den Ausbruch des Ost-West-Konflikts 1945–1948, Berlin, New York 1972, S. 109ff.

[110] S. Korboński: Warsaw in Chains, London 1959, S. 264ff.

[111] G. Robel: Osteuropa unter der Herrschaft Stalins, in: Europa nach dem Zweiten Weltkrieg 1945–1980, Frankfurt/Main 1983, S. 239. Pfeiffer konnte Anfang November ins Ausland entkommen, Nagy kehrte von einer Schweizreise nicht nach Ungarn zurück.

[112] J. K. Hoensch: Sowjetische Osteuropa-Politik, S. 50.

rung“ [113] (in der der moskauorientierte Generalsekretär der KKE, Zachariadis, nicht vertreten war) [114], und in Prag kam es schließlich Ende Februar zur gewaltsamen Ausschaltung der oppositionellen Parteien. [115] Damit war das Hauptziel der Konferenz, die Erringung der faktischen kommunistischen Alleinherrschaft, in den „Volksdemokratien“ erreicht, der sowjetische Einfluß gesichert. Die sich anschließende sozioökonomische Transformation dieser Staaten nach sowjetischem Vorbild [116] ordnete sie dann endgültig der Sowjetunion unter – und leitete damit zugleich den langwierigen, schwierigen und immer wieder von Rückschlägen gekennzeichneten Prozeß ihrer Emanzipation von der Moskauer Zentrale ein.

Die Abkehr von der Volksfrontpolitik und die neue insurrektionelle Strategie der kommunistischen Parteien zeigte sich jedoch auch außerhalb Europas. „Im Jahre 1948 wandten sich alle Kommunistischen Parteien Südostasiens unvermittelt von aller Zusammenarbeit ab und gingen zu einer Politik der Gewalttätigkeit über“, konstatiert Mackintosh [117]: In Indien etwa kam es im Frühjahr 1948 im Zusammenhang mit dem II. Parteikongreß der KPI und der „Südostasiatischen Jugendkonferenz“ zum Kalkutta-Aufstand [118], in Malaya, in Birma und auf den Philippinen brach im Juni des gleichen Jahres die KP mit ihren Koalitionspartnern und begann einen Partisanenkrieg, auch die Entwicklung in Vietnam eskalierte, im September erfolgte der kommunistische Aufstand in Indonesien, in Japan löste die KP schwere Streiks aus. [119]

---

113 L. Marcou: Kominform, S. 237–243; E. O. Ballance: The Greek Civil War, 1944–1949, New York 1968, S. 159–165; C. M. Woodhouse: The Struggle for Greece, 1941–1949, London 1976, S. 262–264. – Der sowjetisch-jugoslawische Konflikt ist eng mit der Frage der Balkanföderation verbunden, die vor allem von Tito betrieben wurde. Es ist hier zu fragen, inwieweit die Haltung der UdSSR in der griechischen Frage nicht auch durch die Sorge mitbestimmt wurde, daß ein mit jugoslawischer Hilfe errichtetes kommunistisches Griechenland notwendigerweise unter starken jugoslawischen Einfluß – Albanien vergleichbar – geraten mußte. Die Entstehung eines zweiten kommunistischen Machtzentrums auf dem südwestlichen Balkan lief allen sowjetischen Interessen zuwider, denn sie barg einerseits die Gefahr eines innerkommunistischen Dissenses bis zur Spaltung der Bewegung in sich und konnte andererseits den abenteuerlichen Radikalismus der Jugoslawen noch verstärken und eine ernsthafte Kriegsgefahr heraufbeschwören – und damit eine tödliche Bedrohung des ganzen kommunistischen Lagers.

114 Der Gegenschlag erfolgte rasch: Auf dem V. ZK-Plenum der KKE am 30.–31. Januar 1948 verlor Markos seine Funktionen und wurde aus dem ZK ausgeschlossen (ebenda).

115 K. Kaplan: Das verhängnisvolle Bündnis, Unterwanderung, Gleichschaltung und Vernichtung der Tschechoslowakischen Sozialdemokratie 1944–1954, Wuppertal 1984, S. 147 ff.; J. Vesely: Prag Februar 1948, Berlin 1959.

116 Es ist in der Literatur seit W. Diepenthals verdienstvoller Studie (Drei Volksdemokratien. Ein Konzept kommunistischer Machtstabilisierung und seine Verwirklichung in Polen, der Tschechoslowakei und der Sowjetischen Besatzungszone Deutschlands 1944–1948, Köln 1974) immer wieder auf die nationalen Besonderheiten, die Differenzen der länderspezifischen Entwicklung analog der jeweils vorhandenen sozialen und ökonomischen Verhältnisse hingewiesen worden. Nicht außer acht gelassen werden darf jedoch, daß zwar die Methoden der sozio-ökonomischen Transformation (und ihre Instrumente) z. T. sehr unterschiedliche nationale Varianten aufwiesen, daß aber die intendierte Zielvorstellung identisch war, zwar keine gleichförmige Entwicklung, wohl aber eine Entwicklung uniformer Strukturen angestrebt wurde.

117 J. M. Mackintosh: Strategie, S. 60.

118 G. D. Ra'anan: International Policy, S. 111–115.

119 J. M. Mackintosh: Strategie, S. 58–60.

Die Konferenz von Szklarska Poręba erklärte nicht nur die bisherige Volksfront-Politik im Zeichen der „Nationalen Befreiungsfront" offen für beendet und legte für die kommunistische Weltbewegung als politische Strategie der nächsten Phase eine Rückkehr zum offensiv und mit aller Schärfe zu führenden „Klassenkampf" fest. Sie hat auch durch die Prozedur von Kritik und Selbstkritik – von der, soweit erkenntlich, die KPdSU ausgenommen blieb, selbst Duclos kritisierte sie nicht – ein Paradigma für die Beilegung zwischenparteilicher Differenzen mittels Mehrheitsentscheid der beteiligten Parteien geschaffen. Es ist in der kurzen Geschichte der Kominformorganisation freilich nur in einem Falle wirksam geworden: im Konflikt zwischen Moskau und Belgrad.[120] Just die Jugoslawen, die so hart und kompromißlos die beiden westlichen kommunistischen Parteien kritisiert und auf deren Unterwerfung unter das Verdikt Moskaus bestanden hatten, wurden nun selbst kritisiert; doch sie, die auf die strikte Befolgung der Entschlüsse der Konferenz hingewirkt, auf der Unterwerfung der Minderheit unter die Beschlüsse der Majorität bestanden und die sich mit ihrer insurrektionistischen Linie revolutionärer als die Sowjets gegeben hatten, weigerten sich nun, da es gegen ihre eigenen Interessen ging, ihrem eigenen Postulat nachzukommen und sich der Majorität zu fügen.

Es wäre eine Überinterpretation, wollte man die Konferenz bereits unter dem Aspekt des jugoslawisch-sowjetischen Bruches sehen. Gewiß aber brachte sie eine definitive und für die Teilnehmer verbindliche Absage an die Politik der „nationalen Besonderheiten des Weges zum Sozialismus", eine ernsthafte Warnung vor zentrifugalen Tendenzen, wie sie die Eigenmächtigkeiten Titos, aber auch Gomułkas beinhalteten. Es ist daher nicht ohne subtile Ironie, daß gerade den Jugoslawen die Kritik an den nationalen „Irrtümern" der PCF und PCI zukam und Gomułka den Antrag auf Errichtung des Koordinationsbüros zu stellen hatte – beide haben die damit verbundene Mahnung nicht ernstgenommen.

Innerkommunistisch diente die Gründung der Kominform Moskau zur Redisziplinierung der einzelnen kommunistischen Parteien, die sich während des Krieges, in der Periode der „nationalen Befreiungsfront", von der Moskauer Führung zwangsläufig gelöst hatten. Ähnlich wie in der Sowjetunion, wo die Gesellschaft in den Jahren 1946/47 zur Beseitigung der ideologischen Kriegsschäden einem von Ždanov geleiteten mentalen Redisziplinierungsprozeß unterzogen wurde, sollten auch die nationalen Parteien wieder an die Weisungen der Zentrale Moskau gebunden werden. An sich war die Konsultation Moskaus zumindest in wichtigen Fragen obligat. So hatten denn auch Jugoslawen, Rumänen und Polen ihre Instruktionen bezüglich der Pariser ERP-Konferenz eingeholt. Weshalb also dann die Gründung einer Institution, deren kurzlebige Existenz nur durch das von den beteiligten Parteien ausgesprochene Anathema über die renitenten, halsstarrigen Jugoslawen beachtenswert wurde? Denn das Büro, das der eher mediokre Judin leitete, hat nicht erkennen lassen, wie es seine Funktion effizient wahrnehmen konnte, und zur Herausgabe eines internationalen kommunistischen Richtlinienperiodikums bedurfte es dieser Instanz keineswegs. Das Kollegialprinzip, nach dem das Büro verfaßt sein sollte, erwies sich von Anfang an als illusionär, es war bestenfalls eine leere Versprechung. Auch die Belgrader Kominform-Konferenz vom 15. Dezember 1947 hat keine erkennbaren Spuren hinterlassen, und es ist bezeichnend,

[120] Tito contra Stalin, Der Streit der Diktatoren in ihrem Briefwechsel, Hamburg 1949; R. Bass, E. Marbury: The Soviet-Yugoslav Controversy, A Documentary Record, New York 1959; A. B. Ulam: Titoism and Cominform, Cambridge/Mass. 1952, S. 69 ff.; L. Marcou: Kominform, S. 198–236.

daß Kardelj bei seinen Verhandlungen in Moskau am 9./10. Februar 1948 eine spezielle Vereinbarung über die Konsultationspflicht Belgrads gegenüber Moskau zu unterzeichnen hatte.[121]

Die Ächtung der widerspenstigen Jugoslawen war freilich nicht die einzige Aktivität der sonst so wenig in Erscheinung tretenden Kominform-Organisation. Die von ihrem Büro herausgegebene Zeitschrift hat zumindest bis zum Tod Stalins durchaus eine koordinierende Funktion ausgeübt: In ihr fanden sich grundsätzliche ideologische Beiträge, denen Richtlinienfunktion zukam, aber auch Ausführungen, die für die Taktik der kommunistischen Parteien von aktueller Bedeutung waren und sie bestimmten.[122] Eine Beurteilung des Kominformbüros wird um so mehr erschwert, als es mit Ždanovs Tod am 31. August 1948 seinen spiritus rector verlor[123] und die sowjetische Politik nach dem Ausbruch des Konflikts mit Tito eine neuerliche Wendung erfuhr, die seine Tätigkeit faktisch – sieht man von der Organisation der Budapester Vollversammlung der Mitgliedsparteien im November 1949 ab – auf die Herausgabe der Zeitschrift reduzierte. Das Büro besaß, wie Hoensch feststellt[124], gewiß nicht das intellektuelle Potential der Komintern der zwanziger Jahre, doch war dies angesichts der Bürokratisierung der kommunistischen Bewegung insgesamt (zumindest im europäischen Bereich) auch nicht mehr zeitgemäß. Auch hatte sich die Aufgabe der Zeitschrift gewandelt. Sie sollte nicht mehr primär, wie ehedem „Inprekorr", die intellektuelle Elite Europas beeinflussen, sondern den Funktionären der Parteien Orientierungshilfen geben.[125]

Die Frage, ob es sich bei der Kominform-Gründung und der damit verbundenen Politik um eine offensive oder defensive Maßnahme handelte, ist in dieser Form nicht zu stellen. Selbstverständlich ist die Sicherung des Besitzstandes primäres Anliegen jeder Politik, doch stellt sich damit nur die Frage nach ihrer Strategie, nach Methode und Instrumentarium dieser Sicherung. Man wird auch hier von einem Versuch der Sicherung der eigenen sowjetischen Position als Minimalprogramm mit einer Option auf ihre Verbesserung ausgehen dürfen. Zweifelsohne trugen die der französischen und italienischen KP aufgetragene aggressive Politik und die daraus resultierenden insurrektionistischen Aktionen offensiven Charakter, doch ist fraglich, ob man in Moskau mit einem Erfolg dieser maximalen Variante, d. h. mit einer revolutionären Machtergreifung der KPF und KPI rechnete.[126] Als Minimalziel aber mußten die französischen und italienischen Unruhen dazu dienen, hinter der Erschütterung der westlichen Welt durch die Bedrohung ihres europäischen Glacis und konstitutiver Teile einer antikommunistischen Allianz die Sicherung des eigenen Hegemonialbereichs ungestörter durchführen zu können.[127] Dies bestimmte auch den Zeitpunkt der Konferenz: Es galt für PCI und PCF, das *timelag* zwischen der Zusage der amerikanischen Wirtschaftshilfe und ihrer Auswirkung zu nutzen; denn ein wirtschaftlicher Aufschwung im westlichen Europa baute die sozialen Spannungen ab und ließ damit die Erfolgsaussichten der kommunistischen Parteien beträchtlich sinken. Zugleich mußte die Radikalisierung durch

---

[121] L. Marcou: Kominform, S. 187–189.
[122] Ebenda, S. 80–96.
[123] G. D. Ra'anan: International Policy, S. 135–152.
[124] J. K. Hoensch: Sowjetische Osteuropa-Politik, S. 48.
[125] Dagegen J. K. Hoensch: ebenda.
[126] So u. a. auch W. Loth: Teilung, S. 181 f.
[127] W. Loth: (ebenda, S. 182) unterschätzt die Ernsthaftigkeit der kommunistischen Aktionen und Ziele, wenn er die Politik der PCF als „verbalen Revolutionarismus" bezeichnet.

die Konfrontationspolitik in Frankreich und Italien zu einer empfindlichen Störung der Rekonstruktion Westeuropas führen und somit den Kommunisten Osteuropas einen relativ störungsfreien Zeitraum verschaffen, der ihnen die Transformation ihrer Länder erleichterte.

Bei der Risikokalkulation durfte Moskau angesichts der amerikanischen Haltung in Griechenland und im Nahen Osten[128] und der Truman-Doktrin davon ausgehen, daß die USA und mit ihnen Großbritannien alle Anstrengungen unternahmen, um ihre beiden kontinentalen Basen Frankreich und Italien zu halten. Nicht gänzlich sicher konnte man sein, ob Washington und London auch bei einem Sieg der Kommunisten das Risiko einer militärischen Intervention auf sich nähmen, doch angesichts des hohen Einsatzes mußte der Kreml ernsthaft damit rechnen. Nicht nur Frankreich und Italien standen hier auf dem Spiel, es wäre auch die westliche Position in Deutschland und Österreich kaum mehr zu behaupten gewesen und das Mittelmeer darüber hinaus sowjetisches Einflußgebiet geworden, d. h. die europäische Position der Angloamerikaner drohte verloren zu gehen. Von einer einseitigen, rein defensiven Strategie also wird man hier zwar nicht auszugehen haben, doch dürften einer Realisierung der maximalistischen Konzeption in den Moskauer Überlegungen wenig Chancen gegeben worden sein.

Angesichts der deklarierten Funktion der Kominform-Institution ist ihre innerkommunistische Effizienz gering gewesen, die angekündigte Koordinationsfunktion hat sich über die Zeitschrift hinaus nicht ausfüllen können. Ra'anan hat dies primär an der Person Ždanovs und der von ihm und seinen Gefolgsleuten verfolgten politischen Linie festgemacht[129]; mit dem Scheitern ihrer risikofreudigen Politik[130] wurde auch die Kominform-Politik liquidiert.[131] Der Bruch mit Jugoslawien aber hatte die Wirkungslosigkeit des Kominformbüros als supranationale Steuerungsinstanz erwiesen, und so kehrte Moskau zur Praxis der bilateralen Konsultationen zurück, in denen es seine Macht um so wirksamer einzusetzen vermochte, als die nunmehr regierenden kommunistischen Parteien durch die Verträge mit der Sowjetunion auf staatlicher Ebene an Moskau gebunden waren. Eine supranationale Instanz war dagegen sehr viel schwieriger zu handhaben, bilaterale Beziehungen ließen sich effizienter, weil bindender gestalten.

Es ist – insbesondere im Hinblick auf die spätere Realisierung und Nutzung der Kominform-Institution – viel über die Intentionen reflektiert worden, die zu diesem Schritt und zur offensichtlichen späteren Abkehr von der zugrundeliegenden Konzeption führten. Meissner[132] sieht die Konferenz als sowjetische Antwort auf die amerikanischen und britischen Bemühungen, den wirtschaftlichen Wiederaufbau der westlichen Besatzungszonen als Teil der „amerikanischen Eindämmungspolitik" zu forcieren, wie sie programmatisch in George F. Kennans Aufsatz vom Juli 1947[133] formuliert

---

[128] Zum oft übersehenen Konflikt im Iran siehe D. GEYER: Die Sowjetunion und Iran, Eine Untersuchung der Außenpolitik der UdSSR im Nahen Osten. Tübingen 1955, S. 51–71; J. C. CAMPELL: Defense of the Middle East: Problems of American Policy, New York 1960, S. 33 ff.

[129] G. D. RA'ANAN: International Policy, passim.

[130] Zur mitzuberücksichtigenden Berlinkrise D. YERGIN: Shattered, Peace, The Origins of the Cold War and the National Security State, New York 1977, S. 367–392.

[131] G. D. RA'ANAN: International Policy, S. 135 ff.

[132] BORIS MEISSNER: Rußland, die Westmächte und Deutschland. Die sowjetische Deutschlandpolitik 1943–1953, Hamburg 1953, S. 135.

[133] The Sources of Soviet Conduct, in: Foreign Affairs 25 (1947), S. 566–582.

wurde und in der britisch-amerikanischen Einigung über das Ruhrgebiet[134], der Londoner Drei-Mächte-Konferenz vom 22.–27. August und dem Beschluß über die Erhöhung der deutschen Industrieproduktion[135] sowie der Empfehlung der Pariser Konferenz für europäische Wirtschaftsplanung vom 22. September über die Aufnahme (West) Deutschlands in den Marshall-Plan[136] ihre praktische Auswirkung fand. Eine derart einseitige Erklärung ist jedoch unzureichend. Es sind insbesondere die Ergebnisse der Wahlen in einigen Ländern gewesen, die die Sowjets alarmierten. Schon im November 1945 hatte die ungarische KP eine empfindliche Wahlniederlage hinnehmen müssen[137], die rumänischen Wahlen vom November 1946 wurden für die Kommunisten zum Desaster, in Bulgarien besaß die Bauernpartei Petkovs die Sympathien der Bevölkerung, in Polen Mikołajczyk, nur in der ČSR vermochten die Kommunisten einen beträchtlichen Teil der Bevölkerung zu mobilisieren[138], und in der sowjetischen Besatzungszone Deutschlands bedurfte es der massiven Unterstützung der Besatzungsmacht, um der SED bei den Wahlen der Länderparlamente im Herbst 1946 eine Mehrheit zu sichern. Dazu kamen die Terrainverluste der PCI und PCF im Mai 1947 und der allgemeine Rückgang des kommunistischen Einflusses in den anderen Demokratien des Westens wie auch in Finnland, der 1947 deutlich wurde. Die Gefährdung der sowjetischen Position durch eine eventuelle Teilnahme der ostmitteleuropäischen Staaten am Marshall-Plan war evident, nutzten doch Sowjets und nationale Kommunisten, wie Sundhaußen am Beispiel Ungarns zeigt[139], das wirtschaftliche Instrumentarium zum gesellschaftlichen und politischen Strukturwandel und zur Errichtung der „neuen Demokratie“, der späteren Volksdemokratie. Ein Verlust der im Zweiten Weltkriege gewonnenen Einflußsphäre war aber nicht hinnehmbar. Die Sowjetunion hätte dadurch nicht nur ihre sichtbaren Siegespfänder verloren und deren wirtschaftliches und politisches (künftig auch militärisches) Potential, es hätte dies auch tiefgreifende ideologische Implikationen nach sich gezogen: Nach der Stagnation während der Zeit des Stalinschen Sowjetpatriotismus hatte die kommunistische Bewegung erstmals neue Gebiete errungen, der Kommunismus wieder einen Schritt in Richtung Weltrevolution getan. Diese neuerliche Hoffnung, die Stärkung der Zuversicht in die eigene politische Doktrin durfte auch aus innersowjetischer Sicht nicht aufgegeben werden. Es ist kein Zufall gewesen, daß Ždanov, der als Exponent einer expansiven, weltrevolutionären Politik anzusehen ist[140], die Konferenz dominierte.

Die Konferenz bedeutete das Ende der Kompromißmöglichkeiten in den Ost-West-Beziehungen. Der Marshall-Plan hatte eine Verständigung noch offen gehalten, freilich um den Preis einer demokratischen Entwicklung und des Verzichts auf kom-

---

134 Die sowjetische Haltung bei Daniil Efimovič Mel'nikov: Rur i amerikanskie monopolii, in: Voprosy ėkonomiki (1949) vyp. 3, S. 89–103.

135 B. Meissner: Rußland, S. 138.

136 Der Schlußbericht der Pariser Konferenz für europäische Wirtschaftsplanung, in: Europa-Archiv 2 (1947), S. 922–924.

137 57% der Wähler stimmten für die Kleinlandwirte-Partei, 17,4% für die Sozialisten, 17% für die KP (D. Korbuly: Ungarns schrittweise Gleichschaltung durch die Kommunisten 1945–1980, München 1970, S. 37).

138 J. Sláma: Die sozio-ökonomische Umgestaltung der Nachkriegs-Tschechoslowakei, Zur Politik des kommunistischen Machtmonopols, Wiesbaden 1973.

139 H. Sundhaussen: Ungarn, besonders S. 581 ff. Vgl. auch J. Sláma: Umgestaltung für die Tschechoslowakei.

140 Siehe dazu W. O. McCagg: Stalin; G. D. Ra'anan: International Policy.

munistische Repressionen in den osteuropäischen Ländern, einen Preis, den zu akzeptieren weder Moskau noch die Führer der nationalen kommunistischen Parteien bereit waren. Nach den Beschlüssen von Szklarska Poręba war eine Verständigung nicht mehr möglich (es sei denn um den Preis der Selbstaufgabe der demokratischen Länder), schon die Deklaration enthielt faktisch die Erklärung des Kalten Krieges. Mit den beiden grundsätzlichen Entscheidungen, der Bindung der kommunistischen Parteien an Moskau und der Rückkehr zur Strategie des offenen Klassenkampfes (auch in den kommunistischen Ländern Osteuropas), wurde die Trennung Europas und der Welt in zwei Lager vollzogen, die in den osteuropäischen Ländern mittels massiver Verstärkung der Repressionen gegen nichtkonforme Gruppen und deren rasche Liquidierung zur Errichtung der vorbereiteten Volksdemokratien – kommunistisches Machtmonopol und Übernahme der sowjetischen wirtschaftlichen und gesellschaftlichen Strukturen – führte. In den westlichen Demokratien kam es infolge der schweren sozialen Erschütterungen aufgrund der Kominformbeschlüsse und der Entwicklung in den Volksdemokratien zu einer Polarisierung der politischen Gruppen mit wachsender Mobilisierung und Erstarkung der demokratischen Kräfte und zunehmender Isolierung der Kommunisten, insgesamt zu einem langwährenden, weit verbreiteten Antikommunismus, der für die Politik der westlichen Staaten in den fünfziger und noch zu Beginn der sechziger Jahre konstitutiv wurde. Die Interdependenz dieser Entwicklung hat letztlich dazu geführt, daß die notwendige Modernisierung der kommunistischen Staaten übermäßig verzögert wurde – eine Verzögerung, die vor allem zu Lasten ihrer eigenen Bevölkerung ging.

Kultur und Wissenschaft

„Sowjetisierung" im Bildungswesen – Zwanzig Jahre nach den ersten Analysen – ein Rückblick und ein Ausblick

von
Oskar Anweiler

Der Titel des Beitrages geht auf einen im Herder-Institut im Herbst 1966 gehaltenen Vortrag zurück, der dann in der Zeitschrift „Osteuropa" erschienen ist.[1] Darin wurde auf den 1959 erschienenen Sammelband über die Sowjetisierung Ostmitteleuropas[2] Bezug genommen und die Frage gestellt, ob die dort enthaltene Aussage über eine „kulturelle Enteuropäisierung" – gleichbedeutend mit „Sowjetisierung" – im Jahre 1966 noch zutreffe oder ob es sich bei der „Sowjetisierung" um eine relativ kurze Phase in den frühen fünfziger Jahren handele. In dem genannten Beitrag unterschied ich insgesamt drei Phasen: 1944–1948, 1948/49–1956, 1956–sechziger Jahre. Nur die zweite, so wurde gesagt, könne als Sowjetisierung „im eigentlichen Sinne" bezeichnet werden.

Um die gleiche Zeit kam Siegfried Baske bei einem Vergleich der schulpolitischen Entwicklung in der Sowjetunion, Polen und der DDR zu einer ähnlichen Periodisierung und Bewertung, die er später im Verhältnis DDR – Sowjetunion im einzelnen bis in die siebziger Jahre fortführte.[3] Der Begriff der „Sowjetisierung" – bezogen auf das Bildungswesen – erstreckt sich demnach nur auf eine bestimmte historische Phase, die im allgemeinen als Stalinismus charakterisiert wird und im Jahre 1956 ihr Ende findet.

Interessant ist die Beurteilung der Sowjetisierungsthematik in den betreffenden Ländern selbst. Der Ausdruck wird selbstverständlich nicht verwendet, sondern den westlichen Sowjetologen angelastet. Die Sache selbst kann aber nicht umgangen werden, sie wird nur unterschiedlich bewertet.

In der DDR hat man sich mit der Sowjetisierungsphase am längsten und heftigsten auseinandergesetzt, weil seit Max Gustav Langes Buch über die totalitäre Erziehung[4] und später anderen Schriften die „Sowjetisierung der deutschen Schule" auf dem Gebiet der SBZ/DDR auch ein gegen das dortige System verwendeter polemischer Begriff war, der Gegenpolemik hervorrief.

Da aber andererseits nicht geleugnet, sondern im Gegenteil positiv hervorgehoben wurde, daß die Sowjetische Militäradministration (SMAD) und später die Sowjetpäd-

---

[1] O. Anweiler: Sowjetkommunistische Überlagerung und nationale Differenzierung im Bildungswesen Ostmitteleuropas, in: Osteuropa 17 (1967), S. 1–15.

[2] Die Sowjetisierung Ost-Mitteleuropas. Untersuchungen zu ihrem Ablauf in den einzelnen Ländern, i. A. des J. G. Herder-Forschungsrates hrsg. von E. Birke und R. Neumann, unter Mitwirkung von E. Lemberg, Frankfurt/M.-Berlin 1959.

[3] S. Baske: Integration und Differenzierung im Bildungswesen des Ostblocks am Beispiel der allgemeinbildenden Schule in der Sowjetunion, in Polen und in der Sowjetzone Deutschlands, in: Ist der Osten noch ein Block? Hrsg. von R. Löwenthal, Stuttgart 1967, S. 127–163; Ders.: Das Problem der Eigenständigkeit der DDR im Bereich der Bildung und Erziehung, in: Die DDR – Partner oder Satellit der Sowjetunion? Hrsg. von S. Mampel u. K. C. Thalheim, München 1980, S. 115–142.

[4] M. G. Lange: Totalitäre Erziehung. Das Bildungswesen der Sowjetzone Deutschlands, Frankfurt/M. 1954.

agogik entscheidend zur radikalen Umgestaltung des Schul- und Hochschulwesens beigetragen haben, handelt es sich streckenweise nur um einen Streit um Worte: Der Vorbildcharakter der Sowjetunion im Bildungswesen wurde bis zur Mitte der achtziger Jahre betont, ihr maßgeblicher Einfluß in den Jahren 1948 bis etwa 1954 nicht geleugnet, die „mechanische" Übernahme didaktischer Grundsätze, administrativer Regelungen usw. zwar vorsichtig kritisiert, im übrigen aber von einer prinzipiellen Übereinstimmung der allgemeinen sozialistischen bzw. kommunistischen mit den nationalen Zielen in Bildung und Erziehung gesprochen.

In der Tschechoslowakei brachte das Jahr 1968 auch eine kritische Beurteilung der eigenen „Sowjetisierung", viel stärker als 1956/57, wo es – ähnlich wie in der DDR – schon einmal „revisionistische" Stimmen gegeben hatte, die sich gegen die übereilte Anpassung an sowjetische Muster und die Mißachtung der nationalen Traditionen im Bildungswesen und der Pädagogik gewandt hatten. Das Aktionsprogramm des tschechoslowakischen Schulministeriums vom 27. Juni 1968 ging ausdrücklich darauf ein. Mit der erneuten „Gleichschaltung" 1969/70 war diese „Vergangenheitsbewältigung" vorbei.

In Polen erfolgte – nicht überraschend – 1956/57 die Abrechnung mit der Stalinisierung im Bildungs- und Wissenschaftsbereich am entschiedensten. Hier liegt auch eine von einem kommunistischen Autor verfaßte historische Darstellung vor[5], in der unter der Kapitelüberschrift „Bedeutung der Errungenschaften der sowjetischen Schule und Pädagogik für das Erziehungsideal in Polen" drei Etappen unterschieden werden: 1944–1948, 1949–1970, 1970–1976. Die Beurteilung ist „dialektisch": Einerseits werden negative Folgen einer Kopie des sowjetischen Vorbildes, besonders für die pädagogische Wissenschaft, nicht verschwiegen, andererseits habe aber die „Umorientierung" auf die marxistisch-leninistische Pädagogik ein dauerhaftes positives Resultat erbracht.

Was die Ergebnisse der Einflüsse bzw. Wechselbeziehungen im pädagogischen Bereich zwischen der UdSSR und den einzelnen ostmitteleuropäischen Staaten betrifft, so gibt es bisher weder im Westen noch im Osten eine größere systematische und vergleichende Untersuchung dieser als „Sowjetisierung" gekennzeichneten Periode vom Ende der vierziger Jahre bis zum Jahr 1956. Die bekannten Quellenschwierigkeiten der zeithistorischen Forschung generell gelten ebenso für die erziehungs- und bildungsgeschichtlichen Bereiche – vielleicht noch verstärkt –, weil hier die herrschenden kommunistischen Parteien ihr ideologisches Monopol und die politische Lenkung und Kontrolle besonders rigide ausübten. Wichtige Dokumente sind daher auch bisher unzugänglich und nur partiell rekonstruierbar. Trotzdem könnte eine gründliche Auswertung der Fachperiodika, Zeitungen und amtlichen Verlautbarungen eine detailliertere und vertiefte Analyse des Sowjetisierungsprozesses in den einzelnen ostmitteleuropäischen Staaten ergeben und vielleicht auch einen vergleichenden Überblick verschaffen.

Welche Fragestellungen, welche neuen Akzente müßten dabei eine Rolle spielen?

1. Die unterschiedliche Ausgangssituation der Jahre 1944/45 muß berücksichtigt werden: a) Besetztes oder befreites Land (SBZ einerseits, Polen und Tschechoslowakei andererseits) und daher Vorhandensein oder Fehlen sowjetischer Bildungs- und Kulturoffiziere? b) Lehrerschaft: In der SBZ gab es eine radikale Entna-

---

[5] W. Pomykało: Kształtowanie ideału wychowawczego w PRL w latach 1944–1976, Warszawa 1977.

zifizierung, Neulehrer wurden eingesetzt (schon 1949 70%), in Polen und der Tschechoslowakei überwogen anfangs Altlehrer. c) Pädagogische Traditionen: In der SBZ knüpfte man zunächst an die 1933 unterbrochene reformpädagogische Linie an, die anderen Traditionen waren diskreditiert – in den anderen Ländern gab es eine bewußte Verbindung zu nationalen und demokratischen Traditionen und den Versuch einer Synthese beider.

2. Die Ebene der bildungspolitischen Maßnahmen und die Strukturveränderungen im Bildungswesen sind bisher am besten untersucht; auch die Datierung des Sowjetisierungsbeginns, d.h. der proklamierten Umorientierung auf das sowjetische Vorbild, steht fest: Ende 1948/Anfang 1949. Die Veränderungen verliefen in den einzelnen Bereichen des Bildungswesens jedoch nicht völlig zeitgleich und nicht gleich intensiv: die allgemeinbildenden Schulen, die Berufsbildung und das Hochschulwesen weisen nicht unerhebliche Unterschiede auf. Eine Schlüsselrolle kommt überall der Lehrerbildung und der pädagogischen Wissenschaft zu: Beide sollten die entscheidenden „Transmissionsriemen" bilden.

3. Wichtig sind personelle Kontinuitäten und Brüche. Die Biographien führender Theoretiker und bildungspolitischer Akteure liefern wichtige Hinweise auf „Anpassung und Widerstand", auf kulturelles „Überleben" trotz ideologischer Gleichschaltung, auf verschiedene „Marxismen" in der Pädagogik. Hervorragende Beispiele hierfür sind wissenschaftliche und berufliche Lebensläufe aus der DDR, Polen und der ČSSR.

4. Zu unterscheiden ist die formale und die inhaltliche Seite der Sowjetisierung, d.h. der Anpassung an das stalinistische Modell der sowjetischen Pädagogik und des Bildungssystems. Erstere kann sich in der Übernahme von Organisationsformen erschöpfen, letztere greift in die geistige Substanz ein. Auch hier kann aber methodisch zunächst nur eine Analyse der Erziehungs- und Lernziele weiterhelfen, wie sie in den Lehrplänen formuliert und in den Schulbüchern enthalten sind. Derartige Auswertungen liegen partiell für die DDR, nicht aber für andere sozialistische Staaten vor. Untersuchungen über den Unterrichts- und Forschungsalltag sind nicht bekannt.

5. Die Entwicklung der erziehungsrelevanten Wissenschaften (Pädagogik, Psychologie, Soziologie) unter dem Aspekt der Sowjetisierung weist ebenfalls inhaltliche wie organisatorische Aspekte auf. Für die politische Steuerung ist der Grad der Zentralisierung bei der Forschungsplanung wichtig, für eine „relative Autonomie" der Wissenschaften spielt andererseits ihre institutionelle Heimat – Universitäten oder ministeriumsabhängige Institute – eine Rolle. Hier weisen die einzelnen Staaten Unterschiede auf, deren Bedeutung untersucht werden müßte.

6. Von sehr großer Bedeutung ist das Verhältnis von formalem Bildungssystem und informeller Erziehung (Sozialisation). Das Konzept der „totalitären Erziehung" und das darin eingeschlossene einer durchgängigen Sowjetisierung des Bildungs- und Erziehungswesens ging von einer gewissen Überschätzung der institutionalisierten Bildung und Erziehung, vor allem der Schulen, für die Bewußtseins- und Verhaltensformung aus und unterschätzte das „gesellschaftliche Bewußtsein", d.h. die aus Tradition und Anpassung an das neue System entstandenen komplexen Bewußtseinslagen. Die hier nur angedeuteten Probleme gehören in den Zusammenhang einer noch nicht weit fortgeschrittenen „Mentalitätsforschung", deren Quellen auch die schöne Literatur und der Film sind. Für den Bildungsbereich ist natürlich die in den einzelnen Ländern sehr unterschiedliche Rolle der Kirchen von erheblicher Bedeutung.

Zusammenfassend läßt sich vielleicht formulieren: Die „Sowjetisierung" war keine bloße Episode im Bildungs- und Kulturbereich, weil die damals geschaffenen politisch-ideologischen Grundlagen für das normative Gehäuse bis zur Gegenwart eine sehr wichtige Rolle gespielt haben, aber sie hat auch nicht die Gesellschaft und das geistige Leben tief umgepflügt. So könnte die zuerst im Jahre 1966 verwendete Bezeichnung „sowjetkommunistische Überlagerung" den bis in die späten siebziger, frühen achtziger Jahre reichenden Prozeß, der nicht geradlinig verlief, charakterisieren, und die Kennzeichnung „Sowjetisierung" bliebe für die Zeitspanne von 1949 bis 1956 reserviert.

Staatliche Kulturprogramme und ihre Auswirkung auf Bildung und Erziehung in Polen

von
Hans-Jürgen Karp

Seit dem Tauwetter des „Frühlings im Oktober" 1956 hat sich in Polen unter dem Einfluß und dem Schutz der katholischen Kirche immer deutlicher ein Gegenmodell zu der vom nachstalinistischen Reformkommunismus propagierten und zum Teil realisierten Leitbild der sozialistischen Lebensweise herausgebildet.[1] Dabei spielten Fragen der Bildung und Erziehung eine herausragende Rolle. Die Gewerkschaft „Solidarität" betrachtete eine grundlegende Bildungsreform als unerläßlichen Bestandteil der von ihr angestrebten Veränderungen der gesellschaftlichen Verhältnisse. Zu den elementaren Voraussetzungen für eine Erneuerung des Systems der „nationalen Erziehung", wie sie von den Unterhändlern der „Solidarität" in den Verhandlungen mit Vertretern des Bildungsministeriums gefordert wurde, gehörte die Wiederherstellung der Autonomie der Schule und eine Neubestimmung der Erziehungs- und Bildungsziele.[2]

In den ersten Nachkriegsjahren hatte es in Polen zunächst noch lebhafte Auseinandersetzungen um die neue Gestalt der polnischen Kultur gegeben. Sie wurden vor allem in den Spalten der kulturellen Wochenzeitungen der verschiedenen weltanschaulichen Gruppierungen ausgetragen, insbesondere in der marxistischen „Kuźnica" und dem katholischen „Tygodnik Powszechny"[3], wobei es aber auch Meinungsunterschiede innerhalb der beiden Lager gab. Die Haupttrennungslinien verliefen jedoch zwischen den Marxisten auf der einen und Publizisten der Opposition, vornehmlich der Katholiken,

[1] O. Anweiler: „Sozialistische Lebensweise" als pädagogisches Konzept und als Realität, in: Idee und Realität der sozialistischen Lebensweise in Ostmitteleuropa (Wirtschafts- und sozialwissenschaftliche Ostmitteleuropastudien, 11), Marburg/Lahn 1986, S. 11–26; H.-J. Karp: Katholizismus und sozialistische Lebensweise in Polen. Das Gegenmodell der christlichen Kulur, ebenda, S. 53–66; Ders.: Der pädagogische Aktionsraum der Kirche in Polen, in: Staatliche Steuerung und Eigendynamik im Bildungs- und Erziehungswesen europäischer Staaten und der DDR, hrsg. von O. Anweiler (Osteuropaforschung, Bd. 21), Berlin 1986, S. 177–196; J. Mariański: Bildung und Erziehung in der katholischen Kirche in Polen, in: Entwicklung und Subsidiarität. Deutsch-polnisches Gespräch über Wirtschaft und Gesellschaft im Lichte der christlichen Sozialethik, hrsg. von J. Thesing und K. Weigelt, Melle 1986, S. 98–110.

[2] H.-J. Karp: Nation und Bildung in Polen. Zu den bildungspolitischen Aktivitäten der Gewerkschaft „Solidarität", in: Wirtschaftsprobleme und Bildungsfragen in der polnischen Reformdiskussion (Wirtschafts- und sozialwissenschaftliche Ostmitteleuropastudien, 7), Marburg/Lahn 1984, S. 59–79; S. Baske: Bildungspolitische und pädagogische Tendenzen der Erneuerung in Polen 1980/81, in: Vergleichende Bildungsforschung. DDR, Osteuropa und interkulturelle Perspektiven. Festschrift für Oskar Anweiler zum 60. Geburtstag, hrsg. von B. Dilger, F. Knebart u. a., Berlin 1986, S. 428–440.

[3] Zur Rolle des Krakauer Wochenblatts in diesem Streit vgl. K. Koźniewski: Między oporem a udziałem, in: Polityka Nr. 42 (659), 18. 10. 1969, S. 1–8; M. Jagiełło: Program kulturalny „Tygodnika Powszechnego" (1945–1953), in: Przegląd Powszechny Nr. 4 (740), 1983, S. 111–124.

auf der anderen Seite. Dabei waren die oppositionellen Stellungnahmen von der Furcht vor der Zerstörung des nationalen Charakters der polnischen Kultur beherrscht.[4]

Der Grundriß eines sozialistischen Kulturprogramms begann sich erst verhältnismäßig spät herauszubilden. Zunächst galt der im Juli 1944 vom Organ der Polnischen Arbeiterpartei (PPR) „Rada Narodowa" formulierte Grundsatz der „Verallgemeinerung" der Kultur (upowszechnienie kultury) mit seinen beiden Zielvorstellungen: Teilhabe aller an den überlieferten Gütern der Kultur und Schaffung neuer Werte, die im Einklang mit dem Geist der Zeit stehen, durch den neuen Menschen, der in einem sozialistischen Wertesystem erzogen ist.[5] Erst die programmatische Rede, in der Bolesław Bierut im November 1947 in Breslau diesen ideologischen Leitbegriff sozialistischer Kulturpolitik entfaltete und zur Verwirklichung dieses Ziels die „Herausbildung eines neuen Menschentyps"[6] forderte, kündigte eine Wende an, die auf dem ZK-Plenum der PPR vom 31. August–3. September 1948 vollzogen wurde. Dieses schlug einen „rigiden dogmatischen Kurs" in der Kultur- und Bildungspolitik ein, der den „polnischen Weg zum Sozialismus" auch auf diesem Felde beendete und im Dezember desselben Jahres vom Kongreß der Polnischen Vereinigten Arbeiterpartei (PZPR) bestätigt wurde.[7] Von 1949 an bestimmten ausschließlich von der PZPR formulierte, staatlich verordnete Programme die weitere Entwicklung von Bildung und Kultur.

Im Lichte der Entwicklung nach dem „Frühling im Oktober" 1956 stellt sich die Frage nach der Kontinuität nationaler Traditionen in der Kultur Polens sowie in den Projekten zur Reform des Schul- und Bildungswesens, oder anders gesagt, nach dem Maß, in dem Bildung und Erziehung nach dem Modell der sozialistischen Kultur sowjetischen Typs umgeformt wurden. Im äußeren Ablauf der sowjetkommunistischen Überlagerung hat Oskar Anweiler für den Bereich von Bildung und Erziehung in der Zeit bis zum Ende der Ära des Stalinismus bereits 1967 zwei Phasen unterschieden, die für alle beteiligten Länder gelten: 1. die sog. „demokratischen Schulreformen" in den Jahren 1945 bis 1947/48 und 2. die zwangsweise marxistisch-leninistische Umformung von Schule und Wissenschaft nach dem stalinistischen Modell 1948/49 bis 1956.[8] Die folgenden Ausführungen beschränken sich auf die Darstellung der staatlichen Kulturprogramme in Polen, da dafür durch die jüngste Edition von Siegfried Baske[9] die Quellen in ausreichendem Umfang zur Verfügung stehen.

---

4 A. Korzon: Społeczeństwo polskie a walka o kszałt kultury narodowej w latach 1945–1949, in: Dzieje Najnowsze 15 (1983), Nr. 1–2, S. 253–284, hier S. 268.

5 T. Szarota: Upowszechnienie kultury, in: Polska Ludowa 1944–1950. Przemiany społeczne, hrsg. von F. Riszka, Wrocław u. a. 1974, S. 408–470, hier S. 416 mit Anm. 10.

6 B. Bierut: O upowszechnienie kultury, Kraków 1948, S. 11.

7 A. Korzon: Społeczeństwo, S. 278, Zitat S. 284.

8 O. Anweiler: Sowjetkommunistische Überlagerung und nationale Differenzierung im Bildungswesen Ostmitteleuropas, in: Osteuropa 17 (1967), S. 1–15, hier S. 5.

9 S. Baske: Bildungspolitik in der Volksrepublik Polen 1944–1986. Quellensammlung mit einleitender Darstellung und Kommentaren. Teil I: 1944–1970 (Osteuropa-Institut an der Freien Universität Berlin. Erziehungswissenschaftliche Veröffentlichungen, Bd. 18), Berlin 1987 [zitiert: Baske]. Ich danke Herrn Prof. Baske, daß er mir schon vor Erscheinen der Edition zahlreiche Quellenstücke in Kopie zur Verfügung gestellt hat.

I

Die Phase der „demokratischen Schulreformen“ war nach Anweiler dadurch charakterisiert, daß „das Staatsmonopol über das Schulwesen... zwar errichtet, der ausschließliche Führungsanspruch der kommunistischen Parteien über die Erziehung und die pädagogische Wissenschaft jedoch noch nicht offen proklamiert“ wurde.

> „Diese Übergangsphase konnte noch durchaus als Fortsetzung radikaldemokratischer und sozialistischer Reformbestrebungen angesehen werden, wenn auch die Anwesenheit der sowjetischen Militärverwaltung und ihrer Kulturoffiziere als ‚Berater‘ der einheimischen Behörden... einen sowjetfreundlichen Kurs in der Schul- und Hochschulpolitik garantierte.“ [10]

Ähnlich hat Georg W. Strobel bereits 1961 gewiß zu Recht darauf hingewiesen, daß die sozialistische Kulturrevolution in Polen in der ersten Gomułka-Ära von einer „zweckhaften“, d. h. taktischen Toleranz bestimmt war. [11]

Die Phase der „toleranten“ Kulturpolitik von der Bildung des Lubliner Komitees (der Nationalen Befreiung) im Juli 1944 bis zur Entmachtung Gomułkas und seiner Anhänger im September 1948 läßt sich genauer differenzieren. In bezug auf die Inhalte und Ziele von Bildung und Erziehung sowie hinsichtlich der Personen und Instanzen in Partei und Staat, die die Kultur- und Bildungspolitik bestimmen, können drei Abschnitte unterschieden werden.

Der erste Zeitabschnitt ist dadurch charakterisiert, daß von Juli 1944 bis Juli 1945 im Bildungsressort des Lubliner Komitees und dann in der am 1. Januar 1945 gebildeten Provisorischen Regierung die Bildungspolitik von der PPR unter der Leitung von Stanisław Skrzeszewski formuliert wurde. [12] Dieser war ein PPR-Mitglied sowjetischer Schulung, er hatte zur Führung des Verbandes Polnischer Patrioten (ZPP) in der Sowjetunion gehört. [13] Sein Ressort erließ verschiedene Richtlinien zur neuen Schulorganisation und über erzieherische Maßnahmen. [14] Noch in Lublin wurde auch über eine Revision der Lehrpläne, besonders in den Fächern Polnisch, Deutsch, Geschichte und Biologie beraten, wobei es zunächst darum ging, die faschistischen Tendenzen in den Lehr- und Schulbüchern der Vorkriegszeit auszumerzen. Mitte November 1944 wurde eine eigene Abteilung für Schul- und Lehrplanreform unter der Leitung von Dr. Żanna Kormanowa (PPR), die ebenfalls während des Krieges im sowjetischen Exil gelebt hatte, errichtet. [15] Die Reformpläne wurden dem in der zweiten Junihälfte 1945 nach Lodz einberufenen Polnischen Landeskongreß für Volksbildung vorgelegt und sollten bereits im Schuljahr 1945/46 in Kraft treten. An dem Kongreß nahmen Gelehrte, Vertreter der Parteien, der gesellschaftlichen Organisationen, der Jugendverbände und auch eine Gruppe von Geistlichen teil. Die Initiatoren und Organisatoren des Kongresses waren aber die Bildungsexperten der PPR, die Autoren des Reformprojekts der Partei. [16]

---

[10] O. Anweiler: Sowjetkommunistische Überlagerung, S. 5.

[11] G.W. Strobel: Die sozialistische Kulturrevolution in Polen. Verlauf, Methoden und Probleme, in: Jahrbücher für Geschichte Osteuropas 9 (1961), S. 73–105, hier S. 82–84.

[12] J. Jakubowski: Polityka oświatowa Polskiej Partii Robotniczej 1944–1948, Warszawa 1975, S. 92–96. Besetzung der wichtigsten Leitungspositionen, ebenda, S. 141; vgl. Baske: S. 33.

[13] S. Baske: S. 31.

[14] Die Haupttendenzen der Entwicklung, ebenda, S. 34–45.

[15] J. Jakubowski: Polityka, S. 54. Nach Baske: S. 102, begann sie ihre Tätigkeit bereits im September.

[16] J. Jakubowski: Polityka, S. 101 f.

Ziel der Reform war die sog. „Demokratisierung" im Sinne einer quantitativen und sozialen Öffnung der Schulen für eine möglichst große Zahl von Schülern aus allen sozialen Schichten, besonders aber für Arbeiter- und Bauernkinder. Dementsprechend sollte die Organisationsstruktur der Schulen geändert werden. Für unseren Zusammenhang ist vor allem festzuhalten, daß die Grundlage der Reform die „besten fortschrittlichen Traditionen" der polnischen Nation sein sollten. Den Erziehungshistorikern wurde die Aufgabe gestellt, „die fortschrittlichen, demokratischen pädagogischen Gedanken und die Bewegungen, die zur Demokratisierung der Schule und Kultur in unserem Lande beigetragen haben, aufzuarbeiten", so Skrzeszewski in einem Grundsatzreferat in Lodz.[17] Żanna Kormanowa führte über die Grundsätze zur Umgestaltung der Lehrpläne ergänzend aus, „daß wir diese demokratische Tradition an den Schulen auf keinen Fall parteiisch machen lassen, sie kann politisch gemacht werden, aber nicht parteiisch. Sie darf nicht zur Tradition einer Partei gemacht werden, sondern nur zu der der gesamten demokratischen Bewegung, zur Befreiungsbewegung der breitesten Bauern- und Arbeitermassen". Ausdrücklich betonte sie, daß nicht an eine kommunistische Erziehung gedacht sei, die Schule solle vielmehr an die polnische Wirklichkeit angepaßt werden, die sich gerade auf das Privateigentum stütze und in der die Privatinitiative gefördert werden solle. Die neue Situation Polens, die auch die Bildungsinhalte zu bestimmen hätte, sei „antifaschistisch, antideutsch, auf Arbeiter und Bauern bezogen und mit den Westgebieten verbunden" und sie berücksichtige die slawischen Elemente der Kultur Polens. Oberstes Erziehungsziel sollte die Erziehung eines neuen Menschen und einer neuen Moral sein, aber nicht ausdrücklich im kommunistischen Sinne, sondern verstanden als Wiederaufbau der „während des Krieges in Frage gestellten und durch die Jahre der Besatzung zertretenen unvergänglichen Werte der humanistischen Kultur". Einen sehr hohen Stellenwert wies die Referentin der Würde der menschlichen Arbeit zu. Die Wiederherstellung des Glaubens an die eigenen Kräfte und der Grundlagen eines gerechtfertigten Nationalstolzes bezeichnete sie als weitere wichtige Erziehungsaufgabe der Schule.[18] Die angestrebten Ziele sollten erreicht werden u.a. durch die Einführung eines neuen Faches mit politischer Bedeutung „Polen und die zeitgenössische Welt", durch Einführung von Elementen der Wirtschaftsgeschichte und durch Hervorhebung der fortschrittlichen Traditionen der Nation im Geschichtsunterricht und durch Einführung von Russisch als Pflichtfach von der 5. Klasse ab. Deutsch sollte auf dem ganzen Gebiet des ehemaligen Deutschen Reiches abgeschafft, in den östlichen und zentralen Wojewodschaften auf ein Minimum reduziert werden.[19]

Die Resolution des Bildungskongresses, die auch von nichtkommunistischen Delegierten mitverfaßt wurde, unterstützte jene Lehrplanänderungen, die „auf eine Berücksichtigung der neuen demokratischen, antideutschen und slawischen Inhalte sowie auf die Ausrichtung der Schule auf demokratische Erziehungsideale" abzielten.[20]

Die taktische Toleranz der Schul- und Bildungspolitik der PPR, von der das Referat der Kormanowa gekennzeichnet war[21], zeigt sich sehr deutlich auch in der Einstellung der Partei zum Religionsunterricht. In der Anfang September 1944 angekündigten Einführung eines „elastischen Systems des Religionsunterrichts, das auf Freiwilligkeit be-

---

17 S. Baske: Nr. 21, S. 102–118, S. 113.
18 Ebenda, Nr. 22, S. 119–122.
19 J. Jakubowski: Polityka, S. 110, Anm. 31.
20 S. Baske: Nr. 23, S. 123.
21 Ebenda, S. 37.

ruht"[22], sah die Kirche Bestrebungen zur Abschaffung des Faches in der Schule. In einer kurz vor dem Kongreß in Lodz am 5. Juni 1945 an den Bildungsminister gerichteten Denkschrift wandte sich der Episkopat gegen jegliche Beschränkung des Religionsunterrichts und religiöser Bräuche in der Schule.[23] Der „Tygodnik Powszechny" schrieb am 10. Juni:

> „Die Kirche lehnt den Zwang ab, steht aber auf dem Standpunkt, daß Religionsunterricht und religiöse Bräuche in der Schule für alle Kinder verpflichtend sind, die als katholisch eingeschrieben sind".[24]

Nach dem Eingeständnis der Bildungshistoriker geboten die damalige politische Situation und die Stufe der gesellschaftlichen Entwicklung auf die Durchsetzung einiger Grundsätze sozialistischer Bildungspolitik, wie z. B. des weltlichen Charakters (świeckość) des Unterrichts, zu verzichten, obwohl in den Diskussionen des Lodzer Kongresses die Berücksichtigung dieses Grundsatzes angemahnt wurde.[25] Der Religionsunterricht wurde also in der Schule belassen, der Runderlaß vom 13. September 1945 befreite diejenigen Schüler von der Teilnahme, die sich als religionslos erklärten. Die Propagierung der laizistischen Schule blieb zunächst einigen neugeschaffenen Jugendorganisationen und insbesondere der Arbeitergesellschaft der Kinderfreunde überlassen.[26]

II

In einem zweiten Zeitabschnitt der vorstalinistischen Bildungspolitik stand diese unter der Leitung von Czesław Wycech von der Bauernpartei, der in der am 28. Juni 1945 gebildeten Regierung der Nationalen Einheit das Unterrichtsministerium übernahm. Im Kriege war er Leiter des Departments für Bildung und Kultur der Londoner Exilregierung gewesen.[27] Er gehörte dem rechten Flügel des Stronnictwo Ludowe (SL) an und trat dem am 21. August unter der Leitung von Stanisław Mikołajczyk gebildeten Polskie Stronnictwo Ludowe (PSL), „dem bedeutendsten Sammelbecken aller oppositionellen Kräfte"[28], bei. Es muß offenbleiben, wie weit Wycech sich durchsetzen konnte. Nach dem Bildungshistoriker der PPR, Józef Jakubowski, nahm Wycech Personalveränderungen in der Zentrale des Ressorts und bei den Bezirksbehörden vor, es blieben aber Władysław Bieńkowski von der PPR als Vizeminister und Żanna Kormanowa als Leiterin der Abteilung für Schulreform in ihren Ämtern.[24] Diese Abteilung wurde andererseits im April 1946 in ihren Kompetenzen eingeschränkt.[30]

---

22 Gazeta Lubelska Nr. 26 vom 1. 9. 1944, zitiert nach J. Jakubowski: Polityka, S. 125.

23 Zitiert ebenda, S. 126.

24 Tygodnik Powszechny Nr. 12 vom 10. 6. 1945, zitiert nach J. Jakubowski: Polityka, S. 126.

25 M. Pęcherski, M. Świątek: Organizacja oświaty w Polsce w latach 1917–1977. Podstawowy akty prawne, Warszawa 1978, S. 66; J. Jakubowski: Polityka, S. 193 f.

26 Dziennik Urzędowy Ministerstwa Oświaty 1945, Nr. 14, poz. 189; vgl. M. Jakubiec: Die Auseinandersetzungen um den Religionsunterricht in der Volksrepublik Polen aus kirchlicher Sicht (Wirtschafts- und sozialwissenschaftliche Ostmitteleuropa-Studien, 11), Marburg/Lahn 1986, S. 67–68, hier S. 68.

27 S. Baske: S. 30. – Zur Biographie und den bildungspolitischen Anschauungen Wycechs vlg. St. Pastuszka: Poglądy Czesława Wycecha na oświatę, Warszawa 1983.

28 G. Rhode: Polen als „Volksdemokratie", in: Osteuropa-Handbuch Polen, hrsg. von W. Markert, Köln-Graz 1959, S. 232.

29 J. Jakubowski: Polityka, S. 141. Zur Parteizugehörigkeit der Beamten des Bildungsministeriums ebenda, S. 179.

30 Ebenda, S. 148 mit Anm. 33. Von einer Isolierung des PSL spricht Baske: S. 39.

Es kam zu einem Kampf um die Schulreform in formaler wie inhaltlicher Hinsicht.[31] Das PSL betrachtete die Beschlüsse des Lodzer Bildungskongresses als nicht bindend, sondern nur als Diskussionsgrundlage. Die Einführung der neuen Organisationsstruktur (sprich: der 8-Klassen-Schule) in der Stadt sollte so lange vertagt werden, bis sie auf dem Land eingeführt sei. Das PSL bekämpfte die angeblich von der PPR betriebene Privilegierung der Städte, der Arbeiterzentren, als Irrweg für die polnische Kultur, „weil sie dadurch mit einem der Mehrheit der Nation fremden Geist erfüllt wird, dem Geist materialistischer Soziallehren".[32] Grundsätzlich vertrat das PSL die These vom „apolitischen" und „unparteiischen" Charakter der Schule.[33] Gleichlautende Versicherungen der PPR, wie sie Żanna Kormanowa in ihrer Grundsatzrede in Lodz abgegeben hatte[34], wurden demnach vom PSL als unglaubwürdig angesehen.

Die bildungspolitischen Maßnahmen Wycechs standen aber keineswegs in völligem Gegensatz zu denen seiner Vorgänger. In manchen Punkten – wie dem vorrangigen Aufbau des Schulwesens in den Nord- und Westgebieten, der Beseitigung faschistischer Inhalte aus den Lehrplänen und der Einführung des Russischen in den Fremdsprachenunterricht – bestand vielmehr durchaus Übereinstimmung mit der Bildungspolitik der PPR. Das Bündnis mit der Sowjetunion betrachtete der PSL-Minister aber unter pragmatischen und nicht ideologischen Gesichtspunkten, das Verhältnis zu den Westmächten beurteilte er positiver als die PPR und bei der Verwirklichung der „kulturellen Demokratie"[35] als einer wichtigen Aufgabe der Schule wollte er die nationale Tradition Polens nicht auf die fortschrittlichen Elemente beschränken.[36]

Die unter Wycech durchgeführten Lehrplanreformen[37] folgten den in der Resolution des Lodzer Bildungskongresses formulierten Zielvorstellungen. So bekräftigte z. B. der im Schuljahr 1945/46 eingeführte Lehrplan für die allgemeinbildenden Schulen und für die erste Klasse der allgemeinbildenden Gymnasien im Fach Polnisch eine Erziehung im Geist des Fortschritts und der Demokratie, der Annäherung der slawischen Völker, der Abwehr des „Germanismus" und der Hochschätzung der Arbeit. Im Schuljahr 1946/47 bildete im vorläufigen Lehrplan für die neu eingeführte achtklassige Grundschule im Fach Polnisch „das zeitgenössische demokratische Polen" einen thematischen Schwerpunkt. Das neue Fach „Polen in der modernen Welt" sollte den Schülern Grundwissen in Ökonomie, Soziologie, Recht und Verfassung vermitteln. Das gleiche Fach wurde auch in den allgemeinbildenden Lyzeen – anstelle des Faches „Probleme des modernen Lebens" – eingeführt.

III

Ein dritter Zeitabschnitt in der vorstalinistischen Phase der Bildungspolitik begann im Januar 1947 nach den Wahlen zum Verfassunggebenden Sejm, als in der neuen Regierung Cyrankiewicz das Bildungsministerium wieder von Stanisław Skrzeszewski (PPR) übernommen wurde. Im Unterschied zu 1945 wurde die Bildungspolitik jetzt nicht im

---

31 Ebenda, S. 149–155.
32 Ebenda, S. 154.
33 Ebenda, S. 174.
34 Vgl. oben S. 318
35 S. Baske: Nr. 32, S. 133.
36 Ebenda, S. 37.
37 M. Pęcherski: Szkoła ogólnokształcąca w Polsce Ludowej, Wrocław u. a. 1970, S. 93–96.

Ministerium, sondern in der Partei gemacht.[38] Das Ministerium veröffentlichte noch im August 1947 einen neuen Lehrplan für die achtklassige Grundschule im Schuljahr 1947/48[39], der, von der Abteilung für Schul- und Lehrplanreform ausgearbeitet, nur den Plan des Vorjahres konkretisierte. Über die Unterrichtsziele hieß es darin, daß den Schülern „ein Maximum an Wissen, Kenntnisse in der Technik der Industriearbeit und die Grundlagen des wissenschaftlichen Denkens" vermittelt werden sollten. Als Erziehungsziele wurden genannt:

> „Eine humanitäre und aktive Grundhaltung der Schüler; eine innige Anhänglichkeit an den Staat, die Heimat, die polnische Nation und Kultur, wirklicher Patriotismus; Liebe und Treue zu den Grundsätzen der Volksdemokratie und der sozialen Gerechtigkeit; die Bereitschaft zu zwischenmenschlicher Solidarität."

Noch eingehender wurden diese Bildungs- und Erziehungsziele im Lehrplan für das Fach Polnisch entfaltet. Dieser Lehrplan ist aber nicht mehr lange in Geltung gewesen, da im Januar 1948 mit der Vorbereitung eines neuen Reformprojekts begonnen wurde.[40]

Inzwischen war im Februar 1947 beim Politbüro des ZK der PPR unter dem Vorsitz des Gomułka-Anhängers Marian Spychalski eine Kommission für Bildung und Kultur geschaffen worden. Als Mitglieder gehörten ihr u. a.: Władysław Bieńkowski, ebenfalls zur „nationalen Gruppe" um Gomułka gehörend, sowie Żanna Kormanowa an, die am 7. März den Entwurf einer Resolution zur Bildungspolitik vorstellte, der kontrovers diskutiert wurde. Einige Mitglieder, wie Spychalski und Żanna Kormanowa, sahen Personalveränderungen in den Schulen und der Schulverwaltung als vorrangig an, andere kritisierten die fehlende ideologische Konzeption einer Bildungsrevolution.[41] Für die im April verabschiedete Bildungsresolution war charakteristisch, daß sie keine klare Stellung zur ersten Schulreform bezog, wie sie in Lodz konzipiert worden war, und daß sie auch niemals offizielles Parteiprogramm wurde. Als wichtigste Aufgabe wurde eine stärkere ideologische Offensive im Bereich der Schule und als sehr dringend die Realisierung des „Unterrichts über Polen in der modernen Welt" angesehen.[42] Eine entsprechende Instruktion mit einem Lehrplan für dieses Fach in den Abschlußklassen 6 und 7 der Volksschule gab das Ministerium am 20. September heraus.[43]

Bevor die Kommission für Bildung und Kultur sich im Herbst 1947 wieder auflöste, legte sie den Entwurf einer zweiten Resolution, diesmal zur Kulturpolitik, vor. Darin wurde lediglich die Notwendigkeit festgestellt, ein klar umrissenes Kulturprogramm auszuarbeiten und der Grundsatz formuliert, daß die Entwicklung der Kultur „der Umerziehung (przebudowa) des Menschen in Polen" dienen und „die Kluft zwischen der neuen Ordnung [...] und dem Bewußtsein des Bürgers" überwinden solle, das mental und emotional im allgemeinen noch tief von rückwärtsorientierten Vorstellungen geprägt sei.[44]

---

38 J. Jakubowski: Polityka, S. 250.
39 M. Pęcherski: Szkoła, S. 96 f.
40 J. Jakubowski: Polityka, S. 146.
41 A. Korzon: Społeczeństwo, S. 261.
42 J. Jakubowski: Polityka, S. 227 f.
43 S. Baske: Nr. 48, S. 159–161.
44 A. Korzon: Społeczeństwo, S. 261 f.

Im Vordergrund der innerparteilichen Auseinandersetzungen standen seit Januar 1948 Fragen der Anpassung der Schulstruktur an die Realitäten. Als einer der Hauptautoren der zweiten Schulreform arbeitete Władysław Bieńkowski im Auftrage der Partei neue Richtlinien für die Organisation des Schulwesens aus. Die Leitung des Ministeriums befürwortete keine Strukturveränderungen, sondern trat vielmehr für die Verwirklichung der Reform von Lodz ein. Auf der Politbürositzung vom 1. März kam es zu einer Konfrontation der beiden Projekte. Bieńkowski sprach sich noch am 8. Mai gegen eine Verlängerung der Schulpflicht, gegen die Förderung der allgemeinbildenden Schule und für den Ausbau des berufsbildenden Schulwesens aus. Das Politbüro hatte sich jedoch bereits im März für die neue Organisationsstruktur entschieden, die im Schuljahr 1948/49 eingeführt wurde und für 15 Jahre gültig blieb. Die Schuldauer wurde wegen des dringenden Bedarfs an qualifizierten Kadern von 12 auf 11 Jahre verkürzt und mit dem Ziel einer weiteren Demokratisierung die einheitliche allgemeinbildende Schule eingeführt. An die Stelle der bisher in zwei Stufen gegliederten Oberschule (Gymnasium und Lyceum) trat ein vierklassiges Lyceum, das an die siebenklassige Grundschule anschließt und zusammen mit ihr eine einheitliche elfklassige allgemeinbildende Schule bildet.[45]

Für diesen neuen Schultyp kündigte die Lehrplaninstruktion des Ministeriums vom 10. Juni 1948 für das Schuljahr 1948/49[46] eine Umgestaltung der Lehrplanentwürfe für die Grundschule und eine Neubestimmung der Lehrpläne für die Lyzealstufe der Oberschule nach folgenden Grundsätzen an: 1. im Bereich der exakten Wissenschaften sollten die Elemente der modernen wissenschaftlichen Weltanschauung berücksichtigt; 2. im Bereich der humanistischen Wissenschaften Erkenntnis- und Erziehungsinhalte miteinander verbunden werden; 3. ideologische Grundlage blieb die Formel: „Volkspolen in der gegenwärtigen Welt und seine Gestaltung im historischen Kampf und durch seine Arbeit". Als Erziehungsziele der einheitlichen Oberschule zählte die Instruktion die gleichen Ideale auf, wie sie bereits in den bisherigen Lehrplänen für die Grundschule formuliert waren: Liebe zum polnischen Volksstaat; Liebe zu den fortschrittlichen Traditionen der nationalen Kultur; Wertschätzung der Arbeit; Treue zu den Ideen des Fortschritts und der sozialen Gerechtigkeit; Solidarität mit allen die Freiheit liebenden Völkern, besonders den slawischen. Bemerkenswert ist noch, daß die Instruktion im Rahmen des Fremdsprachenunterrichts dem Russischen keine Vorrangstellung einräumte. Vielmehr sollte „jeder Absolvent der Lyzealstufe Kenntnisse einer neueren Fremdsprache und in Latein bzw. zweier neuerer Fremdsprachen, davon einer slawischen, erwerben".[47]

Die Lehrpläne blieben also inhaltlich unverändert und wurden lediglich der neuen Organisationsstruktur der Schule angepaßt. Sie entsprachen im wesentlichen den bildungspolitischen Postulaten des Lodzer Kongresses[48] und stützten sich „noch nicht auf die ideologischen und methodologischen Grundlagen des Marxismus-Leninismus, obwohl im Lehrplan für Polnisch bereits Elemente einer marxistischen Behandlung des Unterrichtsstoffs erkennbar"[49] waren.

---

45 J. Jakubowski: Polityka, S. 249–258; M. Pęcherski: Das Schulwesen in Volkspolen, in: Das Schulwesen sozialistischer Länder in Europa, Berlin 1962, S. 293.

46 S. Baske: Nr. 53, S. 177–179.

47 Ebenda, S. 179.

48 J. Jakubowski: Polityka, S. 255 f.

49 M. Pęcherski: Szkoła, S. 111.

IV

Eine entscheidende Wende auch in der Bildungspolitik wurde auf dem ZK-Plenum der PPR vom 31. August–3. September 1948 vollzogen, das Gomułka und die mit ihm verbundene „nationale" Gruppe praktisch kaltstellte.[50] Die vom Plenum verabschiedete Resolution verlangte „zur Verwirklichung des Sozialismus" auch neue Bildungs- und Erziehungsprogramme. Auf der Landestagung des Bildungsaktivs der PPR am 30. Oktober 1948 übte Bildungsminister Skrzeszewski in seiner programmatischen Rede über „Grundlegende Bildungsaufgaben in der Periode des Aufbaus der Grundlagen der sozialistischen Gesellschaft in Polen" scharfe Kritik an der gesamten bisherigen Bildungspolitik und insbesondere den Lehrplänen, deren Hauptmangel er darin erblickte, daß „ihnen Einflüsse der rechten und nationalistischen Abweichung innerhalb der Partei anzumerken" seien. Er beklagte, daß „in bezug auf die Bestimmung eines neuen Erziehungsideals, einer neuen Leitidee für den Menschen, der in der Etappe der Volksdemokratie ein sozialistisches Polen aufbauen soll, bisher faktisch nichts getan" worden sei. Er forderte eine Erziehung „in einer auf sozialistische Grundsätze gestützten Moral", die der kapitalistischen Moral überlegen sei. Die Defizite in der bisherigen pädagogischen Theorie müßten durch die Schaffung eines wissenschaftlich-pädagogischen Zentrums behoben werden, das sich u. a. „der Popularisierung der reichen sowjetischen Erfahrungen" widmen solle.[51]

Das ideologische Manifest der Polnischen Vereinigten Arbeiterpartei (PZPR), das auf dem Vereinigungskongreß am 15. Dezember 1948 beschlossen wurde[52], forderte neben der Verbreitung der Ausbildung den Umbau im Bewußtsein der Menschen, die Schaffung einer neuen sozialistischen Kultur und die Erziehung eines neuen Menschen, der mit der Ideologie des Marxismus-Leninismus verbunden ist.[53] Zur Verwirklichung dieser Ziele waren neue Lehrpläne erforderlich, die bereits im Schuljahr 1949/50 eingeführt werden sollten und deren Grundsätze noch einmal in der Instruktion des Bildungsministeriums zum Lehrplan der pädagogischen Lyzeen im Schuljahr 1948/49 vom 10. Februar 1949 eingeschärft wurden.[54] Als neues Schulfach kam in Klasse 10 die Gesellschaftslehre hinzu, die inhaltlich Elemente des historischen und dialektischen Materialismus und der politischen Ökonomie enthielt und den theoretischen Unterbau für das schon erwähnte ältere Fach „Polen und die zeitgenössische Welt" in Klasse 11 bilden sollte. Die wesentlichste Neuerung bestand darin, daß die ideologischen und erzieherischen Elemente in bedeutend größerem Maße als bisher in allen Fächern zur Geltung kommen sollten.

Józef Barbag, Departementsleiter im Bildungsministerium, erläuterte diese Grundlagen der Lehrpläne auf dem gesamtpolnischen Kongreß der Schulinspektoren im Mai 1949. Umfang und Auswahl der Lehrinhalte und eine harmonische Verbindung der Erkenntnis und Erziehungsinhalte sollten die Schüler zu der Überzeugung führen, „daß der Sozialismus [...] eine höhere Stufe der Kultur und der Moral bedeutet". Die Schule habe zum Klassenkampf zu erziehen und im Schüler „ein emotionales und aktives Verhalten heranzubilden, ein Solidaritätsgefühl mit der Welt des Fortschritts, aber Haß ge-

---

50 G. Rhode: Polen als „Volksdemokratie", S. 237 f.

51 S. Baske: Nr. 55, S. 182–198, Zitate S. 189, 191, 194 und 195.

52 Ebenda, Nr. 57, S. 200–202.

53 M. Pęcherski: Szkoła, S. 112.

54 S. Baske: Nr. 58, S. 202 f. Zum folgenden: M. Pęcherski: Szkoła, S. 113 f.

genüber der Reaktion und der Ausbeutung". Inhaltlich seien die neuen Lehrpläne u. a. darauf auszurichten, „eine reiche und möglichst vollständige Information über die Sowjetunion zu erreichen". Die Bevorzugung des Russischen unter den Fremdsprachen wurde nicht mehr mit der Zugehörigkeit Polens zur gemeinsamen slawischen Kultur, sondern mit den „sich immer mehr vertiefenden Beziehungen zwischen Volkspolen und der Sowjetunion" auf allen Gebieten begründet.[55]

Ebenfalls im Mai 1949 forderte Franciszek Sadowski in der Parteizeitschrift „Nowe Drogi" „eine neue Pädagogik und neue pädagogische Techniken", die sich an den Erfahrungen der Sowjetunion zu orientieren hätten.[56]

Vom Bildungsministerium wurde 1950 eine zentrale pädagogische Arbeitsstelle eingerichtet (Państwowy Ośrodek Oświatowych Prac Programowych i Badań Pedagogicznych[57]), deren Aufgabe es war, „die Arbeit zur Verbesserung der Lehrpläne, die Ausarbeitung neuer Lehrbücher und die Herausgabe von Unterrichtshilfen für die Lehrer intensiv durchzuführen".[58] Zur Profilierung der ideologischen Wende bekräftigten die neuen Lehrpläne, die 1950 fertiggestellt waren, für alle Fächer als die grundlegenden Bildungs- und Erziehungsziele die Herausbildung einer wissenschaftlichen Weltanschauung auf der Basis der Errungenschaften des dialektischen und historischen Materialismus und die Herausbildung einer sozialistischen Moral.[59] Im Polnischunterricht sollten die jungen Polen zwar durch das Erlernen der Muttersprache mit dem Leben und der Kultur ihrer Nation vertraut gemacht, aber auch zu Staatsbürgern erzogen werden, „die wachsam gegenüber dem Klassenfeind und bereit zu den größten Opfern zur Verteidigung des Vaterlandes sind, die stolz auf die Errungenschaften beim Aufbau der Grundlagen des Sozialismus sind, [...] die die fortschrittlichen nationalen Traditionen kennen und die Nationalhelden der gesellschaftlichen und nationalen Befreiungskämpfe ehren".[60]

Auf einer Sitzung der Sejmkommission für Bildung und Kultur erklärte Bildungsminister Witold Jarosiński jedoch am 7. März 1951, daß die neuen Lehrpläne und Lehrbücher, die „dank der beträchtlichen Anstrengungen unserer führenden und besten Pädagogen unter Ausnutzung der Modelle und Erfahrungen der sowjetischen Pädagogen" entstanden seien, nicht „für vollkommen befriedigend" gehalten werden könnten. Die neuen Richtlinien für Erziehung und Unterricht zur Verwirklichung des Sechsjahrplans im Bildungsbereich, die er vorstellte, wiederholten aber im wesentlichen auch nur die alten Formeln.[61] Wenige Tage später urteilte auf dem 3. Landeskongreß des Polnischen Lehrerverbandes am 18. März Staatspräsident Bierut, daß es in der Kulturrevolution, die das polnische Volk durchlebe, „noch viele spontane Elemente" gebe,

---

[55] S. Baske: Nr. 65, S. 213–218, Zitate S. 213, 214 und 215. Vgl. auch die Instruktionen vom 11.6. 1949 über die Erziehung in Sommerferienlagern, ebenda, Nr. 67, S. 220–222.

[56] Ebenda, Nr. 66, S. 218–220, Zitat S. 219. Zur ersten „Gesamtpolnischen Konferenz der Pädagogen und Psychologen" am 10.5. 1950, vgl. ebenda, Nr. 75, S. 237, Anm.

[57] M. Pęcherski: Szkoła, S. 115.

[58] So Józef Kowalczyk, Leiter der Abteilung für Bildung des ZK der PZPR auf dem Bildungskongreß der Partei am 28.10. 1949 in seinem Referat über die nächsten Aufgaben im Bildungsbereich, vgl. S. Baske: Nr. 73, S. 231–236, hier S. 234.

[59] M. Pęcherski: Szkoła, S. 116.

[60] Lehrplanentwurf für Polnisch in der allgemeinbildenden Schule vom 8. 7. 1950, S. Baske: Nr. 77, S. 240–242, hier S. 241.

[61] Ebenda, Nr. 80, S. 243–245, Zitate S. 244.

und forderte unter Berufung auf Lenin, mehr „Planmäßigkeit und Systematik" in die Arbeit einzuführen.[62]

Trotzdem blieben die Lehrpläne von 1950, die nach Pęcherski „nicht frei von Mängeln der Vulgarisierung des Marxismus" waren, mit nur geringfügigen Veränderungen bis 1954 gültig.[63]

Der Beschluß des II. Kongresses der PZPR im März 1954 nannte dann auch nur noch einmal die beiden grundlegenden Ziele sozialistischer Kulturpolitik, nämlich „Bildung und Kultur zu verbreiten" und „unsere Wissenschaft und Kultur sowie unsere literarische und bildende Kunst mit dem neuen, sozialistischen Inhalt zu erfüllen, der die Erziehung des neuen Menschen des Sozialismus ermöglicht", und stellte zugleich abermals fest, daß die erzieherischen Ergebnisse des Schulwesens nicht als zufriedenstellend angesehen werden könnten.[64] Die Lehrplan- und Schulbuchinstruktion für die elfjährigen allgemeinbildenden Schulen im Schuljahr 1954/55 berücksichtigten zwar die Ergänzungs- und Verbesserungsvorschläge des Komitees für Pädagogische Wissenschaften der Polnischen Akademie der Wissenschaften und des Instituts für Pädagogik, die Ausarbeitung ganz neuer Lehrpläne hielt das Ministerium aber aus Zeitgründen für unzweckmäßig. Die 1955 ausgearbeiteten Lehrpläne sahen lediglich eine Verringerung der Pflichtstundenzahl vor.[65]

V

So ziehen sich durch die Kulturprogramme und die Lehrpläne der Schulen seit der Wende von 1948 wie ein roter Faden immer wieder dieselben Forderungen, die zugleich erkennen lassen, wie die selbstkritischen Analysen der maßgebenden Bildungspolitiker wenigstens andeutungsweise bestätigen, daß die angestrebte Umerziehung der Menschen nicht in zufriedenstellender Weise gelungen war.

Deutlicher fiel die Kritik an der bisherigen Bildungspolitik nach dem politischen Umbruch vom Oktober 1956 aus. Die vielfach radikale Abrechnung mit ihr betraf aber nicht die Ziele von Bildung und Erziehung, sondern lediglich die „falsch gewählte(n) Methoden", die „ein absolut richtiges und vollkommen reales Ziel kompromittieren können", wie Władysław Bieńkowski, der als rehabilitierter Gesinnungsfreund von Władysław Gomułka im November 1956 das Bildungsministerium übernommen hatte, am 21. Dezember vor dem Hauptvorstand des Polnischen Lehrerverbandes ausführte.[66] Der Minister würdigte die „gewaltige Anstrengung beim Ausbau des Schulwesens", beklagte andererseits aber den „Primat der Propaganda über Bildung und Erziehung", der geradezu „in gewissem Sinne entgegengesetzt" gewirkt habe; ihr gegenüber „behauptete sich der aus allen Kanonen angeschossene Bürger und ergab sich nicht".[67] Nach Bieńkowskis Einschätzung wurde „die folgenschwerste Verwüstung im Schulwesen... auf dem Gebiet der moralischen Erziehung vollbracht".[68] Am 2. Mai 1957 bezeichnete

[62] Ebenda, Nr. 82, S. 246–250, Zitate S. 246.
[63] M. Pęcherski: Szkoła, S. 117.
[64] S. Baske: Nr. 91, S. 276 f., hier S. 276.
[65] M. Pęcherski: Szkoła, S. 119 f. – Vgl. die Verordnung des Bildungsministers vom 19. Mai 1955 über die Übergangsstundentafel in den Grundschulen und den allgemeinbildenden Lyzeen im Schuljahr 1955/56, S. Baske: Nr. 94, S. 282 f.
[66] S. Baske: Nr. 106, S. 305–321, hier S. 305.
[67] Ebenda, S. 306.
[68] Ebenda, S. 315.

der Minister auf dem Bildungskongreß des Polnischen Lehrerverbandes die „Demoralisierung" der Gesellschaft gar als „das schwerste Erbe, das wir von der vergangenen Periode übernommen haben, [...] so daß wir uns mit den Resultaten herumschlagen müssen: mit Diebstahl, Bestechung, Betrügerei, Verschwendung, Geringschätzung, Gleichgültigkeit und mit einer sträflichen, sorglosen Einstellung zu den allgemeinen öffentlichen Angelegenheiten und den gesellschaftlichen Interessen".[69]

Vor den Vertretern des Lehrerverbandes nahm Bieńkowski im Dezember 1956 auch zur Rolle des Religionsunterrichts Stellung. Trotz unverändert gebliebener Rechtslage, wonach, wie oben erwähnt, der Religionsunterricht fakultativ war, und trotz der Garantien in der Vereinbarung von Vertretern der Regierung und des Episkopats vom 14. April 1950[70] war er immer öfter auf angeblichen Wunsch „der Mehrheit" der Eltern aus den Schulen beseitigt, oder es waren neue Schulen mit weltlichem Charakter, also ohne Religionsunterricht, errichtet worden.[71] Nach Baske war die Stundentafel der Grundschule und des allgemeinbildenden Lyzeums im Schuljahr 1955/56 die erste, die keinen Religionsunterricht mehr enthielt.[72] Bieńkowski behauptete in dem erwähnten Vortrag, „daß an 20% der Schulen die ganze Zeit über der Religionsunterricht stattgefunden hat".[73]

Der Minister hielt mit Entschiedenheit daran fest, „daß Erziehung und Unterricht in unserer Schule weltlich bleiben müssen, frei von fideistischen Einflüssen"[74], und begründete die Wiedereinführung des Religionsunterrichts an allen Schulen gemäß den von der gemeinsamen Kommission der Vertreter der Regierung und des Episkopats am 7. Dezember 1956 getroffenen Vereinbarungen[75] mit der Feststellung, daß er seinerzeit „ohne ausreichende Zusammenarbeit mit der Öffentlichkeit, mit den Eltern, allein durch administrative Maßnahmen" aus der Schule verbannt worden sei und diese Methoden Resultate erzielt hätten, „die den beabsichtigten gänzlich entgegengesetzt waren. [...] Die allgemeine Bilanz der zur Streichung des Religionsunterrichtes an den Schulen angewandten Methoden muß man als negativ betrachten".[76]

Für den Minister waren die nationalen Traditionen der polnischen Kultur kein Thema. Ihm ging es um die Abschaffung des Primats der Politik und die Wiedereinführung des Primats der Pädagogik. Er beklagte die „Entpädagogisierung" des Lebens, den „Verfall" des pädagogischen Denkens und die Isolierung von den Erfahrungen anderer Länder". Er kritisierte in diesem Zusammenhang das dem Ministerium unterstellte Institut für Pädagogik (POOPPiBP), dessen Lehrplanabteilung nur „die Weisungen der Politruks von der Schuladministration und von außerhalb" erfüllt habe.[77] Der Institutsdirektor Prof. Tadeusz Tomaszewski hatte schon in der ersten Dezemberhälfte Selbstkritik an der Tätigkeit des Instituts geübt. Als einer der wichtigsten Mängel erschien ihm „das vollkommene Mißtrauen gegenüber der Leistungsfähigkeit der Wis-

---

[69] Ebenda, Nr. 110, S. 328–330, hier S. 329.
[70] Ebenda, Nr. 75, S. 237–239, hier S. 238 f., Punkt 10.
[71] M. Jakubiec: Auseinandersetzungen, S. 68–70.
[72] S. Baske: Nr. 95, S. 283, Anm.
[73] Ebenda, Nr. 106, S. 320.
[74] Ebenda, S. 319.
[75] Ebenda, Nr. 103, S. 302 f.
[76] Ebenda, Nr. 106, S. 319 f.
[77] Ebenda, S. 307 f.

senschaft in der Welt und bei uns, aber gleichzeitig ein fast unbegrenztes, mechanisches Vertrauen auf die Errungenschaften und die Formulierungen der sowjetischen Wissenschaft". Wenn einer der Mitarbeiter des Instituts versucht habe, „eine eigene Feststellung zu formulieren, löste dies meist sogar – vor allem außerhalb des Instituts – Spötteleien aus: Wie ist das möglich, es wurde noch nicht in der Sovetskaja Pedagogika publiziert, und er selbst will das entwickelt haben? Dieser Art von Stimmung konnten wir uns nicht immer widersetzen".[78]

Zwanzig Jahre nach dem polnischen „Oktober" hat Wojciech Pomykało die Kritik Bieńkowskis an der Bildungspolitik der Jahre 1949–1956 als revisionistisch zurückgewiesen und mit der Behauptung abzuschwächen versucht, im schulischen Unterrichtsprozeß seien „bei der allgemeinen Verbreitung (upowszechnienie) der materialistischen Geschichtskonzeption und der Rolle der sozialistischen Ideologie" durchaus „wesentliche Erfolge" erzielt worden. Das Urteil des Ministers, man müsse im Bildungsbereich ganz von vorne anfangen, sei „sachlich nicht richtig" gewesen und hätte „zu falschen praktischen Schlußfolgerungen" geführt.[79] Nach dem Urteil von Feliks W. Araszkiewicz aus dem Jahr 1986 ist die marxistische Teleologie der Erziehung in Polen in den Jahren 1949–1956 über allererste Anfänge überhaupt nicht hinausgekommen. Die rudimentären Konzeptionen seien zudem „von methodologischen und sachlichen Fehlern gekennzeichnet" gewesen, „ganz zu schweigen von ihrem peinlich niedrigen wissenschaftlichen oder, besser gesagt, quasi-wissenschaftlichen Niveau".[80]

Bemerkenswert ist, daß im Zusammenhang mit der allgemeinen ideologischen Krise der Entstalinisierung auch in der Tschechoslowakei, wo der XX. Parteitag der KPdSU allerdings ohne größere Wirkung blieb, „von der Grundlage eines revisionistischen Marxismus aus"[81] Kritik am bisherigen Bildungs- und Erziehungssystem geübt wurde. In einem umfangreichen Artikel des Organs der slowakischen Schriftsteller „Kulturný Život", der am 30. Juni 1956 erschien und eine große Zahl zustimmender Leserbriefe nach sich zog, rechnete Ondrej Pavlík, „der offenste Kritiker der tschechoslowakischen Schulentwicklung"[82], mit der seiner Meinung nach verfehlten Bildungspolitik ab.[83] Pavlík, der 1947–1953 Dozent an der Pädagogischen Fakultät der Universität Preßburg, 1953–1955 Präsident der Slowakischen Akademie der Wissenschaften gewesen war und nach dem Kriege hohe Ämter in der KPS und in der slowakischen Landesregierung bekleidet hatte, „beklagte den Formalismus des Unterrichts, das ‚Buchwissen' der Schüler, ihre Unfähigkeit, erlernte Erkenntnisse in praktische Handlungen umzusetzen", und überhaupt das ganze System der „sozialistischen Erziehung".[84] Er beanstandete die mechanische Übernahme sowjetischer Lehrpläne und Lehrbücher, was schon des-

[78] Ebenda, Nr. 102, S. 297–301, hier S. 297 und S. 300.

[79] W. Pomykało: Kształtowanie się ideału wychowawczego w PRL w latach 1944–1976, Warszawa 1977, S. 203 u. 204.

[80] F. W. Araszkiewicz: Telelogia wychowania Polskiej Rzeczypospolitej Ludowej (1944–1980), Słupsk 1986, S. 93.

[81] O. Anweiler: Sowjetkommunistische Überlagerung, S. 7.

[82] Ebenda.

[83] Nachdruck in: O. Pavlík: Svedectvo dokumentov o akademikovi Pavlíkovi a tých dalších, Bratislava 1968.

[84] W. Oschlies: Porträt der „Machtelite". Zu einer Dokumentation des slowakischen Pädagogen und Politikers Ondrej Pavlík (Berichte des Bundesinstituts für ostwissenschaftliche und internationale Studien, 6/1970), Köln1970, S. 38. Zur Biographie Pavlíks ebenda, bes. S. 16–19, und Who's Who in the Socialist Countries of Europe, hrsg. von J. Stroynowski, Bd. 3, München u. a. 1989, S. 900.

halb ein Fehler gewesen sei, weil Tschechen und Slowaken als Angehörige kleiner Völker außer Russisch mindestens noch eine zweite Weltsprache erlernen müßten.[85]

Mit dieser Argumentation erhielt die Kritik Pavlíks auch einen gewissen nationalen Akzent. Pavlík gehörte zu den sog. „bourgeoisen Nationalisten", die im Krieg im Lande geblieben waren und im Untergrund u.a. 1944 den slowakischen Nationalaufstand organisiert hatten. Mit der angeblich von ihm verheimlichten Mitgliedschaft in der „Hlinkova garda" wurden sein Ausschluß aus dem Präsidium der KPS (1954), aus dem ZK (1955) und schließlich aus der Partei selbst (1957) begründet.[86] Demnach scheinen dafür weniger seine pädagogischen Anschauungen maßgebend gewesen zu sein. Als Hauptursache für die von ihm beschriebenen Mängel des Bildungs- und Erziehungswesens zählte Pavlík aber jedenfalls Faktoren auf wie „Zentralismus, Bürokratismus, Dogmatismus und Mangel an Kritik, wie sie in der Atmosphäre des Personenkults entstanden"[87] seien. Seine Argumentation war also in wesentlichen Punkten der seines polnischen Kollegen Bieńkowski ähnlich.

Die zwangsweise erfolgende marxistisch-leninistische Umformung von Schule und Wissenschaft nach dem stalinistischen Modell in der zweiten Phase des seit 1944/45 sich vollziehenden Prozesses der sowjetkommunistischen Überlagerung des Bildungswesens, also die eigentliche „Sowjetisierung" von Bildung und Erziehung[88], war sowohl aus der Sicht von Vertretern der herrschenden Parteien als auch der Bevölkerung nicht einfach nur von begrenzter Wirkung.[89] Sie führte vielmehr, wie Bieńkowski in der erwähnten Rede vom 4. Dezember 1956 formulierte, zu folgenschweren Verwüstungen im Schulwesen, besonders auf dem Gebiet der moralischen Erziehung, und schließlich zur Demoralisierung der Gesellschaft. In der revisionistischen Kritik des bis 1959 amtierenden Ministers Bieńkowski in Polen und des schon 1957 aus der Partei ausgeschlossenen Politikers und Pädagogen Pavlík in der Tschechoslowakei spielte die nationale Argumentation unmittelbar so gut wie keine Rolle. In der Bevölkerung dagegen dürfte sich der Widerstand gegen die Sowjetisierung von Bildung und Erziehung aus den nach wie vor lebendigen nationalen Traditionen, zu denen auch die kulturelle Verbindung mit dem Westen gehörte, gespeist haben.[90]

---

[85] R. Urban: Die Entwicklung des tschechoslowakischen Schulwesens 1959–1970. Ein dokumentarischer Bericht (Osteuropa-Institut an der Freien Universität Berlin, Erziehungswissenschaftliche Veröffentlichungen, Bd. 7), Berlin 1972, S. 4.

[86] W. Oschlies: Porträt, S. 19f. u. 27.

[87] Ebenda, S. 38.

[88] Vgl. O. Anweiler: Sowjetkommunistische Überlagerung, S. 5 und 15 sowie Ders.: „Sowjetisierung" im Bildungswesen, in diesem Band oben S. 309.

[89] So S. Baske: Charakteristika der Entwicklung und der gegenwärtigen Gestalt des Bildungswesens in Mitteleuropa im inter- und intrasystemaren Vergleich, in: Zeitschrift für Ostforschung 39 (1990), H. 2, S. 226–237, hier S. 233.

[90] Ebenda.

Historiographie in der UdSSR und in den Ländern Ostmitteleuropas

von
Günther Stökl

Einleitende Bemerkungen zum Vortrag von Thesen über einen umfassenden und dazu noch politisch-ideologisch relevanten Wissenschaftsbereich mögen angesichts der knappen zur Verfügung stehenden Zeit und des entsprechend strengen Konzentrationsgebotes mit Recht als ein Luxus erscheinen. Aber da ich – um mit unserem Vorsitzenden zu sprechen – zu den Traditionsträgern der Erlebnisgeneration [1] gehöre und damit zu einer für den Zeithistoriker in Frage kommenden und von ihm zu befragenden Quellengattung, seien mir einige einführende Worte gestattet.

Ich habe das erste Nachkriegsjahrzehnt in Wien verbracht, und Wien war damals ohne Zweifel ein Beobachtungsposten besonderer Art. Auch für den Assistenten am Seminar für osteuropäische Geschichte. [2] Die Zone sowjetischer Besatzung im Osten Österreichs und in Wien war für die Betroffenen nicht nur durch Ungewißheit der Zukunft geprägt, sondern sie ermöglichte auch früh und vergleichsweise mühelos Kontakte mit der aktuellen Historiographie Osteuropas. Sowjetische Schulbücher mit dem Titel „Istorija SSSR“ [3] und die Hefte der „Voprosy istorii“ konnte man für wenig Geld kaufen, es gab eine österreichisch-sowjetische Gesellschaft, die einschlägige Vorträge veranstaltete [4], Kollegen aus den Nachbarländern wurden von den Wiener Archiven angezogen, weniger um in ihnen zu forschen, als mit dem Ziel, die Aufteilung der Donaumonarchie in ihre nationalen Bestandteile nun verspätet auch in eine Aufteilung der

---

1 Die Formulierung verdanke ich H. Lemberg: Lage und Perspektiven der Zeitgeschichtsforschung über Ostmitteleuropa in der Bundesrepublik Deutschland, in: Zeitschrift für Ostforschung 35 (1986), S. 191–218, hier S. 206.

2 W. Leitsch, M. Stoy: Das Seminar für osteuropäische Geschichte der Universität Wien 1907–1948 (Wiener Archiv für Geschichte des Slawentums und Osteuropas, Veröffentlichungen des Instituts für Ost- und Südosteuropaforschung der Universität Wien, Bd. XI), Wien u. a. 1983. Diese zum 75-Jahre-Jubiläum erschienene Darstellung der Seminargeschichte endet mit der Berufung von Heinrich Felix Schmid zum Lehrstuhlinhaber und Seminardirektor am 18. Februar 1948, gibt aber auf ihren letzten Seiten die Atmosphäre der Unsicherheit nach Kriegsende deutlich wieder.

3 Beispiele siehe Anm. 13–16.

4 Einer dieser Vorträge ist mir besonders in Erinnerung geblieben, weil in ihm Eduard Winter, der mit dem Scheitern seiner Wiener Ambitionen rechnete und seine Zukunft in der späteren DDR vorbereitete, seinem Publikum die emphatische Erklärung zumutete, er könne nur jedes Volk glücklich preisen, daß so objektive Geschichtslehrbücher habe wie die Sowjetunion. Die „Glasnost“ über die Wiener Episode im Leben von E. Winter hält sich in Grenzen. Leitsch (Anm. 2, S. 202) beklagt sich darüber, daß „wichtige Akten wegen eines abstrusen Gesetzes nicht eingesehen werden dürfen“, eine Art Nachruf beschränkt sich bezeichnenderweise auf die Tätigkeit des katholischen Theologen in der kirchlichen Jugendbewegung vor dem Zweiten Weltkrieg: Eduard Winter, * 16. September 1896, † 3. März 1982. Gedanken aus den Jahren 1930–1938 als Erinnerung seinen Freunden, Schülern und Weggenossen aus dem Bund Staffelstein. Überreicht von Hans Kuderna, Ernst Nittner, München 1982, 47 S.

Archivbestände umzusetzen.[5] Für die ersten Jahre nach dem Krieg hielten sich, meiner Erinnerung nach, diese Kontakte im Bereich des Zufälligen und mitunter Anekdotischen. Aber sie reichten immerhin aus, eine Zeitschrift mit dem situationsgemäßen Titel „Blick nach Osten" ins Leben zu rufen. Es konnten nur zwei Jahrgänge erscheinen (1948 und 1949)[6], aber wer sie heute durchblättert, wird vermutlich erstaunt sein über die vielfältigen Informationen, die sie enthalten. Der „Blick nach Osten" war auf die Kultur „des Ostens" und nicht zuletzt auf dessen jüngste historiographische Leistungen gerichtet. So sind im ersten Heft die 1946 erschienenen grundlegenden Werke der sowjetischen Historiker B.D. Grekov und M.N. Tichomirov über „Bauerntum und Stadt in der älteren Sozialgeschichte der Ostslawen"[7] ausführlich gewürdigt worden. Andererseits ist dem „Blick nach Osten" nicht entgangen, welcher Wandel sich bei aller Offenheit und Unsicherheit der Entwicklung zunehmend deutlich abzeichnete. Schon im ersten Heft des Jahrgangs 1949 konnte man lesen, was der tschechoslowakische Minister für Informationen und Aufklärung Václav Kopecký im September 1948 vor Parteifunktionären verkündet hatte: „Bisher schrieben die Geschichte die Bourgeoisie und ihre Historiker. Damit ist jetzt Schluß. Jetzt beginnen die Geschichte unserer Republik wir zu schreiben, und zwar vom Standpunkt unserer Klassenwahrheit, vom Standpunkt der Wahrheit der Arbeiterklasse."[8]

Was nun diese Wahrheit betrifft, so verdient sie eine letzte erinnernde Randbemerkung: 1952 ist in Wien die erweiterte deutsche Fassung des 1948 in Turin erschienenen Buches „Il materialismo dialettico sovietico" von Gustav A. Wetter nicht ganz ohne meine lektorierende Mitwirkung herausgekommen.[9] Dort ist im Zusammenhang mit der „philosophischen Diskussion" von 1947 in einer Fußnote davon die Rede, daß „...weniger bekannt die (Diskussion) auf dem Gebiet der Geschichtsforschung und Geschichtsschreibung (sei)". Gerade die letztgenannte, die von einer Verurteilung des Buches ‚Russkaja istoriografija' /Russische Historiographie/ des Sowjethistorikers N.L. Rubinštejn ihren Ausgang nahm, berührt sich ziemlich eng mit der „philosophischen Diskussion'".[10] Wir werden auf diesen Zusammenhang noch zurückkommen.

---

[5] Sollten diese in Wien und Budapest tätigen Restitutionskommissionen erfolgreich sein, so waren sie auf fachkundige und der deutschen Sprache mächtige Mitarbeiter angewiesen, und das konnten nur vor dem Kriege qualifizierte Spezialisten sein. Ob solche noch zur Verfügung standen und für diesen Zweck eingesetzt werden konnten, war jeweils von sehr unterschiedlich geklärten Umständen abhängig.

[6] Blick nach Osten. Umschau im geistigen Leben der Völker des östlichen Mitteleuropas, Südosteuropas und der Sowjetunion. Als Vierteljahreszeitschrift geplant und herausgegeben von J. Matl und H.F. Schmid, erschien der „Blick nach Osten" im Ferd. Kleinmeyr-Verlag Klagenfurt-Wien – der erste Jahrgang mit drei Heften 1948, vom zweiten Jahrgang drei Hefte 1949, das vierte im März 1952. Für die Illusionen der Zeit interessant ist das Geleitwort von H.F. Schmid (I,1, S. 3–6), für die in Österreich gegebenen Kommunikationsmöglichkeiten sind nicht zuletzt die ständig an Umfang zunehmenden Verzeichnisse der „zur Besprechung eingelangten Bücher" (ab I,2 bis 15. Juli 1951) und der „im Tauschverkehr eingelangten Zeitschriften" (ab I,2 bis 31. Januar 1952) aufschlußreich.

[7] So der Titel der Rezension von H.F. Schmid in: Blick nach Osten, I (1948), 1, S. 46–51.

[8] Kulturchronik: Tschechoslovakei, ebenda II (1949), 1/2, S. 119–129, hier S. 125. Die tschechischen und slowakischen Kulturchroniken (auch I/1948/, 2, S. 71–76, 3/4, S. 93–102, II/1949/, 3, S. 212–220) sind verfaßt von dem früh verstorbenen Wiener Bohemisten Otto Tureček (gezeichnet O.T.).

[9] G.A. Wetter: Der dialektische Materialismus. Seine Geschichte und sein System in der Sowjetunion, Wien 1952.

[10] Ebenda, S. 218, Anm. 40.

Somit sind wir bei der ersten These. Sie betrifft das sowjetische Modell und lautet: In den ersten Nachkriegsjahren war die sowjetische Historiographie als organisierte und produktive Wissenschaft durchaus kein fertiges Modell, das problemlos von anderen hätte übernommen werden können. Das gilt natürlich nicht von der für sie verbindlichen Ideologie oder Methodologie, wie sowjetische Wissenschaftler heute lieber zu sagen pflegen, des Historischen Materialismus, und zwar in der jeweils letzten Interpretation Stalins. Daß die Gesetzmäßigkeit des Geschichtsablaufs in sozialökonomischen Formationen durch die Oktoberrevolution bewiesen war und ihrerseits die aus der Revolution hervorgegangene Macht legitimierte, daran war nicht zu rütteln, und das war und ist im Bedarfsfall von jedermann unaufgefordert zu bekennen und zu verkünden. Etwas ganz anderes war es jedoch, Geschichte als unverzichtbaren politisch-gesellschaftlichen Integrationsfaktor einzusetzen, das eigene, nationale Geschichtsbewußtsein in allen Bereichen und auf allen Stufen des Bildungswesens zu pflegen, und das alles auf der Basis einer in jeder Beziehung leistungsfähigen Geschichtswissenschaft.

Entstehung und Entfaltung des Sowjetpatriotismus können hier nicht rekapituliert werden.[11] Entscheidend ist, daß der Wiederaufbau der Geschichtswissenschaft in der Sowjetunion erst in der Mitte der dreißiger Jahre einsetzte und nach dem Krieg verständlicherweise ein zweiter Wiederaufbau erfolgen mußte. Mehr als einige Schullehrbücher und die Vorbereitung großer historischer Gesamtdarstellungen war zunächst kaum zu schaffen; Rubinštejns noch 1941 erschienene Geschichte der russischen Historiographie war die enorme Leistung eines hochbegabten einzelnen.[12] Welcher Bedarf an Schulbüchern über die Geschichte der Sowjetunion (sie heißen auf allen Stufen „Istorija SSSR") bestand, läßt sich an den Auflagenziffern ablesen: Das erste, aus einem Wettbewerb siegreich hervorgegangene und 1937 gedruckte Lehrbuch dieser Art für die 4. Klasse der Volksschulen erschien 1947 in 5. Auflage mit 575000 Exemplaren (alle Auflagen zusammen 1400000)[13], in demselben Jahr das Lehrbuch für die 8. Klasse der Mittelschule in 6. Auflage mit 200000 Exemplaren[14]; zum Vergleich 1948 der 1. Band des Lehrbuchs für die nichthistorischen Fakultäten der Hochschulen in 200000 Exemplaren[15], 1954–1957 das Lehrbuch für die historischen Fakultäten in

[11] Als grundlegend sei verwiesen auf die Dokumentation von E. Oberländer: Sowjetpatriotismus und Geschichte (Dokumente zum Studium des Kommunismus, hrsg. vom Bundesinstitut für ostwissenschaftliche und internationale Studien, Bd. 4), Köln 1967. Nur unter dem Gesichtspunkt des Schadens, den die Ždanov-Ära der sowjetischen Geschichtswissenschaft zugefügt hat, ist die Behauptung verständlich, daß eine ernstzunehmende und zureichend ausgebaute Historiographie erst nach dem Tode Stalins anzusetzen sei. So R. F. Byrnes in: Takayuki Ito (ed.): Facing Up to the Past. Soviet Historiography under Perestroika, Sapporo 1989, S. 14.

[12] N. L. Rubinštejn: Russkaja istoriografija. Ogiz, Gospolitizdat 1941. Das Vorwort (Predislovie) ist datiert Moskau, Dezember 1941, die Auflage betrug 20000 Exemplare. Dieses 659 S. starke Werk war als Lehrbuch für die eben erst wiedererrichteten Historischen Fakultäten der Universitäten und Pädagogischen Hochschulen bestimmt.

[13] Istorija SSSR. Kratkij kurs. Učebnik dlja 4-go klassa. Pod redakciej professora A. V. Šestakova, Moskva 1947, 281 S.

[14] K. V. Bazilevič, u. a: Istorija SSSR, Čast' pervaja (bis einschließlich 17. Jh.), Učebnik dlja VIII klassa srednej školy, Moskva 1947, 238 S.

[15] M. N. Tichomirov, S. S. Dmitriev: Istorija SSSR, Tom I: S drevnejšich vremën do 1861 goda. (Moskau) 1948, 410 S.

100 000–150 000[16] und 1960 das Lehrbuch für die Parteischulen in 63 000 Exemplaren.[17] In diesem Zeitpunkt waren allerdings die für Wissenschaft und Pädagogik der Geschichte erforderlichen „Kader" längst ausgebildet, die in den Anfangsjahren noch fehlten.

2. These: Die in der Ždanov-Ära (1946–1948) ausgelösten historischen Diskussionen, gekennzeichnet durch opportunistisches Anpassen an den verhärteten ideologischen Druck, durch rücksichtsloses Karrierestreben der jungen Generation und durch kaum verhüllten Antisemitismus[18], haben in der Sowjetunion eine über Jahre sich hinziehende Periode der Unsicherheit geschaffen, die das Erscheinen der schon vor dem Krieg konzipierten Gesamtdarstellungen zweifellos erheblich verzögert hat, also eben jener großen Werke, die anderen als Vorbild und Leitfaden hätten dienen können.

Von wenigen Ausnahmen abgesehen, sind sie erst nach Stalins Tod allmählich Band für Band greifbar geworden. Und sie waren ganz auf die russisch-sowjetische Geschichte konzentriert, konnten also nur methodologisch (im sowjetischen Sinn), nicht aber faktisch Orientierungsmittel sein. Um ein Beispiel zu nennen: Der schon vor dem Krieg im Entwurf vorliegende 1. Band der neunbändigen „Očerki istorii SSSR" erschien erst 1953, und der vage Titel (Skizzen/Abriß) ist kaum ein Zufall.[19] Das gilt auch

---

[16] Die Erscheinungsdaten des Lehrbuchs für die Historischen Fakultäten beziehen sich auf die drei mir vorliegenden umfangreichen Bände, die offenbar ihre eigene Geschichte haben: Bd. I dieser „Istorija SSSR" (s drevnejšich vremen do 1861 g. Pervobytno-obščinnyj i rabovladel'českij stroj. Period feodalizma.) erschien erstmals 1956 in Moskau (896 S.), Bd. II (Rossija v XIX veke. Krizis feodalizma. Utverždenie kapitalizma.) bereits 1954 in 3. verbesserter und ergänzter Auflage, (847 S.) mit einem Hinweis auf die 1949 erschienene 2. Auflage, Bd. III (Ėpocha socializma, 1917–1957 gg.), nicht als solcher gekennzeichnet, 1957 (772 S.). Für Bd. I zeichnen auf dem Titelblatt verantwortlich das Geschichtsinstitut der Akademie der Wissenschaften der UdSSR und die Historische Fakultät der Moskauer Universität; in Bd. II fehlt ein solcher ausdrücklicher Hinweis; für Bd. III sind die Akademie der Wissenschaften und das Ministerium für höhere Bildung der UdSSR zuständig. Alle drei Bände sind im Staatsverlag für politische Literatur erschienen, Bd. III – dessen Vorwort als maßgebend bereits den XX. Parteikongreß und die durch ihn verordnete Überwindung des Personenkults erwähnt – als Lehrmittel für alle Hochschulen ohne Unterscheidung historischer und nichthistorischer Fakultäten zugelassen. Daher wohl auch die höhere Auflage (150 000).

[17] Istorija SSSR. Učebnoe posobie. Moskva 1960 im Verlag der Parteihochschule und der Akademie der Gesellschaftswissenschaften beim ZK der KPdSU (958 S.).

[18] Dazu im einzelnen G. Stökl: Zur Ždanov-Ära in der sowjetischen Geschichtswissenschaft. Die Rubinštejn-Diskussion, in: Sowjetsystem und Ostrecht. Festschrift für Boris Meissner zum 70. Geburtstag, Berlin 1985, S. 197–210. Der nach mehr als zwanzigjähriger Pause 1985 erschienene 5. Bd. der Očerki istorii istoričeskoj nauki v SSSR räumt zwar ein, daß „in der Kritik der Arbeit Rubinštejns nicht immer die gebotene wissenschaftliche Objektivität bewahrt worden (ist)", beurteilt das Ergebnis der Diskussion und die weitere Entwicklung im ganzen aber positiv.

[19] Der zuerst erschienene Band ist der dem behandelten Zeitraum nach dritte: (IX–XIII vv.) Drevnjaja Ruś. Feodal'naja razdroblennost'. Die insgesamt neun Bände sind nicht numeriert, wurden 1958 mit dem zweiten vorgeschichtlichen Band abgeschlossen und erfassen in Lexikonformat mit jeweils durchschnittlich 900 Seiten die Geschichte des Territoriums der Sowjetunion von der Urgesellschaft bis zum Ende des 18. Jhs. Seines Materialreichtums wegen ist dieses fundamentale Werk der Akademie der Wissenschaften der UdSSR in der Zeit Stalins und unmittelbar danach auch heute noch von Nutzen, aber es erschien zu spät und reicht nicht nahe genug an die Gegenwart heran, um in den ersten Nachkriegsjahren und für eine historische Gesamtkonzeption als Vorbild dienen zu können. Es wurde ab 1966 durch eine vom Provisorium der „Očerki" befreite, weniger aufwendige „Istorija SSSR" desselben Geschichtsinstituts der Akademie ersetzt (Istorija SSSR s drevnejšich vremen do našich dnej, zwei Serien zu je sechs Bänden mit der Zeitgrenze Oktoberrevolution. Der vorletzte, bis 1961 reichende Band erschien 1980).

für die ebenfalls im Entwurf auf das Jahr 1938 zurückgehende sowjetische „Weltgeschichte“ (Vsemirnaja istorija), die bezeichnenderweise nicht im Verlag der Akademie der Wissenschaften, sondern im Staatsverlag für politische Literatur in ebenso umfangreichen Bänden ab 1955 erschienen ist und mit dem Nachwachsen der Zeitgeschichte inzwischen Band 13 (bis 1970) erreicht hat (erschienen 1983).[20]

3. These: Geschichte der Sowjetunion (Istorija SSSR) meint theoretisch immer Geschichte der Völker der Sowjetunion, genauer noch Bericht und Interpretation alles dessen, was sich jemals, von der Urgeschichte angefangen, auf dem Territorium der heutigen Sowjetunion zugetragen hat. Zwischen dieser Theorie und der Praxis einer mehr als dominierenden Präsenz alles Russischen bestand und besteht allerdings ein erheblicher Unterschied. Das ist die historische Perspektive des sowjetischen Nationalitätenproblems, kompliziert durch die Exemtion der Sprache vom historisch-materialistischen Formationsgesetz in Stalins „Linguistikbriefen“ (1950).

Als sowjet-russische Historiker gegen Ende der dreißiger Jahre auftragsgemäß eine um Moskau zentrierte Weltgeschichte konzipierten, konnten sie nicht wissen, in welcher Weise sich die Voraussetzungen binnen eines Jahrzehnts verändert haben würden: konfrontiert mit dem Widerspruch zwischen einer beträchtlichen Ausweitung des eigenen, sowjetisierbaren Machtbereichs und einem verstärkten Zwang zu „antikosmopolitischer“ Selbstisolierung, waren sie ebensowenig vorbereitet, die Geschichte ihrer ostmittel- und südosteuropäischen Nachbarn von Grund auf neuzuschreiben wie diese selbst.[21] Das Ergebnis war mit zunehmender Normalisierung der materiellen und personellen Voraussetzungen eine jeweils sehr unterschiedliche, im einzelnen oft schwer durchschaubare Kooperation der sowjetischen Historiographie mit den Historiographien der Brudervölker.

4. These: Der Widerstand gegen die historiographische Sowjetisierung war und ist eine differenzierte, multikausale Erscheinung von historischer Tiefe und andauernder Wirksamkeit. Auf Südosteuropa ist hier nicht näher einzugehen. Es bietet für eine Normierung im Sinne der sowjetischen Historiographie überhaupt nur Probleme und Abweichungen, abgesehen von dem positiven Ausnahmefall Bulgarien, das denn auch als erstes Bruderland durch sowjetische Gesamtdarstellungen seiner Geschichte ausgezeichnet wurde.[22]

Für Ostmitteleuropa, repräsentiert durch Polen und die Tschechoslowakei, galten andere Voraussetzungen. Hier hatten es die zuständigen sowjetischen Historiker, kon-

---

[20] Was die Hauptredaktion einleitend nicht ohne ein Stalinzitat (S. XXII) dem Leser mitteilt, läßt an Klaus Mehnerts erstmals schon 1950 erschienene Schrift „Weltrevolution durch Weltgeschichte. Die Geschichtslehre des Stalinismus“ denken (2. erweiterte Auflage Stuttgart 1953).

[21] Die grundsätzlichen Positionen der Akademie-Historiker wären erst 1955 der eben genannten Einleitung zu entnehmen gewesen (Vsemirnaja istorija, Bd. 1, Moskva 1955, S. V–XXII). Da heißt es u. a., daß „eine objektive Darstellung des richtigen Bildes der Weltgeschichte nicht mögich (sei), ohne den Ort der slavischen Völker in ihr aufzudecken, der Geschichte von deren vielhundertjährigem Befreiungskampf und reicher eigenständiger Kultur“ (S. XX).

[22] Das hatte seinen Grund allerdings nicht nur in den relativ unproblematischen Beziehungen zwischen Rußland und Bulgarien, sondern auch in der Tatsache, daß mit N. S. Deržavin (1877–1953) schon 1931 ein Historiker Vollmitglied der Akademie geworden war, der besonderes Interesse an der bulgarischen Geschichte entwickelte. 1946–1948 erschienen die Bände 2–4 seiner Istorija Bolgarii, die Zeit von 679 bis 1877 umfassend. Immerhin wurden nach seinem Tod zwei Bände einer weiteren Istorija Bolgarii schon 1954/55 als Gemeinschaftsarbeit des Instituts für Slawenkunde publiziert.

zentriert im Akademie-Institut für Slawenkunde (Institut slavjanovedenija)[23], mit nationalen Historiographien alter westlicher Tradition hohen Niveaus zu tun, hier mochte die bedingungslose ideologische Anpassung am wichtigsten, aber auch am schwierigsten erscheinen. Die Folge war nach entsprechenden Kontakten das annähernd zeitgleiche Erscheinen sowohl sowjetischer wie landeseigener Gesamtdarstellungen der polnischen und der tschechoslowakischen Geschichte: Der erste Band der sowjetischen Geschichte Polens erschien 1954 (später als „Prospekt" bezeichnet), aber schon 1956 in ergänzter 2. Auflage, Band 2 war 1955 vorausgegangen, Band 3 folgte 1958;[24] der erste von drei Bänden einer Geschichte der Tschechoslowakei wurde 1956 publiziert.[25] Die entsprechenden Veröffentlichungen der Partnerländer waren polnischerseits 1955 ein zweibändiges Probeexemplar (Makiete) des ersten Teiles einer polnischen Geschichte, dem 1957 die endgültige Fassung folgte[26], tschechischer- und slowakischerseits den jeweiligen historischen Akademie-Zeitschriften in den Jahren 1954–56 beigelegte „Thesen" zur tschechoslowakischen bzw. slowakischen Geschichte.[27]

Die Gleichläufigkeit dieser Fakten bedürfte allerdings der Interpretation, denn ein Unterschied in der Atmosphäre der bilateralen Historikerbeziehungen ist sehr deutlich zu spüren. Während es im Vorwort zur Istorija Pol'ši heißt, daß „man es für besonders wichtig halte, die wertvolle Hilfe zu erwähnen, die das Kollektiv von seiten polnischer Historiker erfahren habe", die an einer vorbereitenden Beratung im Moskauer Institut slavjanovedenija aktiv teilgenommen haben, „und auch im Institut für Gesellschaftswissenschaften beim Zentralkomitee der polnischen vereinigten Arbeiterpartei den (sowjetischen) Prospekt der ‚Istorija Pol'ši' beurteilten"[28], wird an entsprechender Stelle der Historia Polski von 1957 nur festgestellt, daß man zur ersten Fassung von 1955 „in öffentlicher Diskussion im In- und Ausland" Kritik eingeholt habe und nun hoffe, bei

[23] Als selbständige, die zuvor anderen Akademie-Einrichtungen angegliederten Bereiche Geschichte, Sprache, Literatur und Kunst der slawischen Völker vereinigende Institution entstand das Institut für Slawenkunde auf einen Beschluß des Präsidiums der Akademie der Wissenschaften der UdSSR vom 20. 9. 1946 im Jahr 1947, 1968 wurden auch die nichtslawischen Völker Südosteuropas in seine Zuständigkeit einbezogen und dementsprechend der Name in „Institut für Slawenkunde und Balkanistik" geändert. Informationen über die Entwicklung einschließlich einer vollständigen Bibliographie bietet die anläßlich des dreißigjährigen Bestehens veröffentlichte Broschüre: Institut slavjanovedenija i balkanistiki 1947–1977 (spravočno-informacionnyj obzor), Moskva 1977.

[24] Istorija Pol'ši. T. I, Moskva 1954, 583 S.; 2. ergänzte Auflage Moskva 1956, 706 S.; T. II, Moskva 1955, 711 S., T. III, Moskva 1958, 667 S.; ausdrücklich als Ergänzungsband (dopolnitel'nyj tom) bezeichnet, erschienen 1965 zur 20-Jahr-Feier der Befreiung Polens durch die Rote Armee Očerki istorii narodnoj Pol'ši. Merkwürdig ist das Absinken der Auflagenzahlen dieser „wissenschaftlich-populären" Lexikon-Bände: Bd. 2 – 20000, Bd. 3 – 6000, Ergänzungsband – 2000.

[25] Istorija Čechoslovakii v trech tomach. Tom I, Moskva 1956, 415 S.; die Bände II und III erschienen 1959 und 1960 (359 bzw. 662 S.).

[26] Historia Polski, Makieta. T. I, Do roku 1764, Część I Do połowy XV w., Część II Od połowy XV w. 1955, 630 u. 780 S. In der gleichbetitelten endgültigen Fassung von 1957 besteht der 1. Band bereits aus drei Teilbänden, wobei der 3. Teilband ausschließlich den wissenschaftlichen Apparat (Chronologie, Bibliographie, Register, genealogische Tabellen, Karten) enthält. Der Umfang ist abgesehen davon auf 758 bzw. 995 S. gewachsen, die Auflagenhöhe hat sich im Vergleich zur Makieta (2000) verzehnfacht (20000), sie betrug beim ersten Teilband des 2. Bandes (1764–1795) 70000.

[27] Přehled československých dějin I (do roku 1848), Beilage zu Československý Časopis Historický 2 (1954), 120 S., II (do roku 1918), Beilage zu ČČH 3 (1955), 159 S., III (1918–1945), 124 S.; Dejiny Slovenska, Beilage zu Historický Časopis 3 (1955), 299 S.

[28] Istorija Pol'ši, T. I, 2. Aufl., S. 8.

allen verbliebenen Unzulänglichkeiten der Lösung gewisser methodologischer Probleme nähergekommen zu sein und damit einer jungen Historikergeneration den Weg in die Zukunft erleichtert zu haben.[29]

Im Vergleich dazu spricht das Vorwort zur „Istorija Čechoslovakii" von einem „engen schöpferischen Kontakt in den letzten Jahren zwischen sowjetischen und tschechoslowakischen Historikern" und spart nicht mit Dank für die Kritik der letzteren. Nebenbei: Am meisten Schwierigkeiten habe man mit der Geschichte der Slowakei gehabt, und bei weitem nicht alle Probleme hätten hier aus der Welt geschafft werden können.[30]

Ein detaillierter Vergleich aller dieser verschiedenen Fassungen polnischer und tschechoslowakischer Geschichte könnte einiges über die Praxis historiographischer Sowjetisierung ergeben; aber es dürfte nicht leicht sein, an die unveröffentlichten sowjetischen Prospekte und „makety" heranzukommen. Daß man in der Sowjetunion selbst eher dazu neigt, über das erste Nachkriegsjahrzehnt der eigenen Historiographie den Mantel des Vergessens auszubreiten, zeigt der entsprechende Abschnitt in dem 1985 endlich erschienen 5. Band der „Očerki istorii istoričeskoj nauki v SSSR".[31]

Am Ende bleibt – wieder einmal – nur noch die Vermutung, daß alles in Wirklichkeit viel komplizierter war, als unsere wenigen Thesen eben nur andeuten konnten. Was besagen in der Realität so allgemeine Feststellungen wie Kontinuität und Generationswechsel, kann man den Aktivitätsdrang von Renegaten wie Z. Nejedlý und E. Winter und die Furchtsamkeit von Stubengelehrten kalkulieren, wenn es den einen um die führende Position, den andern um die Sicherung ihrer Existenz ging? Daß Sieg und Befreiung die Illusion eines totalen Neubeginns nährten, kann auch der Nachfahre verstehen, der weiß, wohin diese Illusion geführt hat. Wer verstände nicht den Rückzug der qualifizierten Fachhistoriker aus neuester Geschichte und Zeitgeschichte – zum Glück beginnen Gesamtdarstellungen der Geschichte europäischer Völker spätestens mit dem Mittelalter! Es bleibt schließlich – und das sei nicht vergessen – eine trotz allem erstaunliche historisch-wissenschaftliche Leistung dieser Zeit, vor allem in Quellenforschung und Quellenedition.

---

[29] Historia Polski 1957, I,1, S. 6.

[30] Istorija Čechoslovakii. Tom I (Anm. 25), S. 9. Ein Ergebnis des schöpferischen Kontaktes war im übrigen schon 1952 die russische Übersetzung (Istorija češskogo naroda) des ersten, in Prag 1948 erschienenen Bandes der Dějiny národa českého von Zdeněk Nejedlý. Vgl. die sowjetische Gedenkschrift für den 1962 verstorbenen tschechischen Politiker und Gelehrten (geb. 1878): Zdenek Nejedlý: Vydajuščijsja obščestvennyj dejatel' i učenyj. Moskva 1964, S. 264.

[31] S. Anm. 18. Dem ersten Nachkriegsjahrzehnt sind ganze 12 von insgesamt 587 Seiten gewidmet. Verfasser ist das bereits 1977 verstorbene Adakemiemitglied L. V. Čerepnin.

Zur Frage der Rekonstruktion kultureller Formationen. Zum Verhältnis von Sowjetsystem und Staaten nationaler Prägung

von
Karl Eimermacher

Zum Begriff der Kultur

Verstände man unter Kultur nur eine Ansammlung von tradierten Bildungsgütern oder eine mit Hilfe von Literatur, Kunst, Musik usw. vorgenommene Verschönerung des Lebens, so handelte es sich um einen Begriff, der lediglich eine sehr begrenzte Zahl von Dingen meint: Kultur wäre entweder eine Art Gepäck der Geschichte oder eine Zugabe zum Leben, auf die notfalls auch verzichtet werden könnte. Geht man jedoch von einem weiter gefaßten Begriff der Kultur aus und interpretiert man ihn als ein allumfassendes Phänomen menschlicher Existenz, das alle Sphären des Lebens nicht nur durchdringt, sondern das als seine Grundlage angesehen wird, dann erweist sich der eingangs – obwohl weitverbreitet – charakterisierte Kultur-Begriff als ungenügend und oberflächlich. Für die Aufdeckung des allgemeinen Charakters von Kultur und ihrer historischen Funktions- und Seinsweise bedarf es zumindest der Annahme zweier sich ergänzender Prinzipien: solcher, deren Zusammenwirken Kultur erst ermöglicht, sowie solcher, die als Ansichten von Kultur bzw. kultureller Gegebenheiten im Sinne historisch konkreter Ideologien in Erscheinung treten. Nur aufgrund der Berücksichtigung eines derartigen Systemzusammenhangs lassen sich die Defizite partiell charakterisierender Beschreibungsparameter vermeiden und die Funktionalität von Kultur in einer bestimmten Epoche in ihrem Wesen besser bestimmen.

Mindestvoraussetzungen für Existenz, Kontinuität und Dynamik einer jeden Kultur liegen in ihrer ständigen Selbstversicherung, d.h. dem in jeder Zeit neu unternommenen Versuch der individuellen und kollektiven Aneignung sog. ererbter Kultur sowie ihrer bewußten Reflexion unter jeweils neuen Bedingungen. Der spezifische Charakter einer einzelnen Kultur in ihrer historischen Einmaligkeit erweist sich jedoch letztlich durch die Art der Kombination und Interaktion der in ihr wirksamen zentralen wie peripheren Ideologien.

Da Ideologien als partielle Sinndeutungen historischer Situationen und Entwicklungsverläufe angesehen werden können, haben sie für den einzelnen Menschen wie für Kollektive insgesamt die Funktion, das Wechselverhältnis zur Welt im weitesten Sinne, aber auch und besonders zur gesellschaftlichen Wirklichkeit zu klären und hier immer wieder neu notwendige Standortbestimmungen vorzunehmen. Unter diesem Gesichtspunkt ist Kultur eine unmittelbare Bewußtseinsreaktion auf aktuelle historische Situationen und Entwicklungen; sie ist Ausdruck bestimmter, jeweils von neuem dynamisierter Ideologien, mit deren Hilfe der Mensch in letzter Instanz Analysen durchführt und sinnstiftende Verallgemeinerungen vornimmt.

Die Rekonstruktion beliebiger kultureller Formationen und ihrer Entwicklungen darf sich nicht nur allgemein auf den selbstinterpretativen Charakter einer Kultur oder ihrer Beurteilung von außen beschränken. Eine Rekonstruktion muß sich ihres räumlichen, zeitlichen und von den Interessen ihrer jeweiligen Betrachter her unterschiedlichen Mischcharakters bewußt bleiben. So gesehen haben wir es bei der Betrachtung historisch festgelegter kultureller Formationen grundsätzlich mit mehreren Phänomenen zu tun:

- mit Modellen der Kultur von sich selbst,
- mit in diese Modelle eingegangenen Merkmalen aus Modellen mit unterschiedlichen Graden eines oder mehrerer Außenstandpunkte sowie
- mit Modellen einer Post-factum-Erforschung zeitgebundener Selbstverständnisse, bei denen freilich in aller Regel ebenfalls eine Mischung von Elementen vorliegt, die teils dem Objekt der Beschreibung, teils dem Modell der Beschreibung selbst eigen sind. Innen- und Außenstandpunkte überschneiden sich daher unaufhörlich in Analysen und Interpretationen kultureller Formationen.

Aufgrund derartiger Merkmale wie auch des stark interpretativen Charakters sowohl aktueller wie post-factum vorgenommener Modellierungen kultureller Phänomene sind sie als Sinndeutungen systemhaft nicht eindeutig festlegbarer Ideologemzusammenhänge (Ideologien) ihrer Art nach bis zu einem gewissen Grade literarischen Texten, und zwar im Sinne spezifisch künstlerisch modellierter Wirklichkeitszusammenhänge ähnlich. Hier wie dort wird einerseits eine bestimmte Interpretationsrichtung vorgegeben, andererseits aber besteht eine Offenheit für mehrere voneinander abweichende Sinnbildungen.

Die zum Begriff der Kultur sowie der Rekonstruktion historisch festgelegter kultureller Formationen getroffenen Feststellungen sollen bewußt machen, daß Kultur nicht ein von der Geschichte im engeren Sinne ablösbares Phänomen mit einem relativen Eigenleben ist, sondern daß der Begriff der Kultur letztlich weitgehend identisch ist mit dem des menschlichen Bewußtseins, in dem sich sowohl psychisch-existentielle als auch historische Erfahrungen und Befindlichkeiten vermischen und erst kraft eines analytischen wie interpretativen Aktes unter bestimmten Gesichtspunkten in Gestalt eines bestimmten Bewußtseinskonstrukts ordnen. Eine derartige interpretative Ordnung wollen wir Rekonstruktion kultureller Formationen bzw. Prozesse nennen und sie vom Erkenntnisakt her als prinzipiell ähnlich einer Rekonstruktion des Sinns künstlerischer Werke im Akt seiner Perzeption bzw. Rezeption bezeichnen.

Bei der Untersuchung kultureller Phänomene haben wir es also mit einem besonders komplizierten Objekt zu tun, das nicht einfach nur aus einer Ansammlung literarischer, bildlicher, musikalischer oder anderer künstlerischer Werke besteht. Vielmehr gehören zu ihr neben den eingangs erwähnten Ideologemen als Bausteine umfassenderer Bewußtseinssysteme (Ideologien) selbstverständlich auch deren Erfinder, Propagandisten und Adressaten im Rahmen eines jeweils spezifischen Kommunikationssystems, die sich selbst wiederum geeigneter Institutionen für ihre Verbreitung und ihren Empfang bedienen. Kultur ist daher allumfassend und durchdringt tatsächlich alle Lebensbereiche; sie klärt den Blick in gleicher Weise, wie sie ihn verstellt, sie befreit von Abhängigkeiten, aber sie ist auch ein Sumpf, in dem Wahrheit und Lüge unauflöslich miteinander verwoben sind. Neben der Einschätzung des Komplexheitsgrades einer bestimmten kulturellen Situation und ihres prozessualen Charakters sowie ihrer historischen und philologischen Rekonstruktion kommt es aus diesem Grunde vor allem auch auf die Art von Untersuchungshypothesen und Untersuchungsmethoden an.

Zum Charakter der Begriffe „Sowjetisches System“ und „Staaten mit nationaler Prägung“ und ihres Wechselverhältnisses

Die Frage nach dem Wechselverhältnis von „sowjetischem System“ und „Staaten nationaler Prägung in Osteuropa“ ist nicht zufällig. Sie beruht auf der historischen Erfahrung, welche die osteuropäischen Staaten im Laufe ihrer Nachkriegsentwicklung mit dem sowjetischen System gemacht haben. Diese historische Erfahrung ist in Sonderheit von der Art der Durchsetzung sowjetischer Formen der Machtergreifung und -sicherung mit Hilfe von Institutionen, die ihrem stalinistischen Charakter nach als totalitäre einzustufen sind, geprägt. Der Begriff „sowjetisches System“ meint demnach die Formen der Machtergreifung und Machtausübung, die sich seit Ende der zwanziger Jahre im Bereich der Gesellschaftspolitik wie auch der Kultur der Sowjetunion herausgebildet haben und mit denen alle osteuropäischen Staaten in der einen oder anderen Form mehr oder weniger direkt konfrontiert wurden. In Abwandlung eines Buchtitels von Hans Günther („Die Verstaatlichung der Literatur“) ließe sich das hier vorliegende Phänomen mit dem Ausdruck „Verstaatlichung der Kultur“ und – mit Blick auf die Entwicklung der osteuropäischen Staaten, einschließlich der SBZ/DDR – als Transformation eigenständiger nationaler Literaturen zu sog. literarischen Satelliten – wie Milada Součková sich ausdrückt – charakterisieren.

Die Begriffsbeziehung „sowjetisches Modell“ und „Staaten nationaler Prägung“ geht von der Vorstellung aus, daß ein weitgehend homogenes, alle Aspekte kultureller Äußerung fast vollständig erfassendes sowjetisches Machtmodell, das sich bis unmittelbar nach dem Zweiten Weltkrieg in der Sowjetunion herausgebildet hatte und bis in die Mitte der fünfziger Jahre hinein im wesentlichen dort auch weiterbestanden hat, sowohl die kulturtragenden Institutionen als auch die Kultur der osteuropäischen Staaten insgesamt durchdrungen hat, so daß es mit den jeweils anderen nationalen Traditionen in Interaktion treten mußte. Dabei ist nebensächlich, ob dieses sowjetische Modell bestimmten nationalen Traditionen übergestülpt oder von überzeugten Eiferern in den osteuropäischen Ländern „dankbar“ übernommen wurde. Wichtig ist vielmehr, daß es in allen Fällen zu einer Beeinträchtigung nationaler Traditionen, zu ihrer Modifikation, im Laufe der Jahre aber auch zu spezifischen neuen nationalen Traditionen kam, die sich z.T. in einem interessanten Wechselverhältnis niedergeschlagen haben (vgl. beispielsweise Entwicklungen in einzelnen Kulturbereichen infolge der Aufgabe des sozialistischen Realismus in Polen nach 1956, die gesellschaftspolitischen und ideologischen Veränderungen nach dem Austritt Jugoslawiens aus der Komintern 1948 oder die personellen Veränderungen in Partei und Staatsapparat sowie die ideologische Neureflexion der Sozialismusidee im „Prager Frühling“ usw.).

Überschaut man die verschiedenen Etappen des Verhältnisses von „Sowjetsystem“ und „Staaten nationaler Prägung“ im Bereich der Kultur, dann zeigen sich verschiedene, sich in einer gewissen Interaktion befindende Modelle dieses Verhältnisses. Es ist von einer Spannung zwischen verschiedenen Polen geprägt, bei der jeder der Pole die Tendenz hat, der tonangebende zu sein bzw. den jeweils anderen zumindest potentiell bis zur Unbedeutsamkeit in Frage zu stellen. Aufgrund der Art dieses Wechselverhältnisses ergeben sich verschiedene typologische Möglichkeiten, die einzelne Entwicklungsphasen der osteuropäischen Staaten charakterisieren. So ist es offensichtlich, daß manche osteuropäischen Länder nach einer ersten Konsolidierungsphase, die unter dem Einfluß des sowjetischen Systems gestanden hat, in der Folgezeit durch verstärkte Einbeziehung ihres eigenen nationalen Erbes zu einer neuen kulturellen Identität gefunden haben und den Spielraum der kontrollierenden Zensur z. T. schrittweise wesentlich erweitern konnten. Im Spannungsverhältnis zwischen dem stalinistisch geprägten sowjetischem System und seinen Modifikationen in den einzelnen osteuropäischen Staaten sowie der Weiterentwicklung des sowjetischen Systems unter dem Einfluß verschiedener Tauwetterperioden in der Sowjetunion selbst, aber auch selbständiger, stärker die kulturellen Eigenentwicklungen berücksichtigenden Veränderungen in den Staaten Osteuropas ergeben sich dann weitere Modelle, in denen wiederum neue Elemente in den kulturellen Beziehungen der osteuropäischen Länder untereinander zum Tragen kamen und die nicht ohne Einfluß auf das jeweilige Wechselverhältnis geblieben sind. Eine auch nur grobrastrige Vergegenwärtigung der Entwicklungen in Bulgarien, Jugoslawien, Polen, Rumänien, Ungarn, der Tschechoslowakei oder der SBZ bzw. DDR verdeutlichen zwar zum einen anschaulich den engen Zusammenhang zwischen Macht und Kultur (als Instrument der politisch bestimmenden Partei zur ideologischen Indoktrination und Ausschaltung von Gegnern durch die staatstragende Macht usw.), zeigen zum anderen aber auch die Möglichkeiten der Kultur, in spezifischer Weise auf erstarrte Machtverhältnisse einzuwirken oder sogar Alternativen zu ihr zu entwickeln. Die geschichtlichen Entwicklungen in Osteuropa machen deutlich, daß zusätzlich zu dem allgemeinen Wechselverhältnis von „sowjetischem System“ und „Staaten mit nationaler Prägung“ der differenzierten Interaktion von Macht und Kultur besonders Rechnung getragen werden muß (vgl. in diesem Zusammenhang die Wichtigkeit der für die einzelnen Modelle dieses Wechselverhältnisses wesentlichen Begriffe wie: kulturpolitische Eiszeit, Tauwetter, offiziell, nichtoffiziell, Konformismus, Nonkonformismus und viele andere mehr).

Zur Rekonstruierbarkeit der verschiedenen Spielarten des Wechselverhältnisses von „sowjetischem Modell“ und „Staaten mit nationaler Prägung“

Die Analyse und Interpretation von Beziehungen zwischen dem „sowjetischen System“ der angedeuteten Art und den „osteuropäischen Staaten“ ist unter dem allgemeinen Gesichtspunkt von Verstaatlichung, Bürokratisierung oder Machtergreifung bzw. von Machtverlust aufgrund entsprechender formaler Anhaltspunkte ähnlich einfach zu rekonstruieren wie eine ganze Reihe sog. einfacherer historischer Sachverhalte, und zwar vor allen Dingen dann, sofern man nicht auf eine hundertprozentig vollständige Rekonstruktion abhebt, sondern sich mit der intendierten Tendenz einer Entwicklung bzw. der Feststellung des Symptomcharakters bestimmter einzelner, scheinbar isolierter Ereignisse zufriedengibt und lediglich nach der allgemeineren Beschaffenheit übergeordneter Interessen-, Weisungs- oder Herrschaftsstrukturen fragt (vgl. z. B. die Pasternak-Affäre, die Schriftstellerprozesse in der Sowjetunion der sechziger und siebziger Jahre). Gleiches gilt auch für die Diskussionen sowie die Verwerfung beispielsweise des sozialistischen Realismus in Jugoslawien (ab 1952) und in Polen (ab 1956) oder die allmähliche Ignorierung dieser Schaffensdoktrin in der künstlerischen Praxis der Sowjetunion (seit Ende der fünfziger Jahre) und der ČSSR (seit Beginn der sechziger Jahre) oder die Geschichte solcher Institutionen wie der Künstlerverbände und ihrer Publikationsorgane.

Die Rekonstruktion derartiger isolierter Bereiche der Kultur ist in jedem Fall wichtig und gibt vor allem Aufschluß über die Einflüsse, die vom sowjetischen System auf bestimmte kulturelle Sachverhalte und die sie tragenden Institutionen ausgegangen sind. Komplizierter zu analysieren sind die Kausalzusammenhänge, wenn in den einzelnen osteuropäischen Staaten ihrer Intention nach (wie in der Sowjetunion) ähnliche Prinzipien die Grundlage für die Konsolidierung der Macht bilden. In diesem Fall verfolgen „sowjetisches System“ und die „Staaten nationaler Prägung“ das gleiche Ziel und dürften u.U. auch unabhängig voneinander zur Entwicklung funktional identischer Machtinstrumentarien kommen.

Für die Beurteilung „nationaler Prägungen“ spielt eine untergeordnete Rolle, ob sowjetische Kontrollmethoden im Bereich der Kultur aufgezwungen (Polen) oder als willkommene Machtinstrumente von den betroffenen Staaten übernommen (vgl. Jugoslawien) oder ob sie sofort bzw. erst mit einer gewissen Verzögerung in der Praxis angewandt wurden (DDR, ČSSR). Aus den Entwicklungsstrukturen geht relativ eindeutig hervor, daß es bei der Ausgestaltung des Wechselverhältnisses für beide Seiten auf die Erreichung von Fernzielen ankam, auch wenn in einer ersten Phase zunächst nur ein allgemeiner Handlungsrahmen vorgegeben wurde, innerhalb dessen man noch auf die jeweils anderen historisch-kulturellen Voraussetzungen bis zu einem gewissen Grade Rücksicht genommen hat. Diese – aus späterer Sicht – noch vorsichtigen Einflußnahmen, die auch aus bestimmten taktischen Erwägungen heraus erklärt werden können, aber auch Ausdruck von Unsicherheit in einem noch unbekannten Tätigkeitsfeld waren, dürfen längerfristig jedoch keineswegs außerhalb des angestrebten Ziels einer Machtkonsolidierung der kommunistischen Partei im zentralen Bereich der Kultur gesehen werden, vgl. die in der SBZ und in der späteren DDR bis August 1961 offene Grenze oder in der ČSSR die Tatsache, daß es relativ gute Voraussetzungen für die freiwillige Übernahme bestimmter künstlerischer Schaffensbedingungen aus der Sowjetunion aufgrund des Vorhandenseins einer vergleichsweise starken Gruppe linker proletarischer und linker avantgardistischer Künstler und Schriftsteller gab; vgl. aber auch den Enthusiasmus vieler, oft sehr junger Intellektueller in Polen, der SBZ/DDR und der ČSSR, die nach der Befreiung vom Faschismus (ohne die Greueltaten des Stalinismus sowie der Kulturpolitik während der Ždanovščina voll zu kennen) glaubten, den Traum von einer klassenlosen, sozial gerechten Gesellschaft verwirklichen zu können.

Die für die jeweilige historische Etappe spezifische nationale Andersartigkeit findet ihren Ausdruck auch in der verzögerten Übernahme von Teilen des Instrumentariums stalinistischer Kulturpolitik und führt spätestens ab 1956 zum Problem, daß die osteuropäischen Staaten (einschließlich DDR) bei der Festigung ihrer politischen Macht nicht in gleicher Weise Kultur instrumentalisieren konnten, wie dies die Sowjetunion seit den dreißiger Jahren getan hat. Dies lag vor allen Dingen daran, daß die kulturpolitischen Lockerungen in der Sowjetunion nach 1956 beispielsweise in der DDR mit der Phase einer neuen kulturpolitischen Verhärtung zusammenfielen, während es in anderen osteuropäischen Staaten (Jugoslawien, Polen) bereits zur deutlichen Aufweichung bestimmter normativer Schaffensprinzipien kam.

Wichtiger als die zeitliche Verzögerung, mit der in den osteuropäischen Staaten ein ähnliches prädominierendes System von Restriktionen zur Regulierung und Nutzbarmachung der Kultur als machtpolitisches Instrument installiert und wirksam wurde, scheint für die Grundlage spezifischer Merkmale einer besonderen nationalen Prägung vielmehr zu sein, daß das neue, nach dem Zweiten Weltkrieg entstehende Kultursystem bei weitem nicht eine so lange Zeit wie in der Sowjetunion währte, frühzeitig gänzlich anderen historischen Bedingungen ausgesetzt war und daher zu jeweils besonderen Modifikationen geführt hat (vgl. etwa die Rolle der Kirche in den einzelnen Ländern usw.).

Die Bedeutung „nationaler Prägungen", die sich sicher an einer Vielzahl von Phänomenen der Kultur festmachen läßt, bleibt jedoch – ähnlich wie die Feststellung formaler Merkmale des „sowjetischen Systems" – vordergründig, sofern es sich nur – wie in den angedeuteten Fällen – um die Betrachtung isolierter Phänomene handelt. Ihre Bedeutung, ihr Stellenwert läßt sich dagegen erst voll ermessen, wenn man sie nicht allein nur unter dem Aspekt der Machtkonsolidierung oder des Machtabbaus, sondern auch unter dem Gesichtspunkt der Bewahrung bzw. der Entstehung kultureller Autonomie betrachtet. Kulturelle Phänomene haben dann nicht mehr nur isolierte Bedeutung, dienen nicht allein nur der Rekonstruktion bestimmter (tendenziell statisch aufgebauter) Systemzusammenhänge, die nach dem Prinzip der Machtrelevanz organisiert sind, sondern können nun auch als Teile eines komplizierteren Systems mit zwei und mehr Orientierungsebenen angesehen werden. Hieraus ergibt sich zudem die Möglichkeit, u. a. auch systemdynamisierende Aspekte mit in die Analyse hineinzunehmen und sich stufenweise an die reale Seinsweise des Objektes „Kultur", das eingangs als Konglomerat unterschiedlich zusammenwirkender ideologischer Systeme vorgestellt wurde, anzunähern. An die Stelle eines homogenen, hierarchisch nach dem Prinzip der Machtrelevanz durchstrukturierten, alle Lebensbereiche potentiell regulierenden Modells tritt dann ein Modell, an dem nicht mehr nur allein seine systemerhaltenden Prinzipien, sondern auch die systemverändernden oder systemstörenden Elemente miteinbezogen werden können. Das vom Standpunkt der Macht Gefährliche, vom Standpunkt des dominierenden öffentlichen Kulturmodells Fremde, das aus der Perspektive des Ursprungsmodells außerhalb des Systems Stehende erhält dadurch seinen Platz innerhalb ein und desselben, jetzt jedoch widersprüchlichen Systems, für das die Konkurrenz bzw. wechselseitige Infragestellung verschiedener Kulturmodelle charakteristisch wird; in aller Regel kündigt sich hierin bereits eine kulturelle Situation an, die erst in einer weiteren Phase in ihrem Wert erkannt und entsprechend gewürdigt wird (vgl. die Entwicklungen in der Sowjetunion vor und nach 1985/87 sowie in den übrigen osteuropäischen Staaten).

Analysiert man die Entwicklung der Kultur der einzelnen osteuropäischen Staaten unter einem solchen komplexeren Gesichtspunkt, so eröffnet sich im Prinzip nicht nur die Vielfalt der sowjetischen Kultur jenseits des sowjetischen Systems und die Spezifik der Kultur der anderen Länder, sondern es zeigt sich auch, daß gerade die innerhalb des Gesamtsystems der sowjetischen Kultur und der Kultur der osteuropäischen Staaten vorliegenden Interferenzen eine besondere kulturelle Vielfalt ergeben, deren Potential günstigere Möglichkeiten für die Stimulierung neuer Aktivitäten im Bereich der Kultur Osteuropas bieten. Sie stellen eine u. U. konstruktivere Dimension als beispielsweise Anleihen bei den kulturellen Entwicklungen in Westeuropa dar, abgesehen davon, daß sie der letztlich destruktiven Tendenz beliebiger aufgepfropfter Kultur entgegengesetzt sind. Die Praxis des Wechselverhältnisses von „sowjetischem System" und „Kultur nationaler Prägung", die zwar intern immer auch – wenigstens in Teilbereichen – versucht hat, die Vielfalt vorhandener kultureller Interferenzen zu nutzen, tat dies jedoch nicht offen und offiziell sanktioniert, sondern unterhalb etablierter Machtstrukturen. Dies war meist die einzige Möglichkeit, diese zu umgehen und schrittweise von innen her aufzubrechen. Derartige Überlistungsmanöver der offiziellen Kultur durch die nicht voll offizialisierte bzw. die inoffizielle (nicht öffentliche) Kultur liegen beispielsweise vor, wenn Mitarbeiter der tschechischen Zeitschrift „Plamen" Mitte der sechziger Jahre Werke der sowjetischen nonkonformistischen Kunst oder auch der frühen sowjetischen Avantgarde in der Funktion eines trojanischen Pferds aufgriffen, um mit diesen sog. Vorbildern der sowjetischen Kunst, die in der Sowjetunion allerdings nicht kanonisiert waren, Bewegung in den Bereich der eigenen tschechischen Kunst hineinzubringen. Im Prinzip ähnlich verfuhr man in Teilen der DDR-Literaturwissenschaft, wenn man die in der Sowjetunion jahrelang scharf attackierte Semiotik der Moskauer und Tartuer Schule unter Hinweis auf deren intensive Rezeption in Polen sowie Westdeutschland oder die Erfolge der slowakischen Literaturwissenschaft (der Schule von Nitra) zur Veröffentlichung vorschlug.

Eine kompliziertere Variante des Kontaktes eines unter der nach außen homogenen Decke offizieller Kultur entstandenen, tatsächlich pluralistischen Kulturmodells liegt vor, wenn – ausgehend gerade von den Interferenzen – russische Schriftsteller, die in der DDR wegen der dort generellen Zurückhaltung allem Sowjetischen gegenüber wenig Chancen hatten, angenommen zu werden, nach dem Auswahlkriterium ihrer gesellschaftlichen Systemkritik übersetzt wurden und damit das literarische Leben wesentlich differenziert haben, vgl. den Einfluß von Werken Ajtmatovs, Rasputins, Šukšins, Trifonovs usw. in den siebziger und frühen achtziger Jahren.

Interessant sind in diesem Zusammenhang auch solche Fälle, in denen sog. liberale sowjetischen Kulturpolitiker der zwanziger Jahre, die für den sozialistischen Realismus ketzerische Gedanken geäußert haben, in den sechziger und siebziger Jahren wieder veröffentlicht wurden und sie damit in Widerspruch zur dogmatisch vertretenen Konzeption des sozialistischen Realismus gerieten (vgl. Veröffentlichungen von Lunačarskij, Voronskij usw.), oder wenn in den sechziger und siebziger Jahren Werke von Achmatova, Bulgakov, Mandel'štam oder Pasternak oder neuerdings Werke von Gumilev oder Nabokov sowie offenbar auch anderer Emigranten nach 1988 wieder in die zeitgenössische Sowjetkultur reintegriert wurden bzw. werden. Und schließlich noch ein Beispiel: Seit Frühjahr 1987 findet im Bereich der bildenden Kunst der Sowjetunion eine ihrer gravierendsten Umwälzungen statt: Die ehemaligen Nonkonformisten werden offizialisiert und verändern nachhaltig die in der sowjetischen bildenden Kunst hierarchisch gegliederten Machtverhältnisse.

Würde man die genannten Beispiele lediglich als verspätete Reintegration von Bildungsgütern betrachten, die bis zu ihrer jetzigen Zulassung nicht frei zugänglich waren, wäre dies lediglich ein Ausdruck für die Rücknahme von Tabus oder der allmählichen Beseitigung weißer bzw. schwarzer Flecken in der sowjetischen Kulturgeschichte. Den Vorgang als solchen müßte man als eine sukzessive Bereicherung der Kultur interpretieren – eine Betrachtungsweise, wie man sie auch bei offiziellen Kulturfunktionären nachweisen kann, die vorher den kulturellen Prozeß nach ihrem Geschmack oder auf entsprechende Weisungen von oben reguliert hatten. Kulturell gesehen liegt hier jedoch etwas anderes vor. Die sog. ideologisch und ästhetisch ‚fremden' Texte waren ja fremd, weil sie eine von der offizialisierten Doktrin abweichende Position einnahmen. Erhalten sie nun ihren eigentlichen Platz im kulturellen Leben zurück (oder überhaupt erst), so stellen sie als – zumeist wenigstens – historisch verspätete Systeminterpretationen ein in verschiedener Hinsicht großes und in ihrer endgültigen Konsequenz schwer einschätzbares Potential neuer Ideen dar. Als bereits historische Interpretationen können sie in Konkurrenz mit allen späteren gesellschaftspolitischen Aussagen, Erklärungen oder Rechtfertigungsversuchen treten und als indirekte Opposition fungieren. Darüber hinaus machen sie auch Manipulationen bewußt, die es während der Zeit ihres Verschweigens gegeben hat. Ihre verspätete Rezeption führt daher zwangsläufig zu einer Mehrfachinterpretation, die im günstigsten Falle prinzipielle Grundelemente der eigenen Kultur und existentiellen Befindlichkeit berühren oder sogar in Frage stellen.

Derartige kulturelle Ereignisse hat es in allen osteuropäischen Staaten im Laufe ihrer Geschichte gegeben. Sie zeigen, daß die Ausgangsfrage nach dem Verhältnis von

„sowjetischem System" und „Staaten nationaler Prägung" eigentlich die Frage nach einem komplizierten System unterschiedlicher Spannungen ist, in dem mehrfache Selbstinterpretationen nebeneinander stehen können und bei dem es sowohl hierdurch wie auch durch die sie begleitenden Umbewertungen und durch quantitative wie qualitative Veränderungen zu neuen dynamisierten kulturellen Systemen kommt, die sich zunehmend mehr der Regulierung von einem einzigen Machtzentrum her entziehen und daher den Charakter „nationaler Prägungen neuen Typs" haben.

Aus diesen Erwägungen heraus ergibt sich die Notwendigkeit, daß solche Systeme nicht einfach nur vordergründig und in ihren formalen Eigenschaften rekonstruiert werden dürfen, sondern daß sie vom Standpunkt der Wertigkeit ihrer sozio-kulturellen Normenverletzung aus betrachtet werden müssen. Des weiteren sieht man an der tatsächlichen und möglichen Interaktion der qualitativ unterschiedlichen Kulturmodelle, die sich als Folge verschobener Machtverhältnisse nach dem Zweiten Weltkrieg in Osteuropa herausgebildet haben, daß sich bei aller Überfremdung durch das „sowjetische System" im Laufe der Zeit durch landesabhängig verschiedene und zeitlich verschobene Erosionen dieses fremden Systems modifizierte Nationalkulturen herausgebildet haben, die in der Kultur Osteuropas von innen heraus als ein besonders spannungsreiches Entwicklungspotential eine z. T. unkontrollierte Wirkung entfalten.

Das Verhältnis von „sowjetischem System" und „Staaten nationaler Prägung" kann im kulturellen Bereich – bezogen auf die letzten vier Jahrzehnte – eigentlich nur unter eingeschränkten, besonderen Bedingungen mit dem Begriff der Machtergreifung und Machtsicherung erfaßt werden. Um die ganze Breite seiner Ausfächerung in der Zeit zwischen 1945 und dem Ende der achtziger Jahre zu erfassen, darf dieses Verhältnis nicht nur als Wechselspiel gesehen werden. Man sollte es durch den Begriff der kulturellen Interferenz ergänzen, um das ganze Spektrum nationalstaatlich unterschiedlicher und kulturell spezifischer Differenziertheit erfassen zu können. Nur so scheint es möglich zu sein, das Verhältnis zwischen angestrebter Einheit von Macht und Kultur und die Lockerung dieses Verhältnisses, die bis hin zu einem Gegensatz von Macht und Kultur führen kann, adäquat zu analysieren. Die Beziehung „Sowjetunion" und „osteuropäische Staaten" sollte daher von vornherein allgemeiner gefaßt und vor allem nicht einseitig nur monokausal, sondern mit Hilfe von systemvergleichenden, typologischen Untersuchungen bestimmt werden, bei denen von dispositionell bzw. funktional ähnlichen Situationen in den jeweiligen Ländern ausgegangen werden könnte. Ähnlichkeiten und Besonderheiten ließen sich bei diesem Vorgehen wahrscheinlich besser verdeutlichen und vor allem auch von systeminternen, in den entsprechenden Situationen funktional gleichgerichteten Merkmalen der einzelnen Kulturmodelle und Entwicklungen unterscheiden.

Zur Orientierungsdebatte in der tschechischen Kulturszene 1945–1948

von
Peter Drews

Das am 5. April 1945 in Košice verkündete Regierungsprogramm der „Nationalen Front" bestimmte in Artikel 15: „Die slawische Orientierung unserer Kulturpolitik wird in Übereinstimmung mit der neuen Bedeutung des Slawentums in der internationalen wie auch in unserer tschechoslowakischen Politik im besonderen verstärkt werden. [...] Vollkommen neu aufgebaut wird auch in kultureller Hinsicht unser Verhältnis zu unserem größten Verbündeten – der UdSSR. [...] All das wird im fortschrittlichen, demokratischen und nationalen Geist durchgeführt werden, wobei unsere Klassiker, die eine Kultur von höchstem Niveau geschaffen und sie zutiefst demokratisch und national gestaltet haben, als Vorbild maßgebend sein werden." [1]

Diese Leitlinien waren für die Kulturszene von erheblicher Bedeutung, wenngleich sie als Ausdruck von Kompromissen zwischen den politischen Gruppierungen der „Nationalen Front" noch recht vage klangen. Immerhin deuteten sie eine Umorientierung des Kulturlebens an, die der aktuellen politischen Lage Rechnung tragen sollte und die sich zumindest in Grenzen auch durch administrative Maßnahmen steuern ließ. Gestützt auf die Autorität einer All-Parteien-Regierung, implizierten sie darüber hinaus für die Vertreter der Kulturszene eine moralische Verpflichtung, sich im Sinne des Gedankens der „nationalen Einheit" aktiv an der gesellschaftlichen Entwicklung zu beteiligen. Dies betonte auch Beneš in seiner Grundsatzrede auf dem vom 15.–20. Juni 1946 in Prag veranstalteten ersten tschechischen Schriftstellerkongreß. Er verwies darauf, daß die verantwortungsbewußten tschechischen Literaten stets mit den fortschrittlichen Gesellschaftskräften zusammengewirkt hätten, um gemäß der an Masaryk orientierten Losung „Tschechentum, Europäertum, Humanität" der Menschheit zu dienen: „Literatur und Kunst sind die höchsten Wächter insbesondere der Unverletzlichkeit der Menschenrechte." [2] Hierzu müsse sich die Kunst zwar ohne dogmatische Schranken entfalten können, doch finde ihre Freiheit dort Grenzen, wo sie die Grundlagen des Staates bedrohe.

Die Mehrheit der tschechischen Autoren akzeptierte die hieraus resultierenden Einschränkungen im Literaturleben, die mit tatkräftiger Hilfe des von KP-Mitgliedern beherrschten Informationsministeriums durchgesetzt wurden. Bereits im Mai 1945 untersagte eine Verordnung die Herausgabe von Periodika durch Einzelpersonen, so daß fortan nur jene Organisationen periodische Schriften edieren konnten, die eine offizielle Zulassung besaßen. Zu den wenigen Ausnahmen gehörte der im Juni 1945 wiederbelebte „Kritický měsíčník", der ab April 1946 auf Grund einer Sondergenehmigung Be-

---

1 Die Vertreibung der deutschen Bevölkerung aus der Tschechoslowakei, hrsg. von T. Schieder, Bd. 1 (= Dokumentation der Vertreibung der Deutschen aus Ost-Mitteleuropa, IV/1), Bonn 1957, S. 184–203, hier S. 202.

2 E. Beneš: Poslání spisovatele v národě, in: Účtování a výhledy, hrsg. von J. Kopecký, Praha 1948, S. 17–27, hier S. 23.

nešs wieder in der Eigenverantwortung Václav Černýs erscheinen durfte. Weitergehende Maßnahmen – z.B. ein von Informationsminister Kopecký geplantes Gesetz über die nichtperiodische Presse zur Abwehr von „Schundliteratur"[3] sowie ein Theater-Gesetz – wurden dagegen nicht verabschiedet. Allerdings diente die staatlich überwachte Papierzuteilung an Verlage gelegentlich dazu, Umfang und Auflagenhöhe von Druckerzeugnissen zu reglementieren.

Bedeutsame Veränderungen erfuhr das literarische Verbands- und Verlagswesen, indem genossenschaftliche Verlage wie „Družstevní práce", „Máj" und der „Evropský literární klub" nach dem Modell der „Nationalen Front" reorganisiert wurden, was insbesondere den Einfluß der Mitglieder der Kommunistischen Partei stärkte. Der konservative Autorenverband „Máj" mußte sich gar Ende 1945 auflösen, während das „Kolo moravských spisovatelů" der vorzeitigen Liquidation nur durch geschicktes Taktieren entging. Zur beherrschenden Autoren-Organisation stieg damit das 1918 als Interessenverband freier Autoren gegründete „Syndikát českých spisovatelů" auf, dessen Vorsitz seit Mai 1945 František Halas in Zusammenarbeit mit Jan Drda und Václav Řezáč führte. Nachdem eine von Černý geleitete Säuberungskommission im Januar 1946 den Ausschluß resp. die Suspension von etwa 20 während der Protektoratszeit kompromittierten Mitgliedern erwirkt hatte, dominierten in den Reihen des Verbandes bald die Vertreter des „Sozialistischen Blocks" und nicht zuletzt die Repräsentanten der Kommunistischen Partei. Zahlreiche konservative und vor allem katholische Autoren wurden damit an den Rand der Kulturszene gedrängt, zumal sie nur noch wenige publizistische Organe (wie etwa die katholische Zeitschrift „Akord") besaßen. Ihre Proteste verhallten eher ungehört[4], und da eine allzu deutliche Kritik an sozialistischen Tendenzen ohnehin wenig opportun war, äußerte sich ihr Unmut häufig auch in sarkastischen Randbemerkungen.[5]

Dessenungeachtet verstärkten sich im Laufe des Jahres 1946 innerhalb des „Sozialistischen Blocks" die Tendenzen zur Schaffung einer neuen „Einheitsfront" der Schriftsteller nach dem Vorbild der „Linken Front" (Levá fronta) der Jahre 1929–1936 oder des antifaschistischen „Revolutionskomitees der Intelligenz" (Revoluční výbor inteligence) der Jahre 1941–1942. So unterschrieben Anfang Oktober 1946 41 Mitglieder der Kommunistischen Partei die Gründungsakte der „Kulturgemeinde" (Kulturní obec), als deren Pendant Mitte Oktober Autoren aus dem Umkreis der Sozialdemokratie und der Volkssozialisten den „Kulturbund" (Kulturní svaz) ins Leben riefen. Das Ziel beider Organisationen war, eine möglichst breite kulturpolitische Basis für gemeinsame Tätigkeiten aller sozialistisch inspirierten Künstler zu schaffen. Die Verhandlungen über einen gemeinsamen Verband mündeten zunächst in eine Erklärung vom 4. November 1946, zu deren 19 Unterzeichnern u.a. Černý, Halas, Ferdinand Peroutka, Jaroslav Seifert und Ladislav Štoll gehörten. Sie riefen zur Verteidigung eines humanistisch geprägten Sozialismus auf, zu der jeder Künstler in i n d i v i d u e l l e r Weise beitragen solle: „In diesem Geiste werden wir die Freiheit der Forschung, des Schaf-

---

3 Das Gesetz sah vor, „die Edition von Büchern, sonstigen Publikationen, Bildern und Musikalien staatlich zu kontrollieren, damit der Druck schädlicher Literatur und die Verbreitung von Schund und Kitsch sowie wertlosen Werken eingeschränkt werden", V. Kopecký: O další směr naší kulturní politiky, in: Tvorba Nr. 1 vom 1. 1. 1947, S. 1–3, 19, hier S. 3.

4 Vgl. z. B. T. Vodička: Tažení proti katolickým spisovatelům, in: Akord 13 (1946–1947), S. 177–185.

5 Vgl. z. B. R. Černýs Glosse über den „sozialistischen" Schriftstellerkongreß vom Juni 1946: Ke sjezdu Syndikátu českých spisovatelů, in: Akord 13 (1946–1947), S. 30–32.

fens, der Meinungsäußerung und der verantwortungsbewußten Kritik verteidigen. [...] Indem wir so unserem Volke dienen, dienen wir auch der Welt, deren fruchtbare geistigen Anregungen wir immer freudig aufnehmen werden." [6] Hierauf gründete man schließlich am 27. April 1947 die „Kultur-Union" (Kulturní jednota), der neben Mitgliedern der Kommunistischen Partei nicht zuletzt auch prominente Vertreter der Volkssozialisten angehörten (u. a. František Kovárna und Jan Blahoslav Kozák).

All diese Tendenzen zu einer Vereinheitlichung der Kulturlandschaft konnten nicht darüber hinwegtäuschen, daß es zwischen den einzelnen Gruppierungen erhebliche Differenzen über die konkrete Gestaltung der zukünftigen tschechischen Kultur gab. [7] Dies betraf zunächst die allgemeinen Beziehungen zur sowjetrussischen Kulturszene, wobei insbesondere der Kreis um Beneš – explizit wie implizit – an einschlägige Passagen aus Masaryks „Světová revoluce" (1925) anknüpfte. Hierin (Paragr. 117–119) hatte Masaryk auf die enge Verflechtung der böhmischen Kultur mit dem christlichen Abendland hingewiesen und hervorgehoben, russische Kultureinflüsse seien in Böhmen erst seit dem 18. Jahrhundert (und nur allmählich) wirksam geworden. Die zentrale Lage Böhmens in Europa gebiete daher, russische Kultur-Impulse nur im Bewußtsein dieser abendländischen Verbundenheit aufzunehmen, um dies zu einer eigenständigen, „Europäertum" und „slavische Wechselseitigkeit" sinnvoll vereinenden Synthese zu verschmelzen: „Deshalb entgegne ich dem alten Programm ‚Ex oriente lux?': Ja, aber auch ‚Ex occidente!'. Unsere gesamte Geschichte und geographische Lage drängt zu dieser Synthese." [8] Eine dergestalt national geprägte Kultur könne dann im Sinne der Herderschen Humanität ihren Beitrag zur Weltkultur leisten: „Unsere Politik muß zuvorderst tschechisch sein, wahrhaft tschechisch, dann wird sie wahrhaft global und damit auch slawisch sein." [9]

In deutlicher Anknüpfung an diese Gedankengänge eröffnete Černý im Oktober 1945 mit einer Artikelserie die erneute Diskussion über die Frage, wohin sich Böhmen kulturell orientieren solle. Er betonte die christlich-abendländische Bindung der tschechischen Kultur, die jedoch durch Impulse aus der Sowjetunion zu neuer Identität finden könne: „Osten und Westen, damit wir in höchstem Maße und am besten ganz wir selbst sein können." [10] Gemäß dem stalinistischen Slogan „sozialistisch im Inhalt, national in der Form" [11] solle die Kultur eines tschechisch geprägten sozialistischen Humanismus [12] entstehen, die dem Tschechentum im Rahmen des sozialistischen Internationalismus einen Ehrenplatz unter den Völkern sichere: „Tschechentum soll hier wieder-

---

[6] Zit. nach: Kritický měsíčník 7 (1946) S. 444 (Hervorhebung im Text).

[7] Vgl. im folgenden F. Buriánek: Současná česká literatura, Praha 1960; V. Černý: Paměti, Bd. 4, Toronto 1983; A. French: Czech Writers and Politics 1945–1969, New York 1982; H. Hrzalová: Spoluvytvářet skutečnost, Praha 1976; A. Kusák: Nationalbewußtsein und Nationalpädagogik als Aspekte der tschechischen und slowakischen Literatur 1945–1948, in: Die Tschechoslowakei 1945–1970, hrsg. von N. Lobkowicz, F. Prinz, München u. a. 1978, S. 237–258; J. Petrmichl: Patnáct let české literatury 1945–1960, Praha 1961; M. Součková: A Literature in Crisis. Czech Literature 1938–1950, New York 1954.

[8] T. G. Masaryk: Světová revoluce, Praha ^{2}1930, S. 518.

[9] Ebenda, S. 523.

[10] V. Černý: Boje a směry socialistické kultury, Praha 1946 (= überarbeitete Fassung der zumeist im „Kritický měsíčník" von Oktober 1945 bis September 1946 erschienenen Artikel-Serie), S. 29.

[11] Ebenda, S. 34.

[12] Ebenda, S. 33.

um zugleich auch Weltgeltung bedeuten... Weltgeltung wird es hier nur um den Preis des Tschechentums geben, und unsere sozialistische Idee wird nur dann von allgemein menschlichem Wert sein, wenn und sofern sie es versteht, eine tschechische Idee zu bleiben." [13]

Černýs „Modell" präsentierte sich reichlich schematisch, indem er den „Osten" auf die Sowjetunion (unter bewußte Ausklammerung der „slawischen Wechselseitigkeit") und den „Westen" auf Frankreich reduzierte. Seine häufigen Lenin- und Stalinzitate klingen eher wie Lippenbekenntnisse, zumal sein Sozialismusverständnis (freie Entfaltung des kollektiv über die Produktionsmittel verfügenden Individuums) eher Gedanken der französischen Linken und des Anarchosyndikalismus widerspiegelt. Diesem entsprach auch, daß er im „Kritický měsíčník" mit Vorliebe französische Autoren (neben Tschechen) herausstellte, während die russische Literatur kaum Beachtung fand. [14]

Die Ideen Černýs waren recht umstritten. Konservativen Kritikern fiel es allerdings schwer, sich zu artikulieren, denn eine unverhüllte Opposition gegen einen „sowjetischen Kulturimport" war angesichts der politischen Realitäten kaum möglich. So blieb etwa den katholischen Autoren nur der Rückzug auf christliche Positionen unter eher allgemeiner, die Sowjetunion nicht zu deutlich nennender Ablehnung des Marxismus. In diesem Sinne verstand man z.B. Jan Zahradníčeks Poem „La Saletta" (1947), eine Meditation über die Marien-Erscheinung von La Salette im Jahre 1846, als eine verdeckte Zurückweisung von Sowjetideologie und -kultur. Desgleichen war es sicherlich eine bezeichnende Haltung, wenn die Zeitschrift „Akord" als eines der wenigen Publikationsorgane darauf verzichtete, russische oder gar sowjetische Autoren zu erwähnen resp. zu drucken. [15]

Auf seiten der politischen Linken war die Reaktion gleichfalls eher negativ. Einzig František Götz zeigte in seinem Essayband „Na předělu" (1946, abgeschlossen im Dezember 1945) gewisse Sympathien für Černýs Ansichten. Er befürwortete jedoch eine vollkommene, harmonische Synthese westlicher (= französischer) und östlicher (= russischer) Kultur, da ihm ohnehin die politischen Systeme des Ostens und des Westens zueinander zu streben schienen. [16] Marxisten der jungen Generation wie Jindřich Chalupecký plädierten dagegen für einen Anschluß an die Sowjetkultur, da dies angesichts der Zerstörungen des „Atomzeitalters" der allein gangbare Weg sei. [17]

Die „historisch notwendige" Orientierung zur Sowjetunion betonten auch die führenden Publizisten der Kommunistischen Partei. So verwies Gustav Bareš, Chefredakteur von „Rudé právo", darauf, daß die UdSSR schließlich im Geist eines Marx und Engels die wahre Erbin fortschrittlicher westlicher Kulturtradition sei, weshalb sich das Ost-West-Problem gar nicht stellen könne. Vielmehr sei „das enge Bündnis mit der Sowjetunion und die Annäherung an die übrigen Völker die Garantie für unsere nationale Existenz und Unabhängigkeit." [18] Ladislav Štoll minimalisierte seinerseits die westli-

---

[13] Ebenda, S. 97.

[14] Eine der ganz wenigen Ausnahmen bildet Heft 3 vom August 1945, in dem u. a. Gedichte von etwa einem Dutzend zeitgenössischer russischer Lyriker abgedruckt wurden.

[15] Erst im allerletzten Heft (14/1947–1948, Nr. 6) veröffentlichte man einige Gedichte von vorwiegend nichtkonformen Autoren wie Achmatova, Blok, Brjusov, Chlebnikov, Esenin, Majakovskij, Pasternak und Tjutčev.

[16] F. Götz: Na předělu, Praha 1946, S. 117.

[17] Vgl. Součková: A Literature, S. 36. f.

[18] G. Bareš: „Offener Brief" an V. Černý, in: Kritický měsíčník 7 (1946) S. 14–20, hier S. 18.

chen Impulse in der tschechischen Literatur[19], und Karel Polák verstieg sich schließlich zu der Behauptung, der westliche Kultureinfluß habe stets hegemoniale Züge besessen, weshalb Böhmen einen „natürlichen Ost-Drang" verspüre.[20]

Dominierte in dieser Diskussion eine eher zukunftsgerichtete, gesamteuropäische Betrachtungsweise, so erhielt in nationalbewußten Kreisen bald ein anderer Gesichtspunkt größeres Gewicht: die Besinnung auf die eigene Kulturtradition im Rahmen der „slawischen Wechselseitigkeit". Die Vertreter dieser Richtung konnten sich hierbei insbesondere auf das Frühwerk Masaryks berufen, denn dieser hatte in zahlreichen Artikeln der achtziger und beginnenden neunziger Jahre des 19. Jahrhunderts die nationaldemokratischen Ziele eines Hus, Kollár und Havlíček beschworen, die es fortzuführen gelte. Entsprechend rief man oft genug – neben Palacký und Jirásek – gerade den Masaryk der „Česká otázka" (1895) zum Zeugen dafür an, daß sich die tschechische Kultur (und Literatur) zum Sachverwalter der fortschrittlichen, demokratischen Tendenzen im tschechischen Geistesleben slawischer Prägung zu machen habe. Dies ließ sich um so mehr auch mit sozialistischem Gedankengut sowjetrussischer Provenienz verbinden, als Masaryk ohnehin in seiner Literaturkritik auf der Basis des deutschen Idealismus Anregungen der russischen Literaturkritik eines Belinskij, Dobroljubov und vor allem Pisarev aufgegriffen hatte. Damit konnte man Masaryk – unter vorerst geflissentlicher Aussparung seiner Marxismuskritik – sogar als einen der Wegbereiter des modernen, slawisch orientierten humanen Sozialismus präsentieren, wie dies etwa Götz tat:

> „Es gibt in unserer geistigen Welt nur wenige derart lebendige und der sozialistischen Gegenwart so nahe Werte wie Masaryks Humanität."[21]

Der Gedanke der nationalen Rückbesinnung war naturgemäß in jenen Kreisen populär, die Masaryk auch politisch nahegestanden hatten. So merkte z.B. J.B. Čapek als einer der herausragenden Publizisten von „Naše doba" an, es gebe im Grunde gar keinen russisch-europäischen Gegensatz, sondern allenfalls einen russisch-amerikanischen Antagonismus, aus dem sich die Tschechen durch den Rückgriff auf ihre nationalen Traditionen (im Sinne Masaryks) heraushalten sollten.[22] Desgleichen verschrieb sich die von Seifert redigierte Zeitschrift „Kytice" (deren auf Erben verweisender Titel programmatisch verstanden wurde) der Idee einer nationalen und sozialistischen Erneuerung im Rahmen der „slawischen Wechselseitigkeit". Entsprechend betonten die Herausgeber in einem redaktionellen Leitartikel des ersten Heftes, man wolle eine sozialistische, auf die geistige Befreiung des Menschen zielende Kunst propagieren, die allein als national geprägte, ihr traditionelles Erbe bewahrende Kunst internationale Anerkennung finden könne.[23] Folgerichtig konzentrierte man sich auf die Publikation von Beiträgen zur tschechischen Literatur des 19. Jahrhunderts und berichtete zudem in Sonderheften

---

[19] L. Štoll: Východ a Západ, in: Rudé právo Nr. 88 vom 21. 8. 1945, hier nach: Ders.: Umění a ideologický boj, Bd. 1, Praha 1972, S. 15–19, hier S. 16.

[20] K. Polák: Literatura a socialismus, Praha 1946; vgl. M. Součková: A Literature, S. 34.

[21] F. Götz: V čem je Masaryk předchůdcem dnešního socialistického humanismu, in: Tvorba Nr. 21 vom 22. 5. 1946, S. 330–331, hier S. 331.

[22] J.B. Čapek: K dnešním úkolům národní kultury, in: Naše doba 53 (1946–1947), S. 156–161 (Januar 1947).

[23] Redaktionelles Vorwort in: Kytice 1 (1946) S. 1.

über die zeitgenössische Literatur und Kunst Bulgariens, Jugoslawiens, Polens und der Sowjetunion.[24]

Hieran knüpften zahlreiche Publizisten der Kommunistischen Partei an, konnte man doch in der Betonung des gemeinsamen nationalen Kulturerbes breitere Schichten gewinnen. Dies deutete etwa Štoll an, wenn er auf die Gründungsversammlung der „Kultur-Union" erklärte:

> „Das gesunde geistige Rückgrat unserer Geschichte bildet die Tradition der Hussiten, der Reformation, der Widerstand-Tendenzen nach der Schlacht am Weißen Berg."[25]

Jan Mukařovský wiederum verwies auf die ethnische und kulturelle Zugehörigkeit der Tschechen zur slawischen Geisteswelt, die eine Ost-West-Kontroverse belanglos erscheinen lasse:

> „Das Bewußtsein der ethnischen Zugehörigkeit überlagert also jeglichen temporären Zustand und erweist sich bereits hiermit als wahrer Gegenpol zu einer Orientation, die ihrem ganzen Wesen nach nur eine temporäre Erscheinung ist."[26]

Hauptverfechter eines national geprägten, sich auf Masaryk als Wegbereiter berufenden Marxismus war Zdeněk Nejedlý, der sich gerade in seiner umfangreichen, aber nur die Frühzeit umfassenden Masaryk-Biographie (1930–1937) als dessen kritisch-positiver Bewunderer dargestellt hatte. Nejedlý forderte denn auch, die tschechische Kultur müsse im Sinne Masaryks national und slawisch sein, wobei sie an die „fortschrittlichen" Elemente der russischen Tradition des 19. Jahrhunderts und des sozialistischen Realismus anknüpfen solle. Er glaubte sich demgemäß voll und ganz im Einklang mit Masaryk, wenn er die Romantik als „geistige Verirrung" brandmarkte und dem „dekadenten Mácha" die positive Entwicklung eines Jirásek entgegensetzte:

> „Inhaltlich beschritt unsere Lyrik einen gänzlich anderen Weg: von Kollár über Čelakovský zu Erben und Neruda, und somit gänzlich abseits des ‚Máj'".[27]

Der Propagierung dieses Masarykschen „Erbes" diente zudem Nejedlýs 1948 wiederbelebte Zeitschrift „Var", in der z.B. Václav Pekárek äußerte:

> „Man muß Masaryks ‚Česká otázka', eines seiner besten Werke, studieren. [...] Auch Masaryks kulturelles Werk kann uns heute als Stütze gegen jene verwerflichen Theorien und die geistige Verwirrung dienen. Masaryk studierte und erkannte wahrhaft die tschechische Realität, deshalb sind seine Werke immer noch wertvoll."[28]

Derart positive Wertungen fanden nicht den ungeteilten Beifall aller führenden Vertreter der Kommunistischen Partei, doch schien es angesichts des weitverbreiteten hohen Ansehens Masaryks nicht opportun, sich allzu sehr von ihm zu distanzieren. So vergaß auch Klement Gottwald nicht, bei Gelegenheit auf die „volkstümlichen und fortschrittlichen Traditionen der tschechischen nationalen Kultur" hinzuweisen, deren Träger ne-

---

[24] Kytice 2 (1947) Nr. 8, S. 337–384; 1 (1946) Nr. 5, S. 193–240; 2 (1947) Nr. 2, S. 97–144; 1 (1946) Nr. 10, S. 433–480.

[25] L. Štoll: Svoboda v pravdě, in: Tvorba Nr. 19 vom 7. 5. 1947, S. 333–335; hier nach: Ders., Umění, S. 51–62, hier S. 58.

[26] J. Mukařovský: K otázce tak zvané orientace, in: Tvorba Nr. 10 vom 6. 3. 1946, S. 148–149, hier S. 149.

[27] Z. Nejedlý: Ideové směrnice naší národní kultury, in: Ders.: O literatuře, Praha 1953, S. 44–82, hier S. 68 (=Referat auf dem „Sjezd národní kultury" vom 11. 4. 1948).

[28] V. Pekárek: O naší současné kulturní orientaci, in: Var 1 (1948) S. 297–304, 336–344, hier S. 341 f.

ben Havlíček, Smetana, Jirásek und Neumann ebenso Masaryk sei.[29] Und noch 1950 konstatierte Václav Kopecký in einer vom Zentralkomitee der Partei gebilligten Broschüre „T. G. Masaryk a komunisté“:

> „Wir Kommunisten werden es bei der Beurteilung der Tätigkeit T. G. Masaryks niemals versäumen, der Unerschrockenheit, dem Mut und der Beharrlichkeit Anerkennung zu zollen, die T. G. Masaryk zur Zeit seines fortschrittlichen Wirkens bewies, im Kampf gegen reaktionäre Vorurteile, im Kampf gegen den bornierten Nationalismus.“[30]

Zeigt die Diskussion über die allgemeine Orientierung der tschechischen Kultur nicht zuletzt hinsichtlich der Beurteilung Masaryks bereits erhebliche Differenzen, so wurden diese Meinungsunterschiede noch deutlicher, wenn es um die Frage ging, welche konkreten Aufgaben die Kunst denn nun übernehmen solle.[31] Černý etwa bekannte sich zwar – u. a. mit Hinweisen auf Šalda und Masaryk – ausdrücklich zur moralischen Verpflichtung des Künstlers, fortschrittliche, die Humanität befördernde Werke zu schaffen[32], doch dürfe dies nicht zur Orientierung an tagespolitischen Erfordernissen führen. Als „Wächter von Ideen“, dem der Staat durchaus eine „sozial positive Einstellung“ abverlangen könne[33], solle er sich dennoch nicht zur Verkündung von Ideologien verleiten lassen, und so bemerkt Černý mit explizitem Hinweis auf Lenin:

> „Dieses Vergessen hoher, vorrangigster Prinzipien zugunsten unmittelbarer Tagesinteressen [...] ist vielleicht ehrlich gemeint, doch Opportunismus ist wohl das allergefährlichste.“[34]

Černý lehnt deshalb den sozialistischen Realismus als „Anleitung zur Gebrauchskunst“ ab, wenngleich er der antifaschistischen und „aufbauerischen“ zeitgenössischen Sowjetliteratur keineswegs jeglichen Nutzen absprechen will. Echte Kunst reiche aber über den Augenblick hinaus, und somit könnten selbst jene Werke einer Kunst des ethischen Sozialismus dienlich sein, die allein schädliche gesellschaftliche Entwicklungen bloßlegen, ohne bewußt „positiven“ Zielen zu entsprechen. Insofern verwirft er – in Übereinstimmung mit der kommunistischen Kritik – den Surrealismus als „reine Spielerei“[35], verteidigt zugleich jedoch das Œuvre eines Valéry, indem er das Konzept eines „aufbauerischen Optimismus“ durch die Idee eines „schöpferischen Optimismus“ ersetzt, der – ähnlich dem französischen Existenzialismus – in der Akzeptanz des Negativen zu einer neuen, positiven Weltsicht finde.[36]

Am deutlichsten äußerte Černý seine Kritik am sozialistischen Realismus in einer Rezension der Erzählsammlung Drdas „Němá barikáda“ (1945). Literatur dürfe nicht, wie hier, zu einer verzerrten Photographie der Realität degenerieren, die zudem in der

---

[29] Klement Gottwald o kultuře, Praha 1949, hier nach der Rezension von A. NEDVĚD in: Nový Život 1 (1949) Nr. 3, S. 52–58, hier S. 54.

[30] V. KOPECKÝ: T. G. Masaryk a komunisté, Praha 1950, hier nach einem Auszug aus der Broschüre in: Panorama 25 (1950) Nr. 1–3, S. 2.

[31] Vgl. hierzu die Enquete des Verlages Svoboda: Kulturní pracovníci k výstavbě republiky vom Herbst 1945, 1946 in Prag unter dem Titel Kultura na prahu zítřku publiziert (das Werk war mir nicht zugänglich).

[32] V. ČERNÝ: Boje a směry, S. 16 f.

[33] Ebenda, S. 105.

[34] Ebenda, S. 69.

[35] Ebenda, S. 62.

[36] V. ČERNÝ: O komunistickém kulturním programu a budovatelském optimismu, in: Kritický měsíčník 8 (1947) S. 163–173.

schablonenhaften Typisierung der Gestalten höchst unglaubwürdig wirke. Man brauche keine auf kollektives Erleben gerichtete Schilderung gesellschaftlicher Phänomene, sondern eine psychologisch fundierte Darstellung individuellen, höhere Ziele anstrebenden Handelns (Šalda!).[37]

Ähnlich wie Černý bemängelte Jan Grossman den allzu deutlichen Utilitarismus der sowjetischen Kunst. Stattdessen forderte er eine angemessene Synthese zwischen jener Kunst, die u n m i t t e l b a r gesellschaftliche Prozesse ausdrücke (Symbolismus, Existenzialismus), und jener „realistischen" Tendenz, die gesellschaftliche Verhältnisse explizit abbilde.[38] Götz wiederum evozierte die Vision einer zukünftigen Kunst als der Verschmelzung von „humanistischem Personalismus" und „marxistischem Kollektivdenken". Hierbei gestand er dem sozialistischen Realismus recht positive Züge zu, allerdings weniger hinsichtlich der „Abbildungstheorie" als vielmehr wegen seines Zukunftsoptimismus:

> „Mit Hilfe des sozialistischen Realismus wurde der tote Punkt in der Entwicklung der Prosa der gesamten Weltliteratur überwunden, denn die dialektische Methode wies einen Weg, wie man die aktive Realität der modernen Welt durchdringen könne."[39]

Götz betrachtete deshalb neben Aragon, Camus und Sartre auch Gor'kij und Šolochov als zukünftig beispielhafte Autoren.

Den Aspekt des „aufbauerischen Optimismus" betonte auch Václav Běhounek, wenn er einen positiven Einfluß der „Literatur der sowjetischen Fünfjahrespläne, jener rein konstruktiven und von neuem kämpferischen Literatur, [...] beginnend mit Gladkovs ‚Cement' [...] " auf die tschechische Literatur feststellte.[40] Dies habe der tschechischen Literaturszene immerhin ermöglicht, ihr literarisches Erbe zu überdenken und vor allem Themen des Arbeitslebens und des gesellschaftlichen Fortschritts aufzugreifen. Jaroslav Janů schließlich gewann dem sozialistischen Realismus insofern Positives ab, als dieser volksnahe Elemente besitze, und so vermerkte er in einer Rezension sowjetischer zeitgenössischer Lyrik:

> „Der sozialistische Realismus unterstützt ausschließlich die heranreifende Welt. Er wählt nur jene Fakten und Haltungen aus, die die Entwicklung einer neuen Realität erwiesenermaßen stabilisieren und beschleunigen. [...] Der Lyrik des sozialistischen Realismus mangelt es an Vielseitigkeit dichterischer Instrumentierung. Sie ist schlicht, doch dafür wurde sie zur moralischen Kraft und zum Rückgrat des Idealismus eines Vielvölkerstaates. Sie ist eine kleine, solide Münze mit hoher Zahlungskraft unter den breiten Volksmassen. Und ist nicht hierin gleichwohl etwas Beneidenswertes?"[41]

Die Kommunistische Partei hatte bereits in den dreißiger Jahren die Dogmen des sozialistischen Realismus akzeptiert, doch fühlten sich allenfalls Literaturkritiker (wie etwa Bedřich Václavek) und manche Prosaautoren dessen Prinzipien bis zu einem gewissen Grade verpflichtet. Und da selbst kommunistische Autoren häufig in nichtkommunistischen Verlagen publizierten, besaß sie nur wenig Möglichkeiten, ihre Linie gegenüber Literaten oder gar bildenden Künstlern durchzusetzen. Dennoch bemühte sie sich ab 1945 verstärkt, die Sowjetunion auch im Bereich der Kunst als vorbildlich zu prä-

---

37 Ders.: Hrst poznámek k socialistickému realismu, in: Kritický měsíčník 8 (1947) S. 348–355.

38 J. Grossman: Umění a ideologie, in: Volné směry 40 (1947–1948) S. 112–122.

39 F. Götz: Na předělu, S. 169.

40 V. Běhounek: Světlo z východu, in: Kytice 1 (1946), S. 12–17, hier S. 16.

41 J. Janů: Čteme sovětské básníky, in: Dnešek Nr. 26 vom 19. 9. 1946, S. 407–408, hier S. 408.

sentieren, wobei das zunächst recht hohe Ansehen der UdSSR in den Kreisen vieler Intellektueller sicherlich hilfreich war. So verkündete Nejedlý im Oktober 1945 in seiner Funktion als Kultusminister hinsichtlich einer zukünftigen tschechischen sozialistischen Kultur emphatisch:

> „Eine große Hilfe ist und wird uns hierbei jedoch auch das glänzende Beispiel der Sowjetunion sein, wo die Volkskultur im Dienste der fortschrittlichsten Ideen und menschlichen Bestrebungen gerade durch diese ihre Volksnähe, ihr Nationalbewußtsein, ihren Dienst unter den breitesten Volksschichten eine einzigartige Entwicklung und ein einzigartiges Niveau erreichte.“ [42]

Desgleichen hob Lumír Čivrný die führende Rolle der UdSSR innerhalb der slawischen Geisteswelt hervor:

> „Aus dieser geistigen Situation heraus schreitet die tschechische Literatur heute zu neuer Arbeit. Sie reinigt ihre Randbereiche von den Erscheinungen der Kollaboration, revidiert ihren Weg, errichtet sich festere Stützpunkte in der nationalen wie internationalen Tradition, lehnt sich an die Kultur der UdSSR an, und in der Bereitschaft, alles wahrhaft Fortschrittliche aus der übrigen Welt aufzunehmen, nimmt die tschechische wie slowakische Literatur damit am Aufbau des neuen Staates teil.“ [43]

Allen Bemühungen zum Trotz fanden sich aber nur wenige der renommierten Literaturkritiker und Prosaautoren unter den Parteimitgliedern dazu bereit, das Konzept des sozialistischen Realismus vorbehaltlos zu unterstützen. Drda etwa forderte auf dem tschechischen Schriftstellerkongreß vom Juni 1946, die tschechische Literatur solle endlich die Humanitätsideale ihrer fortschrittlichen Ahnen des 19. Jahrhunderts verwirklichen und den jetzigen gesellschaftlichen Umbruch mit Zukunftsoptimismus darstellen. Dies geschehe am besten durch die Schilderung „positiver Helden“, die man in t y p i s c h e n Entwicklungsströmungen zeige, z. B. im heroischen Kampf gegen den Nationalsozialismus oder als sozialistische Umgestalter der Arbeitswelt. Entsprechend habe man sich auch auf Themen des „einfachen Volkes“ zu konzentrieren, das wiederum als Hauptadressat der Literatur Darstellungen in verständlicher Form erwarten dürfe, etwa in Reportagen und Feuilletons. [44]

Gleichermaßen propagierte Bohumil Mathesius auf derselben Veranstaltung eine „konstruktive“ Literatur, die positive Helden als aktive Gestalter gesellschaftlicher Realitäten hervortreten lasse. Am besten seien hierzu Themen der Arbeitswelt geeignet, wobei man den Leser insbesondere durch belletrisierte journalistische Formen – z. B. in Art der „literatura fakta“ der Sowjetliteratur – ansprechen solle. [45] Diesen Äußerungen schlossen sich weitere Publizisten an, z. B. Zdeněk Lorenc, der in einer Nachbetrachtung zum Schriftstellerkongreß bemerkte, die Autoren sollten als „Ingenieure der menschlichen Seele“ vor allem Literatur für das „einfache Volk“ schreiben. [46]

Unter Lyrikern wie Vertretern der bildenden Künste blieb der sozialistische Realismus dagegen sehr umstritten, ja führende Künstler und Literaten selbst aus den Reihen der Kommunistischen Partei lehnten ihn rundweg ab. Nezval etwa gestand der Kunst zwar die Aufgabe zu, die positiven Aspirationen des Volkes zu verkörpern, doch dürfe man ihr deshalb noch keine Vorschriften „formaler Art“ machen:

---

[42] Z. Nejedlý: Za novou kulturu, in: Československo 1 (1945–1946) S. 36.
[43] L. Čivrný: Literatura v ČSR, ebenda, S. 79–81, hier S. 80.
[44] J. Drda: Cesta literatury k lidu, in: Kytice 1 (1946), S. 385–390.
[45] B. Mathesius: Cesta literatury k lidu, in: Ders.: Básníci a buřiči, Praha 1975, S. 294–302.
[46] Z. Lorenc: Prvý sjezd českých spisovatelů, in: Literární noviny 15 (1946) S. 101–102.

Dem Dichter „geht es in der Lyrik keineswegs um irgendeine traditionelle Form, geschweige denn um eine Einbeziehung von Ideen oder gar um schmückende Beiwörter. Ihm ist eine unverhüllte Hypnose zwischen seinen Sinnen und der Realität eigen, er erkennt diese Realität unmittelbar, ohne den Zwang, sie in rationale Gedanken oder Punkte übersetzen zu müssen, eine rauhe und doch geheimnisvolle Realität, heute reicher denn je, reicher durch die neue Freiheit und die neuen menschlichen Beziehungen, die er zu ihr unterhält." [47]

Nezval beharrte darauf, daß auch die Werke eines Baudelaire, Rimbaud oder Lautréamont weiterhin Geltung besitzen müßten, obgleich sie manchen Rezipienten unverständlich erscheinen könnten. Allerdings sei eine emotional wirkende Lyrik vielen „einfachen Lesern" intuitiv verständlicher, als man gemeinhin glaube, und zudem „muß ein wirklicher Dichter der Gegenwart keineswegs dem sogenannten Volksgeschmack Zugeständnisse machen, ja er darf es nicht einmal." [48]

Vincenc Kramář verwarf gleichfalls jeglichen „billigen Realismus", zumal die Verständlichkeit eines Werkes niemals zum Gradmesser seiner künstlerischen Qualitäten werden dürfe:

„Es geht jedoch darum, daß das arbeitende Volk, das zum Träger einer neuen künstlerischen Kultur werden soll, sich – will es nicht seiner Berufung untreu werden – nicht mit irgendeinem imitationssüchtigen banalen Realismus zufriedengeben darf, um sich damit auf dieselbe Stufe wie die Kleinbürger zu stellen, denn gerade diese Kleinbürger forderten stets, in einem Bild solle alles ‚verständlich' und wirklichkeitsgetreu sein." [49]

Zwar könne man vielleicht in der Lyrik oder in der Musik bis zu einem gewissen Grade dem sowjetischen sozialistischen Realismus nacheifern, „doch in der Malerei und Bildhauerei ist dies anders. Sofern wir in der internationalen fortschrittlichen bildenden Kunst Vorbilder suchen, sind wir bislang auf den europäischen Westen angewiesen, zweifellos hauptsächlich deswegen, weil wir kein fortschrittliches sowjetisches Schaffen kennen." [50]

Welche Abneigung gegen die sowjetische bildende Kunst bestand, zeigen deutlich die negativen Reaktionen auf eine Ausstellung sowjetischer Malerei, bei der im April 1947 Werke von Aleksandr Dejneka, Aleksandr und Sergej Gerasimov sowie Arkadij Plastov zu sehen waren. Erschienen in der bürgerlichen Presse noch gelegentlich wohlwollende Besprechungen[51], zeigten sich die Kritiker der kommunistischen Presse durchweg enttäuscht, wobei allenfalls die Hoffnung mitschwang, man bekomme hier n i c h t das wahre Gesicht des sowjetischen sozialistischen Realismus in der Malerei präsentiert. So beklagte Jiří Kotalík:

„Denn ehrlich gesagt: manches von dem, was sich auf der Ausstellung der vier sowjetischen Maler als Realismus gebährdet, ist vielfach nur ein recht banaler und handwerklich bis zur Bedenklichkeit ungeschickter resp. nachlässiger Naturalismus. [...] Und statt daß uns ein jedes Bild einen

---

47 V. Nezval: Cesta literatury k lidu, in: Ders.: Dílo, Bd. 26, Praha 1976, S. 21–26, hier S. 24.

48 Ebenda, S. 25.

49 V. Kramář: Kulturně politický program KSČ a výtvarné umění, Praha 1946, hier nach: Ders.: O srozumitelnosti umění [= Auszug aus dem zuerst genannten Werk], in: Volné směry 40 (1947–1948), S. 76–78, hier S. 76.

50 Ders.: Poznámka k jednomu referátu, in: Tvorba Nr. 20 vom 14. 5. 1947, S. 368–369, hier S. 368.

51 Vgl. z. B. K. Tondl: Obrazy národních umělců SSSR, in: Naše doba 53 (1946–1947) S. 371–372 (Mai 1947).

Einblick in die schöpferische Seele der sowjetischen Völker böte, begegnen wir hier einem Akademismus, der sich in seiner Farblosigkeit in ein geschlechtsloses und internationales Gewand kleidet." [52]

Vladislav Stanovský zieht denn auch hieraus den Schluß, eine derartige Kunst besitze kaum Vorbildcharakter für die tschechische Malerei:

„Man muß davon ausgehen, daß wir im Kunstbereich in einer völlig anderen Situation sind als die Sowjetunion, daß wir die Probleme, die die sowjetischen Maler lösen, auf eigene Art bewältigen müssen. [...] Nur soviel ist sicher, daß unsere Lösung weit mehr als die sowjetische Lösung die Errungenschaften der sogenannten modernen Kunst berücksichtigen wird." [53]

In diesem Zusammenhang stellte sich naturgemäß auch die Frage nach der individuellen künstlerischen Freiheit. Die Kommunistische Partei betonte in ihrem Kulturprogramm, sie erwarte vom Künstler lediglich eine positive Einstellung gegenüber der Gesellschaft, wolle aber keineswegs inhaltliche oder gar formale Beschränkungen vorschreiben. [54] Dasselbe formulierte auch Stanislav Kostka Neumann:

„Die Kommunistische Partei mischt sich nicht in Streitfragen um literarische Richtungen ein. Sie fordert dem Schriftsteller nur eine positive Beziehung zum gegenwärtigen Leben und klares Denken ab." [55]

Desgleichen äußerte Bareš wiederholt und mit Nachdruck, die Partei erhoffe zwar einen Beitrag der Künstler zum Aufbau des Staates, überlasse es aber vollständig ihnen, wie sie dies künstlerisch umsetzen wollten:

„Man kann zu Recht erwarten, daß die Schriftstellerfeder zum großen aufbauerischen Werk der Nation beiträgt, daß sie den Charakter einer stolzen und freien Nation mitschmieden wird, daß sie eine wahrhaftige, starke, humanistische Literatur schaffen wird, das lebendige Brot unseres Volkes." [56]

Eine Literatur, die in Optimismus und Lebensfreude die fortschrittlichen Traditionen des Volkes evoziere, könne sich dabei durchaus belletrisierter journalistischer Verfahren bedienen, doch letztlich „beabsichtigt niemand vorzuschreiben, auf welche Art und mit welchen Formen unsere Dichter und Schriftsteller all dies ausdrücken sollen. Neue Themen und geistige Inhalte können natürlich die Ausdrucksmittel befruchten und vermehren, auch zu neuen formalen Entdeckungen führen. Es geht somit nicht um einen Rückschritt, zu einfachen beschreibenden Mitteln, auch wenn unsere Literatur immer auf der großen Tradition tschechischer und internationaler Klassiker aufbauen wird." [57]

Derartige, die Künstler auf den gesellschaftlichen Fortschritt verpflichtende Postulate stießen außerhalb der Kommunistischen Partei auf wenig Gegenliebe, sofern sie das individuelle künstlerische Schaffen einschränkten. Černý verwies darauf, je-

---

[52] J. Kotalík: Diskuse o sovětském malířství, in: Tvorba Nr. 21 vom 21. 5. 1947, S. 385–387, hier S. 386.

[53] V. Stanovský: Několik poznámek k výstavě sovětských malířů, in: Tvorba Nr. 21 vom 21. 5. 1947, S. 387 (Hervorhebung im Text).

[54] Vgl. Rudé právo vom 31. 3. 1946.

[55] S. K. Neumann: Komunistická strana, kultura a spisovatelé, in: Tvorba Nr. 8 vom 20. 2. 1946, S. 113.

[56] G. Bareš: Ke sjezdu spisovatelů, in: Tvorba Nr. 24 vom 12. 6. 1946, S. 369–371, hier S. 369 (Hervorhebung im Text).

[57] Ebenda, S. 371 (Hervorhebung im Text).

der Künstler sei zwar als Staatsbürger zu gesellschaftlichem Handeln aufgerufen, doch sei das eigentliche künstlerische Schaffen undenkbar ohne absolute Freiheit.[58] Ebenso betonte Kovárna:

> „Wenngleich wir nicht jegliche Art von Freiheit akzeptieren und eine Überwindung der Fehler des Liberalismus erst in einer Freiheit sehen, die sich dem Gesetz im Sinne des positiven Rechts und des persönlichen Gewissens unterwirft, können wir keinen Machtanspruch des Staates über den Menschen akzeptieren.“[59]

Manche Vertreter des bürgerlichen Liberalismus waren dagegen durchaus geneigt, diesem prononcierten Individualismus ein Gleichgewicht an kollektiver Verantwortung und individuellem Ausdruck des Künstlers entgegenzusetzen, wie etwa Peroutka:

> „Die Inspiration kann kollektiv sein, aber die Arbeit muß Privatsache bleiben.“[60]

Noch deutlicher wurde J. B. Čapek:

> „Eine vollendete Synthese aus bewußter Persönlichkeit, Personalismus und Kollektivismus, spiegelt sich im neuen humanistischen Streben, das derzeit die Welt durchdringt.“[61]

Zum Präzedenzfall wurde die sowjetische Kampagne gegen die Zeitschrift „Zvezda“ sowie insbesondere gegen Anna Achmatova und Michail Zoščenko, denen man „Subjektivismus“, „Pessimismus“ und „Katzbuckelei vor dem Westen“ vorwarf. Vertreter der Kommunistischen Partei verteidigten durchweg das Vorgehen der sowjetischen Behörden, ohne je konkret auf die Vorwürfe gegen die inkriminierten Autoren einzugehen. Man verwies allenfalls auf deren frühere „Verfehlungen“, betonte das Recht eines sozialistischen Staates, „Gesellschaftsschädlinge“ zu maßregeln und warnte ansonsten unermüdlich davor, den Fall zum Anlaß antisowjetischer Agitation zu nehmen.[62] Mathesius räumte gar ein, er habe die betroffenen Werke überhaupt nicht gelesen, halte jedoch die Maßnahmen angesichts der früheren Haltung der Angeschuldigten für vollkommen gerechtfertigt. Immerhin gestand er zu, die Verhältnisse in der UdSSR seien nicht mit jenen in der Tschechoslowakei zu vergleichen, so daß derartige Eingriffe in das tschechische Kulturleben jeglicher Grundlage entbehrten.[63]

Außerhalb der Kommunistischen Partei herrschte eher Ratlosigkeit. Nur wenige äußerten sich so offen wie Chalupecký, der Anfang 1947 erklärte, es sei besser, „unorthodoxe Kommunisten“ gewähren zu lassen, als insgesamt die künstlerische Freiheit einzuschränken.[64] Die überwiegende Mehrheit der Publizisten vermied es dagegen, die sowjetischen Behörden ausdrücklich anzugreifen. Man beruhigte sich mit dem Argument, dies sei hoffentlich nur eine temporäre Erscheinung, und nahm die Affäre ansonsten zum Ausgangspunkt allgemeiner Betrachtungen über die Freiheit der Kunst. Černý schien z. B. geradezu erleichtert, sich mangels Einsicht in die Fakten kein eigenes

---

[58] V. Černý: Sovětská čistka, česká kocovina a leccos jiného, in: Kritický měsíčník 7 (1946) S. 385–392.

[59] F. Kovárna: Kulturní autonomie nebo kulturní konfekce, in: Naše doba 53 (1946–1947) S. 200–204, hier S. 203 (Februar 1947).

[60] F. Peroutka: Po sjezdu spisovatelů, in: Dnešek Nr. 15 vom 4. 7. 1946, S. 225–226, hier S. 226.

[61] J. B. Čapek: Svoboda a vázanost v kulturním životě, in: Naše doba 53 (1946–1947), S. 6–12, hier S. 11 (Oktober 1946).

[62] Vgl. z. B. J. Taufer: K případu leningradských literárních casopisů, in: Tvorba Nr. 36 vom 4. 9. 1946, S. 572–573; Ders.; Nezvaní advokáti spisovatelů, in: Tvorba Nr. 37 vom 11. 9. 1946, S. 582–583.

[63] B. Mathesius: Achmatová, Botostroj a jiná kouzla, in: Tvorba Nr. 41 vom 9. 10. 1946, S. 644–645.

[64] Vgl. M. Součková: A Literature, S. 36 f. (dort ohne nähere Quellenangabe).

Urteil bilden zu können, warnte aber vor allzu eilfertiger antisowjetischer Agitation.[65] Běhounek begnügte sich mit dem Hinweis, dies sei wohl eine Fortführung der Diskussionen der zwanziger und dreißiger Jahre, die leider geeignet sei, die Einheit des Sowjetstaates zu bedrohen.[66] J. B. Čapek lobte gar jene, die sich nur über die allgemeinen Implikationen der Affäre für die Tschechoslowakei geäußert hatten:

> „Richtig handelten jene Diskussionsteilnehmer, die sich bemühten, vom Einzelfall zu grundlegenden Fragen und zu Prinzipien von allgemeinem Belang, ja zu unseren eigenen tschechoslowakischen Problemen und Aufgaben überzugehen."[67]

Demgemäß schritt man bald wieder zur Tagesordnung, ja der Fall Achmatova-Zoščenko erschien rasch als ein Ereignis, das nicht einmal den demokratischen Fortschritt in der Sowjetunion gefährden konnte:

> „Ja, trotz aller Rückschritte, trotz der Verbote, Achmatova und Zoščenko, Tichonov oder Pasternak in ihrem Schaffen als Vertreter russischen künstlerischen Wirkens zu betrachten, geht die russische kommunistische Gesellschaft mit kleinen Schritten der Demokratie entgegen, gestützt auf das q u a l i t ä t s v o l l e m e n s c h l i c h e I n d i v i d u u m."[68]

Die Diskussion um die Achmatova-Zoščenko-Affäre zeigt einmal mehr, wie schwer es vielen Betrachtern – auch in den Reihen der Kommunistischen Partei – fiel, der sowjetischen Kultur positive Züge abzugewinnen, die für die Tschechoslowakei vorbildhaft sein konnten. Indiz hierfür ist auch die Tatsache, daß sich die sowjetische Buchproduktion nur allmählich auf dem tschechischen Markt durchsetzen konnte.[69] Zwar wurden schon bald nach Kriegsende die ersten russischen Kriegs- und Aufbauromane neuerer Provenienz auf Tschechisch veröffentlicht, doch konnte man z. B. über die zeitgenössische sowjetische Lyrik nur in Ansätzen etwas erfahren, da sich die Buchausgaben vorwiegend auf Neueditionen älterer Übersetzungen (Achmatova, Esenin, Majakovskij) konzentrierten. Selbst in „Tvorba", dem wichtigsten Kulturorgan der Kommunistischen Partei, waren bis Mitte 1947 Artikel über sowjetische Literatur oder Übersetzungen einschlägiger Werke nicht allzu häufig.

Dies änderte sich im Grunde erst nach der kommunistischen Machtübernahme im Frühjahr 1948, wie gerade der „Sjezd národní kultury" (Kongreß der nationalen Kultur) vom 10./11. April 1948 verdeutlichte, auf dem Nejedlý und Štoll als Hauptredner auftraten. Ersterer beschwor – ganz im Sinne des Gedankens der „Einheitsfront der Kulturschaffenden" – die Bewahrung des demokratischen Nationalen Kulturerbes, die sich insbesondere in einem rasch anwachsenden Jiráskekult manifestierte. Štoll dagegen verkündete, man müsse darüber hinaus auch die russischen „Humanisten" Herzen, Belinskij, Černyševskij, Dobroljubov und Gor'kij als wirklich große Vorbilder anerkennen.[70] Nur so ließe sich der „verfluchte Subjektivismus als letzter Nachkömmling der reaktionären Romantik und des Sentimentalismus" überwinden.[71]

---

[65] V. Černý: Sovětská čistka (wie Anm. 58).

[66] V. Běhounek: O linii sovětské literatury, in: Kytice 1 (1946) S. 436–439.

[67] J. B. Čapek: Svoboda, S. 7.

[68] F. Kafka: Mapa socialismu a demokracie, in: Dnešek Nr. 23 vom 4. 9. 1947, S. 356–359; Nr. 24 vom 11. 9. 1946, S. 376–377, hier S. 377 (Hervorhebung im Text).

[69] Vgl. M. Drozda: Deset let bojů o sovětskou literaturu, in: Sovětská literatura 4 (1955) S. 272–303.

[70] L. Štoll: Skutečnosti tváří v tvář, in: Ders.: Umění, S. 71–104, hier S. 96 (Referat auf dem Kongreß der nationalen Kultur).

[71] Ebenda, S. 97.

Dieser Linie folgte die im Januar 1949 gegründete Zeitschrift „Nový Život" als neues Zentralorgan des „Syndikát českých spisovatelů" resp. ab März 1949 seines Nachfolgers, des Tschechoslowakischen Schriftstellerverbandes. Ein redaktioneller Vorspann zum ersten Heft erklärte, man werde sich von nun an von den fortschrittlichen Traditionen des tschechischen Volkes leiten lassen, hierbei jedoch insbesondere das sowjetische Vorbild zu Rate ziehen:

> „Als Beispiel dient uns hier die große sowjetische Literatur, die auf diesem Wege ein derartiges hohes künstlerisches und moralisches Niveau erreichte, daß sie als mächtiger gesellschaftlicher Faktor agiert."[72]

Konsequenterweise umfaßte der Rezensionsblock des ersten Heftes fünf Besprechungen ausschließlich sowjetrussischer Werke neueren Datums.

Bald erwiesen sich die Publizisten der tschechischen Kommunistischen Partei als derart gelehrige Schüler, daß sie nicht nur die Zielrichtung, sondern auch das Vokabular der Ždanovščina übernahmen. So bemängelte František Nečásek in einem Jirásekartikel, man habe bisher den Einfluß eines Scott oder anderer westeuropäischer Autoren auf die tschechische Literatur weit überschätzt, und pries – unter expliziter Berufung auf Ždanov – den Patriotismus und sozialistischen Internationalismus.[73] Und Jindřich Filipec konstatierte triumphierend:

> „[...] wird die wertlose kommerzielle westliche Literatur Schritt um Schritt durch die sowjetische Literatur verdrängt, die heute zweifellos den Gipfel der Weltliteratur darstellt."[74]

Als Musterbeispiel diente Vasilij Ažaevs „Daleko ot Moskvy" (1948), anhand dessen Sergej Machonin die Grundzüge des sozialistischen Realismus exemplifizierte. Dieser Roman, so Machonin, typisiere die fortschrittlichen Ideen der Zeit in positiven Helden, deren Volksnähe sich auch in der „absichtlichen Einfachheit, Klarheit und Verständlichkeit der Form" ausdrücke.[75] Somit konnte Kopecký Ende Mai 1949 auf dem 9. Parteitag der KSČ stolz verkünden:

> „Unsere grundlegende marxistisch-leninistische Linie im Bereich des künstlerischen Schaffens beruht insgesamt darauf, daß wir konsequent einen sozialistischen Realismus vertreten, wie er in den Grundsatzreden des Genossen Ždanov, in den Resolutionen des Zentralkomitees der KPdSU (B) und in den sowjetischen Diskussionen über das künstlerische Schaffen formuliert wurde."[76]

Einen vorläufigen Schlußstrich unter die Diskussionen setzte schließlich eine „Arbeitstagung" des Schriftstellerverbandes zu Fragen der Lyrik vom 22. Januar 1950. In einem Grundsatzreferat verwarf Štoll fast die gesamte tschechische Poesie seit den zwanziger Jahren, um allein die Werke eines Wolker und Neumann (letzteres vor allem auf die „Rudé zpěvy" reduziert) als zukunftsweisend herauszustellen. Hierbei fand er nicht zuletzt den Beifall des äußerst anpassungsfähigen Nezval, wenn er erklärte, das Grundproblem der zeitgenössischen tschechischen Lyrik sei „die Frage des Glaubens an die

---

[72] Nový Život 1 (1949) Nr. 1, S. 3–4, hier S. 3.

[73] F. Nečásek: Jirásek dnešku a zítřku, in: Nový Život 1 (1949) Nr. 1, S. 53–56.

[74] J. Filipec: Komunistická strana Československa a literatura, in: Nový Život 1 (1949) Nr. 4, S. 57–63, hier S. 62.

[75] S. Machonin: Poznámky k některým zásadám socialistického realismu, in: Nový Život 1 (1949) Nr. 2, S. 71–76; Nr. 3, S. 65–77, hier S. 75.

[76] J. Kopecký: K otázkám nové slovesné a jiné umělecké tvorby, in: Československo 4 (1948–1949) Nr. 9, S. 1–4, hier S. 3 (September 1949).

Realisierbarkeit einer glücklichen Zukunft der Menschheit, d.h. konkret des Glaubens an die Kraft und die Stärke des arbeitenden Volkes, an den Menschen, an den Sieg des Sozialismus, an die Sowjetunion."[77] Gegenüber dieser Perspektive trat sogar die tschechische Kulturtradition zurück, wenn etwa der Literaturkritik das russische Vorbild als Richtschnur empfohlen wurde:

> „Unsere Kritik wird bei den großen russischen revolutionären Demokraten lernen müssen. Als Schöpfer einer neuen Ästhetik stellen sie in gewissem Sinne immer noch das letzte Wort in diesem Bereich dar."[78]

Und so wird schließlich der sozialistische Realismus stalinistischer Prägung zum wichtigsten Dogma erhoben:

> „Die grundlegende geistige Quelle unserer Nachkriegslyrik ist die Reflexion über das Schicksal der Nation, an deren Spitze eine neue Gesellschaftsklasse trat, die vertiefte Reflexion über die globale Sendung des ersten sozialistischen Staates der Welt, über jenen neuen Schritt der Geschichte, den die Persönlichkeit Stalins verkörpert."[79]

---

[77] L. Štoll: Třicet let bojů za českou socialistickou poesii, Praha [3]1950, S. 74 (Hervorhebung im Text.)
[78] Ebenda, S. 136.
[79] Ebenda, S. 126.

Sowjetisches Modell und nationale Prägung: Resümee einer Diskussion

von
Hans Lemberg

Die Sowjetisierung Ostmitteleuropas ist ein im doppelten Sinn historisches Thema: im Herbst 1987 wurde bei der Tagung „Sowjetisches Modell und nationale Prägung. Kontinuität und Wandel in Ostmitteleuropa nach dem Zweiten Weltkrieg" die eine Schicht sichtbar: Es galt, die Vorgänge und Strukturen aufzuspüren, die in der zweiten Hälfte der vierziger Jahre und um die Jahrhundertmitte Ostmitteleuropa und Südosteuropa politisch, gesellschaftlich und wirtschaftlich der Sowjetunion angenähert und diese Regionen im Sinne der östlichen Supermacht umgeformt haben. Zum Zeitpunkt der Drucklegung der Tagungsreferate hat sich dieses durch die Transformation entstandene, ehedem so dauerhaft wirkende System sowjetischen Typs in einer die Vorstellungskraft überschreitenden Geschwindigkeit aufgelöst; damit ist aber nun nicht nur die Entstehung des Systems, sondern auch dieses selbst zu einem weithin historischen Gegenstand geworden.

„Sowjetisierung" oder „sowjetkommunistische Überlagerung"?

In den Diskussionsbeiträgen[1] der Tagung, aus denen im folgenden einige Gesichtspunkte zusammengefaßt werden sollen, wie auch in den im vorstehenden abgedruckten Tagungsreferaten[2] ist immer wieder die Vokabel „Sowjetisierung" in den Blick genommen worden, die zwar das eigentliche Thema war, die aber wegen ihrer Problematik bewußt nicht in den Tagungstitel übernommen wurde.

Präzisiert wurde der Begriff als „nachholende Sowjetisierung", d.h. als ein auf wenige Monate oder Jahre zusammengedrängter Nachvollzug dessen, was in der bisherigen Geschichte der Sowjetunion in den zwanziger und dreißiger Jahren erzielt worden war und was in den von der Sowjetunion in der Folge der Aufteilung der Interessensphären im Hitler-Stalin-Pakt zunächst 1940 im östlichen Polen, in Bessarabien und im Baltikum mit einem vergleichbaren Bündel von Maßnahmen praktiziert wurde[3].

Ein vieldeutiger Schlüsselbegriff der ersten Phase der Sowjetisierung ist die „Volksdemokratie". Dessen Verwendung in Jugoslawien deutete schon früh auf ein Übergangsstadium zur „Diktatur des Proletariats" hin[4]; in den anderen Ländern wurde diese Zielrichtung eher verschleiert[5] oder als Bezeichnung für einen Dauerzustand aufge-

---

1 Im folgenden zitiert als „[Name des Diskussionsteilnehmers] D.". – Da von den Referenten nur kurze Statements von 20 Minuten Länge vorgetragen wurden, blieb für die Diskussion breiter Raum. Die von Frau Angelika Girsig M.A. angefertigte kondensierte Tonbandnachschrift war eine nützliche Grundlage für die Auswertung.

2 Im folgenden zitiert als „[Name des Referenten] R.".

3 Simon R.

4 Höpken R., D.

5 von Delhaes D.

faßt[6]. Obwohl dieser Begriff schon lange offiziell verwendet wurde[7], gewann er seine späteren Konturen erst auf der Konferenz von Szklarska Poręba/Schreiberhau[8].

Beleuchtet man den Begriff „Sowjetisierung" von verschiedenen Seiten, dann kann man ein Element der Einwirkung von außen feststellen. In Jugoslawien hingegen ist dieser Vorgang von innen gekommen, man kann hier höchstens von einer „selbstgewollten Sowjetisierung", eher von einer sozialen Revolution der Bauernschaft sprechen, die aus dem Partisanenkrieg resultierte[9]. Ferner muß bei der Sowjetisierung zwischen einerseits den Regionen unterschieden werden, die unmittelbar in die Sowjetunion eingegliedert worden sind, und andererseits den Satellitenstaaten nach dem Zweiten Weltkrieg[10], sowie zwischen solchen Gebieten, die militärischen Widerstand (im Untergrund) geleistet haben, und solchen, die eher „befreit" worden sind[11]. Die Frage stellt sich schließlich, ob nicht „Sowjetisierung" etwas ist, das in totalitären Staaten ganz allgemein vor sich geht[12]; damit aber wäre der Begriff nicht trennscharf genug.

Beachtung fand daher die Formel „sowjetkommunistische Überlagerung", die Oskar Anweiler schon vor zwei Jahrzehnten in die Diskussion eingeführt hatte[13]. Diese kann man in verschiedener Weise ausdeuten: daß die Sowjetisierung nicht stark genug gewesen sei, um sich voll durchzusetzen, und es daher nur zu einer „Überlagerung" gereicht habe (Beispiel: die Zurückschraubung der Schärfe des Kirchenkampfes 1949 in Ungarn[14]); daß es auch in Moskau kein ausgearbeitetes Konzept etwa für das Bildungssystem in den Satellitenstaaten gegeben[15] oder daß die Sowjetisierung selbst im Baltikum trotz aller Rücksichtslosigkeit auch nach drei Generationen nicht in der für die sowjetische Führung erwünschten Weise durchgeschlagen habe[16].

Dagegen wurde eingewandt, „sowjetkommunistische Überlagerung" berücksichtige nicht genügend den irreversiblen grundsätzlichen Wandel, der die Substanz verändert habe; in der Sowjetisierung sei – das war eine der wesentlichen Thesen, die ja auch der Titelformulierung des Dualismus von „sowjetischem Modell und nationaler Prägung" zugrundelag – auch ein Vorgang sichtbar, der „von unten" komme[17]; in gewisser Hinsicht sei die „Sowjetisierung" auch eine Art „Hilfe zur Selbsthilfe" gewesen[18]. – Immerhin, aus der heutigen Sicht wird deutlich, daß vieles von dem, was noch bis in die späten achtziger Jahre an der Sowjetisierung Ostmitteleuropas irreversibel schien, in unglaublich kurzer Zeit und nahezu widerstandslos zusammengebrochen ist; die vorher offenbar doch nur „sowjetkommunistisch überlagerten" Strukturen der ostmitteleuropäischen Staatsgesellschaften haben unerwartet rasch zu ihrer eigenen, weithin schon verloren geglaubten „nationalen Prägung" zurückgefunden.

Voraussetzungen

Einer der wichtigsten Gegenstände der Einzeluntersuchungen und der Diskussion waren Voraussetzungen und Instrumentarien[19] der Sowjetisierung. Schon das Einleitungsreferat von Michal Reiman betonte die These, daß die Sowjetisierung nicht quasi in gesunde Staatswesen eingebrochen sei, sondern daß die Revolutionierung der ostmittel-

---

6 Heumos D.
7 Kosta D.
8 Robel D., Höpken D., Klessmann D.
9 Höpken R., D.
10 Prečan D.
11 von Pistohlkors D.
12 Eimermacher D.
13 Anweiler R., D.
14 Hoensch D.
15 Anweiler D.
16 von Pistohlkors D.
17 Reiman D.
18 von Delhaes D.
19 Simon R., D., Prečan D. u.a.

europäischen Staaten bereits 1939 durch die Eingriffe und Zerstörungen durch die nationalsozialistische Eroberung begonnen habe[20], eine These, die durchaus an eine Umkehrung von Positionen des deutschen Historikerstreits der späten achtziger Jahre erinnern könnte[21].

Freilich wäre auf Prädispositionen hinzuweisen, die vor dem Ausbruch des Zweiten Weltkriegs bereits Pfade gebahnt haben, auf denen die Sowjetisierung hernach ihren Weg finden konnte: In Polen war dies besonders das Sanacja- Regime, das einerseits die demokratische Ära in Polen schon 1926 beendete und keine dauerhaften Traditionen eines entwickelten Parteienwesens sich verfestigen ließ, zum anderen aber durch sein Scheitern und durch die Diskreditierung seiner fruchtlosen Westpolitik nach dem Krieg als argumentative Gefahr verwendet werden konnte (etwa in der Figur: Offiziere der Armia Krajowa = Sanacja-Offiziere)[22]. Keinen sonderlichen Anreiz für eine Fortsetzung nach dem Kriege übte das Vorkriegssystem Polens auch in Hinsicht auf die offenen sozialen Probleme (z.B. die Agrarfrage) aus[23].

Eine solche negative Vorbahnung schien es bei der bis zu ihrer Zerstörung 1938/39 demokratischen Tschechoslowakei nicht gegeben zu haben; dennoch hat Peter Heumos bereits früher auf die Rolle paternalistischer Strukturen, eine Proportionalisierung politischer Macht u.a. in der Ersten Tschechoslowakischen Republik hingewiesen, die der kommunistischen Machtergreifung 1948 Vorschub geleistet hätten.[24]

Bei der Suche nach Faktoren, die in der sowjetischen Ära wirksam wurden, stößt man auch auf ökonomische Ansätze der Zwischenkriegszeit, z.B. auf Vorformen der zentralen Verwaltungswirtschaft in Bulgarien seit dem Ersten Weltkrieg oder auf Erfahrungen der gescheiterten Modernisierung, die jetzt um so attraktiver erschien[25].

Mehr noch als diese Faktoren aus der Vorkriegszeit haben allerdings die katastrophalen Ereignisse und Strukturen des Zweiten Weltkriegs selbst bzw. der deutschen Besatzungsherrschaft Prädispositionen für die Sowjetisierung geschaffen: die Gleichmacherei der Okkupationszeit[26], die zentrale Steuerung der Kriegswirtschaft, die in manchem die zentrale Kommandowirtschaft kommunistischen Typs vorbereite[27], die vor allem in Polen einschneidenden demographischen Verluste[28].

Die Liquidation des Kollaborations-Phänomens nach dem Zweiten Weltkrieg mit Tausenden von Verfahren und vollstreckten Todesurteilen und mit der Ausschaltung bestimmter bis dahin starker Parteien (Agrarier in der ČSR, Volkspartei in der Slowakei) und Berufsschichten (Beamte in Ungarn)[29] gehört zu den dramatischen Anbahnungen nicht nur der Sowjetisierung im östlichen Europa, sondern der europäischen Nachkriegsordnung überhaupt[30]; kommunistische Revolutionierungsversuche sind ja auch in Westeuropa mit der „Reinigung", der „épuration", verbunden gewesen[31].

---

20 Reiman R.

21 Lemberg D.

22 Klessmann D.

23 Breyer D.

24 Hinweis Lemberg auf P. Heumos: Der Februarumsturz 1949 in der Tschechoslowakei. Gesichtspunkte zu einer strukturgeschichtlichen Interpretation. In: Zeitgeschichte Osteuropas als Methoden- und Forschungsproblem, hrsg. von Bernd Bonwetsch. (= Osteuropaforschung. 13) Berlin 1985, S. 121–135.

25 Höpken D.

26 Breyer D.

27 Robel D.

28 Breyer D.

29 Hoensch D.

30 Lemberg D.

31 Breyer D.

Beachtung fand auch die Frage, ob besiegte (Verbündete der Deutschen) und Siegerstaaten (Alliierte, wenn auch nur in Gestalt von Exilregierungen)[32] in unterschiedlicher Weise in das sowjetische System eingefügt worden seien. Diese wichtige Einteilung[33] wird überlagert durch einen Kernbereich sowjetischer Ansprüche (Rumänien, Bulgarien, Polen) und einen weiteren Bereich (die übrigen Ostblockländer und Jugoslawien)[34]. Die Sowjetische Besatzungszone Deutschlands bzw. die DDR spielte hier wohl eine Sonderrolle: Sie war das einzige rein militärisch verwaltete Land des späteren Ostblocks[35], andererseits wurde sie in gewisser Hinsicht sogar von der Stalinisierung verschont[36]. – Die Differenzierung zwischen „Besiegten" und „Siegern" trat allerdings insgesamt im Verlauf dieser Tagung weniger deutlich hervor, da es sich bei der Auswahl der hier behandelten Staaten fast ausschließlich um „Sieger" gehandelt hat[37].

Als wichtige demographische Prädisposition, aber auch schon als unmittelbare Instrumente der Sowjetisierung wurden die verschiedenen Umsiedlungen, Vertreibungen usw. bezeichnet, ob sie nun vorwiegend Eliten betroffen haben (wie im Baltikum)[38] oder gesamte nationale Bevölkerungen (wie die Deutschen aus verschiedenen Regionen)[39]. Die Folgen der Umsiedlungen (Vertreibungen, Neuansiedlungen von Bevölkerungsgruppen verschiedener Herkunft) hatten freilich bisweilen auch Wirkungen, die den Intentionen entgegenliefen[40]. Vergleiche zwischen den homogenisierenden Absichten und Wirkungen (oder Fehlschlägen) der Umsiedlungen unter der relativ kurzen deutschen Herrschaft und im Zuge der Sowjetisierung oder Prä-Sowjetisierung wären aufschlußreich[41]. Unterschiedliche Bedingungen lagen vor, je nachdem ob die Wiederbesiedlung von Bevölkerungsgruppen des Typs „Repatrianten" erfolgreich durchgeführt werden konnte oder nicht[42].

Die Sowjetisierung in einzelnen Ländern

Die Diskussionen dieser Tagung beschäftigten sich vor allem mit den Erscheinungen in den Ländern, die im Machtbereich der Sowjetunion lagen, weniger mit dieser selbst. Die Eingriffe ins Parteiensystem[43], Wandlungen des sowjetischen Modells[44], die Einwirkungen des Krieges auf die politische Argumentation der UdSSR-Führung[45], vor allem auf die Zurückhaltung der Sowjetführung gegenüber den Westmächten hinsichtlich des ihr vorgelagerten Staatengürtels[46] fanden Beachtung; vieles aber mußte gerade hier nach wie vor ungeklärt und spekulativ bleiben, so etwa der „Fall Ždanov", die anscheinende Fraktionenbildung Ždanovs gegen Malenkov, die Ausschaltung Malenkovs, die Abberufung Mikojans usw. Letztlich blieb Stalin der entscheidende Faktor im sowjetischen Politbüro[47]. Solange die ostmitteleuropäischen und südosteuropäischen Länder noch nicht in den Block eingebunden waren (1946/47), hatten ihre KP-Führer normalen Zugang zu Stalin und konnten mit ihm „partnerschaftlich" verhandeln[48].

32 Kosta D.
33 Reimann D., Simon D.
34 Brandes D.
35 Troebst D.
36 Simon D.
37 Lemberg D.
38 von Pistohlkors D.
39 Dolezel unter Hinweis auf Jiří Sláma, D.
40 Dazu ausführlich: Mrowka R.
41 Breyer D.
42 Rautenberg D.
43 Heumos R., Hoensch R.
44 S. oben, Vorwort: Reiman D.
45 Reiman D.
46 Hoensch D.
47 Reiman D.
48 Reiman D.

Polen, Tschechoslowakei

Die sehr unterschiedlichen Voraussetzungen in Polen und in der Tschechoslowakei haben im Anschluß an die Referate über die Konzeptionen für die Nachkriegszeit[49] zu ausführlichen Überlegungen Anlaß gegeben: Warum kam es dennoch zu ganz ähnlichen Bahnungen in der Nachkriegszeit? Hatten die tschechischen Exilpolitiker zu wenig Phantasie? Waren ihre Ziele eher restaurativ?[50] Jedenfalls waren die Exilführungen beider Staaten vorzüglich informiert. Die Rolle Benešs war wohl tatsächlich so zentral, wie es – zum Teil auch aus Gründen der Vereinfachung – meist dargestellt wird[51]. Beneš hat auf mehreren Ebenen taktiert: Ausgehend von dem allgemeinen Linkstrend nicht nur der tschechischen Intellektuellen[52] und von seiner prosozialistischen Grundhaltung[53], hatte Beneš seine Vorstellungen von der „sozialisierenden" Nachkriegsentwicklung ausgebaut. Er glaubte, durch Anpassung an die sowjetische Linie den Pluralismus im Lande zu sichern[54] und die eigenen Kommunisten zähmen zu können[55]. Beneš war so auch für die sowjetische Führung ein Partner, der manchmal akzeptabler war als der nicht mit sonderlicher Autorität ausgestattete Gottwald[56]. Beneš hat sich nicht als einziger Illusionen über das demokratische Potential der stalinschen Führung und über ihre Vertragstreue gemacht; solche waren 1944/45 im westalliierten Lager fest verankert[57]; sie bezogen sich auch auf Jugoslawien[58]. Insgesamt lassen sich aber trotz vieler Gegensätze auch Parallelen zwischen den tschechischen und den von verwirrender Vielfalt und dauerndem Wandel gekennzeichneten[59] polnischen Programmen konstatieren[60].

Sowjetische Besatzungszone Deutschlands

An der SBZ Deutschlands können einige Züge der Sowjetisierung aufgrund ihrer Besonderheiten gut beobachtet werden: Sie war Teil eines besiegten Landes, das z.B. im Bildungswesen seit 1933 bereits zentralisiert war und in dem viel eindeutiger als in Polen die Bildungspolitik Kommunisten unterstand[61]. Die Einwirkung der SMAD läßt sich genau verfolgen und periodisieren: zwar nahm der Sowjetisierungsdruck nach der Jahresmitte 1947 deutlich zu[62], doch hat sich eine „vorbereitende Sowjetisierung" schon bei den Wahlen von 1946 bemerkbar gemacht[63]. Die SMAD, die noch nach der Gründung der DDR weiterwirkte[64], war für die DDR-Historiographie ein heikles Thema; in diesem Zusammenhang ist bei der Formulierung der „brüderlichen Hilfe" jeweils auf Konflikte mit der Sowjetunion oder den Bruderländern zu schließen[65]. Vieles bleibt allerdings noch „schwammig"[66] (hier werden in Zukunft unmittelbarere Zugriffe auf die SED-Quellen möglich sein[67]).

---

49 Brandes R., Prečan R., Klessmann R.
50 Lemberg D., Brandes D.
51 Brandes D.
52 Robel D., Brandes D.
53 Schmidt-Hartmann D.
54 Brandes D.
55 Prečan D.
56 Reiman D.
57 Heumos D., Prečan D., Lemberg D.
58 Höpken D.
59 Klessmann D.
60 Brandes D.
61 Anweiler D.
62 Troebst D.
63 Robel D.
64 Troebst D.
65 Klessmann D.
66 Troebst D.
67 Vgl. Staritz, Dietrich: Die SED, Stalin und die Gründung der DDR. Aus den Akten des Zentralen Parteiarchivs, in: Aus Politik und Zeitgeschichte. Beilage zur Wochenzeitung Das Parlament. B 5/91 vom 25. Januar 1991, S. 3–16.

Jugoslawien

Die besondere Situation Jugoslawiens fand vor allem in Hinsicht auf die Frage Beachtung, inwiefern den jugoslawischen Kommunisten das Prädikat „revolutionär" zukomme. Diese KP habe sich nicht nur gegen das Vorkriegsregime der Königsdiktatur gewandt, sie habe vielmehr vom Beginn des Aufstandes an fundamental andere Strukturen aufzubauen begonnen. Auf eine Volksfrontpolitik wurde (mit Ausnahme Sloweniens) aufgrund der negativen Erfahrungen der Vorkriegszeit weitgehend verzichtet[68]. Die jugoslawische KP war, unter anderem in der Außenpolitik, maximalistischer als Stalin[69]; durch ihr Selbstbewußtsein, eine Art eigener Oktoberrevolution hervorgebracht zu haben, war sie gefährlich für die UdSSR[70]. Zu ihrer Radikalisierung haben auch Konflikte beigetragen, mit denen Jugoslawien nach innen und nach außen belastet war (Triest, Kärnten, Mazedonien u.a.)[71]. Daß die jugoslawische Revolution wegen ihrer Eigenständigkeit nicht als „Sowjetisierung" bezeichnet werden könne, wurde allerdings bestritten: die Anpassung an das sowjetische Modell müsse nicht von außen aufgezwungen gewesen sein[72].

Internationales System

Die bereits weit vorangetriebene Erforschung des internationalen Systems des Ostblocks war bisher durch die Behinderung des Quellenzugangs besonders beeinträchtigt[73]. In der Diskussion sind u.a. die Konföderationspläne aus der Kriegszeit für Ostmitteleuropa und Südosteuropa beachtet worden, die auf britische Planungen zurückgingen und nicht primär antisowjetisch gemeint waren[74], vor allem aber die Konferenz von Szklarska Poręba/Schreiberhau, die wohl nicht so epochal war wie meist angenommen, da die Koordinationsmechanismen der kommunistischen Parteien bereits vorher vorhanden waren[75]. Immerhin aber hat sie eine Antwort auf den Marshallplan geboten und ein wirksames Propagandainstrument dargestellt[76], nicht zuletzt durch eine neue Zeitschrift, in der sie die Vokabel „Volksdemokratie" auch in den Westen transportierte[77]. Die Konferenz wurde im Westen als neue kommunistische Offensive angesehen[78]; bei den ostmitteleuropäischen kommunistischen Parteien wurde sie entweder als Signal zum Abbruch der Beziehungen zu den westeuropäischen Parteien oder als eine nur vorübergehende Verhärtung verstanden, die man „überwintern" könne[79]. Hinsichtlich einiger Einzelfragen selbst für diese so wichtige Konferenz gibt es immer noch Unklarheiten, z.B. in bezug auf ihre Unterbrechung[80].

Eine Schlüsselfunktion für die Nachkriegsentwicklung Ostmitteleuropas hat die westalliierte *„non-policy"* gehabt[81]. Nur aus der Perspektive des späteren Kalten Krieges erscheint es als unverständlich und kurzsichtig, daß bis in den Herbst 1944 hinein Briten und Amerikaner keine ernsthaften Bemühungen unternommen haben, sich in Ostmitteleuropa zu engagieren (z.T. unter der Perspektive, eine saturierte Sowjetunion

---

68 Höpken D.; dagegen Brandes D.
69 Robel D., Reiman D., Höpken D.
70 Hoensch D.
71 Höpken D.
72 Simon D.
73 Burian R., Robel R., Lemberg D.
74 Hoensch D., Brandes D.
75 Robel R.
76 Klessmann D., Robel D.
77 Hoensch D.
78 Robel D.
79 Heumos D.
80 Hoensch D., Höpken D., Robel D.
81 Prečan R.

werde in den nächsten 10 Jahren nicht gegen den Westen agieren können[82]). Für diese Haltung gab es verschiedene Gründe: In der Öffentlichkeit der USA waren Erinnerungen an die Verbindlichkeiten des Landes nach der Ära Wilson wach; die Notwendigkeiten des Zweiten Weltkriegs und der Bündnispartnerschaft mit der Sowjetunion zwangen, auf diese Rücksicht zu nehmen. Die Prognosen des Kriegsverlaufs ließen wenig Raum für die Wahrscheinlichkeit, daß angloamerikanische Truppen das Gebiet der Tschechoslowakei erreichen würden[83]. So hat das grundsätzlich starke Engagement etwa der Briten in Ostmitteleuropa in diesem Moment keine Folgen gehabt[84]. In der westalliierten psychologischen Kriegführung wurde gegenüber den Deutschen bis Ende 1945 das Bild von der ewigen Bündnispartnerschaft mit der Sowjetunion reproduziert; als dann Ende 1945 daran Zweifel auftauchten, wurden sie nicht propagandistisch verwertet, sondern eher verschwiegen. Erst seit der Berlin-Blockade wurden antikommunistische Akkorde angeschlagen[85]. Die Frage blieb offen, ob die US-Außenpolitik Ostmitteleuropa insgeheim nicht zu früh der sowjetischen Interessensphäre zugeschrieben hat[86], oder ob die Nachkriegsentwicklung anders verlaufen wäre, wenn es eine westalliierte „policy" in dieser Richtung gegeben hätte[87].

Sowjetisierung im öffentlichen Leben

Ökonomie und Gesellschaft

Im ökonomischen Bereich[88] kreiste die Diskussion vor allem um zwei Fragenkomplexe: Den „eigenen Weg"[89] und die Frage nach der Ausbeutung der „sozialistischen Staaten" durch die UdSSR.

Der „eigene Weg zum Sozialismus" hat vielen als Leitvorstellung vorgeschwebt, doch war kein anderer konkret vorstellbar als der des einzig verwirklichten sozialistischen Modells, des Sowjetsystems. Im Sommer 1946 war nach einer Äußerung Stalins im engeren Kreis ohnehin der spezifische Weg ohne die Diktatur des Proletariats auch die offizielle Linie[90]. Eine Konkretisierung des „eigenen Weges" erschien auf dem Gebiet der Ökonomie oft wegen übereinstimmender Interessen mit der Sowjetunion als nicht ratsam, etwa wenn die tschechoslowakische Schwerindustrie durchaus auf der militärindustriellen Linie der UdSSR lag[91].

Die Vorstellung eines „eigenen Weges" war mit der Polarität von Autarkie oder Integration verbunden. Die zentrale Verwaltungswirtschaft ist tendenziell Autarkie-orientiert bis hinunter zur Ebene der Betriebe; auch die zentralen Planer dachten und denken binnenwirtschaftlich, um Störfaktoren bei der vorhandenen Informationsflut auszuschalten. Deshalb ist auch die Außenhandelsverflechtung mit der Sowjetunion im sozialistischen Lager relativ gering gewesen.[92]

Die Frage nach der Übervorteilung der Staaten des Ostblocks durch die Sowjetunion durch Preisdiskriminierung ist selbst von Experten und von Beteiligten an zentralen Verhandlungen heute noch nicht eindeutig zu beantworten, weil die Daten (terms of trade, Rohstoffpreise usw.) komplex zu interpretieren[93] und die Verhältnisse von Land zu Land unterschiedlich zu beurteilen sind (z.B. Industrieförderung in Bulgarien durch

---

82 Ahmann D.,
83 Prečan D.
84 Schmidt-Hartmann D.
85 Dolezel D.
86 Klessmann D.
87 Simon D.
88 Kosta R.
89 von Delhaes R.
90 Reiman D.
91 Reiman D.
92 Kosta D.
93 Kosta D.

die Sowjetunion, andererseits Streit um gemischte Gesellschaften in Jugoslawien)[94]. Es liegen eindeutige sowjetische Eingeständnisse (Chruščev 1956) der Ausbeutung der polnischen Wirtschaft vor; die Sowjetischen Aktiengesellschaften (SAG) in den besiegten Ländern brachten der Sowjetunion großen Nutzen. Hingegen wurde unter dem Leitgedanken, daß es unter sozialistischen Staaten keine Ausbeutung geben dürfe, den ehemaligen Feindstaaten die Zahlung von Rest-Reparationen erlassen[95]. Das Verhalten der sowjetischen Wirtschaftspolitik war von Fall zu Fall unterschiedlich; bei Krisen (etwa bei Mißernten, nach dem Ungarnaufstand 1956 oder in der ČSSR nach 1968) gewährte die UdSSR vorteilhafte Kredite, schon um das System nicht instabil werden zu lassen[96].

Kulturpolitik, Literatur, Geschichtswissenschaft

Für die Kulturpolitik der Sowjetisierungs-Ära, die mehr durch Steuerung von oben bestimmt worden ist als etwa in den siebziger Jahren[97], wurden in der Diskussion einige äußere Bedingungen angesprochen (Zensur, personelle Besetzung von Redaktionen[98], Organisationen der Kulturschaffenden, Verlage[99], Bibliothekszugang[100], Dichte der Rundfunkempfänger[101]) und im Anschluß an die Beobachtung der tschechischen Kulturszene[102] einige exemplarische Schicksale von Schriftstellern und der Konflikt von literarischer Avantgarde und sozialistischem Realismuskonzept erörtert[103].

Die Diskussion über die Entwicklungen in der Geschichtswissenschaft[104] drehte sich um die Gesamtdarstellungen der Geschichte ostmittel- und südosteuropäischer Nationen aus sowjetischer Feder. An einigen Beispielen wurde verdeutlicht, welche Forschungs- und Vermittlungsmechanismen galten[105] und wie in den „sozialistischen Ländern“ und in der Sowjetunion die Forschungs-Isolation wirksam geworden ist (Geschichtsschreibung war bis auf Ausnahmen nur über das eigene Land möglich, nur in der UdSSR konnte über – jeweils wieder nur einzelne – ausländische Nationalgeschichten geschrieben werden, der Vergleich war verpönt[106]). Noch nicht ganz zu klären sind die Steuerungsmechanismen zwischen Parteiorganen und Geschichtsschreibung[107]. Für nationale Sonderentwicklungen ist auf dem Gebiet der Geschichtswissenschaften relativ breiter Raum gewesen[108]; als besonders schwierig erwies sich im Lichte der Stalinschen Linguistikbriefe das Problem der Nationalgeschichte der sowjetischen Nationalitäten[109].

Im Hinblick auf das Bildungswesen[110] konnten einige Parallelen zwischen der „Überlagerung“ der Bildungssysteme in Ost und West anhand von Schulreformen beobachtet werden[111]; eine Anpassung an sowjetische Lehrmaterialien fand zunächst in Einzelfächern, dann erst hinsichtlich einer Indoktrinierung statt[112]. Sowjetisierung des Bildungssystems mußte auch in den baltischen Republiken nicht immer Russifizierung

---

94 Höpken D.
95 Hoensch D.
96 Kosta D.
97 Eimermacher R., D.
98 Robel D., Troebst D.
99 Anweiler D., Reiman D.
100 Hamer D.
101 Dolezel D., Hoensch D.
102 Drews R.
103 Kosta D., Drews D.
104 Stökl R.
105 Reiman D., Stökl D.
106 Brandes D.
107 Anweiler D.
108 Breyer D., Stökl D.
109 Stökl D.
110 Anweiler R., Karp R.
111 Schmidt-Hartmann D.
112 Eimermacher D.

im Stil des 19. Jahrhunderts bedeuten[113]. Der Vorwurf der „Russifizierung", mit dem herkömmlich die Darstellung der Sowjetisierung verbunden wird, konnte auch in verschiedener anderer Hinsicht relativiert werden[114].

Militär

Auf dem Gebiet des Militärs[115] hat die Sowjetisierung (wenn nicht gar die Russifizierung) wohl am unmittelbarsten durchgeschlagen; an äußeren Zeichen ist eine sowjetische oder nationale Prägung am ehesten abzulesen[116]. Besonders heikel waren Fragen der polnischen Anders-Armee, die im Sommer 1942 aus der Sowjetunion an die britische Front entlassen wurde[117], oder der bulgarischen Armee, deren Sowjetisierung bis zum Kriegsende zurückgestellt wurde, da sie benötigt wurde[118]. Der Kaderaustausch in den nationalen Armeen ist nach 1945 bis in die mittleren Chargen recht radikal gewesen, aus den vorhandenen veröffentlichten Quellen läßt sich jedoch schwer ein Bild gewinnen, wie weit das traditionelle Offizierskorps in den Nachkriegsarmeen (z.B. Wehrmachtoffiziere in der NVA) Verwendung gefunden hat[119]. Nach den Pariser Friedensverträgen von 1947 haben die unmittelbaren Eingriffe in die nationalen Armeen in ihrer Schärfe abgenommen[120].

Politische Kultur und Alltagsleben

Das Konzept der „politischen Kultur"[121] ermöglicht methodisch gesichertere Aussagen über Nationen bzw. Staaten als Vorstellungen, die sich an Nationalcharakteren o. dgl. orientieren. Es wurde freilich bezweifelt, ob angesichts der beschränkten Quellen, die für Ostmitteleuropa zur Verfügung stehen, dieses Konzept für die Ära der Sowjetisierung fruchtbar gemacht werden kann[122]. Es erfaßt im übrigen auch Bereiche, die bisher auf andere Weise auch schon bekannt waren, läßt sie allerdings jetzt konsistenter erkennen[123] und ermöglicht die Überprüfung mancher bisher unbegründeter Aussagen von Historikern[124].

Eine weithin uneingelöste Forderung blieb, daß die Einwirkung der Sowjetisierung auf das Alltagsleben dargestellt werden solle[125], zu der freilich zahlreiche Bausteine und Beobachtungen geliefert wurden[126].

Anregungen zur weiteren Arbeit

Während der Tagung und an ihrem Ende wurde eine ganze Anzahl von Anregungen zur Weiterarbeit vorgetragen: Die Valenz des Sowjetisierungsdruckes könne durch einen Vergleich mit Entwicklungen im Westen besser ermessen werden (z.B. Vorstellungen des polnischen Untergrundes mit dem Ahlener Programm)[127]; Alternativen zur Sowjetisierung sollten daraufhin untersucht werden, ob nicht ohne Sowjetisierung die

113 von Pistohlkors D.
114 von Pistohlkors D., Prečan D., Reiman D.
115 Michel R.
116 Lemberg D., Prečan D.
117 Michel D., Brandes D.
118 Troebst D.
119 Rautenberg D., Michel D.
120 Hoensch D.
121 Schmidt-Hartmann R., D.
122 Klessmann D., Reiman D.
123 Kosta D.
124 Schmidt-Hartmann D.
125 Simon D.
126 Reiman D., Klessmann D., Prečan D. u.a.
127 Hoensch D.

Geschichte in manchem ähnlich verlaufen wäre[128]; eine gezieltere Untersuchung der dreißiger Jahre könne die Prädispositionen klarer werden lassen[129]; die Beobachtung der regionalen oder lokalen Ebene könne die Schwammigkeit genereller Aussagen vermeiden[130]; die Führungsebene der nationalen Minderheiten solle stärker berücksichtigt werden[131]; Finnland und Österreich müßten einbezogen werden[132] usw. Zu erinnern wäre an Teilbereiche, die aus z.T. technischen Gründen im Tagungsprogramm zu kurz kamen: Die Diskussion um die Entstehung des Kalten Krieges, eine umfassendere Behandlung der SBZ/DDR, des Rätesystems[133], der Nationalen Fronten u.a.m.

Immer wieder wurde auf die Variabilität des „Sowjetischen Modells" und die Notwendigkeit hingewiesen, diese im Blick zu behalten[134]; die Vorstellung der „Nationalen Prägung" wurde ebenfalls hinterfragt: Täuscht nicht die Beibehaltung entleerter Formen eine nicht mehr vorhandene Souveränität vor? Ist nicht trotzdem eine unterschwellige Kontinuität vorhanden, die es den sowjetisierten Nationen ermöglicht, sich wie der Phönix aus der Asche zu erheben?[135]

Diese Frage und andere Beobachtungen wiesen in eine inzwischen unerwartet verwirklichte Zukunft: Der Stalinsche Terror habe nicht alles zerstören können; selbst innerhalb der Sowjetunion sei ein Kern „nationaler Prägung" nicht nur nicht zerstört, sondern sogar konserviert worden[136]. Angesichts der großen und grundsätzlichen sozialen Veränderungen werde eine Regenerierung der noch vorhandenen Rückstände älterer Strukturen es aber schwer haben – politischer Wandel allein reiche da nicht aus[137].

Wenn man sich somit einige Diskussionspunkte der Tagung aus dem Spätsommer 1987 noch einmal vergegenwärtigt hat, wird einem immer wieder klar, wie sich die Bezüge zur Gegenwart inzwischen geändert haben. Dies sei abschließend nur anhand eines Beispiels illustriert: Gert von Pistohlkors hat während der Tagung mehrfach angemahnt, man solle das Baltikum bei der Beobachtung Ostmitteleuropas nicht außer acht lassen. Wie notwendig war eine solche Erinnerung 1987, da das Baltikum noch fest hinter dem zweiten Eisernen Vorhang der sowjetischen Grenze verborgen war, und wie offen sind die Türen heute, die ein solches Votum damals einzurennen versuchte!

---

[128] Brandes D.
[129] Oberländer D.
[130] Troebst D.
[131] Hoensch D.
[132] Reiman D.
[133] Heumos R., D.
[134] Z.B. Simon D.
[135] Prečan D.
[136] Simon D.
[137] Reiman D.

Literaturverzeichnis

bearbeitet von
Angelika Girsig und Hans Lemberg

Das folgende Verzeichnis hat zwei Wurzeln: Es enthält die im vorliegenden Sammelband genannte und weitere Literatur zu den darin behandelten Themen und soll zunächst zur Auflösung der abgekürzten Titelangaben dienen. Darüber hinaus ist eine Auswahl von zusätzlichen Titeln übernommen worden, die zum Teil einer im Vorlauf zu diesem Projekt von Marlis Sewering-Wollanek im Auftrag der Fachkommission Zeitgeschichte im Johann-Gottfried-Herder-Forschungsrat zusammengestellten „Arbeitsbibliographie Ostmitteleuropa und Osteuropa 1944–1956. Sowjetsystem und nationale Prägung" (als Manuskript vervielfältigt, Marburg a.d. Lahn 1984) entnommen sind. – Ein Sachregister am Ende schließt die Literaturliste zusätzlich auf und macht sie auch unabhängig von den Beiträgen des Bandes benutzbar. – Entsprechend den in diesem Band angewandten formalen Richtlinien der „Zeitschrift für Ostforschung" mußten leider die Vornamen der Autoren abgekürzt werden. – Die trotz der vorgenommenen formalen Adaptation gelegentlich anzutreffenden Ungleichheiten (Zitat nur eines Bandes eines mehrbändigen Werkes u. dgl.) sind auf die unterschiedliche Dichte der Titelangaben in den Anmerkungen der Beiträge zu diesem Band zurückzuführen.

A1 A History of the Czechoslovak Republic 1918–1948, hrsg. von V.S. Mamatey, R. Luza, Princeton, N.J. 1973.

A2 A Szociáldemokrata Párt politikai irányvonala [Richtlinien der Politik der Sozialdemokratischen Partei], Budapest 1945.

A3 Abrasimov, P.A.: 300 m vom Brandenburger Tor. Erinnerungen eines Botschafters, Berlin 1985.

A4 Abusch, A.: Aus den ersten Jahren unserer Kulturrevolution, in: ... einer neuen Zeit Beginn, S. 39–84.

A5 Ackermann, A.: Der Weg zur Einheit, in: Vereint sind wir alles, S. 65–86.

A6 Ackermann, A.: Von der Geburt der neuen Staatsmacht. Dokumentarischer Bericht von Aktivisten der ersten Stunde, in: Staat und Recht 14 (1965), S. 665–679.

– Adámek, V. → Od lidové fronty

A7 Adámek, V.: Boj KSČ za přerůstání národně demokratické revoluce v socialistickou v letech 1945–1948 [Der Kampf der KPTsch um die Verwandlung der nationaldemokratischen Revolution in eine sozialistische in den Jahren 1945–1948], Praha 1972.

A8 Adelman, J.: Communist Armies in Politics, Boulder 1982.

A9 Adomeit, H.: Die Sowjetmacht in internationalen Krisen. Verhaltensmuster. Handlungsprinzipien. Bestimmungsfaktoren, Baden-Baden 1983 (= Internationale Politik und Sicherheit. 11).

A10 Akino, Y.: Soviet Policy in Eastern Europe, 1943–1948: A Geopolitical Analysis, in: East European Quarterly 17 (1983), S. 257–266.

A11 Alberty, J.: Ocel'ový chlieb z Podbrezovej [Stählernes Brot aus Podbrezová], Banská Bystrica 1968.

A12 Alexander Dymschitz. Wissenschaftler, Soldat, Internationalist, hrsg. von K. Ziermann, Berlin (Ost) 1977.

A13 Alexiev, A.: The Romanian Army, in: Adelman, J.: Communist Armies, S. 149–166.

A14 Almond, G.A.: Communism and Political Culture, in: Comparative Politics 16 (1983), S. 127–138.

A15 Alsop, S.: Chink in the Curtain, in: New York Herald Tribune, 1.3.1949.

A16 Alsop, S.: What did Truman mean?, in: New York Herald Tribune, 5.1.1949.

A17 Altmann, F.L.: Wirtschaft, in: Tschechoslowakei, Länderberichte, S. 153–244.

A18 Anderle, J.: Eduard Benes in European Politics, 1918–1948: A Commentary, in: Kosmas. Journal of Czechoslovak and Central European Studies 5 (1986), 1, S. 35–53.

A19 Antosiak, A.V.: Zaroždenie narodnych armij-stran učastnic Varšavskogo dogovora, 1941–1949gg. [Die Entstehung der Volksarmeen in den Ländern des Warschauer Vertrags, 1941–1949], Moskva 1975.
– Anweiler, O. → Staatliche Steuerung
A20 Anweiler, O.: Sowjetkommunistische Überlagerung und nationale Differenzierung im Bildungswesen Ostmitteleuropas, in: Osteuropa 17 (1967), S. 1–15.
A21 Anweiler, O.: Sozialistische Lebensweise als pädagogisches Konzept und als Realität, in: Idee und Realität, S. 11–26.
A22 Araszkiewicz, F.W.: Teleologia wychowania Polskiej Rzeczypospolitej Ludowej (1944–1980) [Die Teleologie der Erziehung in Volkspolen (1944–1980)], Słupsk 1986.
A23 Archiv der Gegenwart 15 (1945)-26 (1956).
A24 Aristoteles: Politik, hrsg. von P. Gohlke, Paderborn 1959.
– Armand, M., → European bibliography
A25 Armia krajowa w dokumentach 1939–1945 [Die Heimatarmee in Dokumenten], hrsg. vom Studium Polski Podziemnej, 5 Bde., London 1970–1981.
A26 Aslund, A.: Private Enterprise in Eastern Europe: The Non-agricultural Private Sector in Poland and the GDR, 1945–1983, New York 1985.
A27 AVNOJ i revoljucija. Tematska zbirka dokumenata 1941–1945 [AVNOJ und die Revolution. Thematische Sammlung von Dokumenten 1941–1945], hrsg. von S. Nesović, B. Petranović, Beograd 1983.
– Axamitová, J. → Československá Revoluce
– Aymard, M. → European bibliography
B1 Badstübner, R.: Wie war es? Wie wahr ist es? Interview mit R. Badstübner, in: Freie Welt, 1990, 3, S. 18.
B2 Badstübner, R.: Zur Tätigkeit des Alliierten Kontrollrats in Deutschland 1945–1948, in: Zeitschrift für Geschichtswissenschaft 36 (1986), S. 581–598.
B3 Bailey, S.D.: The General Assembly of the United Nations. A Study of Procedure and Practice, London 1960.
B4 Bailey, S.D.: The Procedure of the UN Security Council, Oxford 1975.
B5 Bajan, K.: Polityka rolna w PRL [Die Agrarpolitik in der Volksrepublik Polen], Warszawa 1984.
B6 Bajger, L.: Znárodnění ostravsko-karvinských dolů [Die Nationalisierung der Ostrau-Karwiner Gruben], in: Slezský sborník 63 (1965), S. 145–166.
B7 Balfour, M.: Four Power Control in Germany and Austria 1945–1946, London 1956.
B8 Ballance, E.O.: The Greek Civil War, 1944–1949, New York 1968.
B9 Balogh, S., Izsák, L.: Pártok és pártprogrammok Magyarországon 1944–1948 [Parteien und Parteiprogramme in Ungarn 1944–1948], Budapest 1977.
B9a Balogh, S.: A magyar népi demokrácia története [Geschichte der ungarischen Volksdemokratie], Budapest 1978.
B10 Balogh, S.: Az ellenzéki pártok megjelenése és programjuk 1947 nyaran [Das Erscheinen der Oppositionsparteien und ihre Programme im Sommer 1947], in: Párttörténeti közlemények 19 (1973), 3, S. 79–117.
B11 Balogh, S.: Parlamenti és pártharcok Magyarországon 1945–1947 [Parlaments- und Parteienkämpfe in Ungarn 1945–1947], Budapest 1975.
B12 Banac, I.: With Stalin against Tito. Cominformist Splits in Yugoslav Communism, London 1988.
B13 Banasiak, S.: Działalność osadnicza Państwowego Urzędu Repatriacyjnego na Ziemiach Odzyskanych w latach 1945–1947 [Die Tätigkeit des Staatlichen Repatriierungsamtes in den wiedergewonnenen Gebieten 1945–1947], Poznań 1963.
B14 Bareš, G.. Ke sjezdu spisovatelů [Zum Schriftstellerkongreß], in: Tvorba No. 24, 12.6.1946, S. 369–371.
B15 Bareš, G.: Redakci „Kritického měsíčníku“, panu prof. dr. Václavu Černému [An die Redaktion der „Kritischen Monatsschrift“, Herrn Prof. Dr. V. Černý. Offener Brief], in: Kritický měsíčník 7 (1946), S. 14–20.
B16 Barghoorn, F.C.: The Varga Discussion and its Significance, in: American Slavic and East European Review 7 (1948), S. 214–236.

– BARGHOORN, F.C. → The Conduct
B17 BARTON, A.H. u.a.: Opinion-Making Elites in Yugoslavia, New York 1973.
B18 BASCHANOW, B.: Ich war Stalins Sekretär, Frankfurt/Main 1977.
B19 BASKE, S.: Bildungspolitik in der Volksrepublik Polen 1944–1986. Quellensammlung mit einleitender Darstellung und Kommentaren. Teil I: 1944–1970, Berlin 1987 (= Osteuropa-Institut an der Freien Universität Berlin. Erziehungswissenschaftliche Veröffentlichungen, Bd. 18).
B20 BASKE, S.: Charakteristika der Entwicklung und der gegenwärtigen Gestalt des Bildungswesens in Mitteleuropa im inter- und intrasystemaren Vergleich, in: Zeitschrift für Ostforschung 39 (1990), S. 226–237.
B21 BASKE, S.: Das Problem der Eigenständigkeit der DDR im Bereich der Bildung und Erziehung, in: Die DDR – Partner oder Satellit, S. 115–142.
B22 BASKE, S.: Integration und Differenzierung im Bildungswesen des Ostblocks am Beispiel der allgemeinbildenden Schule in der Sowjetunion, in Polen und in der Sowjetzone Deutschlands, in: Ist der Osten noch ein Block?, S. 127–163.
B23 BASS, R., MARBURY, E.: The Soviet-Yugoslav Controversy. A Documentary Record, New York 1959.
B24 BAZILEVIČ, K.V. u.a.: Istorija SSSR, č. pervaja. Učebnik dlja VIII klassa srednej školy [Geschichte der UdSSR, T. 1. Lehrbuch für die achte Klasse der Mittelschule], Moskva 1947.
B25 BECK, C. u.a.: Comparative Communist Leadership, New York 1973.
B26 BECK, C.: Career Characteristics of East European Leadership, in: Political Leadership, S. 157–194.
B27 BECK, C.: Leadership Attributes in Eastern Europe: The Effect of Country and Time, in: BECK, C. u.a.: Comparative Communist Leadership, S. 86–154.
B28 BEDNAREK, H.: „Sovjetskoje Slovo“, die Tageszeitung der sowjetischen Militäradministration in Deutschland, in: Die Entwicklung der freundschaftlichen Beziehungen, S. 187–197.
B29 Befreiung und Neubeginn. Zur Stellung des 8. Mai 1945 in der deutschen Geschichte, Berlin (Ost) 1968 (= Schriften der Deutschen Sektion der Kommission der Historiker der DDR und der UdSSR. Bd. 5).
B30 BĚHOUNEK, V.: O linií sovětské literatury [Über die sowjetische Literatur-Linie], in: Kytice 1 (1946), S. 436–439.
B31 BĚHOUNEK, V.: Světlo z východu [Licht aus dem Osten], in: Kytice 1 (1946), S. 12–17.
B32 BEINHAUEROVÁ, A.: Problémy likvidace a přemíst'ování průmyslu z Pohraničí v letech 1945–1948 [Probleme der Liquidation und der Verlegung der Industrie aus dem Grenzgebiet in den Jahren 1945–1948], in: Slezský sborník 83 (1985), S. 25–38.
– BELDA, J. → Na rozhraní dvou epoch
B33 BELECKIJ, V.N.: Die Unterstützung und Hilfe der Sowjetarmee für die Bevölkerung Berlins und die antifaschistisch-demokratischen Kräfte des deutschen Volkes bei der Normalisierung des Lebens in den ersten Monaten nach der Befreiung der Stadt, in: Befreiung und Neubeginn, S. 164–191.
B34 BELL, P.D.: Peasants in Socialist Transition: Life in a Collectivized Hungarian Village, Berkeley 1984.
B35 BENA, J.: Košický vládný program a právná kontinuita ČSR [Das Regierungsprogramm von Kaschau und die rechtliche Kontinuität der ČSR], in: Právně historické studie 25 (1983), S. 65–86.
B36 BENEŠ, E.: Demokracie dnes a zítra [Demokratie heute und morgen], London 1940, 1944.
B37 BENEŠ, E.: Poslání spisovatele v národě [Die Sendung des Schriftstellers im Volk], in: Účtování a výhledy, S. 17–27.
B38 BENSER, G., KSENOFONTOV, I.: Die Befreiung durch die Sowjetunion und der Weg zur Gründung der SED, in: Beiträge zur Geschichte der Arbeiterbewegung 27 (1985), S. 161–173.
B39 BENSER, G.: Die KPD im Jahre der Befreiung. Vorbereitung und Aufbau der legalen kommunistischen Massenpartei (Jahreswende 1944/45 bis Herbst 1945), Berlin (Ost) 1985.
B40 BERAN, J.: Královská česká společnost nauk v letech 1945–1952. K otázce tradic, kontinuity a diskontinuity ve vývoji institucionální základy vědy [Die Königlich Böhmische Gesellschaft der Wissenschaften in den Jahren 1945–1952. Zur Frage von Traditionen, Kontinuität und Diskontinuität in der Entwicklung der institutionellen Grundlage der Wissenschaft], in: Dějiny věd a techniky 15 (1982), S. 162–177.

B41 Beran, J.: Předúnorová vědní politika komunistické strany Československa a otázka zřízení Československé akademie věd [Die Wissenschaftspolitik der Kommunistischen Partei der Tschechoslowakei vor dem Februar und die Frage der Errichtung einer Tschechoslowakischen Akademie der Wissenschaften], in: Československý Časopis Historický 33 (1985), S. 212–241.

B42 Berend, I.T., Ránki, G.: The European Periphery and Industrialisation 1780–1914, Cambridge 1982.

B43 Berend, I.T., Ranki, G.: The Hungarian Economy in the Twentieth Century, London/Sydney 1985.

– Berg-Schlosser, D. → Politische Kultur

B44 Berlin. Quellen und Dokumente 1945–1951, hrsg. im Auftrage des Senats von Berlin, bearb. durch H.J. Reichardt u.a., Berlin 1964 (= Schriftenreihe zur Berliner Zeitgeschichte. Bd. 4,1; 4,2).

B45 Berliner Werbedienst. Zeitungs- und Zeitschriftenkatalog, Berlin 1947.

B46 Berner, H.: Mit der Sowjetarmee nach Berlin, in: Im Zeichen des roten Sterns, S.325–336.

B47 Berner, H.: Über die Arbeit einer Antifaschule an der Front, in: Freundschaft für immer, S. 43–49.

B48 Bethell, N.: Die polnische Spielart, Wien/Hamburg 1969.

B49 Bewegung und Klasse. Studien zur österreichischen Arbeiterbewegungsgeschichte, hrsg. von G. Botz u.a., Wien 1978.

B50 Beyer-Thoma, H.: Kommunisten und Sozialdemokraten in Finnland 1944–1948, Wiebaden 1990 (= Veröffentlichungen des Osteuropa-Instituts München. Reihe Geschichte. 57).

B51 Beyme, K.v.: Parteien in westlichen Demokratien, München 1982.

B52 Beziehungen DDR-UdSSR. 1949 bis 1955. Dokumentensammlung, hrsg. von den Ministerien für Auswärtige Angelegenheiten der DDR und der UdSSR, Redaktionskollegium: M.A. Charlamow u.a., Berlin (Ost) 1975.

– Biber, D. → Tito – Churchill

B53 Bibliografia historii polskiej [Bibliographie zur polnischen Geschichte], bearbeitet von J. Baumgart, St. Gluszek (1956ff. u. a. Malcówna). Za lata 1944–1947 (u. ff.), Wrocław u.a. 1962ff.

B54 Bibliografia Rad Narodowych 1944–1969 [Bibliographie der Volksräte 1944–1969], Wrocław u.a. 1973.

B55 Bibliographie zur Geschichte und Landeskunde der böhmischen Länder von den Anfängen bis 1948. Publikationen der Jahre 1850–1975. Bearb. von H. Jilek, 3 Bde., Köln/Wien 1986–1990 (= Ostmitteleuropa in Vergangenheit und Gegenwart. Bd. 19).

B56 Biedon, T.: Zjednoczenie akademickiej młodzieży demokratycznej (deklaracja ideowa, statut) [Der Verband der akademischen demokratischen Jugend (Ideen-Deklaration, Statut), in: Studia historyczne 26 (1983), S. 691–698.

B57 Bielasiak, J.: Lateral and Vertical Elite Differences in European Communist States, in: Studies in Comparative Communism 11 (1978), S. 121–141.

B58 Bielasiak, J.: Political Change and Economic Development: A Study of Elite Composition in Eastern Europe, (Diss.), Cornell Univ. Ithaka 1975.

B59 Bierut, B.: O upowszechnienie kultury [Über die Verbreitung von Kultur], Kraków 1948.

B60 Bilanz osteuropäischer Parteisäuberungen, in: Ostprobleme 3 (1951), S. 1422–1426.

– Birke, E.: → Die Sowjetisierung Ostmitteleuropas.

B61 Bilinski, Y.: The Second Soviet Republic: The Ukraine after World War II, New Brunswick, N.J. 1964.

B62 Bisselle, W.C.: The Polish Peasants: Change and Continuity in the Postwar Era, Ann Arbor, Mich. 1979.

B63 Blazek, M.: Wirtschaftsgeographie der Tschechoslowakei, Prag 1955 (= Wissenschaftliche Übersetzungen, hrsg. vom J.G. Herder-Institut, Marburg 1959).

B64 Blätter für Genossenschaftswesen 1918, 1926. (Bundesarchiv Koblenz).

B65 Blick nach Osten. Umschau im geistigen Leben der Völker des östlichen Mitteleuropas, Südosteuropas und der Sowjetunion. Vierteljahreszeitschrift, hrsg. von J. Matl, H.F. Schmid, Klagenfurt/Wien 1948–1949/52.

B66 Bloomfield, J.: Passive Revolution. Politics and the Czechoslovak Working Class 1945–1948, London 1979.

B67 Boban, L.: Kontroverze iz povijesti Jugoslavije [Kontroversen aus der Geschichte Jugoslawiens], Zagreb 1989.

B68 Boban, L.: Položaj i držanje gradjanskih stranaka u Hrvatskoj 1944 [Die Lage und das Verhalten der bürgerlichen Parteien in Kroatien 1944], in: Boban, L.: Kontroverze, S. 276–295.

B69 Bobrowski, C.: Ze wspomnień 1945–1948 [Aus den Erinnerungen 1945–1948], in: Kwartalnik Historyczny 86 (1979), S. 701–732.

– Boczek, W. → Stronnictwo demokratyczne

B70 Bokow, F.J.: Frühjahr des Sieges und der Befreiung, 2. Aufl., Berlin (Ost), 1981.

B71 Boni, M.: Italien und der Marshall-Plan. Das Ende der Einheitsgewerkschaft, in: Der Marshall-Plan, S. 339–358.

– Bonwetsch, B. → Zeitgeschichte Osteuropas

B72 Bonwetsch, B.: Deutschlandpolitische Alternativen der Sowjetunion, 1949–1955, in: Deutsche Studien 24 (1986), S. 320–340.

B73 Borbándi, G.: Der ungarische Populismus, München 1976.

B74 Borisov, A.Ju.: Istoričeskie dogovorennosti (k 40-letiju Jaltynskoj i Potsdamskoj konferencij) [Historische Vereinbarungen (zum 40. Jahrestag der Konferenzen von Jalta und Potsdam], in: Voprosy istorii 1985, 5, S. 22–45.

B75 Borkenau, F.: Doppelsäuberung in der Tschechoslowakei, in: Ostprobleme 3 (1951), S. 1511–1514.

B76 Borodziej, W.: Soziale und politische Konturen des polnischen Widerstandes, in: September 1939, S. 95–116.

B77 Borovčanin, D.: Oblici organa narodne vlasti u Bosni i Hercegovini 1941 [Die Erscheinungsformen der Organe der Volksherrschaft in Bosnien und der Herzegowina], in: 1941 u istoriji naroda BiH [Das Jahr 1941 in der Geschichte der Völker Bosniens und der Herzegowina], Sarajevo 1973.

– Bosl, K. → Das Jahr 1945

– Bosl, K. → Die böhmischen Länder zwischen Ost und West

– Botz, G. u.a. → Bewegung und Klasse

B78 Bouček, M. u.a.: Program revoluce. Ke vzniku Košického vládního programu [Das Programm der Revolution. Zur Entstehung des Kaschauer Regierungsprogramms], Praha 1975.

B79 Bouček, M.: Dramatické dny února 1948 [Dramatische Tage im Februar 1948], Praha 1973.

B80 Braas, G.: Die Entstehung der Länderverfassungen in der Sowjetischen Besatzungszone Deutschlands 1946/47, Köln 1987 (= Mannheimer Untersuchungen zu Politik und Geschichte der DDR, Bd. 4).

B81 Brahm, H.: Von der innerparteilichen Demokratie unter Lenin zur Autokratie Stalins, in: Gruppeninteressen und Entscheidungsprozeß, S. 9–20.

B82 Brandes, D.: Die Tschechen unter deutschem Protektorat, T. 1: Besatzungspolitik, Kollaboration und Widerstand im Protektorat Böhmen und Mähren bis Heydrichs Tod (1939–1942), Wien 1969.

B83 Brandes, D.: Großbritannien und seine osteuropäischen Alliierten 1939–1943. Die Regierungen Polens, der Tschechoslowakei und Jugoslawiens im Londoner Exil vom Kriegsausbruch bis zur Konferenz von Teheran, München 1988 (= Veröffentlichungen des Collegium Carolinum, Bd. 59).

B84 Brandt, W., Löwenthal, R.: Ernst Reuter. Ein Leben für die Freiheit. Eine politische Biographie, München 1965.

B85 Brauch, H.G.: Atomare Diplomatie und der Beginn des Kalten Krieges. Ein Literaturbericht, in: Zeitschrift für Politik 24 (1977), S. 304–331.

B86 Brazda, J.: Genossenschaftswissenschaft als Gestaltungsaufgabe, Wien 1988 (= Veröffentlichungen der Kommission für Sozial- und Wirtschaftswissenschaften, Bd. 25).

– Broszat, M. → SBZ-Handbuch

B87 Brouček, M.: Československá tragedie. Jak byla bolševisována ČSR [Die tschechoslowakische Tragödie. Wie die ČSR bolschewisiert wurde], New York 1956.

– Brown, A. → Political Culture and Communist Studies

– Brown, A. → Political Culture and Political Change

B88 Brown, A., Wightman, G.: Czechoslovakia: Revival and Retreat, in: Political Culture and Political Change, S. 159–197.

B89 Bruchis, M.: Nations – Nationalities – People: A Study of the Nationalities Policy of the Communist Party in Soviet Moldavia, New York 1984.

B90 [entfällt]
B91 BRUNNER, G., MEISSNER, B.: Verfassungen der kommunistischen Staaten, Paderborn 1980.
B92 BRUNNER, G.: Die soziologische Struktur der politischen Elite, in: Einparteiensystem und bürokratische Herrschaft, S. 109–136.
B93 BRUNNER, G.: Politische Soziologie der UdSSR, Bd. 2, Wiesbaden 1977.
B94 BRUS, W.: 1950 to 1953: The Peak of Stalinism, in: The Economic History, vol. 3, S. 3–39.
B95 BRUS, W.: 1953 to 1956: The 'Thaw' and the 'New Course', in: The Economic History, vol. 2, S. 40–69.
B96 BRUS, W.: Geschichte der Wirtschaftspolitik in Osteuropa, Köln 1986.
B97 BRUS, W.: Postwar Reconstruction and Socio-Economic Transformation, in: The Economic History, vol. 2, S. 495–641.
B98 BRZEZINSKI, Z.: How the Cold War was Played, in: Foreign Affairs 51 (1972/73), S. 181–209.
B99 BRZEZINSKI, Z.: The Soviet Bloc – Unity and Conflict, Cambridge (Mass.) 1967.
B100 BURIÁNEK, F.: Současná česká literatura [Die tschechische Gegenwartsliteratur], Praha 1960.
B101 BURKS, R.V.: The Dynamics of Communism in Eastern Europe, Princeton 1961.
B102 BURZEW, M.I.: Einsichten, Berlin (Ost) 1985.
B103 BUSEK, V., SPULBER, N.: Czechoslovakia, New York 1957.
B104 BUTTLAR, W.v.: Ziele und Zielkonflikte in der sowjetischen Deutschlandpolitik 1945–1947, Stuttgart 1980.
C1 CAMPELL, J.C.: Defense of the Middle East: Problems of American Policy, New York 1960.
C2 CANNON, R.V.: Czechoslovakia, 1945–1948: A Case Study of Satellization. The Role of the Press, Ann Arbor, Mich. 1979 (= Phil. Diss. Washington, N.Y. 1976).
C3 ČAPEK, J.B.: K dnešním úkolům národní kultury [Zu aktuellen Aufgaben der Nationalkultur], in: Naše doba 53 (1946–1947), S. 156–161.
C4 ČAPEK, J.B.: Svoboda a vázanost v kulturním životě [Freiheit und Verpflichtung im kulturellen Leben], in: Naše doba 53 (1946–1947), S. 6–12.
C5 ČERMERLIĆ, H.: Postanak i razvoj narodne vlasti u BiH za vrijeme NOR-a [Entstehung und Entwicklung der Volksherrschaft in Bosnien und der Herzegowina in der Zeit des Volksbefreiungskrieges], in: Godišnjak Istorijskog Društva BiH 1951, S. 53ff.
C6 ČERNÝ, R.: Ke sjezdu Syndikátu českých spisovatelů [Zum Kongreß des Syndikats der tschechischen Schriftsteller], in: Akord 13 (1946–47), S. 30–32.
C7 ČERNÝ, V.: Bemerkungen zum sozialistischen Realismus, in: Kritický měsíčník 8 (1947), S. 348–355.
C8 ČERNÝ, V.: Boje a směry socialistické kultury [Kämpfe und Richtungen einer sozialistischen Kultur], Praha 1946.
C9 ČERNÝ, V.: Hrst poznámek k socialistickému realismu [Eine Handvoll Bemerkungen zum sozialistischen Realismus], in: Kritický měsíčník 8 (1947), S. 348–355.
C10 ČERNÝ, V.: O komunistickém kulturním programu a budovatelském optimismu [Über das kommunistische Kulturprogramm und den Aufbau-Optimismus], in: Kritický měsíčník 8 (1947), S. 153–173.
C11 ČERNÝ, V.: Paměti [Erinnerungen], 3 Bde., Toronto 1983.
C12 ČERNÝ, V.: Sovětská čistka, česká kocovina a leccos jiného [Sowjetische Säuberung, tschechischer Katzenjammer und manch anderes], in: Kritický měsíčník 7 (1946), S. 385–392.
C13 CÉSAR, J., SNÍTIL, Z.: Československá revoluce 1944–1948 [Die tschechoslowakische Revolution 1944–1948], Praha 1979.
C14 Československá Revoluce v letech 1944–1948. Sborník příspěvků z konference historiků k 20. výročí osvobození ČSSR [Die tschechoslowakische Revolution in den Jahren 1944–1948. Sammlung von Beiträgen der Historikerkonferenz zum 20. Jahrestag der Befreiung der ČSSR], hrsg. von J. Axamitová, Praha 1966.
C15 Cesta ke květnu. Vznik lidové demokracie v Československu [Der Weg zum Mai. Die Entstehung der Volksdemokratie in der Tschechoslowakei], Praha 1965.
C16 Cestou května. Dokumenty k počátkům naší národní a demokratické revoluce. Duben 1945 – květen 1946 [Auf dem Wege des Maiaufstandes. Dokumente zu den Anfängen unserer nationalen und demokratischen Revolution. April 1945 – Mai 1946], Praha 1975.

C17 Četiri decenija Saveza komunista Hrvatske. Zbornik priloga znanstvenog skupa u Zagrebu, 24–26 studenog 1977 [Vier Jahrzehnte Bund der Kommunisten Kroatiens. Beiträge der Wissenschaftlichen Gesellschaft in Zagreb, 24–26. November 1977], Zagreb 1979.

– CHAŁUBIŃSKI, M. → O. LANGE: Wizje gospodarki

– CHALUPA, P. → MACKA, M.

C18 CHALUPA, V.: Communism in a Free Society. Czechoslovakia 1945–1948, Chicago 1958.

C19 CHALUPA, V.: Rise and Development of a Totalitarian State, Leyden 1959.

C20 CHOVANEC, J.: Košický vládný program – program l'udovodemokratického státu [Das Regierungsprogramm von Kaschau – das Programm eines volksdemokratischen Staates], in: Právný obzor 63 (1980), S. 561–573.

C21 Chruschtschow erinnert sich, hrsg. von S. TALBOTT, Reinbek 1971.

C22 CIECHANOWSKI, J.M.: The Warsaw Rising of 1944, Cambridge 1974.

C23 ČIERNÝ, J.: Zápas o novú orientáciu Československu (1941–1948) [Der Kampf um die neue Orientierung der Tschechoslowakei (1941–1948)], in: Slovanské Štúdie 23 (1982), 2, S. 73–92.

C24 ČIFRIĆ, I.: Komunisticki pokret u Hrvatskoj i njegov odnos prema seljaštvu u kontinuitetu: predratno razdoblje – NOB – socijalistička izgradnja [Die kommunistische Bewegung in Kroatien und ihr Verhältnis zu den Bauern in der Kontinuität: Die Vorkriegszeit – nationaler Befreiungskampf und sozialistischer Aufbau], in: Četiri decenija SKH [vier Jahrzehnte SKH], S. 221–258.

C24a Cíl. Socialistický týdeník po kulturu i politiku [Ziel. Sozialistisches Wochenblatt für Kultur und Politik], Praha 1946.

C25 ČIVRNÝ, L.: Literatura v ČSR [Literatur in der ČSR], in: Československo 1 (1945–1946), S. 79–81.

C26 ČOBELJIĆ, N.: Politika i metodi privrednog razvoja Jugoslavije 1947–1959 [Die Politik und Methoden der wirtschaftlichen Entwicklung Jugoslawiens 1947–1959], Beograd 1959.

C27 COHEN, L.J.: Partisans, Professionals and Proletarians: Elite Change in Yugoslavia, 1952–1978, in: Canadian Slavonic Papers 21 (1979), S. 446–478.

C28 COHEN, L.J.: The Social Background and Recruitment of Yugoslav Political Elites, 1918–1948, in: BARTON, A.H. u.a.: Opinion-Making Elites, S. 25–68.

C29 Communist Power in Europe 1944–1949, hrsg. von M. MCCAULEY, London/Basingstoke 1977.

C30 Communist Takeover and Occupation of Albania. Special Report No. 13 of the Select Commitee on Communist Aggression. House of Representatives 83rd Congress, 2nd Session, Washington 1954.

C31 Communist Takeover and Occupation of Armenia. Special Report No. 5 of the Select Commitee on Communist Aggression. House of Representatives 83rd Congress, 2nd Session, Washington 1954.

C32 Communist Takeover and Occupation of Bulgaria. Special Report No. 7 of the Select Commitee on Communist Aggression. House of Representatives 83rd Congress, 2nd Session, Washington 1954.

C33 Communist Takeover and Occupation of Byelorussia. Special Report No. 9 of the Select Commitee on Communist Aggression. House of Representatives 83rd Congress, 2nd Session, Washington 1954.

C34 Communist Takeover and Occupation of Czechoslovakia. Special Report No. 8 of the Select Commitee on Communist Aggression. House of Representatives 83rd Congress, 2nd Session, Washington 1955.

C35 Communist Takeover and Occupation of Estonia. Special Report No. 3 of the Select Commitee on Communist Aggression. House of Representatives 83rd Congress, 2nd Session, Washington 1954.

C36 Communist Takeover and Occupation of Georgia. Special Report No. 6 of the Select Commitee on Communist Aggression. House of Representatives 83rd Congress, 2nd Session, Washington 1954.

C37 Communist Takeover and Occupation of Hungary. Special Report No. 10 of the Select Commitee on Communist Aggression. House of Representatives 83rd Congress, 2nd Session, Washington 1954.

C38 Communist Takeover and Occupation of Latvia. Special Report No. 12 of the Select Commitee on Communist Aggression. House of Representatives 83rd Congress, 2nd Session, Washington 1954.

C39 Communist Takeover and Occupation of Lithuania. Special Report No. 14 of the Select Commitee on Communist Aggression. House of Representatives 83rd Congress, 2nd Session, Washington 1955.
C40 Communist Takeover and Occupation of Poland. Special Report No. 1 of the Select Commitee on Communist Aggression. House of Representatives 83rd Congress, 2nd Session, Washington 1954; und: Appendix to Commitee Report on Communist Takeover and Occupation of Poland. Polish documents Report of the Select Commitee on Communist Aggression. House of Representatives, 83rd Congress, 2nd Session, Washington 1954.
C41 Communist Takeover and Occupation of Rumania. Special Report No. 11 of the Select Commitee on Communist Aggression. House of Representatives 83rd Congress, 2nd Session, Washington 1955.
C42 Compass, Finanzielles Jahrbuch 1930, Cechoslovakei, Prag 1930.
C43 Conquest, R.: Power and Policy in the USSR, New York 1967.
C44 Crick, B.: In Defence of Politics², Harmondsworth 1984.
C45 Crisis and Reform in Socialist Economies, hrsg. von P. Gey u.a., Boulder 1987.
C46 Czechoslovakia on the Road to Socialism, Prague 1949.
D1 Dąbrowski, S.: Koncepcje przebudowy Polski w programach i publicystyce ruchu ludowego 1939–1945 [Konzeptionen für die Umgestaltung Polens in den Programmen und der Publizistik der Volksbewegung 1939–1945], Warszawa 1981.
D2 Das Jahr 1945 in der Tschechoslowakei, hrsg. von K. Bosl, München/Wien 1971.
D3 Das Programm der „Solidarität". Auszüge aus dem „Programm der Unabhängigen Selbstverwalteten Gewerkschaft 'Solidarität', verabschiedet durch die 1. Landesdelegiertenkonferenz" am 7.10.1981, in: Dokumentation Ostmitteleuropa 32 (1982), 1/2, S. 110–126.
D4 Das Schulwesen sozialistischer Länder in Europa, Berlin 1962.
D5 Das unterdrückte Dossier. Bericht der Kommission des ZK der KPTsch über politische Prozesse und „Rehabilitierungen" in der Tschechoslowakei 1949–1968, hrsg. von J. Pelikán, Wien u.a. 1970.
D6 Davies, N.: God's Playground: A History of Poland, Bd. 2, Oxford 1981.
D7 Davis, J.: A Study of 163 Outstanding Communist Leaders, in: Publications of the American Sociological Society 24 (1930), S. 42–55.
D8 Davis, L.E.: The Cold War begins. Soviet-American Conflict over Eastern Europe, Princeton/N.J. 1974.
D9 Davis, L.E.: United States Policy toward Eastern Europe 1941–1945: The Escalation of Conflict and Commitment, New York 1971.
D10 DDR. Dokumente zur Geschichte der Deutschen Demokratischen Republik 1945–1985, hrsg. von H. Weber, München 1986.
D11 Dedijer, V.: Nove prilozi za biografiju Josipa Broza Tita. [Neue Beiträge zur Biographie J.B. Titos], Bd. 3, Beograd 1984.
D12 Dejiny Slovenského povstania 1944 [Geschichte des Slowakischen Nationalen Aufstands], 3 Bde., hrsg. vom Institut für Marxismus-Leninismus des ZK der KPS, Bratislava 1984.
D13 Dejiny Slovenska [Geschichte der Slowakei] (= Beilage zu: Historický časopis 3 (1955)).
D14 Deklaracja ideowo-programowa Ruchu Ludowego. Grudzień 1943 [Die Ideell-programmatische Erklärung der Volksbewegung. Dezember 1943], in: Materiały żródlowe, Bd. 4, S. 245–258.
D15 Delhaes, K. von: Arbeiterselbstverwaltung als Grundlage einer sozialistischen Wirtschaftsordnung: Die polnische Perspektive, in: Wirtschaftsprobleme und Bildungsfragen, S. 9–43.
D16 Depeše mezi Prahou a Moskvou (1939–1941) [Depeschen zwischen Prag und Moskau 1939–1941], in: Příspěvky k dějinám KSČ 1967, S.375–433.
D17 Der Krieg gegen die Freiheit. Aus den Memoiren von St. Mikołajczyk, ehemaligem polnischen Premierminister, Berlin 1948.
D18 Der Leitfaden für Presse und Werbung, hrsg. von W. Stamm, Essen Stadtwald 1947.
D19 Der Marshall-Plan und die europäische Linke, hrsg. von O.N. Haberl, L. Niethammer, Frankfurt/Main 1980.
D20 Der Schlußbericht der Pariser Konferenz für europäische Wirtschaftsplanung, in: Europa-Archiv 2 (1947), S. 922–924.

D21 Der sowjetische Weg. Bedürfnisdiktatur und entfremdeter Weg, hrsg. v. A. HELLER u.a., Hamburg 1983.

D22 Der Westen und die Sowjetunion. Einstellungen und Politik gegenüber der UdSSR in Europa und in den USA seit 1917, hrsg. von G. NIEDHARDT, Paderborn 1983.

D23 DERŽAVIN, N.S.: Istorija Bolgarii [Geschichte Bulgariens], Moskva 1946–1948.

D24 DEWAR, M.: Soviet Trade with Eastern Europe 1945–1949, London 1951.

– DEXTER, B. u.a. → The Foreign Affairs

D25 DEYL, Z.: K ekonomickým problémûm městské maloburžoasie v českých zemích za předmnichovské ČSR [Zu den ökonomischen Problemen des städtischen Kleinbürgertums in den böhmischen Ländern in der Vormünchner ČSR], in: Příspěvky k dějinám KSČ 4 (1964), S. 709–731.

D26 Die Befehle des Obersten Chefs der Sowjetischen Militärverwaltung in Deutschland. Aus dem Stab der Sowjetischen Militärverwaltung in Deutschland, Sammelheft 1, 1945, Berlin 1946 und dass.: Sammelheft 2, 1946, Berlin 1946.

D27 Die böhmischen Länder zwischen Ost und West. Festschrift für Karl Bosl zum 75. Geburtstag, hrsg. von F. SEIBT, München/Wien 1983 (= Veröffentlichungen des Collegium Carolinum. 55).

D28 Die DDR – Partner oder Satellit der Sowjetunion?, hrsg. von S. MAMPEL, K.C. THALHEIM, München 1980.

D29 Die Entwicklung der freundschaftlichen Beziehungen zwischen der DDR und der UdSSR, hrsg. von R. BADSTÜBNER u.a., Berlin (Ost) 1977.

D30 Die Errichtung des Arbeiter- und Bauernstaates der DDR 1945–1949, hrsg. von einem Autorenkollektiv unter Leitung von K.-H. SCHÖNEBURG, Berlin (Ost) 1983.

D31 Die politische Kultur Polens, hrsg. von G. MEYER, F. RYZKA, Tübingen 1989.

D32 Die Potsdamer (Berliner) Konferenz der höchsten Repräsentanten der drei alliierten Mächte – UdSSR, USA und Großbritannien. Dokumentensammlung hrsg. vom Ministerium für Auswärtige Angelegenheiten der UdSSR von einer Hauptredaktionskommission unter dem Vorsitz von A.A. Gromyko, Moskau/Berlin (Ost) 1986 (= Die Sowjetunion auf internationalen Konferenzen während des Großen Vaterländischen Krieges 1941–1945. Bd. 6).

D33 Die Presse in der Sowjetischen Besatzungszone, hrsg. vom Vorstand der Sozialdemokratischen Partei Deutschlands, Bonn 1954 (= Sopade Informationsdienst. Denkschriften. 54)

D34 Die Sowjetisierung Ostmitteleuropas. Untersuchungen zu ihrem Ablauf in den einzelnen Ländern, hrsg. von E. BIRKE, R. NEUMANN, Frankfurt/Main, Berlin 1959.

D35 Die Tschechoslowakei 1945–1970, hrsg. von N. LOBKOWICZ, F. PRINZ, München/Wien 1978.

D36 Die Vereinigung von KPD und SPD zur Sozialistischen Einheitspartei Deutschlands, hrsg. von G. BENSER, O. SCHULZE, Berlin (Ost) 1976.

D37 Die Vertreibung der deutschen Bevölkerung aus der Tschechoslowakei, Bd. 1, hrsg. von TH. SCHIEDER (= Dokumentation der Vertreibung der Deutschen aus Ost-Mitteleuropa, Bd. 4,1), Bonn 1957.

D38 DIEPENTHAL, W.: Drei Volksdemokratien. Ein Konzept kommunistischer Machtstabilisierung und seine Verwirklichung in Polen, der Tschechoslowakei und der sowjetischen Besatzungszone Deutschlands 1944–1948, Köln 1974.

D39 Diskussija po knige E. Varga „Izmenenija v ėkonomike kapitalizma v itoge Vtoroj mirovoj vojny“ [Diskussion betr. das Buch von E. Varga „Veränderungen in der Ökonomie des Kapitalismus als Ergebnis des Zweiten Weltkriegs], in: Mirovoe chozjajstvo i mirovaja politika, 1947, No. 11.

D40 DJILAS, M.: Der junge Revolutionär. Memoiren 1929–1941, Wien/München 1979.

D41 DJILAS, M.: Gespräche mit Stalin, Frankfurt/Main 1962.

D42 DJILAS, M.: Izbori u Jugoslaviji [Wahlen in Jugoslawien], in: Trideset dana 3 (1945), 2, S. 1–6.

D43 DJILAS, M.: Jahre der Macht. Kräftespiel hinter dem Eisernen Vorhang. Memoiren 1945–1968, München 1983.

D44 DJILAS, M.: Tito. Eine kritische Biographie, Wien u.a. 1980.

D45 DJURETIC, V.: Stvaranje prvih organa narodne vlasti u Hercegovini [Die Schaffung der ersten Organe der Volksherrschaft in der Herzegowina], in: Vojnoistorijski glasnik 6 (1964).

– DŁUGOBORSKI, W. → Zweiter Weltkrieg und sozialer Wandel

D46 DŁUGOBORSKI, W.: Die deutsche Besatzungspolitik und die Veränderung der sozialen Struktur Polens 1939–1945, in: Zweiter Weltkrieg und sozialer Wandel, S. 303–363.

D47 DLUGOSCH, A.: Die Presse in der Volksrepublik Polen (1944–1967). Eine Untersuchung des Verhältnisses zwischen Presse und öffentlicher Meinung in einem kommunistischen Staat, Münster 1975 (= Arbeiten aus dem Institut für Publizistik der Universität Münster. Bd. 3).

D48 DOBROSIELSKI, M.: Konferencja Poczdamska – fakty i interpretacje [Die Konferenz von Potsdam – Fakten und Interpretationen], in: Nowe drogi 8 (1983), S. 155–175.

D49 DOBRZYCKI, W.: Granica zachodnia w polityce polskiej 1944–1947 [Die Westgrenze in der polnischen Politik 1944–1947], Warszawa 1974.

D50 Documents on Polish-Soviet Relations 1939–1945, hrsg. vom General Sikorski Historical Institute, 2 Bde., London 1961, 1967.

D51 DOERNBERG, S.: Befreiung. Ein Augenzeugenbericht, Berlin (Ost) 1985.

D52 DOERNBERG, S.: Die Hilfe der sowjetischen Besatzungsmacht beim Aufbau eines neuen Deutschlands, in: Deutsche Außenpolitik 10 (1965), Sonderheft 1: 20 Jahre danach. Deutschland 1945–1965, S. 94–110.

D53 DOERNBERG, S.: Die Tätigkeit der Sowjetischen Militärverwaltung, in: Zwei Jahrzehnte deutsch-sowjetischer Beziehungen, S. 37–55.

D54 Dokumente der sowjetischen Militäradministration in Deutschland zum Hoch- und Fachschulwesen 1945–1949, hrsg. von G. HANDEL, R. KÖHLER, Berlin (Ost) 1975 (= Studien zur Hochschulentwicklung. 57).

D55 Dokumenty a materiály k dějinám československo-sovětských vztahů. Díl 4, sv. 2: prosinec 1943-květen 1945 [Dokumente und Materialien zur Geschichte der tschechoslowakisch-sowjetischen Beziehungen. T. 4, Bd. 2: Dezember 1943-Mai 1945], Praha 1984. (Russische Parallelausgabe der ersten Bde.: Dokumenty i materialy po istorii sovetsko-čechoslovackich otnošenij, Moskva 1977–1981).

D56 Dokumenty internacional'noj solidarnosti [Dokumente internationaler Solidarität], in: Voprosy istorii KPSS 1984, 9, S. 3–18.

D57 Dokumenty z historie československé politiky [Dokumente zur Geschichte der tschechoslowakischen Politik], hrsg. von L. OTÁHALOVÁ, M. ČERVINKOVÁ, 2 Bde., Praha 1966.

D58 DOLEŽAL, M.: Dějiny státu a práva ČSSR. 1945–1960 [Geschichte des Staates und des Rechts der ČSSR. 1945–1960], Praha 1962.

D59 DRABKIN, J.S.: Zur Tätigkeit der Sowjetischen Militäradministration in Deutschland, in: Wissenschaftliche Zeitschrift der Humboldt-Universität zu Berlin. Gesellschafts- und sprachwissenschaftliche Reihe 19 (1979), S. 177–180.

D60 DRDA, J.: Cesta literatury k lidu [Der Weg der Literatur zum Volk], in: Kytice 1 (1946), S. 385–390.

D61 [Dreißig] 30 Jahre SED, Protokoll des wissenschaftlichen Kolloquiums der Akademie für Staats- und Rechtswissenschaft der DDR am 12. April 1976 zum 30. Jahrestag der Gründung der Sozialistischen Einheitspartei Deutschlands (= Aktuelle Beiträge der Staats- und Rechtswissenschaft. 152).

D62 DROZDA, M.: Deset let bojů o sovětskou literaturu [Zehn Jahre Kampf um die Sowjetliteratur], in: Sovětská literatura 4 (1955), S. 272–303.

D63 DUCHACEK, I.: The Strategy of Communist Infiltration: Czechoslovakia 1944–1948, in: World Politics 2 (1949–50), S. 345–372.

D64 DUHNKE, H.: Stalinismus in Deutschland. Die Geschichte der sowjetischen Besatzungszone, Köln/Berlin 1955.

D65 DVOŘÁK, L.F.: Das tschechoslowakische Genossenschaftswesen, Prag 1927.

D66 DVOŘÁK, L.F.: Podnikání svépomocné, Družstevnictví, smysl družstevního podnikání [Unternehmen zur Selbsthilfe, Genossenschaftswesen, Sinn der Genossenschaftsunternehmen], in: Československá vlastivěda [Tschechoslowakische Heimatkunde], Díl 6, Práce, Praha 1930, S. 26–76.

D67 Dwadzieścia lat Ludowego Wojska Polskiego [Zwanzig Jahre polnische Volksarmee], hrsg. von der Polska Akademia Nauk, Wojskowy Instytut Historyczny, Warszawa 1967.

– DYMSCHITZ, A. → ALEXANDER DYMSCHITZ

D68 DYMSCHITZ, A.L.: Ein unvergeßlicher Frühling, in: ... einer neuen Zeit Beginn, S. 138–143.

D69 Dymschitz, A.L.: Ein unvergeßlicher Frühling. Erinnerungen eines Kulturoffiziers, Berlin (Ost) 1970.

D70 Dymschitz, A.L.: Warum wir gegen Dekadenz sind, in: Tägliche Rundschau, 31.3.1948.

D71 Dziewanowski, M.K.: The Communist Party of Poland, Cambridge (Mass.) 1976.

D72 Dziurżyński, P.: Osadnictwo rolne na Ziemiach Odzyskanych [Das landwirtschaftliche Siedlungswesen in den wiedergewonnenen Gebieten], Warszawa 1983.

E1 East European History. Selected Papers of the Third World Congress for Soviet and East European Studies, hrsg. von S.J. Kirschbaum, Columbus (Ohio) 1988.

E2 Economic Treaties and Agreements of the Soviet Bloc in Eastern Europe, 1945–1951, hrsg. von V. Gsovski, New York 1952.

E3 Edinger, L.J., Searing D.D.: Social Background in Elite Analysis: A Methodological Inquiry, in: American Political Science Review 61 (1967), S. 428–445.

E4 Eduard Winter, *16. September 1896, †3. März 1982. Gedanken aus den Jahren 1930–1938 als Erinnerung seinen Freunden, Schülern und Weggenossen aus dem Bund Staffelstein. Überreicht von H. Kuderna, E. Nittner, München 1982.

E5 Ehm, M.: Die polnischen Genossenschaften zwischen Privat- und Zentralplanwirtschaft, Münster 1983 (= Kooperations- und Genossenschaftswissenschaftliche Beiträge. Bd. 6).

E6 ... einer neuen Zeit Beginn. Erinnerungen an die Anfänge unserer Kulturrevolution 1945–1949, hrsg. vom Institut für Marxismus-Leninismus beim ZK der SED und vom Kulturbund der DDR, Berlin (Ost) 1975.

E7 Einheitsfront – Einheitspartei. Kommunisten und Sozialdemokraten in Ost- und Westeuropa 1944–1948, hrsg. von H. Weber, D. Staritz, Köln 1989.

E8 Einigung und Spaltung Europas 1942–1965. Eine Darstellung und Dokumentation der Zweiteilung Europas, hrsg. von K. Gasteyger, Frankfurt/Main 1966.

E9 Einparteiensystem und bürokratische Herrschaft in der Sowjetunion, hrsg. von B. Meissner u.a., Köln 1978.

E10 Einsiedel, H. Graf v.: Tagebuch der Versuchung 1942–1950, Frankfurt/Main u.a. 1985.

E11 Entwicklung und Subsidiarität. Deutsch-polnisches Gespräch über Wirtschaft und Gesellschaft im Lichte der christlichen Sozialethik, hrsg. von J. Thesing, K. Weigelt, Melle 1986.

E12 Erfurt, W.: Die sowjetrussische Deutschlandpolitik 1945–1955. Eine Studie zur Zeitgeschichte, Esslingen 1956.

E13 Ernst, M.Ch.: The Measurement of Polish Industrial Growth: 1937, 1946–1955, Ann Arbor, Mich. 1979 (= Phil. Diss. New York 1959).

E14 Europa nach dem Zweiten Weltkrieg 1945–1980, hrsg. von W. Benz, H. Graml, Frankfurt/Main 1983 (= Fischer Weltgeschichte. 35: Das Zwanzigste Jahrhundert. II).

E15 European Bibliography of Soviet, East European and Slavonic Studies. Bibliographie européenne des traveaux sur l'USSR et l'Europe de l'Est. Europäische Bibliographie der Sowjet- und Osteuropastudien, hrsg. von Th. Hnik, M. Armand, M. Aymard, Birmingham/Paris 1977–1986.

E16 Evanson, R.K.: The Czechoslovak Road to Socialism in 1948, in: East European Quarterly 19 (1985), S. 469–492.

F1 Facing up to the Past. Soviet Historiography under Perestrojka, hrsg. von I. Takayuki, Sapporo 1989.

F2 Facts on Czechoslovak Foreign Trade, Praha 1965.

F3 Fainsod, M.: Wie Rußland regiert wird, Köln/Berlin 1965.

– Fajkowski, J. u.a. → Wspólne cele

– Farrell, R.B. → Political Leadership

F4 Farrell, R.B.: Top Political Leadership in Eastern Europe, in: Political Leadership, S. 88–107.

F5 Feierabend, L. u.a.: Hospodářské dějiny Československa v 19. a 20. století [Wirtschaftsgeschichte der Tschechoslowakei im 19. u. 20. Jh.], Praha 1974.

F6 Feierabend, L.: Agricultural Cooperatives in Czechoslovakia, New York 1952.

F7 Feierabend, L.: Prag – London vice-versa. Erinnerungen 1938–1950, 2 Bde., Bonn 1971 (= Dokumente und Kommentare zu Ost-Europa-Fragen. 14).

F8 Feige, H.U.: Zur propagandistischen Unterstützung des demokratischen Neuaufbaus in der sowjetischen Besatzungszone Deutschlands durch Mitarbeiter der SMAD (1945–1949), in: Beiträge zur Geschichte der Arbeiterbewegung 1976, 3, S. 482–491.

F9 Feis, H.: From Trust to Terror. The Onset of the Cold War, 1945–1950, New York 1970.
F10 Feiwel, G.R.: Poland's Industrialization Policy: A Current Analysis, vol. 1, New York u.a. 1971.
F11 Fejtö, F.: Geschichte der Volksdemokratien 1945–1987, Frankfurt/Main 1988, 3 Bde., erw. Neuausgabe.
F12 Felcman, O.: Nové práce o osídlování pohraničí českých zemí po druhé světové válce [Neue Arbeiten zur Besiedlung des böhmischen Grenzgebiets nach dem Zweiten Weltkrieg], in: Československý Časopis Historický 32 (1984), S. 422–427.
F13 Fiedler, H.: Zur Zusammenarbeit von Vertretern der SMAD und der deutschen Arbeiterklasse für die antifaschistisch-demokratischen Verhältnisse in der sowjetischen Besatzungszone, in: Die Entwicklung der freundschaftlichen Beziehungen zwischen der DDR und der UdSSR, S. 113–119.
F14 Fijalkowski, J. u.a.: Berlin – Hauptstadtanspruch und Westintegration, Köln/Opladen 1967.
F15 Filipec, J.: Komunistická strana československá a literatura [Die kommunistische Partei der Tschechoslowakei und die Literatur], in: Nový život 1 (1949), 4, S. 57–63.
F15a Fischer-Galati, S. [Hrsg.]: The Communist Parties of Eastern' Europe, New York 1979.
F16 Fleischhauer, I.: Die Chance des Sonderfriedens. Deutsch-sowjetische Geheimgespräche 1941–1945, Berlin 1986.
F17 Fleming, D.F.: The Cold War and its Origins. 2 Bde., Garden City 1961.
F18 Fleron, F.: Cooptation as a Mechanism of Adaptation to Change, in: Policy 2 (1969), S. 176–201.
F19 Fleron, F.: Representation of Career Types in the Soviet Political Leadership, in: Political Leadership, S. 108–139.
F20 Fleron, F.: System Attributes and Career-Attributes: The Soviet Political Leadership System, 1952 to 1965, in: Beck, C. u.a.: Comparative Communist Leadership, S. 43–85.
F21 Foitzik, J.: „SMAD", in: SBZ-Handbuch, T. 1, 1990, S. 9–69.
F22 Foitzik, J.: Die Sowjetische Militäradministration in Deutschland. Organisation und Wirkungsfelder in der SBZ 1945–1949, in: Beilage zur Wochenzeitung „Das Parlament", B 11/90, 9. März 1990, S. 43–51.
F23 Foitzik, J.: Kadertransfer. Der organisierte Einsatz sudetendeutscher Kommunisten in der SBZ 1945/46, in: Vierteljahreshefte für Zeitgeschichte 31 (1983), S. 308–334.
F24 Foitzik, J.: Sozialdemokratische Selbstaufgabe durch Einheit mit Kommunisten, in: Bohemia 28 (1987), S. 344–353.
F25 Foreign Relations of the United States. Diplomatic Papers. 1. The Conference of Berlin (The Potsdam Conference) ff., Washington 1960 ff.
F26 Former Aid Visits in Berlin, in: New York Times, 7.12.1969.
F27 Formování světové socialistické soustavy v letech 1944–1949 [Die Formierung des sozialistischen Systems in der Welt in den Jahren 1944–1949], 2 Bde., Praha 1975.
F28 Formovanie triedy družstevného rol'nictva v Československu: Kapitoly z dejin socialistického pol'nohospodarstva v Československu [Die Entstehung der Klasse des genossenschaftlichen Bauerntums in der Tschechoslowakei: Kapitel aus der Geschichte der sozialistischen Landwirtschaft in der Tschechoslowakei]. Ústav Marxizmu-Leninizmu ÚV KSS. Ved. red. a zost. S. Cambel, Bratislava 1984.
F29 Földet, köztársaságot, állami iskolát! Viták a magyar parlamentben 1944–1948 [Boden, Republik, Staatsschulen! Diskussionen im ungarischen Parlament 1944–1948], Ausgew. und eingel. von S. Balogh, Budapest 1980.
F30 Fragen des Staatsrechts im Ostblock, Berlin 1958 (= Studien des Instituts für Ostrecht München. 1).
F31 Freeland, R.M.: Cold War Mobilization, University of Pennsylvania 1969.
F32 French, A.: Czech Writers and Politics 1945–1969, New York 1982.
F33 Freundschaft für immer. Deutsche Genossen berichten über die Traditionen der deutsch-sowjetischen Freundschaft, Berlin (Ost) 1960.
F34 Fricke, K.W.: Politik und Justiz in der DDR. Zur Geschichte der politischen Verfolgung 1945–1968. Bericht und Dokumentation, Köln 1979.
F35 Friedensburg, F.: Es ging um Deutschlands Einheit. Rückschau eines Berliners auf die Jahre nach 1945, Berlin 1971.
F36 Friedmann, O.: The Break-up of Czech Democracy, Toronto/London 1950.

F37 FTOREKOVÁ, T.: Budovanie jednotného systému spoločenských organizácií a ich začlenovanie do pofebruárového slovenského národního frontu [Der Aufbau eines einheitlichen Systems gesellschaftlicher Organisationen und die Eingliederung in die Slowakische Volksfront nach dem Februar], in: Historický Časopis 32 (1984), S. 24–50.

F38 FUCHS, G.: Revolution und Konterrevolution in der volksdemokratischen Entwicklung Mittel- und Südosteuropas bis 1947/48, in: Jahrbücher für Geschichte 30 (1984), S. 261–298.

F39 Fünfzehn Jahre tschechoslowakische Genossenschaften, Zentralrat der Genossenschaften, Prag 1960.

G1 GAČEŠA, N.: Agrarna reforma i kolonizacija u Jugoslaviji 1945–1948 [Die Agrarreform und Kolonisation in Jugoslawien 1945–1948], Beograd 1984.

G2 GAČEŠA, N.: Koncepcija KPJ o agrarnom pitanju i seljaštvu tokom Narodnooslobodilačkog rata i socijalističke revolucije [Die Konzeption der KPJ in der Agrarfrage und der Frage der Bauern im Nationalen Befreiungskrieg sowie während der sozialistischen Revolution], in: Matica Srpska. Zbornik za istoriju 19 /1979, S. 9–48.

G3 GADDIS, J.L.: Russia, the Soviet Union and the United States: An Interpretative History, New York u.a. 1978.

G4 GADDIS, J.L.: The United States and the Origins of the Cold War: 1943–1946, The University of Texas at Austin 1968.

G5 GADOUREK, J.: The Political Control of Czechoslovakia. A Study in Social Control of a Soviet Satellite State, Leiden 1953.

G6 GALANDAUER, J.: Vztah Říjnové revoluce a vzniku ČSR v československé historiografii po Únoru 1948 [Die Beziehung zwischen der Oktoberrevolution und der Entstehung der ČSR in der tschechoslowakischen Historiographie nach dem Februar 1948], in: Příspěvky k dějinám KSČ 7 (1967), S. 201–226. (Deutsch in: History of Socialism. Year Book 1968, Prague 1969, S. 7–42).

G7 GARDNER, L.C. u.a.: The Origins of the Cold War, Waltham (Mass.) 1970.

G8 GARLINSKI, J.: The Polish Underground State (1939–1945), in: Journal of Contemporary History 10 (1975), S. 219–259.

G9 GARSON, R.: The Role of East Europe in America's Containment Policy, 1945–1948, in: Journal of American Studies 13 (1979), S. 73–92.

G10 GASS, K.: Wir schalten uns ein, in: Neue Deutsche Presse, 9/1965.

– GASTEYGER, K. → Einigung und Spaltung Europas

G11 GATI, C.: Eastern Europe before Communism: the Democratic Interlude in Post-war Hungary, in: Survey 28 (1984), 2, S. 99–134.

G12 GAWALKIEWICZ, J.: Bibliografia „Pamiętnika literackiego" 1946–1962 [Bibliographie des „Pamiętnik Literacki" 1946–1962], Wrocław u.a. 1964.

G13 GELBERG, L.: Die Entstehung der Volksrepublik Polen. Die völkerrechtlichen Probleme, Frankfurt/Main 1972 (= Völkerrecht und Außenpolitik. 14).

G14 GERNER, K.: The Soviet Union and Central Europe in the Post-War Era: A Study in Precarious Security, New York 1985.

G15 GERŠKOVIĆ, L.: Karakter i struktura narodooslobodilačkih odbora [Charakter und Struktur der Volksausschüsse], in: Arhiv za Pravne i društvene nauke 1945, 1–2, S. 46–61.

G16 Geschichte der Tschechoslowakischen Republik 1918–1948, hrsg. von V.S. MAMATEY, R. LUŽA, Wien u.a. 1980 (= Forschungen zur Geschichte des Donauraumes. 3).

G17 Geschichte des Staates und des Rechts der DDR. Dokumente 1945–1949, hrsg. von K.-H. SCHÖNEBURG, Berlin (Ost) 1984.

– GEY, P. u.a. → Sozialismus und Industrialisierung

G18 GEYER, D.: Deutschland als Problem der sowjetischen Europapolitik am Ende des Zweiten Weltkriegs, in: Kalter Krieg und deutsche Frage, S. 50–65.

G19 GEYER, D.: Die Sowjetunion und Iran. Eine Untersuchung der Außenpolitik der UdSSR im Nahen Osten, Tübingen 1955.

G20 GIBIANSKI, L.JA.: Podgotovka Krymskoj Konferencii i pozicii SSSR, Anglii i SŠA v otnošenii Bolgarii, Rumynii i Vengrii [Die Vorbereitung der Krim-Konferenz und die Positionen der UdSSR, Englands und der USA gegenüber Bulgarien, Rumänien und Ungarn], in: Sovetskoe Slavjanovedenie 1981, 4, S. 15–28.

G21 Gibianski, L.Ja.: Pozicii SSSR, Anglii i SŠA v otnošenii Bolgarii, Rumynii i Vengrii nakanune Krimskoj konferencii [Die Positionen der UdSSR, Englands und der USA gegenüber Bulgarien, Rumänien und Ungarn am Vorabend der Krim-Konferenz], in: Sovetskoe Slavjanovedenie 1981, 3, S. 14–28.

G22 Giza, S.: Ruch ludowy w prasie Polski Ludowej 1944–1967. Zagadnienia spoleczno-polityczne. Materiały bibliograficzne [Die Volksbewegung in der Presse Volkspolens 1944–1967. Sozialpolitische Probleme. Bibliographische Materialien], Warszawa 1970.

G23 Gladkov, I.: Ob izmenenijach v ėkonomike kapitalizma v rezul'tate Vtoroj Mirovoj Vojny [Über die Veränderungen in der Ökonomie des Kapitalismus als Resultat des Zweiten Weltkriegs], in: Bol'ševik No. 17 vom 15.9.1947, S. 57–64.

G24 Glassl, H.: Die slowakische Geschichtswissenschaft nach 1945, Wiesbaden 1971 (= Veröffentlichungen des Osteuropa-Instituts München. Bd. 37).

G25 Glišić, V.: Komunistička partija Jugoslavije u Srbiji 1941–1942, t. 1 [Die kommunistische Partei Jugoslawiens in Serbien 1941–1942, Bd. 1], Beograd 1975.

G26 Gluckstein, I.: Stalin's Satellites in Europe, London 1952.

G27 Gniffke, E.W.: Jahre mit Ulbricht, Köln 1966.

G28 Goemoeri, G.: Polish and Hungarian Poetry 1945 to 1956, Oxford 1966.

G29 Götz, F.: Na předělu. Krise světa v zrcadle literatury a dnešní vývojové perspektivy [Am Scheideweg. Die Weltkrise im Spiegel der Literatur und heutige Entwicklungsperspektiven], Praha 1946.

G30 Götz, F.: V čem je Masaryk předchůdcem dnešního socialistického humanismu [Inwiefern Masaryk ein Vorläufer des heutigen sozialistischen Humanismus ist], in: Tvorba No. 21 vom 22.5.1946, S. 330–331.

G31 Golan, G.: Antonín Novotný: The Sources and Nature of his Power, in: The Canadian Slavonic Papers 14 (1972), S. 421–441.

G32 Goldmann, J.: Czechoslovakia. Test Case of Nationalisation and the Two-Year-Plan, Prague 1947.

G33 Goldstein, W.: „Tägliche Rundschau" – erste deutsche Nachkriegszeitung, in: Neue Deutsche Presse, 1970, 14, S. 13f.

G34 Gołębiowski, J.W.: Nacjonalisacja przemysłu w Polsce [Die Nationalisierung der Industrie in Polen], Warszawa 1965.

G35 Golec, J.: Podziemie zbrojne na Warmii i Mazurach w latach 1945–1948. Z badań nad genezą, strukturą i działalnością [Der bewaffnete Untergrund im Ermland und in Masuren in den Jahren 1945–1948. Forschungen zu Entstehung, Struktur und Tätigkeit], in: Komunikaty Mazursko-Warminskie 1983, 4, S. 425–453.

– Góra, W. → W walce sojusz

G36 Góra, W., Halaba, R.: O utworzenie i utrwalenie władzy ludowej 1944–1948 [Über Beginn und Dauer der Volksmacht 1944–1948], Warszawa 1968.

G37 Góra, W.: Klęska reakcji i antyludowego podziemia (lipiec 1944-styczeń 1947) [Die Niederlage der Reaktion und des volksfeindlichen Untergrunds (Juli 1944-Januar 1947)], in: Nowe drogi 12 (1982), S. 34–45.

G38 Góra, W.: Reforma rolna PKWN [Die Agrarreform des PKWN], Warszawa 1969.

G39 Góra, W.: Volksrepublik Polen, Berlin (Ost) 1979.

G40 Gottwald, K.: Statement of Policy of Mr. Gottwald's Government, Praha 1946.

G41 Grabowski, A.: Prolegomena zum Verständnis des Kalten Krieges, in: Zeitschrift für Politik 9 (1962), 4, S. 301–337.

G42 Gradl, J.B.: Anfang unter dem Sowjetstern. Die CDU 1945–1948 in der Sowjetischen Besatzungszone Deutschlands, Köln 1981.

G43 Graefe, K.-H., Wehner, H.: Zur Politik der Sowjetischen Militäradministration in Sachsen, in: Zeitschrift für Geschichtswissenschaft 1975, S. 897–907.

– Gray, J. → Political Culture and Communist Studies

– Gray, J. → Political Culture and Political Change

G44 Grishin, N.: The Saxony Uranian Mining Corporation („Vismut"), in: Soviet Economic Policy in Postwar Germany, S. 127–155.

G45 Gronský, J.: Dějiny československého státu a práva 1938–1948 [Die Geschichte des tschechoslowakischen Staates und Rechtes 1938–1948], Praha 1971.
G46 Gross, G.: Polish Society under German Occupation. The General-Gouvernment 1939–1944, Princeton N.J. 1979.
G47 Gross, J.T.: Revolution from Abroad. The Soviet Conquest of Poland's Western Ukraine and Western Belorussia, Princeton, N.J. 1988.
G48 Grossman, J.: Umění a ideologie [Kunst und Ideologie], in: Volné směry 40 (1947–1948), S. 112–122.
– Grothusen, K.D. → Ungarn
G49 Grudzinski, E.: Związki zawodowe wobec problemów aktywizacji produkcyjnej załóg robotniczych (1945–1948) [Die Gewerkschaften und die Probleme der Produktionsaktivität der Arbeiterbelegschaften (1945–1948)], in: Kwartalnik Historyczny Ruchu Zawodowego 20 (1981), 4, S. 18–40.
G50 Gruppeninteressen und Entscheidungsprozeß in der Sowjetunion, hrsg. von B. Meissner, G. Brunner, Köln 1975.
– Gsovski, V. → Economic Treaties
G51 Gupel, W., Hacker, J.: COMECON und Warschauer Pakt, Bonn 1966.
H1 H.R.: S.I. Tjulpanov 80 Jahre, in: Zeitschrift für Geschichtswissenschaft 29 (1981), S. 945–946.
H2 Haberl, O.N.: Die Emanzipation der KP Jugoslawiens von der Kontrolle der Komintern/KPdSU 1941–1945, München 1974.
H3 Haberl, O.N.: Die sowjetische Außenpolitik im Umbruchsjahr 1947, in: Der Marshall-Plan, S. 83–92.
H4 Hacker, J.: Der Ostblock. Entstehung, Entwicklung und Struktur 1939–1980, Baden-Baden 1983.
H5 Hänsch, K.: Frankreich zwischen Ost und West. Die Reaktion auf den Ausbruch des Ost-West-Konflikts 1945–1948, Berlin/New York 1972.
H6 Hahn, W.G.: Postwar Soviet Politics. The Fall of Zhdanov and the Defeat of Moderation, 1946–53, Ithaca/London 1982.
H7 Haišman, T.: Několik poznámek k procesu formování nových lokálních společností v českém pohraničí po roce 1945 [Einige Anmerkungen zur Entstehung neuer lokaler Gesellschaften im tschechischen Grenzgebiet nach dem Jahr 1945], in: Český lid 71 (1984), Nr. 3, S. 141–154.
H8 Hájek, J.: Jednotná fronta. K politické orientaci Komunistické internacionály v létech 1921–1935 [Die Einheitsfront. Zur politischen Orientierung der Kommunistischen Internationale in den Jahren 1921–1935], Praha 1969.
H9 Hájková, E.: Členská základna Československé sociální demokracie počátkem třicátých let v ČSR a na Ostravsku [Die Mitgliederbasis der Tschechoslowakischen Sozialdemokratie zu Beginn der dreißiger Jahre in der ČSR und im Mährisch-Ostrauer Gebiet], in: Příspěvky k dějinám KSČ, Bratislava 1965, S. 145–194.
H10 Halaba, R.: Stronnictwo ludowe 1944–1946. Niektóre problemy rozwoju organizacyjnego i działalności politycznej [Die Volkspartei 1944–1946. Zu einigen Problemen der organisatorischen Entwicklung und der politischen Betätigung], Warszawa 1966.
H10a Hammond, Th.T. [Hrsg.]: The Anatomy of Communist Take-Overs, New Haven/London 1975.
H11 Handbuch der Geschichte der böhmischen Länder, hrsg. von K. Bosl, Bd. 4: Der tschechoslowakische Staat im Zeitalter der modernen Massendemokratie und Diktatur, Stuttgart 1970.
– Handel, G → Dokumente der sowjetischen Militäradministration
H12 Handel, G.: Zum internationalistischen Wirken von S.I. Tjulpanow als Politoffizier der Sowjetarmee, in: Wissenschaftliche Zeitschrift der Karl-Marx-Universität, Gesellschafts- und sprachwissenschaftliche Reihe 25 (1976), S. 351–368.
H13 Harman, C.: Bureaucracy and Revolution in Eastern Europe, London 1974.
H14 Harper, J.L.: America and the Reconstruction of Italy, 1945–1948, Cambridge (Mass.) 1986.
H15 Hartmann, E.: Innenpolitische Voraussetzungen für die Machtübernahme der Kommunistischen Partei in der Tschechoslowakei, in: Bohemia 19 (1978), S. 197–246.
H16 Hartmann, E.: Politische Bildung im Rahmen der Volksbildung in der Ersten Tschechoslowakischen Republik, in: Kultur und Gesellschaft, S. 163–178.
– Hartmann, E. → siehe auch Schmidt-Hartmann, E.
H17 Hartmann, J.: Politik und Gesellschaft in Osteuropa. Eine Einführung. Frankfurt/Main, New York 1983.

H18 Hartmann, K.: Das literarische Schaffen in Polen seit 1944, in: Zeitschrift für Ostforschung 5 (1956), S. 181–232.

H19 Hartmann, K.: Hochschulwesen und Wissenschaft in Polen. Entwicklung, Organisation und Stand 1918–1960, Frankfurt/Main, Berlin 1962.

H20 Hartmann, K.: Polens Geist zwischen Ost und West. Eine Betrachtung zur geistigen Lage in Polen nach dem Zweiten Weltkrieg, Hannover 1962 (= Schriftenreihe der Niedersächsischen Landeszentrale für Politische Bildung. Ostprobleme. 6).

H21 Hastings, P.: The Cold War, 1945–1969, London 1969.

H22 Haupt, G. u.a.: Karl Kautsky und die Sozialdemokratie Südosteuropas. Korrespondenz 1883–1938, Frankfurt/Main, New York 1986 (= Quellen und Studien zur Sozialgeschichte, Bd. 5).

– Haustein, U. → Ostmitteleuropa

– Healey, D. → The Courtain Falls

H23 Hegenbarth, S.: Landwirtschaftliche Zirkel und landwirtschaftliche Produktionsgenossenschaften in Polen, Gießen/Berlin 1976 (= Gießener Abhandlungen zur Agrar- und Wirtschaftsforschung des europäischen Ostens, Bd. 72).

H24 Heinze, A. u.a.: Professor Dr. Dr. h.c. S.I. Tulpanow – 70 Jahre, in: Wissenschaftliche Zeitschrift der Karl-Marx-Universität, Gesellschaftswissenschaftliche und Sprachwisenschaftliche Reihe 21 (1972), S. 81–83.

H25 Heiter, H.: Die Veränderung des Konzeptes der Volksdemokratie infolge der Bipolarisierung Europas, in: Der Marshall-Plan, S. 535–551.

H26 Heitzer, H.: Die Befreiung durch die Sowjetunion und der Beginn der antifaschistisch-demokratischen Umwälzung, in: Zeitschrift für Geschichtswissenschaft 28 (1980), S. 711–729.

– Heller, A. u.a. → Der sowjetische Weg

H27 Hermens, F.A.: Der Ost-West-Konflikt. Gründe und Scheingründe, Frankfurt/Main, Bonn 1961 (= Schriften des Forschungsinstituts für Politische Wissenschaft der Universität Köln, H.5).

H28 Heroldová, I.: Příchod do pohraničí, první léta života v pohraničí do socializace zemědělství [Die Ankunft im Grenzgebiet, die ersten Jahre bis zur Vergesellschaftung der Landwirtschaft], in: Český lid 69 (1982), S. 42–46.

H29 Herz, E.: Die Konsumgenossenschaft in der Tschechoslowakei, Diss. Prag 1932.

H30 Herz, M.F.: Beginnings of the Cold War, Bloomington u.a. 1966.

H31 Heumos, P.: Arbeiterschaft und Sozialdemokratie in Ostmitteleuropa 1944–1948, in: Geschichte und Gesellschaft 13 (1987), S. 22–38.

H32 Heumos, P.: Betriebsräte, Einheitsgewerkschaft und staatliche Unternehmensverwaltung. Anmerkungen zu einer Petition mährischer Arbeiter an die tschechoslowakische Regierung vom 8.6.1947, in: Jahrbücher für Geschichte Osteuropas 29 (1981), S. 215–245.

H33 Heumos, P.: Der Februarumsturz 1948 in der Tschechoslowakei. Gesichtspunkte zu einer strukturgeschichtlichen Interpretation, in: Zeitgeschichte Osteuropas, S. 121–136.

H34 Heumos, P.: Die Arbeiterschaft in der Ersten Tschechoslowakischen Republik. Elemente der Sozialstruktur, organisatorische Verfassung und politische Kultur, in: Bohemia 29 (1988), S. 50–72.

H35 Heumos, P.: Die Konferenzen der sozialistischen Parteien Zentral- und Osteuropas in Prag und Budapest 1946 und 1947. Bemerkungen und dokumentarische Materialien zu einem unbekannten Kapitel osteuropäischer Nachkriegsgeschichte, in: Jahrbücher für Geschichte Osteuropas 31 (1983), S. 244–284.

H36 Heumos, P.: Die Konferenzen der sozialistischen Parteien Zentral- und Osteuropas in Prag und Budapest 1946 und 1947. Darstellung und Dokumentation, Stuttgart 1985 (= Quellen und Studien zur Geschichte des östlichen Europa. 22).

H37 Heumos, P.: Geschichtswissenschaft und Politik in der Tschechoslowakei. Entwicklungstrends der zeitgeschichtlichen Forschung nach 1945, in: Jahrbücher für Geschichte Osteuropas 26 (1978), S. 541–576.

H38 Heumos, P.: Konfliktregelung und soziale Integration. Zur Struktur der Ersten Tschechoslowakischen Republik, in: Bohemia 30 (1989), S. 52–71.

H39 Heumos, P.: Zur Fusion von PPS und PPR im Dezember 1948. Einige Aspekte der Vereinigung der Arbeiterparteien in Polen, in: Einheitsfront – Einheitspartei, S. 331–354.

H40 Heuser, B.: Western Containment Policies in the Cold War. The Yugoslav Case 1948–1953, London 1989.
H41 Higgins, H.: The Cold War, New York 1974.
H42 [Hiljada devetsto četrdeset jedna] 1941 u istoriji naroda BiH [Das Jahr 1941 in der Geschichte der Völker Bosniens und der Herzegowina], Sarajevo 1973.
H43 Hillebrandt, B.: Postępowy ruch młodzieżowy w Polsce. Przewodnik bibliograficzny [Die fortschrittliche Jugendbewegung in Polen. Bibliographischer Führer], Warszawa 1980.
H44 Hillgruber, A.: Europa in der Weltpolitik der Nachkriegszeit (1945–1953), München/Wien 1981.
H45 Hiscocks, C.R.: Poland, Bridge for the Abyss? – An Interpretation of Developments in Post-War Poland, London 1963.
H46 Historia Polski, Makieta, t. 1 (cz. 1,2), 1955 [Geschichte Polens, Probeband, Bd. 1 (T. 1,2)] und dass. t. 1 (cz. 1–3), 1957.
H47 Hlivka, J.: KSČ a komunistické hnutie po februári 1948 [Die KPTsch und die kommunistische Bewegung nach dem Februar 1948], in: Nová mysl 3 (1988), S. 87–97.
H48 Hlušičková, R., Vrbata, J.: Varnsdorfská stávka [Der Warnsdorfer Streik], in: Sborník k dějinám 19. a 20. století, Praha 1976, S. 101–255.
H49 Hlušičková, R.: Boj o průmyslové konfiskáty v Československu v letech 1945–1948 [Der Kampf um die Industrie-Konfiskate in der Tschechoslowakei in den Jahren 1945–1948], Praha 1983.
– Hnik, T. → European Bibliography
H50 Hochheim, A.: „Westliche Satrapie" Osteuropa. Führungsproblem und Eingliederung der europäischen Volksdemokratien in das Sowjet-Imperium, in: Schweizer Monatshefte 34 (1954/55), S. 440–452.
H51 Hochmann, J.: President Eduard Benes and the Soviet Alliance, in: Kosmas. Journal of Czechoslovak and Central European Studies 5 (1986), 1, S. 15–23.
H52 Hoensch, J.K., Nasarski, G.: Polen. 30 Jahre Volksdemokratie, Hannover 1975.
H53 Hoensch, J.K.: Sowjetische Osteuropapolitik, 1945–1975, Kronberg 1977.
H54 Hoensch, J.K.: Zielsetzungen sowjetischer Politik in Ostmitteleuropa 1944–1948 und der Ausbruch des Kalten Krieges, in: Die böhmischen Länder zwischen Ost und West, S. 328–340.
– Hoffman, E.P. → The Conduct
– Hoffman, E.P. → The Sources
H55 Hogan, M.J.: The Marshall Plan. America, Britain and the Reconstruction of Western Europe, 1947–1953, Cambridge (Mass.) 1987.
H56 Hola, V.: Jan Šverma, Praha 1976.
H57 Hollos, M./Maday, B. C.: New Hungarian Peasants: An East Central European Experience with Collectivization, New York 1983 (= East European Monographs. 134).
H58 Holotíková, Z., Plevza, V.: Vladimír Clementis, Bratislava 1968.
H59 Holter, D.: Politique charbonnière et guerre froide (1945–1950), in: Mouvement social 1985 (130), S. 33–53.
H60 Holzer, J.: „Solidarität". Die Geschichte einer freien Gewerkschaft in Polen, München 1985.
H61 Holzer, J.: Agonia PPS. Socjaliści polscy w sojuszu z PPR, 1944–1948 [Die Agonie der PPS. Die polnischen Sozialisten im Bündnis mit der PPR 1944–1948], Warszawa 1981.
H62 Holzer, J.: PPS. Szkic dziejów [Die PPS. Ein Abriß ihrer Geschichte], Warszawa 1977.
H63 Hovet, T. jr.: Block Politics in the United Nations, Cambridge (Mass.) 1960.
H64 Hradilak, Z.: On the Process of the Constitution of the „Definitive" Form of the Communist Party of Czechoslovakia (1929–1936), in: History of Socialism, Yearbook 1968, Prague 1969.
H65 Hrečković, S.: Razvoj i aktivnost narodnooslobodilačkih odbora u Slavoniji 1941–1942 [Entwicklung und Aktivität der Volksausschüsse in Slawonien 1941–1942], in: Historijski Institut Slavonije: Zbornik 14 (1977), S. 253–328.
H66 Hrzalová, H.: Spolu vytvářet skutečnost. K vývoji české socialistické kritiky a prózy v letech 1945–1975 [Die Realität mitgestalten. Zur Entwicklung der tschechischen sozialistischen Kritik und Proza in den Jahren 1945–1975], Praha 1976.
H67 Huebbenet, G.v.: Die rote Wirtschaft wächst. Aufbau und Entwicklungsziele des COMECON, Düsseldorf 1960.

H68 HÜBNER, A.: 40 Jahre Gruppe der Sowjetischen Streitkräfte in Deutschland, in: Militärgeschichte 3/1985, S. 245.

H69 HURWITZ,H.: Die Eintracht der Siegermächte und die Orientierungsnot der Deutschen 1945–1946, Köln 1984 (= Demokratie und Antikommunismus in Berlin nach 1945, Bd. 3).

H70 HUTTEN, K.: Christen hinter dem Eisernen Vorhang. Die christliche Gemeinde in der kommunistischen Welt, 2 Bde., Stuttgart 1962, 1963.

I1 Idee und Realität der sozialistischen Lebensweise in Ostmitteleuropa, Marburg 1986 (= Wirtschafts- und sozialwissenschaftliche Ostmitteleuropastudien. 11).

I2 Im Zeichen des roten Sterns. Erinnerungen an die Traditionen der deutsch-sowjetischen Freundschaft, Berlin (Ost) 1974.

I3 Informacionnoe soveščanie predstavitelej nekotorych Kompartij v Pol'še sentjabrja 1947g. [Die Informations-Besprechung von Vertretern einiger kommunistischer Parteien in Polen im September 1947], Moskva 1948.

I4 INGRAM, K.: History of the Cold War, London 1955.

I5 INOAN, M.: Armata romana in primi ania ai revoluţiei şi constructei socialiste [Die rumänische Armee während der sozialistischen Revolution], Bucureşti 1975.

I6 Institut slavjanovedenija i balkanistiki 1947–1977 (spravočno-informacionnyj obzor) [Das Institut für Slawenkunde und Balkanistik 1947–1977 (Nachschlage- und Informations-Überblick)], Moskva 1977.

I7 Ist der Osten noch ein Block?, hrsg. von R. LÖWENTHAL, Stuttgart 1967.

I8 Istorija Bolgarii [Geschichte Bulgariens], 2 Bde., Moskva 1954/55.

I9 Istorija Čechoslovakija v trech tomach [Geschichte der Tschechoslowakei in drei Bänden], Moskva 1956–1960.

I10 Istorija češskogo naroda [Geschichte des tschechischen Volkes], Bd. 1, Moskva 1952 (= Übersetzung von: NEJEDLÝ, Z.: Dějiny národu českého, Praha 1948).

I11 Istorija Pol'ši [Geschichte Polens], 3 Bde. und ein Ergänzungsband, Moskva 1954, 1955, 1965.

I12 Istorija SSSR [Geschichte der UdSSR], 3 Bde., Moskva 1949–1957.

I13 Istorija SSSR s drevnejšich vremen do našich dnej [Geschichte der UdSSR von den ältesten Zeiten bis in unsere Tage], 2 Serien à 6 Bde., Moskva 1966–1980.

I14 Istorija SSSR. Kratkij Kurs. Učebnik dlja 4-ogo klassa [Geschichte der UdSSR. Kurzer Abriß. Lehrbuch für die vierte Klasse], pod. red. A.V. ŠESTAKOVA, Moskva 1947.

I15 Istorija SSSR. Učebnoe posobie [Geschichte der UdSSR. Lehrmittel], Moskva 1960.

I16 Istorijski Archiv KPJ, t. 1, 2: „Borba“ 1942–1943 [Historisches Archiv der KPJ, Bd. 1,2: „Borba“ 1942–1943], Beograd 1949.

I17 IWAND, W.M: Paradigma Politische Kultur. Ein Forschungsbericht, Opladen 1985.

I18 IZSÁK, L.: A Polgári Demokrata Párt 1944–1945-ben [Die Bürgerlich-Demokratische Partei in den Jahren 1944–1945], in: Párttörténeti közlemények 20 (1974), 3, S. 118–149.

I19 IZSÁK, L.: Die bürgerliche Opposition in Ungarn 1944–1949, in: Etudes historiques hongroises 1985, S. 423–440.

I20 IZSÁK, L.: Die Konstituierung der Bürgerlichen Demokratischen Partei und ihr Programm von 1945, in: Annales Universitatis Scientarium Budapestinensis, Sect. Hist. 13 (1972), S. 207–236.

I21 IZSÁK, L.: Polgári ellenzéki pártok Magyarországon 1944–1949 [Bourgeoise Oppositionsparteien in Ungarn 1944–1949], Budapest 1983.

J1 JACOBMEYER, W.: Heimat und Exil. Die Anfänge der polnischen Untergrundbewegung im Zweiten Weltkrieg, Hamburg 1973.

J2 JAGIEŁŁO, J.: O polską drogę do Socjalizmu [Über den polnischen Weg zum Sozialismus), Warszawa 1983.

J3 JAGIEŁŁO, M.: Program kulturalny „Tygodnika Powszechnego“ (1945–1953) [Das kulturelle Programm des „Allgemeinen Wochenblatts“ (1945–153)], in: Przegląd Powszechny 4 (740), 1983, S. 111–124.

J4 JAKOWICZ, J.V.: Economic Reconstruction, Nationalization, and Agrarian Reform in Postwar Poland, Ann Arbor, Mich. 1979.

J5 JAKUBIEC, M.: Die Auseinandersetzungen um den Religionsunterricht in der Volksrepublik Polen aus kirchlicher Sicht, Marburg 1986, (= Wirtschafts- und sozialwissenschaftliche Ostmitteleuropa-Studien. 11).

J6 JAKUBOWSKA, H.: Udział związków zawodowych w życiu politycznym i społecznym w pierwszych latach Polski Ludowej 1944–1948 [Die Beteiligung der Gewerkschaften am politischen und gesellschaftlichen Leben in den ersten Jahren Volkspolens 1944–1948], in: Z pola walki 22 (1979), S. 153–172.

J7 JAKUBOWSKI, J.: Polityka oświatowa Polskiej Partii Robotniczej 1944–1948 [Die Bildungspolitik der polnischen Arbeiterpartei in den Jahren 1944–1948], Warszawa 1975.

J8 JANŮ, J.: Čteme sovětské básníky [Wir lesen sowjetische Dichter], in: Dnešek No. 26 vom 19.9.1946, S. 407–408.

– JAROSLAWSKA, H. → Ökonomisch-theoretische Studien

J9 JAROSLAWSKI, J.: Soziologie der kommunistischen Partei, Frankfurt/Main 1978.

– JEDRAS, A., LANGE, O.: Wizje gospodarki

– JĘDRUSZCZAK, H → Wizje gospodarki

J10 JĘDRUSZCZAK, H.: Miasta i przemysł w okresie odbudowy [Städte und Industrie in der Zeit des Wiederaufbaus], in: Polska Ludowa 1944–1950 [Volkspolen 1944–1950], S. 279–407.

J11 JĘDRUSZCZAK, H.: Niektóre zagadnienia sytuacji gospodarczej Polski w latach 1945–1949 [Einige Fragen zur wirtschaftlichen Situation Polens in den Jahren 1945–1949], in: Kwartalnik Historyczny 71 (1964), S. 369–390.

J12 JELIĆ, I.: Komunisticka partija Hrvatske 1937–1945 [Die kommunistische Partei Kroatiens 1937–1945], Bd. 2, Zagreb 1981.

J13 JELIĆ-BUTIĆ, F.: Narodnooslobodilački pokret i Hrvatska Seljačka stranka [Die nationale Befreiungsbewegung und die Kroatische Bauernpartei], in: Povijesni prilozi 1 (1982), S. 267–304.

J14 JELINEK, Y.A.: The Lust for Power: Nationalism, Slovakia and the Communists 1918–1948, New York 1983 (= East European Monographs, Bd. 130).

J15 JEMNITZ, J.: Soziale und politische Probleme nach dem Zweiten Weltkrieg. Die Erfahrungen und internationalen Verbindungen der Ungarischen Sozialdemokratischen Partei 1945–1947, in: Einheitsfront – Einheitspartei, S. 230–265.

J16 JERMAKOWICZ, W., FOLLIS, J.T.: Reform Cycles in Eastern Europe, 1944–1987. A Comparative Analysis from a Sample of Czechoslovakia, Poland, and the Soviet Union, Berlin 1988 (= Osteuropastudien der Hochschulen des Landes Hessen. Reihe I: Gießener Abhandlungen zur Agrar- und Wirtschaftsforschung des europäischen Ostens, Bd. 163).

J17 JEZIERSKI, A., PETZ, B.: Historia gospodarcza Polski Ludowej 1945–1975 [Wirtschaftsgeschichte Volkspolens 1945–1972], Warszawa 1982.

J18 JONES, C.: Soviet Influence in Eastern Europe. Political Autonomy and the Warsaw Pact, New York 1981.

J19 JORDAN, Z.A.: Philosophy and Ideology. The Development of Philosophy and Marxism-Leninism in Poland since the Second World War, Dordrecht 1963.

J20 JUCHNOWSKI, J., WOLANSKI, M.: PPR i PPS wobec socjaldemokratycznej koncepcji tzw. „trzeciej siły" (1945–1948) [PPR, PPS und die sozialdemokratische Konzeption der sog. „dritten Kraft" (1945–1948)], in: Z pola walki 25 (1982), S. 63–83.

J21 Jugoslavija 1918–1984. Zbirka dokumenata [Jugoslawien 1918–1984. Dokumentensammlung], hrsg. von B. PETRANOVIĆ, M. ZEČEVIĆ, Beograd 1985.

– KABISCH, F. → Strategie und Taktik

K1 KACZOROWSKI, M.: Początki odbudowy kraju i stolicy 1944–1949 [Die Anfänge des Wiederaufbaus des Landes und der Hauptstadt 1944–1949], Warszawa 1980.

– KAELBLE, H. u.a. → Probleme der Modernisierung

K2 KAFKA, F.: Mapa socialismu a demokracie [Die Landkarte des Sozialismus und der Demokratie], in: Dnešek No. 23 vom 4.9.1947, S. 356–359; No. 24 vom 11.9.1946, S. 376–377.

K3 KALINSKI, J.: Bitwa o handel 1947–1949 [Die Schlacht um den Handel 1947–1949], Warszawa 1970.

K4 KALINSKI, J.: Die Anfänge der Wirtschaftsplanung in Polen nach dem Zweiten Weltkrieg, in: Jahrbuch für Wirtschaftsgeschichte 1982, 2, S. 7–26.

K5 Kalinski, J.: Forsowna kolektywizacja rolnictwa (1948–1956) [Die forcierte Kollektivierung der Landwirtschaft (1948–1956)], in: Kwartalnik Historyczny 91 (1984), S. 111–136.

K6 Kalter Krieg und Deutsche Frage: Deutschland im Widerstreit der Mächte 1945–1952, hrsg. von J. Foschepoth, Göttingen/Zürich 1985 (= Veröffentlichungen des Deutschen Historischen Instituts, Bd. 16).

K7 Kalvoda, J.: Soviet-Style Agricultural Reform in Czechoslovakia, in: Journal of Central European Affairs 22 (1962), S. 200–219.

K8 Kampfgenossen-Weggefährten. Erinnerungen deutscher und sowjetischer Genossen an die ersten Jahre der antifaschistisch-demokratischen Umwälzung in Dresden, Berlin (Ost) 1975.

K9 Kantorowicz, A.: Deutsches Tagebuch, Bd. 1, München 1959/1961.

K10 Kaplan, K., Přibík, P.: Die Tschechoslowakei und der Marshall-Plan, in: Bohemia 26 (1985), S. 347–371.

K11 Kaplan, K.: 1952 – procès politiques à Prague, Paris 1980.

K12 Kaplan, K.: Das verhängnisvolle Bündnis. Unterwanderung, Gleichschaltung und Vernichtung der tschechoslowakischen Sozialdemokratie 1944–1945, Wuppertal 1984.

K13 Kaplan, K.: Der kurze Marsch. Kommunistische Machtübernahme in der Tschechoslowakei 1945–1948, München, Wien 1981 (= Veröffentlichungen des Collegium Carolinum. 33).

K14 Kaplan, K.: Die politischen Prozesse in der Tschechoslowakei 1948–1954, München 1986 (= Veröffentlichungen des Collegium Carolinum. 48).

K15 Kaplan, K.: Die Überwindung der Regime-Krise nach Stalins Tod in der Tschechoslowakei, in Polen und in Ungarn, Köln 1986 (= Krisen in den Systemen sowjetischen Typs. 11).

K16 Kaplan, K.: Kominform – auf Grund des Archivmaterials, in: Ostblick, Juli/August 1986, S. 45–80.

K17 Kaplan, K.: La crisi cecoslovaca 1953–1957, in: Annali dell' Instituto Giangiacomo Feltrinelli 22 (1982), S. 267–327.

K18 Kaplan, K.: Nekrvavá revoluce [Die unblutige Revolution], Toronto 1985.

K19 Kaplan, K.: Poválečné Československo. Československo 1945–1948: národy a hranice [Die Nachkriegstschechoslowakei 1945–1948: Völker und Grenzen], München 1985.

K20 Kaplan, K.: Staat und Kirche in der Tschechoslowakei 1948–1952. Darstellung und Dokumentation, München 1988.

K21 Kaplan, K.: The Communist Party in Power: A Profile of Party Politics in Czechoslovakia, Boulder/London, o.J.

K22 Kaplan, K.: Utváření generální linie výstavby socialismu v Československu (Od února do IX. sjezdu KSČ) [Die Entwicklung der Generallinie beim Aufbau des Sozialismus in der Tschechoslowakei (vom Februar bis zum IX. Parteitag der KPTsch)], Praha 1966.

K23 Kaplan, K.: Znárodnění a socialismus, Praha 1968 [Nationalisierung und Sozialismus], Praha 1968 (= Knižnice kroniky práce a bojů. Sv. 37).

K24 Kaplan, M.A.: The Communist Coup in Czechoslovakia, Princeton 1961.

K25 Kardelj, E.: Narodnooslobodilački odbori moraju postati istinski privremeni nosioci narodne vlasti (19.10.1941) [Die Volksausschüsse müssen wirklich provisorisch die Träger der Volksherrschaft werden], in: Istorijski archiv KPJ, t. 1,1: „Borba“ 1941, Beograd 1949, S. 18–20.

K26 Kardelj, E.: Notes on Some Questions of International Development, in: Political Affairs 26, 2 (Juni 1947), S. 531–554.

K27 Kardelj, E.: O narodnoj demokratiji (29.5.1949) [Über die Volksdemokratie (29.5.1949)], Beograd 1949.

K28 Karp, H.-J.: Der pädagogische Aktionsraum der Kirche in Polen, in: Staatliche Steuerung und Eigendynamik, S. 177–196.

K29 Karp, H.-J.: Katholizismus und sozialistische Lebensweise in Polen. Das Gegenmodell der christlichen Kultur, in: Idee und Realität, S. 53–66.

K30 Karp, H.-J.: Nation und Bildung in Polen. Zu den bildungspolitischen Aktivitäten der Gewerkschaft „Solidarität“, in: Wirtschaftsprobleme und Bildungsfragen, S. 59–79.

K31 Kautsky, K.: Sozialdemokratische Bemerkungen zur Übergangswirtschaft, Berlin 1918.

K32 Kautsky, K.: Von der Demokratie zur Staatssklaverei, Berlin 1921.

K33 Kegel, G.: In den Stürmen unseres Jahrhunderts. Ein deutscher Kommunist über sein ungewöhnliches Leben, Berlin (Ost) o.J. (1984).

K34 Kersten, K.: Osadnictwo wojskowe w 1945 r. [Die Militärsiedlung im Jahre 1945], in: Przegląd Historyczny 1964, S. 640–658.

K35 Kersten, K.: Plany i organizacja migracji ludności na Ziemie Zachodnie w 1945 r. [Bevölkerungspläne und Organisation für die Westgebiete im Jahre 1945], in: Kwartalnik Historyczny 67 (1960), S. 682–696.

K36 Kersten, K.: Repatriacja ludności polskiej po II wojnie światowej [Die Repatriierung der polnischen Bevölkerung nach dem Zweiten Weltkrieg], Wrocław 1974.

K37 Kertesz, S. D.: Between Russia and the West. Hungary and the Illusions of Peacemaking 1945–1947, Notre Dame 1984.

K38 Kidrić, B., in: V. kongres KPJ. Stenografske beleške, S. 594–601.

K39 Kidrić, B.: Privredni problemi FNRJ [Wirtschaftliche Probleme der FNRJ], Beograd 1949.

K40 Kiesewetter, B.: Das sowjetische Vorbild in der Wirtschaftsentwicklung der Oststaaten, Berlin 1951.

K41 Király, B.: Honveds unter Sowjetbefehl. Persönliche Erlebnisse eines hohen ungarischen Offiziers, in: Hinter dem Eisernen Vorhang, Mai 1958, 10, S. 1–12.

K42 Király, B.: Hungary's Army under the Soviets, in: East Europe. A Monthly Review of East European Affairs 7 (1958), 3, S. 3–14.

K43 Király, B.: Hungary's Army. Its Part in the Revolt, in: East Europe. A Monthly Review of East European Affairs 7 (1958), 6, S. 3–15.

– Kirschbaum, S.J. → East European History

K44 Kirschbaum, S.J.: Slovak Nationalism in Socialist Czechoslovakia, in: Canadian Slavonic Papers 22 (1980), S. 220–246.

K45 Klement Gottwald o kultuře [Klement Gottwald über die Kultur], Praha 1949.

K46 Klessmann, C.: Betriebsräte, Gewerkschaften und Arbeiterselbstverwaltung in Polen (1945–1948), in: Jahrbücher für Geschichte Osteuropas 29 (1981), S. 185–214.

K47 Klessmann, C.: Das „Programm Volkspolens" von 1941. Zur gesellschaftspolitischen Grundsatzdiskussion im polnischen Widerstand, in: Vierteljahreshefte für Zeitgeschichte 21 (1973), S. 103–114.

K48 Klessmann, C.: Der Kalte Krieg als Determinante der polnischen Innen- und Außenpolitik, in: Der Marshall-Plan, S. 287–312.

K49 Klessmann, C.: Die Selbstbehauptung einer Nation. NS-Kulturpolitik und polnische Widerstandsbewegung im Generalgouvernement 1939–1945, Düsseldorf 1971 (= Studien zur modernen Geschichte, Bd. 5).

– Klessmann, Ch. → September 1938

– Klimeš, M. → Otázky národní ...

K50 Klimow, G.: Berliner Kreml, Köln/Berlin o.J. (1952).

K51 Knorre, W.v.: Zehn Jahre Rat für Gegenseitige Wirtschaftshilfe (COMECON). Entwicklung und Ergebnisse 1949–1959, Würzburg 1961 (= Marburger Ostforschungen. 15).

– Kobuszewski, P. u.a. → Polski ruch oporu

K52 Koch, M.: Zum Tode von Sergej I. Tjulpanov, in: Deutschland-Archiv 17 (1984), S. 341–343.

K53 Kock, K.: International Trade Policy and the GATT 1947–1967, Stockholm 1969.

– Köhler, R. → Dokumente der sowjetischen Militäradministration

K54 Köhler, R.: Die Zusammenarbeit der SED mit der SMAD bei der antifaschistisch-demokratischen Erneuerung des Hochschulwesens (1945–1949), Berlin (Ost) 1985 (= Studien zur Hochschulentwicklung, hrsg. vom Zentralinstitut für Hochschulbildung).

K55 Kölm, L.: Die Befehle des Obersten der Sowjetischen Militäradministration in Deutschland 1945–1949, Diss. Berlin (Ost) 1977.

K55a Koncern Brněské Zbrojousky v letech 1939–1945 [Der Konzern „Brünner Waffenwerke" in den Jahren 1939–1945], Brno 1973.

K56 König, K.: Die Wandlung der inneren Wirtschaftsstruktur in Polen seit 1945. Eine wirtschaftspolitische Studie unter besonderer Berücksichtigung der Autarkie- und Exporttendenzen, Würzburg 1963 (= Marburger Ostforschungen. Bd. 21).

K57 Körbel, G.: Das Haus am Kastanienwäldchen, in: Im Zeichen des roten Sterns, S. 515–533.

K58 Kolakowski, L.: Hauptströmungen des Marxismus, München 1979.
K59 Kollár, J.: Boj KSČ proti buržoáznej ideologii a oportunizmu v rokoch 1948–1949 [Der Kampf der KPTsch gegen die bourgeoise Ideologie und den Opportunismus in den Jahren 1948–1949], in: Československý Časopis Historický 31 (1983), S. 801–833.
K60 Kollár, J.: Niekteré metodologické otázky strategickotaktickej orientace KSČ v rokoch 1944–1948 [Einige methodologische Fragen zur strategisch-taktischen Orientierung der KPTsch in den Jahren 1944–1948], in: Československý Časopis Historický 29 (1981), S. 641–669.
K61 Kolomejczyk, N., Syzdek, B.: Polska w latach 1944–1948. Zarys historii politycznej [Polen in den Jahren 1944–1948. Abriß der politischen Geschichte], Warszawa 1971.
K62 Konrad, B.: Ohne Tulpanow lief in der Ostzone nichts, in: Die Welt, 18.2.1984.
K63 Konrad, H.: Die Sozialdemokratie und die ‚geistigen' Arbeiter, in: Bewegung und Klasse, S. 545–560.
– Kopecký, J. → Účtování a výhledy
K64 Kopecký, V.: K otázkám nové slovesné a jiné umělecké tvorby [Zu Fragen des neuen literarischen und sonstigen künstlerischen Schaffens], in: Československo 4 (1948–1949), 9, S. 1–4.
K65 Kopecký, V.: O další směr naší kulturní politiky [Um den zukünftigen Kurs unserer Kulturpolitik], in: Tvorba No. 1 vom 1.1.1947, S. 1–3.
K66 Kopecký, V.: T.G. Masaryk a komunisté [T.G. Masaryk und die Kommunisten], Praha 1950.
K67 Kořalková, K.: Hnutí nezaměstnaných v Československu v letech 1929–1933 [Die Arbeitslosenbewegung in der Tschechoslowakei in den Jahren 1929–1933], Praha 1962.
K68 Korbel, J.: The Communist Subversion of Czechoslovakia, 1945–1948, London 1959.
K69 Korbonski, A.: Leadership Succession and Political Change in East Europe, in: Studies in Comparative Communism 9 (1976), S. 3–26.
K70 Korbonski, A.: Politics of Socialist Agriculture in Poland: 1945–1960, New York/London 1965.
K71 Korbonski, A.: The Polish Army, in: Adelman, J.: Communist Armies, S. 114–125.
K72 Korbonski, S.: Warsaw in Chains, London 1959.
K73 Korbuly, D.: Ungarns schrittweise Gleichschaltung durch die Kommunisten 1945–1980, München 1970.
K74 Korom, M.: Zakljućenie peremirija s Vengriej [Die Schließung des Waffenstillstands mit Ungarn], in: Acta Historica 30 (1984), S. 151–180.
K75 Korowsky, S.: Vergleiche über die Industrialisierungserfolge des sowjetischen Modells, Warschau 1963.
K76 Korzon, A.: Społeczeństwo polskie a walka o kszałt kultury narodowej w latach 1945–1949 [Die polnische Gesellschaft und der Kampf um die Gestaltung der Volkskultur in den Jahren 1945–1949], in: Dzieje Najnowsze 15 (1983), S. 253–284.
K77 Košanović, D.: Ekonomsko-politicka djelatnost narodne vlasti u toku NOB-e [Die wirtschaftspolitische Tätigkeit der Volksregierung während des nationalen Befreiungskampfes], Zagreb 1964.
K78 Kosik, F.P.: From Masaryk to Gottwald: Reflection on the Czechoslovak Experience, Ann Arbor, Mich. 1978.
K79 Kosta, J.: Abriß der sozial-ökonomischen Entwicklung der Tschechoslowakei 1945–1977, Frankfurt/Main 1978.
K80 Kosta, J.: Die Eingliederung der tschechoslowakischen Volkswirtschaft in die Wirtschaft Osteuropas nach dem Zweiten Weltkrieg, in: Der Marshall-Plan und die europäische Linke, S. 265–286.
K81 Kosta, J.: Wirtschaftssysteme des realen Sozialismus. Probleme und Alternativen, Köln 1984.
K82 Kostunica, V., Cavoski, K.: Party Pluralism or Monism. Social Movements and the Political System in Yugoslavia, Boulder (Col.) 1985.
K83 Kotalík, F.: Diskuse o sovětském malířství [Diskussionen über sowjetische Malerei], in: Tvorba, No. 21 vom 21.5.1947, S. 385–387.
K84 Kovač, A.: Košický vládny program [Das Kaschauer Regierungsprogramm], Bratislava 1977.
K85 Kovács, J.: Magyarország megszállása [Die Besetzung Ungarns], Toronto 1979.
K86 Kovárna, F.: Kulturní autonomie nebo kulturní konfekce [Kulturautonomie oder Kulturkonfektion], in: Naše doba 53 (1947), S. 200–204.
K87 Kowalik, J.: „Kultura", 1947–1957. Bibliografia zawartości treści. Działalność wydawnicza (1946 – maj 1959) [„Kultur", 1947–1957. Inhaltsübersicht. Verlagstätigkeit (1946- Mai 1959)], Paryż 1959.

K88 KOWALIK, T.: W sprawie publikacji M. Mieszczańkowskiego [In Sachen der Publikation von M. Mieszańkowski], in: Życie Gospodarcze No. 42 vom 14.10. 1984.

K89 KOWALSKI, Z.: Wysiedlanie ludności niemieckiej ze Śląska Opolskiego w latach 1945–1948 [Die Aussiedlung der deutschen Bevölkerung aus dem Oppelner Schlesien in den Jahren 1945–1948], in: Studia Śląskie 43 (1984), S. 153–176.

K90 KOZAK, Y.R.: The Reflection in Czech Literature of Political Changes in Eastern Europe, 1948–1965, Ann Arbor, Mich. 1979.

K91 KOZŁOWSKI, C.: Z dziejów związku młodzieży polskiej [Aus der Geschichte des polnischen Jugendverbandes], in: Nowe drogi 8 (1983), S. 94–101.

K92 KOŹNIEWSKI, K.: Między oporem a udziałem [Zwischen Widerstand und Beteiligung], in: Polityka No. 42 (659) vom 18.10.1969, S. 1–8.

K93 KRÁL, V.: Cestou k únoru. Dokumenty [Auf dem Weg zum Februar. Dokumente], Praha 1963.

K94 KRAMÁŘ, V.: Kulturně politický program KSČ a výtvarné umění [Das kulturpolitische Programm der KPTsch und die bildende Kunst], Praha 1946.

K95 KRAMÁŘ, V.: O srozumitelnosti umění [Über die Verständlichkeit von Kunst], in: Volné směry 40 (1947–1948), S. 76–78.

K96 KRAMÁŘ, V.: Poznámka k jednomu referátu [Anmerkung zu einem Referat], in: Tvorba No. 20 vom 14.5.1947, S. 368–369.

K97 KRAMMER, A.: The Forgotten Friendship. Israel and the Soviet Bloc, 1947–1953, Urbana (Ill.) 1974.

K98 KRAMSZTYK, A., KRUSZEWSKA, J.: Odzyskanie majątków opuszczonych [Die Übernahme der verlassenen Güter], Warszawa 1946.

K99 KREJČÍ, J.: The Czechoslovak Economy During the Years of Systemic Transformation 1945–1949, in: Jahrbuch der Wirtschaft Osteuropas, hrsg. von H. RAUPACH, 7/1977, S. 297–344.

K100 KREJČÍ, J.: Social Change and Stratification in Postwar Czechoslovakia, London u.a. 1972.

K101 KRESS, J.H.: Representation of Positions in the CPSU-Politburo, in: Slavic Review 39 (1980), S. 218–238.

K102 KRIEGEL, A.: Les communistes françaises, Paris 1970.

K103 KRIPPENDORFF, E.: Die Liberal-Demokratische Partei Deutschlands in der Sowjetischen Besatzungszone 1945/48. Entstehung, Struktur, Politik, hrsg. von der Kommission für Geschichte des Parlamentarismus und der politischen Parteien, Düsseldorf 1961.

K104 KRISCH, H.: German Politics under Soviet Occupation, New York/London 1974.

K105 Krisen in den Systemen sowjetischen Typs, hrsg. von Z. MLYNÁŘ, Nr. 1–18, Köln 1982–1989.

K106 KROSNÁR, J.: Zlaté pražské časy [Goldene Prager Zeiten], Praha 1966.

K107 KRYŠTŮFEK, Z.:The Soviet Regime in Czechoslovakia, New York 1981 (= East European Monographs. 81).

K108 KRŽIŠNIK-BUKIĆ, V.: Politika KPJ prema agrarnom i seljačkom pitanju na području Bosanske krajine 1945–1948 [Die Politik der KPJ in bezug auf die Agrarfrage und die Frage der Bauern im Grenzgebiet Bosniens 1945–1948], Banja Luka 1988.

K109 KRZYWICKI, J.: Rola związków zawodowych w referendum ludowym w czerwcu 1946r. i w wyborach do Sejmu ustawodawczego w styczniu 1947 r. w województwie Lubelskim [Die Rolle der Gewerkschaften im Volksreferendum im Juni 1946 und in den Wahlen zum gesetzgebenden Sejm im Januar 1947 in der Wojewodschaft Lublin], in: Kwartalnik Ruchu Zawodowego 22 (1983), 3, S. 38–59.

K110 Kształtowanie się podstaw programowych Polskiej Partii Robotniczej w latach 1942–1945 [Die Herausbildung der Programmgrundlagen der Polnischen Arbeiterpartei in den Jahren 1942–1945], Warszawa 1958.

K111 KUBAT, D.: Patterns of Leadership in a Communist State: Czechoslovakia 1946–1958, in: Journal of Central European Affairs 21 (1961), S. 305–318.

K112 KUBAT, D.: Über die Frage der tschechoslowakischen Kommunistischen Intelligenz seit dem Zweiten Weltkrieg (1945–1958), in: Zeitschrift für Ostforschung 11 (1962), S. 685–699.

K113 KUBY, E.: Die Russen in Berlin 1945, München 1965.

K114 KUCZYNSKI, J.: Mein Freund Sergej Iwanowitsch Tjulpanow, in: Sinn und Form, Beiträge zur Literatur 36 (1984), S. 956–961.

K115 KUHN, H.: Der Kommunismus in der Tschechoslowakei, Köln 1965.

K116 Kuhn, H.: Von der Massenpartei zur Staatspartei. Die kommunistische Bewegung in der Tschechoslowakei von der Gründung der Republik 1918 bis zum Februarputsch 1948. Teil III: Von der Illegalität zur Staatspartei, Köln 1978 (= Berichte des Bundesinstituts für ostwissenschaftliche und internationale Studien, 12).
K117 Kuhn, H.: Zur Sozialstruktur der kommunistischen Partei der Tschechoslowakei, in: Bohemia 3 (1962), S. 426–467.
K118 Kultur und Gesellschaft in der ersten Tschechoslowakischen Republik, hrsg. von K. Bosl, F. Seibt, München/Wien 1982.
K119 Kultura na prahu zítřku [Kultur an der Schwelle zum Morgen], Praha 1946.
K120 Kurowski, S.: Historyczny proces wzrostu gospodarczego [Der historische Prozeß des Wirtschaftswachstums], Warszawa 1963.
K121 Kusák, A.: Nationalbewußtsein und Nationalpädagogik als Aspekte der tschechischen und slowakischen Literatur 1945–1948, in: Die Tschechoslowakei, S. 237–258.
K122 Kuzio, T.: The Ukrainian Minority in Post-War Poland: Between the Hammer and the Anvil, in: Ukrainian Review 32 (1984), 2, S. 45–55.
L1 L'Europe centrale et orientale en 1944–1945, in: Guerres mondiales et conflits contemporains 1988, 149, S. 5–14.
L2 Lacina, V.: K agrárním koncepcím sociální demokracie a národních socialistů v letech 1945–1948 [Zu den agrarischen Konzeptionen der Sozialdemokratie und der nationalen Sozialisten in den Jahren 1945–1948], in: Československý Časopis Historický 17 (1969), S. 43–56.
– LaFeber, W. → The Origins of Cold War
L3 LaFeber, W.: America, Russia and the Cold War, 1945–1966, New York 1967.
L4 Lamentowicz, W.: Die Legitimation der politischen Herrschaft in Polen seit 1944, Köln 1986 (= Berichte des Bundesinstituts für ostwissenschaftliche und internationale Studien 1986, 23).
L5 Landa, R.D.: The Triumph and Tragedy of American Containment: When the Lines of Cold War Were Drawn in Europe, 1947–1948, Georgetown University 1971.
L6 Landau, Z., Tomaszewski, J.: Wirtschaftsgeschichte Polens im 19. und 20. Jh., Berlin (Ost) 1986.
L7 Lange, M.G.: Totalitäre Erziehung. Das Bildungswesen der Sowjetzone Deutschlands, Frankfurt/Main 1954.
L8 Lange, O., Taylor, F.M.: On the Economic Theory of Socialism. Ed. by B.E. Lippincott, Minneapolis 1948 (= Government Control of the Economic Order, 2).
L9 Lange, O.: Gospodarcze podstawy demokracji w Polsce [Wirtschaftliche Grundlagen der Demokratie in Polen], in: Wizje gospodarki, S. 313–318.
L10 Lange, O.: Über einige Probleme des polnischen Weges zum Sozialismus, Warschau 1957.
L11 Lange, O.: Was ich unter Sozialismus verstehe, 1940, und dass. in: Ökonomisch-theoretische Studien, hrsg. von H. Jaroslawska, Frankfurt/Main/Köln 1977, S. 328–334.
L11a Lange, O.: Wizje gospodarki socjalistycznej [Vorstellungen einer sozialistischen Wirtschaft], hrsg. von M. Chałubiński und A. Jedras, Warszawa 1985.
L12 Laschitza, A.: Kämpferische Demokratie gegen den Faschismus. Die programmatische Vorbereitung auf die antifaschistisch-demokratische Umwälzung in Deutschland durch die Parteiführung der KPD, Berlin (Ost) 1969.
L13 Laschke, M.: Materielle Vorbedingungen und Tendenzen der Industrialisierung in den osteuropäischen RGW-Ländern 1944/45 bis 1948/50, in: Jahrbücher für Wirtschaftsgeschichte 1984, 2, S. 9–23.
– Lasswell, H. → World Revolutionary Elites
L14 Ławski, J.: Żołnierska służba na Ziemiach Zachodnich i Północnych [Der Dienst des Soldaten in den West- und Nordgebieten], in: Wojskowy Przegląd Historyczny 25 (1980), 3, S. 59–83.
L15 Lazarev, A.M.: God 1940 – prodolženie socialističeskoj revoljucii v Bessarabii [Das Jahr 1940 – die Fortsetzung der sozialistischen Revolution in Bessarabien], Kišinev 1985.
L16 Lazitch, B., Drachkovitch, M.: Biographical Dictionary of the Comintern, Stanford (Cal.) 1973.
L17 Lazitch, B.: Les parties communistes d'Europe 1919–1955, Paris 1956.
L18 Lehár, L.: Vývoj Národní odborové ústředny zaměstnanecké v prvních letech nacistické okupace [Die Entwicklung der nationalen Gewerkschaftszentrale für Angestellte in den ersten Jahren der nationalsozialistischen Okkupation], in: Historie a vojenství 1966, S. 584–619.

L19 LEITHÄUSER, J.G.: Journalisten zwischen zwei Welten. Die Nachkriegsjahre der Berliner Presse, Berlin 1960.

L20 LEITSCH, W., STOY, M.: Das Seminar für osteuropäische Geschichte der Universität Wien 1907–1948, Wien u.a. 1983 (= Wiener Archiv für Geschichte des Slawentums und Osteuropas, Veröffentlichungen des Instituts für Ost- und Südosteuropaforschung der Universität Wien, 11).

L21 LEMBERG, H.: Lage und Perspektiven der Zeitgeschichtsforschung über Ostmitteleuropa in der Bundesrepublik Deutschland, in: Zeitschrift für Ostforschung 35 (1986), S. 191–218.

L22 LEMKE, C.: Die politische Kultur sozialistischer Systeme in Osteuropa – Fragestellungen, theoretische und konzeptionelle Probleme der Forschung, in: Die politische Kultur Polens, S. 41–56.

L23 LEMMER, E.: Manches war doch anders. Erinnerungen eines deutschen Demokraten, Frankfurt/M. 1968.

L24 LEONHARD, W.: Die Revolution entläßt ihre Kinder, München 1985.

L25 LEONT'EV, A.: Ekonomičeskie osnovy novoj demokracii [Die wirtschaftlichen Grundlagen der neuen Demokratie], in: Planovoe chozjajstvo 1947, 4, S. 65ff.

– LERNER, D. → World Revolutionary Elites

L26 LERNER, D.: The Nazi-Elite, Oxford 1950.

L27 LESNY, L.: Der Slánský-Prozeß, in: Osteuropa 3 (1953), S. 1–12.

L28 LHOTA, V.: Znárodnění v Československu 1945–1948 [Die Nationalisierung in der Tschechoslowakei 1945–1948], Praha 1987.

L29 LIEBERMAN, S.R.: The Party under Stress: The Experience of World War II, in: Soviet Society and the Communist Party, S. 108–133.

L30 LINK, W.: Das Konzept der friedlichen Kooperation und der Beginn des Kalten Krieges, Düsseldorf 1971 (= Schriften zur Politik und Zeitgeschichte, 2).

– LOBKOWICZ, N. → Die Tschechoslowakei

– LOBKOWICZ, N. → Schicksalsjahre der Tschechoslowakei

L31 LOBKOWICZ, N.: Marxismus-Leninismus in der ČSR. Die tschechoslowakische Philosophie seit 1945, Dordrecht 1961.

L32 LOCKHARDT, R.B.: Report on Czechoslovakia, in: Foreign Affairs 33 (1955), S. 484–498.

L33 LODGE, M.: Attitudinal Cleavages Within the Soviet Political Leadership, in: BECK, C. u.a.: Comparative Communist Leadership, S. 202–226.

L34 LÖBL, E., POKORNY, D.: Die Revolution rehabilitiert ihre Kinder. Hinter den Kulissen des Slánský-Prozesses, Frankfurt/Main 1968.

– LÖWENTHAL, R. → Ist der Osten noch ein Block?

L35 LOHSE, W.: Die Politik der Sowjetischen Militäradministration in der sowjetischen Besatzungszone Deutschlands, Diss., Halle/Saale 1967.

L36 LONDON, A.: Ich gestehe. Der Prozeß um Rudolf Slánský, Hamburg 1970.

L37 LORENC, Z.: První sjezd českých spisovatelů [Der erste Kongreß tschechischer Schriftsteller], in: Literární noviny 15 (1946), S. 101–102.

L38 LOTH, W.: Der Kalte Krieg in der historischen Forschung, in: Der Westen und die Sowjetunion, S. 155–175.

L39 LOTH, W.: Die Teilung der Welt: Geschichte des Kalten Krieges 1941–1955, 5. Auflage, München, 1985.

L40 LOTH, W.: Frankreichs Kommunisten und der Beginn des Kalten Krieges. Die Entlassung der kommunistischen Minister im Mai 1947, in: Vierteljahreshefte für Zeitgeschichte 26 (1978), S. 9–65.

L41 Ludowe Wojsko Polski, 1943–1973 [Die Volksarmee Polens 1943–1973], Warszawa 1974.

L42 LUKACS, J.: Geschichte des Kalten Krieges, Gütersloh 1962.

L43 LUNDESTAD, G.: The American Non-Policy Towards Eastern Europe, 1943–1947, Oslo/New York 1975.

– LUŽA, R. → Geschichte der Tschechoslowakischen Republik

L44 LUŽA, R.: Czechoslovakia Between Democracy and Communism, 1945–1948, in: The Origins of the Cold War, S. 73–105

L45 LUŽA, R.: Czechoslovakia Between Democracy and Communism, in: A History of the Czechoslovak Republic, S. 387–415.

M1 Machonin, S.: Poznámky k některým zásadám socialistického realismu [Anmerkungen zu einigen Grundsätzen des Sozialistischen Realismus], in: Nový život 1 (1949), 2, S. 71–76; 3, S. 65–77.
M2 Macka, M., Chalupa, P.: Die Entwicklung der Siedlungsstruktur der Tschechischen Sozialistischen Republik seit 1945, in: Österreichische Osthefte 26 (1984), S. 240–253.
M3 Mackintosh, J.M.: Strategie und Taktik der sowjetischen Außenpolitik, Stuttgart 1963.
M4 Mackintosh, J.M.: The Evolution of the Warsaw Pact, London 1969 (= Adelphi Papers, 58).
M5 Maddox, R.J.: The New Left and the Origins of the Cold War, Princeton, N.J. 1973.
M6 Mai, J.: Die Rolle der Sowjetunion bei der antifaschistisch-demokratischen Umwälzung 1945–1949, dargestellt am Beispiel Mecklenburg, in: Jahrbuch für Geschichte 28 (1983), S. 193–234.
M7 Maier, C.S.: The Origins of the Cold War and Contemporary Europe, New York 1978.
M8 Majchrowski, J.M.: Stronnictwo pracy, działalność polityczna i koncepcje programowe 1937–1945 [Die Arbeitspartei, politische Tätigkeit und programmatische Konzeptionen 1937–1945], Warszawa 1979.
– Mamatey, V.S. → Geschichte der Tschechoslowakischen Republik
– Mampel, S. → Die DDR – Partner oder Satellit
M9 Marcou, L.: Le Kominform. Le communisme de guerre froide, Paris 1972.
M10 Marcus, J.: Social and Political History of the Jews in Poland, 1919–1939, Berlin u.a. 1983.
M11 Mariański, J.: Bildung und Erziehung in der katholischen Kirche in Polen, in: Entwicklung und Subsidiarität, S. 98–110.
M12 Mar'ina, V.V.: Krest'janstvo v revoljucijach 40-ch godov v stranach Central'noj i Jugo-vostočnoj Evropy [Die Bauernschaft in den Revolutionen der vierziger Jahre in den Ländern Zentral- und Südosteuropas], Moskva 1984.
M13 Marjanović, J.: Ekonomske promene u toku narodnooslobodilačkog rata [Wirtschaftsprobleme während des nationalen Befreiungskrieges], in: Istorijski glasnik 1955, 1, S. 3–22.
– Markert, W. → Osteuropa-Handbuch. Bd. 2
M14 Marković, Z.: NOO u Užicu 1941 [Der Volksbefreiungsausschuß in Užice 1941], Titovo Užice 1977.
M15 Marples, D.R.: The Soviet Collectivization of Western Ukraine, 1948–1949, in: Nationalities Papers 13 (1985), 1, S. 24–44.
M16 Masaryk, T.G.: Světová revoluce [Die Weltrevolution], Praha 1930.
M17 Mastny, V.: The Czechs under Nazi Rule. The Failure of National Resistance, 1939–1942, London 1971.
M18 Mastny, V.: Tradition, Continuity and Discontinuity in Recent Czechoslovak History, in: Die Tschechoslowakei, S. 81–90.
M19 Matejko, A.S.: Impact of the Authoritarian Rule on the Basic Social Strata in Eastern Europe, in: Canadian Slavonic Papers 21 (1979), S. 197–224.
M20 Materiały do bibliografii dziennikarstwa i prasy w Polsce w latach 1944–1945 [Bibliographische Materialien zum Journalismus und zur Presse in Polen in den Jahren 1944–1945], Warszawa 1957.
M21 Materiały do programu Polski Ludowej, zeszyt I: Organizacja produkcji [Materialien zum Programm Volkspolens, Heft I: Produktionsorganisation], o.O. 1942.
M22 Materiały źródłowe do historii Polskiego Ruchu Ludowego [Quellen zur Geschichte der polnischen Volksbewegung], hrsg. von J. Nowak, Warszawa 1966ff.
M23 Mathesius, B.: Achmatová, „Botostroj" a jiná kouzla [Achmatova, „Botostroj" und andere Zauberdinge], in: Tvorba No. 41 vom 9.10.1946, S. 644–645.
M24 Mathesius, B.: Básníci a buřiči [Dichter und Rebellen), Praha 1975.
M25 Mathesius, B.: Cesta literatury k lidu [Der Weg der Literatur zum Volk], in: Mathesius, B.: Básníci a buřiči, S. 294–302.
M26 Matička, M.: Društvene promjene na selu u Hrvatskoj u vrijeme provodjenja agrarne reforme i kolonizacije 1945–1948 [Gesellschaftliche Veränderungen in den Dörfern Kroatiens während der Durchführung von Reformen und Kolonisation 1945–1948], in: Časopis za suvremenu povijest 9 (1977), 3, S. 69–80.
M27 Mauersberg, S.: Reforma szkolnictwa w Polsce w latach 1944–1948 [Die Schulreform in Polen in den Jahren 1944–1948], Wrocław u.a. 1974.
M28 Mauroy, R.: Comment on bolchevise un pays, o.O. 1951.

M29 MAX, S.M.: The Anglo-American Response to the Sovietization of Hungary, 1945–1948, Albany 1980.
M30 MAX, S.M.: The United States, Great Britain and the Sovietization of Hungary, 1945–1948, o.O. 1985.
M31 McAULEY, M.: Political Culture and Communist Politics: One Step Forward, Two Steps Back, in: Political Culture, S. 13–40.
M32 McCAGG, W.O.: Communism and Hungary, 1944–1946, Columbia University 1965.
M33 McCAGG, W.O.: Stalin Embattled, 1943–1948, Detroit 1978.
– McCAULEY, M. → Communist Power in Europe
M34 McCAULEY, M.: Deutsche Politik unter sowjetischer Besatzung, in: Kalter Krieg und Deutsche Frage, S. 291–313.
M35 MĘCLEWSKI, E.: Powrót Polski nad Odrą i Nysą Łużycką, Bałtyk [Die Rückkehr Polens an die Oder und die Lausitzer Neisse, die Ostsee], Warszawa 1971.
M36 MEHNERT, K.: Weltrevolution durch Weltgeschichte. Die Geschichtslehre des Stalinismus, Stuttgart 1950, 1953.
– MEISSNER, B. u.a. → Einparteiensystem und bürokratische Herrschaft
M37 MEISSNER, B.: Das Ostpaktsystem. Dokumentensammlung, Frankfurt/Main, Berlin 1955.
M38 MEISSNER, B.: Der Entscheidungsprozeß in der Kreml-Führung unter Stalin und seinen Nachfolgern und die Rolle der Parteibürokratie, in: Gruppeninteressen und Entscheidungsprozeß, S. 21–60.
M39 MEISSNER, B.: Die sowjetische Deutschlandpolitik 1945–1949, in: Osteuropa-Handbuch: Sowjetunion, S. 448–473.
M40 MEISSNER, B.: Entwicklungsphasen des Ostpakt-Systems in Ost- und Mitteleuropa, in: Ostmitteleuropa. Berichte und Forschungen, hrsg. von U. HAUSTEIN u.a., Stuttgart 1981, S. 476–497.
M41 MEISSNER, B.: Rußland, die Westmächte und Deutschland. Die sowjetische Deutschlandpolitik 1943–1953, Hamburg 1953.
M42 MEL'NIKOV, D.E.: Rur i amerikanskie monopolii (Das Ruhrgebiet und die amerikanischen Monopole), in: Voprosy ėkonomiki 1949, vyp. 3, S. 89–103.
M43 MENDELSSOHN, P. de: Zeitungsstadt Berlin. Menschen und Mächte in der Geschichte der deutschen Presse, Berlin 1959.
M44 MESA-LAGO, C.: Das kubanische Wirtschaftsmodell in den 80er Jahren: Konflikte zwischen Ideologie und Praxis, in: Sozialismus und Industrialisierung, S. 286–308.
– MEYER, G. → Die politische Kultur Polens
M45 MICHAL, J.M.: Die wirtschaftliche Entwicklung der Nachkriegszeit, in: Geschichte der Tschechoslowakischen Republik, S. 455–491.
M46 MICHEL, B.: L'Europe centrale et orientale en 1944–1945, in: Guerres mondiales et conflits contemporains 1988, 149, S. 5–14.
M47 MIKOŁAJCZYK, S.: The Rape of Poland. Pattern of Soviet Aggression, Westport, Conn. 1972.
M48 MILLWOOD, A.S.: The Reconstruction of Western Europe, 1945–1951, London 1984.
M49 [entfällt]
M50 MISES, L.v.: Die Wirtschaftsordnung im sozialistischen Gemeinwesen, in: Archiv für Sozialwissenschaften 1920, S. 86–121.
M51 MISIUNAS, R., TAAGEPERA, R.: The Baltic States. Years of Dependence, 1940–1980, London 1983.
M52 MLYNÁŘ, Z.: Krisen und Krisenbewältigung im Sowjetblock, Wien 1983.
M53 MLYNÁŘ, Z.: Nachtfrost. Erfahrungen auf dem Weg vom realen zum menschlichen Sozialismus, Köln 1978.
M54 MLYNÁRIK, J.: Polomská vzbura [Die Revolte von Polomka], Banská Bystrica 1963.
M55 MLÝNSKÝ, J.: Únor 1948 a akční výbory Národní fronty [Der Februar 1948 und die Aktionsausschüsse der Nationalen Front], Praha 1978.
M56 MOELLER, K.-U.: Die UNO-Politik der Sowjetunion. Zwischen Kriegskoalition und Kaltem Krieg, 1943–1949. Eine diplomatiegeschichtliche Studie zur sowjetisch-amerikanischen Kooperation in der internationalen Öffentlichkeit. Phil. Diss. Tübingen 1980.
M57 MOLDOWSKI, D. u.a.: Alexander Lwowitsch Dymschitz – Ein Lebensbild, in: Alexander Dymschitz. Wissenschaftler, S. 20f.

M58 Molnár, J.: Some Features of the Cultural Policy of the Social Democratic Party after 1944, in: Etudes historiques Hongroises 1985, 2, S. 37–59.

M59 Molnár, M.: A Short History of the Hungarian Communist Party, Folkestone 1978.

M60 Mommsen, H.: Zum Problem der vergleichenden Behandlung nationaler Arbeiterbewegungen am Beispiel Ost- und Südostmitteleuropas, in: Internationale wissenschaftliche Korrespondenz zur Geschichte der deutschen Arbeiterbewegung 15 (1979), S. 31–34.

M61 Mommsen-Reindl, M.: Interpretationsmodelle zu Struktur und Entwicklung der Sowjetunion, in: Zeitgeschichte Osteuropas, S. 16–26.

M62 Monin, M.E.: Sovetsko-čechoslovackoe bratstvo po oružiju v bojach za osvoboždenie Čechoslovakii [Die sowjetisch-tschechoslowakische Waffenbrüderschaft im Kampf für die Befreiung der Tschechoslowakei], in: Novaja i novejšaja istorija 1985, 2, S. 33–50.

M63 Morris, B.S.: The Cominform: A Five-Year Perspective, in: World Politics 5 (April 1983), S. 368–376.

M64 Morris, L.P.: Eastern Europe since 1945, London 1984.

M65 Mroczkowski, W., Sierocki, T.: Protokoły posiedzeń rady gospodarczej PPS (1945–1946) [Protokolle der Sitzungen des Wirtschaftsrates der PPS (1945–1956)], in: Z pola walki 25 (1982), 1/2, S. 227–262.

M66 Mukařovský, J.: K otázce tak zvané orientace [Zur Frage der sogenannten Orientierung], in: Tvorba No. 10 vom 6.3.1946, S. 148–149.

M67 Müller, U.: Zum Kampf um den Charakter der Tschechoslowakischen Armee 1941–1945, in: Militärgeschichte 23 (1984), S. 164–170.

M68 Muraško, G.P.: Bor'ba rabočego klassa za nacionalizaciju promyšlennosti. Iz opyta revoljucii 40-ch godov v stranach Central'noj i Jugovostočnoj Evropy [Der Kampf der Arbeiterklasse für die Nationalisierung der Industrie. Aus den Erfahrungen der Revolution der vierziger Jahre in den Ländern Zentral- und Südosteuropas], Moskva 1979.

M69 Murašková, G.P.: Boj politických sil v Československu o riadenie znárodného sektoru ekonomiky v rokoch 1945–1947 [Der Kampf der politischen Kräfte in der Tschechoslowakei um den verstaatlichten Sektor der Wirtschaft in den Jahren 1945–1947], in: Historický časopis 33 (1985), c. 1, S. 46–66.

M70 Musielak, M.: Polski Związek Zachodni 1944–1950 [Der Polnische Westverband 1944–1950], Warszawa 1986.

M71 Myant, M.R. : The Czechoslovak Economy 1948–1988. The Battle for Economic Reform, Cambridge 1989 (= Soviet and East European Studies, Bd. 64).

M72 Myant, M.R.: Socialism and Democracy in Czechoslovakia, 1945–1948, Cambridge 1981.

N1 Na rozhraní dvou epoch [An der Grenze zweier Epochen] (Der Februar-Aufstand des Jahres 1948 und seine Vorgeschichte), hrsg. von J. Belda, Praha 1968.

N2 Nagy, F.: The Struggle behind the Iron Curtain, New York 1948.

N3 Narkiewicz, O.A.: The Green Flag: Polish Populist Politics 1867–1970, Totowa, N.J. 1976.

N4 Narodna vlada Narodne Republike Bosne i Hercegovine 1945–1948 (2.5.1945). Zapisi [Die Volksregierung der nationalen Republik Bosnien und Herzegowina 1945–1948 (2.5.1945). Aufzeichnungen], Sarajevo 1985.

N5 Národné výbory – spomienky, svedectvá a dokumenty [Die Nationalausschüsse – Erinnerungen, Zeugnisse und Dokumente], o.O. 1990.

N6 Národnostné vzt'ahy v Československu – dejinné poučenia a súčasnost [Die Beziehungen zwischen den Nationalitäten in der Tschechoslowakei – Lehren der Geschichte und die Gegenwart], o.O. 1990.

N7 Nasakanda, P.: Prilog istraživanju strukture i karaktera narodne vlasti na području Sjeverozapadne Hrvatske u toku narodnooslobodilačkog rata [Zur Erforschung von Struktur und Charakter der Volksherrschaft in Nordwest-Kroatien während des Volksbefreiungskrieges], in: Zbornik Pravnog Fakulteta u Zagrebu 19 (1979), S. 337–351.

– Nasarski, G. → Hoensch, J.K.

N8 Naumiuk, J.: Miejsce i rola Ruchu Zawodowego w politycznej organizacji społeczeństwa polskiego w latach 1944–1949 [Die Rolle der Gewerkschaftsbewegung bei der politischen Organisation der polnischen Gesellschaft in den Jahren 1944–1949], in: Z pola walki 22 (1979), 4, S. 181–200.

N9 Naumiuk, J.: Niektóre problemy teoretyczne funkcjonowania Ruchu Zawodowego w Polsce ludowej (1944–1949) [Einige theoretische Probleme zur Funktionsweise der Gewerkschaftsbewegung in Volkspolen (1944–1949), in: Kwartalnik Historyczny Ruchu Zawodowego 20 (1981), 4, S. 3–17.

N10 Nazarewicz, R.: Drogi do wyzwolenia. Koncepcje walki z okupantem w Polsce i ich treści polityczne 1939–1945 [Wege zur Befreiung. Konzepte des Kampfes mit der Besatzungsmacht in Polen und ihre politischen Inhalte 1939–1945], Warszawa 1979.

N11 Nebenzahl, L.: Mein Leben begann von neuem. Erinnerungen an eine ungewöhnliche Zeit, Berlin (Ost) 1985.

N12 Nečásek, F.: Jirásek dnešku a zítřku [Jirásek für das Heute und das Morgen], in: Nový život 1 (1949), 1, S. 53–56.

N13 Nedvěd, A.: Klement Gottwald o kultuře [Klement Gottwald über die Kultur]. Rezension in: Nový život 1 (1949), 3, S. 52–58.

N14 Nedvěd, J.: Cesta ke sloučení sociální demokracie s komunistickou stranou v roce 1948 [Der Weg zur Vereinigung der Sozialdemokratie mit der Kommunistischen Partei im Jahr 1948], Praha 1968.

N15 Nejedlý, Z.: Dějiny národa českého [Geschichte des tschechischen Volkes], Praha 1948.

N16 Nejedlý, Z.: Ideová směrnice naší národní kultury [Die ideelle Ausrichtung unserer nationalen Kultur], in: Nejedlý, Z.: O literatuře, S. 44–82.

N17 Nejedlý, Z.: O literatuře [Über Literatur], Praha 1953.

N18 Nejedlý, Z.: Za novou kulturu [Für eine neue Kultur], in: Československo 1 (1945–1946), S. 36.

N19 Neschke, H.-J.: Die staats- und völkerrechtliche Natur der europäischen Volksdemokratien, o.O. 1954 (Maschinenschr.)

N20 Nettl, J.P.: The Eastern Zone and the Occupation of Germany 1945–1949, London u.a. 1951.

N21 Neumann, R.: Polen, in: Die Sowjetisierung Ost-Mitteleuropas. Untersuchungen, S. 65–176.

– Neumann, R. → Die Sowjetisierung Ostmitteleuropas

N22 Neumann, S.K.: Komunistická strana, kultura a spisovatelé [Die kommunistische Partei, die Kultur und die Schriftsteller], in: Tvorba No. 8 vom 20.2.1946, S. 113.

N23 Nevsky, V.: Soviet Agricultural Policy in Eastern Germany 1945–1949, in: Soviet Economic Policy, S.87–126.

N24 Newman, B.: Russia's Neighbour – the New Poland, London 1946.

N25 Nezval, V.: Cesta literatury k lidu [Der Weg der Literatur zum Volk], in: Nezval, V.: Dílo, Bd. 26, S. 21–26.

N26 Nezval, V.: Dílo [Werk], Bd. 26, Praha 1976.

– Niedhardt, G. → Der Westen und die Sowjetunion

O1 O'Neill, J.R.: The Functional Genesis of a National Communist Party. Czechoslovakia, 1945–1948, Ann Arbor, Mich. 1979.

O2 Oberländer, E.: Sowjetpatriotismus und Geschichte, Köln 1967 (= Dokumente zum Studium des Kommunismus, hrsg. vom Bundesinstitut für ostwissenschaftliche und internationale Studien, Bd. 4).

O3 Obradović, M.: Doktrina „narodne demokratske" države [Die Doktrin eines volksdemokratischen Staates], in: Istorija XX. veka, Bd. 5, S. 135–155.

O4 Očerki istorii istoričeskoj nauki v SSSR [Abriß der Geschichte der Geschichtswissenschaft in der UdSSR], 5 Bde., Moskva 1955–1985.

O5 Od lidové fronty k národní a demokratické revoluci a k socialismu. Sborník dokumentů [Von der Volksfront zur nationalen und demokratischen Revolution und zum Sozialismus. Dokumentensammlung], hrsg v. V. Adámek, Praha 1975.

O6 Od Narodooslobodilačkih odbora do komune [Von den Volksausschüssen zur Kommune], Titovo Uzice 1983.

O7 Ökonomisch-theoretische Studien, hrsg. von H. Jaroslawska, Frankfurt/Main, Köln 1977.

O8 Ofer, G.: Industrial Structure, Urbanisation, and Socialist Growth Strategy. A Historical Analysis, 1940–1970, in: World Communism at the Crossroads, S.131–136.

O9 Okoniewska, B.: Problem nowej polityki rolnej w Polsce w latach 1948–1956 [Zum Problem der neuen Agrarpolitik in Polen in den Jahren 1948–1956], in: Dzieje Najnowsze 16 (1984), 2, S. 69–81.

O10 Omrčanin, I.: Ivan Subašić on his Negotiations with Tito and Stalin during October and November 1944, in: Journal of Croatian Studies 24 (1983), S. 199–206.
O11 Opat, J.: O novou demokracii. Příspěvek k dějinám národně demokratické revoluce v Československu v letech 1945–1948 [Um die neue Demokratie. Ein Beitrag zur Geschichte der volksdemokratischen Revolution in der ČSR in den Jahren 1945–1948], Praha 1966.
O12 Oschilewski, W.G.: Zeitungen in Berlin im Spiegel der Jahrhunderte, Berlin 1975.
O13 Oschlies, W.: Porträt der „Machtelite". Zu einer Dokumentation des slowakischen Pädagogen und Politikers Ondrej Pavlík, Köln 1970 (= Berichte des Bundesinstituts für ostwissenschaftliche und internationale Studien 1970, 6).
O14 Osmańczyk, E.: Był rok 1945 [Es war das Jahr 1945], Warszawa 1970.
O15 Osteuropa-Handbuch. Bd. 2: Polen, hrsg. von W. Markert, Köln/Graz 1959.
O16 Osteuropa-Handbuch: Sowjetunion. Außenpolitik 1 (1917–1955),hrsg. von D. Geyer, Köln/Wien 1972.
O17 Otázky národní a demokratické revoluce v ČSR [Fragen zur nationalen und demokratischen Revolution in der ČSR], hrsg. von M. Klimeš, Praha 1955.
P1 Padlým hrdinům. Památník oběti Čs. sociální demokracie v osvobozeneckém boji 1938–1945 [Den gefallenen Helden. Gedenkbuch der Opfer der Tschechoslowakischen Sozialdemokratie im Befreiungskampf 1938–1945], Brno 1947.
P1a Papp, N.: The Democratic Struggle for Power in Hungary. Party Strategies 1945–1946, in: East Central Europe 6 (1979), S. 1–19.
P2 Parteiensystem zwischen Demokratie und Volksdemokratie. Dokumente und Materialien zum Funktionswandel der Parteien und Massenorganisationen in der SBZ/DDR 1945–1950, hrsg. von H. Weber, Köln 1982.
P3 Pastuszka, S.: Poglądy Czesława Wycecha na oświatę [Die bildungspolitischen Ansichten Czesław Wycechs], Warszawa 1983.
P4 Paterson, Th.G.: On Every Front. The Making of the Cold War, New York 1979.
P5 Paterson, Th.G.: Soviet-American Confrontation. Postwar Reconstruction and the Origins of the Cold War, Baltimore 1973.
P6 Paterson, Th.G.: The Economic Cold War: American Business and Economic Foreign Policy, 1945–1959, Berkeley 1968.
P7 Paul, D. W.: The Cultural Limits of Revolutionary Politics. Change and Continuity in Socialist Czechoslovakia, New York 1979 (= East European Monographs, 48).
P8 Paul, D.W.: Czechoslovakia's Political Culture Reconsidered, in: Political Culture, S. 134–149.
P9 Pavlíček, V.: Politické strany po únoru. Příspěvek k problematice Národní fronty [Die politischen Parteien nach dem Februar. Ein Beitrag zur Problematik der Nationalen Front], Bd. 1, Praha 1966.
P10 Pavlík, O.: Svedectvo dokumentov o akademikovi Pavlíkovi a tých dalšých [Das Zeugnis von Dokumenten über das Akademiemitglied Pavlík und andere solche], Bratislava 1968.
P11 Pavlović, M.: Politički programi Demokratske stranke, Narodne radikalne, Jugoslovenske Republikanske i Socijalističke stranke [Die politischen Programme der Demokratischen Partei, der Nationalen Radikalen Partei, der Jugoslawisch-Republikanischen sowie der Sozialistischen Partei], in: Istorija XX. veka 1985, 1, S. 119–166.
P12 Pęcherski, M., Świątek, M.: Organizacja oświaty w Polsce w latach 1917–1977. Podstawowy akty prawne [Die Organisation des Bildungswesens in Polen in den Jahren 1917–1977. Grundsätzliche Rechtsakte], Warszawa 1978.
P13 Pęcherski, M.: Szkoła ogólnokształcąca w Polsce Ludowej [Die allgemeinbildende Schule in Volkspolen], Wrocław u.a. 1970.
P14 Pęcherski, M: Das Schulwesen in Volkspolen, in: Das Schulwesen sozialistischer Länder, S. 283–369.
P15 Pekárek, V.: O naší současné kulturní orientace [Über unsere gegenwärtige kulturelle Orientierung], in: Var 1 (1948), S. 297–304, 336–344.
P16 Pelikán, J.: Ein Frühling, der nie zu Ende geht. Erinnerungen eines Prager Kommunisten, Frankfurt/Main 1976.
P17 Perling, E. (= Tjulpanow, S.): Die Entstehung der Volksdemokratie, in: Neue Welt 3 (1948), 9, S. 40–52.

P18 Pernica, K.: Introduction to the Czechoslovak Co-operative Movement, in: The Czechoslovak Co-operative Movement, S. 30 ff.

P19 Peroutka, F.: Po sjezdu spisovatelů [Nach dem Schriftstellerkongreß], in: Dnešek No. 15 vom 4.7.1946, S. 225–226.

P20 Pervertierte Justiz. Bericht der Kommission des ZK der KPTsch über die politischen Morde und Verbrechen in der Tschechoslowakei 1949–1963, hrsg. von J. Pelikán, München 1972.

P21 Pešek, J.: Dočasná zastávka na cestě združstevnování vesnice v Českobudějovickém kraji (polovina roku 1953 – polovina 1955) [Der zeitweilige Stillstand auf dem Weg zur Vergenossenschaftlichung der Dörfer im Gebiet von Budweis (Mitte 1953 – Mitte 1955)], in: Jihočeský sborník 52 (1983), S. 135–148.

P22 Pešek, J.: Nástup ke združstevnování vesnice Českobudějovického kraje (jaro 1949 – přelom let 1950 a 1951) [Der Beginn der Vergenossenschaftlichung der Dörfer im Gebiet von Budweis (Frühjahr 1949 – Ende 1950/Anfang 1951)], in: Jihočeský sborník 52 (1983), S. 16–29.

P23 Pešek, J.: Nový nástup a obrat ve združstevnování vesnice Českobudějovického kraje (polovina roku 1955 – konec roku 1956) [Neubeginn und Wende bei der Vergenossenschaftlichung der Dörfer im Gebiet von Budweis (Mitte 1955 – Ende 1956], in: Jihočeský sborník 52 (1953), S. 183–198.

P24 Pešek, J.: Združstevnování vesnice v Českobudějovickém kraje na počátku 50. let (začátek roku 1951 – polovina roku 1953) [Die Vergenossenschaftlichung der Dörfer im Gebiet von Budweis Anfang der 50er Jahre (Anfang 1951 – Mitte 1953)], in: Jihočeský sborník 52 (1983), S. 71–84.

P25 Peterson, J.W.: Representation of Ethnic Groups within the Czechoslovak Political System 1918–1982, in: East Central Europe 10 (1983), 1/2, S. 92–114.

P26 [Peti] V. kongres KPJ. Stenografske beleške [Der fünfte Kongreß der kommunistischen Partei Jugoslawiens. Stenographische Aufzeichnungen], Beograd 1949.

P27 Petranović, B.: AVNOJ – Revolucionarna smena vlasti [AVNOJ – Der revolutionäre Machtwechsel], Beograd 1976.

P28 Petranović, B.: Gradjanske stranke u Jugoslaviji 1944–1948 i njihov karakter [Die bürgerlichen Parteien in Jugoslawien 1944–1948], in: Istorijski glasnik 1969, 1, S. 71–85.

P29 Petranović, B.: Ministarske ostavke 1945–1948 godine. Svedočanstva [Die Abdankung von Ministern in den Jahren 1945–1948. Zeugnisse], in: Istorijski glasnik 1988, 1/2, S. 107–117.

P30 Petranović, B.: O promenama u društveno-ekonomskoj strukturi Jugoslavije u toku narodnooslobodilačke borbe (1941–1945) [Über die Veränderungen der gesellschaftlichen und wirtschaftlichen Struktur Jugoslawiens während des nationalen Befreiungskampfes (1941–1945)], in: Prilozi za istoriju socijalizma Bd. 6, Beograd 1969, S. 57–72.

P31 Petranović, B.: Politička i ekonomska osnova narodne vlasti u Jugoslaviji za vreme obnove [Die politische und wirtschaftliche Grundlage der Volksherrschaft in Jugoslawien in der Zeit der Erneuerung], Beograd 1969.

P32 Petrmichl, J.: Patnáct let české literatury [Fünfzehn Jahre tschechische Literatur 1945–1960], Praha 1961.

P33 Petruf, P.: Československo na mierovej konferenci v Pariži roku 1946 [Die Tschechoslowakei auf der Friedenskonferenz in Paris 1946], in: Historický Časopis 33 (1985), S. 67–84.

P34 Pfeifer, S.: Gewerkschaften und Kalter Krieg 1945–1949. Die Interzonenkonferenzen der deutschen Gewerkschaftsbünde, die Entwicklung des Weltgewerkschaftsbundes und der Ost-West-Konflikt, Köln 1980.

P35 Pietkiewicz, S., Orlicz, M.: Plan regionalny przesiedlenia osadników rolnych na Ziemie Odzyskane. Sesja rady naukowej [Der Regionalplan zur Umsiedlung von Bauernsiedlern in den wiedergewonnen Gebieten. Sitzung des Wissenschaftichen Rates], No. 3, S. 11–51.

P36 Pijade, M.: Izbrani govori i članci 1941–1947 [Ausgewählte Reden und Artikel 1941–1947], Beograd 1948.

P37 Plojhar, J.: Vítězný únor 1948 a Československá strana lidová [Der siegreiche Februar 1948 und die tschechoslowakische Volkspartei], Praha 1958.

P38 Pokštefl, J.: Der soziale Wandel in der ČSSR und sein Reflex auf das politische und Verfassungssystem, Marburg 1984 (= Wirtschafts- und Sozialwissenschaftliche Ostmitteleuropa-Studien. Bd. 5).

P39 Polák, K.: Literatura a socialismus [Literatur und Sozialismus], Praha 1946.

P40 Polen und seine Wirtschaft, hrsg. von P.-H. SERAPHIM, Königsberg 1937.
P41 Political Culture and Communist Studies, hrsg. v. A. BROWN, G. GRAY, Houndmills/Basingstoke 1984.
P42 Political Culture and Political Change in Communist States, hrsg. von A. BROWN, J. GRAY, Basingstoke/London 1977.
P43 Political Leadership in East Europe and the Soviet Union, hrsg. von R.B. FARRELL, Chicago 1970, 1978.
P44 Politische Kultur in Deutschland. Bilanz und Perspektiven der Forschung, hrsg. von D. BERG-SCHLOSSER, J. SCHISSLER (= Politische Vierteljahresschrift 28 (1987), Sonderheft 18, Opladen 1987[??].
P45 POLONSKY, A.: The Great Powers and the Polish Question 1941–1945: A Documentary Study in Cold War Origins, London 1976.
P45a POLONSKY, A., DRUKIER, B.: The Beginnings of the Communist Rule in Poland, London 1980.
P46 Polska Ludowa 1944–1950. Przemiany społeczne [Volkspolen 1944–1950. Soziale Veränderungen], hrsg. von F. RYSZKA, Wrocław u.a. 1974.
P47 Polski ruch oporu 1939–1945 [Die polnische Widerstandsbewegung 1939–1945], hrsg. von P. KOBUSZEWSKI u.a., Warszawa 1988.
P48 POLTAWZEW, W.A.: Haus der offenen Tür am Kupfergraben, in: ... einer neuen Zeit Beginn, S. 368–375.
P49 Pomoc i współpraca. Polsko-radzieckie stosunki gospodarcze w latach 1944–1945 [Hilfe und Zusammenarbeit. Polnisch-sowjetische wirtschaftliche Beziehungen in den Jahren 1944–1945], Warszawa 1976.
P50 POMYKAŁO, W.: Kształtowanie się ideału wychowawczego w PRL w latach 1944–1976 [Die Gestaltung des Erziehungsideals in der Volksrepublik Polen in den Jahren 1944–1976], Warszawa 1977.
P51 POP, I.I.: Problema slovackogo nacional'nogo vosstanija v čechoslovacko-sovetskich otnošenijach [Das Problem des Slowakischen Nationalaufstands in den tschechoslowakisch-sowjetischen Beziehungen], in: Sovetskoe Slavjanovedenie 1981, 3, S. 29–37.
P52 POPOV, J.: Narodni front u Vojvodini 1944–1953 [Die Volksfront in der Wojwodina 1944–1953], Novi Sad 1986.
P53 PORALLA, C.: Die Wirtschaft zwischen den beiden Kriegen, in: Osteuropa-Handbuch, Bd. 2, S. 69–97.
P54 POTICHNYI, P.J., SHAPIRO, J.P.: From the Cold War to Detente, New York 1976.
P55 PREČAN, V.: Záznam z konference (aktivu) funkcionářů KSS 8.4.1945 v Košicích [Notizen zu der Konferenz der Funktionäre der KPS am 8.4.1945 in Kaschau], in: Československý Časopis Historický 14 (1966), S. 236–249.
P56 Pregled istorije Saveza komunista Jugoslavije [Überblick der Geschichte des Bundes der Kommunisten Jugoslawiens], Beograd 1985.
P57 Přehled československých dějin I – III (do roku 1848, do roku 1918, 1918–1945) [Überblick der tschechoslowakischen Geschichte – bis 1848, bis 1918, 1918–1945] (= Beilage zu Československý Časopis Historický 1954 und 1955).
P58 PREOBRAŽENSKIJ, E.A.: Die neue Ökonomik, Berlin 1971.
– PRINZ, F. → Die Tschechoslowakei
– PRINZ, F. → Schicksalsjahre der Tschechoslowakei
P59 Příspěvky k vývoji československého hospodářství v letech 1949–1955 [Beiträge zur Entwicklung der tschechoslowakischen Wirtschaft in den Jahren 1949–1955]. Učební texty vysokých škol, Praha 1969.
P60 Probleme der Modernisierung in Deutschland. Sozialhistorische Studien zum 19. und 20. Jh., hrsg. von H. KAELBLE u.a., Opladen 1979.
P61 PROKŠ, P.: Československo a lidově demokratické státy 1945–1948 [Die Tschechoslowakei und die volksdemokratischen Staaten 1945–1948], o.O. 1990.
P62 Protokoly sjezdů KSČ [Protokolle der Kongresse der KPČ], Bd. 1, Praha 1954.
P63 PRŮCHA, V.: Die wirtschaftliche Entwicklung der Tschechoslowakischen Sozialistischen Republik, in: Studien zur Wirtschaftsgeschichte sozialistischer Länder 1975, H. 3.
P64 PRYOR, F.: The Communist Foreign Trade System, London 1963.

P65 Przygoński, A.: Z zagadnień strategii frontu narodowego PPR (1942–1945) [Zu Fragen der von der PPR verfolgten Strategie der Volksfront in den Jahren 1942–1945], Warszawa 1976.
P66 Pustejovsky, O.: Der Februar 1948 in der Tschechoslowakei. Probleme, Arbeitsberichte, Literatur, in: Bohemia 10 (1969), S. 324–404.
P67 Pustejovsky, O.: Parlamentarische Demokratie und die Politik der kommunistischen Partei der Tschechoslowakei in den Jahren zwischen 1945 und 1948, in: Bohemia 3 (1962), S. 468–497.
P68 Putnam, R.D.: The Comparative Study of Elites, New Jersey 1976.
Q1 Quellen zur Entstehung der Oder-Neisse-Linie in den diplomatischen Verhandlungen während des Zweiten Weltkrieges., hrsg. von G. Rhode, W. Wagner, Stuttgart 1956.
R1 Ra'anan, G.D.: International Policy Formation in the USSR. Factional „Debates" during the Zhdanovshchina, Hamdon (Conn). 1983.
R2 Rachwald, A.R.: Foreign Policy of Poland, 1939–1974, Ann Arbor, Mich. 1978 (= Phil. Diss. Santa Barbara, Calif. 1975).
R3 Radice, E.A.: The Collapse of German Hegemony and its Economic Consequences, in: The Economic History, vol. 2, S. 510–513.
R4 Rady narodowe w latach 1944–1950 [Die Volksräte in den Jahren 1944–1950], Warszawa 1969.
– Ránki, G. → Berend, I.T.
R5 Rauch, G.v.: Geschichte der Sowjetunion, Stuttgart 1969.
R6 Raue, G.: Geschichte des Journalismus in der DDR (1945–1961), Leipzig 1986.
R7 Reale, Eugenio: Avec Jaques Duclos au banc des accussés à la reunion constitutive du Kominform à Szklarska Poręba (22–27 Septembre 1947), Paris 1958.
R8 Rees, D.: The Age of Containment. The Cold War 1945–1965, London 1971.
R9 Reiman, M.: Die ‚Sowjetisierung' Mittel- und Südosteuropas, in: Kursbuch 81 (September 1985), S. 137–151.
R10 Reiman, P.: Ve dvacátých letech. Vzpomínky [In den zwanziger Jahren. Erinnerungen], Praha 1966.
R11 Reinhardt, R.: Zeitungen und Zeiten. Journalist im Berlin der Nachkriegszeit, Köln 1988.
R12 Reuter, E.: Ein Leben für die Freiheit. Eine politische Biographie, München 1965.
R13 Révész, L.: Die Liquidierung der Sozialdemokratie in Osteuropa, Bern 1971.
R14 Reynolds, J.: Communists, Socialists and Workers: Poland 1944–1948, in: Soviet Studies 30 (1978), S. 516–539.
– Rhode, G. → Quellen zur Entstehung
R15 Rhode, G.: Literaturbericht über polnische Geschichte, I: Veröffentlichungen 1945–1958, in: Historische Zeitschrift, Sonderheft 1, München 1962, S. 158–211.
R16 Rhode, G.: Polen als „Volksdemokratie", in: Osteuropa-Handbuch, Bd. 2, S. 223–267.
R17 Rice, C.: The Soviet Union and the Czechoslovak Army, 1948–1983, Princeton 1985.
R18 Richert, E.: Agitation und Propaganda. Das System der publizistischen Massenführung in der Sowjetzone, Berlin, Frankfurt/Main 1958 (= Schriften des Instituts für politische Wissenschaft, 10).
R19 Richert, E.: Das zweite Deutschland. Ein Staat, der nicht sein darf, Gütersloh 1964.
R20 Richert, E.: Macht ohne Mandat. Der Staatsapparat in der Sowjetischen Besatzungszone Deutschlands, Köln/Opladen 19632.
R21 Righby, T.H.: Staffing USSR Incorporated: The Origins of the Nomenklatura System, in: Soviet Studies 40 (1988), S. 523–537.
R22 Rihtman, Z.: KPH u procesima pretvaranja privatnih kapitalističkih potencijala u društvene [Die kommunistische Partei Kroatiens bei der Umwandlung des privatkapitalistischen Potentials in ein gesellschaftliches], in: Četiri decenija SKH [Vier Jahrzehnte SKH], S. 285–296.
R23 Ripka, H.: Czechoslovakia Enslaved: The Story of the Communist Coup d'Etat, London 1950.
R24 Ripka, H.: Eastern Europe in the Post-War World, London 1961.
R25 Robakowski, K.: Społeczno-polityczne problemy rozwoju spółdzielczości produkcyjnej w Polsce w latach 1944–1956 [Gesellschaftspolitische Probleme bei der Entwicklung der Produktionsgenossenschaften in Polen in den Jahren 1944–1956], Poznań 1986.
R26 Robel, G.: Osteuropa unter der Herrschaft Stalins, in: Europa nach dem Zweiten Weltkrieg, S. 225–291.
– Robel, H. → Wilhelm Külz

R27 Rocznik polityczny gospodarczy [Politisches und wirtschaftliches Jahrbuch] 1948, Warszawa 1948.

R28 RODNIK, D., RODNIK, E.: Fünf Kategorien von tschechischen Kommunisten, in: Ostprobleme 2 (1950), S. 804–808.

R29 RO'I, Y.: Soviet Decision Making in Practice. The USSR and Israel 1947–1954, New Brunswick (N.J.) 1980.

R30 ROLLOFF, E.A.: Exkommunisten. Abtrünnige des Weltkommunismus. Ihr Leben und ihr Bruch mit der Partei in Selbstdarstellungen, Mainz 1969.

R31 ROOS, H.: Geschichte der Polnischen Nation 1918–1985: Von der Staatsgründung im Ersten Weltkrieg bis zur Gegenwart, Stuttgart 1986.

R32 ROOS, H.: Polen in der Besatzungszeit, in: Osteuropa-Handbuch, Bd. 2, S. 167–193.

R33 ROOS, H.: Polen zwischen den Weltkriegen, in: Osteuropa-Handbuch, Bd. 2, S. 18–68.

– ROSEFIELDE, S. → World Communism

R34 ROSS-JOHNSON, A.: The Transformation of Communist Ideology: The Yugoslov Case 1945–1953, Cambridge (Mass.)1972.

R35 ROSS-JOHNSON, A. u.a.: Die Streitkräfte des Warschauer Pakts in Mitteleuropa: DDR, Polen und ČSSR, Stuttgart 1982.

R36 ROTHSCHILD, J.: East Central Europe between the Two World Wars, Seattle/London 1974.

R37 ROTHSCHILD, J.: Return to Diversity: A Political History of East Central Europe since World War II, o.O. 1990.

R38 ROUCEK, J.S., LOTTICH, K.V.: Behind the Iron Curtain. The Soviet Satellite States. East Europe Nationalism and Education, Caldwell (Idaho) 1964.

R39 RUBINŠTEJN, N.L.: Russkaja istoriografija [Russische Historiographie], 1941.

R40 RUDOLPH, V.: The Agencies of Control: Their Organization and Policies, in: Soviet Economic Policy in Postwar Germany, S.18–36.

R41 RUDOLPH, V.: The Execution of Policy, 1945–1947, in: Soviet Economic Policy in Postwar Germany, S. 36–61.

R42 RŮŽIČKA, K.: ROH v boji o rozšíření moci dělnické třídy 1945–1948 [Die Revolutionäre Gewerkschaftsbewegung im Kampf um die Erweiterung der Macht der Arbeiterklasse 1945–1948], Praha 1963.

R43 RYBECKÝ, V.: Bratrství a tradice armád Varšavské smlouvy [Bruderschaft und Tradition in den Armeen des Warschauer Pakts], Praha 1983.

R44 RYBICKI, M.: Front jedności narodu. Założenia, struktura organizacyjna, kierunki działania [Die Nationale Einheitsfront. Gründung, Organisationsstruktur, Art der Tätigkeit], Warszawa 1978.

– RYSZKA, F. → Die politische Kultur Polens

– RYSZKA, F. → Polska ludowa

S1 SÁGVÁRI, A.: Popular Organs in Hungary 1944–1945, in: Nouvelles études historiques 2, Budapest 1965, S. 293–318.

S2 SANFORD, G.W.: From Hitler to Ulbricht. The Communist Reconstruction of East Germany 1945–46, Princeton 1983.

S2a Sbirka zákonu a nařízení respubliky Československé [Sammlung der Gesetze und Verordnungen der Tschechoslowakischen Republik], Praha 1948–49.

S3 SBZ-Handbuch, hrsg. von M. BROSZAT, H. WEBER, T. 1, München 1990.

S4 Schicksalsjahre der Tschechoslowakei 1945–1948, hrsg. von N. LOBKOWICZ, F. PRINZ, München/Wien 1981.

– SCHISSLER, J. → Politische Kultur

S5 SCHLARP, K.-H.: Wirtschaft und Besatzung in Serbien 1941–1945. Ein Beitrag zur nationalsozialistischen Wirtschaftspolitik in Südosteuropa, Stuttgart 1986.

S6 SCHLESINGER, A.: Origins of the Cold War, in: Foreign Affairs 46 (1967/68), S. 22–52.

S7 SCHMID, K.: Die slowakische Republik 1939–1945. Eine staats- und völkerrechtliche Betrachtung, 2 Bde., Berlin 1982 (= Völkerrecht und Politik, Bd. 12)

S8 SCHMIDT, A.: KAFF auch Mare Crisium, Karlsruhe 1960.

S9 SCHMIDT, H.: Intendant des demokratischen Rundfunks in Westberlin 1947 bis 1949, in: Beiträge zur Geschichte des Rundfunks 9 (1975), 2, S. 3–20.

S10 Schmidt, P.: Zur Rolle der Währungsreformen im revolutionären Umgestaltungsprozeß in den volksdemokratischen Ländern Europas, in: Jahrbuch für Geschichte 30 (1984), S. 352–371.
S11 Schmidt-Hartmann, E.: Forty Years of Historiography under Socialism. Continuity and Change in Patterns of Thought, in: Bohemia 29 (1988), S. 300–324.
S12 Schmidt-Hartmann, E.: People's Democracy: the Emergence of a Czech Political Concept in the late Nineteenth Century, in: Kirschbaum, S.J.: East European History, S. 125–141.
S13 Schmidt-Hartmann, E.: T.G. Masaryk und die Volksdemokratie, in: Bohemia 23 (1982), S. 370–387.
S14 Schmidt-Hartmann, E.: Zur Diskussion über die Memoiren von Václav Černý, in: Bohemia 27 (1986), S. 374–393.
S15 Schmied, E.: Einzelne Rechtsgebiete, in: Tschechoslowakei, Länderbericht, S. 109–152.
S16 Schöpflin, G.: Domestic Politics, in: Ungarn, hrsg. von K.D. Grothusen, S. 67–82.
S17 Schoepflin, G.: The Soviet Union and Eastern Europe, New York 1986.
S18 Scholz, A.: Ein Jahr Telegraf, Berlin 1947.
S19 Schomburg, G.: Der Aufbau des Sozialismus in den europäischen Ländern der Volksdemokratie, Berlin 1954.
S20 Schröder, H.-J.: Zur Genesis des Kalten Krieges, in: Neue politische Literatur 21 (1976), S. 488–506.
S21 Schueller, Th.: The Politburo, in: World Revolutionary Elites, S. 96–178.
S22 Schwarz, H.-P.: Vom Reich zur Bundesrepublik. Deutschland im Widerstreit der außenpolitischen Konzeptionen in den Jahren der Besatzungsherrschaft 1945–1949, 2. Aufl. Stuttgart 1980.
S23 Scoppola, P.: La proposta politica di De Gaspari, Bologna 1977.
S24 Seabury, P.: The Rise and Decline of the Cold War, New York 1967.
S25 Searing, D.D.: The Comparative Study of Elite Socialisation, in: Comparative Political Studies 1/1969, S. 471–500.
S26 Sednice CK SKJ i Politburoa 1948–1952 (= Izvori za istoriju SKJ) [Sitzungen des ZK der SKJ und des Politbüros 1948–1952 (= Quellen zur Geschichte der SKJ], hrsg. von B.Petranović, Beograd 1982.
S27 Sednice prezidijuma narodne skupštine FNRJ (Prvog i drugog saziva, 4.2.1946–9.1.1953) [Die Sitzungen des Präsidiums der Volksversammlung der FNJR (Erste und zweite Sitzungsperiode, 4.2.1946–9.1.1953)], Beograd o.J.
S28 Seeber, E.: Die Mächte der Antihitlerkoalition und die Auseinandersetzung um Polen und die ČSR 1941–1945, Berlin (Ost) 1984 (= Quellen und Studien zur Geschichte Osteuropas. NF 27)
– Seibt, F. → Die böhmischen Länder zwischen Ost und West
S29 Semjonow, W.: Bewegte Jahre sowjetischer Diplomatie (Auszug aus einem Erinnerungsaufsatz von S. Semjonow), in: Horizont 20 (1987), 12, S. 28–34.
S30 Šepić, D.: Vlada Ivana Šubašića [Die Regierung von Ivan Šubašić], Zagreb 1983.
S31 September 1939. Krieg, Besatzung, Widerstand in Polen, hrsg. von C. Klessmann, Göttingen 1989.
S32 Seydewitz, M.: Es hat sich gelohnt zu leben. Lebenserinnerungen, Berlin (Ost) 1980.
S33 Sharp, S.L.: New Constitutions in the Soviet Sphere, Washington 1950.
S34 Shawcross, W.: Dubček. Der Mann, der die Freiheit wollte, Zürich 1970.
S35 Shoup, P.S.: The East European and Soviet Data Handbook. Political, Social and Developmental Indicators, 1945–1975, New York 1981.
S36 Shoup, P.S.: The Yugoslav Revolution – The First of a New Type, in: The Anatomy of Communist Takeovers, S. 244–272.
S37 Shukow, G.K.: Erinnerungen und Gedanken, Berlin (Ost) 19878.
S38 Šik, O.: Das kommunistische Machtsystem, Hamburg 1976.
S39 Šik, O.: Humane Wirtschaftsdemokratie – ein dritter Weg, Hamburg 1979.
S40 Šik, O.: Prager Frühlingserwachen. Erinnerungen, Herford 1988.
S41 Širotković, H.: KPH u procesima formiranja i usavrščivanja narodne vlasti [Die kommunistische Partei Kroatiens während der Formierung und Festigung der Volksherrschaft], in: Četiri decenija SKH [Vier Jahrzehnte SKH], S. 163–172.
S42 Skilling, H.G.: Czechoslovak Political Culture: Pluralism in an International Context, in: Political Culture, S. 115–134.

S43 Skilling, H.G.: Gottwald and the Bolshevization of the Communist Party of Czechoslovakia, in: Slavic Review 20 (1961), S. 641–655.

S44 Skilling, H.G.: Leadership and Group Conflict in Czechoslovakia, in: Political Leadership, hrsg. von R.B. Farrell, S. 276–293.

S45 Skilling, H.G.: The Break-up of the Czechoslovak Coalition 1947–1948, in: The Canadian Journal of Economics and Political Sciences 26 (1960), 3, S. 369–412.

S46 Skrzypek, S.: Soviet Price Discrimination against the Satellites, in: Slavic and East European Studies 7 (1962), S. 81–92.

S47 Skupštinski izbori u Jugoslaviji 1942–1982 [Parlamentswahlen in Jugoslawien 1942–1982], Beograd 1983.

S48 Škurlo, I.: Československá konferencia KSS v Žiline a co jej predchádzalo [Die tschechoslowakische Konferenz der KPS in Sillein und was ihr vorausging], in: Historický Časopis 19 (1971), S. 145–175.

S49 Slabek, H.: Dzieje polskiej reformy rolnej [Gechichte der polnischen Landreform], Warszawa 1972.

S50 Sláma, J., Kaplan, K.: Die Parlamentswahlen in der Tschechoslowakei 1935–1946–1948. Eine statistische Analyse, München 1986 (= Veröffentlichungen des Collegium Carolinum. 53).

S51 Sláma, J.: Das Wahlverhalten der Neusiedler in der Parlamentswahl von 1946 in Böhmen, in: Bohemia 28 (1987), S. 377–382.

S52 Sláma, J.: Die sozio-ökonomische Umgestaltung der Nachkriegstschechoslowakei. Zur Politik des kommunistischen Machtmonopols, Wiesbaden 1977 (= Veröffentlichungen des Osteuropa-Instituts München, Reihe Geschichte, 46).

S53 Slapnicka, H.: Die sozialistische Kollektivperson. Funktion und Struktur der juristischen Person in den europäischen Volksdemokratien, Wien/Köln 1969 (= Veröffentlichungen des österreichischen Ost- und Südosteuropa-Institutes, Bd. 7).

S54 Slapnicka, H.: Die Tschechoslowakei 1945–1965, in: Handbuch der Geschichte der böhmischen Länder, Bd. 4, S. 301–348.

S55 Slapnicka, H.: Verfassungsprobleme der Tschechoslowakei im Jahre 1945, in: Das Jahr 1945, S. 259–285.

S56 Slavkovská, G.: ROH na Slovensku [Die revolutionäre Gewerkschaftsbewegung in der Slowakei], Bratislava 1990.

S57 Slavovská, E.: Slovenský národný front – specifická súčast' politického systemu v piat'desiatych rokoch [Die Slowakische Volksfront – der spezifische Teil des politischen Systems in den fünfziger Jahren], in: Historický Časopis 31 (1983), S. 204–230.

S58 Slovenské národné povstanie. Dokumenty. [Der Slowakische Nationalaufstand. Dokumente], hrsg. von V. Prečan, Bratislava 1965.

S59 SMAD schult Parteinachwuchs, in: Neue Zeitung, 24.10.1947.

S60 Smith, J.E.: Germany Beyond the Wall. People, Politics ... and Prosperity, Boston/Toronto 1969.

S61 Smith, W.B.: Meine drei Jahre in Moskau, Hamburg 1950.

S62 [entfällt]

S63 Sokolow, M.P.: Bücher aus Leipzig, in: ... einer neuen Zeit Beginn, S. 465–475.

S64 Sokolow, M.P.: Herzlichen Glückwunsch, liebe Freunde, in: Neue Deutsche Presse 1979, 9, S. 15.

S65 Sokolow, M.P.: Verlag der Freundschaft, in: Neue Deutsche Presse 1969, 9, S. 22.

S66 Somlyai, M.: Erneuerung nach dem Zweiten Weltkrieg. Ungarn 1944–1945, in: Etudes historiques Hongroises 1985, 2, S. 329–352.

S67 Součková, M.: A Literature in Crisis/Czech Literature 1938–1950, New York 1954.

S68 Soviet Economic Policy in Postwar Germany. A Collection of Papers by Former Soviet Officials, hrsg. von R. Slusser, New York 1953.

S69 Soviet Society and the Communist Party, hrsg. von K.W. Ryavec, Amherst 1978.

S70 Sowjetsystem und Ostrecht. Festschrift für B. Meissner zum 70. Geburtstag, Berlin 1985.

S71 Sozialismus und Industrialisierung, hrsg. von P. Gey u.a., Frankfurt/Main 1985.

S72 Spehnjak, K.: Organizaciono-politički aspekti djelovanja narodnog Fronta u Slavoniji 1945–1951 [Organisationspolitische Aspekte der Tätigkeit der Volksfront in Slawonien 1945–1951], in: Časopis za suvremenu povijest 20 (1988), S. 183–193.

S73 Špičák, M., Lipták, J.: Vojenská politika KSČ v období urychlené výstavby armády socialistického typu (1948–1954) [Die Militärpolitik der KPTsch in der Zeit des beschleunigten Aufbaus einer Armee sozialistischen Typs], in: Československý Časopis Historický 23 (1975), 5, S. 641–663.
S74 Špičák, M.: V armádě po únoru [In der Armee nach dem Februar], Praha 1968.
S75 Špirk, L.: Agricultural Co-Operatives, in: The Czechoslovak Co-Operative Achievement, S. 85–157.
S76 Sprawozdanie z posiedzenia rady gospodarczej KC PPR obradującej w dniach 21. i 22. lipca 1946 r. w Warszawie [Bericht des Wirtschaftsrates des ZK der PPR, erarbeitet am 21. und 22. Juli 1946 in Warschau], in: Z pola walki 24 (1981), 3/4, S. 257–286.
S77 Staar, R.F.: Poland 1944–1962: The Sovietization of a Captive People, Baton Rouge, La. 1962.
S78 Staar, R.F.: The Central Committee of the United Polish Workers Party (PZPR), in: Journal of Central European Afairs 16 (1957), S. 371–383.
S79 Staatliche Steuerung und Eigendynamik im Bildungs- und Erziehungswesen osteuropäischer Staaten und der DDR, hrsg. von O. Anweiler, Berlin 1986 (= Osteuropaforschung, Bd. 21).
S80 Stanovský, V.: Několik poznámek k výstavě sovětských malířů [Einige Bemerkungen zur Ausstellung sowjetischer Maler], in: Tvorba No. 21 vom 21.5.1947, S. 387.
S81 Staritz, D.: Die Gründung der DDR. Von der sowjetischen Besatzungsherrschaft zum sozialistischen Staat, München 1984 (= Deutsche Geschichte der neuesten Zeit vom 19.Jh. bis zur Gegenwart).
S82 Starobin, H.: Czechoslovakia: 1918–1986. A Case Study in Socialist Economic and Political Development, Ann Arbor, Mich. 1978 (= Phil. Diss. Washington, N.Y. 1969).
S83 Starobin, J.R.: American Communism in Crisis, 1943–1957, Cambridge (Mass.) 1972.
S84 Starobin, J.R.: Origins of the Cold War. The Communist Dimension, in: Foreign Affairs 47 (1968/69), S. 681–696.
S85 Stein, B.N.: The Boundaries of Eastern Europe with Emphasis on the Oder-Neisse Boundary, Ann Arbor, Mich. 1978 (= Phil. Diss. Washington, N.Y. 1969).
S86 Stephan, R.: SMERSH: Soviet Counter-Intelligence during the Second World War, in: Journal of Contemporary History 22 (1987), S. 585–613.
S87 Stern, C.: Porträt einer bolschewistischen Partei. Entwicklung, Funktion und Situation der SED, Köln 1957.
S88 Stipetić, V.: Agrarna reforma i kolonizacija u FNRJ 1945–1948 [Die Agrarreform und Kolonisation in der FNRJ 1945–1948], Zagreb 1954.
S89 Stökl, G.: Zur Ždanov-Ära in der sowjetischen Geschichtswissenschaft. Die Rubinštejn-Diskussion, in: Sowjetsystem und Ostrecht, S. 197–210.
S90 Štoll, L.: Skutečnosti tváří v tvář [Der Realität ins Auge schauen], in: Štoll, L.: Umění, S. 71–104.
S91 Štoll, L.: Svoboda v pravdě [Freiheit in Wahrheit], in: Tvorba No. 19 vom 7.5.1947, S. 333–335.
S92 Štoll, L.: Třicet let bojů za českou socialistickou poesii [Dreißig Jahre Kampf um eine tschechische sozialistische Lyrik], Praha 1950.
S93 Štoll, L.: Umění a ideologický boj [Kunst und ideologischer Kampf], Bd. 1, Praha 1972.
S94 Štoll, L.: Východ a Západ [Ost und West], in: Rudé Právo [Rotes Recht], No. 88 vom 21.8.1945.
S95 Stover, R.: Responsibility for the Cold War. A Case Study in Historical Responsibility, in: History and Theory 11 (1972), S. 145–178.
– Stoy, M. → Leitsch, W.
S96 Stránský, J.: East Wind over Prague, London 1950.
S97 Strategie und Taktik des Weltkommunismus, hrsg. von F. Kabisch, München 1951.
S98 Strmiska, Z.: Stagnation und Veränderung in den Gesellschaften sowjetischen Typs. Projekt eines theoretischen Rahmens für eine Analyse, Köln 1989 (= Krisen in den Systemen sowjetischen Typs, geleitet von Z. Mlynář. Nr. 15–16).
S99 Strobel, G.W.: Die sozialistische Kulturrevolution in Polen. Verlauf, Methoden und Probleme, in: Jahrbücher für Geschichte Osteuropas 9 (1961), S. 73–105.
S100 Strobel, G.W.: Die Verstädterung der Sowjetunion, in: Osteuropa 5 (1955), S. 358–375.
S101 Strobel, G.W.: Räte und gesellschaftlicher Wandel in Osteuropa. Beispiel: Polen und Tschechoslowakei. Forschungsbericht, in: Zeitschrift für Ostforschung 23 (1974), S. 262–295.

S102 Stronnictwo demokratyczne w Polsce Ludowej [Die Demokratische Partei in Volkspolen], Bd. 1: Wybór dokumentów z lat 1944–1949 [Sammlung von Dokumenten aus den Jahren 1944–1949], Warszawa 1968. Bd. 3: Udział stronnictwa w pracach parlamentu PRL w latach 1944–1968 [Die Mitwirkung der Partei an der Parlamentsarbeit in der Volksrepublik Polen in den Jahren 1944–1968], hrsg. von W. Boczek, Warszawa 1969.

S103 Stručný hospodářský vývoj Československa do roku 1955 [Kurzer Abriß der Wirtschaftsentwicklung der Tschechoslowakei bis zum Jahre 1955], hrsg. von einem Autorenkollektiv der Hochschule für Ökonomie in Prag und Bratislava, Praha 1969.

S104 Suda, Z.: Zealots and Rebels. A History of the Ruling Communist Party of Czechoslovakia, Stanford 1980.

S105 Sundhaussen, H.: Die Vorbereitung der sozialistischen Wirtschafts- und Gesellschaftsordnung in Ungarn 1945–1948, in: Jahrbücher für Geschichte Osteuropas 28 (1980), S. 547–589.

S106 Surowiec, J.: Spór o koncepcje ustroju państwowego Polski w okresie krajowej Rady Narodowej (1944–1946) [Die Auseinandersetzung um die Konzeption der staatlichen Verfassung Polens in der Zeit des Landesnationalrates 1944–1946], Wrocław 1982.

S107 Svejda, G.I.: The Political and Diplomatic Preparations for the Communist Conquest of Czechoslovakia in February of 1948, Georgetown University 1959.

S108 Sviták, I.: Velký skluz. Jan Masaryk v kritické dekádě československých dějin 1938–1948 [Die große Rutschbahn. J. Masaryk in der kritischen Dekade der tschechoslowakischen Geschichte 1938–1948], München 1948.

S109 Svoboda, L.: Z Buzuluku do Prahy [Von Buzuluk nach Prag], Praha 1974.

S110 Swart, F.: Diesseits und jenseits der Grenze. Das deutsche Genossenschaftswesen im Posener Land und das deutsch-polnische Verhältnis bis zum Ende des Zweiten Weltkrieges, Leer 1954.

S111 Swart, I.: Das polnische Genossenschaftswesen im polnischen Staat, Leipzig 1938 (= Deutschland und der Osten, Bd. 11).

S112 Świdzińska, N.: Polska 1944–1971. Fakty i liczby [Polen 1944–1971. Fakten und Daten], Warszawa 1972.

S113 Systematyczny przegłąd ustawodawstwa Polski odrodzonej [Systematische Übersicht der Gesetzgebung des wiedererstandenen Polen], Kraków 1946.

S114 Syzdek, B.: Polska Partia Socjalistyczna w latach 1944–1948 [Die Polnische Sozialistische Partei in den Jahren 1944–1948], Warszawa 1974.

S115 Szabó, B.: Népi demokrácia és forradalomelmélet. A marxista forradalomelmélet fejlödésének néhány kérdése Magyarországon, 1935–1949 [Volksdemokratie und Revolutionstheorie. Die marxistische Revolutionstheorie und einige Fragen zu ihrer Entwicklung in Ungarn, 1935–1949], Budapest 1970.

S116 Szarota, T.: Upowszechnienie kultury [Verbreitung von Kultur], in: Polska Ludowa 1944–1950 [Volkspolen 1944–1950], S. 408–470.

S117 Szerer, B.: Polska Partia Robotnicza na Dolnym Śląsku w świetle sprawozdań i uchwał Komitetu Wojewódzkiego PPR we Wrocławiu (1945 -1947) [Die Polnische Arbeiterpartei in Niederschlesien im Lichte der Berichte und Beschlüsse des Wojewodschaftskomitees in Breslau (1945–1947)], in: Sobótka 17 (1963), 2, S. 67–99.

S118 Szwengrub, L.-M.: Zagadnienie polskiej świadomości narodowej u Warmiaków i Mazurów. Rozprawa doktorska [Zum Problem des Nationalbewußtseins bei den Ermländern und Masuren. Doktor-Dissertation], Warszawa 1963.

T1 Táborský, E.: Communism in Czechoslovakia 1948–1960, Princeton, N.J. 1961.

T2 Táborský, E.: President Edvard Beneš between East and West, Stanford (Cal.) 1981.

– Takayuki, I. → Facing up to the Past

– Talbott, S. → Chruschtschow erinnert sich

T3 Tampke, J.: The People's Republics of Eastern Europe, New York 1983.

T4 Taufer, J.: K případu leningradských literárních časopisů [Zum Fall der Leningrader Literaturzeitschriften], in: Tvorba No. 36 vom 4.9.1946, S. 572–573.

T5 Taufer, J.: Nezvaní advokáti spisovatelů [Ungebetene Anwälte von Schriftstellern], in: Tvorba No. 37 vom 11.9.1946, S. 582–583.

T6 Teich, G.: Der Rat für gegenseitige Wirtschaftshilfe 1949–1963. 15 Jahre wirtschaftliche Integration im Ostblock. Bibliographie, Kiel 1966 (= Kieler Schrifttumskunden zu Wirtschaft und Gesellschaft, Bd. 14).

T7 Teichová, A.: A Czechoslovak Economy 1918–1980, London/New York 1988.

T8 Terej, J.J.: Na rozstajach dróg. Ze studiów nad obliczem i modelem Armii Krajowej [Am Scheideweg. Studien zu Charakter und Gestalt der Heimatarmee], Wrocław 1978.

T9 Terenowe organy władzy i administracji państwowej w Polsce Ludowej 1944–1976 [Die regionalen Regierungsorgane und die staatliche Verwaltung in Volkspolen 1944–1976], Wrocław 1976 (= Materiały historyczne do dziejów miasta Ziebic i regionu, Bd. 6).

– Thalheim, K.C. → Die DDR – Partner oder Satellit

T10 The American Bibliography of Slavic and East European Studies (in language, literature, folklore and pedagogy). (1961ff.:) The American Bibliography of Russian and East European Studies. Zus.gest. von Zb. Folejewski, hrsg. von J.T. Shaw, Bloomington 1957ff.

T11 The Anatomy of Communist Takeovers, hrsg. von Th.T. Hammond, London, New Haven 1975.

T12 The Beginning of Communist Rule in Poland, hrsg. von A. Polonsky, B. Drukier, London 1980.

T13 The Conduct of Soviet Foreign Policy, hrsg. von F.C. Barghoorn, E.P. Hoffman, Chicago/New York 1971.

T14 The Courtain Falls. The Story of the Socialists in Eastern Europe, hrsg. von D. Healey, London 1951.

T15 The Czechoslovak Co-Operative Achievement, Prague 1965.

T16 The Economic History of Eastern Europe 1919–1975, 3 Bde., hrsg. von M.C. Kaser, E.A. Radice, Oxford 1985/86.

T17 The Foreign Affairs 50-Year Bibliography. New Evaluations of Significant Books on International Relations. 1920–1970, hrsg. von B. Dexter u.a. New York/London 1972.

T18 The Origins of Cold War, 1941–1947. A Historical Problem with Interpretations and Documents, hrsg. von W. Lafeber, New York 1971.

T19 The Origins of the Cold War and Contemporary Europe, New York 1978.

T20 The Polish Underground State. A Guide to the Underground 1939–1945, hrsg. von St. Korbonski, New York 1978.

T21 The Sources of Soviet Conduct, in: Foreign Affairs 25 (1947), S. 566–582.

T22 The Sources of Soviet Foreign Policy, hrsg. von E.P. Hoffman, F.J. Fleron jr., Chicago/New York 1971.

T23 The Story of the Socialists in Eastern Europe, hrsg. von D. Healey, London 1951.

– Thesing, J. → Entwicklung und Subsidiarität

T24 Tichomirov, M.N., Dmitriev, S.S.: Istorija SSSR, t. 1: S drevnejšich vremen do 1861g. [Geschichte der UdSSR, Bd. 1: Von den ältesten Zeiten bis zum Jahr 1861], Moskva 1948.

T25 Tito – Churchill. Strogo tajno! [Tito – Churchill. Streng geheim!], hrsg. von D. Biber, Zagreb 1981.

T26 Tito contra Stalin. Der Streit der Diktatoren in ihrem Briefwechsel, Hamburg 1949.

T27 Tito, J.B.: Sabrana djela. T.22 [Gesammelte Werke. Bd. 22], Beograd 1979.

T28 Tjul'panov, S.I.: Aktuelle Probleme der Politischen Ökonomie des heutigen Kapitalismus, Berlin (Ost) 1975.

T29 Tjul'panov, S.I.: Demokratie und Vorwärtsbewegung zum Sozialismus. Eine Rede Oberst Tulpanows zur Jahrhundertfeier des Kommunistischen Maifests, in: Tägliche Rundschau, 2.3.1948.

T30 Tjul'panov, S.I.: Die Rolle der SMAD bei der Demokratisierung Deutschlands, in: Zeitschrift für Geschichtswissenschaft 15 (1967), S. 240–252.

T31 Tjul'panov, S.I.: Gedanken zum Vereinigungsparteitag der SED im Jahre 1946, in: Zeitschrift für Geschichtswissenschaft 18 (1970), S. 617–625.

T32 Tjul'panov, S.I.: Ich bin sicher, daß unsere Freundschaft fest sein wird. Erinnerungen an die Zeit nach der Befreiung. Episoden aus der Zusammenarbeit mit Otto Grotewohl, in: Sonntag, 16.3.1975.

T33 Tjul'panov, S.I.: Ich erinnere mich an Seydewitz, in: Beiträge zur Geschichte des Rundfunks 6 (1972), 4, S. 77.

T34 Tjul'panov, S.I.: Noch einmal über die historische Richtigstellung und die deutsche Öffentlichkeit, in: Tägliche Rundschau, 18.3.1948.
T35 Tjul'panov, S.I.: Politische Ökonomie und ihre Anwendung in den Entwicklungsländern, Berlin (Ost) 1972.
T36 Tjul'panov, S.I.: Sturm und Drang sind in meinem Herzen verankert. Professor Sergej Tulpanow 80, in: Sonntag, 4.10.1981.
T37 Tjul'panov, S.I.: Zeit des Neubeginns. Gespräch mit Sergej Tulpanow mit Achim Roscher, in: Neue Deutsche Literatur 27 (1979).
T38 Tjulpanov, S.I.: Zum 30. Jahrestag der Befreiung vom Hitlerfaschismus. Interview mit S.I. Tjul'panow und Fred Oelßner, in: Wirtschaftswissenschaften 23 (1975), S. 641–653.
T39 Tjulpanov, S.I.: Deutschland nach dem Kriege (1945–1949). Erinnerungen eines Offiziers der Sowjetarmee, hrsg. von S. Doernberg, Berlin (Ost) 1986.
T40 Tomasic, D.A.: The Rumanian Communist Leadership, in: Slavic Review 20 (1961), S. 477–494.
T41 Tomaszewski, J.: The Socialist Regimes of Eastern Europe. Their Establishment and Consolidation 1944–1967, 1989.
T42 Tomić, S.: Izbori u vrijeme revolucionarnog etatizma 1945–1953 [Wahlen in der Zeit des revolutionären Etatismus 1945–1953], in: Skupštinski izbori, S. 75–102.
T43 Tondl, K.: Obrazy národních umělců SSSR [Bilder von Nationalkünstlern der UdSSR], in: Naše doba 53 (1946–1947), S. 371–372.
T44 Tóth, I.: A Nemzeti Parasztpárt története 1944–1948 [Die Geschichte der Nationalen Bauernpartei 1944–1948], Budapest 1972.
T45 Tóth, I.: The Role of the National Peasant Party in the People's Democratic Revolution 1944–1948, in: Acta historica 19 (1973), S. 87–113.
T46 Treatment of the Jews under Communism. Special Report No. 2 of the Select Commitee on Communist Aggression. House of Representatives, 83rd Congress, 2nd Session, Washington 1954.
T47 Trepte, C.: Bretter, die uns die Welt bedeuteten, in: ... in einer neuen Zeit Beginn, S. 497–510.
T48 Triska, J.: Social Democracy in Interwar East-Central Europe, in: East European Quarterly 1 (1967), S. 231–248.
T49 Tschechoslowakei, Länderberichte Osteuropa, Bd. 3, München/Wien 1977.
T50 Tucker, R.C.: Culture, Political Culture and Communist Societies, in: Political Science Quarterly 88 (1973), S. 173–190.
T51 Tyc, T.: Pamiętnik [Erinnerungen], Poznań 1931.
U1 Účtování a výhledy. Sborník prvního sjezdu českých spisovatelů [Bilanz und Aussichten. Sammelband des ersten Kongresses tschechischer Schriftsteller], hrsg. von J. Kopecký, Praha 1948.
U2 Udalić, R.: Intervencija države i privatna inicijativa [Intervention des Staates und private Initiative], in: Archiv za Pravne i Društvene nauke 32 (1945), 1–2, S. 61–68.
U3 Ulam, A. B.: Titoism and the Cominform, Cambridge (Mass.) 1952.
U4 Ulam, A.B.: Expansion and Coexistence. The History of Soviet Foreign Policy, 1917–1967, London 1968.
U5 Ullmann, W.: President Benes between East and West, in: Kosmas. Journal of Czechoslovak and Central European Studies 5 (1986), 1, S. 25–33.
U6 Ullmann, W.: The United States in Prague. 1945–1958, Boulder 1978 (= East European Monographs, Bd. 36).
U7 Um ein antifaschistisch-demokratisches Deutschland. Dokumente aus den Jahren 1945–1949, hrsg. von den Ministerien für Auswärtige Angelegenheiten der DDR und der UdSSR, Berlin (Ost) 1968.
U8 Ungarn, hrsg. von K.D. Grothusen, Göttingen 1987 (= Südosteuropa-Handbuch, Bd. V).
U9 Únor 1948 očima vítězů i poražených o třicet let později [Der Februar 1948 mit den Augen der Sieger und Besiegten dreißig Jahre später gesehen], Köln 1979.
U10 Únor 1948 ve vzpomínkách pamětníků [Der Februar 1948 in Erinnerungen von Augenzeugen], zprac. V. Hola, B. Kalvinská, Praha 1974.
U11 Únor 1948. Sborník dokumentů [Der Februar 1948. Dokumentensammlung], Praha 1958.

U12 Ura, Cz.: Samorząd terytorialny w Polsce Ludowej 1944–1950 [Die territoriale Selbstverwaltung in Volkspolen 1944–1950], Warszawa 1972.

U13 Urban, R.: Die Entwicklung des tschechoslowakischen Schulwesens 1959–1970. Ein dokumentarischer Bericht (Osteuropa-Institut an der Freien Universität Berlin, Erziehungswissenschaftliche Veröffentlichungen, Bd. 7), Berlin 1972.

U14 Urban, R.: Die Organisation der Wissenschaft in der Tschechoslowakei, Marburg 1957 (= Wissenschaftliche Beiträge zur Geschichte und Landeskunde Ost-Mitteleuropas, Bd. 30).

U15 Urban, R.: Die Tschechoslowakei zwischen Ost und West. Entwicklung des Geisteslebens seit 1945, Wolfenbüttel 1962 (= Schriftenreihe der Niedersächsischen Landeszentrale für Politische Bildung. Ostprobleme, Heft 5).

U16 Urban, R.: Die Tschechoslowakei, in: Die Sowjetisierung Ost-Mitteleuropas, S. 177–251.

U17 Uschakow, A.: Der Rat für Gegenseitige Wirtschaftshilfe (COMECON), Köln 1962 (= Dokumente zum Ostrecht, Bd. 2).

V1 Václavů, A.: O novou linii zemědělské politiky [Für eine neue Linie der Agrarpolitik], in: Příspěvky k vývoji, S. 20–40.

V2 Vakar, N.P.: Belorussia. The Making of a Nation, Cambridge 1956.

V3 Valkenier, E.: Soviet Impact on Polish Post-War Historiography 1946–1950, in: Journal of Central European Affairs 11 (1951/52), S. 372–396.

V4 Varga, E.: Izmenenija v ėkonomike kapitalizma v itoge Vtoroj mirovoj vojny [Veränderungen in der Ökonomie des Kapitalismus als Ergebnis des Zweiten Weltkriegs], Moskva 1946.

V5 Važdar, A.: Narodni front na području Slavonije [Die Volksfront im Gebiet Slawoniens], S. 71–145.

V6 Velen, A.V.: Czech Stalinists Die Hard, in: Foreign Affairs 42 (1964), S. 320–328.

V7 Veljanovski, N.: 1941 – početak kontinuiranog razvoja narodnooslobodilačkih odbora u Makedoniji [Das Jahr 1941 – der Beginn der kontinuierlichen Entwicklung der Volksausschüsse in Mazedonien], in: Od narodnooslobodilačkih odbora do komune, S. 257–271.

V8 Vereint sind wir alles. Erinnerungen an die Gründung der SED, hrsg. von F. Rosner, I. Schiel u. a., Berlin (Ost) 1966.

V9 Verordnungsblatt für die Provinz Sachsen 1945 – August 1947 (Ab August 1947: Gesetzblatt des Landes Sachsen-Anhalt) und Zentralverwaltungsblatt, hrsg. namens aller Zentralverwaltungen von der Deutschen Justizverwaltung der sowjetischen Besatzungszone in Deutschland, Berlin 1947ff.

V10 Veselý, J.: Kronika únorových dnů 1948 [Chronik der Tage des Februaraufstandes 1948], Praha 1958.

V11 Veselý, J.: Prag Februar 1948, Berlin 1959.

V11a Větvička, M. u.a.: Dějiny družstevního hnutí [Geschichte der Genossenschaftsbewegung], Díl 3: Dějiny spotřebního družstevnictví u nás [Geschichte der Verbrauchergenossenschaften bei uns], č. 2: Historie a úloha bytového družstevnictví [Geschichte und Aufgabe der Wohnungsgenossenschaften], Praha 1961.

V12 Vida, I.: A Független Kisgazda párt politikája 1944–1947 [Die Politik der FKGP 1944–1947], Budapest 1977.

V13 Vida, I.: Direct Democracy and its Forms during the Period of the People's Democratic Revolution in Hungary (1944–1948), in: Etudes historiques hongroises 1985, Bd. 2, S. 615–646.

V14 Vodička, T.: Tažení proti katolickým spisovatelům [Der Feldzug gegen die katholischen Schriftsteller], in: Akord 13 (1946–1947), S. 177–185.

V15 Vojenská politika Akademie Klementa Gottwalda 1953–1968 [Die Militärpolitik der Klement-Gottwald-Akademie, 1953–1968], Praha 1968.

V16 Volkmann, H.: Modernisierung des Arbeitskampfes? Zum Formwandel von Streik und Aussperrung in Deutschland 1864–1975, in: Probleme der Modernisierung, S. 110–170.

V17 Vondrášek, V.: KSČ a mocenskopolitický zápas v předvečer února 1948 [Die KPTsch und der machtpolitische Kampf am Vorabend des Februar 1948], in: Československý Časopis Historický 31 (1983), S. 645–673.

V18 Vondrášek, V.: Politické poměry v Československu v prvních měsících po osvobození [Politische Richtungen in der Tschechoslowakei in den ersten Monaten nach der Befreiung], in: Československý Časopis Historický 33 (1985), S. 398–429.

V19 Voráček, E.: Únor 1948 a československo-sovětské vztahy [Der Februar 1948 und die tschechoslowakisch-sowjetischen Beziehungen], in: Slovanský přehled 69 (1983), S. 28–37.

V20 Vošáhlíková, P.: Československá sociální demokracie a Národní Fronta [Die tschechoslowakische Sozialdemokratie und die Nationale Front], Praha 1985.

V21 Vošáhlíková, P.: Ideový a politický vývoj československé sociální demokracie v době národní a demokratické revoluce (květen 1945-listopad 1947) [Die ideelle und politische Entwicklung der tschechoslowakischen Sozialdemokratie während der nationalen und demokratischen Revolution (Mai 1945-November 1947)], in: Československý Časopis Historický 29 (1981), S. 515–545.

V22 Voske, H.: Über die politisch-ideologische Hilfe der KPdSU, der Sowjetregierung und der SMAD für die deutsche Arbeiterklasse in den ersten Nachkriegsjahren (1945–1949), in: Beiträge zur Geschichte der Arbeiterbewegung 14 (1972), S. 725–739.

V23 Voslensky, M.S.: Nomenklatura. Die herrschende Klasse der Sowjetunion, Wien/München 1980.

V24 Voslensky, M.S.: Vier Generäle als Regenten Deutschlands. Vor vierzig Jahren löste sich mit dem Auszug der Sowjetdelegation der Alliierte Kontrollrat auf, in: Süddeutsche Zeitung 19./20.3.1988.

V25 Vsemirnaja istorija [Weltgeschichte], 10 Bde., Moskva 1956–65.

V26 Vučković, M.: Opšti pogled za zadrugarstvo kod nas [Allgemeiner Überblick über das Genossenschaftswesen bei uns], in: Arhiv za pravne i društvene nauke [Archiv für Rechts- und Gesellschaftswissenschaften] 32 (1945), 3–5, S. 177–187.

W1 W walce sojusz robotniczo-chłopski. Wybór dokumentów i materialów 1944–1949 [Der Kampf um das Bündnis der Arbeiter mit den Bauern. Dokumenten- und Materialienauswahl 1944–1949], hrsg. von W. Góra, Warszawa 1963.

W2 Wädekin, K.E.: Sozialistische Agrarpolitik in Osteuropa, Berlin 1974.

– Wagner, W. → Quellen zur Entstehung

W3 Wagner, W.: Die Teilung Europas, Stuttgart 1959.

W4 Walczymy do ziemi dla chłopów [Wir kämpfen um Land für die Bauern], in: Chłopska sprawa [Die Bauernfrage], No. 1 vom 1.5.1942.

W5 Warriner, D.: Revolution in Eastern Europe, London 1950.

– Weber, H. → Parteiensystem zwischen Demokratie und Volksdemokratie

– Weber, H. → SBZ-Handbuch

W6 Weber, H.: Die Sowjetische Militäradministration in Deutschland und das Parteiensystem in der SBZ/DDR, in: Deutschland-Archiv 15 (1982), S. 1064–1079.

W7 Weber, H.: Einleitung: Zum Transformationsprozeß des Parteiensystems in der SBZ/DDR, in: Parteiensystem zwischen Demokratie und Volksdemokratie, S. 11–50.

W8 Weber, H.: Geschichte der DDR, München 1985.

W9 Weber, H.: Kommunistische Internationale, Hannover 1966.

W10 Wege nach Gesamteuropa. Dokumentation der Beziehungen zwischen West- und Osteuropa 1943–1965, zsgest. von B. Bussmann, Köln 1966.

W11 Wehner, H.: Proletarischer Internationalismus und sozialistische Besatzungspolitik. Ein Beitrag zur antifaschistisch-demokratischen Entwicklung im ehemaligen Land Sachsen unter besonderer Berücksichtigung der sozialistischen Besatzungspolitik. Habilitationsschrift der Martin-Luther-Universität Halle-Wittenberg 1969.

– Weigelt, K. → Entwicklung und Subsidiarität

W12 Weiser, T.: Die tschechoslowakischen Arbeiterführer. Eine Kollektivbiographie der sozialdemokratischen und kommunistischen Führungskader 1918–1939, erscheint voraussichtlich 1991.

W13 Weiss, G.: Am Morgen nach dem Kriege. Erinnerungen eines sowjetischen Kulturoffiziers, Berlin (Ost) 1981.

W14 Weissleder, W.: Wesen und Funktion der Deutschen Wirtschaftskommission (DWK), Diss. Berlin (Ost) 1976.

W15 Welsh, W.: Communist Political Leadership: Conclusions and Overview, in: Beck, C. u.a.: Comparative Communist Leadership, S. 298–309.

W16 Welsh, W.: Introduction: The Comparative Study of Political Leadership in Communist Systems, in: Beck, C. u.a.: Comparative Communist Leadership, S. 1–42.

W17 Welsh, W.: Leaders and Elites, New York 1979.

W18 Wetter, G.A.: Der dialektische Materialismus. Seine Geschichte und sein System in der Sowjetunion, Wien 1952.
W19 White, S. u.a.: Communist Political Systems: An Introduction, London 1982.
W20 Wie kam es zur Bundesrepublik ?, hrsg. von A. Wucher, Freiburg 1968.
– Wightman, A. → Brown, A.
W21 Wightman, G., Brown, A.H.: Changes in the Levels of Membership and Social Composition of the Communist Party of Czechoslovakia, 1945–1973, in: Soviet Studies 27 (1975), S. 369–417.
W22 Wilhelm Külz. Ein Liberaler zwischen Ost und West. Aufzeichnungen 1947–1948, hrsg. von H. Robel, München 1989.
W23 Wilk, M.: Pomoc i wspólpraca. Polsko-radzieckie stosunki gospodarcze w latach 1944–1945 [Hilfe und Zusammenarbeit. Polnisch-sowjetische wirtschaftliche Beziehungen in den Jahren 1944–1945], Warszawa 1976.
W24 Wirtschaftsprobleme und Bildungsfragen in der polnischen Reformdiskussion, Marburg 1984 (= Wirtschafts- und sozialwissenschaftliche Ostmitteleuropastudien, Bd. 7).
W25 Wizja programowa Polski Ludowej. Dokumenty i materiały 1942–1948 [Die programmatische Vision von Volkspolen. Dokumente und Materialien 1942–1948], Warszawa 1979.
W26 Wizje gospodarki socjalystyczne w Polsce 1945–1949. Początki planowania [Visionen einer sozialistischen Wirtschaft in Polen 1945–1949. Anfänge der Planung]. Materiały źródłowe do druku przygot. i poprzedzila H. Jędruszczak, Warszawa 1983.
W27 Wojtas, A.: Stalinizacja [Stalinisierung], in: Odrodzenie [Die Wiedergeburt] No. 28 vom 15.7.1989.
W28 Woodhouse, C.M.: The Struggle for Greece, 1941–1949, London 1976.
W29 World Communism at the Crossroads, hrsg. von S. Rosefielde, Boston 1981.
W30 World Revolutionary Elites. Studies in Coercive Ideological Movements, hrsg. von H. Lasswell, D. Lerner, Cambridge (Mass.) 1953.
W31 Wspólne cele. Polityczne podstawy współdziałania międzypartyjnego w latach 1944–1978. Wybór dokumentów i materiałów [Gemeinsame Ziele. Die politischen Grundlagen der Zusammenarbeit der Parteien in den Jahren 1944–1978. Dokumenten- und Materialsammlung], hrsg. von J. Fajkowski u.a., Warszawa 1980.
Y1 Yanin, A.A.: The Czechoslovak and Soviet Historians' View of the Slovak National Uprising in 1944, in: Novaja i novejšaja istorija 1984, 5, S. 50–64.
Y2 Yergin, D.: Shattered Peace. The Origins of the Cold War and the National Security State, New York 1977.
Z1 Z archiwów polskich komunistów [Aus den Archiven polnischer Kommunisten], in: Zeszyty Historyczne, 26 (1973), S. 186–202.
Z2 Z historii z tamtych lat [Aus der Geschichte jener Jahre], Warszawa o.J.
Z3 Zank, W.: Wirtschaft und Arbeit in Ostdeutschland 1945–1949. Probleme des Wiederaufbaus in der Sowjetischen Besatzungszone Deutschlands, München 1987 (= Studien zur Zeitgeschichte, hrsg. vom Institut für Zeitgeschichte, Bd. 31).
Z4 Żarnowski, J.: Polska Partia Socjalistyczna w latach 1935–1939 [Die Polnische Sozialistische Partei in den Jahren 1935–1939], Warszawa 1965.
Z5 Zatežalo, D.: Narodna vlast na Kordunu, Baniji i Lici 1941–1945 [Die Volksherrschaft in Kordun, Banija und Lika 1941–1945], Karlovac 1978.
Z6 Zatkuliak, J.: Národné vyborý na Slovensku od vyhlášenia Košického vládného programu do volieb roku 1946 [Die Nationalausschüsse in der Slowakei von der Veröffentlichung des Kaschauer Regierungsprogramms bis zu den Wahlen 1946], in: Historický Časopis 31 (1983), S. 749–775.
Z7 Zatkuliak, J.: Zápas o uplatenie princípu spojenia národných výborov s l'udom po Februári 1948 [Der Kampf um die Durchsetzung des Prinzips der Verbindung der Nationalausschüsse mit dem Volk nach dem Februar 1948], in: Československý Časopis Historický 34 (1986), S. 519–542.
Z8 Zaubermann, A.: Economic Imperialism, London 1955.
Z9 Zaubermann, A.: Industrial Progress in Poland, Czechoslovakia and East Germany, London 1964.
Z10 Zavnoh. Zbornik dokumenata II [ZAVNOH. Dokumentensammlung II], Zagreb 1970.
Z11 Zazworka, G.: Hand in Hand mit den deutschen Antifaschisten der ersten Stunde. Michail Sokolow, ehemaliger Chefredakteur der „Täglichen Rundschau" erinnert sich, in: Der Morgen, 23./24.3.1985.

Z12 Zdenek Needly: Vydajuščijsja obščestvennyj dejatel' i učenyj [Zdeněk Nejedlý: ein hervorragender Politiker und Wissenschaftler], Moskva 1964.
Z13 Zeitgeschichte Osteuropas als Methoden- und Forschungsproblem, hrsg. von B. BONWETSCH, Berlin 1985.
Z14 ŻEŃCZYKOWSKI, T.: Dramatyczny rok 1945 [Das dramatische Jahr 1945], London 1981.
Z15 ZERNACK, K.: Schwerpunkte und Entwicklungslinien der polnischen Geschichtswissenschaft nach 1945, in: Historische Zeitschrift, Sonderheft 5, München 1973, S. 202–323.
– ZIERMANN, K. → ALEXANDER DYMSCHITZ
Z16 ZIHERL, B.: Članci i rasprave [Aufsätze und Abhandlungen], Beograd 1948.
Z17 ZINNER, P.E.: Communist Strategy and Tactics in Czechoslovakia 1918–1948, New York/London 1963 (= Praeger Publications in Russian History and World Communism, 129).
Z18 ŽIVKOVIĆ, D.: Narodni front Jugoslavije 1935–1945 [Die Volksfront Jugoslawiens 1935–1945], Beograd 1978.
Z19 ŽIVKOVIĆ, D.: Postanak i razvitak narodne vlasti u Jugoslavije 1941–1942 [Entstehung und Entwicklung der Volksherrschaft in Jugoslawien 1941–1942], Beograd 1969.
Z20 ŽIVKOVIĆ, D.: Stvaranje narodne vlasti u ustanku – Prilog proučavanju nekih problema [Die Gestaltung der Volksherrschaft während des Aufstandes – Ein Beitrag zur Erforschung einiger Probleme], in: Od Narodooslobodilačkih odbora do komune, S. 62–69.
Z21 ŽIŽKA, J.: Únorová politická krize a státní aparát lidové demokracie [Die Februar-Politik und der Staatsapparat der Volksdemokratie], in: Československý Časopis Historický 21 (1973), S. 662–674.
Z22 ZÓŁKIEWSKI, S.: O polityce kulturalnej PPR w latach 1945–1948 [Über die Kulturpolitik der PPR in den Jahren 1945–1948], in: Kultura i społeczeństwo 6 (1962), 4, S. 3–33.
Z23 Zpráva k VIII. sjezdu Komunistické strany Československa [Bericht zum VIII. Kongreß der Kommunistischen Partei der Tschechoslowakei], Praha 1946.
Z24 Zpráva o činnosti Československé sociálně demokratické strany dělnické v letech 1933–1936 [Bericht über die Tätigkeit der Tschechoslowakischen Sozialdemokratischen Arbeiterpartei in den Jahren 1933–1936], Praha 1937.
Z25 Zpráva o činnosti·Československé sociální demokracie k XXI. sjezdu v Brně ve dnech 14.-16. listopadu 1947 [Bericht über die Tätigkeit der Tschechoslowakischen Sozialdemokratie zum XXI. Parteikongreß in Brünn vom 14.-16. November 1947], Praha 1947.
Z26 ZSOLDOS, L.: Economic Integration of Hungary into the Soviet Bloc, Ohio State University 1963.
Z27 Zur Geschichte der europäischen Volksarmeen, hrsg. von P. GOSZTONY, Bonn 1976.
Z28 Zwei Jahrzehnte deutsch-sowjetischer Beziehungen 1945–1964. Beiträge von einem Kollektiv beim Institut für Geschichte der Völker der UdSSR an der Martin-Luther-Universität Halle-Wittenberg, Berlin (Ost) 1965.
Z29 Zweiter Weltkrieg und sozialer Wandel. Achsenmächte und besetzte Länder, hrsg. von W. DŁUGOBORSKI, Göttingen 1981.
Z30 ŻYGULSKI, K.: Repatrianci na Ziemiach zachodnich [Die Repatrianten in den Westgebieten], Poznań 1962.

Sachregister zum Literaturverzeichnis

Vorbemerkung: Das Sachregister soll helfen, die vorstehende Literaturliste aufzuschließen. Es gibt u. U. Mehrfachnennungen unter verschiedenen Stichworten. Länderbezeichnungen haben Vorrang vor Sachbegriffen (z. B. unter „Bildungswesen" finden sich vor allem länderübergreifende Titel; zum Bildungswesen in Polen sollte man nachsehen unter „Polen, – Bildungswesen" usw.)

Personenregister

Verzeichnis der Mitarbeiter

Prof. Dr. Oskar Anweiler
Soldnerstr. 10, 4630 Bochum 1

Priv.-Doz. Dr. Detlef Brandes
Bundesinstitut für Ostdeutsche Kultur und Geschichte, Würzburger Str. 3,
2900 Oldenburg

Prof. Dr. Peter Burian
Bachemer Str. 103, 5000 Köln 41

Dr. Karl von Delhaes
Johann-Gottfried-Herder-Institut, Gisonenweg 5–7, 3550 Marburg an der Lahn

Priv.-Doz. Dr. Peter Drews
Sarwürckerstr. 10, 7800 Freiburg/Br.

Prof. Dr. Karl Eimermacher
Hustadtring 79, 4630 Bochum 1

Dr. Peter Heumos
Collegium Carolinum, Hochstr. 8, 8000 München 80

Prof. Dr. Jörg K. Hoensch
Am Engelwirtsberg 51, 6602 Saarbrücken-Dudweiler

Dr. Wolfgang Höpken
Südost-Institut, Güllstr. 7, 8000 München 2

Dr. Hans Jürgen Karp
Johann-Gottfried-Herder-Institut, Gisonenweg 5–7, 3550 Marburg an der Lahn

Prof. Dr. Christoph Kleßmann
Neuköllner Str. 17, 4800 Bielefeld 1

Prof. Dr. Heinrich Georg J. Kosta
Franz-Rücker-Allee 5, 6000 Frankfurt/M. 90

Prof. Dr. Hans Lemberg
Seminar für osteuropäische Geschichte der Philipps-Universität, Wilhelm-Röpke-Str. 6,
3550 Marburg an der Lahn

Prof. Dr. Bernard Michel
16 Boulevard Soult, F-75012 Paris

Heinrich Mrowka M. A.
Johann-Gottfried-Herder-Institut, Gisonenweg 5–7, 3550 Marburg an der Lahn

Dr. Vilém Prečan
Ústav pro soudobé dějiny ČSAV, 11840 Praha 1, Vlašská 9/ČSFR

Andreas Reich
Seminar für osteuropäische Geschichte der Philipps-Universität, Wilhelm-Röpke-Str. 6, 3550 Marburg

Prof. Dr. Michal Reiman
FB PolWiss. WE A, Kiebitzweg 3, 1000 Berlin 33

Univ.-Doz. Dr. Gert Robel
Osteuropa-Institut, Scheinerstr. 11, 8000 München 80

Dr. Eva Schmidt-Hartmann
Collegium Carolinum, Hochstr. 8, 8000 München 80

Priv.-Doz. Dr. Gerhard Simon
Bundesinstitut für ostwissenschaftliche und internationale Studien, Lindenbornstr. 33, 5000 Köln 30

Prof. Dr. Günther Stökl
Arnulfstr. 6, 5000 Köln 41

Dr. Peter Strunk
Minnholzweg 4, 6242 Kronberg/Ts.

Dr. Thomas Weiser
Rautenweg 2b, 4930 Detmold

HISTORISCHE UND LANDESKUNDLICHE OSTMITTELEUROPA-STUDIEN
Im Auftrage des Johann-Gottfried-Herder-Forschungsrates e.V.
herausgegeben von Hans Lemberg
Schriftleitung: Hans-Werner Rautenberg

Band 2:

Rudolf M. Wlaschek

Zur Geschichte der Juden in Nordostböhmen

unter besonderer Berücksichtigung des südlichen Riesengebirgsvorlandes

ISBN 3-87969-201-7. XII, 76 Seiten, 25 Abbildungen, 1 Karte. 1987.
Kartoniert DM 28,—

Die Geschichte der israelitischen Gemeinden in den Städten der nordostböhmischen Region und im Dorf Großbock, das im Jahre 1857 einen Bevölkerungsanteil von 44% Juden hatte, wird in dieser Studie nachgezeichnet. Damit wird einer seit der Judenvernichtung der Protektoratszeit untergegangenen Welt ein Denkmal gesetzt. Der Verfasser stellt anhand von zahlreichen, bisher zum großen Teil unbekannten Quellen exemplarisch für die kleine Region des südlichen Riesengebirgsvorlandes die gesellschaftliche und wirtschaftliche Stellung der dortigen jüdischen Bevölkerung dar. Dabei werden auch die Schicksale von Gemeinden, Familien und ausgewählten Einzelpersonen möglichst konkret verfolgt; viele von ihnen wurden zu Opfern der Transporte CH und CI aus Königgrätz in das Konzentrationslager Theresienstadt, die anhand der Transportlisten namentlich genannt werden. Der dokumentarische Wert des Buches wird durch zahlreiche Abbildungen des gegenwärtigen Zustandes ehemaliger Synagogen und Judenfriedhöfe und durch statistische Tabellen sowie eine Karte der erwähnten Orte erhöht. So liefert das Buch einen Beitrag zur Ergänzung und Abrundung der meist nur in Hinsicht auf das deutsch-tschechische Verhältnis wahrgenommenen Geschichte der böhmischen Länder bzw. der Tschechoslowakei.

VERLAG J. G. HERDER-INSTITUT · 3550 MARBURG · GISONENWEG 7

Historische und landeskundliche Ostmitteleuropa-Studien
im Auftrag des Johann-Gottfried-Herder-Forschungsrates e.V.
herausgegeben von Hans Lemberg

Schriftleitung: Hans-Werner Rautenberg

Band 5:

Uta Henningsen

Besitz und Einkünfte der Herren von Rosenberg in Böhmen nach dem Urbar von 1379/84

ISBN 3-87969-210-6 · XII, 120 Seiten · 1990 · kartoniert DM 38,–

Im vorliegenden Band wird das älteste tradierte weltliche Urbar aus Böhmen analysiert. Er beinhaltet in einem Textteil, in Tabellen und Karten Aufzeichnungen über die Leistungen von 390 Dörfern und 28 städtischen Siedlungen an das zu den ersten Magnatengeschlechtern Böhmens zählende Haus der Rosenberger. Dem Charakter des Urbars entsprechend ist dabei bestimmend die Frage nach den feststehenden Einkünften dieses Adelsgeschlechtes.

Der Beschreibung des Grundbesitzes um 1380 folgt eine Erörterung der Haupterträge des Rosenberger Grundbesitzes. Dabei ergeben sich unter anderem aufschlußreiche Einblicke in die grundherrschaftliche Waldnutzung. Im Mittelpunkt stehen die bäuerlichen Abgaben und Leistungen und deren Verschiedenartigkeit in Umfang und Merkmalen. In ähnlicher Weise werden die Rosenberger Einkünfte aus den städtischen Siedlungen analysiert. Es entsteht das Bild stark agrarisch geprägter Städte, deren Bedeutung für die grundherrlichen Einkünfte vor allem in den zu leistenden Zoll- und Marktgefällen lag. Nur in Umrissen sind den Angaben im Urbar entsprechend zusätzliche grundherrschaftliche Einkünfte wie der Zehnt und den Rosenbergern zustehende landesherrliche Steuern aufgenommen.

Abschließend werden die Verwaltung des Grundbesitzes und die Einziehung der Abgaben erörtert, danach der Umfang und die Bedeutung der im Urbar aufgezeichneten Einkünfte der Herren von Rosenberg. Der Nachweis verhältnismäßig bescheidener Einkünfte aus dem landwirtschaftlichen Sektor im Vergleich zu den Einnahmen, die die herrschaftlichen Rechte, Gefälle, Zölle etc. erbrachten, ist – abgesehen von einer Reihe wichtiger Detailbeobachtungen – das Hauptergebnis dieser Studie.

Verlag J. G. Herder-Institut · 3550 Marburg · Gisonenweg 7

Historische und landeskundliche Ostmitteleuropa-Studien

im Auftrage des Johann-Gottfried-Herder-Forschungsrates e.V.

herausgegeben von Hans Lemberg

Schriftleitung: Hans-Werner Rautenberg

Band 6

Joachim Rogall

Die Geistlichkeit der evangelisch-unierten Kirche in der Provinz Posen 1871–1914

und ihr Verhältnis zur preußischen Polenpolitik

ISBN 3-87969-220-3 · XI, 285 Seiten · 1990 · Kartoniert DM 63,–

Die Arbeit ist in ihrem ersten Teil eine sozialgeschichtliche Untersuchung der Posener evangelischen Geistlichkeit als Berufsgruppe in Bezug auf Herkunft, Ausbildung und berufliche Tätigkeit vor dem Hintergrund der gesellschaftlichen, wirtschaftlichen und politischen Veränderungen der Jahre 1871–1914. Durch Wiedergabe zahlreicher zeitgenössischer Quellentexte und Rückgriffe auf unveröffentlichte Erinnerungen von Posener Geistlichen wird dabei ein lebendiges Zeitbild jener Jahre im östlichen Teil des damaligen Deutschen Reiches vermittelt.

Deutlich werden auch die schwierigen Arbeitsverhältnisse der evangelischen Geistlichkeit in der Provinz, welche durch absolute Diaspora, übergroße Gemeinden, unzureichende Wohnungs- und Verkehrsverhältnisse, eine verglichen mit anderen Provinzen schlechte finanzielle Lage sowie eine zahlenmäßig überlegene und polnisch-national geprägte katholische Kirche gekennzeichnet waren. Dazu kam in zweisprachigen Gemeinden die zusätzliche Belastung durch Gottesdienste und Seelsorge in polnischer Sprache.

Der zweite Teil der Arbeit untersucht das Verhältnis der evangelischen Geistlichkeit zur preußischen Polenpolitik und geht insbesondere der Frage nach, ob die evangelische Geistlichkeit zu einem Instrument der staatlichen Polenpolitik wurde oder ihre eigenen Vorstellungen durchsetzen konnte.

Die evangelische Geistlichkeit verstand sich im national gemischten Posener Land bewußt als Repräsentant des Deutschtums gegenüber dem allgemein mit dem Katholizismus gleichgesetzten Polentum. Eine Stärkung des deutschen Elements der Provinz sicherte gleichzeitig den Bestand der evangelischen Gemeinden, weshalb sich die Pastoren besonders im deutschen Genossenschafts- und Kleinsiedlungswesen betätigten, teilweise auch im Ostmarkenverein.

Groß war ihr Anteil bei der sprachlichen Eindeutschung der polnischsprechenden Evangelischen im Süden der Provinz, gerade indem sie sich dem Drängen deutschtümelnder Beamter auf sofortige Abschaffung polnischer Gottesdienste widersetzten. Im Ziel mit dem Staat einig, mit den rigorosen und schädlichen Maßnahmen der preußischen Polenpolitik aber nicht einverstanden, konnten die Pastoren ihr Konzept einer behutsamen und überwiegend freiwilligen sprachlichen Assimilierung der bewußtseinsmäßig bereits deutschen zweisprachigen Protestanten durchsetzen.

Das Verständnis für die besonderen Probleme der Grenzprovinz, aber auch der starke Einsatz im Volkstumskampf waren eine Folge des hohen Anteils aus der Provinz selbst stammender Pastoren (44,8%), der die evangelische Geistlichkeit von den meist provinzfremden Beamten unterschied.

Der Darstellung liegen unveröffentlichte Quellen aus den Staatsarchiven Posen, Breslau und Danzig, dem Evangelischen Zentralarchiv (Berlin), dem Nordostdeutschen Kulturwerk (Lüneburg), dem Posener Archiv D. Paul Blau-Haus (Lüneburg) und Privatbesitz sowie gedruckte Quellen zugrunde.

Verlag J. G. Herder-Institut · 3550 Marburg · Gisonenweg 7